Emmanuel Flores-Rojas es Licenciado en Filosofía y Maestro en Humanidades: Ética, por la Universidad Autónoma del Estado de México (UAEM). Estudios de Psicología por la misma Universidad, además de un Bachillerato en Teología por el Seminario Teológico Presbiteriano "Nicanor Felipe Gómez" de Toluca, cuenta con estudios de Maestría en Ciencias Bíblicas por el Seminario Teológico Presbiteriano de México (STPM). Es profesor de filosofía y teología en la Comunidad Teológica de México (CT de M).

Sus áreas de estudio son la filosofía de la religión, la hermenéutica, la ética, la filosofía prehispánica, la psicología de la religión, el protestantismo y las relaciones entre teología y capitalismo salvaje. Actualmente está especializándose en la filosofía del francés, Paul Ricœur, cuya tesis de Maestría llevó por título: "Ecos de la hermenéutica bíblica en la propuesta ética de Paul Ricœur".

Ha sido ponente en congresos filosóficos y teológicos de México y del extranjero y ha escrito diversos artículos en sus áreas de interés y especialización. Es miembro de la Asociación Iberoamericana de Estudios Ricœurianos (ASIER) y fundador del Círculo Mexicano de Estudios Ricoeurianos (CIMER). Actual doctorante en Humanidades: Ética Social.

Ecos de la hermenéutica bíblica en la propuesta ética

EL PENSAMIENTO DE PAUL RICŒUR

Emmanuel Flores-Rojas

EDITORIAL CLIE
C/ Ferrocarril, 8
08232 Viladecavalls
(Barcelona) ESPAÑA
E-mail: clie@clie.es
http://www.clie.es

El pensamiento de Paul Ricœur.
Ecos de la hermenéutica bíblica en la propuesta ética.
ISBN: 978-84-18810-77-0
Depósito Legal: B 16457-2022
Filosofía
Pensamiento cristiano

Impreso en Estados Unidos de América / *Printed in the United States of America*

A mi abuelita, Bárbara Pascuala Estrada Villegas,
quien con su ejemplo
forjó en mí una auténtica espiritualidad cristiana.

A mi abuelito, Anatolio Flores Beltrán,
quien me enseñó las primeras letras del Evangelio,
al acurrucarme con el Padre Nuestro.

A mis padres, Josías Flores Lozada y Evangelina Rojas
Estrada, con gratitud.

Para mis hijos, Emmanuel Cuahutli y Sofía Quetzalli Flores
R., con expectación vehemente.

Con gratitud **a mi querido Profesor**, Dr. Adolfo Díaz Ávila,
quien acompañó con su sabiduría y bondad
la presente investigación.

Ἐν ἀρχῇ ἦν ὁ λόγος...
...ἦν τὸ φῶς τὸ ἀληθινὸν ὃ φωτίζει πάντα ἄνθρωπον ἐρχόμενον εἰς τὸν κόσμον

ΚΑΤΑ ΙΩΑΝΝΗΝ 1:1a, 9

En el principio era la Palabra...
...aquella luz verdadera, que alumbra a todo ser humano, venía a este mundo

Evangelio de san Juan 1:1a, 9

Me gustaría resumir esta introducción de la manera siguiente: el objeto de la teología es la palabra hecha carne; pero, como la carne es el hombre, y el hombre es lenguaje, hacerse carne es, para la palabra, hacerse lenguaje en el sentido humano y secular del término. El hecho de que el Logos se haga discurso, pase al rango de nuestras *palabras*, constituye el *Geschehen*, el cual crea el encuentro de la teología de la palabra y los estudios lingüísticos. [...]

Eligiendo este campo de confrontación pienso que me sitúo al mismo tiempo en un nivel que se presta perfectamente a una discusión con el método de la teología bíblica, que en gran parte es una interpretación de palabras clave, por lo demás, al final volveré sobre el problema de las palabras clave, tales como alianza, carne, pecado, gracia, etcétera, y ante todo sobre la palabra clave en torno a la que gira de alguna manera toda la hermenéutica bíblica, la palabra misma de Dios, que requiere a cada momento una reorientación completa de las demás palabras clave.[1]

Lo que la conciencia testimonia es que lo que debo en ese sentido puramente formal –a saber distinguir el bien del mal– lo puedo, y que cualquier hombre lo puede como yo. Esa es una de

---

[1] Ricœur, Paul, "Reflexión sobre el lenguaje. Hacia una teología de la palabra", en VV. AA., *Exégesis y hermenéutica*, Ediciones Cristiandad, Madrid, 1976, p. 239.

las significaciones que es posible atribuir a ese versículo del prólogo del Evangelio de Juan: El verbo era "luz verdadera que alumbra a todo hombre" (Juan 1:9).[2]

Paul Ricœur

[2] Ricœur, P., "El sí «objeto de mandamiento» o *My prophetic soul*", en *Amor y justicia,* trad. de Adolfo Castañón, Siglo XXI editores, Ciudad de México, 2009, p. 122.

ÍNDICE

Prólogo por Dr. Tomás Domingo Moratalla 15
Introducción 23

CAPÍTULO I
PUNTOS DE PARTIDA DE UN ITINERARIO FILOSÓFICO

1. **La impronta de Paul Ricœur en la filosofía del siglo XX** 40
    1.1 El filósofo y el político: Paul Ricœur y Emmanuel Macron 49
2. **La recepción de su herencia protestante** 52
    2.1 Destellos de una peripecia familiar 52
    2.2 Paul Ricœur y su educación protestante 55
3. **Roland Dalbiez y "el umbral de la clase de filosofía"** 63
4. **El encuentro con Gabriel Marcel y la vocación filosófica** 72
5. **Karl Jaspers y la filosofía de la existencia** 83
    5.1 Karl Jaspers y su influencia sobre el novel filósofo Paul Ricœur 85
    5.2 Karl Jaspers y la ontología delante de la Trascendencia 90
6. **Jean Nabert y su influencia sobre el problema de Dios y el tema del mal** 95
7. **La recepción fenomenológica: Edmund Husserl** 111
8. **El contacto con el personalismo: Emmanuel Mounier** 125
    8.1 La revista *Esprit*: rehacer el Renacimiento 129

9. **Diálogos hermenéuticos: Martin Heidegger y Hans-Georg Gadamer** **135**

9.1 Martin Heidegger: entre ontología y epistemología 136
9.2 Hans-Georg Gadamer: la aporía diltheyana no resuelta 143

CAPÍTULO II
PAUL RICŒUR, EL FILÓSOFO DEBUTANTE

1. **Filosofía de la voluntad. Lo voluntario y lo involuntario** **152**

1.1 La *doble* tesis doctoral 152
1.1.1 La tesis complementaria: la traducción de *Ideen I* de Husserl 152
1.1.2 La tesis principal: filosofía de lo voluntario y lo involuntario (*Le volontaire et l'involontaire*) 157

2. **La "elección" del tema de la voluntad** **161**

2.1 Fenomenología y filosofía de la voluntad 162
2.2 La voluntad en San Pablo y su lectura ricoeuriana 166
2.3 La mala voluntad y su empírica 168

3. **La influencia y acicate de Maurice Merleau-Ponty sobre la fenomenología de la voluntad** **173**

4. ***Preludio*. De lo involuntario *absoluto* a la filosofía del absoluto *relativo*** **180**

5. ***Interludio*. Ricœur y su diálogo fecundo con la teología bíblica y dogmática** **187**

6. ***Postludio*. La *Filosofía de la voluntad* y su "deuda" con la teología protestante** **198**

CAPÍTULO III
HERMENÉUTICA FILOSÓFICA Y EXÉGESIS BÍBLICA

1. **Las tertulias protestantes semanales y su encuentro con la exégesis bíblica** **213**

2. **La *procesión* hermenéutica ricoeuriana** **239**

2.1 La "primera hermenéutica" filosófica ricoeuriana: la de «El símbolo *da* que pensar» a «El símbolo da *qué* pensar» 239

2.2 La segunda hermenéutica ricoeuriana: *De l'interprétation-Essai sur Freud* 253
2.3 La tercera hermenéutica ricoeuriana: la interpretación del sí *frente al* texto 258

3. La complementariedad entre hermenéutica *filosófica* y exégesis *bíblica* 261

CAPÍTULO IV
EL MAL. UN DESAFÍO A LA FILOSOFÍA Y A LA TEOLOGÍA

1. El mal como drama de la libertad: libre albedrío *versus* siervo-arbitrio 276

2. El gnosticismo: πόθεν τὰ κακά: ¿de dónde proviene el mal? 299

3. La experiencia del mal. *Tòn páthei máthos* (τὸν πάθει μάθος): «Por el dolor, el conocimiento» 318

4. El mal como desafío a la filosofía y a la teología 332
   4.1 El nivel del mito 336
   4.2 El nivel de la sabiduría 337
   4.3 El nivel de la gnosis y de la gnosis antignóstica 345
   4.4 El nivel de la teodicea 347
   4.5 El nivel de la dialéctica «*fracturada*» 349

CAPÍTULO V
EJERCICIOS DE HERMENÉUTICA BÍBLICA Y ÉTICA RICOEURIANOS

1. El ser humano no-violento y su presencia en la historia 355

2. *La Regla de Oro* y la "economía del don" («πολλῷ μᾶλλον»: *mucho más*) dentro de la ética ricoeuriana 386
   2.1 *La Regla de Oro* dentro de la filosofía moral 392
   2.2 *La Regla de Oro* dentro de la teología 403

3. La "pequeña ética" en *Sí mismo como otro* 417

4. El diálogo fecundo entre filosofía y teología en *Amor y justicia* 426

Conclusiones **441**

Epílogo por Dr. Marcelino Agís Villaverde **455**

Bibliohemerografía **459**

- Bibliografía básica ricoeuriana 459
- Bibliografía complementaria 465
- Artículos de internet 478
- Artículos de revistas 482
- Biblias 483
- Diccionarios y obras de consulta general 484

Prólogo

Hacernos "eco" en *justa distancia*

Es para mí un placer y un orgullo presentar este trabajo de Emmanuel Flores-Rojas sobre un filósofo tan querido como Paul Ricœur. Nos encontramos con un *gran trabajo* de un joven investigador, que no por ser joven deja de ser maduro y logrado el trabajo que el lector tiene entre sus manos.

El tema es sencillo de enunciar, aunque es difícil en elaborar. Un mérito, no pequeño, del autor es presentarnos el tema también de una forma que yo calificaría de sencilla, aunque lo abordado sea complejo. Tenemos aquí una presentación de la hermenéutica bíblica de Ricœur en conexión con lo nuclear de su propuesta ética. Se trata de un planteamiento original que busca la conexión entre dos temas que han sido, normalmente, tratados de manera separada en nuestro filósofo. Trata el autor de establecer puentes, vínculos y conexiones entre los temas de exégesis, teología y hermenéutica bíblica en Ricœur con la dimensión filosófica y ética de su pensamiento. Además de original, este planteamiento mide bien su alcance: no es cuestión de abordar todos los temas de la hermenéutica bíblico-teológica ricoeuriana, ni toda su hermenéutica filosófica, ni toda su ética, sino establecer conexiones, buscar los hilos, establecer los cauces para hallar *la justa distancia* entre unos temas y otros. Para eso, con maestría y sabiduría, lo que hace nuestro joven autor es buscar algunos temas nucleares que permitan la conexión, el engarce; así es como vemos que el trabajo se centrará en cuestiones como el mal, la creencia o convicción, el lenguaje de la fe, la libertad humana, y alguno más. No están todos los temas, pero los que están son de especial relevancia.

Por otra parte, consciente de la audacia de la empresa y de la ingente obra del pensador francés, y de lo casi inabarcable de los temas referidos, Emmanuel Flores-Rojas utilizará una bella expresión para referirse a este entrecruzamiento entre temáticas; hablará, metafóricamente, de "ecos". No puedo más que aplaudir semejante elección del término, y también de que el término sea una metáfora. Elude, sabiamente, hablar de una relación de fundamentación, de consecuencias, etc., y se contenta, nada más y nada menos, con hablar de "ecos" de la hermenéutica bíblica en la ética de Ricœur.

¿A qué apunta, a qué se refiere, hablando de "ecos"? Yo interpreto, y aplaudo, la elección por varios motivos. En parte, porque así evita otras expresiones más comprometidas, pero, también, por la carga de sentido que tiene la metáfora del "eco", y los lectores de Ricœur bien sabemos de la hondura, vital y reflexiva de las metáforas. ¿Qué es un eco? Un eco es una voz debilitada; algo que sigue sonando después de su primer acontecer. Por aquí podríamos seguir con la reflexión. Yo me centraré solo en un pequeño aspecto de la metáfora el "eco". Nada más leer la palabra "eco" me vino a la memoria aquellos versos, tan cargados de sentido y verdad, del poeta español Antonio Machado que dicen: "Desdeño las romanzas de los tenores huecos / y el coro de los grillos que cantan a la luna. / A distinguir me paro las voces de los ecos, / y escucho solamente, entre las voces, una." Vemos aquí cómo la metáfora del eco se engarza con la de la voz, tan llena de resonancias —seguimos con las metáforas— bíblicas, religiosas y filosóficas. El tema de la "voz", de la llamada, es fundamental en nuestra tradición cultural (religiosa y filosófica); además es un tema con el que bien podríamos sumergirnos en el pensamiento ricoeuriano: voz de la conciencia, una voz en mí y superior a mí, me reconozco autónomo y heterónomo, etc. Estos temas, de alguna forma también tratados en estas páginas, se dejan pensar desde la metáfora del eco, de la voz.

Así pues, sin seguir el hilo de la metáfora invito al lector a pensar, y distinguir, ecos, voces, resonancias, de un tema en otro (Biblia y creencias con temas filosófico-éticos), y los ecos y las voces requieren nuestra atención y distinción para evitar, lo digo también de manera metafórica, "habladurías", mera cháchara.

De su lectura, antes de entrar en otros comentarios, un tema se dibuja que personalmente yo destacaría. Y, paradójicamente, no pertenece a la hermenéutica bíblica ni a la ética. Me refiero a la antropología filosófica. En mi interpretación, el entrecruzamiento entre ambas dimensiones de saberes, de lenguajes y de experiencia, revelan un espacio de reflexión que es hoy más necesario que nunca: la antropología filosófica. No seguiré en esta línea, pero no quería dejar de apuntarlo.

Antes de proseguir, quisiera hacer un breve comentario a aspectos puramente formales, aunque aquí, como en tantos aspectos de la vida, las formas, la liturgia, es fundamental. Se encontrará el lector con un texto bien escrito, claro, preciso, con un lenguaje ágil, técnico, pues el tema lo requiere, riguroso, y claro. No tiene por qué el filósofo para ser profundo volverse en incomprensible. Aquí tenemos un ejemplo de filosofía rigurosa, académica, y, sin embargo, clara. En los medios filosóficos no suele ser lo habitual.

Además, el autor estructura muy bien el trabajo. Una magnífica introducción nos sumerge en los temas y perspectivas, nos ofrece un mapa de exploración de todo el texto. Cada capítulo es un paso en una investigación articulada y coherente. En el primer capítulo nos ofrece una extraordinaria aproximación a la biografía de Ricœur, donde las curiosidades y anécdotas, juegan un importante papel en el desarrollo de la trama. En el segundo vemos como el joven Ricœur debuta en el pensamiento, haciendo pie en las tradiciones heredadas. El tercer y cuarto capítulo se centrarán en dibujar, a veces de una manera extraordinaria, las líneas fundamentales de la hermenéutica bíblica, teológica, de Ricœur, y en el capítulo quinto asistimos a la resonancia de todo lo tratado en su ética, a propósito, sobre todo, de la cuestión del mal y de la libertad. Una amplia conclusión recoge los temas fundamentales y nos señala las aportaciones de este trabajo académico.

Los temas son complejos, el itinerario de Ricœur amplio y disperso, lleno de "rodeos", que pueden hacernos perder el camino, y acabar en sendas perdidas. Pero esto no le ocurre a Ricœur. Tampoco al trabajo de Emmanuel Flores-Rojas. A pesar de que el tema es de gran magnitud y bien podría pasarle, y no le pasa. Una habilidad al respecto que me gustaría señalar es que tiene el mérito de acompañar al lector, de llevarlo y conducirlo por esta multitud de textos y contextos.

Continuando en el plano formal, un aspecto que valoro sobremanera es que el autor nos ofrece un texto académico, complejo, como acabo de decir, donde se dan cita múltiples palabras, unas veces es el autor, otras el propio Ricœur, otras los que hablan, hablamos, de Ricœur, otras los que hablan de los temas de los que hablamos.... Es decir, el texto se mueve en una gran cantidad de niveles, en diferentes capas, y así el texto puede ser bien leído de una manera lineal, pero también admite otras lecturas; aquella que se fija en los propios textos de Ricœur, en la literatura secundaria, o en las tomas de posición del autor. Todas las lecturas son posibles. Son muchos los ecos y las voces que puede seguir el lector. Y todas con sentido. Y la lectura no es farragosa, no es difícil, pese a los diferentes estratos de sentido que se manejan y se invocan (¡otra vez la metáfora de la voz-eco!).

Pero no se piense el lector que aquí solo tiene un —magnífico—- texto académico en el que nos presenta una filosofía, Emmanuel Flores-Rojas no deja de mostrarnos (aunque tienda con suma honestidad a no expresarlo) sus propias creencias, sus propias convicciones. Por eso mismo el texto (académico) tiene que ver con la vida, la del filósofo del que se habla (Ricœur), la del autor (Emmanuel Flores-Rojas), y la de nosotros, los lectores. Es un gran trabajo académico, pero también vital, late la vida.

No es mi misión aquí desgranar los capítulos; será la tarea del lector o del estudioso del pensamiento de Ricœur y de los temas. Tampoco dar mi versión del asunto, el lector interesado puede encontrar fácilmente mi parecer sobre algunos de los temas aquí planteados.[1]. Tampoco resumir o concluir nada; el trabajo se vale

[1] Mi propia posición sobre el lugar de la religión en la filosofía hermenéutica de Paul Ricœur se encuentra recogida en el trabajo "Las 'horcas caudinas' de la hermenéutica. Perspectivas y alcance de la fenomenología hermenéutica de la religión de Paul Ricœur", en VV. AA. (eds.), *Con Paul Ricœur. Espacios de interpelación: tiempos, dolor, justicia, relatos.*, Dykinson, Madrid, 2016, pp. 385-404. También en mi introducción a P. Ricœur, *Amor y justicia*, Trotta, Madrid, 2011.

por sí mismo y es, como señalaba anteriormente, suficientemente maduro. Tan solo me limitaré a algunos subrayados, algunas ideas que me parecen realmente muy sugerentes.

En el primer capítulo destaco sobremanera la forma en que el autor nos introduce en las tradiciones en las que Ricœur se forma y en la biografía del filósofo francés. Además, a propósito de tantas cosas se deja oír la propia voz de Ricœur, también convocado en este mar de interpretaciones y lecturas. Con el capítulo segundo accedemos al auténtico nivel filosófico, acompañamos a este filósofo debutante (Ricœur) a adentrarse en el gran tema de la voluntad, y nos encontramos sumidos en una urdimbre de tradiciones y referencias: la inserción en la fenomenología, la clave hermenéutica, los avatares biográficos y, como no, la tradición protestante, que vigoriza la propuesta de nuestro filósofo. El capítulo tercero y cuarto son el corazón de la obra; la explicación de la hermenéutica bíblica y la exégesis, por un lado, y la hermenéutica filosófica por otro, es ejemplar. Se ven relaciones, se establecen puentes, y, sin embargo, también apreciamos la distancia entre unas y otras. Proximidad y, al mismo tiempo lejanía: he ahí la clave de comprensión de buena parte de esta filosofía hermenéutica. La relación difícil, compleja, entre filosofía y teología, está perfectamente trazada en Ricœur, y muy bien recogida en este trabajo; en su ambigüedad, con sus dudas, sus vacilaciones. Tomar como hilo conductor la cuestión del mal no solventa la problematicidad, al contrario, la eleva exponencialmente, es decir, la muestra y la multiplica. Y así damos paso a la ética desde este umbral que es, ante todo, antropológico. El último capítulo, que se plantea modestamente como unos "ejercicios", es especialmente encomiable. Vemos en él la tensión entre lo filosófico y lo bíblico, que se concreta ahora en la tensión entre amor y justicia, la cual se analiza desde la regla de oro y la cuestión de la autonomía. Las preciosas conclusiones nos recuerdan el camino andado y la tarea por hacer.

Quizás Ricœur, en su propia vida, fue más dubitativo que lo que este texto muestra. Al escribir sobre esta cuestión le ocurre a Emmanuel Flores-Rojas lo que nos ha pasado a todos, buscamos decir, afirmar, comparar, establecer un discurso coherente. El propio

Ricœur, tanto en entrevistas como en su vida personal, mostraba dudas, incoherencias, etc. Las tensiones y conflictos no eran solo afirmadas, también vividas, y la complementariedad entre filosofía y religión, o entre la razón y el corazón, no era vivida sin fracturas y rupturas. En algún momento el texto de Emmanuel Flores-Rojas apunta también a estas dudas y a estas "paradojas vivas".

Nos encontramos aquí con un verdadero trabajo de hermenéutica, de Hermenéutica con mayúscula, más allá de escuelas, adjetivos o adscripciones. No entra en debates estériles de "bíblica", "teológica", "cristiana", etc.; quizás ese es el problema de otros, quizás fue el problema de Ricœur, pero no el mío, y creo que tampoco el del autor. El autor nos ofrece una hermenéutica viva y creativa (dos palabras "enormes" a la hora de hablar de Ricœur). La tarea de interpretación se centra los temas que importan y nos preocupan, convocando voces, discursos, de diferente origen y pelaje, pues nos interesa "la cosa misma", la vida misma. Así leo yo a Ricœur, y así leo también este trabajo.

Comprender un texto, hacer hermenéutica, es, traduciendo toda la propuesta de Ricœur (que tan bien se recoge aquí) a palabras sencillas, entender cómo un texto (en este caso la obra de Emmanuel Flores-Rojas) parte de la vida, no es la vida y, sin embargo, vuelve a la vida. Emmanuel Flores-Rojas nos deja ver -como señalaba anteriormente- sus convicciones, por qué este autor y por qué estos temas; nos presenta con exquisita finura académica la trama de un pensamiento y, lo que es más importante, nosotros, lectores, podemos ver que lo que aquí se dice no nos deja igual, nos implica a nosotros; habla de nuestra vida, podemos leer alguna de nuestras preocupaciones, probablemente las más esenciales. Quizás podría resumir la hermenéutica de Ricœur, y esta lectura que se nos ofrece aquí, diciendo algo así como "aquí va la vida", o algo de la vida, al menos.

Algunas metáforas juegan un importante papel a la hora de comprender a Ricœur, y también a la hora de comprender este trabajo y su alcance. Señalo tres; alguna ya la he mencionado. En primer lugar, la metáfora del "eco"; no insisto. Hablar de ecos, voces, palabras, escucha, etc., abre un campo semántico profundo y rico, a la vez que indica límites y alcance. *Una hermenéutica que se hace eco…*

En segundo lugar, la metáfora de la "harina integral"; eso es lo que aquí se nos ofrece. No una harina blanca, limpia, etc.; es la harina con todos sus componentes, con todo su grano, es decir, se echa mano a multitud de textos, niveles, voces, etc., y todo se muestra; quizás es más difícil de digerir (y cuesta leer, releer), pero es más nutritiva. Nos ofrece Emmanuel *una hermenéutica que enriquece…*

Y, en tercer lugar, la metáfora del espejo. Es una metáfora referida en algunos momentos por Ricœur. Aquí esta obra, la obra también de Ricœur, es valiosa por muchas cosas, pero sobre todo por una: permite aportar algo de luz a la tarea de vivir; Emmanuel Flores-Rojas nos ofrece un espejo donde podemos vernos reflejados, incumbidos. Es una *hermenéutica en la que podemos mirarnos…*

La expresión "justa distancia" aparece repetidamente en el último Ricœur, y en muchas entrevistas ya al final de su vida. Probablemente fue esa su pretensión: establecer la justa distancia entre dominios distantes y distintos, pero también entre ámbitos, entre personas…. Buscó siempre, o por lo menos nos invita a ello, la justa distancia; y justa en el sentido de apropiada, conveniente… Su filosofía es una hermenéutica de la "justa distancia". Por ejemplo, en el debate final que se nos plantea aquí entre amor y justicia hay que encontrar la "justa distancia". La voz justa, el eco justo, la distancia precisa, ni poco, ni mucho. Esta búsqueda de la justa distancia es la búsqueda de lo excelente, de la virtud, que no es medianía o mediocridad, es lo excelso. Su ética, su vida y su obra, está recorrida por esta pretensión; también el trabajo de Emmanuel Flores-Rojas nos invita a la búsqueda de esa "mirada constante, palabra precisa, sonrisa perfecta" (que diría el trovador).

Mucho podríamos decir sobre esta idea de "justa distancia", lo dejo para otra ocasión. Creo que puede ser suficiente por ahora referirme a la que fue una de las grandes amigas de Ricœur, además de conocedora de su legado, Catherine Goldenstein. Cuando le pedí en el congreso de Valencia (2013) que nos recordara a Paul Ricœur nos ofreció una bella charla llena de humanidad, de amor y justicia, y la tituló precisamente "justa distancia". Invito a su lectura.[2]

El trabajo de Emmanuel Flores nos sitúa a la justa distancia de un pensamiento como el de Ricœur. Nos pone en la justa distancia entre el discurso y la vida; la justa distancia —con palabras de Jorge Semprún, aunque invirtiendo la disyunción en conjunción—, entre la escritura y la vida. Ese fue el gran mérito de Ricœur: ponernos entre la escritura y la vida, con la escritura y la vida. Y el gran acierto de Emmanuel Flores-Rojas es recordárnoslo.

Tomás Domingo Moratalla.
Profesor de Antropología Filosófica.
UNED, Madrid, España.
Marzo, 2020.

[2] Catherine Goldenstein, "La justa distancia", en Domingo Moratalla, T. y Domingo Moratalla, A. (eds.), *Bioética y hermenéutica. La ética deliberativa de Paul Ricœur* (Actas del Congreso Internacional, Valencia, España, febrero 2013), Editorial Hermes, Valencia, 2014, pp. 29-32.

Introducción

El escrito sobre la investigación que el lector tiene en sus manos, intitulada *Ecos de la hermenéutica bíblica en la propuesta ética* nació de una inquietud antropológica que puede ser enunciada en el apotegma latino de Publio Terencio Africano: «Homo sum, humani nihil a me alienum puto» ("Soy un hombre, nada humano me es ajeno"), e intento tematizar varios problemas eminentemente humanos, y estrictamente filosóficos, de la mano de uno de los filósofos franceses más importantes del último siglo. Esta tesis examina el modo como el filósofo galo, Paul Ricœur, conjugó de un modo bastante creativo tanto la hermenéutica como la ética, en su propuesta filosófica de gran calado. El pensamiento de Ricœur se reveló ubérrimo en muchos sentidos porque su filosofía es dialógica y conciliadora.

El problema de investigación surgió de un primer encuentro con uno de los últimos libros publicados por el pensador francés, en cuyo título está contenido el germen de lo que aquí se intentó hacer: *Pensar la Biblia. Estudios exegéticos y hermenéuticos.* Sí, pensarla, pero no como teólogo ni de un modo confesional, sino de la mano de una auténtica reflexión filosófica y ética. Ricœur así lo hizo, de ahí el sobrenombre de "Estudios exegéticos y hermenéuticos", elaborados como filósofo de la religión –y no como filósofo religioso–, usando los métodos exegéticos y hermenéuticos en diálogo con el saber filosófico. En esta obra, Paul Ricœur junto a André LaCocque, abordaron sendos textos bíblicos a dos manos, primero escribía el exégeta canadiense y entonces replicaba el filósofo francés. De tal modo que el resultado final es la consecuencia de un diálogo franco de hondas dimensiones filosóficas y teológicas. Esto es así justamente porque Paul Ricœur "supo hacer de la «hermenéutica» un puente para unir, sin confundir ni subordinar, las dos orillas que dieron forma a la geografía de su pensamiento: la filosofía y la teología".[3]

Luego de este libro de exégesis y hermenéutica bíblica, cayó en mis manos otro sobre la misma temática, con el nombre de: *Fe y filosofía. Problemas del lenguaje religioso.* En esta antología se reunieron textos de Ricœur que problematizaban lo religioso, lo bíblico, lo teológico, lo hermenéutico y lo ético, desde la especificidad fenomenológica y filosófica. En el epílogo de esa antología se encuentra un ensayo llamado "El carácter hermenéutico *común* a la fe bíblica y a la filosofía" (énfasis añadido). Se podría decir que fue la lectura inicial de estos dos libros, lo que dio origen a esta tesis de posgrado. En un primer momento el título de la tesis estaba formulado como una pregunta: "¿La hermenéutica bíblica incide en la propuesta ética de Paul Ricœur?", pero luego fue cambiada por el actual nombre gracias al atinado consejo de mi tutor académico.

Los libros antes señalados posibilitaron un primer acercamiento a una cuestión que hasta ese momento se encontraba inexplorada e ignota como problema de investigación dentro de la Universidad Autónoma del Estado de México (UAEMex): la relación entre lo bíblico-teológico y lo ético-filosófico. El nulo acercamiento de este tipo de indagaciones podrá corroborarse por la escasísima bibliografía sobre exégesis y hermenéutica bíblicas que Paul Ricœur generó, y de la cual no hay suficiente material de consulta en el acerbo general de la Universidad, ya que ni en la Biblioteca "Ignacio Manuel Altamirano" ni tampoco en la Biblioteca Central "Juan Josafat Pichardo Cruz" hay algún material sobre el tema de investigación. La gran parte de los textos ricoeurianos aquí citados sobre este tópico, fueron conseguidos en instituciones teológicas de México y del extranjero.

Además, el presente objeto de estudio fue seleccionado porque en español todavía no existe una investigación que haga un acercamiento al pensamiento de Paul Ricœur como el que se propuso hacer en el presente trabajo. En buena medida, el estado de

[3] Stauber, Juan Carlos, "Paul Ricœur y su aporte a la hermenéutica bíblica", en *Anatéllei: se levanta,* Año 8, Nº. 15, Córdova, 2006, p. 91.

la cuestión en México se encuentra así, porque existe un prejuicio metodológico generalizado en los investigadores mexicanos al acercarse a un problema como el que se plantea al tratar de encontrar los puntos de coincidencia y de contacto entre una hermenéutica eminentemente filosófica y una exégesis de carácter bíblico-teológica. Esa ofuscación académica está vinculada muchas veces a un dogmatismo metodológico mal entendido. Debido al laicismo exacerbado y a la influencia del positivismo en el que nacieron las instituciones educativas mexicanas en el siglo XIX (en plena Reforma liberal) las disciplinas teológicas fueron desterradas de su estudio en los diferentes Institutos Científicos y Literarios (antecedentes directos de las actuales Universidades públicas estatales), confinándose a los Seminarios o Institutos bíblicos que las diferentes asociaciones religiosas organizaron para preparar a sus líderes. En el caso de Europa, Norteamérica y algunos países del hemisferio Sur, la teología se sigue estudiando en las Universidades, ya que la mayoría de ellas cuentan con una Facultad de Teología. En México, universidades privadas como la Iberoamericana o la Anáhuac, cuentan con alguna licenciatura o posgrado en teología. Hay que criticar este laicismo exacerbado que se vuelve fundamentalista, descalificando un acercamiento como el propuesto aquí. Habrá que recordar, sin embargo, que una sociedad que no tiene fundamentos simbólicos –como señalan Mircea Eliade y Paul Ricœur– se encuentra perdida o al borde del caos. La propuesta metodológica seguida por Paul Ricœur, y puesta en acción en la presente investigación, puede ayudar a despojarse de ese prejuicio. ¿Es necesario afirmar, no obstante, que la presente tesis, tanto por su contenido como por su método, es eminentemente filosófica? Por su contenido se inserta dentro de la antropología filosófica y la filosofía de la religión, y su método es el hermenéutico.

La importancia de este objeto de estudio tiene una doble vertiente: por una parte, la relectura de la aportación que Paul Ricœur hizo a la filosofía contemporánea; y por otra, en continuar con el diálogo fecundo que Ricœur desarrolló con otras disciplinas, algunas de ellas consideradas bien disímiles a la filosofía, como podría considerarse a la teología. Sin embargo, el trabajo filosófico de Ricœur consistió no solo en dialogar con esas disciplinas dispares, sino también en reactualizarlas, al hacer novedosas aportaciones y desafiándolas desde el ámbito propio de la filosofía. "En nuestra valoración, esto podría indicar en Ricœur una lógica "dia-lógica", superadora de una clásica lógica dialéctica. En esta última, la síntesis es siempre superadora de la posición antitética. En Ricœur, por el contrario, las oposiciones o polaridades no siempre se resuelven sino que son motor de objetivaciones en diálogo que suma, sin superar ni absorber a uno de sus términos. Por eso favorece los procesos de confrontación, con o sin consenso, siempre tolerante y receptivo".[4]

Un argumento más, a favor de la posibilidad de esta propuesta de investigación, reside en el hecho de que hasta ahora, al menos en la UAEMex, no existe todavía un acercamiento teórico como el que aquí se está proponiendo. Analizando el estado del arte, la mayoría de las tesis de postgrado disponibles en la Biblioteca "Ignacio Manuel Altamirano" de la Facultad de Humanidades, se enfocan en un acercamiento mayúsculo hacia el tema de la ética en Ricœur, y cuando se hace referencia a la hermenéutica ricoeuriana no se le vincula necesariamente con su propuesta ética, esbozada en este proyecto de investigación, a partir de su hermenéutica bíblica. La presente tesis buscó problematizar la obra ricoeuriana desde los siguientes planteamientos:

1. Evaluar la propuesta ética de Paul Ricœur a partir del problema del mal, tópico común tanto a la filosofía como a la teología.

2. Contrastar las aportaciones de la hermenéutica de Paul Ricœur tanto en el terreno de la filosofía como en el ámbito de la exégesis bíblica.

3. Examinar los problemas del lenguaje religioso y su relación con una hermenéutica de la Palabra.

Así mismo, las preguntas que dirigieron el derrotero de este proyecto estuvieron delimitadas por el objeto de estudio e intentaron dilucidar la cuestión sobre la pertinencia de tal investigación. Las

[4] *Ibíd.*, p. 101.

cuestiones que me propuse responder a través del largo itinerario de la presente investigación, fueron las siguientes:

1. ¿En qué medida la cultura bíblica de Paul Ricœur influyó en la formulación de su propuesta ética?
2. ¿Por qué el problema del mal es un desafío tanto para la filosofía como para la teología?
3. ¿Es posible una militancia religiosa sin comprometer esa "convicción" desde una "crítica" filosófica?

De tal suerte que, frente a la inmensidad de la generosa obra filosófica de Paul Ricœur en torno a la hermenéutica bíblica y su vínculo con la ética, dirigidos por los planteamientos recién enunciados y por las preguntas de investigación, la tesis aquí presentada que originalmente estaba proyectada para plantearse en tres capítulos, creció hasta llegar a cinco. De hecho, la lectura del propio Ricœur fue la que marcó la pauta para modificar en determinados puntos el esquema de contenido. En el primer capítulo se buscaron las coordenadas académicas y espirituales que orientaron el derrotero del quehacer filosófico ricoeuriano. A partir de la pregunta de investigación sobre el modo en que el texto bíblico –y sobre todo, la hermenéutica asociada a su interpretación teológica– influyó en la filosofía ricoeuriana y en la propuesta ética que depende de esta, se pasó revista en este primer momento a los puntos de partida de aquel itinerario filosófico que configuraron el acercamiento ricoeuriano sobre el tópico en cuestión. En primera instancia se analizó la impronta que Ricœur ha dejado en la filosofía del pasado siglo y cómo sigue impactando la de la presente centuria. Paul Ricœur se reveló así, como un corredor de fondo que pudo dialogar con las más diversas disciplinas humanas para acceder al misterio sobre el sentido del ser, ya que al final de *Finitud y culpabilidad* dice: "Apuesto a que comprenderé mejor al hombre y la relación entre el ser del hombre y el ser de todos los entes, si sigo la *indicación* del pensamiento simbólico". Así, la filosofía ricoeuriana se reveló como antropológica y ontológica, al mismo tiempo. Ricœur no rehuyó una reflexión necesaria sobre lo religioso, porque a partir de la lectura de Jules Lachelier pudo entender que la filosofía debe tratar de entenderlo todo, incluso los fenómenos religiosos del hombre de fe.

Que Paul Ricœur fue un hombre de profunda fe, no cabe la menor duda, ya que el francés fue un filósofo de expresión cristiana, aunque no un filósofo cristiano, si por ello se entiende un pensador dogmático. En ese primer capítulo se mostró que Ricœur desde su más tierna infancia fue sometido a un encuentro constante y sistemático con el texto bíblico a través de la lectura cotidiana de las Escrituras que se llevaba a cabo en el seno familiar. Desde ese encuentro con lo bíblico y teológico, Ricœur pudo reconocer años después, lo que denominaría genéricamente como "convicción" de un sujeto que ha sido convocado por una palabra que le precede, la Palabra de Dios. De ahí Ricœur puede decir: "la palabra es mi reino". Luego de hacer referencia al protestantismo reformado de Ricœur, se accedió a lo que constituyó su primera clase de filosofía en el Liceo.

En efecto, al encontrarse con Roland Dalbiez, Ricœur se decantó por hacer una carrera en filosofía y no en literatura como tenía planeado. El impacto que le causó Dalbiez es tan importante que lo reconoció siempre como su primer maestro de filosofía. De este profesor adquiere el carácter que le permitirá más adelante enfrentar cualquier problema filosófico sin amilanarse frente a lo desafiante que pudiera ser la cuestión que se esté enfrentando. También de él recibirá el encuentro entre filosofía y psicoanálisis gracias al ejercicio que su maestro llevó a cabo sobre la obra de Freud. Tiempo después se integró a las charlas filosóficas que Gabriel Marcel patrocinaba en su propia casa todos los viernes por la tarde. De esos encuentros con Marcel, Ricœur sabría que lo que quería ser en la vida era convertirse en filósofo, también en esas tertulias semanales aprenderá a pensar por sí mismo y a dar razones de ese pensamiento, sin recurrir a la autoridad de algún autor filosófico. ¿No constituye esto una primera afirmación de sí, como después propondría Ricœur en su ética narrativa?

Posteriormente encontrará la filosofía de Jean Nabert que le permitirá conjugar por primera vez el problema de Dios con el tema del mal. Propiamente hablando, será de este filósofo de quien adoptará la filosofía reflexiva. Esta propuesta filosófica le permitirá oponerse a las filosofías de la inmediatez del *cogito* cartesiano. La llamada *Filosofía de la voluntad*, de Paul Ricœur estará fuertemente influenciada por Nabert, tanto en *Lo voluntario y lo involuntario* como en *Finitud y culpabilidad.* A continuación Ricœur descubrirá el método fenomenológico husserliano, el cual conjugará con la filosofía reflexiva. Aquí se empiezan a atisbar ya sus primeros escarceos con la hermenéutica. Esta unión necesaria entre hermenéutica *fenomenológica* y fenomenología *hermenéutica* será posible gracias al doble acercamiento entre la filosofía de Heidegger y Gadamer. Ricœur también abrazaría la filosofía personalista de su compatriota Emmanuel Mounier, por quien siente un especial afecto y una afinidad intelectual. De hecho, a través de él, Ricœur quedará ligado a la revista filosófica francesa *Esprit.*

El segundo capítulo está enteramente dedicado a la génesis de la mencionada *Filosofía de la voluntad*, desarrollada en *Lo voluntario y lo involuntario* y en "El hombre falible" así como en "La Simbólica del mal", estas dos secciones presentadas en un solo volumen editado bajo el nombre de *Finitud y culpabilidad.* En este capítulo, en primer lugar se hizo referencia a lo que todavía a mediados del siglo pasado sucedía en Francia con los doctorantes al tener que presentar dos tesis. La principal de ellas fue justamente *Lo voluntario y lo involuntario,* la segunda era la traducción de *Ideen I* de Edmund Husserl, el filósofo alemán al que Ricœur consideraba como uno de sus tres grandes maestros. De ambos trabajos de grado se hace un amplio análisis, especialmente de la que Ricœur bautizó como su "gran tesis". Respecto a la traducción francesa de *Ideas I,* Ricœur tiene serias dudas sobre su publicación, no obstante, será Maurice Merleau-Ponty –el filósofo a quien Ricœur admiraba– el encargado de alentarlo para que fuera publicada. Sobre ella, se resalta la calidad de la traducción, pero además se indica el modo como Ricœur comenzó su trabajo en el campo de concentración nazi. Esto más que ser una simple anécdota, reviste especial importancia porque se da en un momento existencial único de "finitud", ya que forma parte del hombre que "actúa y sufre".

Respecto a la tesis principal, se trató de probar que ella recibe dos tipos de influencia en lo concerniente a la voluntad; por una parte, desde la *Ética nicomáquea* de Aristóteles, y por otra, desde el cristianismo paulino. Esto permite entrever una idea que acompañó a Paul Ricœur a lo largo del desarrollo de su filosofar: nadie comienza *originalmente* nada, porque no hay filosofía sin presupuestos previos. La *Filosofía de la Voluntad*, fue desarrollada en tres partes que fueron agrupadas en dos volúmenes, esto obedecía, como siempre, a preocupaciones particularísimas del propio Ricœur. La década de los 50's constituye la presentación del pensador francés en tanto filósofo debutante de amplias y sesudas consideraciones filosóficas. En la lectura y su consecuente análisis de *Finitud y culpabilidad*, pueden encontrarse algunos de los argumentos más fuertes de la presente investigación. Porque quien lee esta obra, se da cuenta de las profusas citas que Ricœur lleva a cabo de un texto antiquísimo como la Biblia hebrea y cristiana. Esta fue una de las principales razones por las que Ricœur fue acusado injustamente de ser un teólogo transmutado en filósofo. Por medio de los símbolos de la mancha, el pecado y la culpabilidad, Ricœur recurre sin ningún pudor a la Biblia como fuente alterna de la filosofía, o como lo que él llamaba "fuentes no filosóficas de la filosofía".

Su hermenéutica bíblica designa tópicos hasta ese momento inexplorados por un filósofo, porque podrían ser confundidos con la teología, más que ser considerados en estricto sentido como filosofía. Desde luego, el abordaje que desarrolla Ricœur ahí, de ningún modo puede considerarse como una "filosofía cristiana" sino más bien enuncia que, para un cristiano como Ricœur, es posible la filosofía. No solo es posible, sino obligatorio, porque la fe está llamada también ella misma a dar razones de su conocimiento. De ahí que Rudolf Bultmann propusiera en su *Glauben und Verstehen* que "la fe es comprender la revelación y la existencia propia como si fueran una misma cosa"[5]. A partir de las críticas que aquí y allá recoge Ricœur, por lo que muchos consideraban una intromisión

[5] Citado en la "Presentación" a Bultmann, Rudolf, *Creer y comprender*, Vol. I, trad. Eloy Requena, Studium ediciones, Madrid, 1974, p. 7.

de la teología en la filosofía, se opondrá diciendo; primero, que él es resultado de dos culturas: la griega y la judeo-cristiana; y segundo, que su talante griego está insertado dentro de la crítica, mientras que su condición judeocristiana está enmarcada dentro de la convicción. Crítica y convicción fue la síntesis que Paul Ricœur logró llevar a cabo en su fecundo quehacer filosófico.

Asimismo, dentro de este segundo capítulo se revisan a los innumerables teólogos (algunos de los cuales fueron filósofos también, como san Agustín, Rudolf Bultmann y Paul Tillich) con los que Ricœur dialogó para mostrar que el filósofo francés tenía una información abundante del quehacer teológico de su tiempo, ya que siguió puntualmente las aportaciones que los profesionales de la teología, tanto bíblica como dogmática, fueron haciendo en la dogmática cristiana, al mismo tiempo que Ricœur construía su propia propuesta filosófica. Contribuciones teológicas que Ricœur aquilató y a veces incorporó a su hermenéutica bíblica, acotando que incluso él mismo llegó a proponer interesantes lecturas sobre los textos bíblicos. Dos de los mejores ejemplos de este diálogo con la teología y con los teólogos de su tiempo, así como con la hermenéutica bíblica y la exégesis contemporánea, son dos libros en los que Ricœur contribuyó –como filósofo y exégeta– y que fueron publicados en la década de los setenta.

El primero de ellos publicado en 1971, lleva por nombre *Exégesis y hermenéutica*,[6] donde Ricœur se midió con exégetas franceses de la talla de Paul Beauchamp y Xavier Léon-Dufour, así como con lingüistas tan reputados como Roland Barthes y con psicoanalistas como Antoine Vergote, en un Congreso convocado para problematizar la cuestión entre la investigación histórica y la actualización hermenéutica. Este encuentro buscaba una nueva lectura y otros acercamientos al texto bíblico, distintos a los de la exégesis anclada en el método histórico crítico, a través de la nueva hermenéutica. Las intervenciones de Ricœur fueron las siguientes: "Del conflicto a la convergencia de los métodos en exégesis bíblica" (Conferencia de introducción); "Sobre la exégesis de Génesis 1:1-2:4a" (Conferencia); "Bosquejo de conclusión" (Conferencia final);

[6] Título original: PP. AA., *Exégese et herméneutique*, Éditions du Seuil, París, 1971.

así como un ensayo para ser leído previo al Congreso: *Reflexión sobre el lenguaje. Hacia una teología de la palabra,* (texto también publicado en *El lenguaje de la fe,* pp. 141-161).

El otro libro es *Exégesis. Problemas de método y ejercicios de lectura,*[7] en el que Ricœur publicó inicialmente: "La tarea de la hermenéutica", "La función hermenéutica de la distanciación" y "Hermenéutica filosófica y hermenéutica bíblica" (ensayos que más tarde fueron incorporados a *Del texto a la acción. Ensayos de hermenéutica II,* pp. 71-124). En una carta dirigida a uno de los editores de esta obra, Paul Ricœur, resumía su aportación al mismo, en los siguientes términos: "El título de mi contribución podría ser exégesis bíblica y hermenéutica. El tema sería la doble relación de la exégesis con la hermenéutica: como hermenéutica especial respecto de una hermenéutica general, como hermenéutica querigmática respecto de una hermenéutica considerada como canon".[8] De tal manera que esto confirma lo afirmado por Paul Ricœur acerca de que sus acercamientos intermitentes a la teología cristiana, estuvieron más empapados de exégesis y de hermenéutica que de teología dogmática o sistemática. No obstante, también echó mano de esta, criticándola en tanto filósofo y mostrando a veces, sus aporías.

En cuando al capítulo tercero, este desarrolla el tema de la hermenéutica filosófica y la exégesis bíblica. Comienza mencionándose las tertulias semanales que los agentes de predicación dominical (pastores) llevaban a cabo *sobre el texto bíblico* como un ejercicio doble: exegético y hermenéutico. Ricœur asistía a las mismas, y podría decirse que ahí enriqueció su lectura, ya de por sí habitual de la Biblia. Paul Ricœur propone una lectura no literalista, no fundamentalista ni sectaria, sino sapiencial, práctica, ética y libre de dogmas. Aquí cobra sentido la fe cristiana como una confianza depositada más que en un texto inerte, en una Palabra viva que sale al encuentro de los seres humanos en cuanto *Logos.* Ricœur recupera

[7] Título original: Bovon, François y Rouiller, Grégoire (comp.), *Exegesis. Problémes de Méthode et exercices de lecture,* Delachaux et Niestlé, Neuchâtel-París, 1975.

[8] Carta del 18 de julio de 1972 dirigida por Paul Ricœur a François Bovon. *Cfr,* Bovon, François y Rouiller, Grégoire (comp.), *Exégesis. Problemas de método y ejercicios de lectura,* trad. José Severino Croatto, Asociación Editorial La Aurora, Buenos Aires, 1978, p. 16.

la cuestión del *kerigma* cristiano como aquello que es más fundamental en esa palabra que es dirigida al hombre. Además, reconoce que él se ubica no solamente como asiduo lector de la Biblia, sino como oyente común de la predicación cristiana (y en escasas ocasiones también como predicador), basada en el texto bíblico. Encuentra en la escucha de esa palabra un tránsito del discurso hacia la acción, lo que Ricœur llama "transferencia del texto a la vida". Ricœur puede decir a partir de una confianza razonable, junto con el cristianismo mundial, un también: "yo creo".

Se desarrolla la idea ricoeuriana de que el lenguaje religioso es sensato, es decir, que tiene una coherencia lógica y que por lo tanto posee un sentido, sobre todo cuando la Iglesia busca comprender lo que predica, pero también, dialogar con otros que no creen según el modo de ella. Este encuentro con los agentes pastorales encargados de la proclamación dominical permite a Paul Ricœur desarrollar una hermenéutica que es un decir *haciendo,* y es un hacer *diciente;* en una frase, se trata de una "hermenéutica del decir y del hacer". Para Ricœur la tradición bíblica no es un falso saber, sino que se trata de un pensamiento humano, digno de estudio por parte del filósofo. Por ello, Ricœur menciona que existe una hermenéutica teológica que permite hacer especulaciones filosóficas en el terreno de lo bíblico. En este sentido, la filosofía le ofrece a la hermenéutica bíblica un apoyo extraordinario en su esfuerzo por entender vetustos textos y actualizarlos para el hombre de hoy. Así nace lo que Ricœur enuncia como una inteligencia de la fe. Para darse una idea de los ensayos que Paul Ricœur consagró a la hermenéutica del lenguaje religioso y a la exégesis bíblica, véase la nota al pie de página en *Del texto a la acción. Ensayos de hermenéutica II,* pp. 123-124).

En este capítulo también se analiza lo que aquí he llamado la "procesión" hermenéutica ricoeuriana que nace con la interpretación de los símbolos en *Finitud y culpabilidad,* que parte del aforismo *doble*: "El símbolo *da* que pensar" y "El símbolo da *qué* pensar". En esta etapa de su desarrollo intelectual Ricœur se mantiene en los márgenes de una hermenéutica centrada en los grandes símbolos. De aquí caminó, gracias a su encuentro con Freud, un crecimiento en el entendimiento de la hermenéutica. El método analítico de interpretación de los sueños practicado por el médico austriaco, provoca y genera un *plus* en la teoría de la interpretación. Este acercamiento a Freud, le permite un nuevo desarrollo en su teoría hermenéutica, pero también posibilita su autoexilio a EE. UU. por la incomprensión que *De l'interprétation-Essai sur Freud*, provocó en los círculos académicos franceses. Posteriormente Paul Ricœur transitó entonces de una hermenéutica de los símbolos, a una enunciada en los signos, y de ahí devino en una hermenéutica del sí frente al texto, desarrollada ampliamente en *Sí mismo como otro*. El capítulo culmina proponiendo que entre hermenéutica filosófica y exégesis bíblica puede darse un encuentro fecundo.

En el cuarto capítulo se desarrolla el tema insondable del mal, cuestión común a la filosofía y a la teología. De hecho, el título del capítulo, "El mal. Un desafío a la filosofía y a la teología", recupera un ensayo de Ricœur con el mismo nombre. Como se sabe, el tema del mal es uno de los más recurrentes en la filosofía ricoeuriana. El primer apartado del capítulo recupera un debate antiquísimo sobre la cuestión de la libertad como uno de los grandes temas dentro de la ética. Ahí se problematizó el tópico del "libre albedrío" frente al "siervo-arbitrio". Ricœur afirma que el mal tiene el significado de mal porque es obra de una libertad, el ser humano no tiene más remedio que declarar: yo soy el autor del mal.

También se inquirió a partir preguntas como las siguientes: ¿Cómo puede la voluntad humana estar *ligada* (siervo-arbitrio) y ser *libre* (libero-arbitrio), al mismo tiempo? ¿Es esto posible? ¿Pueden coexistir Dios y el mal? En esta sección se reflexionó sobre el «mito adámico», la interpretación que de él hizo san Agustín de Hipona, y la crítica que Ricœur ejerció sobre esta interpretación teológica, sobre todo en lo referente a las ideas del llamado "pecado original" y de la "caída". La feroz crítica de Ricœur contra ese concepto de un pecado "natural" transmitido de generación en generación, es francamente chocante para el filósofo francés y lo considera un "falso saber" que debe ser eliminado del imaginario cristiano, pero también toma nota de la construcción histórica que de ese tema se hizo. No deja de reconocer que es un símbolo racional en lo referente al tema del mal. De hecho, Ricœur toma a san Agustín como piedra angular para construir a partir de ahí una hondísima reflexión sobre el mal.

Posteriormente se examinó el tema del mal no como teniendo alguna sustancia sino presentándolo como el no-ser. A partir de la interpretación que el filósofo africano hace sobre el mal, de hecho no se podría plantear la pregunta sobre ¿qué es el mal?, porque se le estaría dotando de sustancia, la pregunta debe transmutar hacia esta otra: ¿de dónde proviene que haga el mal? Si el mal no tiene sustancia, tampoco es pre-existente al ser humano, entonces el mal tiene que ser asumido por aquel que lo ejecuta o lo lleva a cabo, sin imputárselo a alguien más, en un enunciado performativo debe responsabilizarse del mismo. Ricœur ejercerá una crítica al gnosticismo sin dejar de señalar que fueron los gnósticos quienes primero se plantearon con mucha profundidad este tema a través de la pregunta πόθεν τὰ κακά. Luego se hace un análisis del mal dentro de la tragedia griega: *Tôn páthei máthos* (τὸν πάθει μάθος): «Por el dolor, el conocimiento». En este estadio de la investigación se afirma que la filosofía debe dejarse instruir por la tragedia. El planteamiento central de este capítulo es cuestionar si la filosofía y la teología, podrían transitar juntas un camino común que inquiera sobre el tema inabarcable del mal.

Finalmente, el capítulo cinco presenta ejemplos de los ejercicios de hermenéutica bíblica y ética. Aquí se siguen los planteamientos que Paul Ricœur efectuó sobre cuestiones éticas prácticas, vinculadas a temas como la guerra, la violencia, el asesinato, la economía, el suicidio, el amor y el odio, entre otros. En ese último capítulo se muestra a un pensador creativo que engarza su propuesta ética con los sesudos análisis en el campo de la exégesis y la hermenéutica bíblicas. En este capítulo se revisan los ejercicios donde Paul Ricœur da preponderancia al análisis ético del Siervo de Yahvé, del Sermón del Monte, de la Regla de Oro y del Nuevo Mandamiento de amar a los enemigos, y de ahí extrae lo que podría llamarse motivaciones éticas. Este capítulo recorre el largo trayecto que Ricœur mismo efectuó en su hermenéutica bíblico-teológica y su culminación en una propuesta ética a partir de aquella.

El aparato crítico que acompaña la presente investigación es bastante robusto porque siempre se buscó la rigurosidad conceptual en el análisis de la obra ricoeuriana. Se trató en la medida de lo posible que cada aserción tuviera el debido sustento académico. La bibliografía también es amplia porque gracias a la luz que la lectura de Paul Ricœur fue arrojando a lo largo de la redacción de esta tesis, siempre que fue posible acceder a los textos y autores con los que el francés dialogó, se citaron o se hicieron explícitos. La amplitud del diálogo ricoeuriano se muestra a lo largo de los cinco capítulos. Por supuesto, también se consultaron los textos bíblicos a los que Ricœur hizo referencia, en algunos casos, incluso en sus lenguas originales, hebreo y griego. Se tiene que decir una palabra sobre el modo como aquí se citó a Ricœur. Siempre que se trataba de un texto que fue escrito como una obra homogénea, este se vertió por su nombre particular, es decir por el nombre del libro. Cuando se consultaron escritos antológicos como *El conflicto de las interpretaciones*, *Historia y verdad* o *Del texto a la acción. Ensayos de hermenéutica II*, se citaron los ensayos por su nombre –y no por el nombre general del libro– y se proporcionó el año de su publicación y el lugar donde apareció por vez primera el ensayo o el artículo, para resaltar la continuidad del pensamiento ricoeuriano en torno a ciertos tópicos y la época por la que fueron abordados.

También es necesario dar una palabra de gratitud y reconocimiento a mi gran amiga argentina, Lucía Maureliz, quien hizo todo lo posible para que pudiera efectuar una estancia académica de un mes por Argentina y Uruguay, lo que me permitió encontrar libros fundamentales para esta obra. De no haber sido por ese viaje, esta tesis no habría contado con la bibliografía necesaria e imprescindible para su elaboración. Esta tesis se completó gracias a varios libros que ella compró, incluso libros de segunda mano, o a la obtención de fotocopias de aquellos que ya no se editan más. Asimismo a mi colega psicólogo, Hugo Gallardo Duarte, quien me informó que en la biblioteca de la Comunidad Teológica de México (CT de M) se encontraba un libro de exégesis y hermenéutica donde Ricœur había sido colaborador. Por lo demás, el apoyo y acompañamiento atento del Dr. Adolfo Díaz Ávila, mi tutor, quien fue el primer lector de la incipiente redacción que se gestó paso a paso, a veces muy lenta y otras veces en el silencio, el ostracismo y la incertidumbre total. Sus atinados consejos, las sugerencias siempre pertinentes para incluir bibliografía que no había sido tomada en cuenta o que era ignorada por mí, incluso el préstamo de libros, contribuyeron de manera efectiva a la consolidación de la presente tesis. Los errores u omisiones que pudieran encontrarse en el presente texto, son únicamente míos. Vaya también una palabra de agradecimiento para Francisco Domínguez Solano y María del Rosario Guzmán Alvirde, profesores de francés, quienes revisaron mis traducciones personales de los libros y artículos de Paul Ricœur que fueron citados del francés por no existir traducción española. No puedo dejar de mencionar a mi gran amiga Sandra Gabriela Pichardo Arellano, por la complicidad académica compartida al final de la elaboración de esta tesis. Sus comentarios sobre errores evidentes de estilo fueron muy importantes para que este escrito tuviera menos faltas, así como su compañía y presencia continua cuando mi espíritu desfallecía.

Desde luego no podría olvidar aquí el sistemático apoyo que me proporcionaron mis alumnos de Biblia y Teología en nuestras tertulias nocturnas de los viernes, me refiero a los matrimonios conformados por Rogelio Rodríguez Ruíz y María de Jesús Galindo Galindo, Humberto Flores Hurtado y Laura Virginia Rodríguez Contreras, así como Manuel Porras Rivera y Sandra Luz Domínguez Zavala, quienes me permitieron compartir con ellos, mucho de los ejercicios de hermenéutica bíblica ricoeuriana que fui aplicando en mi propia lectura del texto bíblico y en el análisis teológico de algunas doctrinas cristianas que hemos estudiado a lo largo de más de un año. Además, deseo agradecer el sustento económico que recibí, primero para viajar a Argentina y Uruguay, y también para la impresión de esta tesis. Sin ese sostén moral y económico esta tesis no habría sido concluida con éxito. Por su valiosa contribución, ánimo constante y estímulo sin cortapisas, a todos ellos: ¡Muchas gracias! Finalmente, quiero agradecer el amor y la comprensión de Emmanuel y Sofía, mis amados hijos, a quienes robé parte del escaso tiempo que pasamos juntos, también ellos padecieron y acompañaron este peregrinar académico.

Concluida esta larga investigación, no me resta sino decir que terminado *momentáneamente* este texto, ya no me pertenece más, sino que ha venido a formar parte de esa comunidad hermenéutica universitaria y eclesiástica, a las que felizmente me encuentro ligado.

Emmanuel Flores-Rojas
Toluca de Lerdo, Estado de México, 13 de julio de 2018

Capítulo I

Puntos de partida de un itinerario filosófico

Una obra, si lo es de veras, no es sino la terca reiteración de dos o tres obsesiones. Cada cambio es un intento por decir aquello que no pudimos decir antes…[1]

Octavio Paz

Mis obras son las huellas que dejo. La historia de mis puntos de vista filosóficos puede ser de interés, pero la historia de mi vida es nula. Nadie está interesado en mi vida y, por lo demás, mi vida es mi obra. Si quieres escribir sobre mí, simplemente escribe sobre mis libros y artículos filosóficos.[2]

Paul Ricœur

---

[1] Paz, Octavio, *Obras completas, II. Obra poética I (1935-1970),* 4ª reim., Fondo de Cultura Económica (FCE)-Círculo de Lectores, Ciudad de México, 2006, p. 17.

[2] Ricœur, Paul, citado por Vergara Anderson, Luis, "Paul Ricœur (1913-2005)", en *Historia y Grafía* No. 24, 2005, pp. 241-248. (Fecha de consulta: 12 de abril de 2016). Disponible en: http://www.redalyc.org/articulo.oa?id=58922830009.

1. La impronta de Paul Ricœur en la filosofía del siglo XX

Paul Ricœur nació el 27 de febrero de 1913 en Valence (Drôme), Francia y falleció el 20 de mayo de 2005, en Châtenay-Malabry (Altos del Sena), a los 92 años de edad. Ricœur perteneció a esa extraordinaria generación de filósofos franceses entre quienes se encuentran Jean Nabert (1880-1961), Gabriel Marcel (1889-1973), Emmanuel Mounier (1905-1950), Jean-Paul Sartre (1905-1980), y Maurice Merleau-Ponty (1908-1961), entre otros. Él es, sin duda alguna, uno de los grandes filósofos del siglo XX, ya que su obra y pensamiento constituyen toda una *summa* filosófica, desarrollada a lo largo de más de sesenta años ininterrumpidos de intensa actividad intelectual. Este filósofo francés recibió muy temprano la influencia de la filosofía reflexiva francesa, del existencialismo (sobre todo en su vertiente cristiana), del personalismo, de la fenomenología, de la hermenéutica y de la exégesis bíblica.

Sus estudios fenomenológicos y hermenéuticos contienen una profundidad ontológica que es insoslayable para el estudio de la filosofía del último siglo y, sin duda, seguirá impactando la filosofía del siglo XXI. "El rigor intelectual de Ricœur hizo que su influencia fuera enorme, principalmente entre los filósofos de inspiración cristiana, teólogos o hermeneutas, pero también fue reconocido por todo tipo de filósofos del lenguaje, críticos literarios, filósofos del derecho, filósofos morales, historiadores, juristas e incluso psicoanalistas".[3] Por la bastedad de su obra filosófica, la impronta de Paul Ricœur ha marcado hondamente el pensamiento y la filosofía occidentales, como sostiene Felipe López Veneroni:

> La obra de Ricœur es basta en sentido ecuménico; generosa en su pluralidad teórico-conceptual y luminosa en un sentido profundamente humanista. Filósofo, teórico literario, filólogo, antropólogo, crítico cultural, hombre de Fe y visionario,

[3] Eymar, Carlos, "En memoria de Paul Ricœur", *El Ciervo: revista de pensamiento y cultura*, No. 562-563, julio-agosto 2005, pp. 34-36. Disponible en https://www.elciervo.es/index.php/archivo/3027-2005/numero-652-653/270-alias_315 (Consultada el 21 de septiembre de 2016).

> Ricœur fue uno de los pensadores modernos que, al lado de Ernst Cassirer, Mircea Eliade, Hans-Georg Gadamer y Gilbert Durand, transformó el horizonte del pensamiento occidental al hacer de lo simbólico el centro vital, la médula neurálgica que conecta a todo lo humano con lo humano mismo, a través de la inquisición incesante del *sentido*: su posibilidad y su excedente.[4]

Junto con Martin Heidegger (1889-1976) y Hans-Georg Gadamer (1900-2002), fue uno de los principales representantes de la hermenéutica contemporánea o neo-hermenéutica. La filosofía de Paul Ricœur es de una honda reflexión ontológica que implica un doble acercamiento, tanto hermenéutico como ético. En un libro dedicado a este filósofo, Alfredo Martínez Sánchez observaba en 1999 que la obra filosófica de Ricœur era basta y muy amplia, de ahí, su complejidad y riqueza, a pesar del desdén silencioso al que fue sometido en Francia:

> Ricœur se ha revelado como un *corredor de fondo* de la filosofía, atravesando el silencio que a veces se ha hecho en torno suyo, favoreciendo la relación entre distintas tradiciones filosóficas, y extendiendo su influencia en múltiples campos: la ética, la teoría literaria, la filosofía política y del derecho, la exégesis bíblica, la filosofía de la historia, la teoría de la acción, etc. Ha intervenido en distintas ocasiones en los debates que plantea la vida social y en muchas de las controversias filosóficas más relevantes de las últimas décadas.[5]

A pesar de ello, no fueron pocos los detractores de la filosofía de Ricœur, llegando algunos incluso a afirmar que Paul Ricœur no pasaría a la historia de la filosofía, porque su obra supuestamente no era lo suficientemente importante como la de otros filósofos del siglo XX. En un momento dado, sus aportaciones filosóficas fueron

---

[4] López Veneroni, Felipe, "Paul Ricœur o la hermenéutica de la reconciliación. Discurso, tiempo y narración: Metáforas vivas", en Lince Campillo, Rosa María y Amador Bech, Julio (Coord.) *Reflexiones contemporáneas sobre los autores clásicos de la hermenéutica*", tomo II, UNAM, México, D. F., 2013, p. 161.

[5] Martínez Sánchez, A., *Ricœur (1913 -)*, (Biblioteca filosófica 98), Ediciones del Orto, Madrid, 1999, p.16. Las cursivas son del autor.

incomprendidas o no-entendidas dentro y fuera de Francia, ya que muchos miraban su trabajo filosófico con bastante recelo. En este sentido puede destacarse la entrevista que le fue realizada a Carlos Díaz (fundador del *Instituto Mounier* de España y también profesor de la Universidad Complutense de Madrid) el 20 de junio de 2005, un mes después de la muerte de Ricœur, y quien con un dejo de petulancia mencionó que Ricœur no pasaría a la historia de la filosofía. El entrevistador de la revista digital *Zenit* le inquirió sobre dónde o en qué modo se notaría la herencia de Ricœur, y quién la llevaría adelante. Esto es lo que el académico español contestó:

- **Zenit: ¿En qué se notará su herencia, y quién la llevará adelante?**
- Díaz: Su herencia –por lo antedicho– no se la disputará nadie en exclusiva, más bien su recuerdo será el de un pensador acogedor y amable.
  No aparecerá con signos destacados en ninguna parte. Que [Paul] Ricœur sea uno de los grandes filósofos del momento no significa que –en mi opinión– vaya a pasar a las historias de la filosofía, aunque seguramente será conocido por los más especialistas. Y todo esto porque Ricœur es más analítico que propositivo, en mi opinión.[6]

Por supuesto, opiniones negativas o reduccionistas y hasta ignorantes, como la anterior, nunca interfirieron en el trabajo intelectual de Paul Ricœur, quien más bien las tomaba con jocosidad y humor. Uno de sus últimos biógrafos, François Dosse, comparte el momento cuando finalmente se reunió con Ricœur, luego de la publicación

[6] Díaz, Carlos, "El pensamiento cristiano pierde a Paul Ricœur", *Zenit. El mundo visto desde Roma*, 15 de junio de 2005. (Recuperado el 28 de febrero de 2016) Disponible en: https://es.zenit.org/articles/el-pensamiento-cristiano-pierde-a-paul-ricœur/

Si bien no estoy de acuerdo con esta visión reduccionista sobre la filosofía elaborada por Paul Ricœur, si concuerdo con que Ricœur es muy analítico, de eso no cabe la menor duda, como más adelante en esta misma entrevista concede Carlos Díaz: "En lo que se refiere al terreno intelectual, lo que me anonada de Ricœur es su capacidad de entender a cualquier autor en cualquier idioma, su inteligencia para diseccionar analíticamente los problemas me parece casi inigualable." *Ibídem.*

de la primera edición (2001) de *Paul Ricœur: los sentidos de una vida.* En esa ocasión, Dosse acudía a su cita con el filósofo galo con cierto pesar, por las críticas exageradas que el joven periodista Didier Eribon había lanzado a la recién publicada biografía de Ricœur,[7] y que fueron vertidas en el semanario francés *Le Nouvel Observateur,* acusando a Ricœur "de intentar en vano equipararse a los mejores de su generación". Si bien esta crítica pudo herir a Ricœur, no lo hizo en lo más mínimo, sino que él la tomó con mucho humor, al indicarle a su biógrafo que no estaba mal ser el "Poulidor"[8] de la filosofía, en una clarísima referencia al deportista Raymond Poulidor, aquel ciclista profesional francés que había pasado a la historia del deporte en Francia, por ser el "eterno segundón", al terminar el Tour de Francia en segundo lugar en tres ocasiones, y cinco veces en tercer lugar.[9] Didier Eribon entró en polémica tanto con Ricœur, como con Dosse, porque él era un estructuralista consumado, y creía que nadie más en Francia podía escribir tan bien sobre el estructuralismo como él. En una entrevista para la "Revista de Cultura Ñ", del diario *Clarín* de Argentina, François Dosse comentó recientemente sobre esa polémica en los siguientes términos:

> Eribon era cronista de *Le Nouvel Observateur.* En primer lugar, no soportó mi «Historia del estructuralismo», entonces me hizo un artículo incendiario contra el libro porque él consideraba que era "su" propiedad privada: él había hecho un libro de entrevistas con Lévi-Strauss, otro con Dumézil, se hizo amigo de Bourdieu, o sea que el estructuralista era él, en su opinión. Que alguien viniera a dedicar dos tomos, más de 1.000 páginas, al estructuralismo era insensato. Por otro lado, yo tenía un punto de vista, como le dije, ambivalente respecto del Estructuralismo: veía su fecundidad, soy un admirador de Foucault, por ejemplo, pero en ciertos puntos yo critico también el paradigma

[7] Quien por su parte, era biógrafo y amigo personal de Foucault. Véase Eribon, Didier, *Michel Foucault*, Anagrama, Barcelona, 1992.

[8] Sin contar con la referencia a Raymond Poulidor, en español podría hacerse un juego de palabras que terminaría convirtiendo el apellido del ciclista francés en "pulidor", esto es, en el perfeccionador de la filosofía.

[9] Dosse, François, *Paul Ricœur. Los sentidos de una vida (1913-2005),* (trad. de Pablo Corona), Fondo de Cultura Económica (FCE), Buenos Aires, 2013, p. 15.

> estructuralista. Él era un adorador del Estructuralismo, de modo que, efectivamente, estábamos en contradicción. Y después, volvió a empezar a criticarme en *Le Nouvel Observateur*, porque no le gustó Ricœur y como para él Ricœur no es un militante del Estructuralismo, y además es cristiano, para él es un horror. Entonces escribió un artículo diciéndome, "Dosse trata de salvar un pensamiento viejo que no entendió nada de nada, espiritualista, que defiende el sujeto, que no entendió nada de las estructuras". Sí, fue un poco polémico.[10]

Didier Eribon critica a François Dosse por su biografía sobre Paul Ricœur, dando a entender que Ricœur mandó hacer una biografía a modo. Nada más falso, si se recuerda que Ricœur se negó rotundamente a conocer a Dosse o a brindarle una entrevista, mientras este escribía su biografía, cuya primera edición apareció en 1997; y que fue solo hasta su publicación que Ricœur accedió finalmente a encontrarse con Dosse. Estando en plena redacción, Dosse refiere que trató en vano de reunirse con su biografiado, cuando se lo propuso, Ricœur le contestó en forma por demás cortante: "No tengo ningún inconveniente en que usted trabaje sobre mí pero yo no quiero volver sobre mi pasado, tengo otras cosas que hacer".[11]

En ese momento, la puerta estaba cerrada, y así permaneció hasta que se publicó la biografía. La "construcción de la trama biográfica" llevada a cabo por Dosse, se hizo sin la interferencia, crítica ni aprobación de Ricœur en ningún momento: "Tal como explico en el prefacio de mi biografía de Paul Ricœur, realicé la construcción de la trama [*mise en intrigue,* según la expresión del propio Ricœur] biográfica sin entrevistarme con él en ningún momento, para respetar estrictamente su voluntad de no ser implicado en absoluto en ese trabajo. Mantuvo su habitual generosidad de acoger con benevolencia mi libro, del que solo tuvo conocimiento en el momento de su publicación".[12] Sin duda, la humildad era uno de los rasgos

[10] Pavón, Héctor, "Ricœur: la vida tiene sus sentidos", *Clarín,* 15 de julio de 2013. Recuperado el 29 de febrero de 2016 de: https://www.clarin.com/ideas/paul-ricœur-biografia-francois-dosse_0_rkMGpr8owXe.html

[11] *Ibídem.*

[12] Dosse, François, *Paul Ricœur-Michel de Certeau. La historia: entre el decir y el hacer,* (trad. de Heber Cardoso), Ediciones Nueva Visión, Buenos Aires, 2009, p. 7.

característicos de Ricœur,[13] quizá por eso se negó a reunirse con Dosse, y no lo hizo sino hasta la publicación de esa biografía, agradeciéndole a este su brillante esfuerzo.

Pero los enemigos intelectuales y los malquerientes de Paul Ricœur no acaban aquí, su discípulo François Azouvi, ha notado al transmitir un testimonio personal y muy cercano sobre el filósofo francés, que fue justamente en su natal Francia, donde no quisieron reconocer ni tomaron nota de la grandeza de uno de los hijos más preclaros de la filosofía europea, sino que vez tras vez, lo despreciaban o minimizaban su trabajo. Las invectivas de filósofos y psicoanalistas que le repudiaban e injuriaban por igual, no paran, especialmente de los estructuralistas y los lacanianos.[14] Cuando se publica *De l'interprétation-Essai sur Freud* en 1965, este no es bien

---

[13] Sobre el talante humilde de Ricœur, Carlos Díaz dice: "A un nivel meramente humano, cuando he tenido la suerte de encontrarme con él me ha llamado la atención su bonhomía, su trato delicado, aliñado por una cierta capacidad de humor, que no desemboca sin embargo en mordacidad. Junto a esto, su humildad –yo diría que hasta su ternura– para dialogar con cualquiera, incluso con los presuntuosos más ignorantes." Díaz, Carlos, *op. cit.* Recuperado el 28 de febrero de 2016, de https://es.zenit.org/articles/el-pensamiento-cristiano-pierde-a-paul-ricœur/.

En este mismo sentido, Catherine Goldenstein refiere que: "Lo que me sorprendió también [sobre Ricœur], pero que confirma lo que pensaba, es que se trataba de un hombre muy humilde. Tenía una gran humildad, nunca decía: "yo recibí una carta de Jean-Paul Sartre", creo que lo había olvidado. Me decía: "usted va a ver que no tengo correo importante". Pero hay mucho correo de gente importante. Pienso que era alguien para quien los honores y el dinero no eran importantes. Porque al final de su vida tuvo muchos premios, y los premios son el honor, pero también un cheque con dinero. Esto le era indiferente". Rodríguez Blanco, Maricel, *et. al.*, "Catherine Goldenstein, conservadora del Fondo Ricœur" (entrevista por Marie-France Begué) en *Ensemble* (Revista electrónica de la Casa Argentina en París), año 6, número 12. Disponible en: http://ensemble.educ.ar/entrevistas/catherine-goldenstein-conservadora-del-fondo-ricœur/ (Consultada el 7 de noviembre de 2016).

[14] *Cfr.*, "Pero también debe soportar el brutal rechazo de los althussero-lacanianos, quienes, en nombre de un cientificismo que pretenden encarnar, acusan a la hermenéutica de Ricœur de ser una espiritualidad avejentada y definitivamente superada. Como consecuencia de todo esto, un momentáneo descrédito golpea a Ricœur en la cima de la ola estructuralista, mientras que él vuelve a elegir la modernidad...". Dosse, François, "El filósofo en el corazón de la ciudad" (trad. de Hilda H. García), en *La Gaceta del Fondo de Cultura Económica* (No. 415), Ciudad de México, julio 2005, p. 12. Este artículo apareció originalmente en un número monográfico dedicado a Ricœur, de la revista francesa *Magazine Litteraire.*

recibido por los psicoanalistas franceses que no le perdonan que un filósofo lea *filosóficamente* a Freud, Ricœur así lo recuerda: "La recepción de este libro en Francia estuvo marcada por su rechazo por parte de Lacan, rechazo que manifestó públicamente, tanto en su seminario como en privado. Fui acusado de silenciar sus aportaciones sobre Freud, en las que suponía me había basado".[15]

François Azouvi añade que tarde, muy tarde, los franceses supieron de su intelecto excepcional, solo cuando en el extranjero empezaron las distinciones, los reconocimientos, los homenajes y los doctorados *honoris causa* para Ricœur, tomaron nota de que su compatriota era un gran filósofo; a fuerza de ese descubrimiento internacional, los galos se dieron cuenta que Paul Ricœur más que un maestro del pensamiento era un maestro para *hacer* pensar. Incluso refiere que luego de su jubilación, ninguna universidad francesa hizo nada para ofrecerle al menos una oficina o cubículo en alguno de sus campus:

> [...] Yo conocía las polémicas que había suscitado *De l'interprétation*, la fría acogida que había recibido por parte de los psicoanalistas, la guerra que le habían declarado los lacanianos. Más generalmente, en 1980, ni la Universidad ni el público habían dimensionado aún la importancia de su obra, ignorándola soberbiamente o criticándola en nombre de los ídolos del día. Era la época en que él enseñaba muchos meses por año en los Estados Unidos, y en que escribía *Temps et récit*, cuyo primer volumen aparecería en 1983 y concentraría sobre su autor, por fin, la atención que merecía. Atención, por lo demás, que le fue prodigada antes por los historiadores que por los filósofos, aquellos fueron los últimos en Francia en notar que un gran filósofo era su compatriota. [...]
>
> La Universidad no está compuesta solamente de tontos o pretenciosos, aunque sea preciso. Pero es raro que tan real

N° 390, septiembre de 2000, "Dossier Paul Ricœur morale, histoire, religion: une philosophie de l'existence".

[15] Ricœur, P., *Crítica y convicción. Entrevista con François Azouvi y Marc Launay*, (trad. Javier Palacio Tauste), Editorial Síntesis, S. A., Madrid, 1995, p. 98. En adelante citado únicamente como "Crítica y convicción".

> modestia esté vinculada tan naturalmente a tanto saber, a tantos doctorados *honoris causa,* a tanta verdadera ecuanimidad ante los honores. Aquellos que le han dado los franceses han sido tardíos, y es notable que no haya sido la Universidad la más apresurada en manifestarle su deuda. No había ni amargura ni resentimiento, solamente incomodidad, para él que no disponía desde su retirada de ninguna oficina en universidad francesa. El reconocimiento le ha llegado, y después de todo, lo que es sin duda mejor, del público, que ha pensado que la fórmula "gran filósofo" podía comprenderse no solamente en el pasado. Fue feliz con ello.[16]

Además, la grandeza de Paul Ricœur como filósofo del siglo XX se deja sentir también en la bastedad y variedad de sus lecturas, porque Ricœur, antes de ser un eminente filósofo y un gran maestro de la filosofía, es ante todo, un eximio lector. "Ricœur era, en efecto, un extraordinario lector, no tanto por la amplitud y diversidad de sus lecturas, otros también se han mostrado capaces de ello, sino por su capacidad de amplificar los pensamientos que comentaba".[17] A la luz de lo anterior, hay que preguntarse: "¿Qué intención anima al autor en sus diálogos con el psicoanálisis, la literatura, la historia, las ciencias positivas y también con el cristianismo?"[18] Para tratar de responder a esa cuestión, es importante señalar qué es entonces, lo que trae consigo la lectura y análisis de la obra filosófica de Paul Ricœur, ya que:

> Cuando usted lee a Ricœur, lee al mismo tiempo toda la historia de la filosofía con la cual dialoga. Nos introduce a Aristóteles, a Husserl, a la filosofía continental, a la filosofía analítica, a Jaspers, etcétera, o sea que hace ese puente de un continente al otro, de una civilización a otra, de una época a otra, y va hasta el final de ese acompañamiento sin dejar de afirmar sus

[16] Azouvi, François, "Testimonio", en Mena Malet, Patricio (Comp.), *Fenomenología por decir. Homenaje a Paul Ricœur*, 1ª ed., Universidad Alberto Hurtado, Chile, 2006, pp. 57, 61.

[17] *Ibíd.*, p. 60.

[18] Fiasse, Gaëlle (Coord.), "Introducción", en *Paul Ricœur. Del hombre falible al hombre capaz*, Ediciones Nueva Visión, Buenos Aires, 2009, p. 11.

> posiciones, lo que él cree. De modo que es un gesto de humildad, un gesto de acogida del pensamiento del otro y también con una fuerte convicción. Además, es un filósofo que, justamente por su humildad, no tiene una postura arrogante del filósofo que solamente lee filosofía, sino que va a integrar a todas las disciplinas circundantes. Será lector de Freud, va a dialogar con la historia, con el campo político, va a leer toda la literatura cognitivista a los 90 años, utilizará incluso la literatura: Thomas Mann, Proust, Virginia Wolf... Es alguien que no tiene fronteras y trata de pensar todo lo que es pensable. Y por ende sale ganando al pensar que la filosofía en definitiva no tiene un territorio, no es un recinto cerrado, la filosofía es una mirada y esa mirada está en el afuera de lo filosófico.[19]

A partir de los libros biográficos que se han escrito sobre este filósofo como *Crítica y convicción: Paul Ricœur* (Entrevista con François Azouvi y Marc de Launay), así como de *Paul Ricœur. Los sentidos de una vida (1913-2005)* de François Dosse y de la propia *Autobiografía intelectual* escrita por Ricœur, se pueden esbozar cuáles fueron aquellas primeras influencias que marcaron su itinerario como filósofo. El mismo Ricœur se interrogaba: "¿Cuáles son los presupuestos propios de la tradición filosófica a la que pertenezco?"[20] Aquí se tratará de señalar cuáles fueron esos presupuestos que configuraron el derrotero filosófico que tomó Paul Ricœur. La importancia de este objeto de estudio tiene una doble vertiente: por una parte, la relectura de la aportación que Paul Ricœur hizo a la filosofía contemporánea; y por

[19] Pavón, Héctor, *op. cit.* Disponible en: https://www.clarin.com/ideas/paul-ricœur-biografia-francois-dosse_0_rkMGpr8owXe.html (Consultada el 14 de marzo de 2016).

[20] Ricœur, Paul, "Acerca de la interpretación" (1983 y 1987), en *Del texto a la acción. Ensayos de hermenéutica II,* (trad. de Pablo Corona), 2ª ed., FCE, Buenos Aires, 2010, p. 27.

Este texto apareció en numerosas publicaciones, primero en inglés y francés: *Philosophy in France today,* Cambridge University Press, 1983, y *L'Enciclopédie Philosophique,* París, PUF, 1987. Luego también en español, en una obra colectiva en homenaje a Paul Ricœur, aunque con otro nombre: "Narratividad, fenomenología y hermenéutica" como epílogo a Aranzueque, Gabriel (ed.), *Horizontes del relato. Lecturas y conversaciones con Paul Ricœur,* (Cuaderno Gris) Universidad Autónoma de Madrid, Madrid, 1997, pp. 479-495. Reproducido después en *Analisi: quaderns de comunicacio i cultura,* No. 25, 2000, p. 189-207.

otra, en continuar con el diálogo fecundo que este filósofo francés desarrolló con otras disciplinas, algunas de ellas consideradas bien disímiles a la filosofía, como podría considerarse a la teología. Sin embargo, el trabajo filosófico de Ricœur consistió no solo en dialogar con esas disciplinas dispares, sino también en reactualizarlas, al hacer novedosas aportaciones y desafiándolas desde el ámbito propio de la filosofía, como comenta Tomás Domingo Muratalla:

> Su aportación a la filosofía contemporánea es inmensa. Es, sin lugar a dudas, una de las grandes filosofías de nuestro tiempo. Se ha movido en la órbita de las grandes corrientes de la filosofía contemporánea, y ha contribuido como casi ninguna otra al desarrollo de los grandes temas de la filosofía más actual. Saberes tan dispares como el psicoanálisis, la semiótica, el estructuralismo, el marxismo, la fenomenología y la historia de las religiones, la retórica, la narratología, las ciencias históricas y políticas, etc., tienen cabida en sus planteamientos –planteamientos de los que esas mismas ciencias y saberes aprenden y con los que se enriquecen–. Pocos autores han contribuido tanto en tantos campos, pocos autores han contribuido a relanzar disciplinas que habían llegado a ciertas situaciones de callejón sin salida y de impasse.[21]

1.1 El filósofo y el político: Paul Ricœur y Emmanuel Macron

Antes de concluir el presente apartado es interesante señalar la influencia que Paul Ricœur ejerció sobre el mandatario francés, Emmanuel Macron, ya que Ricœur fue mentor del joven político Macron, quien cuando era ministro de economía con Manuel Valls, se decía seducido por la filosofía: "J'ai adoré la philosophie [...], mais j'ai vite éprouvé le besoin d'action, d'être au contact d'un

[21] Domingo Muratalla, Tomás, "Bioética y hermenéutica. La aportación de Paul Ricœur a la bioética", *Veritas. Revista de Filosofía y Teología*, vol. II, no. 17, Valparaíso, 2007, p. 282.

certain quotidien".[22] Macron, quien hoy despacha en el Palacio del Elíseo (*Palais de l'Élysée*), fue estudiante de filosofía en la Universidad de Nanterre, y luego gracias a los buenos oficios de François Dosse, de quien también fue alumno, se convirtió en asistente editorial de Paul Ricœur, a quien ayudó en la preparación y publicación de su monumental *La memoria, la historia, el olvido,* en un no muy lejano año 2000.

> C'est François Dosse qui met les deux hommes en contact. Le futur ministre fait alors partie de ses étudiants à Sciences-Po. Il va entrer au service du grand penseur protestant en tant qu'assistant éditorial jusqu'à la parution du travail en cours. L'enseignant [Ricœur] évoque dès le début «un phénomène de fascination mutuelle». [...]
>
> Entre ces deux êtres, l'écart d'âge aurait pu instaurer une distance définitive. C'est l'inverse qui se produit. «Les archives de Paul Ricœur contiennent un grand nombre de notes et de commentaires d'Emmanuel Macron, et le ton qui est utilisé n'est pas celui d'un jeune étudiant. Il s'exprime avec une certaine autorité, celle d'un contemporain», témoigne Catherine Goldenstein".[23]

---

[22] "Emmanuel Macron, de la philosophie au ministère de l'Économie", *Philosophie Magazine*, 27/08/2014. Consultada el 25 de octubre de 2017, disponible en: http://www.philomag.com/lactu/breves/emmanuel-macron-de-la-philosophie-au-ministere-de-leconomie-10140.

"Me encantó la filosofía [...], pero rápidamente sentí la necesidad de la acción, para estar en contacto con lo cotidiano". (Traducción propia).

[23] Bernole, Claire, "Ricœur et Macron, le philosophe et l'étudiant", *Réforme. Hebdomadaire protestant d'actualité,* 15 de mayo de 2017. (Consultada el 25 de octubre de 2017). Disponible en: https://www.reforme.net/actualite/politique/ricœur-et-macron-le-philosophe-et-letudiant/

"Fue François Dosse quien puso a los dos hombres en contacto. El futuro Ministro formaba parte de sus estudiantes de ciencias políticas. Entrará al servicio del gran pensador protestante como asistente editorial hasta la publicación de la obra en curso. El profesor [Ricœur] evoca desde el principio "un fenómeno de fascinación mutua". [...]

Entre estos dos seres, la brecha de edad podría haber establecido una distancia definitiva. Sucede lo contrario. Los archivos de Paul Ricœur contienen un gran número de notas y comentarios de Emmanuel Macron, y el tono que se utiliza no es el de un joven estudiante. "Se expresa con cierta autoridad, la de un contemporáneo", testifica Catherine Goldstein". (Traducción personal).

Justo en *La memoria, la historia, el olvido,* Paul Ricœur reconoce el trabajo que su discípulo Emmanuel Macron había llevado a cabo como su asistente personal: "Pongo aparte los nombres de los que, además de su amistad, me han hecho compartir su competencia: [...] finalmente, Emmanuel Macron, a quien debo la crítica pertinente de la escritura y la configuración del aparato crítico de esta obra".[24] Por otra parte, Macron es miembro del comité de redacción de la revista *Esprit,*[25] para la que escribió en agosto del año 2000, una presentación de ese libro: «La Lumière blanche du passé. Lecture de *la Mémoire, l'historie, l'oubli,* de Paul Ricœur». Emmanuel Macron presenta uno de los últimos libros de Paul Ricœur enfocándose en su pregunta central: ¿cuál es la representación de una cosa pasada? Desde la ambición de la fidelidad de la memoria hasta el objetivo veraz de la historia a través de la certificación del testimonio, el enigma de la representación de una cosa desaparecida retoma el problema de la confianza en la realidad apuntada ya en *Sí mismo como [un] Otro.*[26] Interesante es también resaltar un libro de reciente publicación, sobre el encuentro entre el filósofo Ricœur y el político (también con formación filosófica) Macron: *Le philosophe et le président. Ricœur & Macron,* del historiador francés, François Dosse.[27]

[24] Ricœur, P., *La memoria, la historia, el olvido,* (trad. de Agustín Neira), 2ª reim., FCE, Buenos Aires, 2013, p. 15.

[25] "Emmanuel Macron, de la philosophie au ministère de l'Économie", en *Philosophie Magazine,* publicado el 27/08/2014. Disponible en: http://www.philomag.com/lactu/breves/emmanuel-macron-de-la-philosophie-au-ministere-de-leconomie-10140 (Consultado el 24 de noviembre de 2016).

[26] Macron, Emmanuel, "La Lumière blanche du passé. Lecture de *la Mémoire, l'historie, l'oubli,* de Paul Ricœur", *Esprit,* Nos. 266-267, Paris, août-septembre 2000. Disponible en línea: http://www.esprit.presse.fr/archive/review/article.php?code=9371 (Consultado el 7 de noviembre de 2017).

[27] Dosse, François, *Le philosophe et le président. Ricœur & Macron,* (Collection: Essais), Stock, Paris, 2017, 256, pp. *Cfr.*, http://www.editions-stock.fr/le-philosophe-et-le-president-9782234084483 Consultada el 7 de noviembre de 2017.

2. La recepción de su herencia protestante

2.1 Destellos de una peripecia familiar

> La propuesta de [Paul] Ricœur estuvo fundada en el diálogo, llano, respetuoso y abierto con las más diversas corrientes del siglo pasado, pero también acrisolada en el dolor, propio y ajeno, social e íntimo, de aquel que tras superar las heridas de la orfandad o la guerra debió poner a prueba su norte en la pérdida trágica de uno de sus hijos. La coherencia de Ricœur lo dice todo, y su sencillez son para nosotros una luz de sensatez para interpretar los textos sagrados…[28]
>
> Juan Carlos Stauber

Paul Ricœur experimentó la finitud y el dolor, cuando siendo apenas un bebé, quedó huérfano de madre, por la muerte prematura de esta, acaecida a los 7 meses de nacido, aquí se presentan unas breves líneas de esta terrible circunstancia familiar. Ricœur así recuerda esa infeliz pérdida y el vacío que le dejó, el cual no pudo ser llenado por nadie:

> No cabe duda de que esta estructura familiar me proporcionó un importante asidero –puesto que la educación que recibí ejerció una influencia muy fuerte– y que supuso, al mismo tiempo, algo muy traumático, porque la rama materna había desaparecido, porque la muchacha que me criaba [su tía soltera] se encontraba bajo la tutela de una personalidad ancestral y porque, además, la figura paterna –figura heroica y modelo inalcanzable, muy pronto cuestionado– estaba ausente. De vez en cuando veía a algunos primos y primas, sin que el espacio materno fuera jamás llenado. En el fondo, solo he llegado a comprender la figura de la madre a partir del modo en que mi mujer era percibida por mis hijos. La palabra "mamá" ha sido un término que ha podido ser pronunciado por mis hijos, pero nunca por mí.[29]

---

[28] Stauber, Juan Carlos, "Paul Ricœur y su aporte a la hermenéutica bíblica", en *Anatéllei: se levanta,* Año 8, N°. 15, Córdova, 2006, p. 91.

[29] Ricœur, P., *Crítica y convicción,* trad. Javier Palacio Tauste, Editorial Síntesis, S. A., Madrid, 1995, p. 13.

En efecto, lo mismo que León Tolstoi,[30] Ricœur nunca pudo pronunciar la palabra mamá, porque cuando ella murió, Ricœur todavía no sabía hablar. Luego, a los dos años de edad, murió su padre en septiembre de 1915 en la batalla de Marne,[31] como combatiente, a comienzos de la Primera Guerra Mundial. Su cuerpo no sería encontrado sino hasta 1932, gracias a su placa.[32] Por lo demás, Ricœur recuerda que el acontecimiento más sobresaliente de su niñez, fue saberse huérfano: "El suceso decisivo de mi infancia fue ser huérfano de guerra, es decir, hijo de una víctima de la Primera Guerra Mundial, de un padre que llevaba ya varios meses viudo cuando murió..."[33]

El nombre de su padre era Jules Ricœur y el de su madre Florentine Favre. A la muerte de sus padres, sus abuelos paternos se hicieron cargo de él y de su hermana mayor, Alicia, quien murió en 1932 a los 21 años.[34] Incluso, como refirió su esposa Simone

[30] "A los ochenta años [León Tolstoi] había escrito en su Diario: «Todo el día he sentido una impresión estúpida y triste. Hacia la noche este estado de ánimo se ha transformado en un deseo de caricias, de ternura. Hubiera deseado, como en mi infancia, apretarme contra un ser amante y compasivo, llorar con dulzura y ser consolado... Volver a ser pequeño y acercarme a mi madre, tal como la imagino. Sí, sí, a mi madre, a la que nunca pude dar ese nombre, porque yo no sabía hablar todavía cuando ella murió... Ella es mi más alta representación del puro amor, no del frío amor divino, sino del cálido amor terrestre, maternal... Tú, mamá, tómame, mímame... Todo esto es locura, pero todo esto es verdad»". Tolstoi, León, citado por Arturo Uslar-Pietri, en el "Prólogo" de *La muerte de Iván Ilich. El Diablo. El padre Sergio,* trad. José Laín Entralgo, (Biblioteca Básica Salvat), Salvat Editores, S. A., Navarra, 1969, p. 14.

[31] Dosse, François, "El filósofo en el corazón de la ciudad", *La Gaceta del Fondo de Cultura Económica* (No. 415), Ciudad de México, julio 2005, p. 11.

[32] Ricœur, P., *Crítica y convicción,* p. 12.

[33] *Ibíd.*, p. 11.

[34] Después de lo afirmado en la nota precedente (#29) por Ricœur, François Azouvi y Marc Launay –sus entrevistadores– afirman: "*Se ha referido a su hermana*". A lo que Ricœur contesta: "Sí, y esto afecta a un sentimiento muy profundo, que saldría a la superficie, largo tiempo después, a causa de otro fallecimiento. Mi hermana Alicia cayó enferma de tuberculosis a la edad de diecisiete años. Nacida en 1911, tenía casi dos años más que yo. Murió a los veintiuno, pero su juventud estuvo de algún modo eclipsada por la mía. He sentido remordimientos por ello toda mi vida, como si yo tuviera la impresión de que ella tuvo menos de lo que se merecía y yo bastante más; todavía me invade la sensación de que tengo una deuda para con ella, la sensación de que mi herma sufrió una injusticia de la cual

Ricœur en la celebración del octogésimo cumpleaños del filósofo francés en 1993, el propio Ricœur fue el sobreviviente de una muerte inminente, la que le acechó desde el nacimiento mismo. En esa ocasión, Simone dijo: "Tenemos mucha suerte de tenerlo; podría no haber vivido, ni él ni su madre", y a continuación leyó una carta escrita por el padre de Ricœur, dirigida a sus propios padres, donde enunciaba las peripecias que habían hecho, el médico, su esposa y el bebé a punto de nacer:

> Queridos padres: tengo el placer de anunciarles el nacimiento de un pequeño que ha llegado al mundo ayer a las 4:15 de la mañana, no sin antes habernos hecho vivir momentos horribles. En efecto, poco ha faltado para que tuviera que lamentar una doble muerte; hoy debo alegrarme de la habilidad y la sangre fría del doctor Morigan. Debieron transcurrir más de 24 horas para mi joven mujer hasta que decidió operar para acelerar el parto. Para ello debía anestesiarla, pero ella soportó tan mal la anestesia que estuvo a punto de no despertar durante un largo cuarto de hora. El cirujano recurrió a todos los medios disponibles: movimientos de brazos, insuflación… Finalmente, la vida retornó a ese cuerpo inerte. Pero parece que el corazón había dejado de latir durante algunos instantes. No obstante, la operación necesariamente había sido suspendida, y cuando se la retomó, surgieron nuevas dificultades. La cabeza del niño no quería tomar posición; luego de los esfuerzos… realmente creíamos no tener más que un pequeño cadáver. Nueva insuflación, movimientos de brazos, baños alternativamente calientes y fríos, y allí estaba con vida, pero cuántas emociones.[35]

---

yo me beneficié. Esto ha debido desempeñar en mi carácter un papel muy importante: el "estar en deuda" es un tema insistente que aparece con frecuencia a lo largo de mi obra". *Ibíd.*, pp. 13-14.

[35] Ricœur, Jules, "Carta del 28 de febrero de 1913", citada por Dosse, François, *Paul Ricœur: los sentidos de una vida (1913-2005)*, 1ª ed., trad. de Pablo Corona, Fondo de Cultura Económica (FCE), Buenos Aires, 2013, p. 30.

2.2 Paul Ricœur y su educación protestante

QUIERO **[DECIR]** sin demora lo que me atormenta de manera insistente en mi relación de adhesión meditada a la figura de Jesucristo. [...] ¿Qué significa él "para nosotros" que está en el centro de mi adhesión a la versión reformada de la tradición cristiana? [...] Pero, ante todo, quiero explicarme sobre lo que llamo adhesión y no fe, y su relación con la argumentación que hace de mí un cristiano de expresión filosófica.[36]

Paul Ricœur

Nunca dejará de ser verdad que nosotros hemos nacido para la filosofía con Grecia y que, como filósofos, nos hemos encontrado con los judíos antes de encontrarnos con los hindúes y con los chinos.[37]

Paul Ricœur

El hogar donde creció Paul Ricœur era estrictamente austero y profundamente protestante,[38] en su infancia leyó profusamente la Biblia; una actividad que aprendió de su abuela, la cual continuó en la juventud y nunca abandonó.[39] Hasta qué punto esa fe evangélica y protestante marcó su desarrollo intelectual, es una pregunta que puede contestarse (o constatarse si se quiere) al leer su extensa producción filosófica. "El dato no es solo anecdótico: [porque] la relación de Ricœur con la hermenéutica parte precisamente de esa interacción entre el sujeto y la Fe, a través de la lectura personal de la *Biblia*, que forma parte de la cultura protestante, como lo ha hecho notar [Max] Weber en *La ética protestante y el espíritu del capitalismo*".[40]

---

[36] Ricœur, P., "Fragmento 0(2)", en *Vivo hasta la muerte* seguido de *Fragmentos*, Fondo de Cultura Económica (FCE), Buenos Aires, 2008, pp. 87, 88. Mayúsculas y negritas en el original.

[37] Ricœur, P., "La simbólica del mal", en *Finitud y culpabilidad*, 2ª ed., (trad. de Cristina de Peretti, Julio Díaz Galán y Carolina Meloni), Editorial Trotta, Madrid, 2011, p. 188.

[38] Dosse, François, "El filósofo en el corazón de la ciudad", *op. cit.*, p. 11.

[39] Ricœur, P., *Crítica y convicción*, p. 16.

[40] López Veneroni, Felipe, *op. cit.*, p. 162.

Cfr., Weber, Max, *La ética protestante y el espíritu del capitalismo*, 1ª reim., (Introducción y edición crítica de Francisco Gil Villegas M.), FCE, Ciudad de

Ricœur menciona que sus abuelos paternos provenían de bastiones protestantes que se remontaban a la época de la Reforma (Normandía y Bearn); esa tradición hugonota enriqueció a Ricœur en una doble vertiente del protestantismo: una liberal, por parte de su abuelo y la otra pietista, por parte de su abuela.[41] Su primera publicación, *L'Appel de l'action, Réflexions d'un Étudiant protestante* ("Una llamada a la acción, Reflexiones de un estudiante protestante"), fue publicado en 1935, cuando solo tenía 22 años. Ricœur nunca perdió su compromiso con los problemas de la acción,[42] y su fe cristiana dio firmeza estoica a una existencia que no siempre fue fácil. A pesar de su declarada fe protestante, como filósofo, Ricœur siempre supo separar ambas esferas, en lo que él mismo llamó bipolaridad: "un polo bíblico y otro polo racional y crítico";[43] dualidad que lo llevó de armisticio en armisticio, en una "guerra intestina entre la fe y la razón".[44]

México, 2004, especialmente: "I. Confesión y estructura social", pp. 77-89, y "III. Concepción luterana de la vocación. Tema de nuestra investigación", pp. 129-152.

En el mismo sentido, es muy interesante la afirmación del académico francés Frédéric Hoffet tocante al protestantismo y su forja del ser humano protestante, aplicable a Paul Ricœur, en tanto hombre de fe: "Incrédulo o ateo, el hombre protestante mantiene su 'conciencia' [...]. Estos rasgos [la tolerancia, el respeto a la libertad de los demás] permanecen, aun cuando la religión haya pasado del plano consciente al inconsciente. Practicante o no, el hombre protestante es siempre semejante a sí mismo [...]. La religión [protestante] *forma* al hombre: ella imprime a su carácter un molde que permanece, aun cuando haya abandonado prácticas o creencias". Hoffet, Frédéric, *El imperialismo protestante,* La Aurora, Buenos Aires, 1949, pp. 64, 67, 68.

41 Ricœur, P., *Crítica y convicción*, p. 15.

42 A este tema dedica uno de sus libros: Ricœur, P., *El discurso de la acción,* Ediciones Cátedra, S.A., (Col Teorema), Madrid, 1988, 154 pp. En la "Presentación" a *Filosofía de la voluntad,* Robert J. Walton escribe: "El tema de la acción ha estado presente desde un comienzo en la filosofía de Paul Ricœur y ha sido examinado no solo según las diversas dimensiones de índole individual, institucional e histórica que es posible discernir en el obrar humano, sino también de acuerdo con diferentes perspectivas representadas por la fenomenología, el análisis lingüístico y la filosofía de la praxis.", p. 2. Walton, Roberto J., "Presentación" en Ricœur, Paul, *Lo voluntario y lo involuntario (I). El proyecto y la motivación*, Editorial Docencia, Buenos Aires, 1986, p. 9.

43 Ricœur, P., *Crítica y convicción*, p. 16.

44 Ricœur, P., *Autobiografía intelectual,* 1ª reim., Ediciones Nueva Visión, Buenos Aires, 2007, p. 17.

Ricœur señala al principio de su *Autobiografía intelectual*, que acentuaría el desarrollo de su trabajo académico, dejando los acontecimientos de su vida privada solo para aclarar ese desarrollo filosófico. En este sentido, es importante señalar que Ricœur abrevó en dos fuentes que configuraron su pensamiento filosófico: la helenística y la judeo-cristiana. "Quizá esa doble influencia, bíblica y griega, haya sido más honda y conscientemente experimentada y fecundada por un hombre, Ricœur, que es, a la vez filósofo convicto y confeso protestante, hugonote".[45] Ricœur perteneció a una minoría religiosa en su país natal: la Iglesia Reformada de Francia (conocida hoy como *Eglise Protestante Unie de France, comunnion lutherienne et reformée,* Iglesia Protestante Unida de Francia, comunión luterana y reformada),[46] donde militó activamente hasta su muerte en 2005.[47] Esta fuerte cultura bíblica, fruto de su

[45] "Paul Ricœur. Filósofo de la finitud, maestro de la sospecha" en *El Mundo*, Madrid, domingo 22 de mayo de 2005, página 6. Disponible en: http://www.filosofia.org/bol/not/bn044.htm#t05 (Fecha de consulta: 20 de octubre de 2016).

El término *hugonote* designó a los protestantes franceses de doctrina calvinista. Así es como el filólogo y humanista hugonote francés del siglo XVI, Henri Estienne, señala en su *Apologie d'Hérodote* (1566) que se trataba de vincular a los protestantes como súbditos de un fantasma de la ciudad de Tours: "... los protestantes de Tours solían congregarse de noche en un local próximo a la puerta del rey Hugo, a quien el pueblo tenía por un espíritu y como, con ocasión de esto, un fraile hubiese dicho, en su sermón, que los luteranos habían de llamarse hugonotes, como súbditos del rey Hugo, puesto que únicamente podían salir de noche, como hacían; el apodo se hizo popular desde 1560, y por mucho tiempo se conoció por hugonotes a los protestantes franceses". Disponible en https://es.wikipedia.org/wiki/Hugonotes (Consultada el 18 de julio de 2016). Cfr., Benlliure Andrieux, Félix, *Los hugonotes. Un camino de sangre y lágrimas*, Editorial Clie, Barcelona, 2006, 283 pp. También: "5. El entusiasmo hugonote", en Le Roux, Nicolas, Las guerras de religión, (trad. de Miguel Martín), Ediciones RIALP, S. A., Madrid, 2017, pp. 21-23.

[46] https://www.eglise-protestante-unie.fr/ (Visitada el 14 de marzo de 2017).

[47] "En el otoño de 2004, los momentos de vigilia de Ricœur se restringen; su vida misma se hace fragmentada, y debe ceder a crecientes y absorbentes momentos de descanso. Catherine Goldenstein, quien pasa todas las tardes alrededor de las 17 horas, comparte con él el descubrimiento de libros de arte y le lee *El Infierno* de Dante. Cuida que mantenga visitas regulares, pero su estado físico es tal que el círculo de los íntimos se restringe: Olivier Abel, Michel Leplay, Philippe Kabongo, el pastor de su parroquia. [...]

Su entierro tuvo lugar el 24 de mayo en el cementerio de Châtenay-Malabry, en la intimidad de su familia y del círculo íntimo de amigos. Los maestros de ceremonia eran un hombre de hábito negro y otro de hábito blanco: el pastor de

protestantismo reformado,[48] marcó el énfasis que Ricœur imprimió a la importancia de la *Palabra*. El argentino Juan Carlos Stauber menciona por ejemplo, que el protestantismo francés tenía una amplia ventaja en el campo de los estudios bíblicos desarrollados a partir del método histórico crítico, frente al ámbito católico romano menos empapado de esa clase de exégesis bíblica:

> [...] las diferentes variables del método [histórico crítico] fueron siempre métodos propiamente del análisis bíblico, no así los semiológicos [luego devenidos en estructuralismos]. Ricœur está formado en los primeros ya que el mundo protestante llevaba enormes ventajas al católico en estos estudios. Sin embargo, y dado que el auge de las investigaciones antropológicas se dieron a partir de pensadores anglo-franco-germanos, la influencia del estructuralismo fue marcadamente anterior en biblistas protestantes, como Ricœur, o en centros católicos de formación franceses. Así será posible entender las razones de la euforia en seminarios, simposios, talleres

la Iglesia protestante de la parroquia reformada de Robinson, Philippe Kabongo M'Baya, y el hermano católico de la orden de los capuchinos, viejo amigo de Ricœur, Frans Vansina. Esta armonía entre las dos partes de la Iglesia cristiana, que se encontraban en comunión en torno al cuerpo de Ricœur, brindaba una prolongación inmediata de sus deseos en vida, los de la reconciliación, del diálogo más allá de las tragedias y de las divisiones de la historia". Dosse, François, *Paul Ricœur: los sentidos de una vida (1913-2005),* 1ª ed., (trad. de Pablo Corona), Fondo de Cultura Económica (FCE), Buenos Aires, 2013, pp. 741, 743.

48 Paul Ricœur militó en una Iglesia Reformada, distinta a la Iglesia luterana y más vinculado a la llamada "reforma reformada", donde Juan Calvino es el reformador predominante para esta tradición, también conocida como "calvinista". Como explica el profesor Georg Plasger: "En Alemania, cuando se habla de la Reforma, esta suele asociarse directamente con la persona de Martín Lutero, y es cierto, porque con él empezó. Las 95 tesis que fijó en la puerta exterior de la iglesia del castillo de Wittenberg el 31 de octubre de 1517 son el mejor testimonio. Sin duda, Lutero es el reformador más importante. Pero no es el único, no en Alemania y mucho menos en otros países. Hay que prestar atención a dos cosas: Por un lado, la Reforma no debe ser identificada con Lutero; justamente la Iglesia Reformada se remonta a Zwinglio y Calvino sin poder ni querer cuestionar los méritos de Lutero. Por otro lado, Lutero no puede ser la medida absoluta para lo que se considera "reformado" o no. Esto significaría estrechar nuestro horizonte y no poder valorar los conocimientos y descubrimientos de otros reformadores". Plasger, Georg, "Lección 2: La Reforma", *Curso básico historia y teología reformada.* (Fecha de consulta: 20 de febrero de 2016) Disponible en: http://www.reformiert-online.net/t/span/bildung/grundkurs/gesch/lek2/index.jsp.

de investigación y divulgación sobre estos debates en tales regiones, y la demora por arribar a círculos más académicos de Roma.[49]

Al morir, Paul Ricœur heredó su biblioteca personal a la Facultad de Teología Protestante de París (*Faculté de Théologie Protestante de Paris*), donde dictó cursos de filosofía entre 1958 y 1969. El acervo donado es lo que actualmente constituye el *Fonds Ricœur*.[50] Catherine Goldenstein, conservadora de dicho fondo, trasmite una anécdota del modo como conoció al afamado filósofo francés: "Yo era, como mucha gente formada –soy profesora además–, una lectora de Paul Ricœur. Había leído *Tiempo y narración* y conocía "el" gran hombre. Pero Paul Ricœur iba también a la parroquia protestante a la que yo iba, a la que voy más o menos regularmente. Un día me dijeron: "Ese es Paul Ricœur". Yo vi a un señor con su abrigo azul y sus cabellos blancos, sentado y que cantaba como todo el mundo".[51] Paul Ricœur nunca intentó ocultar o soslayar su militancia protestante, en su *Autobiografía intelectual* comenta sobre este tópico:

> He hablado de un espíritu curioso e inquieto. Acabo de contar aquello que a la vez nutrió y aguijoneó mi curiosidad hasta el umbral de la clase de filosofía. En cuanto a la inquietud, tiendo hoy a vincularla con la especie de competencia que mantenían en mí mi educación protestante y mi formación intelectual. La primera, aceptada sin reticencias, me orientaba hacia un sentimiento que identifiqué mucho más tarde, leyendo a Schleiermacher, como el de "dependencia absoluta"; las nociones de pecado y perdón tenían por cierto gran importancia, pero no lo ocupaban todo, en absoluto. Más profunda, más fuerte que el sentimiento de culpa, estaba la convicción de que la palabra del hombre viene precedida por la "Palabra de Dios". Este

[49] Stauber, Juan Carlos, "Paul Ricœur y su aporte a la hermenéutica bíblica", en *op. cit.*, p. 98.

[50] 83, Boulevard Arago, 75014 Paris. Métro Denfert-Rochereau. http://www.fondsricoeur.fr/fr/pages/accueil.html.

[51] Rodríguez Blanco, Maricel, *et. al.*, "Catherine Goldenstein, conservadora del Fondo Ricœur" (entrevista por Marie-France Begué) en *Ensemble* (Revista electrónica de la Casa Argentina en Paris), año 6, número 12. http://ensemble.educ.ar/entrevistas/catherine-goldenstein-conservadora-del-fondo-ricœur/.

> complejo de sentimientos se encontraba librado al asalto de una duda intelectual que, en el curso de mis estudios de filosofía, aprendí a *vincular* con la línea *crítica* de la filosofía.[52]

Por aquellos años juveniles, leyó *Parole de Dieu et parole humaine* y *Carta a los Romanos*[53] (en su primera edición) del teólogo protestante reformado Karl Barth.[54] Inspirado en su teología dialéctica, Ricœur fundará una revista a la que llama Être.[55] Aunque posteriormente toma cierta distancia de la teología barthiana, debido al carácter antifilosófico en relación con el texto bíblico,[56] que Ricœur logra entrever en el teólogo suizo. Más adelante también leería a otros grandes teólogos, biblistas y exégetas, como Rudolf Bultmann, Gerhard Ebeling, Gerhard Von Rad, Dietrich Bonhoeffer, Oscar Cullmann, Paul Tillich y Jürgen Moltmann (este último todavía con vida), entre muchos otros. Aparentemente, desde esa tradición protestante, Ricœur recibe su preocupación primaria –que él denomina como "convicción"– por la hermenéutica de la Palabra. En la actualidad, Ricœur es un referente obligado no solo en filosofía, sino también para disciplinas como la antropología, la hermenéutica filosófica, la teoría de la historia, la teoría y crítica literarias, la filología, la exégesis y la hermenéutica bíblicas, y en definitiva, para las ciencias sociales y las humanidades.

Con todo, Ricœur supo distinguir muy bien entre sus convicciones en la esfera religiosa y su filosofía crítica. Siempre defendió sus escritos filosóficos contra la falsa acusación de que eran una

---

[52] Ricœur, P., *Autobiografía intelectual*, p. 16.

[53] Barth, Karl, *Carta a los Romanos*, 2ª imp., (trad. de Abelardo Martínez de la Pera), Biblioteca de Autores Cristianos (BAC), Madrid, 2002, 614 pp.

[54] Ricœur, P., *Autobiografía intelectual*, p. 17.

[55] Dosse, François, "El filósofo en el corazón de la ciudad", *op. cit.*, p. 11.

[56] Ricœur, P., *Crítica y convicción*, p. 16.
Con todo, existe una anécdota de Frederick Lawrence, donde menciona una conferencia que dio Ricœur en la Universidad de Boston en la década de 1970. Un interrogador, oponiéndose a un argumento de Ricœur, enojado, lo denunció como un "barthiano", y se desinfló cuando Ricœur se limitó a responder: "Gracias". Disponible en:
http://derevth.blogspot.mx/2013/08/thank-you-paul-ricœur-and-karl-barth.html (Consultada el 14 de marzo de 2016).

especie de *cripto-teología* pasada de moda. A su vez, a los textos que abordaban el tema de la fe bíblica, los cuidó de no hacerlos caer en una función *cripto-filosófica*. De ahí que el propio Ricœur haya tenido que enfatizar que él era ante todo, un filósofo a secas, a pesar de sus intermitentes incursiones en el campo de la exégesis y hermenéutica bíblicas:

> No soy un filósofo cristiano, como pretende el rumor circulante, en un sentido voluntariamente peyorativo y hasta discriminatorio. Soy, por un lado, un filósofo a secas, y aún un filósofo sin absoluto preocupado por, consagrado a, versado en la antropología filosófica cuya temática general puede ponerse bajo el encabezado de la antropología fundamental. Y, por otro, un cristiano de expresión filosófica, así como Rembrandt es un pintor a secas y un cristiano de expresión pictórica, y Bach, un músico a secas y un cristiano de expresión musical.[57]

La referencia hecha hasta aquí sobre la influencia y recepción del protestantismo en el filósofo Paul Ricœur, no se hace en un afán meramente discursivo, anecdótico o incluso, apologético, sino desde la perspectiva de lo que el filósofo español José Luis L. Aranguren denominó como "talante" en su libro *Catolicismo y protestantismo como formas de existencia.*[58] Este filósofo español escribe en el "Prólogo a la edición española" de *Finitud y culpabilidad*, lo siguiente: "De formación protestante, la preocupación antropológica y ético-fenomenológica por el carácter y la felicidad, la finitud, la 'miseria', la fragilidad y la culpabilidad, la falibilidad y el mal, se abre en él a perspectivas religiosas [...] en el diálogo de la teología, la antropología y la filosofía actuales. El estudio que en «La Symbolique du Mal» lleva a cabo Paul Ricœur es tan importante para una teología viva como para la filosofía de la religión".[59]

---

[57] Ricœur, Paul, "Fragmento 0(1)", *Vivo hasta la muerte* seguido de *Fragmentos*, FCE, Buenos Aires, 2008, p. 85. *Cfr.*,

[58] Aranguren, José Luis L., *Catolicismo y protestantismo como formas de existencia*, Editorial Biblioteca Nueva, S. L., Madrid, 1998, 227 pp.

[59] Aranguren, José Luis L., "Prólogo a la edición española" en Ricœur, P., *Finitud y culpabilidad*, (trad. de Cecilio Sánchez Gil) 1ª ed., Taurus Ediciones, S. A., Buenos Aires, 1991, p. 7.

Entonces, el protestantismo *reformado* es para Ricœur una forma de existir y, ¿por qué no?, también un modo de hacer filosofía. Porque tal como lo señala Pierre Gisel en el prólogo de *El mal. Un desafío a la filosofía y a la teología*, al menos el acercamiento al tema del mal –común a la filosofía y a la teología– es "típicamente" protestante en nuestro filósofo:

> Paul Ricœur tiene raíces protestantes. Podemos indicarlas sin ánimo confiscatorio ni apologético. Primero, porque jamás ocultó este origen ni la solidaridad que a su entender implica; simplemente, le interesó mucho señalar, y con toda legitimidad, que él era y quería ser filósofo, no teólogo o especialista en el dogma. Segundo, porque mencionar aquí raíces protestantes no significa mentar alguna superioridad, sino situar una coyuntura histórica, con sus puntos fuertes, sin duda, pero sabiendo también que todo punto fuerte puede tener sus contracaras específicas. Paul Ricœur me resulta, en efecto, típicamente protestante por su manera de inscribir la cuestión del mal en un lugar que para el hombre será originario. Esta decisión obliga –también de manera típicamente protestante– a cortar desde el principio con cualquier perspectiva unificadora que –sin ruptura originaria y en un nivel directamente racional– se apresure a hablar de cosmología cristiana (y sus derivados posibles: antropología cristiana, ética y política cristianas, etcétera).[60]

Ante la afirmación expresa de Fréderic Ferney, que le espetó en una entrevista, sin más en un frío invierno, a Paul Ricœur, mientras este dictaba sus cursos habituales en la Universidad de Chicago, en EE. UU.: "**–A la vez es usted filósofo y cristiano…**", Ricœur respondió: "–¡No deja de ser insólito! ¡Nadie se asombra de que un filósofo sea ateo! No veo por qué yo tendría que ser calificado por una "motivación", si se admite, por lo demás que el ateísmo de Sartre es inseparable de su pensamiento…". [61] No satisfecho con esta

[60] Gisele, Pierre, "Prólogo" en Ricœur, Paul, *El mal. Un desafío a la filosofía y a la teología*, 1ª reimp., Amorrortu editores, (Col. Nómadas), Buenos Aires, 2007, pp 9-10.

[61] Ferney, Fréderic, "Un filósofo por encima de toda sospecha. Entrevista a Paul Ricœur", (trad. de Ida Vitale), *Le Nouvel Observateur* (edición del 11 al 17 de marzo), París, 1983, p. 20. Disponible en: http://www.revistadelauniversidad.

respuesta directa y sin rodeos, Ferney volvió a la carga con las siguientes preguntas, pero Ricœur con su estilo dócil, contesta contundente, y, magistralmente:

- **¿Entonces es usted un filósofo que tiene fe?**
- Son dos modos diversos de compromiso; representan niveles muy diferentes de mi vida y de mi pensamiento. Entendámonos, cuando digo "motivación" no es por sobrestimar su importancia. Pero mi trabajo es filosófico; descansa sobre la identificación de problemas planteados por filósofos.
- **Para un creyente eso equivale a plantear preguntas cuyas respuestas ya se conocen ¿no?**
- De ningún modo. La filosofía ha nacido de preguntas que no pertenecen al campo de ninguna disciplina, de ninguna creencia, de ninguna religión. Estoy muy apegado a la idea –desarrollada por el filósofo inglés Collingwood en su *Autobiografía*– de que la relación pregunta-respuesta es la estructura fundamental del pensamiento. Existe "filosofía" cuando esas preguntas surgen y se imponen de modo durable: por ejemplo, Aristóteles preguntaba "¿qué es el ser?" o Descartes "¿cuál es la verdad primera?". Entramos en el terreno de la filosofía cuando entramos a esas preguntas.[62]

3. Roland Dalbiez y "el umbral de la clase de filosofía"[63]

Fue al atravesar ese dintel, en su primer curso de filosofía entre 1929 y 1930 en el Liceo para varones de Rennes, donde Ricœur con apenas 17 años, conoce al que sería su primer maestro de filosofía, Roland Dalbiez (1893-1976); y a quien recordaría con

unam.mx/ojs_rum/files/journals/1/articles/11735/public/11735-17133-1-PB.pdf (Visitada el 7 de noviembre de 2017). Las negritas están en el original.

[62] Ídem.

[63] Este término es del propio Paul Ricœur, aparece en: Ricœur, P., *Autobiografía intelectual*, p. 16.

gratitud una y otra vez, a lo largo de su extensa carrera filosófica. A él, por cierto, debe algunas de sus primeras orientaciones dentro de su precoz itinerario filosófico. "Roland Dalbiez era un personaje extraordinario: antiguo oficial de marina, había descubierto ya en el ocaso de su vida la filosofía por medio de Jacques Maritain. Se trataba de un escolástico cuya enseñanza se guiaba por la psicología racional y, en lo referente a la filosofía, por el realismo".[64] Pronto sabría Ricœur que "el realismo de Dalbiez podía en rigor llevarse muy bien con la fe protestante, pero no el neocriticismo que descubrí –dice– en la universidad".[65]

Si bien Ricœur comienza su estudio "profesional" de la filosofía de la mano de Dalbiez; sin embargo, ya trae detrás de sí una amplia cultura libresca, un caudal de lecturas corren ya por sus venas juveniles. Entre los 12 y los 15 años ha leído lo mismo a Julio Verne, Walter Scott, Dickens, Rabelais, Montaigne, Pascal, Montesquieu, Stendhal, Flaubert, Tolstoi y Dostoievski, que a los trágicos griegos y a los grandes oradores latinos. No obstante, su acercamiento a estos gigantes de las letras occidentales, había sido estrictamente literario, ya que Ricœur era un consumado devorador de libros; pero cuando inicia su primer curso de filosofía las cosas cambian, porque accede a un nuevo modo de estudio de los "grandes clásicos", posibilitado por medio de una lectura filosófica, porque si bien es cierto que "ya habíamos estudiado –dice– desde un punto de vista literario a los trágicos griegos, a los oradores latinos, [en fin] a Pascal, a Montesquieu y a los "filósofos del siglo XVIII"; [...] las razones profundas de su concepción de las cosas se nos habían escapado de algún modo".[66]

Aquel primer acercamiento literario, por demás importante y necesario en la vida de Ricœur se ve enriquecido; pero sobre todo, paulatinamente sustituido, porque ya no lee nada más literariamente ni históricamente hablando, sino, filosóficamente. Él mismo lo recuerda así: "... aunque mi descubrimiento de los "grandes clásicos" en los años que precedieron "el año de filosofía" fue gratificante, nada en mis lecturas anteriores pudo evitar el impacto

[64] Ricœur, P., *Crítica y convicción*, p. 17.

[65] Ídem.

[66] Ricœur, P., *Autobiografía intelectual*, p. 14.

que constituyó para mí *el encuentro con la "verdadera" filosofía* que, sin duda erróneamente, no había podido identificar en Montaigne, Pascal, Voltaire, Rousseau, a quienes no obstante llamábamos "filósofos".[67] Se puede decir que Dalbiez hizo despertar a su alumno Ricœur a la filosofía, aunque después de aquel primer encuentro con la filosofía, Ricœur opta por una carrera de letras, porque se resiste a caer en los brazos de la filosofía. "Probé –dice– a hacer una licenciatura de letras, pero, ya que todas mis disertaciones eran criticadas como 'demasiado filosóficas', cambié de opinión al cabo de un semestre".[68]

Ese cambio de opinión, no cabe duda, fue motivado por los consejos de su añorado maestro, ya que frente a los titubeos juveniles que estuvieron a punto de hacerle abandonar la empresa filosófica, Dalbiez lo empujó con fuerza a abrazarla definitivamente: "Como veía –recuerda Ricœur– que yo dudaba ante la idea de comenzar la carrera de filosofía, por miedo a perder cierto número de certezas, me dijo: cuando se presenta un obstáculo es necesario enfrentarse a él, sin rodeos, sin dejar que nos encierre en el miedo que produce".[69] Esta fue una de las lecciones más profundas que recibió de Dalbiez, ya que dicha recomendación se convirtió para Ricœur en un imperativo que lo llamaba a "hacer filosofía", como lo afirma en el texto "Mi primer maestro en filosofía".[70] Ahí recuerda Ricœur a su «*premier maître en philosophie*»:

> L'homme était haut de taille, d'une fragilité robuste, l'air plus concentré qu'affable, et plutôt sévèrement vêtu (ah! le chandail qu'il portait par-dessus sa veste et dont il se dépouillait en pénétrant dans la salle de classe -façon rationnelle de se comporter à l'égard des intempéries!). Son cours, rigoureusement construit, et prononcé avec une lenteur soutenue qui

[67] *Ibíd.*, p. 16. Las cursivas están añadidas.

[68] Ricœur, P., *Crítica y convicción*, p. 19.

[69] *Ibíd.*, pp. 17-18.

[70] Ricœur, P., "Mon premier maître en philosophie", dans Marguerite Léna dir., *Honneur aux maîtres*, Paris, Critérion, 1991, pp. 221-225. Disponible en: http://www.fondsricoeur.fr/uploads/medias/articles_pr/mon-premier-maitre.pdf (Consultada el 15 de mayo de 2016).

> convenait à une prise de notes presque exhaustive, entretenait une atmosphère incroyablement studieuse. Importaient plus que tout, selon son enseignement, le concept bien formé, l'argument bien construit, la thèse formulée avec netteté au terme d'une dispute ordonnée. Bien entendu, cette pédagogie raisonnée était adaptée avec un grand scrupule aux exigences du programme officiel qui imposait un long parcours psychologique, une station assez brève du côté de la logique formelle et inductive, une traversée de la morale et un couronnement métaphysique. Roland Dalbiez redistribuait les matières du programme entre deux grands ensembles, théorique et pratique: le premier regroupait la psychologie de la connaissance, la logique et la métaphysique du Vrai, le second, la psychologie des émotions, de l'habitude et de la volonté, la morale et la métaphysique du Bien, -la notion d'Être regroupant ses transcendantaux que nous apprenions à convertir entre eux et avec l'Être.[71]

En una entrevista concedida a Fréderic Ferney en la Universidad de Chicago, y publicada por el semanario francés *Le Nouvel Observateur* (edición del 11 al 17 de marzo de 1983), Ricœur recuerda nuevamente a su primer maestro de filosofía, en los siguientes

---

[71] *Ibíd.*, p. 221.

"El hombre era alto de talla, de una fragilidad robusta, el aire más concentrado que afable, y más bien severamente vestido (¡ah! ¡El suéter que llevaba por encima de su chaqueta y del que se libraba penetrando en el aula –un modo racional de comportarse con respecto a las inclemencias del tiempo!). Su curso, rigurosamente construido, y pronunciado con una lentitud constante que convenía a una toma de notas casi exhaustiva, mantenía una atmósfera increíblemente estudiosa. Importaban más que todo, según su enseñanza, el concepto bien formado, el argumento bien construido, la tesis formulada con nitidez al término de una disputa ordenada. Desde luego, esta pedagogía razonada fue adaptada con un gran escrúpulo a las exigencias del programa oficial que imponía un largo curso psicológico, una estación bastante breve del lado de la lógica formal e inductiva, una travesía de la moral y un coronamiento metafísico. Roland Dalbiez volvía a distribuir las materias del programa entre dos grandes conjuntos, teóricas y practica: El primero reagrupaba la psicología del conocimiento, la lógica y la metafísica de la Verdad, el segundo, la psicología de las emociones, de la costumbre y de la voluntad, la moral y la metafísica del Bien, -la noción de Ser que reagrupa su transcendencia que estábamos aprendiendo a convertir entre ellos y con el Ser." (Traducción personal).

términos: "Es *Roland Dalbiez*, mi profesor en clase de filosofía y luego como alumno en el Liceo de Rennes, *quien me colocó en el camino de la filosofía* con un argumento que luego encontré en Nietzsche: «Vaya directo a lo que más lo pone a usted en discusión». Esto se convirtió en la regla de dirigirme a todo aquello que se me convirtiera en el más completo obstáculo".[72] Regresando a su *Autobiografía intelectual*, Ricœur retoma esa anécdota que acicateó su despertar a la filosofía y que le acompañó a través de todo su itinerario filosófico: "Pero no quiero alejarme de Roland Dalbiez sin haber rendido homenaje a los consejos de intrepidez e integridad que prodigaba a aquellos de entre nosotros que habíamos prometido, al salir de su clase, dedicar la vida a la filosofía: *cuando un problema los perturbe, los angustie, los asuste,* nos decía, *no intenten evitar el obstáculo: abórdenlo de frente.* No sé hasta qué punto he sido fiel a este precepto; solo puedo decir que jamás lo he olvidado".[73] Esta no fue una mera recomendación, para el joven alumno matriculado en ese curso, Paul Ricœur, se convirtió en un mandato claro a forjar un quehacer filosófico con acento marcial (Dalbiez había sido militar), un requerimiento firme para hacer filosofía con rigor intelectual y suficiente abstracción mental, sin miedos ni titubeos:

> Si j'ai appris plus tard chez Gabriel Marcel l'art de la discussion dialoguée et chez [Edmund] Husserl celui de la description exacte, c'est à Roland Dalbiez que je dois le modèle didactique que je me suis efforcé de mettre en pratique, je veux dire une manière d'enseigner sans complaisance pour la

---

[72] Florián, Víctor, "Un filósofo por encima de toda sospecha: Paul Ricœur". *Ideas y Valores*; Vol. 36, núm. 70 [1986] 2011, pp. 95-103. Disponible en http://revistas.unal.edu.co/index.php/idval/article/view/21739 Recuperado el 02 de marzo de 2016. Las cursivas están añadidas. También en: Ferney, Fréderic, "Un filósofo por encima de toda sospecha. Entrevista a Paul Ricœur", (trad. de Ida Vitale), *Le Nouvel Observateur* (edición del 11 al 17 de marzo), París, 1983, p. 20. Aquí se proporciona una variante en la traducción: "-Roland Dalbiez, mi profesor de filosofía en el liceo de Rennes, me puso en el camino de la filosofía con un argumento que luego encontré en Nietzsche: «*Ve derecho hacia lo que más te discute*». Se me ha vuelto una regla dirigirme hacia lo que más se me presenta como obstáculo." Disponible en: http://www.revistadelauniversidad.unam.mx/ojs_rum/files/journals/1/articles/11735/public/11735-17133-1-PB.pdf (Visitada el 7 de noviembre de 2017).

[73] Ricœur, P., *Autobiografía intelectual*, p. 15.

> confidence, pour l'impressionnisme, pour l'à-peu-près, pour la dérobade. Je viens de prononcer le mot dérobade: je touche ici à la plus sévère leçon que m'ait administrée mon premier maître: au jeune étudiant qui envisageait avec crainte de se livrer sans esprit de repli aux tourments du doute et de la guerre intestine -plus redoutable que la controverse assassine-, mon maître disait: Ne vous détournez pas de ce que vous craignez de rencontrer; ne contournez jamais l'obstacle, mais affrontez-le de face. Cet avertissement fut entendu comme un encouragement -que dis-je? Une injonction- à «faire de la philosophie».[74]

El filósofo Roland Dalbiez era un profesor universitario con fuertes orientaciones escolásticas y era un neotomista consumado que criticaba y combatía al idealismo en todas sus formas: Descartes, Berkeley, Hume, Kant, Brunschvicg (Hegel era por aquel entonces, ignorado en Francia).[75] Este enemigo declarado del idealismo en todas sus vertientes, acusaba a este como "sospechoso de dejar que el pensamiento cerrara su garra en el vacío; –sin aprehender nada– privado de lo real, el pensamiento estaba obligado a replegarse narcisísticamente sobre sí mismo".[76] Según Ricœur, para Dalbiez "el idealismo era mostrado así como un 'irrealismo' patológico, al que comparaba con la esquizofrenia [...]".[77] Dalbiez encontraba en el idealismo una perturbación mental, pues para él, era una suerte de

---

[74] Ricœur, P., "Mon premier maître en philosophie", *op. cit.*, p. 223.

"Si más tarde aprendí sobre el arte de la discusión del diálogo en la descripción exacta de Gabriel Marcel y en [Edmund] Husserl el de la descripción exacta, es a Roland Dalbiez a quien debo el modelo didáctico que traté de poner en práctica, quiero decir una forma de enseñar sin complacencia por la confianza, por el impresionismo, por lo cercano, por la evasión. Acabo de decir la palabra evadir: aquí toco la lección más severa que me administró mi primer maestro: para el joven estudiante que estaba pensando con temor de caer en los tormentos de la duda y la guerra intestina –más formidable que la controversia asesina–, mi maestro dijo: No se aleje de lo que teme encontrar; nunca rodee el obstáculo, sino que enfréntelo cara a cara. Esta advertencia fue escuchada como un estímulo, –¿qué estoy diciendo? Un mandato– a «hacer filosofía»". (Traducción personal).

[75] *Ibíd.*, p. 221.

[76] Ricœur, P., *Autobiografía intelectual*, p. 14.

[77] Ricœur, P., *Crítica y convicción*, p. 17.

psicosis: "Se operaba así un acercamiento audaz entre una corriente del pensamiento filosófico moderno y la actitud desrealizante observada en el delirio de los psicóticos".[78]

Roland Dalbiez también dejó su impronta en el acercamiento que Ricœur hizo a Sigmund Freud y al psicoanálisis, ya que como él recuerda, su maestro fue el primer filósofo francés que escribió sobre Freud y el psicoanálisis[79] en Francia. Dalbiez consideraba al psicoanálisis como una rama de la "filosofía natural", como bien recuerda Ricœur: "Me encontré finalmente en el terreno de Dalbiez, para quien el psicoanálisis no era sino una rama de la filosofía natural: el estudio filosófico que toma en consideración la naturaleza en el hombre. Se trataba de una perspectiva diferente a la del simbolismo del mal –no necesariamente cristiano– y, por lo demás, de una orientación distinta a la desarrollada por la fenomenología".[80] Este impulso filosófico condicionado por Dalbiez, sobre el psicoanálisis, arrojó posteriormente a Ricœur a una relativización de su *Simbólica del mal,* justamente porque le daba un punto de vista distinto y nuevo, al que había desarrollado en aquella obra, alejándose de esa obsesión primaria sobre la culpa, transitando hacia el tema del sufrimiento más que sobre el de la culpabilidad. Pero además, posibilitó también para Ricœur una lectura "filosófica" de Freud y del psicoanálisis, así como un ejercicio de autoanálisis:

> Cuando comencé a trabajar creía estar escribiendo un artículo sobre la culpabilidad patológica. Como había aplicado a Freud mi hábito de lectura integral, tratándolo como a un filósofo, como a un clásico de la filosofía, me vi obligado a escribir un grueso volumen que me posibilitó al mismo tiempo la oportunidad de llevar a cabo un verdadero debate interno, un autoanálisis, como se diría en la actualidad, y ello con el mayor de los placeres, sin ningún esfuerzo. Este trabajo me ayudaría, en efecto, a dejar atrás ese lado un tanto obsesivo y anticuado del problema de la culpabilidad, que progresivamente se vería

[78] Ricœur, P., *Autobiografía intelectual,* p. 14.

[79] *Cfr.,* Dalbiez, Roland, *El método psicoanalítico y la doctrina freudiana,* 2 tomos, DEBECEC-Desclée de Brouwer, Buenos Aires, 1948, 449/390 pp.

[80] Ricœur, P., *Crítica y convicción,* p. 46.

> sustituido en mi obra por la cuestión del sufrimiento, del exceso de padecimiento que atormenta al mundo.[81]

De este modo, en *Freud: una interpretación de la cultura* (1965), Ricœur agradece y al mismo tiempo se desmarca de su maestro Roland Dalbiez, en lo referente a la interpretación que ambos hacen sobre el padre del psicoanálisis, Sigmund Freud:

> Me coloco en compañía de Roland Dalbiez, *mi primer profesor de filosofía, a quien quiero aquí rendir homenaje,* de Herbert Marcuse, de Philip Rieff y de C.-J. Flugel.
>
> Mi trabajo se distingue del de Roland Dalbiez en un punto especial: no creo que se pueda confinar a Freud a la exploración de lo que, en el hombre, es lo menos humano; mi empresa ha nacido de la convicción inversa: si el psicoanálisis entra en conflicto con toda otra interpretación global del fenómeno humano es precisamente porque constituye *de jure* una interpretación de la cultura.[82]

Otro aprendizaje importante que Ricœur tomó de Dalbiez, fue la enseñanza que este les dio a sus alumnos sobre el arte de la argumentación filosófica, ya que su maestro era un consumado polemista. Aunque toda esta positiva influencia arrojó a Ricœur a la filosofía, sin embargo, debido a su pedagogía escolástica también debe a él, uno de sus primeros descalabros académicos. "El neotomismo del maestro Dalbiez lo llevaba a enseñar una filosofía sistemática (dogmática) y a abandonar la historia de la filosofía y el estudio preciso de los textos".[83] Esta enseñanza negativa, conducirá a Ricœur años más tarde, a consagrarse al estudio sistemático y metodológico, que todo quehacer filosófico demanda con rigurosidad académica: "Me impuse –dice– la regla de leer cada año a un autor filosófico, de manera tan exhaustiva como fuera posible. Mi bagaje en materia de filosofía griega, moderna y contemporánea, data de ese período [1948-1957]".[84]

---

[81] *Ibíd.*, pp. 46-47.

[82] Ricœur, P., *Freud: una interpretación de la cultura,* 14ª reim., (trad. de Armando Suárez), Siglo XXI Editores, México, D.F., 2014, p. 2. Las cursivas están añadidas.

[83] Dosse, François, *Paul Ricœur. Los sentidos de una vida (1913-2005),* p. 28.

[84] Ricœur, P., *Autobiografía intelectual,* p. 29.

Y es que cuando Paul Ricœur presentó el examen de ingreso a la Escuela Normal Superior de la calle de Ulm, obteniendo una nota reprobatoria, se dio cuenta que el profesor Dalbiez no los había preparado para una prueba de esa naturaleza. Este "fracaso largamente lamentado"[85] es recordado por Ricœur así: "Intenté entonces integrarme en la Escuela Normal Superior, pero Dalbiez, precisamente, no nos preparaba con el ánimo puesto en ese examen: obtuve un lamentable 7/20 en el examen de ingreso, sobre el tema: "Es más sencillo conocer el espíritu que el cuerpo". Yo debía ser el único candidato que no sabía que la fórmula era de Descartes. Por supuesto en mi argumentación afirmé que el cuerpo se conoce con más facilidad".[86] Con todo, Ricœur había aprendido una doble lección: "No solamente se aplicará más tarde, en tanto profesor, a devenir un historiador muy riguroso y escrupuloso de la filosofía, sino que este fracaso lo ha curado de todo espíritu sistemático".[87] Ricœur reconoce también que su primer maestro de filosofía le dio materia prima para su *opera prima* filosófica:

> También pienso que le debo a Roland Dalbiez mi preocupación ulterior por integrar la dimensión del inconsciente, y en general el punto de vista psicoanalítico, a una manera de pensar fuertemente marcada, sin embargo, por la tradición de la filosofía reflexiva francesa, tal como aparece en el tratamiento que propongo de "lo involuntario absoluto" (carácter, inconsciente, vida) en mi primer gran trabajo filosófico, *Lo voluntario y lo involuntario* (1950).[88]

Finalmente, un aspecto muy importante que no hay que pasar por alto, es el hecho de que Roland Dalbiez también haya orientado a Ricœur en el terreno de lo que en otra parte se ha señalado como la "crítica" filosófica en diálogo fecundo con la "convicción" religiosa. "Este complejo de sentimientos [mi educación protestante y mi formación intelectual, la 'dependencia absoluta' y la convicción] se

[85] *Ibíd.*, p. 17

[86] Ricœur, P., *Crítica y convicción*, p. 19. La calificación que Ricœur saca en ese examen, tal como se califica en México, es de un 3,5 en la escala del 1 al 10.

[87] Dosse, François, *Paul Ricœur. Los sentidos de una vida (1913-2005)*, pp. 28-29.

[88] Ricœur, P., *Autobiografía intelectual*, p. 15.

encontraba librado al asalto de una duda intelectual que, en el curso de mis estudios de filosofía [a los pies de Roland Dalbiez], aprendí a vincular con la línea *crítica* de la filosofía. El realismo de Dalbiez podía en rigor llevarse muy bien con la fe protestante, pero no el neocriticismo que descubrí en la universidad".[89]

4. El encuentro con Gabriel Marcel y la vocación filosófica

> No estamos aquí escuchando, pues, a un profeta; estamos leyendo a un filósofo [Gabriel Marcel]. No dejaremos de resaltar, en este punto, que ese filósofo es un filósofo cristiano y que, en su fe, es donde encuentra los motivos para no desesperar. Lo cual es verdad. Pero hay que añadir enseguida que, cuando el cristiano toma el relevo del filósofo, es un cristiano que pretende ser aconfesional, un cristiano prevenido contra el fanatismo religioso, un cristiano que, sobre todo, pone sus motivos para esperar al servicio de las razones para resistir que el filósofo formula en la reflexión segunda y que él opone a las incitaciones para desesperar que su sola lucidez le sugiere.[90]
>
> Paul Ricœur

En la década de 1930, Gabriel Marcel (1889-1973) se convirtió en todo un fenómeno filosófico en Francia, ya que vino a ejercer una importante influencia en la joven generación de filósofos que estaban emergiendo dentro del pensamiento universitario francés. "Frente al racionalismo y al academicismo reinante en la Sorbona, representados de manera eminente por la prestigiosa figura de Léon Brunschvicg, que dominaba el paisaje filosófico francés alrededor de 1930, las obras y los seminarios de Gabriel Marcel contribuyeron a la introducción de ciertas temáticas que no entraban

[89] *Ibíd.*, p. 16.

[90] Ricœur, P., "De una lucidez inquieta" (Prefacio de 1951), en Marcel, Gabriel, *Los hombres contra lo humano*, Col. Esprit, trad. Jesús María Ayuso Díez, Caparrós Editores, Madrid, 2001, p. 12

en consideración para los herederos de la tradición idealista".[91] Algunos de esos temas *marcelianos* eran, la recuperación del "cuerpo propio en tanto mío", el de la "encarnación",[92] así como las cuestiones de la invocación y el misterio, entre otros.

> La notable influencia de Gabriel Marcel sobre la emergente generación de jóvenes filósofos y fenomenólogos franceses, [...] se ejerció de una doble manera. En primer lugar, la publicación de sus diarios filosóficos *Journal Métaphysique* (1927) y Être *et avoir* (1935), así como la conferencia *Position et approches concrètes du mystère ontologique* (1933), pusieron en

[91] Escribano, Xavier, "La ruptura con el objetivismo en Gabriel Marcel y Maurice Merleau-Ponty" en *Convivium Revista de Filosofía,* #24, 2011, pp. 121.

[92] Estos dos temas *marcelianos*, el del **cuerpo** y el de la **encarnación**, son retomados por Ricœur en su *Filosofía de la voluntad I. Lo voluntario y lo involuntario,* para criticar a un mismo tiempo, la *fenomenología* de Husserl así como el *idealismo* de Descartes, como a continuación puede corroborarse:

"La fenomenología husserliana no escapa en absoluto a este peligro solapado. Por ello nunca ha tomado verdaderamente en serio mi existencia como cuerpo, ni siquiera en la *Quinta Meditación Cartesiana*. Mi cuerpo no está constituido en el sentido de la objetividad, ni es constituyente en el sentido del sujeto trascendental; escapa a esa pareja de contrarios. Es yo existente.

Esta intuición no podía alcanzarse en ninguna de las "actitudes" propuestas por Husserl. "La actitud" trascendental instituida por la reducción trascendental y la actitud natural tienen en común la misma evacuación de la presencia de algún modo auto-afirmante de **mi existencia corporal. Si presto más atención a esta presencia primera, ingenerable e incaracterizable de mi cuerpo, al mismo tiempo la existencia del mundo, que prolonga la de mi cuerpo como su horizonte, ya no puede quedar suspendida sin una grave lesión del *Cogito* mismo que, perdiendo la existencia del mundo, pierde la de su cuerpo y, finalmente, su índice de primera persona.**

Por esta doble serie de razones, **la filosofía del hombre se muestra como una tensión viviente entre una objetividad elaborada por una fenomenología a la medida del *Cogito* (y recuperada por encima del naturalismo) y el sentido de mi existencia encarnada.** [...]

Por otra parte, las articulaciones fundamentales de esas estructuras no revelan la unidad del hombre más que **por referencia al misterio central de la existencia encarnada;** para comprender y reencontrar ese misterio que soy es necesario que yo coincida con él, que yo participe de él más que mirarlo delante de mí a una distancia de objeto." Ricœur, P., *Philosophie de la volunté. Le volontaire et l'involontaire,* Paris, Aubier, 1950. Ricœur, P., *Lo voluntario y lo involuntario (I). El proyecto y la motivación*, Editorial Docencia, Buenos Aires, 1986, pp. 29, 32. Disponible en https://es.scribd.com/document/238563128/Paul-Ricouer-Filosofia-de-La-Voluntad (Consultada el 18 de octubre de 2017). Las negritas están añadidas.

> circulación una serie de temas originales y un modo de aproximación a los mismos, que marcará profundamente a la joven generación de filósofos, por su vitalidad y por el arte de reflexionar y profundizar a partir de la experiencia concreta que se desarrolla en tales obras.
>
> En segundo lugar, al margen de convenciones y formalismos académicos, Gabriel Marcel reunía en su domicilio parisino de la rue de Tournon, cada viernes por la tarde, a un nutrido grupo de jóvenes intelectuales, a los que inspiraba y animaba con un modo de hacer filosofía intuitivo, vivaz y dialogado.[93]

Uno de los más asiduos asistentes a ese seminario extra-académico celebrado en la casa de Gabriel Marcel, era Paul Ricœur. A partir de ese feliz encuentro, Marcel y Ricœur, conservarán una fructífera amistad, hasta la muerte del primero en 1973. Su nuera Anne Marcel y el sacerdote Xavier Tilliete, testimonian el intenso afecto que Marcel profesaba por Ricœur, hablando habitualmente de sus charlas o encuentros mantenidos con él. Incluso, Marcel llegó a considerar a dos discípulos suyos, Gouhier y Ricœur, como sus herederos intelectuales; pero especialmente al segundo, quien según el dicho del padre Tilliete: "Ricœur no ha fallado".[94]

Así, luego de quedar prendado de la filosofía por el esfuerzo de Roland Dalbiez, Gabriel Marcel se convierte en una influencia importantísima para Paul Ricœur, constituyéndose también él, en uno de sus primeros y más importantes mentores del quehacer filosófico. Fue un condiscípulo suyo, Maxime Chastaing,[95] el que lo introdujo en las mentadas charlas filosóficas que Marcel patrocinaba

---

[93] Escribano, X., *op. cit.*, pp. 120-121.

[94] Dosse, François, *Paul Ricœur. Los sentidos de una vida (1913-2005)*, pp. 39-40.

[95] Maxime Chastaing (1913-1997) es una figura injustamente olvidada dentro del pensamiento francés del siglo XX. Según Jean-Paul Sartre, quien fue su profesor de Secundaria en Le Havre, es uno de los que contribuyeron a la introducción de la fenomenología en Francia a través de sus libros Introducción al estudio de la comprensión del otro (1935), y La fenomenología del juramento (1939). Fue un brillante estudiante de La Sorbona del período de entreguerras, que se aproxima a destacados intelectuales como Gabriel Marcel –a quien presentó a Paul Ricœur -o Emmanuel Mounier-. Disponible en: http://www.esprit.

en su casa de la calle de Tournon, todos los viernes. Ricœur recuerda así, esa etapa de su vida:

> Durante las famosas "veladas de los viernes", que comencé a frecuentar en 1934, se elegía un tema de discusión, tomando siempre como regla comenzar a partir de ejemplos, y analizarlos sin recurrir a las doctrinas más que a manera de apoyo de las posiciones defendidas. Pude disfrutar así de un espacio de discusión del cual, de hecho, carecía la Sorbona. En su casa uno tenía la impresión de que el pensamiento era una cosa real, que tomaba voz. [...] De esta forma discutíamos todas las semanas, durante dos o tres horas, del modo más vivo, teniendo la valentía de pensar por uno mismo, lo que servía para compensar en gran parte la cultura historicista que se impartía en la Sorbona. Creo que lo que fundamentalmente le debo es lo siguiente: *el atrevimiento de intentar hacer filosofía*, y hacerlo en un ambiente asumido como polémico...[96]

A esas veladas de los viernes también asistieron otras jóvenes promesas que luego se convertirían en importantes filósofos como Jean-Paul Sartre, Emmanuel Levinas y Maurice Merleau-Ponty, así como Jeanne Delhomme[97] y Jeanne Parain.[98] En esos debates vespertinos, Ricœur es iniciado en la práctica socrática del diálogo filosófico: "Conservo de esas sesiones, en las que tomé parte de manera más episódica al regreso de la guerra, *un recuerdo inolvidable.* Éramos personalmente iniciados así al método socrático que veíamos puesto en práctica en los ensayos ya publicados de Gabriel Marcel, principalmente *Position et aproches concretes du mystère ontologuique*".[99] La lectura de dos artículos de Marcel, llevan al

presse.fr/whoarewe/author/detail.php?author=CHASTAING%20Maxime (Recuperado el 29 de enero de 2017).

[96] Ricœur, P., *Crítica y convicción,* p. 39. Las cursivas son mías.

[97] Quien publicó en 1938 en la *Revue Thomiste* #44, el artículo titulado: *La philosophie de M. Gabriel Marcel.*

[98] Quien consagraría dos obras a su maestro: *Gabriel Marcel et les niveaux d'expérience*, Paris, Seghers, coll. "Philosophes de tous les temps", 1966. Y *Gabriel Marcel, veilleur et éveilleur*, Lausanne, L'Age d'Homme, 1990.

[99] Ricœur, P., *Autobiografía intelectual,* p. 18.

joven Ricœur al descubrimiento de Karl Jaspers.[100] Autor al que el novel filósofo dedicará su primera obra, junto con Mikel Dufrenne, *Karl Jaspers et la philosophie de l'existence*, Seuil, KJ, Paris, 1947. Ese influjo primero en la filosofía marceliana, conducirán a Paul Ricœur a asumir un compromiso con la llamada "filosofía de la acción", vínculo que Ricœur nunca abandonará, por cierto; y no menos importante, con la idea que Ricœur desarrollará a través de su reflexión filosófica sobre el *cogito* herido o quebrado.

> Las primeras influencias adoptadas por Ricœur lo llevaron a interesarse particularmente en la elaboración de una filosofía de la acción. De Gabriel Marcel, retendrá esencialmente que "Ser es estar en camino". La filiación Gabriel Marcel, Maurice Blondel, Louis Lavelle o René Le Senne impulsó al joven Ricœur hacia *una filosofía de la acción*, en lugar de una del ser, esto a partir del cogito quebrado de una afirmación originaria, que nunca coincide con sí misma y siempre se encuentra, por lo tanto, antepuesta a una identidad frágil, que no es pero que tiene para ser.[101]

Como quedó señalado en el parágrafo anterior, igual que tiempo atrás lo hiciera con Roland Dalbiez, ahora también designa a Gabriel Marcel como "mi maestro", de quien además, se siente profundamente en deuda. De hecho, en ese primer momento, Ricœur se siente deudor por igual de Marcel tanto como de Karl Jaspers: "… en esta época, yo me sentía igualmente deudor de *mi maestro* Gabriel Marcel, y de la filosofía de Karl Jaspers, a la que yo había consagrado los cinco años de mi cautividad".[102] De esta doble filiación, Ricœur publicará en 1947, junto con Mikel Dufrenne (quien había sido su compañero de cautiverio) y en 1948 en solitario, sus primeros dos libros de filosofía. Refiere Ricœur:

---

[100] Ricœur, P., *Crítica y convicción*, p. 21.

[101] Dosse, François, "Un filósofo en su siglo", *La Gaceta del Fondo de Cultura Económica* (No. 511), Ciudad de México, julio de 2013, p. 9.

[102] Ricœur, P., "Respuesta a Antonio Pintor-Ramos", en Calvo Martínez, Tomás y Ávila Crespo, Remedios (eds.), *Paul Ricœur: los caminos de la interpretación. (Actas del Symposium Internacional sobre el Pensamiento Filosófico de Paul Ricœur. Granada, 23-27 de noviembre de 1987)*, Barcelona, Anthropos, 1991, p. 113. El subrayado es mío.

> El estudio meticuloso de la obra de Karl Jaspers culminaría, de regreso del cautiverio, en el libro escrito en común [con Mikel Dufrenne] y publicado bajo nuestros dos nombres con el título de *Karl Jaspers y la filosofía de la existencia* (1947).* Agregaría poco después para ponerme en regla con los tributos a los que volveré más adelante, una obra de filosofía comparada en la que establecía un paralelo entre Karl Jaspers y Gabriel Marcel: *Gabriel Marcel y Karl Jaspers. Filosofía del misterio y filosofía de la paradoja* (1948).[103]

Por otra parte, el tema de la "deuda", de donde procede el tributo mencionado, es un tópico que hereda propiamente de Marcel, como ha notado François Dosse: "El tema de la deuda es recurrente en la obra de Ricœur, con cuidado escrupuloso por citar lo que debe a los autores que lo han precedido en los temas que explora. Esta actitud ya era la de Gabriel Marcel, quien se dice 'siempre preocupado [...] por precisar cuáles han sido [sus] fuentes', y no tolera la ingratitud, la amnesia y la traición, viviendo ello hasta la obsesión: 'No estar del lado de quienes han traicionado a Cristo'."[104]

Ricœur nunca negó la influencia que muchos dejaron en el desarrollo de su pensamiento, prueba de ello son también las innumerables referencias que hace sobre este filósofo francés. Cuenta Ricœur que el año que pasó en París, estudiando en la Sorbona, entre 1934 y 1935, como un estudiante de provincia "fue decisivo en varios aspectos. [Ya que] ese año marcó un doble encuentro, el de Gabriel Marcel y el de Edmund Husserl".[105] Este doble descubrimiento filosófico, que bien podría denominarse como un amor bi-direccionado, configuró la reflexión primaria de Ricœur, ya que como él mismo señala,

* Ricœur, P. y Dufrenne, M., *Karl Jaspers et la philosophie de l'existence* (Prèface de Karl Jaspers), Éditons du Seuil, Paris, 1947.

[103] Ricœur, P., *Autobiografía intelectual,* pp. 22-23. *Cfr.* Ricœur, P., *Gabriel Marcel et Karl Jaspers. Philosophie du mystère et philosophie du paradoxe,* Éditions du Temps Présent, Paris, 1947.

[104] Dosse, François, *Paul Ricœur. Los sentidos de una vida (1913-2005),* p. 43.

[105] Ricœur, P., *Autobiografía intelectual,* p. 18.

debe a esta polaridad básica –entre Marcel y Husserl– el impulso y ulterior desarrollo de todo su trabajo intelectual:

> Reflexionando, con la retrospectiva de medio siglo –¡sí, medio siglo ya!– acerca de las influencias que reconozco sobre mí, estoy agradecido por haber sido, desde el principio, solicitado por fuerzas contrarias y fidelidades opuestas: de un lado, Gabriel Marcel con la añadidura de Emmanuel Mounier, y de otro, Edmund Husserl. De un lado, la búsqueda existencialista, con sus temas de la encarnación, del compromiso, del diálogo de la invocación; del otro, la exigencia reflexiva con su preocupación de exigencia intelectual, sus análisis rigurosos, sus articulaciones complejas del campo fenoménico, a la luz de la racionalidad cartesiana y kantiana. No es solamente que yo no lamente haber sido confrontado desde el principio de mi itinerario a solicitaciones distintas, e incluso divergentes, sino que reconozco deber a esta polaridad inicial de influencias el dinamismo propulsor de toda mi obra.[106]

Paul Ricœur fiel a su espíritu conciliador siempre intentó mediar propuestas filosóficas opuestas o antagónicas, poniéndolas en un intenso diálogo fructífero, como queda asentado en la cita anterior. "Él era, en efecto, un hombre que buscaba la conciliación de puntos de vista antagónicos".[107] De Husserl, Ricœur recibe la exigencia de rigurosidad metodológica y conceptual, mientras que de Marcel adopta la exigencia de un compromiso existencial. De este modo, Ricœur se niega a decantarse por alguno de sus maestros, porque es mucho lo que les debe a ambos. En el ensayo titulado *Autocomprensión e historia,* Ricœur también comenta el modo en cómo Husserl y Marcel, influyeron y confluyeron en su filosofía primera:

> … yo esperaba arbitrar dentro de mí mismo la confrontación entre Husserl y Gabriel Marcel. Al primero de ellos es a quien yo debía la metodología designada con el término

[106] Ricœur, P., "Autocomprensión e historia", en Calvo Martínez, Tomás y Ávila Crespo, Remedios (eds.), *Paul Ricœur: los caminos de la interpretación,* Barcelona, Anthropos, 1991, pp. 26-27.

[107] Kemp, Peter, *Sabiduría práctica de Paul Ricœur. Ocho estudios,* (trad. Lizbeth Sagols Sales), Ed. Fontamara, Ciudad de México, 2011, p. 8.

> "análisis eidético" [...]; pero era al segundo, a quien yo debía la problemática de un sujeto a la vez de carne y hueso capaz de poner a distancia sus deseos y sus poderes, un sujeto, en suma, dueño de sí y servidor de esa necesidad configurada por el carácter, el inconsciente, el nacimiento y la vida.[108]

De Gabriel Marcel quien se ha convertido ya, en su gran maestro de filosofía, adquiere también el método de la "reflexión segunda" (heredero directo de la llamada "filosofía reflexiva") que, como indica su misma formulación, consiste en retomar en un segundo momento las experiencias vivas que la reflexión primera, en su objetivación reductiva, podía haber dejado de lado. Ricœur señala que:

> En líneas generales, una filosofía reflexiva es el modo de pensar procedente del cogito cartesiano, pasando por Kant y la filosofía poskantiana francesa poco conocida en el extranjero, y cuyo pensador más destacado ha sido a mi entender Jean Nabert. Los problemas filosóficos que una filosofía reflexiva considera más importantes se refieren a la posibilidad de la *comprensión de uno mismo* como sujeto de las operaciones cognoscitivas, volitivas, estimativas, etcétera. **La reflexión es el acto de volverse sobre sí por el cual un sujeto vuelve a captar**, en la claridad intelectual y la responsabilidad moral, el principio unificador de las operaciones en las que se dispersa y se olvida como sujeto. "El 'yo pienso' –dice Kant– debe acompañar todas mis representaciones". En esta fórmula se reconocen todas las filosofías reflexivas.[109]

Gabriel Marcel habla al respecto: "Mientras la reflexión primaria tiende a disolver la unidad que se le presenta, la reflexión segunda es esencialmente recuperadora, es la que *reconquista*".[110]

---

[108] Ricœur, P., "Autocomprensión e historia", en Calvo Martínez, Tomás y Ávila Crespo, Remedios (eds.), *Paul Ricœur: los caminos de la interpretación*, Barcelona, Anthropos, 1991, p. 29.

[109] Ricœur, Paul, "Acerca de la interpretación" (1983/1987), en *Del texto a la acción. Ensayos de hermenéutica II*, 2ª ed., FCE, Buenos Aires, 2010, p. 28. Las cursivas son del autor, las negritas son mías.

[110] Marcel, Gabriel, *El misterio del ser*, 2a ed., (trad. de María Eugenia Valentié), Ed. Sudamericana, Buenos Aires, 1964, p. 79. Énfasis agregado.

Parafraseando a Ricœur, esta reflexión segunda se dirige a sí misma, posibilitando que el sujeto aprehenda aquello que se le escapó en una simple reflexión primera. La reflexión segunda hace retornar al sujeto al terreno de lo "carnal" o material, por sobre una mera abstracción reduccionista. En esto, como en otros aspectos, Ricœur le debe mucho a Marcel. De tal modo que los grandes temas de la filosofía *marceliana*, también acercan a Ricœur a la lectura y estudio de las propuestas filosóficas de Karl Jaspers:

> Antes de agregar a este cuadro de líneas inciertas la figura de Husserl, debo decir que es ante todo a través de Gabriel Marcel que tomé conocimiento de los temas en muchos aspectos cercanos a Karl Jaspers. Gabriel Marcel había publicado en las *Recherches philosophiques* (1932-1933) un artículo muy favorable titulado: "Situación fundamental y situación límite en K. Jaspers" (esas *Grenzsituationen* eran la falta, la soledad, la muerte, el fracaso). Karl Jaspers se convertiría, algunos años más tarde, durante mi cautiverio, en mi interlocutor silencioso.[111]

En las mencionadas reuniones semanales de los viernes, cada uno era llamado no a repetir discursos que ya sabían, sino a enfrentarse a problemas concretos de la existencia humana, y a tratar de emprender una rigurosa reflexión filosófica. Primero hacían un análisis de la cuestión, presentando una exposición fenomenológica del problema, para luego llevarlo a un plano de reflexión segunda que consistía en saber cuál era el sentido de esa experiencia. Ricœur entiende de este modo, ese procedimiento: "Este método –dice– consistía en una repetición en segundo grado de experiencias vivas que la "reflexión primaria", reputaba como reductiva y objetivante, habría obliterado y como privado de su potencia afirmativa originaria. Este recurso a la "reflexión segunda" me ayudó por cierto a escoger los temas marcelianos principales sin tener que renegar de las orientaciones principales de la filosofía reflexiva, ella misma inclinada a lo concreto".[112]

[111] Ricœur, P., *Autobiografía intelectual*, p. 19.

[112] Ídem.

Si bien a Marcel no se le supone en ninguna parte como el primer fenomenólogo francés, ni él mismo llegó a considerarse como un auténtico fenomenólogo, con todo, fue uno de los precursores más importantes de esta filosofía dentro de Francia. Aunque muchos estudiosos, no dudarían en denominarlo como un "fenomenólogo independiente", ya que llegó a practicar lo que podría llamarse como una "fenomenología espontánea".[113] No puede hablarse por tanto, de una filosofía sistemática propiamente marceliana, sino balbuceante, si así se quiere. Esto lleva a Ricœur a desvincularse definitivamente del modo de hacer filosofía en Marcel:

> *Si me alejé de su filosofía* no fue por causa de sus profundas convicciones, sino más bien por cierta carencia de espesor conceptual en su obra. Se trata de un pensamiento profundamente especulativo, que va pasando de un concepto a otro, interpretando determinadas ideas el papel de motivos melódicos en relación a una suite de variaciones; es un pensamiento que avanza por afinidad conceptual, que precisa una idea que reclama otra idea contigua. No me atrevería a decir que se trata de un pensamiento asociativo, pero sí que procede en función de asonancias y disonancias.[114]

Esa falta de sistematicidad en la propuesta filosófica de Marcel, obligó a Ricœur a tomar distancia de su maestro, porque ha encontrado y criticado la debilidad conceptual de la filosofía de Gabriel Marcel, distanciándose claramente de ella, no tanto en razón de sus convicciones profundas sino por la falta de aquella estructura conceptual, tan necesaria, según el entendimiento *ricoeuriano* de hacer filosofía: "Sin embargo, preferí –comenta Ricœur– ocuparme del *análisis de los conceptos,* eso de lo cual Gabriel Marcel se declaraba enemigo".[115] Este desmarque de Marcel no significa un

[113] Escribano, Xavier, "La ruptura con el objetivismo en Gabriel Marcel y Maurice Merleau-Ponty" en *Convivium Revista de Filosofía,* #24, 2011, pp. 119-138. Disponible en http://www.raco.cat/index.php/Convivium/article/view/248263/332376. Recuperada el 14 de marzo de 2016.

[114] Ricœur, P., *Crítica y convicción,* p. 40. Las cursivas son mías.

[115] *Ibíd.*, p. 41. Énfasis agregado.

rompimiento entre maestro y discípulo,[116] sino el reconocimiento de dos formas distintas de hacer filosofía, como Ricœur señala: "En cuanto al impulso sistemático contra el cual Gabriel Marcel no dejaba de advertirme, continúo reivindicándolo, por más que pueda tender hacia cierto didactismo, explicable en parte por el hecho de que todo mi trabajo ha pasado por la prueba de mis clases. Debo confesar que siempre he necesitado el orden y que, aunque rechace cualquier forma de sistemática totalizadora, no me opongo a cierta sistematicidad".[117]

Ya en el ocaso de su trabajo filosófico, Marcel mantuvo unas charlas con su discípulo y amigo Ricœur, que luego se convertirían en un libro titulado *Entretiens Paul Ricœur Gabriel Marcel* (1968). Ahí harán "a dos manos" una recapitulación de la filosofía marceliana; e incluso, a veces la recapitulación se tornará retractación, en los aspectos que para ese momento, ya no le agradaban al viejo Marcel. Este reconoce la madurez y consagración filosófica de quien décadas atrás fuera un fiel discípulo, al decir que era uno de los mejores filósofos de la Sorbona: "*vous* êtes *actuellement un des meilleurs philosophes de la Sorbonne*".[118] Paul Ricœur por su parte, no dejará de reconocer a quien también lo encaminó por la senda de *Sophía*, reconociéndose no tanto como discípulo sino como amigo: "Gabriel Marcel y Mircea Eliade [...] son dos ejemplos de amigos que han ejercido una enorme influencia sobre mí, pero sin que haya tenido que sufrir nunca las obligaciones intelectuales propias de un discípulo. Su amistad me dejaba absoluta libertad".[119]

[116] Y aunque ese hubiera sido el caso, Marcel no se habría distanciado de Ricœur, porque como este señala: "En general, la distancia intelectual que sus discípulos adoptaban en relación con él no disminuía en absoluto el afecto que Marcel sentía por ellos". Ricœur, P., *Crítica y convicción*, p. 41.

[117] Ídem.

[118] Citado por Blázquez Carmona, Feliciano, en *La filosofía de Gabriel Marcel. De la dialéctica a la invocación*, Ediciones Encuentro, Madrid, 1988, p. 79.

[119] Ricœur, P., *Crítica y convicción*, p. 41.

5. Karl Jaspers y la filosofía de la existencia

> *Existencia es una de las palabras que se emplean con el fin de designar la realidad,* según el acento que le dio Kierkegaard: todo lo esencialmente real para mí solo en cuanto yo soy yo mismo. No estamos ahí meramente, sino que nuestro *existente* [*Dasein*] nos es confiado como lugar y como cuerpo de la realización de nuestro surgimiento originario.[120]
>
> Karl Jaspers

Desde sus más incipientes comienzos, la filosofía ricoeuriana siempre tuvo como aspiración primaria a la ontología. Tal indagación, por otra parte, también estuvo orientada por un diálogo constante con los grandes filósofos de todos los tiempos; tanto con aquellos que fueron contemporáneos de Ricœur,[121] como con muchos otros con los que entró en "comunión", gracias a la historia de la filosofía, de la que fue profesor universitario durante muchos años. Aquella búsqueda incesante del Ser, orientó el ulterior desarrollo de la filosofía del pensador francés hasta honduras inusitadas. En el decurso de su filosofar es posible encontrar derroteros que orientaron ese anhelo constante y sostenido, por la ontología, pero arraigada siempre en su compromiso (*engagement*) con el entendimiento de lo humano como un ser que actúa.

Una de esas boyas en el ingente océano de la ontología, lo constituye la filosofía de Karl Jaspers (23 de febrero de 1883 – 26 de febrero de 1969); ya que para este filósofo alemán, hay una clara coincidencia entre filosofía y existencia, porque: "la tarea (…) de la filosofía [es]: *sorprender a la realidad en su surgimiento originario y aprehenderla del mismo modo que yo me aprehendo en mi obrar interno mediante una autoreflexión*".[122] Además, Jaspers también enuncia nítidamente en *La filosofía desde el punto de vista de la existencia,* la

[120] Jaspers, Karl, *Filosofía de la existencia,* (trad. Luis Rodríguez Aranda), Planeta-Editorial Artemisa, Barcelona, 1985, p. 8. Énfasis en el original.

[121] Véase, por ejemplo: Michel, Johann, *Ricœur y sus contemporáneos. Bourdieu, Derrida, Deleuze, Foucault, Castoriadis,* (traducción Maysi Veuthey), Biblioteca Nueva, Madrid, 2014, 206 pp.

[122] Jaspers, Karl, *Filosofía de la existencia*, p. 7. Las cursivas están en el original.

relación indisoluble que existe entre ontología y antropología: "… trátase en la filosofía de la totalidad del ser, que interesa al hombre en cuanto hombre… (…) Los prolijos caminos de la filosofía que recorren los profesionales de ella solo tienen realmente sentido si desembocan en el hombre, el cual resulta caracterizado por la forma de su saber del ser y de sí mismo en el seno de este".[123] Entonces, la ontología cumple su propósito pleno, cuando esta tiene como objetivo cardinal comprender mejor al ser humano.

Con lo que el ser humano se reconoce "sujeto"[124] de sus acciones, pero dicho conocimiento se da por medio de aquellos verbos reflexivos, en los que el hombre enuncia o dice su obrar una y otra vez, en un diálogo constante consigo mismo. Sin duda, la influencia *jaspersiana* es otra de las fuentes de la "filosofía reflexiva" (aunque alemana y no francesa, en este caso) en la que Ricœur inscribe su quehacer filosófico; porque para el galo, la meditación en torno al Ser y su vínculo con el ser y con el hacer *humanos*, no es una mera disquisición academicista, sino que se inserta dentro de un ejercicio que se esfuerza por penetrar en la reflexión sobre el hombre mismo.[125]

En efecto, Karl Jaspers y Paul Ricœur, inscriben la filosofía reflexiva, alemana en el primero de los casos, y francesa en el segundo, a partir del ejercicio de autoreflexión de un sujeto cognoscente que se vuelca sobre sí mismo, en un intento de auto-aprehensión antropológica. Aunque este sujeto no solo se comprende por lo que dice o afirma de sí mismo, sino ante todo: por su obrar, porque el "discurso de la acción", es un *decir* al *hacer*. Tal discurso une lo ontológico con lo ético, dentro de una filosofía de la acción, ya que como Paul Ricœur describe: "… la filosofía de la acción es la ética. (…) [Aunque]

[123] Jaspers, Karl, *La filosofía desde el punto de vista de la existencia*, (trad. José Gaos), 7ª reim., FCE, México, D. F., 1978, p. 8.

[124] Uso la palabra *sujeto* según su etimología latina, primaria: *subjectus* (*subiectus*): "sometido", "dominado", "sujetado", derivado de *subiectio,* "poner debajo"; *subiectus* "acción de poner debajo o delante". De la familia de echar "hacer que alguna cosa vaya a parar a alguna parte". *Diccionario ilustrado latín. Latino-español Español-latino,* 21ª ed., Vox, Barcelona, 2003, p. 482.

[125] *Cfr.*, Ricœur, Paul, "Acerca de la interpretación" (1983/1987), en *Del texto a la acción. Ensayos de hermenéutica II,* 2ª ed., FCE, Buenos Aires, 2010, p. 28.

una filosofía propia de la acción, ¿debe ser solamente una ética?"[126] Pero una filosofía de la acción, no puede reducirse a lo meramente ético, porque la ética debe ubicarse después de un estudio sobre esa alocución del obrar: "Aquí es donde yo propongo –dice Ricœur– una investigación previa a la misma ética, a saber, una descripción y un análisis de los discursos en los cuales el hombre *dice* su *hacer*, haciendo abstracción de alabanzas o censuras mediante las cuales califica su hacer en términos de moralidad".[127] Asimismo, Ricœur vuelve sobre el tema de la filosofía reflexiva en *La naturaleza y la norma. Lo que nos hace pensar*, y precisamente, es la capacidad de autoimputación lo que permite a un hombre conocerse en la claridad intelectual que se hace manifiesta en sus acciones o actos.[128]

5.1. Karl Jaspers y su influencia sobre el novel filósofo Paul Ricœur

En la larga entrevista concedida a François Azouvi y a Marc Launay, convertida luego en el libro: *Crítica y convicción*, Paul Ricœur comenta que, gracias a la lectura de dos artículos de su maestro, Gabriel Marcel, se acercó, y de hecho, conoció, la obra del psiquiatra, teólogo y filósofo alemán, Karl Jaspers.[129] Efectivamente, por la década de 1940, Ricœur se siente doblemente en deuda, por una parte de Gabriel Marcel, tanto como de Karl Jaspers: "... en esta época, –escribe– yo me sentía igualmente deudor de *mi maestro* Gabriel Marcel, y de la filosofía de Karl Jaspers, a la que yo había consagrado los cinco años de mi cautividad".[130] Aquellos años acia-

[126] Ricœur, Paul, *El discurso de la acción,* (trad. Pilar Calvo), Ediciones Cátedra, S.A., Madrid, 1981, p. 10.

[127] *Ibíd.,* p. 11.

[128] *Cfr.*, Changeux, Jean-Pierre y Ricœur, Paul, *La naturaleza y la norma. Lo que nos hace pensar,* (trad. Carlos Ávila Flores), 1ª reim., FCE, México, D.F., 2012, p. 10.

[129] Ricœur, Paul, *Crítica y convicción. Entrevista con François Azouvi y Marc Launay*, (trad. Javier Palacio Tauste), Editorial Síntesis, S. A., Madrid, 1995, p. 21.

[130] Ricœur, P., "Respuesta a Antonio Pintor-Ramos", en Calvo Martínez, Tomás y Ávila Crespo, Remedios (eds.), *Paul Ricœur: los caminos de la interpretación.* (Actas del Symposium Internacional sobre el Pensamiento Filosófico de Paul Ricœur. Granada, 23-27 de noviembre de 1987), Barcelona, Anthropos, 1991, p. 113. Las cursivas son mías.

gos como prisionero de guerra, no fueron en absoluto estériles ni improductivos, sino profundamente creativos. Ahí nacieron sus primeros dos libros, y ahí también se formuló y consumó la *doble* tesis doctoral. Además, en su *Autobiografía intelectual*, Ricœur comparte la misma información.[131]

En efecto, en lo más álgido de la Segunda Guerra Mundial, y estando recluido durante aquellos cinco largos años en el campo de concentración de Pomerania oriental, Paul Ricœur, conoció y se hizo amigo de su compatriota, Mikel Dufrenne,[132] con el que escribiría tiempo después (1947), un libro consagrado justamente, a Karl Jaspers. Ricœur, lo rememora así: "El estudio meticuloso de la obra de Karl Jaspers culminaría, de regreso del cautiverio, en el libro escrito en común [con Mikel Dufrenne] y publicado bajo nuestros dos nombres con el título de *Karl Jaspers y la filosofía de la existencia* (1947)".[133] Trabajando en la Universidad de Estrasburgo (1948-1956), y dada su cercanía con Alemania, conoció directamente a Karl Jaspers: "Desde Estrasburgo –recuerda Ricœur– viajaba con frecuencia a Alemania; de este modo pude visitar a Jaspers en Heidelberg justo antes de que se exiliara en Suiza".[134] Para su segundo encuentro, ya establecido Karl Jaspers en Basilea, Ricœur le entrega su *opera prima,* escrita como ya se mencionó junto con Mikel Dufrenne, aunque el filósofo alemán no estuvo especialmente complacido con la interpretación que los franceses habían hecho de su filosofía:

> Visité una segunda vez a Jaspers, después que se trasladara a la Universidad de Basilea, para entregarle el libro que Mikel Dufrenne y yo habíamos publicado juntos (nuestro primer libro), *Karl Jaspers et la philosophie de l'existence.* Él se ofreció a escribir un prefacio muy amable, aunque no le había gustado

[131] *Cfr.*, Ricœur, P., *Autobiografía intelectual,* 1ª reim., (trad. Patricia Willson), Ediciones Nueva Visión, Buenos Aires, 2007, p. 19.

[132] Ricœur, P., *Crítica y convicción*, pp. 28, 31, 32.

[133] Ricœur, P., *Autobiografía intelectual,* pp. 22-23. *Cfr.*, Dufrenne, Mikel y Ricœur, Paul, *Karl Jaspers et la philosophie de l'existence* (Prèface de Karl Jaspers), Éditons du Seuil, Paris, 1947.

[134] Ricœur, P., *Crítica y convicción*, p. 35.

> demasiado el libro; le parecía que nuestra propuesta era demasiado sistemática. Jeanne Hersch, quien al igual que Hannah Arendt, había sido fiel al maestro, compartía sus reservas, me parece. Sobre todo, ella pensó más tarde que yo estaba traicionando a Jaspers en beneficio de Heidegger, que había sucumbido, al igual que los franceses, según decía, a la peligrosa fascinación ejercida por Heidegger; cosa que venía a ser a medias cierto, pero también a medias falso.[135]

Tal como Ricœur lo recuerda, Karl Jaspers no solo escribió el pequeño prefacio a su primer libro, sino que ciertamente, el filósofo alemán no estuvo especialmente entusiasmado por ciertas apreciaciones que habían hecho los franceses de su filosofía existencialista, en un talante por demás sistemático; no obstante, en el citado exordio, el filósofo alemán no deja de tener palabras de gratitud y reconocimiento, a esa obra que empezaría a forjar a aquellos filósofos en ciernes:

> Aucun exposé d'une philosophie ne peut montrer cette philosophie dans son essence, ce fait est inévitable. Tout exposé interprète et aide le lecteur de l'original, en mettant en lumière les concepts et les rapports, en posant des questions, en faisant des textes une présence vivante. Mais l'exposé ne peut jamais rendre ce qui, pour le philosophe, était peut-être le principal: ce mouvement particulier d'une pensée qui n'a pas seulement un caractère logique et qui ne peut apparaître que confusément lorsqu'on le présente dans un ordre systématique, mais qui crée un certain climat philosophique et permet d'accomplir quelque chose qui est à la fois le sens et le but de toute la pensée, ces bonds intérieurs qui se produisent brusquement, ce devenir de celui qui pense, ces résolutions qui

---

[135] *Ibíd.*, p. 36.

En su *Autobiografía intelectual,* Ricœur menciona que en ese tiempo mientras estuvo cautivo, se consagró a profundizar en la filosofía de Karl Jaspers, pero también ahondó en el conocimiento de Martin Heidegger: "Pero Karl Jaspers no fue el único en ocupar mi retiro forzado de cinco años; retomé con gran cuidado la lectura de Heidegger sin que esta lograra atenuar, al menos en esa época, el ascendiente que Karl Jaspers ejercía en nosotros. Esto ya no ocurrirá en los años cincuenta, para mi pesar de hoy". Ricœur, P., *op. cit.*, p. 23.

s'éclairent par le truchement de la pensée et apparaissent comme ce qui porte authentiquement la vie. Dans l'œuvre que j'ai intitulée Philosophie, chaque chapitre –et non point l'œuvre dans sa totalité– a été conçu comme un tout, fermé sur lui-même, qui doit être lu d'un seul trait et dont la vérité ne réside pas dans une affirmation qui serait à tel ou tel endroit, mais peut apparaître par le mouvement qui brasse le tout en une seule pensée. Il est impossible de reproduire un tel mouvement. Et c'est pourquoi il serait absurde de reprocher à un exposé de ne pas l'avoir suivi.

Mais l'exposé et la critique que font de mon œuvre MM. Dufrenne et Ricœur apportent quelque chose de nouveau, qui est un encouragement pour l'auteur lui-même. Ce livre n'est pas seulement ma philosophie, mais la philosophie propre à MM. Dufrenne et Ricœur. Leur pensée manifeste un mode de philosopher si sérieux, si compréhensif, si communicatif et non point polémique, jusque dans les critiques les plus aiguës, que je dois exprimer ma grande reconnaissance aux auteurs et ma sympathie pour l'esprit de leur œuvre.[136]

---

[136] Jaspers, Karl, "Prefacio" a Dufrenne, Mikel y Ricœur, Paul, *Karl Jaspers et la philosophie de l'existence*, Éditions du Seuil, Paris, 1947.

Disponible en:

https://www.furet.com/ebooks/karl-jaspers-et-la-philosophie-de-l-existence-mikel-dufrenne-9782021157918_9782021157918_1.html# (Consultado el 8 de marzo de 2018).

«Ningún enunciado de una filosofía puede mostrar esta filosofía en su esencia, este hecho es inevitable. Cada exposición interpreta y ayuda al lector del original, destacando conceptos y conexiones, haciendo preguntas, haciendo de los textos una presencia viva. Pero la presentación nunca puede traducir lo que, para el filósofo, era quizás lo principal: ese movimiento particular del pensamiento que no solo es de carácter lógico y que solo puede parecer confuso cuando se presenta en un orden sistemático, pero que crea un cierto clima filosófico y permite realizar algo que es a la vez el sentido y la meta de todo pensamiento, estos saltos interiores que se producen bruscamente, este devenir del pensador, estas resoluciones que se hacen claras a través del pensamiento y aparecen como lo que lleva auténticamente vida. En la obra que he titulado Filosofía, cada capítulo –y no la obra en su totalidad– fue concebida como un todo, cerrado sobre sí mismo, que debe ser leído de un solo trazo y cuya verdad no reside en una afirmación que estaría en tal o cual lugar, sino que puede aparecer a través del movimiento que agita el todo en un solo pensamiento. Es imposible reproducir tal movimiento. Y por eso sería absurdo reprochar a una presentación no haberla seguido.

Pero Paul Ricœur, que prácticamente nunca dejó de pensar a partir de ese momento, publicó aquel mismo año de 1947, otro libro más sobre el filósofo alemán, como así da cuenta: "Agregaría poco después para ponerme en regla con los tributos a los que volveré más adelante, una obra de filosofía comparada en la que establecía un paralelo entre Karl Jaspers y Gabriel Marcel: *Gabriel Marcel y Karl Jaspers. Filosofía del misterio y filosofía de la paradoja* (1948)".[137] A la luz de todo lo anterior, puede comprobarse que Ricœur ahondó

Pero la presentación y crítica de mi obra por parte de los Señores Dufrenne y Ricœur aporta algo nuevo, que es un estímulo para el propio autor. Este libro no es solo mi filosofía, sino la filosofía propia de los Señores Dufrenne y Ricœur. Su pensamiento manifiesta un modo de filosofar tan serio, tan comprensivo, tan comunicativo y nada polémico, incluso en las críticas más agudas, que debo expresar mi gran agradecimiento a los autores y mi simpatía por el espíritu de su obra». (Traducción personal).

[137] Ricœur, P., *Autobiografía intelectual,* p. 23. *Cfr.* Ricœur, P., *Gabriel Marcel et Karl Jaspers. Philosophie du mystère et philosophie du paradoxe,* Éditions du Temps Présent, Paris, 1947, 456 pp. En una recensión aparecida en la *Revue des Sciences Religieuses* del año 1949, se comentaba así, la citada publicación: "Comme le libre qu'il a écrit avec M. Dufrenne sur Karl Jaspers, ce Nouvel ouvrage de M. Ricœur est d'une justesse qui décourage la critique. Il opère une confrontation que ni l'un ni l'autre des interessés n'auralent eu la patience d'entreprendre et qui doit être aussi instructive pour eux qu'elle l'est pour nous. Bien qu'il ait cherché à être utile plus qu'à ètre élégant, M. Ricœur a eu le souci de parler français et d'éviter le jargon qui semble de mise quand on presente chez nous l'existencialisme allemand. Cette coquetterie l'honore." N. M. Paul Ricœur, *Gabriel Marcel et Karl Jaspers,* 1947. In: Revue des Sciences Religieuses, tome 23, fascicule 1-2, 1949, p. 196. Disponible en:
https://www.persee.fr/doc/rscir_0035-2217_1949_num_23_1_1884_t1_0196_0000 3 (consultada el 07 de marzo de 2018).

El discípulo de Ricœur, Marcelino Agís Villaverde, comenta que el francés dedicó algunos otros ensayos a Karl Jaspers: "Ricœur dedica a Jaspers además de estos dos libros otros trabajos, entre los que destaca el titulado *The relation of Jaspers, Philosophy to Religión,* que forma parte de las aportaciones que configuran la obra de R A. Schilpp (ed.), *The Philosophy of Karl Jaspers,* Illinois, The Library of Living Philosophers, 1981 (2), pp. 611-642. En este trabajo se propone clarificar la situación equívoca de Jaspers con respecto al problema religioso. La oposición de Jaspers a la religión será enfocada primero en su carácter dual: como una protesta por las exigencias de la libertad; y como la emergencia de una auténtica fe filosófica. Desde este último presupuesto, observa cómo el autor se apropia del rango de «especulación metafísica» de la fe religiosa sobre la que triunfa. Para terminar poniendo algunas cuestiones personales concernientes a la concepción religiosa de Jaspers". Agís Villaverde, Marcelino, "La hermenéutica de Paul Ricœur en el marco de la filosofía contemporánea", *Azafea. Revista de filosofía 5,* Ediciones Universidad de Salamanca, Salamanca, 2003, p. 81.

con bastante creatividad en la filosofía de Karl Jaspers, leyendo con diligencia la obra del alemán, pero no como un mero lector ingenuo o como un mero discípulo, sino como un novel filósofo que empezaba a trazar los senderos de lo que luego se convertiría en una novedosa y fecunda propuesta filosófica.

5.2 Karl Jaspers y la ontología delante de la Trascendencia

¿Cuánto influyó en el joven Ricœur la obra del filósofo alemán? Toda posible respuesta a esta pregunta, es un ensayo por tratar de dilucidar el primer acercamiento ricoeuriano sobre el gran tema de la ontología y su relación con la antropología filosófica. Juan Masiá Clavel que tuvo la oportunidad de escuchar hablar al propio Ricœur en noviembre de 1996 en Madrid, sobre lo que en aquellos incipientes orígenes le movieron en su indagación filosófica, escribe:

> Evoco los días de prisionero leyendo fenomenología: una manera de decir que la Alemania fundamental no es la de Hitler. Luego traduje a Husserl y escribí sobre Jaspers. He recibido mucho de la fenomenología. Me concentré, al principio, en describir la experiencia humana evitando dos extremos: las excesivas teorías especulativas y la reducción de la filosofía a las explicaciones científicas; contra las construcciones especulativas y también contra la reducción objetiva.[138]

De pronto, Ricœur descubrió en Karl Jaspers el mismo impulso que lo motivaba a él en su propio desarrollo intelectual y en la comprensión común que tenían sobre el saber filosófico, ya que el alemán criticó también la pretensión de hacer de la filosofía un instrumento cientificista, pero sobre todo, en querer asemejarse al método de las ciencias duras: "... esta filosofía –dice Jaspers– no parecía tener confianza en sí misma. El ilimitado respeto de la época por las exactas ciencias experimentales permitió que estas se convirtieran en su modelo. Así, la filosofía quiso recobrar ante el tribunal de las ciencias la consideración perdida, procediendo con

[138] Masiá Clavel, Juan, Domingo Moratalla, Tomás y Ochaita Velilla, Alberto, *Lecturas de Paul Ricœur*, Universidad Pontificia de Comillas, Madrid, 1998, p. 4.

análoga exactitud. [...] El amor por una filosofía fundamentante (*sic*) de la vida protestaba contra esa filosofía científica".[139]

Pero ni Karl Jaspers ni Paul Ricœur compartían la falsa concepción de que en el modelo de las ciencias exactas residiera la verdadera filosofía, ni desde luego, la verdad misma. Por el contrario, los límites de esa pretensión se hicieron manifiestos cuando se llegó a la cuenta de que: "El conocimiento científico no puede dar *ningún objetivo* para la vida. No establece valores válidos. Como tal no puede dirigir".[140] ¿En qué otros tópicos, es posible encontrar influencias *jaspersianas* sobre el primer Ricœur? Sin duda, sobre la ontología ricoeuriana y su entendimiento sobre lo humano. Precisamente, el filósofo danés, Peter Kemp, discípulo cercano a Paul Ricœur, comenta que ya desde su primer libro publicado, el pensador francés buscó una ontología, aunque todavía cercana a cierta Trascendencia, por influencia directa de Karl Jaspers:

> En todo caso, en su primera obra, *Karl Jaspers et la philosophie existentielle*, coescrito con Mikel Dufrenne, Jaspers está presente como aquel que ha pensado el Ser como el Otro, la verdad como veracidad y la existencia humana como viviendo delante de la Trascendencia. [...] Pero ya en su libro: *Karl Jaspers et la philosophie existentielle* el interés se manifiesta por una ontología que, como lo afirmó Jaspers, tiene en cuenta la situación humana *delante* de la Trascendencia.[141]

En efecto, en *Filosofía de la existencia,* Karl Jaspers ubica la existencia humana frente a la Trascendencia, tal como Dufrenne y Ricœur, lo leyeron e interpretaron: "La cuestión ahora es saber si esta *inmanencia se basta* o remite a otra cosa. De hecho, el salto de la inmanencia lo ejecuta el hombre y precisamente de una vez: del mundo a la *divinidad* y del existente del espíritu consciente a la *existencia. Existencia* es el ser mismo que se refiere a sí mismo y, por tanto, a la trascendencia mediante la que se sabe producida y en

[139] Jaspers, Karl, *Filosofía de la existencia*, pp. 10, 11.

[140] *Ibíd.,* p. 17.

[141] Kemp, Peter, *Sabiduría práctica de Paul Ricœur. Ocho estudios,* (trad. Lizbeth Sagols Sales), Editorial Fontamara, México, D. F., 2011, p. 54. Énfasis en el original.

la que se funda".[142] Esta interpretación coloca la ontología jaspersiana delante de la Trascendencia, tal y como los noveles filósofos franceses lo descubrieron. Este tema volverá a aparecer en la tesis doctoral de Paul Ricœur, consagrada a la voluntad. El apartado III, de la introducción de *Filosofía de la voluntad. Lo voluntario y lo involuntario*, está dedicado a ese tema: "La abstracción de la Trascendencia". Ahí, Ricœur, comenta:

> La abstracción de la Trascendencia promueve tantas dificultades como la abstracción de la falta. En efecto, ambas abstracciones son inseparables. La experiencia integral de la falta y su contrapartida mítica, la imaginación de la inocencia, son estrechamente solidarias de una afirmación de Trascendencia: **por una parte, la experiencia integral de la falta es la falta experimentada como un estar ante Dios, es decir, el pecado. Por ello, no es posible disociar falta y Trascendencia.** Pero, sobre todo, la trascendencia es aquello que libera la libertad de la falta. Así viven los hombres la Trascendencia: como purificación y redención de su libertad, como salvación. La Trascendencia resplandece para nosotros en relación a un mundo espiritual que tiene lesiones reales. Todos los otros accesos, que pueden parecer un camino más corto, son en realidad extraños a la prueba concreta de la Trascendencia, que significa nuestra integridad recobrada. La cautividad y la redención de la libertad son el único y el mismo drama.[143]

También para Ricœur la Trascendencia es importante, pero en este caso, no es la ontología la que se ubica delante de aquella, como en Jaspers; sino que es el hombre mismo, el que comparece ante ella; en razón de que el ser humano tiene como "característica ontológica" fundamental, ser *falible* o *lábil*. Tópico, que por otra parte, aparecerá en *Filosofía de la voluntad II. Finitud y culpabilidad*, especialmente en la primera sección consagrada a: "El hombre

[142] Jaspers, Karl, *Filosofía de la existencia*, p. 30.

[143] Ricœur, P., *Filosofía de la Voluntad. Lo voluntario y lo involuntario*, (trad. Roberto J. Walton), Docencia, Buenos Aires, 1986, pp. 41-42. Las negritas están añadidas.

falible".[144] Para el filósofo francés, hay una relación inquebrantable entre falta y Trascendencia, porque al mismo tiempo: el ser humano, antropológicamente hablando, está ontológicamente constituido como un *hombre falible*. Así, es posible conjugar en un mismo *ser*, un tópico (la labilidad) en una doble dimensión: tanto antropológica como ontológicamente: *el ser humano es lábil*. Es entonces, cuando ontología y antropología, se funden en un abrazo indisoluble que logra aprehender al hombre en la falta. Esta fractura originaria, muestra al ser humano como constituido por una falla *in illo tempore*, acaecida en una "historia primordial",[145] que lejos de perderlo, permite encontrarlo. El hombre se *encuentra* "desde" la falta, por la falta y en la falta; ¿no resulta profundamente aleccionador que en el mito bíblico que relata la primera transgresión, más

[144] "La primera parte de este trabajo –anuncia Ricœur– está dedicada al *concepto de falibilidad*. Al pretender que la falibilidad sea un concepto, presupongo de entrada que la reflexión pura, es decir, una forma de comprender y de comprenderse que no procede por imagen, símbolo o mito, puede alcanzar cierto umbral de inteligibilidad en donde la posibilidad del mal parece inscribirse en la constitución más íntima de la realidad humana. La idea de que el hombre es frágil por constitución, de que puede fallar, es, según nuestra hipótesis de trabajo, totalmente accesible a la reflexión pura; designa una característica del ser del hombre. [...] Esto es lo que quiere hacernos comprender el concepto de falibilidad: la forma en que el hombre se «halla expuesto» a fallar". Ricœur, P., *Finitud y culpabilidad*, 2ª ed., (trad. de Cristina de Peretti, Julio Díaz Galán y Carolina Meloni), Editorial Trotta, Madrid, 2011, p. 21.

[145] En el tratamiento de una narración de carácter mítico, Paul Ricœur, hace una distinción entre lo prehistórico y lo histórico: "Las referencias a la prehistoria y la historia a lo largo de su presentación del debate exegético contemporáneo me llevan a pensar que es el plano de las relaciones existentes entre prehistoria o protohistoria (o mejor: historia primordial) e historia donde debemos plantear esta cuestión. Si lo que se pone en cuestión es el sentido o el significado de la historia para la tesis soteriológica, en lo que toca a los textos relativos a la creación de lo que se trata es de los acontecimientos mismos que surgen de esta historia primordial. Por consiguiente, primero debemos esclarecer el sentido en que usamos estos dos términos y su relación, tanto en el plano literario como en el de los sentidos capaces de alimentar una teología bíblica digna de su nombre.

La hipótesis de trabajo que orienta los análisis siguientes puede establecerse en buena medida como sigue. **El vínculo que une la historia primordial con la historia fechada (o fechable) debe estudiarse detenidamente. Yo lo llamaré relación de *precedencia*...**" Ricœur, P., "Pensar la creación. Génesis 2-3", en LaCocque, André y Ricœur, P., *Pensar la Biblia. Estudios exegéticos y hermenéuticos,* (trad. de Antoni Martínez Riu), Herder, 2001, p. 52. Las negritas están añadidas.

extensamente llamado como "pecado original"[146] desde San Agustín, Dios se presente *ante* los seres humanos primigenios *delante* de su falta, preguntándoles: dónde se encuentran? El texto bíblico así lo resalta:

> Y oyeron la voz de Jehová Dios que se paseaba en el huerto al aire del día: y escondióse el hombre y su mujer de la presencia de Jehová Dios entre los árboles del huerto.
>
> Y llamó Jehová Dios al hombre, y le dijo: **¿Dónde estás tú?**
>
> Y él respondió: Oí tu voz en el huerto, y tuve miedo, porque estaba desnudo; y escondíme.
>
> Y díjole: ¿Quién te enseñó que estabas desnudo? ¿Has comido del árbol de que yo te mandé no comieses? (Génesis 3:8-11).[147]

El tema de la falibilidad humana, (materia que como ha quedado dicho, une lo ontológico con lo antropológico, por antonomasia), adquiere en Ricœur el lugar que la ontología tenía en Jaspers *ante* la Trascendencia; con lo que a partir de esta propuesta ricoeuriana se puede hablar propiamente, de una auténtica *ontoantropología*. Pero sería erróneo pensar que esa *antropo-ontología* que propone Ricœur, se queda estacionada en el ser humano lábil. No es así, ya que la filosofía ricoeuriana también propondrá que frente al «mal radical»,[148] el ser humano puede conjurarlo por medio de su acción

---

[146] *Cfr.*, "El *pecado original* estudio de su significación", en Ricœur, P., *El conflicto de las interpretaciones. Ensayos de hermenéutica,* (trad. de Alejandrina Falcón), 2ª ed., Fondo de Cultura Económica (FCE), Buenos Aires, 2015, pp. 245-260.

[147] *Biblia Reina-Valera 1909* (RVA), Sociedades Bíblicas Unidas, Corea, 2001, p. 2. Las negritas están añadidas.

[148] Sobre el mal radical, tema tomado de Immanuel Kant, Ricœur escribe: "Hay en efecto, algo de misterioso y quizá de inescrutable (*unerforschbar*), dice Kant en "El ensayo sobre el mal radical", en el origen del mal; quizá habría que decir, incluso, que comprenderlo sería suprimirlo; pero si el mal es impenetrable en tanto que acontecimiento, quizá haya una inteligencia del umbral que permitiría comprender su posibilidad; quizá, dicho de otro modo, se puede comprender en qué sentido el hombre es falible. Ahora bien, la falibilidad está implicada en la desproporción que hace del hombre un ser falible. Desproporción, intermediari-

concreta *hacia* el bien, con lo que Ricœur, terminará proponiendo la idea del "hombre capaz". Un ser humano, no solo inclinado al mal, sino que al tiempo que actúa y sufre es *solicitado* por el bien, con el que puede imponerse al mal que busca vencerlo.[149] Tópicos que por lo demás, son abordados por el filósofo francés en *Tiempo y narración* y en *Sí mismo como otro*, a los que luego se hará referencia en alguna otra parte de la presente investigación.

6. Jean Nabert y su influencia sobre el problema de Dios y el tema del mal

> Nabert ha sido un filósofo de concienzuda formación, riguroso método y sopesadas ideas. Ricœur se considera deudor de su *Filosofía de la voluntad*. Así lo reconoce en las referencias en sus obras, sobre todo en *Lo voluntario y lo involuntario* y *Finitud y culpabilidad* (esta última dedicada expresamente al maestro). El prólogo a la segunda edición de Élements *pour une* Éthique (1960) es de Ricœur; y también él edita y prologa, junto con Paule Levert, su obra póstuma *Le Désir de Dieu.*[150]
>
> José Demetrio Jiménez

Paul Gilbert reproduce la información que el propio Ricœur compartió en un lejano 1967 sobre quienes habían sido sus tres grandes maestros (sin descartar por supuesto, a Roland Dalbiez, el primero de todos) en el quehacer filosófico: "Gabriel Marcel, que yo me permito considerar como uno de mis poco numerosos maestros,

---

dad, fragilidad, falibilidad, constituyen una secuencia plena de sentido". Ricœur, P., *Escritos y conferencias 3. Antropología filosófica,* (trad. de Adolfo Castañón), Siglo XXI Editores, Ciudad de México, 2016, p. 18.

[149] Tales fueron las palabras que Dios le dirigió a Caín, antes de que éste asesinará a su hermano, Abel: "Entonces Jehová dijo a Caín: ¿Por qué te has ensañado, y por qué se ha inmutado tu rostro? Si bien hicieres, ¿no serás ensalzado? Y si no hicieres bien, el pecado está a la puerta: con todo esto, a ti será su deseo, y tú te enseñorearás de él" (Génesis 4:6-7, RVA).

[150] Demetrio J., José, "Prefacio" a Nabert, J., *Ensayo sobre el mal,* Col. Esprit, 28, (trad. de José Demetrio Jiménez), Caparrós Editores, Madrid, 1997, p. 11.

al igual que [Edmund] Husserl y de [Jean] Nabert".[151] El filósofo francés Jean Francisque Nabert (Izeaux, 27 de junio de 1881 - París, 13 de octubre de 1960) es una figura señera en la filosofía reflexiva francesa, y quien ejercerá una influencia decisiva en el "primer" Ricœur, como señala Enrique Dussel, al repasar los tres momentos claves en que el pensamiento ricoeuriano puede estudiarse:

> **Del filósofo francés Jean Nabert toma Ricœur su filosofía "reflexiva" –primer nivel–.** De Husserl, evidentemente, heredará la fenomenología, practicada de manera creadora –segundo nivel–. **Por último, y esto es esencial en la biografía filosófica de nuestro filósofo, subsume la fenomenología en una posición hermenéutica, que pudiéramos llamar definitiva en Ricœur.** Ese viraje se produjo ya entre el primero y el segundo volumen de *La philosophie de la volonté*.[152]

Pero, ¿qué es la *filosofía reflexiva* francesa? ¿Qué relación guarda esta con Jean Nabert, y luego con Ricœur? ¿Cómo se articula la filosofía reflexiva francesa con la fenomenología husserliana, y luego también con la hermenéutica fenomenológica o con la fenomenología hermenéutica? Y, en última instancia, ¿cómo condiciona aquella el quehacer filosófico ricoeuriano?

> El término «filosofía reflexiva» designa una tradición de pensamiento francés, cuyos fundadores son, al final del siglo XIX, **[Jules] Lachelier** (1832-1918) y **[Jules] Lagneau** (1851-1894). En dicha tradición Ricœur ha sido introducido por su maestro **[Jean] Nabert**. Es el inspirador de su filosofía [...]. En los momentos cruciales de su caminar filosófico vuelve siempre a los grandes textos de Nabert. Encuentra en ellos un criterio de autentificación filosófica, un motivo para evitar la

[151] Gilbert, Paul, *Algunos pensadores contemporáneos de lengua francesa*, Universidad Iberoamericana (UIA), Ciudad de México, 1996, p. 131.

[152] Dussel, E., "Hermenéutica y liberación. De la «fenomenología hermenéutica» a una «filosofía de la liberación» (Diálogo con Ricœur)", en Dussel, Enrique, *Apel, Ricœur, Rorty y la filosofía de la liberación (con respuestas de Karl-Otto Apel y Paul Ricœur)*, Universidad de Guadalajara, Guadalajara, 1993, p. 135. Énfasis añadido.

> sensación de falta de radicalidad, de pérdida del objeto último del hacer filosófico. Nabert le ofrece, en un sentido próximo a Husserl, una conciencia metodológica precisa y rigurosa.[153]

Ricœur mismo enuncia aquí, cómo entiende aquella filosofía que se vuelca sobre sí misma con un rigor inusitado: "En líneas generales, una filosofía reflexiva es el modo de pensar procedente del *cogito* cartesiano, pasando por Kant y la filosofía poskantiana francesa poco conocida en el extranjero, **y cuyo pensador más destacado ha sido a mi entender Jean Nabert**".[154] Manuel Maceiras proporciona las coordenadas en las que Ricœur se apropia de la filosofía reflexiva *nabertiana* y su adopción de la fenomenología *husserliana*, para terminar recreándolas o subsumiéndolas en una hermenéutica *ricoeuriana,* que permite superar la inmediatez trascendental *cartesiana.* Y en última instancia, la razón por la cual, según lo ha señalado el propio Ricœur, tanto la filosofía reflexiva como la fenomenología deben advenir *necesariamente* en una hermenéutica:

> Para toda la filosofía reflexiva, y la fenomenología lo es, la comprensión de sí como sujeto de las operaciones intelectuales, volitivas, estimativas, etc., es, sin duda, el problema fundamental. En esta tradición la reflexión es el acto por el cual pretendemos identificar en nosotros mismos el acto último responsable de nuestras propias acciones (intelectuales, afectivas, volitivas, etc.).
>
> La hermenéutica abandona definitivamente tanto la pretensión cartesiana del fundamento último, como la ilusión fenomenológica de un yo trascendental, origen del sentido, y entiende la reflexión como actividad interpretativa de los signos y los símbolos en los que el yo se objetiva y dispersa afirmando que solo por medio de ellos se abre el posible acceso a los actos fundantes del yo.

---

153 Masiá Clavel, Juan, Domingo Moratalla, Tomás y Ochaíta, J. Alberto, *Lecturas de Paul Ricœur,* Universidad Pontificia de Comillas, Madrid, 1998, pp. 142-143. Las negritas son de los autores.

154 Ricœur, P., "Acerca de la interpretación" (1983/1987), en *Del texto a la acción. Ensayos de hermenéutica II,* 2ª ed., (trad. de Pablo Corona), FCE, Buenos Aires, 2010, p. 28. Las negritas están añadidas.

> [...] Ricœur, con Jean Nabert, siguiendo a Fichte, entenderá la reflexión no como determinación de lo trascendental, sino como una tarea (una *Aufgabe*) encaminada a alcanzar el *yo soy* mediante la experiencia concreta y la interpretación de las obras que de ella se despliegan.
>
> –La reflexión se torna así en *esfuerzo por existir*, en recuperación de lo que Fichte llamó el «juicio tético» o acto fundante del yo. Tal esfuerzo se ejerce como interpretación de los signos.
>
> **Por todo ello filosofía reflexiva y fenomenológica deben convertirse en hermenéutica.**[155]

Justamente porque la filosofía reflexiva francesa hunde sus raíces en Descartes y su *cogito ergo sum*, pasando al mismo tiempo por el importantísimo "yo pienso" kantiano; Ricœur tiene que explicitar en su ensayo «Acerca de la interpretación», el modo en que la hermenéutica y la fenomenología se entrecruzan o entrelazan, condicionándose mutuamente, convirtiéndose la fenomenología misma en una especie o tipo de filosofía reflexiva:

> Los problemas filosóficos que una filosofía reflexiva considera más importantes se refieren a la posibilidad de la *comprensión de uno mismo* como sujeto de las operaciones cognoscitivas, volitivas, estimativas, etc. **La reflexión es el acto de volverse sobre sí por el cual un sujeto vuelve a captar, en la claridad intelectual y la responsabilidad moral, el principio unificador de las operaciones en las que se dispersa y se olvida como sujeto.** "El 'yo pienso' –dice Kant– debe acompañar todas mis representaciones". En esta fórmula se reconocen todas las filosofías reflexivas. Pero, ¿cómo se conoce o se reconoce a sí mismo el "yo pienso"? En este punto, la fenomenología –y, es más, la hermenéutica– representa, a la vez, una realización y una transformación radical del propio programa de la filosofía reflexiva. **En efecto, se vincula con la idea de reflexión**

[155] Maceiras F., Manuel, "Paul Ricœur: Una ontología militante", en Calvo Martínez, Tomás y Ávila Crespo, Remedios (eds.), *Paul Ricœur: los caminos de la interpretación,* Anthropos, Barcelona, 1991, p. 51-52. Las negritas están añadidas.

> **el deseo de una transparencia absoluta, de una coincidencia perfecta de uno consigo mismo, lo cual transformaría la conciencia de sí en un saber indudable y, por este motivo, más fundamental que todos los saberes positivos.** La fenomenología primero, y la hermenéutica después, no dejan de situar esta reivindicación fundamental en un horizonte cada vez más alejado, a medida que la filosofía adquiere las herramientas conceptuales capaces de satisfacerla. [...]
>
> **Debido a esta afirmación la fenomenología posee el carácter de una filosofía reflexiva.**[156]

Para Paul Ricœur tanto la fenomenología husserliana como la filosofía cartesiana (de la que abrevan lo mismo la filosofía reflexiva francesa que la filosofía existencialista) muestran sus límites al abordar el tema de la voluntad mala, del mal concreto, razón por la cual deben integrar a la hermenéutica "de los símbolos y de los mitos". Aquí es cuando tanto la fenomenología como la filosofía reflexiva (también la filosofía existencial) *advienen* hermenéuticas. Esta metodología ricoeuriana está claramente desarrollada en «La Simbólica del mal»:

> Es aquí donde la fenomenología, extendida incluso a la filosofía existencial que reconciliaba a Husserl y a Mounier con Nabert (al que yo empezaba a descubrir y reconocer tardíamente), **comprobaba sus límites, que eran los mismos que los del *cogito* cartesiano, con su ambición de inmediatez, de transparencia y de apodicticidad. Para acceder a lo concreto de la**

---

[156] Ricœur, P., "Acerca de la interpretación" (1983/1987), en *Del texto a la acción. Ensayos de hermenéutica II,* 2ª ed., (trad. de Pablo Corona), FCE, Buenos Aires, 2010, p. 28. Las negritas están añadidas.

Ricœur añade en otra parte que la fenomenología tiene sus límites, pero que extendida hacia la filosofía existencial concilia los opuestos y los supera: "Es aquí donde la fenomenología, extendida incluso a la filosofía existencial que reconciliaba a Husserl con Marcel y a Mounier con Nabert (al que yo empezaba a descubrir y reconocer tardíamente), comprobaba sus límites, que eran los mismos que los del *cogito* cartesiano, con su ambición de inmediatez, de transparencia y de apodicticidad." Ricœur, P., «Autocomprensión e historia» en Calvo Martínez, Tomás y Ávila Crespo, Remedios (eds.), *Paul Ricœur: los caminos de la interpretación,* Barcelona, Anthropos, 1991, p. 30.

> **voluntad mala, era preciso introducir en el círculo de la reflexión el largo rodeo de los símbolos y de los mitos,** en suma, la mediación misma de los signos y de los centros del mundo cultural. Fue de esta **sacudida metodológica** de donde surgió la *Symbolique du mal*: la voluntad, se afirma aquí, no se reconoce mala ni se declara culpable más que meditando sobre los símbolos y los mitos vehiculados por las grandes culturas que han instruido a la conciencia occidental, por no hablar de las otras culturas que no forman parte de mi memoria finita.[157]

Las citas anteriores permiten confirmar cómo es que Jean Nabert proporcionó a Ricœur una metodología inestimable a través de su extraordinaria y profunda reflexión sobre el tema del mal y las repercusiones filosóficas (e incluso teológicas) que ella contiene, puesto que la filosofía reflexiva empleada por aquel, posee un estricto rigor metodológico, como comenta el traductor de Nabert al español, José Demetrio Jiménez: "Dentro de la tradición de la *filosofía reflexiva [francesa],* Nabert destaca por su rigor metodológico, al servicio de un pensamiento que no elude ninguna cuestión, prevenido de antemano contra toda posición que en vez de dar respuesta, o abstenerse en caso de no obtenerla, diluya o simplifique la problemática. Acepta, pues, la reflexión sobre el mal como un auténtico reto. Presuponiendo que no hay posiciones adquiridas, no se le excusa ningún esfuerzo, aunque tenga tanto que deber a Kant".[158] En este sentido, Ricœur señala no obstante, que Nabert no sigue a pie juntillas a Kant en el tema del mal, sino que él mismo formula una terminología propia para interpretar ese mal:

> Hay que tener presente dos ideas. La primera, subrayada con vigor por Nabert, es que el mal, referido a la formación de las máximas [kantianas], debe pensarse en los términos de una *oposición real*, en el sentido del *Essai pour introduire en philosophie le concept de grandeur négative.* Pero es en el plano en que la propia ley moral es motivo donde la inclinación al mal se

[157] Ricœur, P. "Autocomprensión e historia", en Calvo Martínez, Tomás y Ávila Crespo, Remedios (eds.), *Paul Ricœur: los caminos de la interpretación*, Barcelona, Anthropos, 1991, p. 30. El énfasis está añadido.

[158] Demetrio J., José, *op. cit.*, p. 9.

> alza como «repugnancia real», según la expresión de Nabert, es decir, en cuanto «motivo contrario que influye en el libre albedrío» [según el dicho de Kant en *La religión dentro de los límites de la mera razón*].[159]

Sobre aquella vertiente filosófica que une el rigor metodológico y su vínculo profundo con el compromiso filosófico, que no elude los problemas que se le presentan y que hace de ambos (rigor metodológico y compromiso filosófico) un estricto acto de reflexión que no busca reduccionismos vacuos ni simplificaciones vanas, en este mismo sentido también se pronuncia otro de los discípulos de Ricœur: Tomás Domingo Moratalla, cuando describe la importante influencia y afluencia que Jean Nabert ejerció sobre su joven lector y también alumno, Ricœur, a través de aquel caudaloso venero filosófico en clave reflexiva:

> Podemos decir que la "idea de filosofía" que Ricœur maneja bebe de planteamientos reflexivos. La filosofía es un asunto grave, pide un compromiso al filósofo, una implicación personal, pero, además de este momento autoimplicativo, también un dominio, un hacer de ella su oficio, una conciencia profesional y esta es, justamente, la conciencia metodológica. El anclaje en lo reflexivo le permite que su "arbitraje", palabra muy definitoria de la manera de proceder de nuestro autor, no sea una mera suma de aportaciones o un abocar a un eclecticismo vacío y no comprometido. El establecimiento de programas que aborda Ricœur, y la subsiguiente recapitulación de sus contenidos, es un **acto de reflexión** (compromiso filosófico y rigor metodológico).

---

[159] Ricœur, P., *Sí mismo como otro,* 4ª reim., trad. de Agustín Neira Calvo, Siglo XXI Editores, Ciudad de México, 2011, p. 230. "Segunda idea importante: al radicalizar el mal, al introducir la difícil idea de una máxima mala de todas las máximas, Kant ha radicalizado también la idea misma del (libre) albedrío, por el solo hecho de haberla convertido en el centro de una oposición real a la fuente de la formación de las máximas. En esto, el mal es el revelador de la naturaleza última del (libre) albedrío. El (libre) albedrío humano se revela como portador de una herida originaria que alcanza su capacidad de determinarse por o contra la ley; el enigma del origen del mal se refleja en aquel que afecta al ejercicio actual de la libertad; que esta inclinación es, sin embargo, una máxima del (libre) albedrío, he aquí lo que es tan inescrutable como el origen del mal." *Ibíd.*, p. 231.

> La filosofía reflexiva supone, por sus propias capacidades, la posibilidad de consideración, incluso de integración, de la no-filosofía en la filosofía, tan característico de su hacer filosófico.[160]

Pero que sea aquí el mismo Jean Nabert, quien tome la palabra y enuncie a través de su *Ensayo sobre el mal,* cómo entiende aquel rigor metodológico del que se viene hablando, tenacidad epistemológica ineludible a la hora de enfrentar el gran problema del mal. Nabert reflexiona ahí, cómo es que esta cuestión debe abordarse filosóficamente, advirtiendo de antemano que no se debe caer en vanas especulaciones: "Es necesario renunciar –dice– a la búsqueda de una respuesta especulativa a la cuestión del mal, porque esta cuestión procede de un acto y una respuesta que no estuviese implicada en este acto sería contradictoria: la conciencia no inicia su proceso más que dándose el principio que la condena".[161] Y más adelante añade el modo en cómo este mal se convierte en un problema (además de psicológico y desde luego, teológico)[162] eminentemente *filosófico*: "El mal no comienza a ser problema más que en el momento en que, dejando de ser experimentado como una herida que

[160] Domingo Moratalla, T. "Parte B. De la fenomenología a la hermenéutica. Capítulo 2º. «La productividad reflexiva de la vía hermenéutica de la fenomenología»", en Masiá Clavel, Juan, Domingo Moratalla, Tomás y Ochaíta, J. Alberto, *op. cit.*, p. 143. Las negritas están en el original.

[161] Nabert, Jean, *Ensayo sobre el mal,* (trad. de José Demetrio Jiménez), Col. Esprit #28, Caparrós Editores, S. L., Madrid, 1997, p. 69.

[162] Jean Nabert distingue el mal abordado *desde* la filosofía, del «sentimiento de pecado» más orientado a lo teológico: "*Distinto* es el sentimiento del pecado. Es un asunto artificial, sin duda, distinguirlo del sentimiento de la falta, y no se negara que este, al profundizarse, tiende a identificarse con el primero. Sin embargo, mientras que el sentimiento de la falta está profundamente ligado a la transgresión de un deber-hacer moral; mientras que la regla a la que se refiere es susceptible de una determinación racional que vincula al yo particular y requiere de él cierta renuncia a sus propios intereses, de tal modo que la obligación siempre comporta una dualidad en el sujeto que obra, el sentimiento del pecado procede de una ruptura operada en el yo por el yo. Desde este punto de vista, diríamos que la falta llega a ser expresamente pecado en el momento en que ya no es experimentada como transgresión de una regla, como desobediencia de tal o cual mandamiento, sino como disminución del ser mismo que el yo, a la que no corresponde ninguna escala objetiva de valores: lo que cuenta no es ya la gravedad de la falta, sino la negación por el yo de la ley espiritual que constituye el fondo de su ser." Nabert, J., *op. cit.*, p. 70.

el yo se hace a sí mismo, es considerado desde fuera, al modo de un hecho, como un dato que el pensamiento se aplica a comprender a partir de sus propias exigencias o de sus postulados, asignándole alguna razón de ser, integrándolo de alguna manera en un devenir espiritual del cual el mal se convierte así en un momento".[163]

Pero este mal transfigurado, camuflado o transmutado en un momento, tropieza directa e invariablemente con la filosofía, y esta es la razón por la que "Paul Ricœur se inscribe en las herencias de una filosofía *reflexiva*, filosofía para la cual la *afirmación originaria* compete a la interioridad, a la asunción sobre sí. Pero el hecho del mal incide en esta filosofía. Le veda la tentación de hablar del sujeto humano como «autoposición». Descentra a este sujeto, lo inscribe en un orden del hacer y convoca entonces a una profundización que, sin abandonar en manera alguna la contingencia, conduce, por el contrario, a una meditación de lo absoluto (lo no ligado)".[164]

Este abordaje o confrontación (para usar una expresión marcial) con el tema del mal, permitirá a Ricœur abocarse al mismo en innumerables publicaciones como una permanente preocupación dentro de su *corpus* filosófico; proporcionando a su filosofía un talante orientado al tópico también de lo religioso y teológico, al que bien podría llamársele como una "interpretación intelectual religioso-teológica". Este talante interpretativo-dialogal es manifestado *no obstante* en la idea del absoluto[165] o de Dios *a través* de la religión,[166] puesto que Ricœur es un mediador por antonomasia,

[163] *Ibíd.*, p. 69.

[164] Gisel, Pierre, "Prólogo" en Ricœur, P., *El mal. Un desafío a la filosofía y a la teología*, p. 17. Énfasis en el original.

[165] El origen etimológico de la palabra **absoluto** se encuentra en el vocablo latino *absolutus*; integrado por el prefijo *ab* que indica privación o separación, y por el verbo *solvere* que significa "soltar", "desatar", "desvincular". Por lo tanto, absoluto puede decirse que es aquello que no está sujeto a otra cosa, que se encuentra en estado libre, que no admite comparación o relación. Es lo contrario a lo relativo, que hace referencia a una cosa en relación con otra. Se indica con absoluto, que algo es incomparable e ilimitado; lo que es pleno y sin restricciones. De aquí proviene también la palabra *absolver*, que significa "liberar a alguien de algo" o "declarar inocente o perdonado".

[166] Hay varias acepciones sobre el origen de la palabra **religión,** en clara oposición a la idea de absoluto. Según el mismo Cicerón provendría del prefijo *re*: "de nuevo" y *legere*: "leer", en alusión a la tradición de los cultos místicos de la época

llegando incluso a tratar temas estrictamente teológicos a lo largo de su filosofar. Por lo demás, esta inquietud sistemática en torno al mal lo hará reflexionar lo mismo en torno a Nabert que a partir de Kant, como bien lo ha puntualizado Pierre Gisel:

> Ya los títulos de varios de sus trabajos indican que Paul Ricœur se enfrentó siempre con la cuestión del mal. Véanse, sobre todo, *Finitud y culpabilidad* (en dos partes: *El hombre débil* y *La simbólica del mal*), el artículo sobre el «pecado original» (1960), reproducido en *El conflicto de las interpretaciones,* o algún otro estudio encarado bajo el rótulo de «Religión y fe» (*ibíd.*, págs. 371 y ss.), especialmente «Culpabilidad, ética y religión» (págs. 416 y ss.). Véase también el prefacio a Olivier Reboul, *Kant y el problema del mal,* o a Jean Nabert, *El deseo de Dios.* En este contexto, indiquemos asimismo una mirada recurrente de Paul Ricœur hacia Kant, filósofo de los límites tanto como del «mal radical» y de cierta manera de inaugurar una filosofía de la cultura, la religión o el arte; filosofía deliberadamente práctica, filosofía de una tarea realizada bajo el signo de la esperanza bien entendida.[167]

Ciertamente Paul Ricœur ya había señalado y reconocido la deuda que Jean Nabert tenía con el filósofo de Königsberg, Immanuel

---

en donde se releían los textos sagrados. Otros proponen que viene también de *re* pero con el verbo *ligare* (de raíz indoeuropea *leig-* "unir" o "ligar") aludiendo al objetivo de las religiones de "unir o acercar a la persona con lo sagrado". Esta teoría era bastante popular entre los filósofos clásicos, especialmente los platónicos. Sin embargo, no se llega a entender porque es "religio" y no "religatio", que conservaría mejor la forma original del verbo.

[167] Gisel, Pierre, "Prólogo" en Ricœur, P., *El mal. Un desafío a la filosofía y a la teología,* p. 11.

Sobre el tema del «mal radical» en Kant, véase la siguiente nota al pie de página, además de esto: "Hay en efecto, algo de misterioso y quizá de inescrutable (*unerforschbar*), dice Kant en "El ensayo sobre el mal radical", en el origen del mal; quizá habría que decir, incluso, que comprenderlo sería suprimirlo; pero si el mal es impenetrable en tanto que acontecimiento, quizá haya una inteligencia del umbral que permitiría comprender su posibilidad; quizá, dicho de otro modo, se puede comprender en qué sentido el hombre es falible. Ahora bien, la falibilidad está implicada en la desproporción que hace del hombre un ser falible. Desproporción, intermediaridad, fragilidad, falibilidad, constituyen una secuencia plena de sentido." Ricœur, P., *Escritos y conferencias 3. Antropología filosófica,* (trad. de Adolfo Castañón), Siglo XXI Editores, Ciudad de México, 2016, p. 18.

Kant; aunque el mismo Ricœur no esconde nunca la influencia que él mismo recibió del filósofo prusiano,[168] pero lo que aquí se quiere resaltar además, es la recuperación *nabertiana* que Ricœur hace sobre el tema del mal, ya que es justo en *El hombre falible,* donde Ricœur señala el vínculo que su propio análisis guarda con las cuestiones de la libertad y el mal, la afirmación originaria y la confesión de la culpa,[169] a partir de la influencia ejercida por Jean Nabert, señalando su deuda kantiana, lo mismo que sus límites. En este sentido, no se podrían entender las propias reflexiones que Ricœur llevó a cabo sobre el tema del mal, si este no hubiera leído atentamente a su maestro:

> Pero la grandeza de esta visión ética [kantiana] no está completa sino cuando, como contrapartida, percibimos su beneficio para la inteligencia de la libertad misma; una libertad que se hace cargo del mal es una libertad que accede a una comprensión de sí misma especialmente cargada de sentido. Antes

[168] *Cfr.*, "Esta visión [sobre la libertad y la confesión] alcanzó su primera madurez con **Kant y su ensayo sobre el mal radical;** al poner de manifiesto una única máxima de la voluntad buena, el formalismo moral pone también de manifiesto una única máxima de la voluntad mala; en virtud del formalismo, el mal tiende a reducirse a una máxima del libre albedrío; esta es la esencia misma de la visión ética del mal." Ricœur, P., "El hombre falible", en *Finitud y culpabilidad,* p. 15. Énfasis añadido.

Véase también Ricœur, P., "El destinatario de la religión: el hombre capaz", en *Escritos y conferencias 3. Antropología filosófica*, pp. 314 y ss., especialmente: «a] El mal radical», pp. 322-327.

Esta influencia –o confluencia si se quiere– también es señalada por el discípulo danés de Ricœur, Peter Kemp, ya que igual que su maestro Jean Nabert, Ricœur recibe también la influencia de Kant, e inevitablemente de Aristóteles: "Pero Ricœur se interesa más por la descripción kantiana de una causalidad alternativa que vale para la libertad, más que por la manera en que Kant mismo piensa resolver la antinomia. Su problema consiste en preguntar cómo un ser humano –que se identifica como *ipse* o identidad personal y no como o identidad material– puede ser considerado en tanto que persona responsable cuyas acciones, según la expresión de Aristóteles, pueden ser juzgadas, alabadas o sancionadas. [...] Según Ricœur es este concepto aristotélico del poder de actuar de un agente lo que Kant ilumina en su discusión sobre la tercera antinomia. Kant retoma aquí el concepto de causa eficiente en su significación antigua que viene de *La Métaphysique* de Aristóteles..." Kemp, P., *Sabiduría práctica de Paul Ricœur. Ocho estudios,* pp. 102, 103.

[169] Véase también, Ricœur, P., "La simbólica del mal", especialmente la «Introducción. Fenomenología de la confesión», en *Finitud y culpabilidad,* pp. 169-188.

> de dejar entrever las riquezas de esta meditación, recíproca de la anterior, quiero declarar mi deuda con la obra de Jean Nabert: en ella he encontrado el modelo de una reflexión que no se limita a aclarar el problema del mal a partir de la doctrina de la libertad, pero que, en contrapartida, no deja de ampliar y de profundizar en la doctrina de la libertad con el acicate de este mal que, no obstante retomó. Ya en los *Eléments pour une* Éthique, la reflexión sobre la culpa se incorporó a un proceso orientado hacia la toma de conciencia de «la afirmación originaria» que me constituye más allá de todas mis elecciones y de todos mis actos singulares. **Ya se veía entonces que la confesión de la culpa es al mismo tiempo el descubrimiento de la libertad**.[170]

Pero Paul Ricœur no solo es influenciado por Nabert en la cuestión del mal, también lo es en el problema de Dios y del absoluto, así en *La hermenéutica del testimonio,* Ricœur inquiere sobre "¿qué tipo de filosofía hace del testimonio un problema?". Y contesta que debe tratarse de una filosofía para la cual la cuestión del absoluto sea un asunto sensato. Tal sensatez ha sido encontrada por Ricœur en la filosofía nabertiana: "He encontrado esta filosofía –dice– en la obra de Jean Nabert, la única, hasta donde alcanza mi conocimiento, que ha desarrollado el tema de una hermenéutica de lo absoluto y del testimonio (*El Deseo de Dios,* Libro III: «Metafísica del testimonio y hermenéutica de lo absoluto»). **Las páginas siguientes están inspiradas en esta obra** a cuya lectura se suman inquietudes semánticas, epistemológicas y exegéticas de carácter más personal".[171]

Como ha quedado asentado líneas arriba, en un parágrafo anterior, Paul Ricœur adquirirá primero de Roland Dalbiez, y luego también de Jean Nabert, esa reflexión filosófica a la que nada le

[170] Ricœur, P., "El hombre falible", en *Finitud y culpabilidad,* p. 15. Las negritas están añadidas.

[171] Ricœur, P., "La hermenéutica del testimonio" (1972), en *Fe y filosofía. Problemas del lenguaje religioso,* p. 109. Las negritas están añadidas. También en Ricœur, P., "La hermenéutica del testimonio", en *Texto, testimonio y narración,* (traducción, prólogo y notas de Victoria Undurraga), Editorial Andrés Bello, Santiago de Chile, 1983, p. 9.

está vedado o prohibido, porque el filósofo tal como lo entendieron ambos maestros de Ricœur, no debe eludir ningún problema, mucho menos la cuestión de Dios. Ya que Dios puede ser pensado desde la filosofía y el mal ante Dios desde la teología, pasando claro está, por la filosofía reflexiva, rompiendo la hegemonía de la lógica occidental: "Tampoco se tiene en cuenta que la tarea de *pensar* –sí, de pensar a *Dios* y de pensar el *mal* ante Dios– puede no agotarse con razonamientos que, como los nuestros, responden al principio de no-contradicción y a nuestra tendencia a la totalización sistemática".[172] Así como tampoco «El mal [como] un desafío a la filosofía y a la teología», para citar uno de los libros del filósofo francés, consagrados a este tema *dual*. De este modo, entre 1933 y 1934, Ricœur presenta su tesis de *maîtrise* dedicada al tema del *Problema de Dios en Lachelier y Lagneau*.[173] Marc-Antoine Vallée, reconoce tres aspectos importantes que se deben destacar tocantes a esta tesis de maestría:

> Nous discernons trois principaux points d'intérêts: 1) le mémoire témoigne de l'enracinement de la pensée de Ricœur dans la tradition de la philosophie réflexive française; 2) il s'agit de la première explication de Ricœur avec l'idéalisme, plus précisément avec les philosophies de Kant et Hegel par l'intermédiaire de leur réception chez Lachelier et Lagneau; et 3) ce texte contient la première apparition de quelques idées, problèmes et thèmes qui connaîtront des prolongements importants dans l'œuvre publiée.[174]

[172] Ricœur, P., *El mal. Un desafío a la filosofía y a la teología,* Amorrortu Editores, Buenos Aires, 2007, p. 22. También en Ricœur, P., "Capítulo VI El mal: Un desafío a la filosofía y a la teología", en *Fe y filosofía. Problemas del lenguaje religioso,* 3ª ed., Prometeo Libros, Buenos Aires, 2008, p. 172.

[173] Ricœur, P., *Méthode réflexive appliquée au problème de Dieu chez Lachelier et Lagneau,* (Col. Philosophie & théologie), Les éditions du Cerf, Paris, [1943] 2017, 256 pp.

[174] Vallée, Marc-Antoine, "Le premier écrit philosophique de Paul Ricœur. Méthode réflexive appliquée au problème de Dieu chez Lachelier et Lagneau" en Études Ricœuriennes/Ricœur Studies, Vol. 3, No. 1, 2012, p. 145. Disponible en http://ricœur.pitt.edu/ojs/index.php/ricœur/article/view/103/53 (Consultada el 17 de octubre de 2017).

"Discernimos tres puntos principales de interés: 1) la memoria testimonia el enraizamiento del pensamiento de Ricœur en la tradición de la filosofía reflexiva

Sobre el acercamiento que los filósofos franceses Jules Lachelier (1832-1918) y Jules Lagneau (1851-1894), hicieron sobre el tema de Dios, en la citada tesis Ricœur menciona que aunque éstos no lo convencieron para llevar a cabo un amalgamamiento entre fe bíblica y filosofía, no obstante, sí le sorprendió y le llamó profundamente la atención, el lugar que le habían hecho más que a la idea de Dios, a Dios mismo, dentro de su filosofía tan pletórica de racionalidad y autonomía:

> Que autores tan prendados de la racionalidad y celosos de la autonomía del pensamiento filosófico le hubieran hecho a la idea de Dios, a Dios mismo, un lugar en su filosofía, me satisfizo intelectualmente, sin que ni uno ni otro de estos maestros me invitara a amalgamar la filosofía y la fe bíblica. **Es por ello que hablé de armisticio, más que de alianza.** Por otra parte, estas incursiones precoces en el camino de Dios de los filósofos prácticamente no tuvieron continuación, a pesar de las imprudentes promesas que pueden leerse en el prefacio de *Filosofía de la voluntad*...[175]

Otro aspecto más que Ricœur recupera de aquella tesis dirigida por Léon Brunschvicg[176] (1869-1944) sobre los filósofos Jules Lachelier y Jules Lagneau, es que precisamente también ellos son padres de la filosofía *reflexiva* francesa, en la que no obstante fue introducido por Jean Nabert:[177]

> En realidad, –dice– el beneficio verdadero de este paso por Lachelier y Lagneau estaba en otra parte. Por ellos, me encontré iniciado y de hecho incorporado **a la tradición de la**

francesa; (2) esta es la primera explicación de Ricœur del idealismo, más precisamente con las filosofías de Kant y Hegel a través de su recepción en Lachelier y Lagneau; y (3) este texto contiene la primera aparición de algunas ideas, problemas y temas que tendrán extensiones importantes en el trabajo publicado. Son estos tres ejes los que pretendemos sacar a la luz después de haber explicado brevemente el contenido del documento". (Traducción personal).

[175] Ricœur, P., *Autobiografía intelectual,* p. 17. Las negritas están añadidas.

[176] Vallée, Marc-Antoine, *op. cit.,* p. 145.

[177] Masiá Clavel, Juan, Domingo Moratalla, Tomás y ochaíta, J. Alberto, *Lecturas de Paul Ricœur,* Universidad Pontificia de Comillas, Madrid, 1998, p. 142.

> **filosofía reflexiva francesa,** pariente del neokantismo alemán. Por una parte, esta tradición se remontaba, a través de Émile Boutroux y Félix Ravaisson, hasta Maine de Biran; por otra parte, se desviaba hacia Jean Nabert, quien había publicado en 1924 *L'expérience intérieure de la liberté,* obra que lo situaba en algún lugar entre Bergson y Léon Brunschvicg. **Jean Nabert influiría en mí de manera más decisiva en los años cincuenta y sesenta.**[178]

En efecto, la influencia de Jean Nabert sobre Ricœur se dio más profundamente entre 1950 y 1960 cuando están en gestación y son publicadas tanto *Filosofía de la voluntad I. Lo voluntario y lo involuntario* como *Filosofía de la voluntad II. 1. El hombre falible* y *2. La simbólica del mal* (Ambos recogidos en *Finitud y culpabilidad*). En la primera Ricœur habla del tema de la falta, y el modo en que Nabert ha tratado el tema "magistralmente" en su Élements *pour une* Éthique. Paul Ricœur puede decir en su tesis doctoral que "acusar*me* de un acto es designar*me* como 'causa' de ese acto":

> Ante todo por retroacción, y en una situación de culpabilidad, la reflexión aparece a sí misma como la explicitación de una ligazón, más fundamental que toda reflexión, entre el agente y el acto. Soy yo quien ha hecho eso. Me acuso y acusándome repaso los rasgos de mi firma al pie del acto; acusar: designar como causa. Dejemos aquí de lado la tonalidad menor de esta conciencia herida por sí misma; olvidemos la mordedura, la conciencia de caída y de deuda; una certidumbre brilla en el corazón de mi angustia: el yo está en sus actos. Como lo analizara magistralmente Nabert, la conciencia de falta "ilimita" mi acto y me muestra un yo malo en la raíz de un acto malo.[179]

---

[178] Ricœur, P., *Autobiografía intelectual,* pp. 17-18. Las negritas están añadidas.

Ricœur dirá después que llegó al descubrimiento y reconocimiento de Jean Nabert tardíamente. *Cfr.*, Ricœur, P. "Autocomprensión e historia", en Calvo Martínez, Tomás y Ávila Crespo, Remedios (eds.), *Paul Ricœur: los caminos de la interpretación*, Barcelona, Anthropos, 1991, p. 30.

[179] Ricœur, P., *Philosophie de la volunté. Le volontaire et l'involontaire,* Paris, Aubier, 1950. Versión castellana: *Filosofía de la Voluntad*, sin editorial, sin lugar de edición ni año de publicación, p. 47. Disponible en https://es.scribd.com/

Quizá un aspecto más en que Nabert influyó sobre Ricœur, es en la lectura de Biran: "Me parecía que la fenomenología de lo voluntario y de lo involuntario ofrecía una mediación original entre las posiciones bien conocidas del dualismo y del monismo. Encontraba así la famosa fórmula de Maine de Biran: *homo simplex in vitalitate, dúplex in humanitate;* un poco más tarde, escribiendo *El Hombre falible,* me arriesgaría a hablar, en lenguaje tomado de Pascal, de una ontología de la desproporción".[180] Aquí se encuentra contenida la comprensión del ser humano y su incesante búsqueda de sentido en la filosofía de Ricœur: "Una fórmula resumía esta **antropología filosófica:** *homo simplex in vitalitate, dúplex in humanitate.* De este modo, se encontraba explicitada la ontología de la desproporción subyacente en *Le volontaire et l'involontaire.* Monismo y dualismo eran rechazados por igual, al mismo tiempo que se reconciliaban el pensamiento reflexivo y el sentimiento que yo llamaba todavía con un tono pascaliano lo «patético de la miseria»".[181] En este sentido, Ricœur añade que el método reflexivo no es una mera gnoseología: "Reclamándose de la descendencia de Maine de Biran más que de la de Kant, Nabert articula el problema que tenemos a la vista, y que vamos a elaborar a continuación, en términos precisos y limitados. En la línea de pensamiento de Maine de Biran, las operaciones de la conciencia actuante no pueden ser reducidas a operaciones que regulan el conocimiento y la ciencia, y el análisis reflexivo aplicado a la acción debe ser sustraído a la hegemonía de la crítica del conocimiento".[182]

Por lo demás, Paul Ricœur echaría de menos el no haber podido trabar amistad con su maestro Nabert, tal como sí pudo hacerlo con Gabriel Marcel y luego con Mircea Eliade cuando ambos fueron profesores en Chicago: "Gabriel Marcel y Mircea Eliade [...]

---

document/238563128/Paul-Ricouer-Filosofia-de-La-Voluntad (Consultada el 18 de octubre de 2017).

[180] Ricœur, P., *Autobiografía intelectual,* p. 26.

[181] Ricœur, P. "Autocomprensión e historia", en Calvo Martínez, Tomás y Ávila Crespo, Remedios (eds.), *Paul Ricœur: los caminos de la interpretación,* Barcelona, Anthropos, 1991, p. 30. Las negritas están añadidas.

[182] Ricœur, P., "El acto y el signo según Jean Nabert" (1962), en *El conflicto de las interpretaciones. Ensayos de hermenéutica,* (trad. de Alejandrina Falcón), 1ª ed., FCE, Buenos Aires, 2003, p. 195.

son dos ejemplos de amigos que han ejercido una enorme influencia sobre mí, pero sin que haya tenido que sufrir nunca las obligaciones intelectuales propias de un discípulo. Su amistad me dejaba absoluta libertad. Quizá podría haber tenido el mismo tipo de relación con Jean Nabert, pero este no se caracterizaba por mantener amistades estrechas".[183] En 1960, cuando ambos se encuentran avecindados en la región francesa de Bretaña, cuya capital es Rennes, Ricœur se anima a buscar al maestro en su casa, pero esa misma tarde Nabert moriría, sin que Ricœur pudiera entrevistarse con él:

> Un año en que los dos estábamos en Bretaña, decidí ir a visitarle y darle al mismo tiempo una sorpresa. Llegué a mitad de tarde y encontré la puerta del jardín abierta, y el buzón lleno de cartas. Esperé dos horas, y recogí unos pensamientos que luego replanté en mi jardín y que siguen estando allí. Después me enteré por el periódico de que había ido al hospital y que había fallecido. Nunca me había atrevido antes a visitarle, y precisamente lo hice el día de su muerte.[184]

Finalmente, Peter Kemp, alumno de Paul Ricœur, refiere que su maestro y asesor de tesis de doctorado "... se acercó a Heidegger gracias a Jean Nabert, quien en 1943 publicó la obra: Élements *pour une* éthique. En los años inmediatos posteriores, Ricœur presentó a Nabert, en un artículo sobre el testimonio, como la persona que jugó un rol mediado entre Heidegger y Levinas".[185]

7. La recepción fenomenológica: Edmund Husserl

En su *Notizbuch,* del 25 de septiembre de 1906, Husserl se propone realizar con pasión *una crítica de la razón:* sin alcanzar claridad sobre los problemas más radicales, señala "yo no puedo vivir en la verdad y la veracidad. He padecido suficientemente los

---

[183] Ricœur, P., *Crítica y convicción,* p. 41.

[184] *Ibíd.*, pp. 41-42.

[185] Kemp, P., *Sabiduría práctica de Paul Ricœur. Ocho estudios,* (trad. de Lizbeth Sagols Sales), Ed. Fontamara, Ciudad de México, 2011, p. 56.

tormentos de la no claridad, de la duda en la que he tambaleado en todo sentido. Quiero acceder a la coherencia interior".[186]

Paul Ricœur

Fue nuevamente a través de su camarada de *agregation*, (en Francia se trata del concurso de aceptación como profesor de Liceo o profesor suplente a nivel universitario), Maxime Chastaing, que Ricœur accedió a la traducción inglesa de *Ideen I* de Husserl; Ricœur así lo rememora en su *Autobiografía intelectual*: "Pero vuelvo a Husserl. Fue, creo, Maxime Chastaing quien también me hizo conocer la traducción inglesa de las *Ideas* de Husserl alrededor de diez años más tarde. Como se sabe, la fenomenología husserliana se hizo conocer en Francia a través del tema de la intencionalidad".[187] El también profesor de filosofía, Maxime Chastaig, fue entonces, quien introdujo a Ricœur, tanto en las charlas de los viernes que como ya se mencionó, Marcel patrocinaba en su domicilio; así como en la lectura primera de Husserl a través de *Ideas I*. François Dosee menciona que Chastaing acercó a Ricœur con el pensamiento de Husserl, el mismo año que le presentó a Marcel:

> Lee en ese momento la obra publicada de Marcel, el *Diario metafísico*, *Ser y tener*. Por el otro, descubre con pasión, el mismo año, también gracias a su amigo Maxime Chastaing, la obra de Husserl con la traducción inglesa de las *Idées directrices*, pensador más conceptual, fundador de un método fenomenológico. Ricœur le dedicará sus primeros trabajos filosóficos, y contribuirá en gran medida a introducirlo en Francia, gracias a su traducción del alemán al francés.[188]

Sobre esa célebre traducción, Ricœur cuenta que él comenzó aquella traducción en la Alemania nazi, cuando cayó como prisionero mientras se encontraba combatiendo en el frente. Durante la Segunda Guerra Mundial, para salvar la vida, Ricœur depone las

---

[186] Ricœur, P., "Introducción a *Ideen I* de Edmund Husserl", (trad. de Juan Manuel Cuartas Restrepo), en *ARETÉ. Revista de Filosofía*, vol. XXVI, No. 1, 2014, p. 158.

[187] Ricœur, P., *Autobiografía intelectual*, p. 19.

[188] Dosse, François, *Paul Ricœur: los sentidos de una vida (1913-2005)*, p. 38.

armas, se rinde y es convertido en rehén de guerra junto con otros efectivos, frente al ejército alemán. Fue trasladado inmediatamente al campo de concentración de Gross-Bor, en Pomerania Oriental, en la actual Polonia.[189] Durante su largo cautiverio de cinco años, algo que ayudó a Ricœur a sobreponerse de los sentimientos de culpa y derrota, fue justamente el estudio más profundo de la filosofía alemana, que emprende junto con su compañero de cautiverio, Mikel Dufrenne, especialmente la lectura de Karl Jaspers. Con todo, el ambiente en aquel campo de concentración como prisioneros de guerra se hizo más tolerable gracias a la curiosidad intelectual de quienes habían sido recluidos ahí, Ricœur recuerda:

> [...] en lo que se refiere a la vida en el campo, consistió en instaurar con la mayor rapidez un hábito intelectual con el fin de superar el sufrimiento por la derrota. Con Mikel Dufrenne, Roger Ikor o Paul-André Lesort, y del mismo modo en que otros levantaron un teatro, nosotros constituimos un ambiente cultural institucionalizado [...]
>
> Lo primero que intentamos fue reunir todos los libros que se encontraban en el campo. Después organizamos una imitación de universidad con sus programas, cursos, horarios, inscripciones y exámenes. Nos pusimos a aprender todos los idiomas posibles: ruso, chino, hebreo, árabe... ¡Y es que cinco años es mucho tiempo![190]

Este ejercicio intelectual, les permite vivir con plena libertad a pesar de estar presos, porque la palabra no solo es libre, sino que también libera; esa fue exactamente la experiencia de Ricœur y de sus compañeros convictos. No se dejaron vencer por el mal, sino que vencieron al mal con el bien. Ricœur también se sumerge en la lectura y traducción del alemán al francés de *Ideas I*: "Fue en este campo –dice Ricœur- en donde comencé la traducción de *Ideen I* de Husserl, en los márgenes de mi ejemplar, a falta de papel".[191] Actualmente este libro es todo un ejemplar de museo, albergado

[189] *Ibíd.*, p. 89.

[190] Ricœur, P., *Crítica y convicción*, p. 31.

[191] Ídem.

en el *Fonds Ricœur*, en Paris. Aquella traducción fue publicada en 1950,[192] apenas cinco años después del fin de la gran conflagración europea. La traducción contiene una larga introducción del mismo Ricœur y estaría dedicada a su compañero de cautiverio Mikel Dufrenne. El filósofo francés no deja de problematizar lo ingente que resultaba leer e interpretar a Husserl, por dos cuestiones básicas: en primer lugar, por la vastedad de su obra; y en segundo, porque buena parte de los escritos de Husserl estaban inéditos todavía:

> Es imposible, –dice Ricœur– en el espacio restringido de una introducción, dar una visión de conjunto de la fenomenología de Husserl. Además, la masa enorme de los inéditos que poseen los *Archives Husserl de Lovaina* nos impide emprender actualmente una interpretación radical y global de la obra de Husserl. Treinta mil páginas en octavos de autógrafos, cuya casi totalidad está escrita en estenografía, representan una obra considerablemente más vasta que los escritos publicados en vida del autor. Solo la transcripción y publicación parcial o total de estos manuscritos [...] permitirá poner a prueba la representación que uno puede hacerse actualmente del pensamiento de Husserl [...].[193]

Como lector avezado de Edmund Husserl, Ricœur no deja de señalar que *Ideas I*, no es un libro que deba leerse por separado; mucho menos, interpretarse individualmente, tomando en cuenta que para 1950, *Ideas II* e *Ideas III*, no habían sido publicados. Pero a las cuales Ricœur tuvo acceso, en el caso de *Ideas II*; o pudo inferir de qué trataba, en lo tocante a *Ideas III*:

> Es particularmente difícil –escribe Ricœur- tratar *Ideen I* como un libro que se comprende por sí mismo. Lo que aumenta la dificultad en el caso de *Ideen I* es ante todo el hecho de que este libro forma parte de un conjunto de tres volúmenes de los cuales solo ha aparecido el primero. *Ideen II* que hemos podido consultar en los *Archives Husserl*, [...] *Ideen III*, cuya

[192] Husserl, Edmund, *Ideés directrices pour une phénomenologie et une philosophie phénoménologique pures*, Éditions Gallimard, 1950.

[193] Ricœur, P., "Introducción a *Ideen I* de Edmund Husserl", (trad. de Juan Manuel Cuartas Restrepo), en *Areté. Revista de Filosofía*, vol. XXVI, No. 1, 2014, p. 133.

> transcripción definitiva no estaba acabada cuando terminamos nuestro trabajo, debe, según la introducción de *Ideen I,* fundar la filosofía primera sobre la fenomenología.[194]

El trabajo arqueológico llevado a cabo por Ricœur en la traducción e introducción de *Ideas I,* intenta esbozar la historia del pensamiento husserliano desde las *Investigaciones lógicas* hasta las *Ideas.* De ahí que Ricœur señale adecuadamente, que la lectura e interpretación de *Ideas I,* requiere el conocimiento de lo propuesto por Husserl en otros lugares de sus obras: "Agreguemos finalmente que *Ideen I* es un libro cuyo sentido permanece *oculto* y que uno está inevitablemente inclinado a buscar ese sentido en otra parte. A cada instante se tiene la impresión de que lo esencial no está dicho...".[195] Más adelante comenta: "Es necesario orientarse en la obra de Husserl como en la obra de Leibniz; es un laberinto de varias entradas y quizás de varios centros cada vez relativos a perspectivas diferentes de la obra en conjunto".[196] De hecho, Ricœur tiene que acudir a uno de los intérpretes privilegiados de Husserl, en este caso, a uno de sus discípulos directos:

> [...] E. Fink, que fue el colaborador de Husserl durante muchos años y que conocía desde el interior no solamente la obra publicada, sino también una buena parte de la obra manuscrita y, sobre todo, el pensamiento vivo del maestro; se trata del gran artículo titulado: *Die phänomenologische Philosophie Edmund Husserls in der gegenwärtigen Kritik*... [...] Husserl ha dado crédito a este texto de la manera más clara en el prólogo: "me regocijo de poder decir que no se encuentra en este tratado ninguna frase de la que no pueda apropiarme completamente y reconocer explícitamente como la expresión de mi propia convicción". Por tanto, no tenemos derecho a ignorar este texto: recurriremos a él para intentar dilucidar las preguntas que la lectura directa deja en suspenso.[197]

---

[194] *Ibíd.*, p. 134.

[195] *Ibíd.*, p. 135.

[196] *Ibíd.*, p. 157.

[197] *Ibíd.*, pp. 135-136. Sobre la obra de este discípulo de Husserl, existe una traducción al español: Fink, E., "La filosofía fenomenológica de Edmund Husserl

Paul Ricœur también reconoce en un artículo publicado en 1980,[198] que fue leyendo a Emmanuel Levinas como obtiene su primer acercamiento "a fondo" en la fenomenología de Husserl: "No podría olvidar mi primer encuentro *a fondo* con Husserl: tuvo lugar al leer el trabajo de Emmanuel Levinas *La teoría de la intuición en la fenomenología de Husserl.* Aquel libro simplemente fundó los estudios husserlianos en Francia a partir de una interpretación de las *Investigaciones lógicas,* especialmente dedicado a la sexta investigación, a la que Levinas gusta regresar aún hasta el día de hoy".[199]

Si bien esta cita textual no contradice lo escrito por Ricœur treinta años atrás, sí pone de relieve el continuo diálogo que Ricœur estableció con el filósofo moravo, la recepción del método fenomenológico husserliano en la filosofía hermenéutica de Ricœur, y, finalmente, los constantes retornos "críticos" a esa fenomenología; lo que es más, plantea la cuestión de hasta dónde Ricœur es deudor, cómplice y crítico de Husserl. "¿De dónde arranca este interés de Ricœur por Husserl? [...] el interés en Husserl puede deberse a un doble motivo convergente: la búsqueda de un lenguaje de claridad racional para su tarea y el hecho de que fundamentalmente Husserl signifique una opción que en algunos puntos está en las antípodas de lo que buscaba Ricœur".[200]

El filósofo francés buscaba sobre todo en el austrohúngaro, la rigurosidad conceptual que se encuentra en toda la filosofía husserliana, y que tanto echaba de menos en la filosofía de su compatriota, Gabriel Marcel. Esto es en definitiva, lo que lo acerca cada vez

---

ante la crítica contemporánea", (trad. de Velozo Farías, R.), en *Acta fenomenológica latinoamericana,* v. 1, Fondo Editorial PUCP, Lima, 2003, pp. 361-428.

[198] Ricœur, P., "L'originaire et la question-en-retour dans la Krisis de Husserl", en Laruelle, François (ed.), *Textes pour Emmanuel Levinas,* J.-M. Place, Paris, 1980, pp. 167-177.

[199] Ricœur, P., "Lo originario y la pregunta-retrospectiva en la *Krisis* de Husserl", en *Acta fenomenológica latinoamericana II,* presentación y traducción de Héctor Salinas, PUCP/San Pablo, Lima/Bogotá, 2005, p. 353.

[200] Pintor-Ramos, Antonio, "Paul Ricœur y la fenomenología", en Tomás Calvo Martínez y Remedios Ávila Crespo (eds.), *Paul Ricœur: los caminos de la interpretación,* p. 84.

más a Edmund Husserl; y lo que lo que lo aleja paulatinamente de Gabriel Marcel. No es necesario decir que la rigurosidad conceptual en Husserl, provenía tanto de Descartes como de Kant. Sin embargo, como se ha dicho en otros apartados de este primer capítulo, Ricœur no es un buen discípulo de ninguno de sus maestros, ya que siempre termina dialogando (y a veces, confrontándose) con sus otrora tutores, para proponer su novísima reflexión filosófica. La lealtad reflejada en la intensa amistad que mantuvo con algunos de ellos, no significó nunca la pérdida de la libertad y el derecho a expresar su propio pensamiento filosófico.

> En este sentido –expresa Pintor-Ramos–, definir a Ricœur como fenomenólogo significará determinar la peculiar «herejía» ricoeuriana respecto al canon de Husserl, pues nadie pretendería que Ricœur sea un discípulo ortodoxo del filósofo alemán; a ello todavía se añade la dificultad adicional que significa el que la obra de Husserl haya sido interpretada y utilizada de formas tan distintas que no es nada claro el canon exacto que se debe tomar como referencia, pero también en este punto Ricœur tiene algo que decir.[201]

En virtud de que Paul Ricœur se sentía tan atraído por la filosofía husserliana, llegó a fundar un "Archivo Husserl" (similar al de la Universidad de Lovaina en Bélgica) en Alsacia, región francesa que colinda con Alemania: "En la propia Estrasburgo comenzó Ricœur su carrera universitaria y allí fundó un departamento que albergaba (como Colonia y Friburgo) copia de los manuscritos conservados en el "Husserl-Archiv" de Lovaina, departamento que luego se trasladará a París con Ricœur".[202] Tampoco pueden pasarse por alto, los abundantes trabajos que Ricœur consagra a la filosofía husserliana,[203] por encontrar en ella, una de las múltiples fuentes de su propia filosofía, como bien señala Rosemary Rizo-Patrón:

[201] *Ibíd.*, p. 76

[202] *Ibíd.*, p. 84.

[203] Para una breve muestra de esos trabajos, se proporciona la siguiente información de Rosemary Rizo-Patrón: "Étude phénoménologique de l'attention et de ses connexions philosophiques", en: *Bulletin* n° 15, tipografiado, de enero-marzo

Desde 1940 hasta 1987, además de las traducciones en 1950 de *Ideas I* de 1913 y la "Conferencia de Viena" de 1935, Ricœur dedica por lo menos trece trabajos a comentar distintos aspectos de la obra de Husserl o a ponerlo en diálogo con la hermenéutica. Consagra estudios más detenidos a los dos primeros volúmenes de *Ideas relativas a una fenomenología pura y una filosofía fenomenológica* de 1912, obras conocidas como *Ideas I* e *Ideas II*, las *Meditaciones cartesianas* de 1931, y la *Crisis de las ciencias europeas y la fenomenología trascendental* de 1936. En dichas lecturas se observa una mayor simpatía de Ricœur por la obra tardía de Husserl en contraste con las dificultades que detecta en *Ideas I*. Pero en general puede decirse que "el trabajo permanente de Ricœur sobre los textos

---

1940; del Círculo Filosófico del Oeste (publicado el 29 de abril de 1941); "Husserl et le sens de l'histoire", en: *Revue de métaphysique et de morale*, LIV (julio-octubre, 1949), pp. 280-316 (traducción castellana: "Husserl y el sentido de la historia", en: *Acta fenomenológica latinoamericana II*, presentación y traducción de Héctor Salinas, Lima/Bogotá: PUCP / San Pablo, 2005, pp. 319-349); traducción e "Introduction à *Ideen I* d'Edmund Husserl", en: *Idées directrices pour une phénoménologie pure*, Paris: Gallimard, 1950, pp. xix-xxxix; traducción de la entonces inédita Conferencia de Viena de Husserl, en: *Revue de Métaphysique et de Morale*, LV: 1950, pp. 225-258; "Méthodes et tâches d'une philosophie de la volonté", en: H.L. Van Breda (ed.), *Problèmes actuels de la phénoménologie*, Paris: Desclée de Brouwer, 1952); "Analyses et problèmes dans *Ideen II* de Husserl", en: *Revue de métaphysique et de morale*, LVI (octubre-diciembre 1951), pp. 357-394, y LVII (enero-marzo, 1952), pp. 1-16; "Husserl (1859-1938)", en: E. Bréhier, *Histoire de la philosophie Allemande*, Apéndice, 3ª. edición, Paris: Vrin, 1954, pp. 166-169, 183-185, 186-196; "Études sur les 'Méditations Cartésiennes' de Husserl", en: *Revue philosophique de Louvain*, LII (1954), pp. 75-109; "Kant et Husserl", en: *Kant Studien*, XLVI (setiembre 1954), pp. 44-67; "Phénoménologie existentielle", en: *Encyclopédie Française*, XIX, Paris: Larousse, 1957, 10.8-10.12; "Husserl's Fifth Cartesian Meditations", en: *Husserl, An Análisis of his Phenomenology*, Evanston: Northwestern University Press, 1967 (texto este que incluye traducciones de los textos anteriormente mencionados menos el de 1940 y la traducción de la Conferencia de Viena); "Phénoménologie et herméneutique: en venant de Husserl" (1975), en: Paul Ricœur, *Du texteà l'action. Essais d'herméneutique II*, (1986); "L'originaire et la question-en-retour dans la Krisis de Husserl", en Laruelle, François (ed.), *Textes pour Emmanuel Levinas*, Paris: J.-M. Place, 1980, pp. 167-177; y, finalmente, "Narrativité, phénoménologie et herméneutique", en: André Jacob (dir.), *Encyclopédie philosophique universelle. L'univers philosophique* Vol. I, 1987). Rizo-Patrón, Rosemary, *Paul Ricœur, lector de Husserl: En las fronteras de la fenomenología*. Disponible en: http://textos.pucp.edu.pe/pdf/1666.pdf (Consultado el 2 de mayo de 2016).

centrales de la fenomenología" es indicio del reconocimiento "en ella de una de las fuentes de su propio pensamiento".[204]

Si bien la fenomenología de Husserl es una de las más importantes fuentes del pensamiento hermenéutico ricoeuriano, no obstante, el propio Ricœur señala que "la hermenéutica –o teoría general de la interpretación- nunca ha terminado de *explicarse mediante* la fenomenología husserliana; [porque aunque] parte de esta, en el doble sentido del término, es el lugar de donde proviene y también el lugar que abandonó...".[205] No obstante lo anterior, Ricœur no está pensando en un abandono radical o en un alejamiento total, como podría llegar a malinterpretarse, sino más bien en una *común* dependencia entre fenomenología y hermenéutica y viceversa, que las acerca tanto como las aleja; más aún, se trata de una "verdadera relación dialéctica entre ambas":

> ... más que una simple oposición, lo que se da entre fenomenología y hermenéutica es una **interdependencia** que es importante explicitar. Esta **dependencia** puede percibirse tanto a partir de una como de otra. Por una parte, la hermenéutica se construye sobre la base de la fenomenología y así conserva aquello de lo cual no obstante se aleja: *la fenomenología sigue siendo el presupuesto insuperable de la hermenéutica.* Por otra parte, la fenomenología no puede constituirse a sí misma sin un *presupuesto hermenéutico.*[206]

Es a partir de esta profunda reflexión que Ricœur hablará una y otra vez, del arraigo o injerto[207] de la hermenéutica en la fenomenología: "En un largo artículo –dice– colocado a la cabeza de

[204] Ídem.

[205] Ricœur, P., *Del texto a la acción. Ensayos de hermenéutica II,* p. 11.

[206] Ricœur, P., "Fenomenología y hermenéutica desde Husserl..." (1975), en *Del texto a la acción. Ensayos de hermenéutica II*, p. 40. Las cursivas son del autor, las negritas son mías.

[207] El tema del "injerto" (francés *greffe*) es de larga data en la obra de Ricœur, hasta donde nos lo permiten los límites de la presente investigación, se puede decir que aparece ya, en un lejano 1950, justamente en la "Introducción a *Ideen I* de Husserl" que acompaña la traducción de aquella obra llevada a cabo por Ricœur. Ahí el filósofo francés dice: "Pero en las *Ideen* el método psicológico del comienzo de la fenomenología deja entrever mal este **injerto** de la lógica en el nuevo

mi último libro –*Du texte a l'action*– yo me expliqué acerca de lo que yo llamo *el injerto de la hermenéutica*, heredada de Schleiermacher, Dilthey, Heidegger y Gadamer, *en la fenomenología* heredada de Husserl, y más allá de Husserl, heredada de toda la tradición reflexiva que se remonta a Nabert, a Fichte, Kant y por último a Descartes.".[208] Ricœur se refería al ensayo titulado *Acerca de la interpretación* (1983/1987), donde desarrolla profusamente ese tópico. Además de ese injerto necesario e imprescindible en la fenomenología, Ricœur también llegó a hablar de su propia "herejía" fenomenológica: "La fenomenología en sentido amplio –dice– es la suma de la obra husserliana y las herejías provocadas por Husserl".[209] La fenomenología husserliana, es génesis de múltiples herejías, de las cuales Ricœur contribuye con una más:

> Si es verdad que la fenomenología es, como se ha dicho más arriba, un movimiento más que una escuela, *mi fenomenología hermenéutica no es una «herejía»* más que por comparación con la interpretación idealista dada por Husserl de sí mismo en las *Ideas* y en las *Meditaciones cartesianas.* Por relación a Husserl, se puede tener este desarrollo por canónico, y aceptar sin mala conciencia el figurar entre las herejías, que, a su manera, testimonian el genio polimorfo de la fenomenología naciente.[210]

árbol fenomenológico", Ricœur, P., "Introducción a *Ideen I* de Edmund Husserl", en *Areté. Revista de Filosofía,* vol. XXVI, No. 1, Lima, 2014, p. 146.

[208] Ricœur, P., "Autocomprensión e historia", en Calvo Martínez, Tomás y Ávila Crespo, Remedios (eds.), *Paul Ricœur: los caminos de la interpretación*, Barcelona, Anthropos, 1991, p. 34. Las cursivas son añadidas. En este sentido véase lo escrito por Ricœur, P., "Acerca de la interpretación", en *Del texto a la acción. Ensayos de hermenéutica II*, p. 28.

[209] Citado por Pintor-Ramos, Antonio, "Paul Ricœur y la fenomenología", en Calvo Martínez, Tomás y Ávila Crespo, Remedios (eds.), *Paul Ricœur: los caminos de la interpretación*, p. 73.

[210] Ricœur, P., "Respuesta a Antonio Pintor-Ramos", en Calvo Martínez, Tomás y Ávila Crespo, Remedios (eds.), *Paul Ricœur: los caminos de la interpretación*, p. 115. Las cursivas son añadidas.

La *herejía*[211] ricoeuriana (entendiendo bien el vocablo griego αἵρεσις –*hairesis*–[212] como elección u opinión) junto con el concepto de injerto, intentan fundar una crítica no tanto a la fenomenología husserliana como al idealismo husserliano. En palabras de Ricœur: "Es posible oponer la hermenéutica, tesis por tesis, no a la fenomenología en su conjunto y en cuanto tal, sino al idealismo husserliano. Esta *antitética* es el camino necesario de una verdadera relación *dialéctica* entre ambas".[213] En este sentido, Ricœur menciona que: "La fenomenología que se elabora en las *Ideen* es incontestablemente un *idealismo*, e incluso un idealismo trascendental".[214] Es este aspecto *idealista* el que Ricœur critica y cuestiona, proponiendo su auténtica superación. La propuesta cartesiana del "yo pienso" y de toda la filosofía reflexiva que acompañan a ese *cogito*, alcanzan en la reducción fenomenológica no solo su plena realización, sino por ello mismo, también su transformación radical. "En efecto, se vincula con la idea de reflexión el deseo de una transparencia absoluta, de una coincidencia perfecta de uno consigo mismo, lo cual transformaría la conciencia

[211] ¿Hasta qué punto esta «herejía ricoeuriana» constituye más que una simple crítica al sistema husserliano? ¿Se puede hablar incluso de superación de ese sistema? Quizá ayude a responder esas interrogantes, la siguiente definición de "herejía": "«Herejía» significa, pues, la construcción de un sistema por "excepción", por "elección" de una parte de la estructura, e implica que el sistema queda destruido al sustraerse una parte de él, al negarse una parte de él, ya quede el vacío sin llenar o ya se lo llene con alguna afirmación nueva." Pelloc, Hilaire, *Las grandes herejías*, 3ª ed., (trad. de Pedro de Olazábal), Editorial Sudamericana, Buenos Aires, 1966, p. 9. ¿Es en este sentido o en algún otro, Ricœur un heresiarca?

[212] "Del griego *hairesis*, que significa elección, la palabra «herejía» no adquiere su sentido peyorativo y represivo sino a la sombra de una ortodoxia religiosa inaugurada en 325, cuando el catolicismo se convirtió en religión de Estado. [...] Más allá del «giro constantiniano», que erige como crimen de lesa majestad toda opción hostil o reticente al dogma y a la política de la Iglesia romana, la noción de herejía tiende a definir el conjunto de los comportamientos humanos según su gravitación en torno a un eje a la vez divino y terreno, cuyo sentido posee solamente la Iglesia: la ortodoxia. La condena de todo lo que se aparta del recto sentido eclesiástico disimula, con una diversidad a menudo falsa, un prurito constante de garantizar los intereses de la burocracia clerical y romana en su preeminencia política y su organización financiera." Vaneigem, Raoul, *Las herejías*, (trad. Josefina Anaya), Editorial Jus, Ciudad de México, 2008, pp. 5-6.

[213] Ricœur, P., "Fenomenología y hermenéutica desde Husserl..." (1975), en *Del texto a la acción. Ensayos de hermenéutica II*, p. 44.

[214] Ricœur, P., "Introducción a *Ideen I* de Edmund Husserl", en *Areté. Revista de Filosofía*, vol. XXVI, No. 1, Lima, 2014, p. 151.

de sí en un saber indudable y, por este motivo, más fundamental que todos los saberes positivos".[215] Aunque este proyecto nunca se lleva a cabo, por los límites de la propia fenomenología husserliana; que requiere, según la aportación de Ricœur, un injerto hermenéutico, que no obstante arraiga en la misma fenomenología que critica.

Esta lógica es lo que hace posible que Ricœur hable continuamente de una *fenomenología hermen*éutica y de una *hermenéutica fenomenológica,* ya que como señala en otra parte, "fenomenología y hermenéutica solo se presuponen mutuamente si el idealismo de la fenomenología husserliana queda sometido a la crítica de la hermenéutica".[216] ¿Qué es entonces, lo que la hermenéutica tiene que criticar a la fenomenología? ¿Cómo entiende Ricœur su especial pertenencia a la fenomenología husserliana, de la que no obstante, toma cierta *distancia*? Ricœur caracteriza la tradición filosófica en la que se enmarca con tres rasgos particulares:

1. Corresponde a una filosofía *reflexiva.*
2. Se encuentra en la esfera de influencia de la *fenomenología* husserliana.
3. Pretende ser una variante *hermenéutica* de esa fenomenología.[217]

En primer lugar, es una filosofía reflexiva porque la reducción fenomenológica o *epoché,* en su búsqueda de una "transparencia absoluta" llega a la "inmanencia del yo" y esto constituye su condición eminentemente reflexiva. "Debido a esta afirmación la fenomenología posee el carácter de una filosofía reflexiva".[218] En segundo lugar, la mentada reducción fenomenológica, en su incesante búsqueda de aquella fundamentación radical, la aleja cada vez más de

[215] Ricœur, P., "Acerca de la interpretación" (1983), en *Del texto a la acción. Ensayos de hermenéutica II*, p. 28.

[216] Ricœur, P., "Fenomenología y hermenéutica desde Husserl..." (1975), en *Del texto a la acción. Ensayos de hermenéutica II*, p. 70.

[217] Ricœur, P., "Acerca de la interpretación" (1983), en *Del texto a la acción. Ensayos de hermenéutica II*, pp. 27-28.

[218] *Ibíd.*, p. 28.

su propósito original, convirtiendo esa búsqueda tanto en una *utopía* como en una *ucronía*, Ricœur resalta esto:

> Ahora bien, la tarea concreta de la fenomenología [...] pone de manifiesto, **de modo regresivo**, estratos cada vez más fundamentales donde las síntesis activas remiten continuamente a síntesis pasivas cada vez más radicales. La fenomenología queda así atrapada en un movimiento infinito de *interrogación hacia atrás* en el que se desvanece su proyecto de autofundamentación radical. Incluso los últimos trabajos consagrados al *mundo de la vida* designan con este término **un horizonte de inmediatez que nunca se alcanza.** El *Lebenswelt** nunca está dado y siempre se presupone. **Es el paraíso perdido de la fenomenología. Por eso decimos que esta teoría ha subvertido su propia idea conductora al tratar de realizarla.** En esto reside la grandeza trágica de la obra de Husserl.[219]

En tercer lugar, se trata de una fenomenología *hermenéutica* porque adviene en una hermenéutica *fenomenológica*, esta es la variante hermenéutica de la que habla Ricœur. ¿Por qué es necesaria esa crítica al idealismo fenomenológico husserliano? Ricœur, responde así:

> Lo que la hermenéutica cuestiona en primer lugar del idealismo husserliano es que haya inscripto el descubrimiento inmenso e insuperable de la intencionalidad en una conceptalización que reduce su alcance, la relación sujeto-objeto. De esa conceptualización resulta la exigencia de buscar lo que da la unidad al sentido del objeto y la de fundar esta unidad en una subjetividad constituyente. La primera afirmación de la hermenéutica consiste en decir que la problemática de la objetividad presupone antes de ella una relación de inclusión que engloba al sujeto supuestamente autónomo y al objeto presuntamente opuesto. Esta relación inclusiva o englobante es lo que llamo aquí pertenencia. Esta preeminencia ontológica de la pertenencia implica

* *Lebenswelt* es un concepto creado por Husserl que se refiere a todos los actos culturales, sociales e individuales a los cuales nuestra "vida" no puede sobrepasar.

[219] *Ibíd.*, p. 29. Las cursivas son del autor, las negritas son añadidas.

> que la cuestión de la fundamentación no puede ya coincidir simplemente con la de justificación última.[220]

Ricœur critica la reducción fenomenológica porque esta no es capaz de tomar en cuenta la relación intrínseca que existe entre sujeto y objeto (y por extensión, entre escritura y lectura), aquella es una relación de "pertenencia" con carácter ontológico. Aquí es donde el injerto de la hermenéutica *ricoeuriana* debe arraigar dentro de la fenomenología *husserliana*. "Esta dependencia de la interpretación [hermenéutica] respecto de la comprensión explica que la explicitación también preceda siempre a la reflexión y se adelante a toda constitución del objeto mediante un sujeto soberano"[221] según el proyecto de la fenomenología husserliana. En última instancia, Ricœur no deja de insistir que la filosofía a la que él está adscripto, es plenamente fenomenológica, y que en este epíteto se podrían englobar también tanto su filosofía reflexiva como su filosofía hermenéutica:

> Quiero precisar, desde el principio, cuál es mi posición de partida. Yo pretendo descender de una de las corrientes de la filosofía europea que se deja caracterizar por cierta diversidad de epítetos: **filosofía reflexiva, filosofía fenomenológica, filosofía hermenéutica.** En el primer vocablo –reflexividad- se hace hincapié en el movimiento por el cual el espíritu humano intenta recuperar su capacidad de actuar, de pensar, de sentir, capacidad en cierto modo perdida, hundida en los saberes, las prácticas y los sentimientos que la exteriorizan en relación consigo misma. Jean Nabert es el maestro emblemático de esta primera rama de la corriente común.
>
> El segundo vocablo –fenomenológica– designa la ambición de ir "a las cosas mismas", es decir a la manifestación de lo que se muestra a la experiencia más despojada de todas las interpretaciones heredadas de la historia cultural, filosófica y teológica; ese afán –a la inversa de la corriente reflexiva– lleva

[220] Ricœur, P., "Fenomenología y hermenéutica desde Husserl…" (1975), en *Del texto a la acción. Ensayos de hermenéutica II*, p. 44.

[221] *Ibíd.*, p. 46.

a poner el acento en la dimensión *intencional* de la vida teórica, práctica, estética, etc., y a definir toda conciencia como "conciencia de...", Husserl sigue siendo el héroe epónimo de esta corriente de pensamiento.

En el tercer vocablo –hermenéutica– heredado del método interpretativo aplicado primero a los textos religiosos (exégesis), a los textos literarios clásicos (filología) y a los textos jurídicos (jurisprudencia), se pone el acento sobre la pluralidad de las interpretaciones ligadas a lo que podría llamarse la lectura de la experiencia humana. En esta tercera forma, la filosofía pone en entredicho la pretensión de cualquier otra filosofía de verse libre de presuposiciones. Los maestros de esta tercera tendencia se llaman Dilthey, Heidegger y Gadamer. **En lo sucesivo adoptaré el término genérico de fenomenología para designar en sus tres miembros –reflexiva, descriptiva, interpretativa– la corriente de filosofía que yo represento en esta discusión.**[222]

Esta triple pertenencia filosófica muestra el incesante diálogo que Paul Ricœur ejerció en el desarrollo de su propia propuesta filosófica, por lo que su filosofía puede considerarse no solo eminentemente fenomenológica y hermenéutica, sino también profundamente dialógica.

8. El contacto con el personalismo: Emmanuel Mounier

Nuestro amigo Emmanuel Mounier ya no responderá a nuestras preguntas: una de las crueldades de la muerte es cambiar de manera radical el sentido de una obra literaria en curso. No solamente deja de continuar, sino que está terminada, en todos los sentidos de la palabra; es arrancada de ese movimiento

[222] Changeux, J-B. & Ricœur, P., *La naturaleza y la norma: Lo que nos hace pensar*, 1ª reim., FCE, México, D.F., 2012, pp. 10-11. Las negritas son añadidas.

> de intercambio, de interrogaciones y de respuestas que situaba a su autor entre los vivos.[223]
>
> Paul Ricœur

Entre las diversas influencias que Paul Ricœur reconoce está también la de su compatriota y amigo personal, Emmanuel Mounier (1 mayo de 1905-22 de marzo de 1950), quien también acicateó el pensamiento del novísimo filósofo. Ricœur sostiene que la filosofía de Mounier se inserta también ella, dentro de las tensiones del quehacer filosófico francés, que no obstante, constituyen toda "una actividad filosófica militante",[224] parecida a aquella que se desarrolló entre "la filosofía reflexiva francesa, la filosofía de la existencia de Gabriel Marcel y de Karl Jaspers, y la fenomenología descriptiva de Husserl".[225]

Esas tensiones conllevan justamente un compromiso con el desarrollo de la filosofía tal como la entiende Ricœur; y son, de hecho, las que la hacen progresar. Paul Ricœur recuerda el modo en que Mounier lo impulsó a abrazar esa actitud filosófica militante: "Militante: este adjetivo, que agrego ahora, me da la oportunidad de decir algunas palabras sobre *la influencia que recibí de Emmanuel Mounier* y de la revista *Esprit* en los años de la preguerra. El primer número de la revista, publicado en octubre de 1932, blandía una orgullosa divisa: 'Rehacer el Renacimiento'."[226]

---

[223] Ricœur, P., "Personalismo. Emmanuel Mounier: una filosofía personalista", en *Historia y verdad*, FCE, Buenos Aires, 2015, p. 155. Artículo originalmente publicado en la revista *Esprit* en diciembre de 1950, meses después de la muerte de Mounier como homenaje póstumo. En ¿Qué es un texto? Ricœur aborda nuevamente el modo como un libro es ya de hecho una "obra póstuma" respecto de su autor, incluso en vida de este: "A veces me gusta decir que leer un libro consiste en considerar a su autor como si estuviese muerto y al libro como si fuese póstumo. En efecto, la relación con el libro resulta completa y, en cierto modo, intacta cuando muere el autor. Dado que este ya no puede respondernos, *solo nos queda leer su obra.*" Ricœur, P. *Historia y narratividad,* (Col. Pensamiento contemporáneo #56), Paidós I.C.E. / U.A.B., Barcelona, 1999, p. 61. El subrayado es añadido.

[224] Ricœur, P., *Autobiografía intelectual,* p. 20.

[225] Ídem.

[226] Ídem. Más adelante volveremos sobre el tema de "Rehacer el Renacimiento".

Pero Ricœur no solo se siente influenciado por Mounier en el ámbito de la acción filosófica, sino también en el terreno de su común pertenencia a la fe cristiana: "*Las orientaciones filosóficas y cristianas de Mounier me eran familiares.* [...] Además, gracias a Mounier, aprendí a articular las convicciones espirituales con las tomas de posición políticas que hasta entonces se habían yuxtapuesto a mis estudios universitarios y a mi compromiso con los movimientos juveniles protestantes".[227] Este tópico es importante, porque hasta entonces Ricœur había mantenido una tregua entre la "crítica" filosófica y la "convicción" religiosa: "Yo siempre me moví, pues, entre estos dos polos: un polo bíblico y otro polo racional y crítico, una dualidad que, finalmente, se ha mantenido a lo largo de toda mi vida. [...] Siempre he intentado –estableciendo una especie de doble juramento de fidelidad– no confundir estas dos esferas, y hacer justicia al permanente juego de fuerzas entre ambas desde una bipolaridad bien entendida".[228]

A la luz de las citas anteriores, puede notarse que Ricœur y Mounier establecieron una complicidad en el terreno de las ideas, que tuvo una común herencia filosófica en Gabriel Marcel; pero también una complicidad cristiana: Mounier desde su adhesión al catolicismo, mientras que Ricœur a través de su filiación protestante. Esa doble confluencia que era biográfica y bibliográfica a la vez, consolidó una fructífera amistad, que perduró hasta la prematura muerte de Mounier en 1950. Esa muerte tan repentina extinguía una lumbrera en la filosofía francesa, afectando especialmente a Ricœur, como señala su biógrafo François Dosse: "El 22 de marzo de 1950, Emmanuel Mounier es víctima de un infarto fulminante, que se lo llevó a los 45 años. Ricœur se entera de su desaparición cuando está en lo de su amigo Gabriel Boulade, vicepresidente de la Federación Protestante de la Enseñanza: 'Ricœur casi lloraba. Me dijo hasta qué punto se trataba de una personalidad que lo había enriquecido considerablemente'".[229] Habla el propio Ricœur: "Mi amistad con Emmanuel Mounier se estrechó poco antes de su muerte, que para mí supuso una gran pérdida. Casi puedo verme

---

227 Ricœur, P., *Autobiografía intelectual,* p. 20. Las cursivas son mías.

228 Ricœur, P., *Crítica y convicción,* p. 16.

229 Dosse, François, *Paul Ricœur: los sentidos de una vida (1913-2005)*, pp. 177-178.

en 1950, en el jardín de los 'Muros Blancos', en Châtenay-Malabry, sin saber que un día iba a vivir ahí, y con los ojos llorosos".[230] El propio Ricœur moriría ahí, en la madrugada del 20 de mayo de 2005.

Si bien, Mounier y Ricœur compartían una fe (o "convicción" para usar la terminología ricoeuriana), también es cierto que fueron herederos y sucesores de la filosofía reflexiva francesa. Como resalta Marcelino Agís Villaverde, puede encontrarse en ambos un nexo filosófico que los vincula con Gabriel Marcel. "Más allá de la herencia filosófica común en la que germina el pensamiento de Mounier y Ricœur, tanto en lo relativo a la filosofía reflexiva como a la impronta de autores como Descastes o Bergson hay que hablar inevitablemente de Gabriel Marcel como nexo entre ambos. Marcel, junto con Maritain, entre otros, presta su apoyo explícito a Mounier cuando lanza en 1932 la revista *Esprit*".[231] El propio Ricœur recupera lo que entiende como el aporte de Gabriel Marcel al existencialismo cristiano, y luego al personalismo de Emmanuel Mounier:

> Me parece que aquí la posición de Gabriel Marcel sobre las relaciones entre la investigación filosófica y la fe cristiana es muy esclarecedora: el tema de la persona nace y cobra sentido en una zona "peri-cristiana" de la conciencia ética, en una zona de sensibilización que recibe verticalmente la predicación cristiana y lateralmente la influencia fecundante de los comportamientos cristianos más auténticos, pero que por esta doble fecundación despliega sus *posibilidades propias.* Por el cristianismo, el hombre ético, el hombre capaz de civilización, está abierto a sus *propias* anticipaciones. Si es así, el personalismo no será ni un confusionismo del lado cristiano, ni un eclecticismo del lado no cristiano.[232]

[230] Ricœur, P., *Crítica y convicción,* p. 38.

[231] Agís Villaverde, J. "Aproximaciones a la persona: Paul Ricœur y Emmanuel Mounier" en *Hermenéutica y responsabilidad. Homenaje a Paul Ricœur.* (Actas VII Encuentros internacionales de filosofía en el camino de Santiago, Santiago de Compostela, Pontevedra, A Coruña, 20-22 de noviembre de 2003), Universidad de Santiago de Compostela, 2005, p. 135.

[232] Ricœur, P., "Personalismo. Emmanuel Mounier: una filosofía personalista" (1950), en *Historia y verdad*, p. 167. Las cursivas son del autor.

8.1 La revista Esprit: rehacer el Renacimiento

En 1932 el joven e inquieto Mounier arroja a la luz pública la revista filosófica *Esprit*, que intenta llenar un vacío en medio de la crisis económica, política y social por la que está atravesando Europa, pero especialmente Francia. Ricœur tenía entonces 19 años, y al parecer, recibió con entusiasmo la publicación. Pero es hasta finales de la década de los 40's, en plena posguerra, cuando Ricœur se acerca a los miembros del movimiento *Esprit:* "… entre los años 1947-1950, descubrí al grupo *Esprit,* al cual no había tratado demasiado antes de la guerra, pues estaba por entonces mucho más comprometido con el socialismo militante, y consideraba a los miembros de *Esprit* aquejados de excesivo intelectualismo".[233] Con todo, esa "… nueva revista, *Esprit*, se convertirá más tarde en uno de los lugares privilegiados de la inscripción intelectual y de las intervenciones públicas de Ricœur".[234] Aquella revista que pregonaba el existencialismo cristiano, sigue publicándose todavía hoy, ¿hasta dónde conserva el ímpetu personalista? No se sabe, baste decir que por ahí han pasado grandes plumas de la filosofía europea, como las de Hanna Arendt, Hans Jonas, Emmanuel Levinas, Martin Buber y Paul Ricœur, entre muchos otros.

Aquel vínculo fructífero entre Ricœur y Mounier, comenzó y se enriqueció a través de la revista *Esprit*, donde ambos colaboraron asiduamente a favor de aquella filosofía militante, comprometida con el hombre y sus circunstancias y en contra de aquella "filosofía académica" que venía desarrollándose profusamente en las universidades francesas. Ricœur critica ese modo de hacer filosofía en su natal Francia, no sin dejar de reconocer el aspecto positivo de ese método:

> La filosofía francesa formaba parte, hasta antes de la guerra manifiestamente, de la función docente en el sentido más amplio. Esa función de enseñanza explica bastante bien la fuerza y la debilidad de la filosofía universitaria: debilidad, su tendencia a ubicar sus problemas al margen de la vida, de la

[233] Ricœur, P., *Crítica y convicción*, p. 38.

[234] Dosse, François, *Paul Ricœur: los sentidos de una vida (1913-2005)*, p. 48.

> historia, y a darse una vida y una historia propias que, en última instancia, son por completo irreales; pero fuerza, su gusto por los problemas de método, las preguntas previas, la búsqueda del "punto de partida", de la "primera verdad" y de la conducta ordenada del discurso.[235]

En medio de esa doble circunstancia universitaria, el empuje de Mounier a través de la revista *Esprit*, es decisiva para infundir nuevo ímpetu en la anonadada filosofía francesa. De hecho, Ricœur no solo critica esa filosofía academicista, sino también a los filósofos profesionales ("filósofos de *métier*").[236] El desmarque del modo "academicista" y "profesional" de hacer filosofía se da también porque el propio Mounier había salido abruptamente de la Universidad. De ahí que la emisión de Esprit es para Ricœur el comienzo de todo un movimiento filosófico y de un compromiso vital con ese movimiento: "Al fundar *Esprit*, Mounier intentaba la aventura de una filosofía no universitaria. Tenía entonces la oportunidad, al desvincularse de la Universidad –pues la enseñanza es su forma de compromiso–, de no caer en el ocio, sino de *servir a un movimiento creándolo*; el primer compromiso de Emmanuel Mounier es el movimiento Esprit; aquí es donde se decidieron el estilo, el género y el propósito de nuestro amigo".[237] Sin embargo, Mounier no camina en solitario como fundador de la revista *Esprit*, ni tampoco como fundador de la "doctrina personalista", ya que como señala Ricœur:

> Paul-Louis Landsberg está ligado a la historia interior y al pensamiento del movimiento *Esprit* casi tanto como Emmanuel Mounier. Este filósofo alemán exiliado, a partir de 1933, en España, luego en Francia, iba a perecer de extenuación en Oranienburg el 2 de abril de 1944, después de haber ejercido en la doctrina personalista una influencia decisiva que él mismo había recogido junto a su maestro y amigo Max Sheler. Su reflexión se fue constituyendo en la encrucijada de las nociones maestras de la filosofía de la persona: el compromiso

[235] Ricœur, P., "Personalismo. Emmanuel Mounier: una filosofía personalista" (1950), en *Historia y verdad*, p. 156.

[236] Ricœur, P., *Autobiografía intelectual*, p. 20.

[237] Ídem.

> *histórico* del hombre, el acto *personal*, el descubrimiento de los *valores* como "direcciones de nuestra vida histórica", la transubjetividad de los valores en el corazón mismo de nuestros compromisos concretos. Lo cual equivale a decir que se situaba en los puntos críticos más difíciles de esta filosofía de la persona, en el punto en el que valor histórico, existencia personal y trascendencia coinciden.[238]

A partir de esta pauta, puede entenderse que Ricœur no es un buen discípulo de Mounier, ni remotamente un discípulo, porque si bien Ricœur recibe acicates de su amigo Mounier, también busca deslindes en el marco mismo que a ambos les proporciona la tribuna *Esprit*: "Ricœur parecía destinado a adaptarse al molde del llamado 'personalismo', pero el debate que mantiene en 1949 con Mounier en la revista *Esprit* ya prueba su capacidad para pensar al margen de capillas".[239] Ricœur no se reconoce discípulo de Mounier, sino compañero del mismo camino: "La personalidad de Mounier –dice Ricœur– me conquistó ciertamente, no tanto sus ideas como él mismo: mi mundo filosófico estaba ya demasiado formado como para poder convertirme en uno de sus discípulos; pero, al menos, fui compañero suyo".[240]

A la muerte de Mounier, Ricœur emprende la relectura de la obra de aquel para pasar revista a las principales aportaciones de su filosofía personalista. Esa relectura no deja de ser un ejercicio de duelo frente al dolor por el amigo ausente; y toda una transgresión, porque se intenta en vano, dialogar con un difunto. De ahí que Ricœur confiese en diciembre de 1950: "No fui capaz de releer los libros de Emmanuel Mounier como deben ser leídos los libros, como libros de un muerto".[241]

---

[238] Ricœur, P., "Prólogo. «El *Ensayo sobre la experiencia de la muerte* de P.-L. Landsberg»", en Landsberg, Paul-Luis, *Ensayo sobre la experiencia de la muerte. El problema moral del suicidio,* (trad. de Alejandro del Río Herrmann), Caparrós Editores (Col. Esprit), Madrid, 1995, p. 7.

[239] Marti, Octavi, "Paul Ricœur, filósofo", El País, 22 de mayo de 2005. Disponible en http://elpais.com/diario/2005/05/22/agenda/1116712804_850215.html (Consultado el 17 agosto de 2016).

[240] Ricœur, P., *Crítica y convicción,* p. 38.

[241] Ricœur, P., "Personalismo. Emmanuel Mounier: una filosofía personalista" (1950), en *Historia y verdad*, p. 155.

¿Qué es lo que rescata entonces Ricœur de la filosofía personalista? En primer lugar Ricœur identifica dos momentos claves en el desarrollo del pensamiento de Mounier: 1932 y 1950. Ricœur dice que ese comienzo en la década de los 30's le proporciona una auténtica perspectiva a esa empresa filosófica. En este preludio Mounier propone un filosofar que se aleja de cualquier "filosofía de escuela";[242] y, por extensión, también de toda "filosofía de profesión". Esto permite que Mounier emerja como un pedagogo de altos vuelos, una suerte de maestro civilizador, sin ser no obstante un mesías:

> …me atrevería a decir –comenta Ricœur- que Emmanuel Mounier fue el *pedagogo*, el *educador* de una generación como Péguy. Pero habría que quitarle a estas palabras su doble estrechez: su referencia a una infancia que se propone conducir a la edad adulta y su vínculo con una función docente, con un cuerpo social ya diferenciado (así como se dice "la Educación nacional"); o diría incluso que Mounier predicó un *despertar*, si fuera posible trasplantar esta expresión desde las comunidades religiosas al plano más amplio de una civilización tomada en su conjunto.
>
> El personalismo: en el origen, una pedagogía de la vida comunitaria ligada a un despertar de la persona.[243]

Ya en la década de 1950, el primigenio "pensamiento combativo" civilizatorio de Mounier, ha dado paso a la denominación del personalismo como una "filosofía de la existencia". En primer lugar, Ricœur explica que "el pensamiento de Emmanuel Mounier de 1932 a 1950 es un movimiento orientado desde un proyecto de *civilización* "personalista" a una interpretación "personalista" de las filosofías de la existencia".[244] Esta transición es importante porque presenta a Mounier en una actitud de madurez filosófica, que le permite dialogar de tú a tú, con los existencialismos, incluso con el existencialismo ateo. Ricœur como lector de Mounier, lee como

[242] *Ibíd.*, pp. 155, 156.

[243] *Ibíd.*, p. 158. Las cursivas son del autor.

[244] *Ibíd.*, p. 159.

filósofo de la persona a un filósofo personalista, nota por demás importante. En esta etapa final del desarrollo de su filosofía, Mounier ha llegado a interpretar el personalismo no como una actitud o un sistema, sino como *una* filosofía personalista. Ricœur cita a Mounier: "El personalismo es una filosofía, no es solo una actitud. Es una filosofía, no es un sistema [...] Porque precisa estructuras, el personalismo es una filosofía y no solo una actitud".[245]

Por medio de su profunda reflexión sobre la persona, Mounier ha construido una *auténtica* filosofía, confrontándose con las ciencias humanas por una parte; y por otra, inscribiéndose dentro de las filosofías existencialistas: "El personalismo precisó su alcance filosófico de una doble manera: por una parte, confrontándose con las *ciencias del hombre,* por lo tanto, con los procedimientos *objetivos* para elucidar a la persona; por otra parte, situándose con respecto a las *filosofías de la existencia*".[246] Esta situación no es confrontación con el existencialismo: "Sería erróneo –dice Ricœur– encerrar al personalismo en una confrontación con el existencialismo; su alcance no es ante todo polémico sino integrador: la persona trasciende, por cierto, lo objetivo, pero lo reúne y lo suma".[247] Este "despertar personalista", es tanto como un "despertar filosófico" del existencialismo, según Ricœur. Siguiendo la síntesis que hace Ricœur –quien cita a Mounier– se dirá que: "El personalismo se sitúa, entonces, en una vasta tradición existencialista: 'En términos generales, –dice Mounier– se podría caracterizar este pensamiento como una reacción de la filosofía del hombre contra el exceso de la filosofía de las ideas y de la filosofía de las cosas'."[248]

En segundo lugar, Ricœur expone que la filosofía personalista apuntaba a generar una nueva civilización, en medio de la gran crisis que atravesaba Europa por aquel entonces. La filosofía

[245] Mounier, Emmanuel, *El personalismo,* Eudeba, Buenos Aires, 1962, citado por Ricœur, Paul, en "Personalismo. Emmanuel Mounier: una filosofía personalista" (1950), en *Historia y verdad,* p. 159.

[246] Ricœur, P., "Personalismo. Emmanuel Mounier: una filosofía personalista" (1950), en *Historia y verdad,* p. 179.

[247] Ídem.

[248] *Ibíd.*, p. 183.

de Mounier tiene conciencia de esa honda crisis, porque una de las preocupaciones fundamentales de dicho filósofo es la situación concreta de la persona. "Lo que inicia todas las reflexiones de Emmanuel Mounier es, en consecuencia, una duda metódica de carácter histórico y cultural. Responde a ella no con una desesperación, con una profecía de la decadencia o una actitud descriptiva, sino con el proyecto de un nuevo Renacimiento. 'Rehacer el Renacimiento': es el título del primer editorial de *Esprit*, firmado por Mounier".[249]

Pero, ¿qué significaba exactamente el lema: *Rehacer el Renacimiento*? Esa empresa de recreación filosófica es sobre todo, ética, por lo que ella implica: "Esta empresa bien podría llamarse ética [...] Mounier habrá precisamente contribuido a restaurar el prestigio de la ética...".[250] Ricœur añade que esa ética personalista, sin embargo, no es cristiana: "El personalismo implica, pues, una ética concreta, relativamente independiente de la fe cristiana, independiente en cuanto a sus *significaciones*, dependiente en cuanto a su *surgimiento de hecho*, en tal o cual conciencia".[251] Ricœur, profundo conocedor del existencialismo como del hombre Mounier, finaliza su síntesis de la filosofía personalista, de este modo:

> Emmanuel Mounier tuvo, como ninguno de aquellos que él supo reunir, el sentido pluridimensional del tema de la persona. Pero me parece que lo que nos ha atado a él es algo más secreto que un tema multifacético –el acuerdo poco frecuente entre dos tonalidades del pensamiento y de la vida: la que él mismo llamaba la *fuerza,* según los antiguos moralistas cristianos, o incluso la virtud de *enfrentamiento*– y la *generosidad* o la *abundancia* del corazón, que corrige la crispación de la virtud de la fuerza por algo agraciado y gracioso; es esa sutil alianza de una virtud "ética" con una bella virtud poética la que hacía de Emmanuel Mounier ese hombre a la vez irreductible y entregado.[252]

[249] *Ibíd.*, p. 157.

[250] *Ibíd.*, p. 160.

[251] *Ibíd.*, p. 167.

[252] *Ibíd.*, pp. 190-191.

9. Diálogos hermenéuticos: Martin Heidegger y Hans-Georg Gadamer

Paul Ricœur conoce personalmente a Martin Heidegger en Alemania, mientras se encuentra estudiando en aquella nación. Su encuentro con el filósofo de Friburgo no fue sin sobresaltos. Ante la pregunta de si se había reunido con Heidegger mientras estuvo en Alemania, Ricœur responde a François Azouvi y Marc Launay: "¿Tuvo algún encuentro con Heidegger? En Cerisy, en 1955, y tengo de ello un mal recuerdo. Él era continua y literalmente vigilado por Axelos y Beaufret, y se comportaba como un maestro de escuela".[253]

El encuentro con Hans-Georg Gadamer se da en la Universidad de Heidelberg, donde este era profesor. Tiempo después, cuando apareció la *ópera prima* de Gadamer, *Verdad y método,* se convirtió para Ricœur en una referencia imprescindible. Al abordar el tema de la "hermenéutica de la sospecha" que lleva a cabo Freud, cita a otros autores, entre los cuales se encuentra también Gadamer:

> Veía a Freud inscribirse en la tradición fácil de identificar, la de una hermenéutica de la sospecha que continuaba a Feuerbach, Marx y Nietzsche; le hacían frente la filosofía reflexiva ilustrada por Jean Nabert, la fenomenología enriquecida por Merleau-Ponty, la hermenéutica literaria ilustrada y brillantemente renovada por Gadamer cuya gran obra *Verdad y método,* aparecida en alemán en 1974, *se transformó en una de mis referencias privilegiadas.*[254]

Si bien el encuentro con Martin Heidegger resultó inicialmente desagradable, no lo fueron en absoluto sus clases ni su filosofía, muy cercana a la poesía, llevando a Ricœur incluso, a distanciarse de la filosofía de Karl Jaspers. Ricœur cuenta que:

> En cierta ocasión fue tomado como hilo conductor el texto de la *Crítica de la razón pura*: "la existencia es una postura". Con

[253] Ricœur, P., *Crítica y convicción,* p. 36.

[254] Ricœur, P., *Autobiografía intelectual,* p. 40. Énfasis agregado.

el dedo iba señalándonos para leer la línea siguiente y proponer una explicación. Pero sus intervenciones eran magníficas, en especial en lo referente a los poetas. Creo que fue la primera vez que me di cuenta de su relación con la poesía. Habló largamente de Stefan George, y me parece que fue después cuando descubrí a Paul Celan.

Poco a poco me vi arrastrado por la marea heideggeriana, sin duda a causa también de cierto cansancio con respecto al carácter un tanto enfático, repetitivo y vago de los libros más importantes de Jaspers, publicados tras la guerra. El genio de Heidegger me impresionó por entonces más que el gran talento de Jaspers.[255]

9.1 Martin Heidegger: entre ontología y epistemología

Por el contrario, la fuerza de la ontología puesta en práctica por Heidegger sienta las bases de lo que llamaré *una hermenéutica del "yo soy"*, que procede de la refutación del *Cogito* concebido como simple principio epistemológico, y que a la vez designa una capa de ser que debemos, por así decir, situar por debajo del *Cogito.* Para comprender esta compleja relación entre el *Cogito* y la hermenéutica del "yo soy", referiré, por una parte, esta problemática a la destrucción de la historia de la filosofía y, por otra, a la repetición o recuperación del proyecto ontológico que residía en el *Cogito* y que fue olvidado por una formulación de Descartes.[256]

Paul Ricœur

Aquella marea *heideggeriana* no arrastra ni ahoga, sin embargo, a Ricœur, sino que este sabe sacar de ella lo mejor para el desarrollo de su singular propuesta filosófica. En un pequeño artículo aparecido en sus célebres *Ensayos de hermenéutica II,* Ricœur señala la

---

[255] *Ibíd.*, pp. 36-37.

[256] Ricœur, P., "Heidegger y la cuestión del sujeto" (1968), en *El conflicto de las interpretaciones. Ensayos de hermenéutica,* (trad. de Alejandrina Falcón), Fondo de Cultura Económica (FCE), Buenos Aires, 2003, p. 205.

importancia y los límites de las filosofías de Heidegger (desarrollada en *Ser y tiempo*), y de Gadamer (propuesta en *Verdad y método*); pero para ello, primero tiene que pasar revista a las aportaciones que hizo el padre de la hermenéutica moderna, Friedrich Schleiermacher; y, al teórico de las ciencias sociales, Wilhelm Dilthey. Justamente, este último, en su esfuerzo por dotar de un estatuto epistemológico a las "ciencias del espíritu", forzó a la hermenéutica a convertirse en una teoría del conocimiento, un reduccionismo innecesario que Ricœur no mira con buenos ojos:

> Este supuesto de una hermenéutica entendida como epistemología es lo que cuestiona esencialmente Martin Heidegger y, en esa misma línea, posteriormente Hans Georg Gadamer. La contribución de ambos no puede, pues, pensarse pura y simplemente como una prolongación de la empresa de Dilthey; más bien debe considerarse como el intento de ahondar en la propia empresa epistemológica, a fin de dejar claro las condiciones específicamente ontológicas.[257]

No obstante, ni Heidegger ni Gadamer proporcionarán un avance mayúsculo en el terreno metodológico de la exégesis textual, pero sí en el de la hermenéutica ontológica: "No hay pues que esperar –señala Ricœur– ni de Heidegger ni de Gadamer ningún perfeccionamiento de la problemática metodológica suscitada por la exégesis de los textos sagrados o profanos, por la filología, por la psicología, por la teoría de la historia o por la teoría de la cultura. En cambio, aparece un nuevo interrogante; en lugar de preguntar: ¿cómo sabemos?, preguntaremos: ¿cuál es el modo de ser de este ser que solo existe cuando comprende?"[258]

¿Cuáles son según el entender de Ricœur, las contribuciones más significativas de ambos filósofos para la teoría hermenéutica? La lectura propuesta para discernir la común aportación de estos autores alemanes a la hermenéutica, arranca de la gnoseología,

---

[257] Ricœur, P., "La tarea de la hermenéutica: desde Schleiermacher y desde Dilthey" (1975), en *Del texto a la acción. Ensayos de hermenéutica II*, p. 83. Las cursivas son del autor.

[258] Ídem.

porque Ricœur entiende que en la hermenéutica no se trata fundamentalmente de un problema epistemológico cuanto de una cuestión ontológica, porque atañe a nuestro ser en el mundo. "El descubrimiento de la precedencia del ser en el mundo respecto de todo proyecto de fundamentación y de todo intento de justificación última recupera toda su fuerza cuando extraemos de él las consecuencias positivas que tiene para la epistemología *la nueva ontología de la comprensión*".[259] En este sentido, Ricœur toma nota del avance significativo que aparece en la hermenéutica *heideggeriana* respecto a sus antecedentes inmediatos en Schleiermacher y Dilthey:

> No es entonces sorprendente que la ontología de la comprensión pueda comenzar no por una reflexión sobre el *ser con*, sino sobre el *ser en*. No el ser con otro que reduplicaría mi subjetividad, sino el ser en el mundo. Este desplazamiento del lugar filosófico es tan importante como la transferencia del problema del método al problema del ser. La pregunta por el *mundo* toma el lugar de la pregunta por el otro. Al *mundanizar* así el comprender, Heidegger lo *despsicologiza*.[260]

Esa *mundanización* implica situarnos en la esfera de este mundo concreto, distanciándonos de la hermenéutica psicologizante de Schleiermacher. La "mundanización del mundo", proporciona un giro importantísimo para la hermenéutica porque ya no es el sujeto cognoscente el que se erige como medida de la objetividad. Ese sujeto pretensioso que conoce, debe abrir paso a la recuperación del concepto de *habitante del mundo*, por medio de la cual se posibilita la *situación, comprensión* e *interpretación*.[261] Sin esta tríada (situación-comprensión-interpretación) no hay definitivamente hermenéutica, y esto es lo que interesa a Ricœur. Esta hermenéutica debe llevar, necesariamente, a un abandono definitivo de cierta teoría del conocimiento que se sustenta en la díada sujeto-objeto, tan cara a las ciencias del espíritu.

---

[259] Ricœur, P., "Acerca de la interpretación" (1983/1987), en *Del texto a la acción. Ensayos de hermenéutica II*, p. 31. Las cursivas son añadidas.

[260] *Ibíd.*, p. 85. Las cursivas son del autor.

[261] Ídem.

Pero es aquí donde aparece aquella ontología fundamental que, según Heidegger, se llama *precomprensión*. No se viene a comprender el mundo, porque este ya ha sido comprendido antes de nosotros, existe una comprensión que se nos ha anticipado *en el tiempo*. Esa precomprensión es parte del denominado círculo hermenéutico, del cual no es necesario salir, sino penetrar adecuadamente en él. Escribe Ricœur, citando en el entrecomillado a Heidegger:

> Trasladada a la teoría del conocimiento y medida según la pretensión de objetividad, *la precomprensión recibe la calificación peyorativa de prejuicio*; para la ontología fundamental, por el contrario, el prejuicio solo se comprende a partir de la estructura de anticipación del comprender. El famoso *círculo hermenéutico*, así, no es más que la sombra proyectada, sobre el plano metodológico, de esta estructura de anticipación. Quien ha comprendido esto sabe, en adelante, que "el elemento decisivo no es salir del círculo, sino penetrar en él correctamente".[262]

En este punto Ricœur se pregunta: "¿por qué no detenernos aquí y proclamarnos simplemente heideggerianos?"[263] Porque precisamente, al inicio de su ensayo Ricœur había denunciado una aporía en la hermenéutica de Dilthey, específicamente dentro de su teoría del comprender. Fundada en el profundo psicologismo heredado de Schleiermacher, Dilthey había hecho depender la interpretación de un texto, no a partir de lo que este dice, sino al de la *vivencia* que en él se manifiesta:

> La obra de Dilthey, más que la de Schleiermacher, pone de relieve la aporía central de una hermenéutica que coloca la comprensión del texto bajo la ley de la comprensión de alguien diferente que allí se expresa. Si la empresa sigue siendo psicológica en el fondo es porque determina como referencia última la interpretación, no *lo que* dice un texto, sino *quien* allí se expresa. Por lo mismo, el objeto de la hermenéutica

[262] *Ibíd.*, p. 87.

[263] *Ibíd.*, p. 88.

> constantemente es desviado del texto, de su sentido y de su referencia, hacia la vivencia que en él se expresa.[264]

Ricœur opina que esta aporía no se resuelve en la propuesta de Heidegger porque habiendo sido trasladada a otra parte, lejos de resolverla se ha agravado, debido a que la aporía "ya no está *en* la epistemología entre dos modalidades del conocer, sino que está *entre* la ontología y la epistemología tomadas en bloque".[265] Según esto, con Heidegger se llega a un punto de no retorno, ya no es posible efectuar un movimiento desde la "ontología fundamental" hacia una epistemología que problematice el estatuto de las ciencias del espíritu. Pero la filosofía no puede darse ese lujo, debido a que "una filosofía que corta el diálogo con las ciencias no se dirige más que a sí misma".[266] Desde *esa* ontología primigenia ya no será posible preguntar *desde* la epistemología, y lo que es más, conduciría a una filosofía ensimismada, cerrada herméticamente y sin posibilidad de diálogo con las ciencias. Y al menos, esto resulta inaudito en la propuesta filosófica ricoeuriana porque el filósofo francés siempre estuvo abierto al diálogo franco. Por ejemplo, Gadamer opinaba sobre este talante de Ricœur, lo siguiente: *Ricœur hill zu sehr alles versöhnen* (Ricœur procura demasiado reconciliarlo todo).[267]

---

[264] *Ibíd.*, p. 80.

[265] *Ibíd.*, p. 89

[266] Ídem.

[267] Citado por Grondin, Jean, "De Gadamer a Ricœur ¿Es posible hablar de una concepción común de la hermenéutica?", en Fiasse, Gaëlle (Coord.), *Paul Ricœur. Del hombre falible al hombre capaz,* Ediciones Nueva Visión, Buenos Aires, 2009, p. 44. El propio Ricœur entiende así su modo de proceder filosófico: "Estos dos mensajes tomados a la vez muestran claramente lo que yo creo que es mi preocupación dominante, la de integrar antagonismos legítimos y hacerlos trabajar en su propia superación." Ricœur, P. "Autocomprensión e historia", en Calvo Martínez, Tomás y Ávila Crespo, Remedios (eds.), *Paul Ricœur: los caminos de la interpretación,* Barcelona, Anthropos, 1991, p. 30.

En efecto, Ricœur busca reconciliarlo todo y a todos, la anécdota de su alumno danés Peter Kemp, no deja lugar a dudas: "Una anécdota me parece –dice– particularmente evocadora de este rasgo de su personalidad: era el año 1979, cuando se le entregó el doctorado *honoris causa* a Ricœur en la universidad de Copenhague en ocasión del 500 aniversario de dicha institución. Algunos minutos antes de la ceremonia, Paul había desaparecido. Los demás invitados ya habían tomado su lugar. Y yo lo había visto una hora antes, participando en la procesión que entraba en la catedral enfrente de la universidad. Él debería estar

El mismo Ricœur reconoce que se trata incluso, de una obsesión suya: "A decir verdad, prefiero tratar el problema en otro sentido; *quizá sea cosa de esa manía en lo que se refiere a las conciliaciones...* Analizo el asunto a partir de los presupuestos de una **ética de la discusión** (...)".[268] Paul Gilbert escribe en este sentido: "Ciertamente la amabilidad de Ricœur no diluye su fuerza crítica. Pero la verdad es un horizonte en el que nos movemos, más bien que un fin que, al cerrar nuestras argumentaciones, precipita en la insignificancia las discusiones empleadas para llegar ahí. Ella adviene en el movimiento de la investigación. La filosofía de Ricœur concilia a los autores en la verdad "más grande" en vez de oponerlos".[269] Así es, Ricœur es grande también porque nunca buscó aniquilar a sus oponentes, ni siquiera con la fuerza que podría proporcionarle la

ya en los lugares de honor, pero su lugar estaba vacío. Esperábamos la llegada de la reina Margrethe y del príncipe Henri de Dinamarca. Me di a su búsqueda un poco ansioso. Recorriendo la sala a lo ancho y lo largo, lo encontré discretamente instalado en la última fila y lo invité, con un gesto de ir a su lugar lo que él hizo apenas unos instantes antes de que entrara la reina. Después de la ceremonia le pregunté por qué había tenido ese comportamiento algo extraño y me contestó: «Es que en la procesión estaba yo entre el rector de la Universidad de Jerusalén, un israelí, y el rector de la universidad de Damas, un musulmán, y no me atreví a dejarlos solos uno al lado del otro»." Kemp, P., *Sabiduría práctica de Paul Ricœur. Ocho estudios,* (trad. de Lizbeth Sagols Sales), Ed. Fontamara, Ciudad de México, 2011, p. 8.

268 Ricœur, P., *Crítica y convicción,* p. 88. Las cursivas y negritas son añadidas.

En una entrevista concedida a Richard Kearney vuelve sobre el tema de la "ética de la discusión" o como la llama ahí: "ética del discurso" con las siguientes reflexiones: "Este problema de una narrativa común requiere una ética del discurso. En las así llamadas éticas del discurso, desarrolladas por gente como Habermas y Apel, discutimos unos contra otros, pero entendemos el argumento del otro sin asumirlo. Esto es lo que John Rawls llama "desacuerdo razonable. [...] El desafío es traer los conflictos al nivel del discurso y no dejarlos degenerar en violencia; aceptar que ellos cuentan una historia en sus propias palabras como nosotros contamos nuestra historia en nuestras propias palabras, y que esas historias compiten unas contra otras en una especie de competencia del discurso, lo que Karl Jaspers llama un conflicto amoroso. Pero a veces el consenso es un juego peligroso, y si perdemos el consenso nosotros pensamos que hemos fracasado. Asumir y vivir los conflictos es una especie de sabiduría práctica." Kearney, Richard, "Entrevista", en Mena Malet, Patricio (Comp.), *Fenomenología por decir. Homenaje a Paul Ricœur*, 1ª ed., Universidad Alberto Hurtado, Chile, 2006, p. 47.

269 Gilbert, P., "Paul Ricœur: Reflexión, ontología y acción", en *Algunos pensadores contemporáneos de lengua francesa,* Universidad Iberoamericana (UIA), Ciudad de México, 1996, p. 126.

palabra argumentativa, ya que: "Ricœur tiene como norte la voluntad de comprender lo distinto, la necesidad de acercarse a la alteridad sin anularla".[270]

No es un lugar común afirmar que Ricœur era un dialogante nato, porque en efecto, recuerda François Azouvi, el profesor Ricœur era un ser humano excepcional, que gustaba del diálogo franco y sincero, quien en ese ejercicio dialógico sin cortapisas, podía echar también mano de un recurso dialéctico envidiable; convirtiendo por ejemplo, la defensa de una tesis, más que en una estéril confrontación o en una innecesaria auto-exaltación, en un *locus* filosófico por antonomasia. Ricœur no perdía ocasión para dialogar con el otro, con lo otro:

> Ricœur era, por lo tanto, un hombre de diálogo. Es preciso haberlo visto conformar un jurado de tesis para apreciar en toda su medida la capacidad de entablar diálogos y de fortificar al adversario. Se sabe cuán retórico puede ser este ejercicio de "defensa de tesis", hasta el punto que grandes profesores buscan por sobre todo brillar por sí mismos. Se sabe también cuán raro es que la tesis sea leída de punta a cabo: muchos candidatos han guardado como recuerdo una inmensa frustración al constatar que sus jueces no los habían, o apenas, leído. Ricœur leía de la primera a la última línea de las tesis que debía juzgar. Y cada vez en que él figuraba en una defensa, esta se volvía no un lugar mundano donde hacerse valer, sino un lugar filosófico donde cada uno daba lo mejor de sí mismo. Ni complacencia con el candidato, ni vano enfrentamiento, sino más bien intercambio dialéctico al término del cual no era raro que el candidato agradeciese sinceramente a su juez por haber comprendido, mejor de lo que lo había hecho él mismo, lo que quería decir.[271]

---

[270] Willson, Patricia, en el "Prólogo" a Ricœur, P., *Sobre la traducción*, Paidós, Buenos Aires, 2009, p. 14.

[271] Azouvi, François, "Testimonio", en Mena Malet, Patricio (Comp.), *Fenomenología por decir. Homenaje a Paul Ricœur*, 1ª ed., Universidad Alberto Hurtado, Chile, 2006, p. 59.

9.2 Hans Georg Gadamer: la aporía diltheyana no resuelta

> La vida hace su propia exégesis: ella misma tiene una estructura hermenéutica.
>
> H. G. Gadamer

Aquella aporía irresuelta en Heidegger, se convertirá en piedra de toque para Gadamer, volviendo sobre el tópico del estatuto epistemológico de las ciencias del espíritu, frente a las ciencias naturales del positivismo. Paul Ricœur menciona que el propio título de la magna obra gadameriana: *Verdad y método;* confronta desde su origen el concepto de *verdad* heideggeriano, con el concepto diltheyano de *método*. ¿Por cuál de los dos hay que decantarse? Ricœur se pregunta incluso, cuál es la razón por la que Gadamer no tituló a su obra como *Verdad O Método,* en lugar de *Verdad Y Método.* "La cuestión es entonces –comenta Ricœur– saber hasta qué punto la obra merece llamarse *Verdad Y Método,* y si no debería titularse: *Verdad O Método*. En efecto, si bien Heidegger podía eludir el debate con las ciencias humanas por un movimiento soberano de superación, Gadamer, por el contrario, solo puede enfrascarse en un debate cada vez más áspero, precisamente porque toma en serio el problema de Dilthey".[272] En este sentido, Jean Grondin, comenta lo siguiente:

> Si bien Ricœur y Gadamer se inscriben en la gran tradición de la hermenéutica, la de Schleiermacher, Dilthey, Bultmann y Heidegger, no obstante parecen hacerlo en grados distintos y con intenciones diferentes. Gadamer procura ante todo, desarrollar una hermenéutica filosófica de las ciencias humanas, es decir, una reflexión que haga justicia a su pretensión de *verdad*. Su idea de fondo consiste en que esta verdad no puede ser únicamente comprendida a partir de la idea de *método*. Por eso rompe con Dilthey y con su concepción más metodológica de la hermenéutica. Esta crítica del paradigma metodológico le viene seguramente de Heidegger, su maestro y su más

[272] Ricœur, P., "La tarea de la hermenéutica: desde Schleiermacher y desde Dilthey" (1975), en *Del texto a la acción. Ensayos de hermenéutica II,* p. 91.

constante inspiración, pese a que no retoma su hermenéutica de la existencia.[273]

El debate sobre el estatuto epistemológico de las ciencias del espíritu en Gadamer, es el pretexto perfecto que Ricœur toma para intentar dar un nuevo giro a la hermenéutica esbozada tanto en Heidegger como en Gadamer. Hasta dónde logró Ricœur esa empresa, es algo que se discutirá más adelante. No obstante, Ricœur sigue reconociendo como interlocutores privilegiados a ambos filósofos alemanes, para continuar haciendo filosofía *con, a partir* y *después* de ellos:

> Pues tampoco con la hermenéutica quiero hacer de historiador, ni siquiera del presente: al margen de la dependencia que tenga la siguiente meditación, ["Fenomenología y hermenéutica desde Husserl..."] respecto de Heidegger y sobre todo de Gadamer, lo que está en juego es la posibilidad de *continuar haciendo filosofía con ellos y después de ellos,* sin olvidar a Husserl. Mi ensayo será pues un debate con lo más vivo de ambas posibilidades de filosofar y de continuar filosofando.[274]

En su acercamiento crítico a Gadamer, Ricœur señala que este parte del debate que suscitan las "ciencias del espíritu", pero lo hace *desde* una ontología heideggeriana. "La filosofía de Gadamer expresa pues la síntesis de dos movimientos que hemos descripto antes: de las hermenéuticas regionales a la hermenéutica general; de la epistemología de las ciencias del espíritu a la ontología".[275] La universalidad que Gadamer reclama para la hermenéutica que él propone parte del escándalo que nace dentro de las ciencias del espíritu al reclamar una suerte de "distanciamiento alienante". Ricœur acota que el largo recorrido histórico que Gadamer efectúa en *Verdad y método,* antes de hacer sus propias aportaciones al terreno

---

[273] Grondin, Jean., "De Gadamer a Ricœur. ¿Es posible hablar de una concepción común de la hermenéutica?" en Fiasse, Gaëlle (Coord.), *Op. cit.*, p. 38. Las cursivas están añadidas.

[274] Ricœur, P., "Fenomenología y hermenéutica desde Husserl..." (1975) en *Del texto a la acción. Ensayos de hermenéutica II*, p. 39. Las cursivas son del autor.

[275] Ricœur, P., "La tarea de la hermenéutica: desde Schleiermacher y desde Dilthey" (1975) en *Del texto a la acción. Ensayos de hermenéutica II,* p. 91.

de la hermenéutica, es necesario porque "... la filosofía hermenéutica debe en primer lugar recapitular la lucha de la filosofía romántica contra la *Aufklärung*, la de Dilthey contra el positivismo, la de Heidegger contra el neokantismo".[276]

¿En qué consistió la disputa entre la filosofía romántica y la Ilustración? El romanticismo filosófico insistió en rehabilitar el prejuicio, como una de las grandes categorías de la Ilustración. Al proceder de este modo, la filosofía romántica sigue dependiendo de una filosofía crítica kantiana, o sea, de una filosofía del juicio. El romanticismo, no obstante, es incapaz de darse cuenta de que el escarceo con la Ilustración, se lleva a cabo, justamente, en el ámbito mismo del adversario al que se quiere subyugar, no pudiendo romper con la tradición y la autoridad, tan caras para la interpretación. "Pero se trata de saber –inquiere Ricœur– si la hermenéutica de Gadamer ha superado verdaderamente el punto de partida romántico de la hermenéutica y si su afirmación de que el ser que es el hombre encuentra su finitud en el hecho de que desde el comienzo se encuentra inmerso en tradiciones escapa al juego de inversiones en el cual este autor ve encerrado el romanticismo filosófico frente a las pretensiones de toda filosofía crítica".[277]

Ricœur enuncia el modo como Dilthey aborda el problema epistemológico de las ciencias del espíritu al entronizar el subjetivismo o la conciencia de sí como referencias últimas. No obstante, la recuperación del *prejuicio*, de la tradición y de la autoridad se enfocarán entonces, contra el ámbito del subjetivismo y de la interioridad; ambos, criterios de la *filosofía reflexiva.* "Esta polémica antirreflexiva contribuirá también a dar a este alegato la apariencia de un retorno a una posición precrítica. Por provocante –por no decir provocador– que sea este alegato, tiene que ver con la reconquista de la dimensión histórica por sobre el momento reflexivo. La historia me precede y adelanta mi reflexión; yo pertenezco a la historia antes que pertenecerme".[278] Esto es algo que, sin embargo,

---

[276] Ídem.

[277] Ídem.

[278] *Ibíd.*, p. 92.

Dilthey no alcanzó a comprender porque su criterio reflexivo prevalece sobre su conciencia histórica.

Gadamer en contraparte, propone una conciencia histórica a la que denomina la *conciencia-de-la-historia-de-los-efectos* (*Wirkunsgsgeschichtliches Bewusstsein*); por medio de esta, Gadamer recupera la dimensión reflexiva –que Dilthey había soslayado– dentro de la fundamentación de las ciencias del espíritu, de las que la historia es un paradigma. Esa conciencia histórica, empero, no es objetiva: "Esta categoría no proviene ya de la metodología, de la investigación histórica, sino de la conciencia reflexiva de esa metodología. Es la conciencia de estar expuesto a la historia y a su acción, de manera tal que no se puede objetivar esta acción sobre nosotros, porque ella forma parte del fenómeno histórico mismo".[279]

Hasta aquí, Ricœur ha tenido que recurrir a la propuesta de Dilthey, y su correspondiente crítica por parte de Gadamer, para poder "injertar" su propia propuesta e interpretación acerca de esa conciencia histórica en el ámbito de las ciencias del espíritu. Ricœur comenta:

> Yo quisiera plantear mi propio problema a partir de este concepto de la eficiencia histórica: ¿cómo es posible introducir algún tipo de instancia crítica en una conciencia de pertenencia expresamente definida por el rechazo del distanciamiento? Esto solo puede hacerse, en mi opinión, en la medida en que esta conciencia histórica no se limita a repudiar el **distanciamiento** sino que se esfuerza también por asumirlo. La hermenéutica de Gadamer contiene, en este sentido, una serie de sugerencias decisivas que llegarán a constituir el punto de partida de mi propia reflexión.[280]

Ricœur aventura su propuesta acerca del distanciamiento en un ensayo al que titula *La función hermenéutica del distanciamiento,* no sin antes hacer patente la importancia del planteamiento gadameriano sobre la "fusión de horizontes". Ahí, en esa fusión de horizontes, se

279 Ídem.

280 *Ibíd.*, p. 93. Las negritas están añadidas.

da la dialéctica entre participación y distanciamiento. Si en la hermenéutica de Heidegger, Ricœur hablaba de una aporía, ahora con Gadamer se convierte en antinomia:

> Esta descripción nos condujo a una antinomia que, a mi juicio, constituye el motor esencial de la obra de Gadamer: la oposición entre distanciamiento alienante y pertenencia. Esta oposición es una antinomia, porque suscita una alternativa insostenible: por un lado, dijimos que el distanciamiento alienante es la actitud a partir de la cual es posible la objetivación que rige en las ciencias del espíritu o ciencias humanas; pero este distanciamiento, que condiciona el estatuto científico de las ciencias, es al mismo tiempo lo que invalida la relación fundamental y primordial que nos hace pertenecer y participar de la realidad histórica que pretendemos erigir en objeto. De allí la alternativa subyacente en el título mismo de la obra de Gadamer, *Verdad y Método*: o bien practicamos la actitud metodológica, y así perdemos la densidad ontológica de la realidad estudiada, o bien practicamos la actitud de verdad, pero entonces debemos renunciar a la objetividad de las ciencias humanas.[281]

Finalmente, Ricœur propondrá que no hay necesidad de tomar alguna de las dos alternativas (distanciamiento alienante *VS* participación por pertenencia, tal y como se sigue de la propuesta gadameriana), porque ellas son zanjadas en la *cosa del texto,* también llamada como *el mundo del texto.* Ricœur propone que el distanciamiento tiene una función hermenéutica peculiar porque el texto es el paradigma del distanciamiento. El texto cobra vida respecto a su autor, y nueva vida frente a su lector actual. De tal suerte que el texto tenga que descontextualizarse *de su autor* y de cualquier *tradición interpretativa* (autoritativa), para recontextualizarse en el mundo del lector. El texto se convierte entonces, en mediador de comprensión. Ricœur dirá a partir de esto, que ya no hay que hacer una distinción entre *explicar* y *comprender*, porque según la propuesta detrás de la cosa o mundo del texto, esa dicotomía ha quedado superada a favor de la explicación: "La objetivación del discurso en

[281] Ricœur, P., "La función hermenéutica del distanciamiento" (1975), en *Del texto a la acción. Ensayos de hermenéutica II*, p. 95.

la obra y el carácter estructural de la composición, a lo cual se agregará el distanciamiento mediante la escritura, nos obligan a poner totalmente en tela de juicio la oposición recibida de Dilthey entre *comprender* y *explicar*. Una nueva época de la hermenéutica se abre a causa del éxito del análisis estructural; la explicación es en adelante el camino obligado de la comprensión".[282]

Frente a la crítica de las filosofías de la reflexión efectuada por Dilthey y seguida por Gadamer, Paul Ricœur propone, sin embargo, una filosofía reflexiva. Esto es lo que, en palabras de Jean Grondin, distingue la hermenéutica ricoeuriana:

> No obstante, su conciencia muy aguda de lo inacabado de la reflexión para un ser caracterizado por la finitud, la filosofía de Ricœur no lleva a ningún fatalismo: siempre se puede aprender de la historia y en ciertos casos, quizás escasos, influir en su curso. Se trata de acentos que, a pesar de su común reconocimiento del ser-afectado-por-la-historia, *distinguen la hermenéutica de Ricœur de la de Gadamer:* la iniciativa, el distanciamiento y la apropiación reflexivas siempre son posibles, y deseables, frente al moloc de la historia.[283]

Se ha llegado ya, luego de un largo y basto recorrido, aunque tratando de ser lo más sintético posible, al final de este primer capítulo, esbozando los puntos de partida de aquel itinerario intelectual que Ricœur transitó en tanto "filósofo debutante". Resta mencionar aquí, que la *cosa del texto*[284] en tanto "apropiación del sentido del texto",[285] es un ejercicio eminentemente antropológico, de autocomprensión del sujeto cognoscente, y, por tanto, constituye a la hermenéutica no

---

[282] *Ibíd.*, p. 103.

[283] Grondin, J., "De Gadamer a Ricœur. ¿Es posible hablar de una concepción común de la hermenéutica?", en Fiasse, Gaëlle (Coord.), *op. cit.*, p. 52. Las cursivas están añadidas.

[284] *Cfr.*, Ricœur, P., "¿Qué es un texto?" (1970), en *Del texto a la acción. Ensayos de hermenéutica II*, pp. 127-147. También en: Ricœur, P., "¿Qué es un texto?", en *Historia y narratividad*, pp. 59-81.

[285] Ricœur, P., "Del conflicto a la convergencia", en VV. AA., *Exégesis y hermenéutica*, Ediciones Cristiandad, Madrid, 1976, p. 49.

tanto como método, sino sobre todo, como un modo o estilo de vida, ya que:

> Comprenderse –dice Ricœur– es apropiarse de la historia de la propia vida de uno. Ahora bien, comprender esta historia es hacer relato de ella, conducida por los relatos, tanto históricos como ficticios, que hemos comprendido y amado. Es así como nos hacemos lectores de nuestra propia vida, tal y como era el deseo de Proust en aquel texto magnífico de *Temps retrouvé* con el que yo cierro este estudio: «Pero volviendo a mí mismo, yo pensaba más modestamente en mi libro, y sería incluso inexacto decir pensando en los que lo leerían, en mis lectores, pues ellos no serían, según yo, mis lectores, sino los propios lectores de sí mismos, no siendo mi libro más que una especie de cristales de aumento como los que ofrecía a un comprador el óptico de Combray; mi libro, gracias al cual yo les proporcionaré el medio de leer en ellos mismos» (*Pléiade,* III, 1.033).[286]

Si es cierto lo que señala Harold Bloom sobre Marcel Proust y su obra cumbre: "Proust y *En busca del tiempo perdido* son el ejemplo más sobresaliente, en el siglo que acaba de pasar, de la obra en la vida que acaba siendo la vida misma";[287] entonces, *autocomprenderse* es en definitiva, leerse a sí mismo. Este es el gran proyecto de la hermenéutica ricoeuriana: convertirse en lector de sí mismo, y llegar así a ser *Sí mismo como [un] otro.* Ya que "la apropiación [del sentido del texto] es la nueva comprensión de *sí mismo,* engendrada por una comprensión del *texto* desplazado por el análisis estructural desde su semántica superficial hacia su semántica profunda.

---

[286] Ricœur, P., "Autocomprensión e historia" en Calvo Martínez, Tomás y Ávila Crespo, Remedios (eds.), *Paul Ricœur: los caminos de la interpretación*, Barcelona, Anthropos, 1991, p. 42. Ricœur trae a colación a Proust también en su *Autobiografía intelectual,* pp. 75-76.

Sobre la influencia que la literatura del escritor francés, Marcel Proust (Auteuil, 10 de julio de 1871-París, 18 de noviembre de 1922), ejerció en Paul Ricœur, véase: Gagnebin, Jeanne Marie, "Memoria involuntaria y aprendizaje de la verdad. Ricœur relee a Proust", en *Boletín de estética No. 27,* Centro de investigaciones filosóficas, Buenos Aires, otoño 2014, pp. 5-26. Disponible en: http://www.boletindeestetica.com.ar/wp-content/uploads/Boletin-de-Estetica_N27.pdf.

[287] Bloom, Harold, *Genios. Un mosaico de cien mentes creativas y ejemplares* (trad. Margarita Valencia Vargas), Editorial Anagrama, Barcelona, 2005, p. 281.

Apropiarse el sentido según el ser-en-el-mundo instaurado por esta semántica es comprenderse uno mismo".[288] De tal forma que el ser humano, siguiendo al filósofo canadiense Charles Taylor, es un «animal autointerpretado»:

> Interpretar el texto de la acción es, para el agente, interpretarse a sí mismo. Nos encontramos aquí con un importante tema de Ch. Taylor en sus *Philosophical Papers*: el hombre –dice– es un *selft-interpreting animal.* Al mismo tiempo, nuestro concepto de sí sale muy enriquecido de esta relación entre interpretación del texto de la acción y auto-interpretación. En el plano ético, la interpretación de sí se convierte en estima de sí. En cambio, la estima de sí sigue el destino de la interpretación. Como esta, la estima da lugar a la controversia, a la contestación, a la rivalidad, en una palabra, al conflicto de las interpretaciones, en el ejercicio del juicio práctico.[289]

[288] Ricœur, P., "Del conflicto a la convergencia", en VV. AA., *Exégesis y hermenéutica*, Ediciones Cristiandad, Madrid, 1976, p. 50.

Es importante señalar que la "fenomenología hermenéutica" propuesta por Paul Ricœur, sobre todo, la lectura de sí frente a un texto, ha sido criticada por uno de sus alumnos argentinos desde una realidad de opresión latinoamericana. Enrique Dussel menciona lo siguiente:

"Siguiendo los cursos de Ricœur en La Sorbona, emprendí el camino de la "vía larga". [...] Años después, en una retractación, bajo el título de "Más allá del culturalismo", criticaba mi posición anterior al 1969 (y con ello a Ricœur) indicando por "culturalismo" una cierta ceguera ante las "asimetrías" de los sujetos (una cultura domina a otra, una clase a otra, un país a otro, un sexo a otro, etc.), permitiendo una visión "ingenua, conservadora y apologética" de la cultura latinoamericana. En el fondo, la fenomenología hermenéutica coloca al sujeto como un "lector" ante un "texto". Ahora, la filosofía de la liberación, descubre un "hambriento" ante un "no-pan" (es decir, sin producto que consumir, por pobreza o por robo del fruto de su trabajo), o un "analfabeto" (que no sabe leer) ante un "no-texto" (que no lo puede comprar, o de una cultura que no puede expresarse)." Dussel, E., "Hermenéutica y liberación. De la «fenomenología hermenéutica» a una «filosofía de la liberación» (Diálogo con Ricœur)" y "Respuesta de Paul Ricœur: *Filosofía y Liberación*" (pp. 135-175), en Dussel, E., *Apel, Ricœur, Rorty y la filosofía de la liberación (con respuestas de Karl-Otto Apel y Paul Ricœur),* 1ª ed., Universidad de Guadalajara, Guadalajara, 1993, pp. 139, 143.

[289] Ricœur, P., *Sí mismo como otro,* p. 185.

Capítulo II

Paul Ricœur, el filósofo debutante[1]

Hay que ubicarse en el corazón de un continente que se descubre, cuando se callan las armas, entre los escombros del horror tremendo de un absurdo omnipotente, enfrentados los hermanos, las manos manchadas de sangre y el corazón lleno de silencios, traicionados y cómplices, pero con un hondo sentido de abatimiento, de escisión, y de no re-conocerse unos a otros. Es a este interlocutor a quien Ricœur intentará dar una palabra pertinente, constructiva, realista y siempre esperanzadora.[2]

Juan Carlos Stauber

Me impuse la regla de leer cada año a un autor filosófico, de manera tan exhaustiva como fuera posible. Mi bagaje en materia de filosofía griega, moderna y contemporánea, data de ese período.[3]

Paul Ricœur

---

[1] La expresión "filósofo debutante" es del propio Ricœur, aparece en su *Autobiografía intelectual,* p. 28.

[2] Stauber, Juan Carlos, "Paul Ricœur y su aporte a la hermenéutica bíblica", en *Anatéllei: se levanta,* Año 8, N°. 15, Córdova, 2006, p. 92.

[3] Ricœur, Paul, *Autobiografía intelectual,* Ediciones Nueva Visión, Buenos Aires, 1997, p. 29.

1. Filosofía de la voluntad. Lo voluntario y lo involuntario

1.1. La doble tesis doctoral

1.1.1 La tesis complementaria: la traducción de Ideen I de Husserl

Como se sabe, era costumbre en Francia todavía en el siglo XX, que los doctorantes presentaran dos trabajos de grado. El primero de ellos consistía en una tesis principal para ser presentada y defendida ante un sínodo; y el otro, en la publicación de una tesis complementaria o secundaria si se quiere, de divulgación menor, y limitada a un público más selecto y experto. "En efecto, –refiere Ricœur– en esa época, los candidatos al doctorado debían someter al jurado dos obras distintas. La segunda, descendiente de la antigua tesis que aún se escribía en latín a comienzos de siglo, debía servir a un propósito más limitado, más informativo, más técnico. La traducción comenzada en cautiverio de las *Ideen I* de Husserl cumplió ese cometido".[4] Este sería el primer escarceo entre el rigor académico, el esfuerzo como traductor del alemán al francés, y las dificultades propias por las que atravesaba el intérprete Ricœur como prisionero durante la Segunda Guerra Mundial. En este sentido, Patricia Willson comenta:

> En 1948, Ricœur presenta su segunda tesis de doctorado, resabio de la antigua tesis en latín que escribían aun a principios del siglo XX los académicos franceses, y que solía servir a un propósito limitado, informativo, técnico. Para esa segunda tesis ha elegido terminar un trabajo comenzado en cautiverio, como prisionero en la guerra de 1939: su versión francesa de *Ideen I,* de Husserl. Tal es el primer contacto prolongado y concreto de Ricœur con la práctica de la traducción.[5]

[4] *Ibíd.*, p. 24.

[5] Willson, Patricia, en el "Prólogo" a Ricœur, P., *Sobre la traducción*, 1ª reim., (Col. Espacios de saber, #44), Paidós, Buenos Aires, 2009, p. 9.

Aquella traducción iniciada en el campo de concentración alemán, fue dedicada a Mikel Dufrenne (1910-1995),[6] compañero también de prisión.[7] Aquella tesis complementaria estaba constituida por la traducción francesa y su consecuente presentación al público francés por medio de un amplio prólogo de las *Ideen I* de Husserl al que Ricœur tituló: *Idées directrices pour une phénoménologie et une philosophie phénoménologique pures* ("Ideas directrices para una fenomenología y una filosofía fenomenológica puras"), Éditions Gallimard, París, 1950.[8] Esa traducción resultó sumamente significativa para Ricœur, ya que no solo le ayudaría a conocer de primera mano la filosofía de Husserl, sino también a profundizar en los grandes temas de la fenomenología husserliana, y por extensión, de la filosofía alemana. Esto permitió a Ricœur *adoptar* el método fenomenológico en la primera etapa del desarrollo de su filosofía, señalando más adelante sus limitaciones y contradicciones; es decir, ejerciendo toda una *adaptación* a su propio filosofar; constituyéndose no solo en un *heredero* del pensamiento husserliano, sino incluso en un *hereje*,[9] que logró refundar la fenomenología en Francia.

En la "Introducción" a *Ideas I*, Ricœur recuerda aquella empresa interpretativa que ejerció a través de su traducción, donde el filósofo francés no lleva a cabo una simple copia o reproducción

---

[6] Filósofo francés especializado en estética desde el método y el sistema fenomenológicos, fue profesor en las universidades de Poitiers y de París-Nanterre. Codirigió la *Revue d'esthétique* entre los años 1960-1994.

[7] Ricœur, P., *Autobiografía intelectual*, p. 22. *Cfr.*, Ricœur, P., *Crítica y convicción. Entrevista con François Azouvi y Marc Launay*, (trad. Javier Palacio Tauste), Editorial Síntesis, Madrid, 1995, p. 32.

[8] Existe una traducción al español: "Introducción a *Ideen I* de Edmund Husserl", realizada por Juan Manuel Cuartas Restrepo y publicada en *Areté Revista de Filosofía,* vol. XXVI, No. 1, Lima, 2004.

[9] Mena Malet, Patricio, "Presentación" en *Fenomenología por decir. Homenaje a Paul Ricœur,* disponible en http://www.filosofiayliteratura.org/lindaraja/ricœur/presentacionpatriciomena.htm (Consultada el 16 de junio de 2017).

Cfr., lo afirmado en Ricœur, P., "Respuesta a Antonio Pintor-Ramos", en Calvo Martínez, Tomás y Ávila Crespo, Remedios (eds.), *Paul Ricœur: los caminos de la interpretación. (Symposium Internacional sobre el Pensamiento filosófico de Paul Ricœur)*, Barcelona, Anthropos, 1991, p. 115. En adelante citado solo como "Paul Ricœur: los caminos de la interpretación". ´ía También lo señalado en el primer capítulo de la presente investigación, notas a pie de página nº 211 y 212, p. 121.

de esa fenomenología husserliana, sino que atisba dos enfoques de acceso a "la fenomenalidad del fenómeno", a través de otros fenomenólogos y no solo de Husserl:

> Adjunté a la traducción propiamente dicha un comentario habitual y una introducción sustancial en la que intenté disociar lo que me impresionaba como el núcleo descriptivo de la fenomenología de la interpretación idealista en la que ese núcleo se encontraba envuelto. Esto me llevó a discernir, en la opaca exposición dada por Husserl de la famosa reducción fenomenológica, la concurrencia entre dos maneras de enfocar la fenomenalidad del fenómeno; según la primera, ratificada por Max Scheler, Ingarden y otros fenomenólogos de la época de las *Investigaciones lógicas,* la reducción hacía surgir ante la conciencia el aparecer en tanto tal de cualquier fenómeno; según la segunda, adoptada por Husserl mismo y alentada por Eugen Fink, la reducción hacía posible la producción casi fichteana de la fenomenología por la conciencia pura, la cual se erigía en fuente de surgimiento más originaria que toda exterioridad recibida.[10]

El sinodal Jean Wahl[11] opinaba que la traducción de *Ideas I* constituía un "trabajo muy valioso" y era una "traducción de valor excepcional".[12] Aunque la traducción ya revela un espíritu inquieto y sólido, académicamente hablando; no obstante, fiel a su espíritu

[10] Ricœur, P., *Autobiografía intelectual,* p. 24.

[11] "Jean Wahl (Marsella, 1888-París, 1974) Filósofo francés. Tras ejercer como profesor en EE. UU., regresó a Francia (1945) para enseñar en la Sorbona y fundó el Colegio Filosófico de París. Confrontó las teorías metafísicas -en cuya diversidad veía un indicio de lo indecible-, más que buscar su síntesis (veía la contradicción como esencia de lo humano), y es recordado, sobre todo, por su estudio sobre *La desdicha de la conciencia en la filosofía de Hegel* (1929). Otras obras a destacar son, entre otros títulos, *Filosofías pluralistas de Inglaterra y América* (1920), *Hacia lo concreto* (1932) e *Introducción a la filosofía* (1948)." Disponible en https://www.biografiasyvidas.com/biografia/w/wahl.htm (Recuperada el 14 de noviembre de 2017).

[12] Dosse, F., *Paul Ricœur. Los sentidos de una vida (1913-2005),* 1ª ed., (trad. de Pablo Corona), Fondo de Cultura Económica (FCE), Buenos Aires, 2013, p. 213.

humilde y nada ostentoso, Ricœur consideraba su introducción como "muy modesta", ya que *Ideen I* –decía– no es un libro que se comprenda por sí mismo: "El objeto de esta introducción es por tanto muy modesto: –escribía– se trata primero de reunir algunos temas surgidos de la crítica *interna* de las *Ideen I* y dispersos en el Comentario; y de esbozar luego, con la ayuda de los principales manuscritos del período 1901-1911, *la historia* del pensamiento de Husserl, desde las *Logische Untersuchungen* a las *Ideen*. [...] Es particularmente difícil tratar *Ideen I* como un libro que se comprende por sí mismo".[13]

Más adelante, en una serie de tres conferencias dedicadas al tema de la traducción, compiladas bajo el título de *Sobre la traducción*, y ahondando sobre el tópico antes descrito, Ricœur reconoce la dificultad propia que conlleva la traducción de cualquier obra, pero sobre todo, la traslación de escritos filosóficos a otra lengua distinta a aquella en que fueron escritos originalmente:

> La poesía ofrecería, en efecto, la gran dificultad de la unión inseparable del sentido y la sonoridad, del significado y el significante. **Pero la traducción de obras filosóficas revela dificultades de otro orden y, en cierto sentido, igualmente irreductibles, en la medida en que surgen en el plano mismo del recorte de los campos semánticos que resultan ser no superponibles exactamente en lenguas diferentes.** Y la dificultad llega a su colmo con las palabras clave, las *Grundwörter*, que el traductor se impone a veces erróneamente traducir palabra por palabra: la misma palabra recibe un equivalente fijo en la lengua de llegada. Pero ese obstáculo legítimo tiene sus límites, en la medida en que esas famosas palabras clave, *Vorstellung*, *Aufhebung*, *Dasein Ereignis*, son también ellas condensados de larga textualidad, donde contextos enteros se

[13] Ricœur, P., "Introducción a *Ideen I* de Edmund", en *Areté Revista de Filosofía*, vol. XXVI, No. 1, 2004, p. 134. Disponible también en línea: http://www.scielo.org.pe/scielo.php?pid=S1016-913X2014000100007&script=sci_arttext Las cursivas son del autor. *Cfr.*, Ricœur, P., *A l'école de la phénoménologie*, VRIN, Paris, 2004.

> reflejan, sin hablar de los fenómenos de intertextualidad disimulados en la acuñación misma de la palabra. Intertextualidad que equivale a veces a transformación, a refutación de empleos anteriores por autores que pertenecen a la misma tradición de pensamiento o a tradiciones adversas.[14]

En este sentido, no debe subestimarse el hecho de que aquella traducción de *Ideas I*, constituyó un esfuerzo académico e intelectual muy importante para Ricœur, dadas las difíciles y precarias condiciones en las que el francés comenzó a hacerla como prisionero de guerra. El libro en alemán y su correspondiente traducción al francés fue anotada sobre los bordes del mismo libro: "Fue en este campo –dice Ricœur– en donde comencé la traducción de *Ideen I* de Husserl, en los márgenes de mi ejemplar, a falta de papel".[15] Ese ejemplar es hoy una pieza de museo, exhibido en la Biblioteca del *Fonds Ricœur* en la Facultad de Teología Protestante de París (*Faculté de Théologie Protestante de Paris*).

Aquella anécdota señala que Ricœur no contaba ni siquiera con el papel ni con la suficiente tinta durante su largo cautiverio alemán, pero vaya, tampoco contaba con un diccionario o algo parecido que le sirviera como herramienta para la traducción; y no obstante, en estas circunstancias harto difíciles, pudo comenzar y continuar la traducción de esta importante obra de Husserl: "El cautiverio pasado en diferentes campos de Pomerania fue la ocasión de una experiencia humana extraordinaria: vida cotidiana interminablemente compartida con miles de hombres, cultura de amistades intensas, ritmo regular de una enseñanza improvisada, lectura sin trabas de los libros disponibles en el campo. [...] Luego comencé la traducción de *Ideen I* de Husserl".[16] En un momento dado, Ricœur tiene dudas sobre la traducción que finalmente ha concluido en la posguerra, pero será Maurice Merleau-Ponty, quien afortunadamente, lo alentará a publicarla:

---

[14] Ricœur, P., "Desafío y felicidad de la traducción" (*Défi et bonheur de la* traduction), en *Sobre la traducción,* (traducción y prólogo de Patricia Willson), 2009, pp. 21-22. Discurso pronunciado en el *Institut Historique Allemand* el 15 de abril de 1997. Las negritas están añadidas.

[15] Ricœur, P., *Crítica y convicción*, p. 31.

[16] Ricœur, P., *Autobiografía intelectual*, pp. 22-23.

Vivimos en Chambon-sur-Lignon entre 1945 y 1948. Al cabo de un año, fui contratado por el CNRS:* solo tenía que dar cinco o seis horas de clase; se trataba por tanto de un trabajo de media-jornada, y pude continuar al mismo tiempo con mi traducción de *Ideen I* de Husserl. Por otra parte sentí cierto temor, y es que alguien estaba traduciendo ese libro. Pero Merleau-Ponty apoyó mi traducción en detrimento de la otra, que no estaba acabada. Yo había terminado mi tesis en 1948. Pero hube de presentarlas en 1950.[17]

1.1.2 La tesis principal: filosofía de lo voluntario y lo involuntario (Le volontaire et l'involontaire)

> Así, cuando un hombre actúa, ha de mencionarse tanto lo voluntario como lo involuntario... (*Ética nicomáquea*, 1110a15).[18]
>
> Aristóteles

> En efecto, la filosofía de lo voluntario y de lo involuntario fue elaborada ahí [en la *Ética nicomáquea*] por primera vez (Ética a Nicómaco, libro III).[19]
>
> Paul Ricœur

* *Centre National de la Recherche Scientifique:* Centro Nacional para la Investigación Científica.

[17] Ricœur, P., *Crítica y convicción*, p. 35.

[18] Aristóteles, Ética nicomaquea, Libro III, trad. Julio Pallí Bonet, Gredos, Madrid, 2000, p. 73. Siguiendo esta recomendación de Aristóteles, y afrontando el intenso dolor que significó el suicidio de Olivier, su cuarto hijo, Ricœur reflexionó así sobre ese acto solitario y voluntario: "[...] se abatió el rayo que resquebrajó nuestra vida entera: el suicidio de nuestro cuarto hijo. Un interminable duelo comenzaba, bajo el signo de dos afirmaciones obstinadas: no tuvo intención de hacernos mal, su conciencia reducida a su propia soledad se había concentrado tanto en lo único por hacer que **su acto merece ser honrado como un acto voluntario,** sin excusa mórbida." Ricœur, P., *Autobiografía intelectual*, pp. 80-81. Las cursivas están añadidas. Véase además el «Interludio»: "Lo trágico de la acción". *Para Olivier una vez más*. Ricœur, P., *Sí mismo como otro*, pp. 260-270.

[19] Ricœur, P., "Hermenéutica de los símbolos y reflexión filosófica I" (1961), en *El conflicto de las interpretaciones*, p. 274.

Paul Ricœur introduce su propuesta filosófica de la mano de una obra desplegada en tres partes, o si se quiere, en tres tiempos o momentos que dan también cuenta de su talante filosófico-existencial. Aquella apuesta intelectual culminaba su primera etapa de desarrollo con la tesis doctoral, defendida la mañana del sábado 29 de abril de 1950, obteniendo una merecidísima mención honorifica, otorgada por unanimidad de votos del jurado calificador, integrado por Jean Wahl, Jean Hyppolite, René Le Senne, M. Colleville y M. Sauriou.[20] Esta tesis doctoral fue bien apreciada por todos los sinodales: "En cuanto a «Filosofía de la voluntad», es calificada como 'excelente tesis'. Ya que: Hacía mucho tiempo que no era presentada una tesis de filosofía tan satisfactoria".[21]

Como se ha mencionado, Paul Ricœur consagró la tesis principal al tema de la *Filosofía de la voluntad*, la cual fue concluida en la posguerra, aunque había sido iniciada en lo más álgido de la segunda gran conflagración europea. Así pues, la *Filosofía de la voluntad* nace mientras se desarrolla la Segunda Guerra Mundial –aunque es concebida mucho antes–, se desarrolla y profundiza durante el cautiverio nazi, y para la posguerra (1945-1948) estaba concluida en su totalidad. Fue justo en la primavera de 1948, en Chambon-sur-Lignon, al sur de Francia, mientras Ricœur dicta clases de filosofía en una escuela protestante, que dice combinar la cátedra con la preparación y culminación de la tesis de *Lo voluntario y lo involuntario*:

> A mi regreso, en la primavera de 1945, encontré con alegría a mi mujer y mis tres hijos, y nos instalamos por tres años en Chambon-sur-Lignon, ese pueblo cevenol cuya población entera –mayoritariamente protestante– había emprendido, siguiendo a sus pastores de inspiración *cuáquera*, actividades clandestinas de asilo y protección de judíos perseguidos tanto por la policía francesa como por la *Gestapo*. Así pues, enseñé filosofía en el Colegio Cevenol que había alojado a tantos niños judíos y que estaba muy marcado por los ideales

---

[20] Dosse, F., *Paul Ricœur. Los sentidos de una vida (1913-2005)*, p. 213.

[21] Archivos Nacionales, ÀJ 16 7103, citados por Dosse, F., *Paul Ricœur. Los sentidos de una vida (1913-2005)*, p. 213.

> internacionalistas y pacifistas de sus fundadores. [...] Mi enseñanza en el Colegio Cevenol se extendió entre 1945 y 1948, en el marco estricto de un tiempo compartido con las preciosas horas que dedicaba al CNRS **para la preparación de mi tesis.**[22]

Al regreso de la guerra, y contrario a lo que podría pensarse, Ricœur se encuentra en la plenitud del desarrollo de su reflexión filosófica, sin siquiera estar amilanado por permanecer recluido en el campo de concentración nazi. Apenas avecindado en Chambon-sur-Lignon, inmediatamente traba relaciones con los cuáqueros[23] norteamericanos, y serían ellos, quienes años más tarde lo invitarían a impartir clases en EE. UU. Asimismo, en *Crítica y convicción*, Ricœur refiere que fue su amigo André Philip (también de

---

[22] Ricœur, P., *Autobiografía intelectual*, p. 23-24. Las negritas están añadidas.

[23] La Sociedad Religiosa de Amigos o cuáqueros es un movimiento religioso fundado en Inglaterra por George Fox (1624-1691) donde fueron perseguidos por oponerse al Puritanismo de Oliver Cromwell. Esta sociedad religiosa protestante fundada en Inglaterra en 1648, que carece totalmente de culto y jerarquía eclesiástica y defiende la sencillez, el igualitarismo y la honradez. Aunque no existe ningún credo oficial para la Sociedad Religiosa de los Amigos, los cuáqueros han expresado por escrito su fe en los denominados Testimonios Cuáqueros, que forman la base de su fe y de su práctica. Desde los inicios del movimiento, muchos cuáqueros manifestaron su intención de «encontrar la verdad» y de revivir las experiencias del cristianismo primitivo. De esa manera, algunos destacados dirigentes se sintieron guiados por el Espíritu Santo, por las Sagradas Escrituras y, más particularmente, por una voz o luz interior que les revelaba el camino para encontrar la verdad espiritual. Así pues, una de las creencias más peculiares del cuaquerismo es esta convicción de que cada persona lleva algo de lo divino dentro de sí; cada persona puede tener un contacto directo con la divinidad, sin necesidad de recurrir a sacerdotes ni a sacramentos. En esta convicción se basa también, en gran parte, la diversidad de creencias particulares que conviven dentro de la comunidad cuáquera mundial, desde las Iglesias Evangélicas de los Amigos, tan difundidas en el mundo hispano, hasta las comunidades universalistas. Los cuáqueros, en general, defienden la justicia, la vida sencilla, la honradez estricta y el pacifismo. Cuestionan la religión establecida, evitan la pomposidad y la guía sacerdotal. También sostienen que todas las personas cristianas, mujeres y hombres, pueden y deben participar en el ministerio religioso. Encontraron un espacio de libertad religiosa en Estados Unidos, en Rhode Island, donde se había decretado la tolerancia religiosa. William Penn (1644-1718), quien era cuáquero, fundó la colonia de Pennsylvania con un dinero en pago por deudas a su familia.

[http://historiausa.about.com/od/Cult/a/Quienes-Son-Los-Cuaqueros.htm] Consultada el 4 de junio de 2017.

inspiración cristiana como Ricœur) quien lo pone en contacto con ese bastión del protestantismo francés y de la resistencia gala contra el nazismo, donde fueron salvados 600 niños judíos de la "solución final":[24]

> Y fue él [André Philip] quien me envió a Chambon-sur-Lignon, de cuya existencia nada sabía –se trataba de un colegio protestante que había salvado a muchos niños judíos, y al que Israel rendiría honores–. Así fui a parar a los círculos del pacifismo militante de los resistentes no violentos, que habían ayudado a cruzar la frontera a extranjeros y judíos. En este colegio protestante, pieza fundamental de este dispositivo de resistencia fui recibido con los brazos abiertos. Fue ahí donde, desde el primer invierno, trabé relación con los cuáqueros americanos, también ellos resistentes no violentos llegados para participar en la construcción de un colegio más grande. De este modo, algunos años después, en 1954, fui por primera vez a los Estados Unidos, invitado por un colegio cuáquero de la costa Este de los Estados Unidos.[25]

Para cuando la tesis doctoral principal es defendida con denuedo ante aquel notable sínodo, esta ya estaba impresa y en circulación, según la exigencia académica de las Universidades francesas, que preveían que toda tesis doctoral debía publicarse antes del examen de grado. El historiador François Dosse, en su gran biografía sobre Ricœur proporciona el modo como su compatriota logró imprimir su tesis doctoral:

> Para obtener un precio de venta que no resultase disuasivo, las ediciones Aubier le solicitan a Ricœur renunciar a sus derechos de autor y contentarse con ejemplares gratuitos donados a la Sorbona, ¡y con veinte ejemplares destinados a la oficina de prensa! Además, Ricœur se compromete a entregar un adelanto para cubrir los gastos de impresión de su tesis, por una suma que en 1950 representa un monto importante, dado que se

---

[24] Dosse, F., "El filósofo en el corazón de la ciudad" (trad. de Hilda H. García), en *La Gaceta del Fondo de Cultura Económica* (No. 415), Ciudad de México, julio de 2005, p. 11.

[25] Ricœur, P., *Crítica y convicción*, p. 33.

> eleva a 400.000 francos. Estos fondos permiten especialmente, según el deseo de Ricœur, llevar la impresión a una cifra más elevada que la prevista: una centena de ejemplares. El autor debe tomar también algunos de sus diez ejemplares personales para manifestar su fidelidad amistosa con sus compañeros de cautiverio, y solicita que se envíe su obra a Paul-André Lesort, Mikel Dufrenne, Fernand Langrand, Roger Ikor y Savinas. La tesis aparece en 1950, en el momento de la defensa. Registra un número de ventas bastante bueno para este tipo de obra universitaria, dado que en marzo de 1951 fueron vendidos 580 ejemplares. El editor advierte una caída en el ritmo de las tiradas y se inquieta por la escasez de comentarios. Habrá que esperar la publicación del tomo 2 de *Filosofía de la voluntad* para que Ricœur reciba críticas significativas.[26]

Por otro parte, en los Archivos Nacionales de Francia quedó constancia de la notable defensa de ese extraordinario trabajo académico, con las siguientes palabras: "...todos los miembros del jurado estuvieron de acuerdo en apreciar la maestría con la cual se defendió Ricœur, siempre de manera muy modesta y muy firme, en una lengua dócil y precisa, que seguía los matices de su pensamiento. Por unanimidad, y luego de una deliberación excepcionalmente breve, Ricœur fue declarado digno del grado de doctor con mención de honor".[27] Así comenzaba Ricœur una extraordinaria, meteórica y dinámica carrera filosófica, que lo catapultó rápidamente en el escenario filosófico francés, posteriormente en el ámbito filosófico norteamericano, al mismo tiempo que en la esfera filosófica europea, para culminar en el espacio filosófico internacional, consagrándolo como uno de los grandes filósofos del siglo XX.

2. La "elección" del tema de la voluntad

En su *Réflexion faite. Autobiographie intellectuelle,* Paul Ricœur ahonda sobre lo que buscó problematizar y aportar al campo fenomenológico a partir de esa apuesta intelectual de su llamada "gran tesis"

[26] Dosse, F., *Paul Ricœur. Los sentidos de una vida (1913-2005)*, p. 214.

[27] Citado por Dosse, F., *op. cit.*, p. 213.

doctoral; sobre todo, en aquellos aspectos en los que consideró que su maestro Edmund Husserl y su compatriota Maurice Merleau-Ponty –el filósofo a quien Ricœur admiraba–[28] no habían podido llegar más lejos, no por falta de méritos, sino porque Ricœur trazó nuevos senderos fenomenológicos dentro de la filosofía francesa:

> Había elegido –dice Ricœur– como tema de la "gran tesis" la relación entre lo voluntario y lo involuntario. Esta elección satisfacía varias exigencias. Ante todo permitía ampliar a la esfera afectiva y volitiva el análisis eidético de las operaciones de la conciencia, limitado de hecho en Husserl a la percepción y, más generalmente, a los actos "representativos". Al tiempo que prolongaba ampliándolo el análisis eidético según Husserl, ambicionaba, no sin ingenuidad, dar una contraparte, en el orden práctico, a la *Fenomenología de la percepción* de Merleau-Ponty.[29]

En verdad, ¿Ricœur fue ingenuo? ¿O se trata de una falsa modestia? Las siguientes líneas tratarán de elucidar estas interrogantes. Queda al lector sacar sus propias conclusiones.

2.1. Fenomenología y filosofía de la voluntad

En la tesis doctoral, Ricœur no solo buscó hacer más amplio el análisis eidético husserliano por medio de una reflexión práctica, afectiva y volitiva, sino que quiso contraponer a la propuesta fenomenológica de la percepción de Merleau-Ponty, su propia "Fenomenología de la voluntad".[30] La elección de lo voluntario y lo

---

[28] Ricœur, P., *Autobiografía intelectual*, p. 24. Véase también Calvo Martínez, T. y Ávila Crespo, R., *Paul Ricœur: Los caminos de la interpretación*, donde Ricœur escribe: "... de Merleau Ponty, al que yo admiraba sin reserva...", p. 29. Asimismo: "...de Merleau-Ponty, que yo admiraba sin reservas...", en Ricœur, P., *Escritos y conferencias 2. Hermenéutica*, 1ª ed., Siglo XXI Editores, Ciudad de México, 2012, p. 16.

[29] Ricœur, P., *Autobiografía intelectual*, p. 25.

[30] Antes incluso, de proponer esta "fenomenología de la voluntad", Ricœur habla de una "fenomenología de la atención" y de una "fenomenología de la percepción": "Toda **fenomenología de la atención** –escribe– es deudora de una fenomenología de la percepción. [...] Este estatuto de la percepción domina toda la

involuntario, se revelaría más tarde para Ricœur como un proyecto muy ambicioso; más aún, el tratamiento de ese tema es considerado en sucesivas reflexiones como ingenuo.[31] De ahí que posteriormente Ricœur insistirá en que sin duda, el abordaje rudimentario y elemental que desarrolló originalmente, estuvo motivado por la inocencia propia de un principiante, de un "filósofo debutante":

> Si he elegido empezar por **el tema de la voluntad** fue, con la ambiciosa ingenuidad de un principiante, con la intención de dar una contrapartida, en el orden práctico, a la fenomenología de la percepción [*Phénoménologie de la pérception*] de Merleau-Ponty, al que yo admiraba sin reserva, quiero decir, sin las reservas que este último debía expresar más tarde en *Lo visible y lo invisible*. Me parecía que era necesario hacer en el campo práctico lo que Merleau-Ponty había hecho en el campo teórico, a saber, de una parte, un análisis eidético de las estructuras del proyecto, de la moción voluntaria y del consentimiento a lo involuntario absoluto, de otro lado, un análisis dialéctico de las relaciones entre actividad y pasividad.[32]

---

fenomenología de la atención. [...] La percepción es intencional: siempre se percibe algo. La atención lo es también: se presta atención a algo. ¿En qué sentido se trata de dos actos diferentes? A este respecto, el sentido común zanja las cosas contra [Wilhelm M.] Wundt y contra todos los psicólogos: no presto atención a mis percepciones; presto atención a lo que percibo. [...] Hay que decir: "percibir atentamente". A partir de ese punto, la fenomenología de la atención tiene trazado todo su programa: hay que buscar qué *aspectos* toman los objetos percibidos cuando la percepción es atenta y, paralelamente, cuáles impresiones son vividas por el sujeto en el *acto* mismo de la atención." Ricœur, P., "La atención. Estudio fenomenológico de la atención y de sus conexiones filosóficas" (1940), en *Escritos y conferencias 3. Antropología filosófica*, trad. de Adolfo Castañón, Siglo XXI Editores, Ciudad de México, 2016, pp. 43, 44. Las negritas están añadidas.

[31] En su *Autobiografía intelectual*, Ricœur señala, no sin cierta crítica hacía sí mismo, que esa ambición de contraponerse a la "Fenomenología de la percepción" de Merleau-Ponty no fue sin "ingenuidad" (p. 25).

[32] Calvo Martínez, T. y Ávila Crespo, R., *op. cit.*, p. 29. Las negritas están añadidas.

Ricœur retoma (básicamente con la misma redacción que el presente párrafo, pero sin hacer referencia a la citada ingenuidad) este mismo tema en una conferencia titulada "Hermenéutica y simbolismo" dictada dentro del marco de un Seminario sobre su vida y obra, intitulado *Un itinerario filosófico. Seminario con Paul Ricœur*, en el Instituto Stensen de Florencia (19-21 de mayo de 1988). Ahí escribe: "Si elegí para empezar el problema de la *voluntad*, fue con la intención de proporcionar una contrapartida, en el orden práctico, a la *Phénoménologie de*

Esa fenomenología ricoeuriana considerará a la falta, a la mala voluntad y toda experiencia del mal humano y también toda experiencia humana del mal, como temas propios de esta filosofía de la *voluntad*. Sin embargo, este ambicioso proyecto no fue agotado por Ricœur en la citada tesis doctoral, ya que como él mismo ha señalado –criticándose a sí mismo–, se trató de "la ambiciosa ingenuidad de un principiante", en suma: era la propuesta de un "filósofo debutante". En palabras del propio Ricœur, se trataba de una obra segmentada: "Pero, incluso si se ve ensanchada hacia una antropología fundamental, la posición filosófica ilustrada por *Le volontaire et l'involontaire* sigue siendo *fragmentaria* en el sentido en que solo toma en cuenta las estructuras formales de una voluntad en general. ¿Qué era de la *mala* voluntad, figura "histórica" de la voluntad?"[33] Si bien el tema de la mala voluntad no fue agotado en la "gran" tesis doctoral, no obstante aquel tuvo una más amplia concreción y difusión hasta *Philosophie de la volunté II. Finitude et culpabilité. Comprenant deux textes: L'homme faillible, La symbolique du mal.* Traducidos al español como Libro I: *El hombre falible [o El hombre lábil]* y Libro II: *La simbólica del mal* (ambos reunidos en *Finitud y culpabilidad*).[34] A este respecto, Ricœur comenta:

> Durante ese período fue elaborada la continuación de mi *Filosofía de la voluntad*, que se limitó a los dos volúmenes de

---

la pérception de Merleau-Ponty, que yo admiraba sin reservas, quiero decir, sin las reservas que este último habría de expresar años más tarde en *Le visible et l'invisible*. Me parecía que era preciso hacer en el terreno de la práctica lo que Merleau-Ponty había hecho en el terreno de la teoría, a saber, de un lado, un análisis eidético de las estructuras del proyecto, de la moción voluntaria y del consentimiento hacia lo involuntario absoluto, de otra parte, un análisis dialéctico de las relaciones entre actividad y pasividad". *Cfr.*, Ricœur, P., "Hermenéutica y simbolismo", en *Escritos y conferencias 2. Hermenéutica*, p. 16.

[33] Ricœur, P., "Hermenéutica y simbolismo", en *Escritos y conferencias 2. Hermenéutica*, p. 18.

[34] En español existen al menos tres traducciones de esta obra: Ricœur, P., *Finitud y Culpabilidad* (versión castellana de Cecilio Sánchez Gil. Prólogo de José Luis Aranguren), Col. Ensayistas de Hoy, Taurus Ediciones, S.A., Madrid, 1969, 718 pp. Ricœur, P., *Finitud y Culpabilidad* (versión castellana de Alfonso García Suárez y Luis M. Valdés Villanueva. Prólogo de José Luis Aranguren), Taurus Ediciones, S.A., Madrid, 1986. La traducción más reciente es: Ricœur, P., *Finitud y culpabilidad*, 2ª ed., (trad. de Cristina de Peretti, Julio Díaz Galán y Carolina Meloni), Trotta, S.A., Madrid, 2004, 494 pp.

> *Finitud y culpabilidad,* publicados en 1960, poco después de mi nombramiento en la cátedra de filosofía general de la Sorbona en 1957. El conjunto representaba la realización parcial de la segunda parte del programa anunciado diez años antes. La ambición de la obra doble era franquear el corte instaurado por *Lo voluntario y lo involuntario* entre el análisis eidético y la descripción de esa figura "histórica" ejemplar que constituye la mala voluntad.[35]

En su *Filosofía de la voluntad I. Lo Voluntario y lo Involuntario*, Ricœur ahondaba sobre el tópico de aquella figura "histórica modelo" que requería un ejercicio de abstracción, por tratarse justamente de la *mala* voluntad y no exclusivamente de la *voluntad* malvada, ya que la abstracción de la falta, es también la abstracción de la "ética real", y de los consiguientes problemas metodológicos, entre los cuales está aquel que pone "entre paréntesis" a la falta:

> Los problemas que se abordan en esta obra y el método que se pone en práctica en ella se encuentran, pues, delimitados por **un acto de abstracción** que es necesario justificar en esta introducción. **Las estructuras fundamentales de lo voluntario y lo involuntario que aquí se buscan describir y comprender solo recibirán su significación definitiva cuando se retire la *abstracción* que ha permitido la elaboración.**
>
> En efecto, una descripción pura y una comprensión de lo Voluntario y lo Involuntario se constituyen **poniendo entre paréntesis la falta,** que altera profundamente la inteligibilidad del hombre, y la Trascendencia, que encierra el origen radical de la subjetividad.[36]

Más adelante, en esta misma obra, Ricœur escribe: "Es importante ante todo decir cuál es el campo de realidad que resulta puesto entre paréntesis: en una palabra, es **el universo de las pasiones y de la**

[35] Ricœur, P., *Autobiografía intelectual,* p. 29.

[36] Ricœur, P., *Philosophie de la volunté. Le volontaire et l'involontaire,* Paris, Aubier, 1950. Ricœur, P., *Filosofía de la voluntad. Lo voluntario y lo involuntario*, Editorial Docencia, Buenos Aires, 1986, p. 15. Las negritas y cursivas están añadidas. Esa puesta entre paréntesis de la falta, es sin duda, la *epojé* husserliana.

ley, en el sentido que San Pablo opone la ley que mata a la gracia que vivifica".[37]

2.1 La voluntad en San Pablo y su lectura ricoeuriana

Quizá Ricœur tenía en mente el texto paulino de 2 Corintios 3:6 que dice: "Porque la ley condena a muerte al pecador, pero el Espíritu de Dios da vida" (*Traducción en Lenguaje Actual:* TLA). ¿En qué modo la gracia de Dios vivifica? La gracia da vida porque esta libera al ser humano del yugo del pecado: "Así el pecado no tendrá dominio sobre ustedes, porque ya no están bajo la ley sino bajo la gracia" (Romanos 6:14, *Nueva Versión Internacional:* NVI). También: "Así que les digo: Vivan por el Espíritu, y no seguirán los deseos de la naturaleza pecaminosa. Porque esta desea lo que es contrario al Espíritu, y el Espíritu desea lo que es contrario a ella. Los dos se oponen entre sí, de modo que ustedes no pueden hacer lo que quieren. *Pero, si los guía el Espíritu, no están bajo la ley.*" (Gálatas 5:16-18, NVI). Que Paul Ricœur está pensando en los capítulos 6 y 7 de la Carta a los Romanos y en el capítulo 5 de la Carta a los Gálatas, donde el apóstol San Pablo opone lo voluntario y lo involuntario, ley y gracia, libertad y esclavitud, se evidencia por lo que comenta en seguida. En un análisis de vieja data, Ricœur vuelve sobre el tópico de lo voluntario y lo involuntario, atrayendo a este nivel del discurso filosófico los añejos debates de la ley y la gracia (esclavitud vs libertad) que fueron ampliamente desarrollados en la teología del apóstol Pablo en las Cartas a los Romanos y a los Gálatas:

> Pervirtiendo lo involuntario –escribe Ricœur– la falta altera nuestra relación fundamental con los valores y abre el verdadero drama de la moral que es el drama del hombre dividido. Un dualismo ético desgarra al hombre más allá de todo dualismo del entendimiento y de la existencia. "No hago el bien que quiero, pero hago el mal que no quiero" [San Pablo, Romanos 7:19]. Esta solidaridad de las pasiones y de la ley es capital: pasiones y ley forman, bajo la línea de la falta, el círculo

[37] *Ibíd.*, p. 32. Las negritas están añadidas.

> vicioso de la existencia real. Las pasiones rechazan los valores fuera del hombre, los alienan en una trascendencia hostil y triste que es propiamente la ley, en el sentido que San Pablo daba a esa expresión, la ley sin gracia; como contrapartida, la ley condena sin ayudar; con una aparente perfidia, incentiva la falta por la interdicción y precipita la decadencia interior, que parecía destinada a impedir.[38]

En última instancia, Ricœur aborda también el tema que se suscita dentro de la llamada "ética real" de *la falta como pecado* y su relación con Dios. Y es precisamente aquí uno de esos lugares privilegiados donde resuenan los "ecos de la hermenéutica bíblica en la propuesta ética de Paul Ricœur":

> La abstracción de la falta es la abstracción de la ética real, aunque no carezca de nada en lo que respecta a una teoría de los valores y a la relación de la voluntad con los valores. Por el contrario, lejos de que podamos encontrar reposo en una sabiduría del equilibrio y de la posesión de sí, una meditación sobre la falta estará llamada a destruir ese mito de la armonía, que es por excelencia la mentira y la ilusión del estadio ético. **La falta es una aventura cuyas posibilidades son inmensas; en sus límites últimos es un descubrimiento del infinito, una prueba de lo sagrado, de lo sagrado en negativo, de lo sagrado en lo diabólico; es el pecado en el sentido más fuerte del símbolo.** Pero, en ese momento, la falta, única capaz de *poner* sobre su verdadero terreno al problema ético, es asimismo la única capaz de *deponer* la ética considerada como el orden cerrado de la ley. **La falta se encuentra en relación con Dios, está ante Dios, y la subjetividad es superada por su propio exceso. Solo más tarde, entre los frutos del Espíritu,* podrá la armonía surgir como una nueva ética.**[39]

[38] *Ibíd.*, p. 34.

* "En cambio –dice San Pablo– el fruto del Espíritu es amor, alegría, paz, paciencia, amabilidad, bondad, fidelidad, humildad y dominio propio. *No hay ley que condene estas cosas.*" (Gálatas 5:22-23, NVI).

[39] Ricœur, P., *Filosofía de la Voluntad. Lo voluntario y lo involuntario*, pp. 34-35. Disponible en https://es.scribd.com/document/238563128/Paul-Ricouer-Filosofia-de-La-Voluntad.

Finalmente, la falta también como pecado se inscribe en la idea del hombre lábil o falible, ya que el ser humano tiene dentro de su constitución misma, la posibilidad de caer, de errar y de extraviarse. No debe extrañar por tanto, que el hombre se equivoque a cada instante, muchas veces y de muchas maneras.

2.2 La mala voluntad y su empírica

Sin apartarse del todo de la influencia de Husserl, y criticando sobre todo, el ego ensoberbecido de Descartes,[40] "con su ambición de inmediatez, de transparencia, de condición apodíctica",[41] Ricœur procura hacer *epojé* del tema de la falta: "Para acceder a lo concreto de **la mala voluntad,** era preciso introducir en el círculo de la reflexión el largo rodeo de los símbolos y de los mitos, en suma la mediación que es en sí misma "histórica" del mundo cultural".[42] El *paréntesis* en el que Ricœur colocó los temas de la culpa, de la falta y de la experiencia del mal, sería quitado finalmente en esas dos obras que siguieron a *Lo voluntario y lo involuntario*, rompiendo así una mera abstracción deliberada, por medio de la *empírica de la voluntad,* hecha patente en una nueva temática y metodología:

---

[40] Esta crítica se ve claramente en lo que Ricœur denomina indistintamente como las *filosofías del sujeto* o las *filosofías del Cogito.* Ricœur critica a Descartes porque si bien este puso en duda que las cosas fuesen tal y como se aparecen; sin embargo, no dudó de que la conciencia fuese tal y como se aparece así misma: "El *Cogito* no tiene ninguna significación filosófica fuerte si su posición no lleva implícita una ambición de fundamento último, postrero. Así pues, esta ambición es responsable de la formidable oscilación bajo cuyo efecto el «yo» del «yo pienso» parece, alternativamente, **exaltado** en exceso al rango de verdad primera, o **rebajado** al rango de ilusión importante. [...]

La ambición fundacional atribuida al *Cogito* cartesiano se deja reconocer desde el principio en el carácter *hiperbólico* de la duda que abre el espacio de investigación de las *Meditaciones.* [...]

Desplazado respecto al sujeto autobiográfico del *Discurso del método* –cuyo rastro subsiste en las primeras líneas de las *Meditaciones*–, el «yo» que conduce a la duda y que se hace reflexivo en el *Cogito* es tan metafísico e hiperbólico como la misma duda lo es respecto a todos sus contenidos. En verdad, no es nadie." Ricœur, P., *Sí mismo como otro,* 4ª reim., (trad. de Agustín Neira Calvo), Siglo XXI Editores, Ciudad de México, 2011, pp. XV-XVI. Las negritas están añadidas.

[41] Ricœur, P., *Escritos y conferencias 2. Hermenéutica,* p. 18.

[42] *Ibídem*. Las negritas están añadidas.

> La presente obra –escribía Ricœur en el prólogo a *Finitud y culpabilidad*– pretende acabar con esta abstracción de la descripción pura volviendo a introducir en ella lo que está dentro del paréntesis. Ahora bien, acabar con la abstracción, suprimir el paréntesis no consiste en sacar las consecuencias de la descripción pura ni en aplicar sus conclusiones, *sino en hacer que aparezca una nueva temática que requiere nuevas hipótesis de trabajo y un nuevo método de aproximación.*
>
> La naturaleza de esta nueva temática y de esta nueva metodología solo estaba brevemente esbozada en la introducción del primer volumen.[43]

Según la cita anterior, una nueva temática y una nueva metodología constituyen para Ricœur, no solo un progreso o avance en su propio pensamiento filosófico, sino que son el corazón mismo de su filosofar, ya que para él, "no hay filosofía sin supuesto previo alguno".[44] Más aún, "hay que renunciar a la quimera de una filosofía sin supuestos previos".[45] Además de que deben quedar cubiertas "las dos exigencias del pensamiento filosófico, la claridad y la profundidad, el sentido de las distinciones y el de las vinculaciones secretas".[46] Y aquí no debe olvidarse que la tesis doctoral estaba dedicada a Gabriel Marcel, uno de sus tres grandes maestros, junto a Edmund Husserl y a Jean Nabert.[47] En suma, la tesis mencionada es deudora tanto de Marcel como de Husserl, como el mismo Ricœur lo dice:

---

[43] Ricœur, P., *Finitud y culpabilidad,* 2ª ed., (trad. de Cristina de Peretti, Julio Díaz Galán y Carolina Meloni), Trotta, S.A., Madrid, 2004, pp. 9-10. Las cursivas son añadidas.

[44] *Ibíd.*, p. 482.

[45] *Ibíd.*, p. 184.

[46] Ricœur, P., *Filosofía de la Voluntad. Lo voluntario y lo involuntario*, p. 28.

[47] "Los maestros de Ricœur fueron en realidad tres, según un testimonio de 1976: «Gabriel Marcel, que yo me permito considerar como uno de mis poco numerosos maestros, al igual que Husserl y de Nabert» (*Lectures 2,* 92)." Citado por Gilbert, Paul, *Algunos pensadores contemporáneos de lengua francesa,* Universidad Iberoamericana (UIA), Ciudad de México, 1996, p. 131. En su *Autobiografía intelectual,* Ricœur también reconocerá a Jaspers como uno de "mis primeros maestros sobre las situaciones límite." (p. 89).

> Puede reconocerse aquí el movimiento de pensamiento de Gabriel Marcel, que vincula el redescubrimiento de la encarnación con un estallido del pensamiento por objeto, con una conversión de "la objetividad" en la "existencia" o, como dirá más tarde, con una conversión del "problema" en "misterio". En efecto, **la meditación de la obra de Gabriel Marcel se encuentra en el origen de este libro**; con todo hemos querido someter ese pensamiento a la prueba de problemas precisos planteados por la psicología clásica (problema de la necesidad, del hábito, etc.). Por otra parte, hemos querido ubicarnos en la intersección de dos exigencias: la de un pensamiento alimentado por el misterio de mi cuerpo, y la de un pensamiento preocupado por las **distinciones heredadas del método husserliano de descripción**. Solo la puesta en práctica de este proyecto permitiría juzgar si la intención era legítima y viable.[48]

La gran tesis ricoeuriana problematizaba: "El estudio de las relaciones entre lo Voluntario y lo Involuntario [y] forma[ba] la primera parte de un conjunto más vasto que lleva el título general de **Filosofía de la Voluntad**".[49] Y como ya quedó asentado líneas arriba, aquel gran proyecto académico terminó desplegado en tres partes: en primer lugar apareció "Lo voluntario y lo involuntario" (*Le volontaire et l'involontaire*), volumen I; en segundo lugar abordó el tema sobre la finitud o labilidad humana en: "El hombre falible" (*L'homme faillible*); y en tercer y último lugar, concluye con el análisis de la "confesión" y los mitos referentes al mal en: "La simbólica del mal" (*La symbolique du mal*). Ambos apartados (segundo y tercero) constituyen juntos, el volumen II, también llamado *Finitud y culpabilidad.* De este tomo II, Ricœur escribió: "Este libro es la continuación del estudio publicado en 1950 con el título *Lo voluntario y lo involuntario*".[50]

Lo anterior no debe sorprender a nadie puesto que Ricœur dialoga constantemente consigo mismo, ya que su libro *Freud: una interpretación de la cultura*, es a su vez, una continuación de *La*

---

[48] Ricœur, P., *Filosofía de la Voluntad. Lo voluntario y lo involuntario*, p. 27.

[49] *Ibíd.*, p. 6. Las negritas son añadidas.

[50] Ricœur, P., *Finitud y culpabilidad*, p. 9.

simbólica del mal: "Estas tres cuestiones [el problema *epistemológico,* el problema de filosofía *reflexiva* y el problema *dialéctico*] constituyen el largo rodeo* realizado por mí para reanudar la elaboración del problema que dejé en suspenso al final de mi *Simbólica del mal,* el problema de *las relaciones entre una hermenéutica de los símbolos y una filosofía de la reflexión concreta*".[51] Por otra parte, *El conflicto de las interpretaciones* es la extensión o continuación de *Freud: una interpretación de la cultura.* (El apartado II del Libro primero lleva justamente por título "El conflicto de las interpretaciones", pp. 22 *ss.*).

Si se hace caso a lo que Octavio Paz dice sobre una obra literaria: "Una obra, –dice el premio Nobel de literatura en 1990– si lo es de veras, no es sino la terca reiteración de dos o tres obsesiones. Cada cambio es un intento por decir aquello que no pudimos decir antes...";[52] entonces, la reflexión de Paul Ricœur es toda una obra filosófica por esa terca reiteración sobre un tema y sus múltiples aristas: "Retrospectivamente, –escribe Ricœur– me parece que cada uno de mis libros ha querido responder a una cuestión que se me ha impuesto con perfiles y contornos bien delimitados. Y las obras que han seguido han surgido de las cuestiones no resueltas por las

---

* Lo que en otras partes, Ricœur denomina genéricamente como la "vía larga" en oposición a la "vía corta". Por ejemplo: "Hay una vía corta, –dice Ricœur– de la cual hablaré primero, y una vía larga, que propondré recorrer. La vía corta es la de una *ontología de la comprensión,* a la manera de Heidegger. Llamo "vía corta" a esta ontología de la comprensión porque, al romper con los debates de *método,* se inscribe de entrada en el plano de una ontología del ser infinito, y reconoce en él el *comprender* no ya como un modo de conocimiento, sino como un modo de ser. [...] Comprender no es ya entonces un modo de conocimiento, sino más bien un modo de ser, el modo de ser del ser que existe al comprender." Ricœur, P., "Existencia y hermenéutica" (1965), en *El conflicto de las interpretaciones. Ensayos de hermenéutica,* (trad. de Alejandrina Falcón), Fondo de Cultura Económica (FCE), Buenos Aires, 2003, pp. 11 y 13. A partir de aquí: "El conflicto de las interpretaciones".

[51] Ricœur, P., *Freud: una interpretación de la cultura,* (trad. de Armando Suárez), 14ª reim., Siglo XXI Editores, Ciudad de México, 2014, p. 2. Las cursivas son del autor.

[52] Paz, Octavio, *Obras completas, II. Obra poética I (1935-1970),* 4ª reim., FCE-Círculo de Lectores, Ciudad de México, 2006, p. 17.

precedentes".[53] Finalmente, para seguir abonando a fundamentar la tesis de la presente investigación, es importante rescatar lo que el filósofo español Carlos Eymar, habla sobre lo que representó para él, y para la filosofía española, la publicación en España en 1969, de *Finitud y culpabilidad:*

> La primera obra de Ricœur que leí fue *Finitud y culpabilidad,* un inmenso ensayo de casi 800 páginas, publicado por la editorial Taurus en 1969 y que fue prologado por [José Luis] Aranguren. Estaba estructurado en dos partes. En la primera, titulada el "Hombre lábil", profundizaba Ricœur en la condición miserable del hombre siguiendo la tradición inaugurada por Platón en los mitos del Banquete y el Fedro. El alma del filósofo anhela el bien porque sabe que carece de él. Es casi lo mismo que sostiene Pascal cuando afirma que nuestra condición débil y miserable, ese ser algo pero no todo, nos oculta la visión de lo infinito. La segunda parte del ensayo: "La Simbólica del mal", constituía un fino análisis hermenéutico de los símbolos de la mancha, el pecado y la culpabilidad. **En su reflexión recurría Ricœur, sin ningún tipo de pudor, a la Biblia como fuente filosófica, lo cual constituía una auténtica novedad.** En una España que todavía no se había desprendido de una escolástica de segunda mano, toparse con un libro como *Finitud y culpabilidad* era un soplo de aire fresco. **Un intelectual, venía a decir Ricœur, no tiene por qué renegar de su fe o de su ingenuidad filosófica, aunque tenga que hacerla pasar por el purgatorio de la crítica. No se trata, dirá más tarde en su libro *La crítica y la convicción,* de hacer filosofía cristiana, sino de afirmar que para un cristiano, en cuanto tal, es posible la filosofía.**[54]

La filosofía reflexiva francesa de la que Ricœur es heredero –y luego también uno de sus más brillantes continuadores– busca

[53] Ricœur, P., "Hermenéutica y simbolismo" (1988), en *Escritos y conferencias 2. Hermenéutica,* p. 15.

[54] Eymar, C., "En memoria de Paul Ricœur", en *El Ciervo: revista de pensamiento y cultura,* Número 562-563, julio-agosto 2005, pp. 34-36. Disponible en https://www.elciervo.es/index.php/archivo/3027-2005/numero-652-653/270-alias_315 (Consultada el 21 de septiembre de 2017). Las negritas están añadidas.

comprender, explicar e interpretar; por lo que es eminentemente, una filosofía hermenéutica, una filosofía del sentido profundo, de larguísimos rodeos para acceder a ella; nunca es una filosofía de la inmediatez, de lo superfluo o de lo simple, sino que critica y supera esa propuesta reduccionista de corte cartesiano. En suma, se trata de superar una filosofía *ególatra,* heredera del *Cógito* cartesiano y encumbrada sobre sus postulados. De este modo, Ricœur nunca escatimó ningún recurso mental o intelectual para acercarse a esa filosofía profunda que no detiene su marcha, y que intenta comprender también la religión; sin querer hacer jamás, una filosofía religiosa, sino una filosofía de la religión. Esto muestra además, el talante *dialógico* que siempre acompañó a Ricœur, ya que se esforzaba por enfrentar a los oponentes en un diálogo fecundo que les permitiera salir de un encierro absurdo por la mutua incomprensión. La comprensión auténtica comienza por tratar de entender lo opuesto, por escuchar lo que el otro puede aportar.

3. La influencia y acicate de Maurice Merleau-Ponty sobre la fenomenología de la voluntad

En aquella triple propuesta filosófica, Ricœur intentaba desplegar una filosofía a partir de una afirmación ontológica originaria, señalando asimismo la importante recuperación *existencial* del mal y la capacidad de la voluntariedad humana para sobreponerse al hombre falible, en tanto sujeto agente y sufriente de ese mal. A esta tríada filosófica, Ricœur le ha llamado la "Filosofía de la voluntad" (*Philosophie de la volonté*). Pero, ¿por qué razón Ricœur comienza el desarrollo de su filosofía con el tema de la voluntad? Primero se tiene que decir que este problema le viene de muy lejos, aparece *por segunda vez* en un momento existencial único, cuando el joven Ricœur se encuentra en el campo de concentración nazi; de ahí que no sea meramente anecdótica la referencia a este importante periodo de su vida, ya que posibilitó un desarrollo académico con vertientes inusitadas, que Ricœur mismo no alcanzó a entrever o aquilatar en ese momento vital. En *Crítica y convicción* recupera esta información cuando comenta:

> Encontré algunas notas de la época del cautiverio, escritas no por mí sino por alguien que había entendido mi curso casi de

> manera literal, **y me sorprendió constatar hasta qué punto me había anticipado a lo que iba a desarrollar más tarde: estaba ahí casi el contenido exacto de la *Philosophie de la volonté*.** La estructura fundamental estaba ya esbozada: el tema del proyecto y de la motivación, y también el del movimiento voluntario con la alternancia entre hábito y emoción, y por último el tema del consentimiento ante lo necesario. De este modo pude finalizar esta tesis muy rápidamente, puesto que la comencé en 1945 y en 1948 ya estaba terminada. A decir verdad, había ahí cinco largos años de reflexiones y de clases previas que constituían su fundamento.[55]

A la luz de lo anterior, podría decirse que la tesis fue rumiada[56] y reflexionada durante el cautiverio alemán, mostrando una vez más, el genio filosófico del autor francés que no se amilanó frente a esa situación por demás aterradora. Ricœur proporciona otros dos testimonios sobre esto último: "Finalmente, esbocé [en el campo de concentración] a través de mis cursos y mis notas la *Filosofía de la voluntad...*".[57] Y también: "Conseguí salvar mi ejemplar de *Ideen I* en unas circunstancias ciertamente extraordinarias. [...] Quisimos salvar cierto número de cosas: nuestros papeles, en especial; yo había comenzado a escribir lo que sería mi futura tesis sobre la voluntad".[58] La tesis doctoral, recoge además un carácter eminentemente antropológico y *existencial* único, producto de la cautividad nazi.

Por su parte, el historiador francés y biógrafo de Ricœur, François Dosse, en su monumental trabajo sobre la vida y obra de este filósofo, se remonta todavía más lejos sobre lo que Ricœur mismo acaba de referir; al mencionar que en efecto, el tema de la "voluntad" aparece ya mencionado en el filósofo francés muy atrás, incluso antes de la guerra; esto es, a finales de la década de los 30's del siglo pasado. Dosse menciona que:

---

[55] Ricœur, P., *Crítica y convicción*, pp. 43-44. Las negritas son añadidas.

[56] Ricœur mismo nos invita a "rumiar" sin fin: "Aquí, el lector, perplejo, es invitado a *rumiar...*". Ricœur, P., "El destinatario de la religión: el hombre capaz" (1996), en *Escritos y conferencias 3. Antropología filosófica*, p. 337.

[57] Ricœur, P., *Autobiografía intelectual*, p. 23.

[58] Ricœur, P., *Crítica y convicción*, p. 32.

> La elección del tema de lo voluntario ya estaba esbozado en Ricœur en 1939. En efecto, el 2 de marzo de 1939 presenta una comunicación en el Círculo de Filosofía del Oeste, bajo el título "Étude phénoménologique de l'attention et de ses connexions philosophiques" [Estudio fenomenológico de la atención y de sus conexiones filosóficas]. En este estudio preliminar sobre la atención, considerada como orientación voluntaria de la mirada, ya se aprecia la dialéctica que sistematizará luego entre lo voluntario y lo involuntario, así como la doble filiación en la que se reconoce: Gabriel Marcel y Husserl. [...] Por otra parte, *Filosofía de la voluntad* está dedicada a Gabriel Marcel.[59]

Paul Ricœur suscribe la información que su biógrafo François Dosse transmite cuando describe que: "La elección de mi terreno de estudio estaba incluso apuntada antes, tal como atestigua cierta conferencia que había impartido en Rennes, justo a comienzos de la guerra, con ocasión de un permiso, acerca de la *atención* considerada como una forma de **voluntaria orientación de la mirada**".[60] En efecto, en esa conferencia dictada el 2 de marzo de 1939, pero publicada rudimentariamente (mimeografiada) en el número 15 (enero-marzo de 1940) del *Bulletin du Cercle philosophique de l'Ouest,* Ricœur menciona:

> [...] **la distinción de lo voluntario y de lo involuntario** solamente aparece si se considera el carácter *temporal* de la atención. Un corte *instantáneo* en la vida mental no permite distinguir el carácter voluntario o pasivo de la atención. La atención voluntaria como la atención pasiva están *igualmente* caracterizadas por una distribución del campo perceptivo *en un momento dado* en un primer plano y en un trasfondo, una zona clara y una zona oscura. Lo que es voluntario es la *evolución* de la distribución del campo; el cambio de objeto o el mantenimiento del objeto: decir que el predominio depende de mí significa que he hecho aparecer la idea, que la

[59] Dosse, F., *Paul Ricœur. Los sentidos de una vida (1913-2005)*, pp. 214-215.

[60] Ricœur, P., *Crítica y convicción,* p. 44. Las negritas están añadidas.

> mantengo, que la haré desaparecer. *La atención voluntaria es un dominio de la duración, un poder de orientación en el tiempo.*[61]

Pero Ricœur también añade que habiendo escuchado una conferencia de su compatriota Maurice Merleau-Ponty –que le causó gran impresión– titulada: "Sobre la fenomenología del lenguaje" (*Sur la phénoménologie du langage*);[62] consideró que acotado el análisis fenomenológico de la percepción llevado a cabo por aquel, no le quedaba más que optar por el terreno práctico de la *voluntad*, más allá del análisis eidético:

> Como, en mi opinión, estaba perfectamente acotado el análisis fenomenológico de la percepción y sus mecanismos, solo me quedaba verdaderamente abierto –o al menos eso creía en esa época– el terreno práctico. **Emprendí así unas investigaciones que iban a encontrar desarrollo posterior en el momento de abordar el problema del mal, de la voluntad malvada –de eso que, en lenguaje teológico, se conoce como "pecado"–.** Tenía la impresión de que, en el territorio de la fenomenología, solo se había tratado hasta entonces de la vertiente representativa de la intencionalidad, y que todo el campo de la práctica, el ámbito emocional, es decir, **el campo de los sentimientos y del sufrimiento [...], no había sido verdaderamente explorado.**[63]

---

[61] Ricœur, P., "La atención. Estudio fenomenológico de la atención y de sus conexiones filosóficas" (1940), en *Escritos y conferencias 3. Antropología filosófica*, pp. 56-57. El subrayado es del autor. Las negritas están añadidas.

Emmanuel Leroux, editor de la revista escribe lo siguiente sobre la conferencia de Ricœur: "La comunicación publicada en el presente boletín rebasa con mucho las dimensiones habituales. El señor Ricœur, al retomar la redacción de su exposición, se dejó llevar para darle todo ese desarrollo. Nos había dejado su manuscrito antes de partir al ejército, y ahora está prisionero en Alemania. En esas condiciones, hemos creído que no había nada mejor que hacer que publicar el texto íntegro, medida completamente excepcional pero que me contenta tomar a favor de nuestro joven colega en cautiverio." (*Ibíd.*, p. 41 [Nota al pie de página]).

[62] Publicado en *Problèmes actuels de la phénoménologie*, Desclée de Bouwer, París, 1952. Recogido también en *Éloge de la philosophie*, Editions Gallimard, Paris, 1965.

[63] Ricœur, *Crítica y convicción*, p. 43. Las negritas están añadidas.

Entonces, el tema de lo voluntario y lo involuntario (y no solo el de la voluntad malvada) está vinculado en uno de sus orígenes a la influencia que Merleau-Ponty ejerció sobre Ricœur; pero significa también la crítica a ese fenomenólogo francés, y en cierto sentido su superación, ya que aquel mismo no alcanzó a entrever la trascendencia de su propia investigación fenomenológica sobre la percepción, como afirma Ricœur:

> En cuanto a Merleau-Ponty, en esa época me parecía que solo había llevado a su término de perfección la descripción de los actos representativos (más tarde, percibí mejor el horizonte total de la *Fenomenología de la percepción*, que no era sino la preocupación del ser-en-el-mundo heideggeriano). Debo confesar, en este sentido, que este amplio alcance solo fue reconocido cuando, paradójicamente, **el autor lo encontró demasiado exiguo y como demasiado dependiente de la primacía idealista de la conciencia**; pero comienzo aquí otra historia, la de la escritura de *Lo visible y lo invisible*,* escritura que es casi la de otro Merleau-Ponty. Fue así como, en una perspectiva aún husserliana, intenté un análisis intencional del proyecto (con su correlato "objetivo", el *pragma*, la cosa a hacer por mí), del motivo (como razón de hacer), **de la moción voluntaria** ritmada por la alternancia entre el impulso vivo de la emoción y la posición tranquila del hábito, y finalmente del **consentimiento a lo involuntario "absoluto"** bajo cuya bandera yo ubicaba el carácter, esa figura estable y absolutamente no elegida de lo existente, la vida, ese regalo no concertado del nacimiento, el inconsciente, esa zona prohibida para siempre, no convertible en conciencia actual.[64]

Carácter, cuerpo, vida e inconsciente caerán –según los análisis de Ricœur– bajo la égida de lo "involuntario absoluto";[65] mientras

---

* Paul Ricœur hace referencia a una obra póstuma de Maurice Merleau-Ponty, *Le visible et l'invisible*, Editions Gallimard, Paris, 1964. Existe una traducción en español: *Lo visible y lo invisible*, (trad. de Estela Cosigli y Bernard Capdevielle), 1ª ed., Nueva Visión, Buenos Aires, 2010.

[64] Ricœur, *Autobiografía intelectual*, p. 26. Las negritas son añadidas.

[65] Un ejemplo de este *involuntario absoluto* es nuestro nacimiento (mi nacimiento), puesto que como Ricœur escribe: "He nacido en algún lugar: una vez «puesto

que la emoción y el hábito lo harán ante la "iniciativa" de lo voluntario. Con todo, el tema de la fenomenología de la percepción desarrollada por Merleau-Ponty,[66] orientará a Ricœur al desarrollo de una interpretación teológica *sui generis* sobre el capítulo uno del Génesis, a partir de un necesario distanciamiento del positivismo dogmático y la apertura hacia un existencialismo necesariamente

en el mundo», en adelante percibo este mundo mediante una serie de cambios y de innovaciones a partir de ese lugar que no he elegido y que no puedo recuperar en mi memoria. [...]

Mi nacimiento es un suceso para los demás, no para mí. Es para los otros para quienes he nacido en Valence; pero yo estoy aquí, y es en relación con este aquí como los otros están allí o en otra parte. Mi nacimiento, como suceso para el otro, ocupa un lugar en relación con ese allí que, para el otro, es su aquí: mi nacimiento no pertenece, por consiguiente al aquí primordial, y no puedo engendrar todos mis «aquí» a partir de mi lugar de nacimiento; por el contrario, a partir del aquí absoluto, que es el aquí-ahora –el *hic et nunc*–, *pierdo el rastro* de mis más antiguos «aquí» y tomo prestado de la memoria del otro mi lugar de nacimiento; lo que equivale a decir que mi lugar de nacimiento no figura entre los «aquí» de mi vida y que, por lo tanto, no puede engendrarlos." Ricœur, P., "El hombre falible", en *Finitud y culpabilidad*, pp. 41-42.

En otro lugar, Ricœur añade que el cuerpo forma parte de este involuntario absoluto: "Por último, el cuerpo propio está implicado en la clase de lo involuntario absoluto; siento mi cuerpo en la acción, como lo que no solo escapa a mis intenciones, sino incluso me precede en la acción; esta anterioridad disposicional del cuerpo se revela en un cierto número de experiencias límite que yo había situado en lo *Voluntario y lo Involuntario,* bajo el signo de lo involuntario absoluto: experiencia ya de haber nacido –experiencia de tener o ser un carácter no elegido– experiencia de ser lanzado por un fondo pulsional ampliamente inconsciente, que es como la tierra desconocida del psiquismo." Ricœur, P., *El discurso de la acción,* (trad. de Pilar Calvo), Col. Teorema, Ediciones Cátedra, S.A., Madrid, 1981, p. 151.

[66] Ricœur considera a Merleau-Ponty como uno de los herederos de las filosofías husserliana y heideggeriana, al presentar una obra del filósofo checho Jan Patocka, dirá: "¿Pero quién, más allá del círculo praguense de sus numerosos y fervientes discípulos procedentes de todas las disciplinas universitarias y de todos los horizontes intelectuales no universitarios, sabe que Jan Patocka era un universitario de la talla de Merleau-Ponty? La lectura de los *Ensayos heréticos* ocupan, en la descendencia de Husserl y de Heidegger, el mismo lugar que *Lo visible y lo invisible;* esto es, que son el anuncio de una continuación, fiel y divergente al mismo tiempo, de las dos versiones conocidas de la fenomenología. Además, estos *ensayos* tienen, como la obra póstuma de Merleau-Ponty, la densa belleza de ciertas figuras de Rembrandt, que surgen de las tinieblas vibrantes del fondo." Ricœur, P., "Prólogo", en Patocka, Jan, *Ensayos heréticos sobre la filosofía de la historia seguido de glosas,* (trad. Alberto Clavería), Ediciones Península, Barcelona, 1988, p. 7.

cristiano, que se abre a la "recuperación de un sentido" teológico de la vida humana manifestada en el mundo:

> Como bien ha señalado Merleau Ponty: "la percepción no es solo una función entre otras consistente en preparar el conocimiento científico, sino un acceso a la manifestación del mundo".
>
> **El alcance teológico de esta reflexión puede ejemplificarse muy bien por medio de un texto como el primer capítulo del libro del Génesis.** En efecto, no existe posibilidad alguna de interpretar este relato de la creación mediante categorías científicamente organizadas. Sin embargo, todo el relato cobra sentido si lo entendemos como *la verdadera lectura teológica de una fenomenología de la percepción.* Visto así, dicho relato se transforma en la progresiva puesta en evidencia del escenario de nuestro existir.[67]

Por otra parte, el tema del inconsciente será recuperado y profundizado más tarde por Ricœur en su libro sobre *Freud: una interpretación de la cultura.* Por otra parte, Ricœur reconoce además, que ese largo estudio de lo voluntario e involuntario era sobre todo, un proyecto de *antropología filosófica*, que no obstante lo prometido en el prefacio de *Lo voluntario y lo involuntario,* no terminó de concretarse del todo, a pesar de ser muy prometedor, ya que esas promesas resultaron harto imprudentes para alguien que debutaba como filósofo. Apoyado en la distancia de una obra filosófica que casi llegaba a su término, Ricœur se critica a sí mismo con estas duras palabras:

> De este proyecto de antropología filosófica es necesario decir algunas palabras. Merece vincularse con una tercera consideración, distinta de las dos precedentes y de más vasto alcance que ellas. ¿Por qué, en efecto, extender el análisis eidético husserliano a la esfera de la voluntad y de la afectividad, y por qué darle un giro dialéctico a la relación entre actuar y padecer, si no se han anticipado los contornos de una verdadera *Filosofía de la voluntad,* de la cual *Lo voluntario y lo involuntario* solo

[67] Ricœur, P., "El lenguaje de la fe" (1964), en *El lenguaje de la fe,* (trad. Mario Yutziz), Ediciones Magápolis-La Aurora, Buenos Aires, 1978, p. 36. Las negritas están añadidas. Las cursivas son del autor.

> constituirían el primer aspecto? En el prefacio de la obra, imprudentemente designado como tomo primero de esa filosofía, me explayaba a propósito de las articulaciones mayores de la obra prometida. A pesar de la mencionada extensión de la zona de aplicación del método eidético, esta parecía dejar fuera de su competencia el régimen concreto, histórico o, como yo decía entonces, empírico de la voluntad. [...] La segunda partida proyectada de la filosofía de la voluntad comportaría, pues, una meditación sobre el régimen de la mala voluntad y una empírica de las pasiones. En cuanto a la tercera parte, trataría la relación del querer humano con la Trascendencia –término evidentemente jaspersiano que designaba púdicamente al dios de los filósofos. [...][68]

4. *Preludio*. De lo involuntario *absoluto* a la filosofía del absoluto *relativo*

No obstante que Ricœur lamenta no haber llevado hasta sus últimas consecuencias el estudio programático de lo anunciado y prometido en *Lo voluntario y lo involuntario,* el autor francés logró abrir otros senderos y encontrar otras vetas filosóficas dentro de su rico, amplio y variado pensamiento; que le permitieron, no solo sortear los peligrosos meandros caudalosos que navegó como filósofo debutante, sino que estos lo impulsaron a un océano pletórico de nuevas ideas y propuestas filosóficas inusitadas:

> Como dije, esta programación de la obra de una vida por un filósofo debutante era muy imprudente. Hoy la deploro. Pues, ¿qué he realizado de este bello proyecto? *La simbólica del mal* (1960) no realiza sino parcialmente el proyecto de la segunda parte, en la medida en que permanece en el umbral de una empírica de las pasiones; en cuanto a la poética de la Trascendencia, jamás la he escrito, si se espera que, bajo ese título, haya una filosofía de la religión, a falta de una filosofía teológica; mi preocupación, jamás atenuada de no mezclar los géneros me

[68] Ricœur, P., *Autobiografía intelectual,* p. 27.

> acercó más bien a la concepción de **una filosofía sin absoluto,** que defendía mi lamentado amigo Pierre Thévenaz, quien la consideraba la expresión típica de una filosofía protestante.[69]

A pesar de lo anterior, se debe hacer notar –porque Ricœur así lo resalta– que si bien la prometida "poética de la Trascendencia"[70] (eufemismo para hacer referencia al "Dios de los filósofos")[71] nunca

---

[69] *Ibíd.*, p. 28. Las negritas están añadidas.

[70] Ricœur acuña este término ya que en su filosofía está ausente –según él– la "nominación efectiva de Dios": "La primera razón de esta exclusión, que reconozco discutible y quizá lamentable, se debe al cuidado que he tenido de mantener, hasta la última línea, un discurso filosófico autónomo. [...] Se observará que este ascetismo del argumento que, creo, marca toda mi obra filosófica, conduce a un tipo de filosofía de la que está ausente **la nominación efectiva de Dios y en la que el problema mismo de Dios, como cuestión filosófica se mantiene en un aplazamiento, que podríamos llamar *agnóstico*...**". Ricœur, P., *Sí mismo como otro,* p. XXXVIII. Las negritas y la cursiva están añadidas. No obstante, Olivier Abel ha descubierto en este **agnosticismo** de Ricœur una nota claramente evangélica o protestante: "Pero ese 'agnosticismo' no es, por otra parte, incompatible con el laconismo evangélico. Pues 'no nos corresponde saber', y el mismo [Juan] Calvino, que en su rechazo del culto de los muertos había pedido ser arrojado como los pobres a la fosa común, afirmaba la necesidad de despojarse ante todo de cualquier inquietud por la propia salvación." Abel, Olivier, "Prefacio", en Ricœur, P., *Vivo hasta la muerte* seguido de *Fragmentos,* Fondo de Cultura Económica (FCE), Buenos Aires, 2008, p. 12

[71] En el mismo sentido que la cita anterior, además de volver sobre su "agnosticismo", Ricœur usa incluso aquella otra nominación que designa a la divinidad como el "Otro": "Finalmente no lamento el giro agnóstico de las últimas líneas, donde declaro que no puedo decir en tanto filósofo de dónde viene la voz de la conciencia –¡esa expresión última de la alteridad que acecha a la ipseidad!–: ¿viene de una persona otra que puedo "*encarar*", de mis ancestros, de un dios muerto o de un dios vivo, pero tan ausente de nuestra vida como lo está el pasado en toda historia reconstruida, o incluso de algún lugar vacío? Con esta aporía de lo Otro, no solo me parece que el discurso filosófico alcanza su término; también siento la exhortación a abordar de frente, si el tiempo me es dado, la cuestión evocada en el prefacio de *Sí mismo como otro*...". Ricœur, P., *Autobiografía intelectual,* p. 84. Ricœur está haciendo referencia a lo citado en la nota 64 (p. 20) de su *Réflexion faite. Autobiographie intelectuelle,* y a esta otra parte, donde completa la idea de lo Otro, y el silencio que debe guardar el filósofo: "[...] la necesidad de mantener cierta equivocidad en el plano puramente filosófico del estatuto del Otro, sobre todo si la alteridad de la conciencia debe considerarse como irreductible a la del otro. [...] Quizá el filósofo, en cuanto filósofo, debe confesar que no *sabe* y no *puede* decir si este Otro, fuente de la conminación, es un otro al que yo pueda contemplar o que pueda mirarme, o son mis antepasados de los que no existe representación –tan constitutiva de mí mismo es mi deuda respecto a ellos–, o Dios –Dios vivo, Dios ausente–, o un lugar vacío. En esta aporía del

apareció ni como *filosofía de la religión*, y menos aún, como *filosofía religiosa*, ya que tampoco quiso hacer teología; en su lugar, Ricœur sí llegó al planteamiento de una "filosofía sin absoluto", propuesta por su amigo Pierre Thévenaz:[72] "De acuerdo –dice Ricœur– con la expresión del filósofo suizo Pierre Thévenaz, por lo demás protestante como yo".[73]

Se tiene que remarcar aquí, que Ricœur cierra su *Autobiografía intelectual* señalando que si el tiempo le daba oportunidad abordaría la cuestión "de la relación entre los argumentos de la filosofía y sus fuentes no filosóficas; más precisamente, **la cuestión de la relación *conflictiva-consensual* entre mi filosofía sin absoluto y mi fe bíblica más nutrida de exégesis que de teología**".[74] Ricœur se inserta entonces, en esa dualidad que en otros lugares se enuncia como "crítica y convicción", que aunque consensual no dejaba de ser conflictiva y algunas veces, aporética. "Aquí llama doblemente la atención –escribe Ricardo Ferrara– al hecho de que esa *filosofía sin absoluto* sea postulada por la fe protestante y, a la vez, obedezca al pretexto de 'no mezclar los géneros', es decir, la fe protestante y la filosofía. En 1956 Ricœur distinguía entre lo «*motivado* por una fe protestante… (y lo) operado por un *método* estrictamente filosófico»."[75]

Thévenaz, quien fuera un fenomenólogo suizo, al que el filósofo italiano Domenico Jervolino dedicó un libro: *Pierre Thévenaz*

Otro, el discurso filosófico se detiene." Ricœur, P., *Sí mismo como otro,* p. 397. Nótese que aquí Ricœur ya no se atrevió a hablar de un "dios muerto" sino de un "Dios ausente".

[72] A la muerte de su amigo Pierre Thévenaz, Ricœur escribió: "Nuestro amigo no responde más a las cuestiones que le planteamos pero su obra sigue viviendo extraordinariamente por las cuestiones que ella nos plantea para que, por parte nuestra, filosofemos con un rigor digno de él." Citado por Ferrara, Ricardo, "Paul Ricœur (1913-2005): sus aportes a la teología", en *Revista Teología,* Tomo XLIII, No. 89, Buenos Aires, (abril) 2006, p. 48.

[73] Ricœur, P., *Vivo hasta la muerte* seguido de *Fragmentos*, Fondo de Cultura Económica (FCE), Buenos Aires, 2008, p. 85. Nota al Fragmento 0(1). *Cfr.*, RICŒUR, P., "Un Philosophe Protestant: Pierre Thévenaz", *Esprit (1940-)*, no. 246 (1), París, 1957, pp. 40–53. Disponible en www.jstor.org/stable/24255174.

[74] Ricœur, P., *Autobiografía intelectual,* p. 84. Las negritas y las cursivas están añadidas.

[75] Ferrara, R., *op. cit.,* p. 15.

y la filosofía sin absoluto; después de haber dedicado *in extenso* uno propio a Ricœur en 1984, con el título de: *El cogito y la hermenéutica.* Por su parte, el préstamo del término **filosofía sin absoluto,** obedece o es el resultado de la negativa constante de Ricœur para nunca mezclar la filosofía (Crítica) y la fe bíblica (Convicción), incluso la teológica: "Si defiendo mis escritos filosóficos de la acusación de *criptoteología*, me guardo, con igual celo, de asignar a la fe bíblica una función *criptofilosófica*".[76] Amplio conocedor de las propuestas filosóficas del suizo como del francés, Jervolino comenta:

> Al igual que Ricœur, Thévenaz tenía una sólida formación teológica protestante y se había adherido al movimiento personalista de Mounier: que en su obra inconclusa prefería el concepto *vocación* propia del "creyente filósofo" (quien al asumir en el fondo de su ser en una situación, respondía a la llamada de la fe) ante el concepto muy discutido "filosofía cristiana". Él consideraba que el estilo de pensamiento más coherente con el mensaje revolucionario de la Cruz, en relación con la razón "divina" de los Griegos que coincidía con un cosmos mismo sagrado, era una "filosofía sin absoluto, fundada en el ejercicio de una razón "humana, solamente humana", que se reconocía radicalmente contingente y limitada, comprometida con este lado de la historia y del mundo profano.[77]

En este sentido, Ricœur reconocería no sin estupor, lo siguiente: "Nunca he llegado a comprender la relación entre mis dos fidelidades, por más que en ocasiones se hagan guiños entre ellas".[78] Pero hay que insistir y remarcar aquí, que Ricœur nunca quiso ser considerado como un filósofo cristiano, sino como un "filósofo a secas", mejor aún, un "filósofo sin absoluto" –para volver sobre la expresión de su amigo Thévenaz–, y si se quiere, "un cristiano de expresión

---

[76] Ricœur, P., *Sí mismo como otro,* p. XXXVIII. Las cursivas están añadidas.

[77] Jervolino, D., en el "Prólogo" a Mena Malet, P., (Comp.), *Fenomenología por decir. Homenaje a Paul Ricœur,* Universidad Alberto Hurtado, Chile, 2006, pp. 17-18.

[78] Ricœur, P., *Crítica y convicción,* p. 206.

filosófica".[79] Ricœur quería ser considerado ante todo como un docente de filosofía, antes que como un aprendiz de teólogo:

> Tenía yo quizá otras razones para protegerme de las intrusiones, de las infiltraciones demasiado directas, demasiado inmediatas, de lo religioso en la filosofía: se trataba de razones culturales, diría incluso que institucionales: prefería ser considerado profesor de filosofía, docente de filosofía en una institución pública y participante de la opinión general –con todas las reservas mentales que esto suponía, por lo demás asumidas–, a riesgo de ser acusado periódicamente de teólogo disfrazado de filósofo, o de filósofo que hace pensar o que deja pensar en lo religioso. He asumido cuantos problemas conlleva esta situación, comprendiendo cualquier duda que se pudiera abrigar de que en realidad no iba a ser capaz de mantener esta dualidad tan separada.[80]

¿Ricœur logró mantener esta dualidad que siempre defendió con vehemencia? ¿El filósofo francés pudo mantener esta pretensión sin conceder nunca lo contrario? En una entrevista concedida a Richard Kearney parece reconocer abiertamente que pese a sus esfuerzos en esta materia, no logró mantener esa separación tanto como hubiera querido, y que incluso su viejo ascetismo conceptual resultaba insostenible, quebrado por un nuevo entendimiento filosófico, a la luz de lo que dos discípulos suyos llegaron a afirmar sobre su obra filosófica:

> Y podría incluso aquí aceptar el argumento hecho recientemente por mis jóvenes colegas Dominico Jervolino y Fabrizio Turoldo de que mi pensamiento no está tan alejado de ciertos temas religiosos y bíblicos como mi usual norma de "ascetismo conceptual" podría haber estado dispuesta a admitir en el pasado. No estoy seguro de la absoluta irreconciliabilidad entre el Dios de la Biblia y el Dios del Ser (entendido con Jean Nabert como "afirmación primaria" o con Spinoza como "*substantia actuosa*"). La tendencia del pensamiento francés

[79] Ricœur, P., *Vivo hasta la muerte* seguido de *Fragmentos*, p. 85.

[80] Ricœur, P., *Crítica y convicción*, p. 205.

> moderno de eclipsar la Edad Media no ha impedido reconocer ciertos intentos muy ricos de pensar a Dios en términos de una noción con la otra. **No sigo considerando tal ascetismo conceptual sostenible.**[81]

Para finalizar este apartado hay que decir que la notable envergadura filosófica de Ricœur no se oscurece por su afinidad bíblica y teológica, sino que ellas estimulan más bien su quehacer filosófico, en el entendido de que el filósofo no debe echarse para atrás ni amilanarse ante ningún desafío mental o reflexivo, tal cual fue la enseñanza de su primer maestro de filosofía Roland Dalbiez, a la que Ricœur supo mantenerse fiel. Esa *dualidad* reflexiva, si bien no deja de ser paradójica y aporética, fue perentoria a su vocación filosófica, ya que para Ricœur su cristianismo es también parte de ese "involuntario absoluto" que no es apodíctico, sino que conlleva desde luego, lo aporético del "involuntario relativo" con el que Ricœur fue arrojado al mundo, y del que no puede renegar o desligarse so pena de dejar de ser él mismo. Ricœur ha sido llamado y convocado por un algo que le precede *absolutamente* tanto como *relativamente*, ya que dice:

> "Un AZAR transformado en destino por una elección continua": mi cristianismo.
>
> Esta fórmula, que, por lo demás, me sirvió para eliminar de mi campo interreligioso de opciones la hipótesis de una violencia de lo religioso como tal, exige un esclarecimiento a la altura de su ambición. Espero de él que ayude a asumir, en el plano hermenéutico, la carga de aporías que vehicula.
>
> Un azar: de nacimiento y, en términos más amplios, de herencia cultural. Me sucedió replicar esto a la objeción: "Si fuese chino: habría pocas posibilidades de que sería *[sic]* cristiano". Es cierto, pero usted habla de otro y no de mí. Yo no puedo elegir ni a mis antepasados ni a mis contemporáneos. Hay, en mis orígenes, una parte de albur, si observo las cosas desde afuera, y, si las considero desde adentro, un hecho situacional irreductible. Así soy, por nacimiento y herencia. Y lo

[81] Ricœur, P. y Kearney, R., "Entrevista. Paul Ricœur con Richard Kearney", en Mena Malet, P. (Comp.), *op. cit.*, p. 46.

> asumo. Nací y crecí en la fe cristiana de tradición reformada. Esa es la herencia, indefinidamente confrontada, en el plano del *estudio*, con todas las tradiciones contrarias o compatibles, que califico de transformada en destino por una elección continua. [...]
>
> Mediante esa elección continua, un azar transformado en *destino*. Con esta palabra, destino, no designo ninguna coacción, ninguna carga insoportable, ninguna desdicha, sino el estatus mismo de una convicción, de la que puedo decir: así me tengo, a esto adhiero. –*sic*– [...]
>
> Procuro ahora expresar el estatus hermenéutico de ese destino. Me arriesgo a caracterizar el "aquí me tengo" –otra fórmula del destino en el que se ha transformado el azar– por la paradoja de un absoluto relativo. Relativo, desde el punto de vista "objetivo" de la sociología de las religiones. La clase de cristianismo a la que adhiero se deja distinguir como una religión entre otras en el mapa de la "dispersión" y **[de la]** "confusión" después de Babel; después de Babel no designa ninguna catástrofe, sino la mera constatación de la pluralidad característica de todos los fenómenos humanos. Relativismo, si se quiere. Asumo ese juicio del afuera. Pero, para mí, vivida desde adentro, mi adhesión es absoluta, en cuanto incomparable, no radicalmente elegida, no arbitrariamente planteada. Si me empeño en insertar el predicativo "relativo" en el sintagma "absoluto relativo", es para inscribir en la confesión de la adhesión la marca del albur originario, elevado al rango de destino por la elección continua.[82]

El filósofo italiano, Domenico Jervolino, tiene la última palabra en este apartado sobre el involuntario absoluto, vehiculado paradójicamente por la filosofía del absoluto *relativo;* aporía que no deja de jalonar la "vocación filosófica" de quien se negó a ser "un teólogo disfrazado de filósofo":

> Este filósofo austero, modesto y de formación protestante, que no escondía su fe cristiana y su inspiración ecuménica y que

[82] Ricœur, P., *Vivo hasta la muerte* seguido de *Fragmentos*, pp. 79, 80, 81.

además escribía en la revista *"Concilium"* (fundada por los más ilustres protagonistas de la revolución conciliar), me parece que encarna el ideal de la vocación filosófica en el mundo de hoy, ejemplo del ejercicio de la razón filosófica de parte de un "filósofo creyente" que no renunciaba al pensamiento crítico, ni soñaba con retornos imposibles al Medioevo, pero que, por el contrario, sabía confrontarse con los "maestros de la sospecha": Marx, Nietzsche y Freud.[83]

5. *Interludio.* Ricœur y su diálogo fecundo con la teología bíblica y dogmática

Aunque conocido generalmente por su obra filosófica [Paul] Ricœur es también un teólogo. Se llama a sí mismo "teólogo artesanal"; sin embargo su labor teológica le ha valido recientemente el doctorado honoris causa de la Universidad Católica de Lovaina. [...]

Ricœur es un hermeneuta, su filosofía es una hermenéutica filosófica, o si se quiere, una hermenéutica fenomenológica. Por otra parte es un hombre de fe, pertenece a la Iglesia Reformada Francesa y la fe es parte de su filosofía de la esperanza. Así como busca la unidad en la filosofía busca la unidad de la humanidad guiado por la esperanza de la Gracia que sobreabunda y supera las limitaciones humanas. [...]

La Biblia es un juicio al mundo y nos da lo que Ricœur llama prospectiva o sea proyecto colectivo de un futuro humano, sin embargo nos advierte que la nueva libertad puede ejercerse para esclavizar sutilmente.[84]

Beatriz Melano Couch

[83] Jervolino, D., "Prólogo" a Mena Malet, P. (Comp.), *op. cit.*, p. 16.

[84] Melano C., Beatriz, "Introducción", en Ricœur, P., *El lenguaje de la fe,* Ediciones Megápolis-Asociación Editorial La Aurora, Buenos Aires, 1978, pp. 5, 7, 11. El doctorado *honoris causa* le fue concedido a Ricœur en 1976. *Cfr.*, *Anexo: Doctores honoris causa de la Universidad Católica de Lovaina*: https://es.wikipedia.org/wiki/Anexo:Doctores_honoris_causa_de_la_Universidad_Cat%C3%B3lica_de_Lovaina [Consultada el 12 de enero de 2018].

Paul Ricœur recibe de los filósofos Edmund Husserl, Gabriel Marcel, Jean Nabert y Maurice Merleau-Ponty, una influencia inestimable y decisiva en los temas antes señalados; pero además, Ricœur también se enriquece de teólogos de las más variadas tradiciones cristianas según su talante ecuménico. Ricœur lee tanto a teólogos bíblicos (biblistas) como a teólogos sistemáticos (dogmáticos),[85] entre los que están: Pablo de Tarso (san Pablo), Agustín de Hipona (san Agustín), Martín Lutero, Juan Calvino,[86] Karl Barth, Dietrich Bonhoeffer,[87] Gerhard von Rad, Rudolf Bultmann,

[85] Para un mejor entendimiento de las diferencias y concurrencias entre teología bíblica y teología dogmática (incluso sistemática), véase: Schlier, H., "Teología bíblica y teología dogmática", en Klein, L., *Discusión sobre la Biblia,* Herder, Barcelona, 1967, pp. 125-144. "Lo que ha pensado la Biblia y ha repensado la teología bíblica, esta lo ha pasado a la teología dogmática para que lo piense a fondo y, si se da el caso, lo piense hasta el fin. [...] Con ello se establece entre ambas «teologías» una relación... [...] Ambas teologías, la bíblica y la dogmática siguen la corriente del gran proceso de descubrimiento de la revelación. En todo caso, la teología dogmática plantea legítimamente, a la teología bíblica, cuestiones que esta misma no puede plantear y que, sin embargo, contribuye al esclarecimiento de los hechos bíblicos. Son cuestiones planteadas **por una inteligencia de la fe** que se aplica a su objeto y que parte de él, y propuestas a **otra inteligencia de la fe** que se atiene al origen. [...] Pero también la teología dogmática debe aceptar que le plantee cuestiones la teología bíblica. Al fin y al cabo, en esta encuentra la Biblia interpretada en su contenido teológico." Schlier, H., *op. cit.,* p. 138, 139-140, 141.

[86] Que Paul Ricœur leyó a Juan Calvino lo demuestra el hecho de que cita su principal obra teológica en "La Simbólica del mal": "Esta palabra más amplia que el imperativo es asimismo más amplia que la «especulación»; el conocimiento de Dios y del hombre, por hablar como Calvino al comienzo de la *Institución cristiana,* no es un «pensamiento» en el sentido de la filosofía griega..." Ricœur, P., *Finitud y culpabilidad,* p. 215. Ricœur está haciendo referencia a esta parte de la obra magna de Calvino: "Casi toda la suma de nuestra sabiduría, que de verás se deba tener por verdadera y sólida sabiduría, consiste en dos puntos: a saber, en el conocimiento que el hombre debe tener de Dios, y en el conocimiento que debe tener de sí mismo." Calvino, Juan, *Institución de la religión cristiana,* (libro I, capítulo I, parágrafo 1), trad. de Cipriano de Valera, 6ª ed., Fundación Editorial de Literatura Reformada (FELiRe), Barcelona, 2006, p. 3. Versión alterna: "Casi toda la sabiduría que poseemos, la que es, en definitiva, real y verdadera, presenta un doble aspecto: el conocimiento de Dios y el de nosotros mismos." Calvino, Juan, *Institución de la religión cristiana,* (libro I, capítulo I, parágrafo 1), trad. de Juan Carlos Martin, Libros Desafío, Grand Rapids/Colombia, 2012, p. 3.

[87] Como Ricœur, Dietrich Bonhoeffer fue hecho prisionero en diferentes cárceles alemanas, pero no tuvo la misma suerte que el filósofo francés, ya que el teólogo alemán fue mandado a la horca en la prisión de Flossenbürg, el 8 de abril de 1945, apenas unos días antes de que el ejército aliado liberará a los convictos

Oscar Cullmann,[88] Jürgen Moltmann, Paul Tillich, Hans Küng, y Enrique Dussel, entre otros.

De su encuentro con el apóstol Pablo, teólogo predilecto del protestantismo luterano y reformado, Ricœur dice que él es el creador de dos modalidades de hermenéutica cristiana: la primera de ellas es la que el apóstol a los gentiles inaugura en su Epístola a los Gálatas, sobre todo con su lectura alegórica del Antiguo Testamento (AT) o Primer Testamento (PT), y que posteriormente seguirán los Padres de la Iglesia Tertuliano y Orígenes. La segunda modalidad es aquella que llama a interpretar la existencia cristiana a la luz de la Pasión y Resurrección de Cristo, esta apropiación hermenéutica es denominada por Ricœur como "exégesis de la existencia humana".[89]

---

donde él estuvo recluido. Junto a este importante teólogo alemán, Ricœur coloca a Feuerbach, Marx, Nietzsche y Freud (maestros de la sospecha), y su crítica común de la religión como iconoclastas, y el lugar que la fe tiene dentro de esa crítica: "Más adelante –dice– trataré de demostrar que la lucha contra los ídolos también consiste en dejar que hablen los símbolos. Señalemos por ahora, junto con Bonhoeffer y otros, que de aquí en adelante toda crítica de la religión basada en Feuerbach y los otros tres maestros de la sospecha, se inscribe en los mismos límites de la fe madura del hombre moderno. Por esta razón de aquí en más todo ateísmo relativo a los dioses de los hombres, está ligado a las posibilidades de la fe. Las vías por las que deberá transitar en el futuro toda meditación acerca de la fe, pasarán necesariamente por la crítica de la religión como enmascaramiento del miedo, de la dominación y del odio. Crítica marxista de la ideología, crítica nietzscheana del resentimiento, crítica freudiana de la debilidad infantil." Ricœur, P., "La crítica de la religión" (1964), en *El lenguaje de la fe,* p. 24. Y añade: "Su objetivo [...] consiste en tomar conciencia acerca de la unidad profunda que existe entre destruir e interpretar. En este aspecto, toda hermenéutica moderna posee un doble rostro y una doble función. Ella es un esfuerzo para luchar contra los ídolos y por lo tanto destruirlos. Así se transforma en una crítica a las ideologías en el sentido de Marx, o una crítica a las actitudes evasivas ultramundanas en el sentido de Nietzsche, o una lucha contra las fábulas de nuestra niñez y contra las ilusiones defensivas en el sentido del psicoanálisis. Desde esta perspectiva, toda hermenéutica apunta a la desalineación, a la desmistificación." Ricœur, P., "El lenguaje de la fe" (1964), en *El lenguaje de la fe*, p. 44.

[88] *Cfr.*, "La Simbólica del mal", en *Finitud y culpabilidad,* p. 406, donde Ricœur cita el texto de Cullmann, O., *Christologie du Nouveau Testament,* Neuchâtel, París, 1958. En español: *Cristología del Nuevo Testamento,* trad. de Carlos T. Gattinoni y Xabier Pikaza, Ediciones Sígueme, Salamanca, 1998.

[89] Ricœur, P., "Prefacio a Bultmann" (1968), en *El conflicto de las interpretaciones,* pp. 345-346.

En cuanto a Agustín de Hipona (san Agustín), este es sin duda, uno de los teólogos y filósofos predilectos de Paul Ricœur. En *Crítica y convicción,* dice: "Y Agustín, a quien lo he tenido siempre entre mis preferidos. Esto no excluye que puedan existir contactos entre ambos corpus textuales, [el de la filosofía y el de la teología] incluso en sentido topológico, y que pueda situarse a Agustín dentro del ámbito filosófico –lo que hice al servirme de sus análisis sobre el tiempo del libro XI de las *Confesiones*–".[90] Ricœur está haciendo referencia a esta parte: "Aporías de la experiencia del tiempo. El libro XI de las *Confesiones* de San Agustín", de *Tiempo y narración I. Configuración del tiempo en el relato histórico.* Tema que retomará en uno de sus últimos libros: "¿Cómo no recordar aquí el conocido ejemplo del recitado del poema de las *Confesiones* de Agustín? Toda la dialéctica de la *intentio* y de la *distentio*, constitutiva de la propia temporalidad, se encuentra resumida en él: contemplo el poema entero cuando deletreo, verso a verso, sílaba a sílaba".[91]

Sobre la influencia del teólogo suizo, Karl Barth, dentro del protestantismo galo, Ricœur comenta: "El curso de filosofía supuso a este respecto una gran prueba, *al mismo tiempo que la influencia de Karl Barth* estaba empezando a influir sobre el protestantismo francés, orientándolo hacia un giro radical y, preciso es reconocerlo, ***antifilosófico*** *con respecto al texto bíblico*".[92] En relación a la

---

[90] Ricœur, P., *Crítica y convicción,* p. 193.

[91] Ricœur, P., *Sí mismo como otro,* p. 69. *Cfr.* "Estaba lejos de una simple correlación, apenas marcada por paradojas, entre la *distentio animi* de San Agustín y el *mythos* aristotélico. Entre ambos polos, las mediaciones se habían prolongado y confundido de algún modo." Ricœur, P., *Autobiografía intelectual,* p. 76.

[92] Ricœur, P., *Crítica y convicción*, p. 16. Las cursivas y las negritas están añadidas.

La gran lucha de Karl Barth fue contra la teología liberal, por lo que su acercamiento al texto bíblico fue en efecto, antifilosófico como señala Ricœur, pero nunca antirracional, tal como Barth lo enuncia aquí: "El credo de la fe cristiana descansa sobre un conocimiento. Y donde el credo se dice y confiesa, allí se debe y se quiere crear conocimiento. La fe cristiana no es irracional ni antirracional ni suprarracional, sino racional, siempre y cuando este término se entienda correctamente. La Iglesia que dice el credo, que se presenta con la enorme pretensión de predicar y proclamar la buena noticia, parte del hecho de que ella *ha llegado a saber* algo –en alemán, *Vernunft* ("razón") viene de *vernehmen* ("[llegar a] captar, comprender, saber")– y, a su vez, pretende hacerlo saber. Siempre fueron malos tiempos en la Iglesia cristiana aquellos en los que las historias de la Dogmática y

influencia que el propio Ricœur recibió del teólogo suizo, el filósofo francés comenta:

> El discernimiento de la palabra de Dios requiere en la actualidad de cierta hermenéutica aplicada y centrada en la predicación, en el sentido lato del término. A este respecto, Karl Barth sigue convenciéndome de que aquello que los teólogos denominan dogmática consiste en una puesta en orden, tanto a nivel conceptual como discursivo, de la predicación, la cual pone en relación una palabra considerada fundacional con un juicio detallado sobre el presente y futuro de las comunidades confesionales.[93]

Por otra parte, Ricœur le dedica al teólogo protestante alemán Rudolf Karl Bultmann, dos extensos ensayos. El primero de ellos recogido en *El lenguaje de la fe*,[94] titulado "Rudolf Bultmann y

---

la Teología cristianas separaron *gnosis* y *pistis*. La pistis correctamente entendida *es* gnosis; el acto de fe correctamente entendido es también un acto de conocimiento. Creer significa conocer." Barth, K., *Esbozo de Dogmática,* (Col. Presencia teológica), Sal Terrae, Santander, 2000, p. 31.

[93] Ricœur, P., *Crítica y convicción*, p. 196. Al describir lo anterior, Ricœur quizá estaba pensando en el *Esbozo de Dogmática* de Karl Barth, donde este escribe: "La Dogmática es la ciencia con la que la iglesia se da razón a sí misma del contenido de su predicación, según el correspondiente grado de sus conocimientos; y lo hace críticamente, es decir; conforme a la medida de la Sagrada Escritura y las directrices de sus confesiones de fe". Barth, K., *op. cit.*, p. 15. O tal vez, en esto otro: "El vocablo «teología» contiene el concepto de *logos*. La teología es una *logía*, lógica, logística o lenguaje ligado al *Theos*, quien no solo la hace posible, sino que también la determina. El ineludible significado de *logos* es aquí «palabra» [...] La teología misma es una palabra, una respuesta humana. Sin embargo, lo que la convierte en teología no es su propia palabra o su propia respuesta, sino la palabra que ella *escucha* y a la que *responde*. La teología tiene como clave de su existencia a la palabra de Dios, porque la palabra de Dios precede a todas las palabras teológicas, creándolas, suscitándolas y siendo un desafío para ellas. [...] Aquí, por tanto, se trata de *algo más* que de la idea de que el pensar y el hablar teológico tengan que ser *dirigidos* por aquella Palabra y deban orientarse y medirse por ella." Barth, K., *Introducción a la teología evangélica,* (Col. Verdad e imagen), Ediciones Sígueme, Salamanca, 2006, pp. 34-35.

Ricœur volverá a la obra de Karl Barth en su ensayo sobre el mal: *El mal. Un desafío a la filosofía y a la teología,* 1ª reim., (Col. Nómadas), Amorrortu Editores, Buenos Aires, 2007, especialmente pp. 52 y ss. También reproducido en Ricœur, P., *Fe y filosofía. Problemas del lenguaje filosófico,* "Capítulo VI. «El mal: Un desafío a la filosofía y a la teología»", pp. 171-189. También recuperará Ricœur, algunas de las enseñanzas de Barth en *Amor y justicia.*

[94] Ricœur, P., *El lenguaje de la fe,* (introducción de Beatriz Melano Couch), Ediciones Megápolis-Asociación Editorial La Aurora, Buenos Aires, 1978.

Gérard Ebeling: desmitologización y reinterpretación actual del mensaje cristiano" (pp. 101-140), conferencias pronunciadas y publicadas en 1967 en la revista *Foi-Éducation*, año XXXVII, No. 78. El segundo está contenido en *El conflicto de las interpretaciones* (pp. 343-360), titulado "Prefacio a Bultmann", donde introduce al público francés en el pensamiento teológico del autor alemán, sobre todo, en cuestiones como la hermenéutica dentro del cristianismo y los temas del mito y la «desmitologización»[95] vinculados al llamado "Jesús histórico". Este prefacio apareció originalmente en el libro del teólogo alemán Bultmann, *Jésus, mythologie et démythologisation*, Seuil, París, 1968. Como se verá más adelante, Ricœur aborda muy temprano el gran tema de la "desmitologización bultmanniana" en *La Simbólica del mal.* Mientras tanto, se acota aquí, el vínculo que Ricœur ve entre Bultmann y Bonhoeffer:

> En tal sentido, el programa de desmitologización del mensaje cristiano formulado en el siglo XX puede comprenderse como una tentativa de radicalizar una tendencia que ya estaba en acción en el cristianismo primitivo. Bultmann insiste en que, si bien la desmitologización está motivada exteriormente por

[95] Es importante resaltar que la «desmitologización» propuesta por Bultmann –y que luego recuperará y ampliará Ricœur– obedece, entre otros factores, al peligro que enfrentaba la «Iglesia Confesante alemana» (*Bekennende Kirche*) en relación con el desafío del nazismo: "*Desmitologización* (1941). El 21 de abril de 1941, en medio de la guerra, pronunció Bultmann una famosa conferencia, ante un grupo de párrocos de la *Bekennende Kirche,* Iglesia opuesta al programa hitleriano, destacando la necesidad de una desmitologización del Nuevo Testamento y de la religión cristiana. Momento y auditorio no eran accidentales: el nazismo estaba imponiendo uno de los procesos más intensos de mitologización de la historia humana. La Iglesia debía oponerse a esa imposición, liberando el evangelio no solo de los mitos nacionales, sino también del mito cósmico antiguo que había sido trasmitido. No se trataba de negar o destruir el mito, sino de interpretarlo en forma existencial, en un lenguaje abierto a las posibles culturas de la tierra." Pikaza, Xavier, en "Prólogo a la edición castellana" de Bultmann, R., *Historia de la tradición sinóptica,* (Biblioteca de Estudios Bíblicos), Ediciones Sígueme, Salamanca, 2000, p. 43.

Por su parte, en "El lenguaje de la fe" (1964), Ricœur escribe: "La **desmitologización** se refiere en realidad a la función etiológica del mito, es decir su función explicativa racional por medio de la cual nos relata cómo ha sido fundada una institución, cómo ha sido instituido un rito, de qué manera las cosas han tenido su origen y cómo han de terminar." Ricœur, P., *El lenguaje de la fe,* p. 45. Énfasis añadido.

> la destrucción del universo mítico bajo los golpes de la ciencia, también se encuentra fundada, interiormente, en un deseo de desmitologización que pertenece al propio kerigma y que puede documentarse por la exégesis del Nuevo Testamento. La réplica del cristianismo a la desacralización será pues, no la de sufrirla como un destino ineluctable, sino la de consumarla como la tarea de la fe. Para decirlo de otra manera, hay que terminar de separar la fe de la religión e ir hasta el fin en la exigencia de un cristianismo arreligioso, respecto del cual Bonhoeffer ha sido el portavoz y el pionero. Tal advenimiento no será solo la obra de los exégetas que interpretan los textos, sino la obra de la comunidad en su conjunto, aplicada a liquidar lo sagrado de su culto, de su predicación, de su ética y de su política.[96]

Además, es importante resaltar también aquí, el genio eminentemente filosófico –y no solamente teológico– de Bultmann, ya que como sostiene el teólogo español Xavier Pikaza: "Bultmann ha sido el último de los grandes filósofos lectores de la Biblia".[97] Y según lo acotado en la presente investigación, Paul Ricœur es también un filósofo lector de la Biblia, lo que significa que es al mismo tiempo, un testigo privilegiado de las Escrituras hebreas y cristianas, así como un eminente intérprete de las mismas.

Respecto a Paul Tillich (1886-1965), quien fue un importante filósofo y teólogo protestante de origen alemán, avecindado en EE. UU. luego de ejercer una fuerte crítica al régimen nazi de Adolf Hitler; y quien influyó poderosamente en el pensamiento filosófico y teológico posterior a la Segunda Guerra Mundial. Paul Ricœur dice que se integró como Profesor titular en la Universidad de Chicago para sustituir a Tillich, luego de su muerte. Su paso por la Escuela de Divinidades (*Divinity School*)[98] de dicha universidad y de

[96] Ricœur, P., "Manifestación y proclamación", en *Fe y filosofía. Problemas del lenguaje religioso,* 3ª ed., Prometeo Libros, Buenos Aires, 2008, pp. 80-81.

[97] Pikaza, Xavier, en "Prólogo a la edición castellana" de Bultmann, R., *op. cit.*, p. 52.

[98] "¿De qué forma traduciría *Divinity School*? –le inquieren–". Responde: "Diría que como 'Escuela de ciencias religiosas', pues la enseñanza en la *Divinity School* reúne numerosos campos: exégesis bíblica –Antiguo y Nuevo Testamento– historia comparada de las religiones, teología cristiana, estudios judaicos, filosofía,

la que se convertiría en Profesor emérito, se prolongó por 20 años (1971-1991).[99] Ricœur así lo recuerda:

> Fui convertido en doctor *honoris causa* de esta universidad en 1967, en compañía de Raymond Aron y Claude Lévi-Strauss, y la *Divinity School* me había elegido para sustituir a Paul Tillich en la cátedra de John Nuveen.* Rápidamente me llamaron del departamento de filosofía y del *Comitee on Social Thougth,* una institución interdepartamental fundada por Hannah Arendt, a la cual había conocido en casa de Paul Tillich, a quien ella estaba muy unida".[100]

psicología y, en fin, también literatura-y-religión, lo que constituye un campo muy próspero, dentro del cual se someten a examen dos tipos de cuestiones: la influencia de la religión sobre la literatura, y el hecho de que la literatura puede contener potencialmente ciertos interrogantes de tipo ético-religiosos. Mis propias clases se situaban entre la filosofía y la teología, llevando el título algo extraño de '*Philosophical Theology*'; este era el nombre de la cátedra de Tillich. Mi opinión, por lo demás, sobre el modo en que concibo las relaciones entre filosofía y teología desmentiría en realidad el nombre de esta cátedra. Pero a nadie le pareció extraña esta denominación que se me ocurrió al llegar a Chicago. Además, mis dos otras afiliaciones, al departamento de filosofía y al *Committe on Social Thought,* me autorizaban a llevar mis cursos como quisiera." Ricœur, P., *Crítica y convicción.,* p. 73.

[99] "Ricœur, the John Nuveen Professor Emeritus in the Divinity School, taught at Chicago's Divinity School from 1971 until his retirement in 1991. Perhaps best known for his contributions to the field of phenomenology, the study of how a person's reality is shaped by their perception of the events of the world, the French philosopher was the author of more than 20 books and hundreds of articles." En "University of Chicago philosopher Paul Ricœur, 1913-2005": http://www-news.uchicago.edu/releases/05/050523.ricœur.shtml (Consultada el 10 de febrero de 2018).

* Al respecto, la Oficina de Noticias (*News Office*) de la Universidad de Chicago dice: "In 1971, Ricœur was named the John Nuveen Chair in Chicago's Divinity School, a position that had only been held once before by renowned theologian Paul Tillich. During his years at the Divinity School, Ricœur wrote extensively, publishing a number of important books, including *The Living Metaphor* (1975), *Time and Narrative* (three volumes, 1983 to 1985), and *Oneself as Another* (1990). Upon his return in 1991 to France, Ricœur continued to write crucial studies, extending his concerns into new fields: justice and law (*The Just*, 1995), neuroscience (*What Makes Us Think*, 1998), and the study of time (*On Memory, History and Forgetting*, 2000)." Ídem.

[100] Ricœur, P., *Crítica y convicción*, p. 63.

Sobre la influencia que recibió del teólogo reformado Jürgen Moltmann, Ricœur escribió un ensayo dedicado enteramente a su *Teología de la esperanza* –en diálogo fecundo con Kant y Hegel– con el título "La libertad según la esperanza" aparecido en *El conflicto de las interpretaciones* (pp. 361-381). Ahí hace un largo repaso de la propuesta escatológica de Moltmann y su vínculo con una cristología –en orientación escatológica–. Ricœur narra el modo como fue persuadido y convencido por la esperanza escatológica *moltmanniana* en la línea de la reflexión teológico/hermenéutica, sobre el kerigma cristiano; postulando a través de este "*una hermenéutica de la libertad religiosa [como] una interpretación de la libertad conforme a la interpretación de la resurrección en términos de promesa y de esperanza*".[101] Este kerigma apostólico –según Moltmann– está arropado y acicateado por la esperanza cristiana fundada en la resurrección de Cristo; en este sentido, la escatología "cristologizada" sería el *alfa* y la *omega* de toda teología auténticamente cristiana, Ricœur escribe:

> Por mi parte, me impresionó, y debo decir, me conquistó, la interpretación escatológica del kerigma cristiano que Jürgen Moltmann propone en su *Teología de la esperanza.* [...] si la predicación de Jesús y de la Iglesia primitiva procede del núcleo escatológico, entonces es necesario reajustar toda la teología según la norma de la escatología y dejar de hacer del discurso sobre las últimas cosas una especie de apéndice más o menos facultativo de una teología de la Revelación, centrada en una noción de *logos* y de manifestación, que, en sí misma, no le debería nada a la esperanza de las cosas por venir. [...]
>
> Precisamente, lo que me pareció más interesante en la cristología de Moltmann es su esfuerzo por volver a situar la predicación central de la resurrección en una perspectiva escatológica.[102]

[101] Ricœur, P., "La libertad según la esperanza" (1968), en *El conflicto de las interpretaciones,* p. 365. Las cursivas están en el original. Artículo llamado originalmente: "Approche philosophique du concept de liberté religieuse", en *L'herméneutique de la liberté religieuse,* actas del Congreso Internacional, Roma, enero, (dir. E. Castelli), Archivio di Filosofia, 38; y París, Aubier, pp. 215-234.

[102] *Ibíd.*, pp. 362-363, 364. Sobre lo enunciado aquí por Ricœur, acerca de la escatología *cristológica* desarrollada en la *Teología de la esperanza* de Moltmann, este

Además, Ricœur fiel a su espíritu conciliador y dialógico, emprende una larga conversación filosófica con uno de los teólogos católicos-romanos más importantes de la segunda mitad de la centuria pasada y del presente siglo: Hans Küng. Sobre la distinción entre la propuesta ética de Ricœur y el *Proyecto de una ética mundial*[103] de Küng, está disponible en internet la extensa entrevista que Ricœur le hizo a Küng en la Pascua (5 de abril) de 1996: *Entretien Hans Küng-Paul Ricœur: Les religions, la violence et la paix. Pour une éthique planétaire.* (Entrevista Hans Küng-Paul Ricœur: Las religiones, la violencia y la paz. Por una ética planetaria).[104] El vídeo de la entrevista está disponible también en la conocida plataforma de vídeos de Youtube.[105] En este mismo sentido, Ricardo Ferrara resalta la influencia que Ricœur ejerció sobre Karol Wojtyła (Papa Juan Pablo II):

> En este punto señalamos la temprana recepción del pensar de Ricœur por parte de Juan Pablo II. En sus catequesis sobre el Génesis (Audiencia del 7-11-1979) y para explicar el peculiar lenguaje del documento Yahvista emplea "mito" en sentido no peyorativo ("no un contenido fabuloso sino un modo arcaico de expresar un contenido más profundo") y remite a la «*contemporánea filosofía de la religión y del lenguaje*» citando en nota a Ricœur y a Eliade.[106]

escribe: "Mas, en realidad, escatología significa doctrina acerca de la esperanza cristiana, la cual abarca tanto lo esperado como el mismo esperar vivificado por ello. [...] Pues la fe cristiana vive de la resurrección de Cristo crucificado y se dilata hacia las promesas del futuro universal de Cristo. La escatología es el sufrimiento y la pasión que tienen su origen en el mesías; por ello no puede ser, en realidad, un fragmento de doctrina cristiana. Por el contrario, el carácter de toda predicación cristiana, de toda existencia cristiana y de la Iglesia entera tiene una orientación escatológica. [...] Una teología auténtica debería ser concebida, por ello, desde su meta en el futuro. La escatología debería ser, no el punto final de la teología, sino su comienzo." Moltmann, Jürgen., *Teología de la esperanza,* 7ª ed., (trad. de A. P. Sánchez Pascual), Ediciones Sígueme, Salamanca, 2006, pp. 20-21.

[103] Küng, Hans, *Proyecto de una ética mundial,* (trad. Gilberto Canal Santos), 5ª ed., Trotta, Madrid, 2000, 174 pp.

[104] Texto disponible en el *Fondo Ricœur*: http://www.fondsricoeur.fr/uploads/medias/articles_pr/entretien-hans-kung-paul-ricœur-v2.pdf.

[105] https://www.youtube.com/watch?v=s2IyuAZZOHQ (Visitado el 15 de mayo de 2017).

[106] Ferrara, R., *op. cit.,* p. 18.

Es importante recordar aquí, que el Papa Juan Pablo II entregó el Premio Paulo VI a Paul Ricœur el sábado 5 de julio de 2003, cuando Ricœur contaba ya

Finalmente, se tienen noticias del diálogo que sostuvo en Nápoles, Italia, el 16 abril de 1991, con el filósofo y también teólogo, de origen argentino pero avecindado en México y nacionalizado mexicano: Enrique Dussel –quien además fue alumno de Ricœur en La Sorbona–, sobre el tema de la teología de la liberación latinoamericana. En esa ocasión Dussel, recordó la influencia que Ricœur ejerció sobre su proyecto filosófico latinoamericano –no sin dejar de criticar a su maestro en algunos aspectos, desde la realidad propia de América Latina–, señalando así, los límites de la filosofía ricoeuriana. La siguiente cita, aunque muy larga es imperdible:

> Cuando en 1961, –recuerda Dussel– [...] comencé mis estudios en Francia, *La symbolique du mal* fue la primera obra que medité profundamente. Se transformó en el fundamento mismo de mi proyecto filosófico latinoamericano. [...]

con 90 años. En su alocución, el Papa comentó lo siguiente: "[...] Hasta ahora [el Premio Paulo VI] había sido otorgado a estudiosos de los campos de la teología, la música, el ecumenismo y la promoción de los derechos humanos. Este año se adjudica al profesor Paul Ricœur, conocido investigador francés, a quien dirijo un saludo cordial y respetuoso, agradeciéndole las amables y profundas palabras que acaba de dirigirme. Se le conoce también por su aportación generosa al diálogo ecuménico entre católicos y reformados. **Su investigación muestra cuán fecunda es la relación entre la filosofía y la teología, entre la fe y la cultura; relación que, como recordé en la encíclica *Fides et ratio,* debe instaurarse y "estar marcada por la circularidad. Para la teología, el punto de partida y la fuente original debe ser siempre la palabra de Dios. (...) Ya que la palabra de Dios es verdad, favorecerá su mejor comprensión la búsqueda humana de la verdad, o sea el filosofar"** (n. 73).

Por tanto, resulta muy oportuna la decisión del Instituto Pablo VI de rendir homenaje a un filósofo, que es al mismo tiempo un hombre de fe, comprometido en la defensa de los valores humanos y cristianos.

A la vez que felicito vivamente al profesor Paul Ricœur, aseguro a cada uno de los presentes mi oración, para que correspondáis al proyecto que Dios tiene para vosotros y para el Instituto Pablo VI." Las negritas están añadidas. Disponible en: https://w2.vatican.va/content/john-paul-ii/es/speeches/2003/july/documents/hf_jp-ii_spe_20030705_premio-paolo-vi.html (Visitada el 14 de noviembre de 2017).

De hecho, el Papa Juan Pablo II conocía a Ricœur desde hacía 20 años, y casi desde el comienzo de su pontificado mantuvo una estrecha relación con el filósofo francés: "En 1883 [Ricœur] es invitado por Juan Pablo II, junto a un pequeño grupo de intelectuales, a las reuniones que el Papa mantiene en su residencia de verano. La invitación se repetirá en 1985 y 1994." Martínez Sánchez, A., *Ricœur (1913),* (Biblioteca filosófica 98), Ediciones del Orto, Madrid, 1999, p. 10.

> Siguiendo los cursos de Ricœur en La Sorbona, emprendí el camino de la "vía larga". [...]
>
> Años después, en una retractación, bajo el título de "Más allá del culturalismo", criticaba mi posición anterior al 1969 (y con ello a Ricœur) indicando por "culturalismo" una cierta ceguera ante las "asimetrías" de los sujetos (una cultura domina a otra, una clase a otra, un país a otro, un sexo a otro, etc.), permitiendo una visión "ingenua, conservadora y apologética" de la cultura latinoamericana. En el fondo, la fenomenología hermenéutica coloca al sujeto como un "lector" ante un "texto". Ahora, la filosofía de la liberación, descubre un "hambriento" ante un "no-pan" (es decir, sin producto que consumir, por pobreza o por robo del fruto de su trabajo), o un "analfabeto" (que no sabe leer) ante un "no-texto" (que no lo puede comprar, o de una cultura que no puede expresarse).[107]

6. *Postludio*. La *Filosofía de la voluntad* y su "deuda"[108] con la teología protestante

Pero será sobre todo, la teología protestante enunciada en las doctrinas *de la caída* y *del pecado original*, la que ejercerá una huella indeleble en la filosofía ricoeuriana. Por ejemplo, el tema del pecado y el de la voluntad *malvada* aparecen así, vinculados desde el origen de la reflexión ricoeuriana, con ciertos escarceos bíblicos y teológicos. El asunto *estrictamente* teológico surge en el pensamiento ricoeuriano en su doble vertiente protestante: tanto luterana como calvinista.[109] Por ejemplo, en la siguiente cita textual, su biógrafo

[107] "Hermenéutica y liberación. De la «fenomenología hermenéutica» a una «filosofía de la liberación» (Diálogo con Ricœur)" y "Respuesta de Paul Ricœur: *Filosofía y Liberación*" (pp. 135-175), en Dussel, E., *Apel, Ricœur, Rorty y la filosofía de la liberación (con respuestas de Karl-Otto Apel y Paul Ricœur),* 1ª ed., Universidad de Guadalajara, Guadalajara, 1993, pp. 139, 143.

[108] El tema de "estar en deuda" es una cuestión –dice Ricœur– que aparece con frecuencia a lo largo de su obra. *Cfr.*, *Crítica y convicción,* p. 14. Asimismo: *Historia y verdad*, Fondo de Cultura Económica (FCE), Buenos Aires, 2015, p. 17.

[109] Aunque el término "calvinista" es de uso corriente en la teología y en la historia del protestantismo reformado para referirse a la teología de Juan Calvino y a

François Dosse reconoce que la cepa protestante de Ricœur, influyó de manera decisiva en su elección del tema sobre lo voluntario y lo involuntario: tal como el filósofo francés lo desarrollaría profusamente en su tesis doctoral:

> La opción de Ricœur por comprometerse en una filosofía del actuar debe mucho al arraigo protestante de sus convicciones: "Desde hace mucho admira el tratado de Lutero sobre el siervo-arbitrio, *De la libertad cristiana,* así como la gran discusión que lo oponía a Erasmo". El contexto político y su compromiso en el corazón de las cuestiones sobre la libertad y la responsabilidad, así como el peso de la herencia calvinista sobre la predestinación, han contribuido también a esta elección de la confrontación de la voluntad y lo involuntario, la cual, por lo tanto, se halla "fuertemente sobredeterminada".[110]

Esa sobredeterminación se despliega copiosamente en el ensayo intitulado: *El "pecado original": estudio de su significación,* donde Ricœur cita abundantemente una de las Confesiones de Fe[111] de

las iglesias que nacieron bajo su influencia, no obstante debe preferirse el término *calviniano* por lo que a continuación expone uno de los modernos biógrafos de Calvino: "[...] en este libro se ha usado el adjetivo *calviniano* para referirnos al pensamiento personal de Calvino, a diferencia de *calvinista.* Esta distinción se hace para distinguir entre el pensamiento original de Calvino y el que fue resultado del proceso donde participaron los herederos espirituales del reformador de Ginebra (teólogos alemanes, suizos, franceses, holandeses, escoceses e ingleses), durante la última parte del siglo XVI y todo el siglo XVII." Palomino López, Salatiel, *Introducción a la vida y teología de Juan Calvino,* Abingdon Press, Nashville, 2008, p. 11.

[110] Dosse, F., *Paul Ricœur. Los sentidos de una vida (1913-2005)*, p. 215.

[111] Nadie debe ser llamado a sorpresa, si un filósofo como Ricœur cita una obra teológica como lo es una "Confesión de Fe", puesto que él mismo ha escrito en otra parte, así: "La experiencia religiosa no se reduce, por cierto, al *lenguaje* religioso. [...] Una experiencia que no sea *llevada al lenguaje* permanece ciega, confusa e incomunicable. Por consiguiente, no todo es lenguaje en la experiencia religiosa, pero la experiencia religiosa no existe sin lenguaje. [...] Ciertamente, ese lenguaje –librado a interpretaciones divergentes, a críticas exteriores y a divisiones internas de la comunidad creyente– ha sido obligado a precisarse en doxologías y en **confesiones de fe en las que se discierne ya el trabajo del concepto. Además, confrontado con el lenguaje filosófico, el *Credo* de la Iglesia cristiana ha debido desplegar recursos conceptuales, desapercibidos o inempleados, tanto por préstamo externo como por explicitación interna, para ser conduci-**

la Reforma más importantes en Francia: la *Confesión de fe de La Rochelle*,[112] para introducir su reflexión sobre el sentido del concepto de "pecado original" arriba enunciado:

> En una de las *Confesiones de fe* de las Iglesias de la Reforma, leemos que la **voluntad del hombre está "totalmente cautiva del pecado"** (*Confesión de fe de La Rochelle*, art. 9). Es fácil encontrar en esta expresión de "cautividad" toda la predicación profética y apostólica; pero la *Confesión de fe* agrega inmediatamente después: "Creemos que toda la descendencia de Adán se ha infectado con este contagio, que es el pecado original y un vicio hereditario, y no solamente una imitación, como han querido decir los pelagianos, a quienes detestamos en sus errores" (art. 10). **Pecado original, vicio hereditario; con estas palabras tiene lugar un cambio de nivel: pasamos del plano de la predicación al de la teología, del dominio del pastor al del doctor; y, al mismo tiempo, se produce un cambio en el dominio de la expresión: la cautividad era una imagen, una parábola; el pecado hereditario quiere ser un concepto.** Más aún, cuando leemos el texto del artículo 11,

---

do al mismo nivel de la filosofía. Así el lenguaje religioso ha accedido al estatuto propiamente teológico." Ricœur, P., "Poética y simbólica", en *Educación y política. De la historia personal a la comunión de libertades*, 1ª ed., (trad. Ricardo Ferrara), Prometeo libros/Universidad Católica Argentina, Buenos Aires, 2009, pp. 17-18. Las cursivas son del autor, las negritas están añadidas.

[112] Sobre la citada Confesión de Fe, es importante resaltar lo siguiente: "Las comunidades evangélicas en Francia, en los primeros años de su existencia, no se organizaban jerárquicamente; además no tenían una doctrina común. Al surgir la polémica sobre la doctrina de la predestinación en el año 1558, nació el deseo de una confesión común. En el sínodo nacional de París, organizado clandestinamente en 1559, en el que se reunieron los delegados de 50 congregaciones, se promulgó el texto de la *Confessio Gallicana* (en francés, *Confession de Foy* y, en español, Confesión de Fe) y el correspondiente reglamento eclesiástico (en francés, *Discipline Ecclésiastique*). Estos textos se remontan principalmente a Juan Calvino. En 1569, la confesión se ratificó en el sínodo de La Rochelle (una pequeña ciudad en la costa atlántica de Francia), por lo que se denomina también la Confesión de La Rochelle o Confesión Francesa. La *Confessio Gallicana* tuvo mucha influencia en Francia y, después de la huida de los hugonotes, también en otras regiones europeas." Plasger, Georg, "Lección 6: Las Confesiones Reformadas en los siglos XVI y XVII", *Curso básico historia y teología reformada*, pp. 13-14. [Fecha de consulta: 15 de julio de 2017] Disponible en: http://www.reformiert-online.net/t/span/bildung/grundkurs/gesch/lek6/print6.pdf.

> “Creemos asimismo que este vicio es realmente un pecado y que basta para condenar a todo el género humano, hasta a los pequeños niños en el vientre de su madre, y que es reputado como pecado ante Dios (y el cortejo)”, tenemos la impresión de estar entrando no solo en la teología como disciplina de los doctores, sino en la controversia, en la disputa de escuela: la interpretación del pecado original de los pequeños niños en el vientre de su madre no solo ya no está en el nivel de la predicación, sino que alcanza un punto en que el trabajo del teólogo gira hacia la especulación abstracta, hacia la escolástica.[113]

El mismo Ricœur confiesa que su reflexión tenía cierta influencia de Agustín de Hipona, cosa que no sorprende, siendo que tanto el luteranismo como el calvinismo (o protestantismo reformado),[114] le deben mucho a san Agustín, al nutrirse de su genio teológico y, ¡filosófico! Martin Heidegger escribe que: “En los años decisivos de su evolución Lutero estuvo bajo una fuerte influencia de Agustín. Dentro del protestantismo, Agustín ha permanecido como el más altamente valorado de los padres de la Iglesia”.[115] ¡Y así es en efecto! Aquí es importante resaltar que Martín Lutero como monje, pertenecía a la Orden de los Agustinos de Erfurt. Un dato biográfico poco conocido del reformador alemán, es el siguiente: “Martín Lutero, al entrar en el convento, cambió de nombre, y se

[113] Ricœur, P., “El «pecado original»: estudio de su significación” (1960), en *El conflicto de las interpretaciones,* p. 245. Las negritas están añadidas.

[114] En el mismo espíritu que una de las citas anteriores, otro termino preferido por el de “calvinista” es el de pensamiento reformado o cosmovisión reformada: “Juan Calvino (1509-1564 d. C.) nos legó un sistema de pensamiento que ha sido denominado *calvinismo.* Él hubiera sido el primero en oponerse a dicha etiqueta. Es mejor llamarle *pensamiento reformado* o *cosmovisión reformada.* A Calvino se le reconoce como el principal expositor de este sistema, aunque no fue él quien diera origen a las ideas que en él se expresan. Los puntos de vista teológicos de Calvino, junto con aquellos de otros grandes líderes de la Reforma Protestante, son más bien un avivamiento del pensamiento de San Agustín (354-430 d. C.), quien a su vez rescató las enseñanzas de San Pablo. Pero fue Calvino quien por primera vez diera a estos puntos de vista una forma sistemática y una aplicación específica. A este sistema lo llamaremos *pensamiento reformado.*” Meeter, H. Henry y Marshal, Paul, *Principios teológicos y políticos del pensamiento reformado,* Libros Desafío, Grand Rapids, 2001, pp. 19-20.

[115] Heidegger, Martin, *Estudios sobre mística medieval,* 2ª reim., trad. Jacobo Muñoz, Fondo de Cultura Económica (FCE), Ciudad de México, 2003, p. 13.

hizo llamar Agustín".[116] Juan Calvino por su parte, es un profundo conocedor y transmisor de la teología agustiniana: "Calvino fue acreedor en lo mejor de su pensamiento de las obras de los humanistas bíblicos, de la lectura de los Padres de la Iglesia, y de san Agustín en particular, al que cita con frecuencia, y que nutrieron su pensamiento. En las **Opera Calvini** se han encontrado hasta 1400 citas de san Agustín".[117]

La influencia agustiniana dentro del protestantismo se da, sobre todo, en lo referente a su postura soteriológica, a los temas de la historia de la salvación (*historia salutis*) y al de la doctrina de la redención, ya que para efectos de la salvación del ser humano, no interviene el hombre ni la *voluntariedad* humana, sino la *sola gratia* de Dios manifestada en Jesucristo. En este punto, tanto el luteranismo como el calvinismo están completamente de acuerdo, ya que –en esta interpretación protestante– el ser humano no puede hacer nada para alcanzar u obtener su propia salvación. Sobre la influencia agustiniana que Paul Ricœur recibió del teólogo africano, el novísimo filósofo francés comenta lo siguiente:

> [...] y, finalmente, me había acercado a un tema de inspiración agustiniana, que afectaba al mal y al pecado, que me había conducido al simbolismo del mal. [...]
>
> Creo que la elección de mi campo de acción viene, por tanto, de muy atrás: desde mucho tiempo antes, admiraba el tratado de Lutero sobre el siervo-arbitrio, *De la libertad cristiana*,* así como el importante debate por el que se enfrentó a Erasmo. Después, el contexto político sirvió para reforzar mi orientación hacia estas cuestiones relacionadas con la libertad, el mal y la responsabilidad. Y, retrocediendo todavía más, creo haber sentido una enorme admiración por la tragedia griega, que pone en primer plano el problema del destino;

---

[116] Fliedner, Federico, *Martín Lutero. Su vida y su obra,* Editorial CLIE, Colombia, 2002, p. 39.

[117] Ferrier, Francis, *La Predestinación,* Publicaciones Cruz O, S.A., Ciudad de México, 1991, pp. 79. Las negritas son del autor.

* Lutero, Martín, *La voluntad determinada. Refutación a Erasmo,* (traducción de Erich Sexauer), Editorial Concordia, Buenos Aires, 2006, 344pp.

> no puedo negar tampoco la influencia ejercida durante mi época de formación por la teología calvinista de la predestinación. **La elección de este privilegiado campo de estudio, el de la voluntad y lo involuntario, estaba ya por tanto muy determinada.**[118]

Para resumir, según lo escrito por Ricœur y también enunciado por algunos de los más sobresalientes estudiosos de su filosofía, se puede constatar además de lo dicho hasta aquí, que fueron tres las circunstancias que motivaron ese acercamiento al tema de la voluntad. *En primer lugar,* la doble situación límite a la que es sometido el infante Ricœur, al perder de forma prematura primero a su madre y casi enseguida a su padre durante la Primera Guerra Mundial. Esto constituye una situación existencial límite que dejó una huella indeleble en Paul Ricœur:

> El suceso decisivo de mi infancia fue ser huérfano de guerra, es decir, hijo de una víctima de la Primera Guerra Mundial, de un padre que llevaba ya varios meses viudo cuando murió en septiembre de 1915, en la batalla de Marne. [...] El final de la guerra se correspondía así con el luto por mi padre; no guardo por lo tanto ningún recuerdo feliz del armisticio, y aún menos de la victoria. [...] A mi juicio mi padre había muerto, pues, por nada; y una vez que dejé de entenderle como referencia moral, tuve que afrontar esta nueva visión de la guerra, como de él mismo.[119]

Ricœur interpretó la muerte de su padre como algo inútil en esa injusta guerra. Por eso al terminar esta infame Primera Guerra Mundial, ni Paul Ricœur ni su familia tenían nada que celebrar. En su *Autobiografía intelectual* Ricœur se autodefine en medio de su orfandad como "pupilo de la nación", recordando lo doloroso que fue esta situación para él y para su familia:

> Huérfano de padre y madre (mi madre había muerto poco después de mi nacimiento, y mi padre, profesor de inglés en

[118] Ricœur, P., *Crítica y convicción,* pp. 43-44. Las negritas están añadidas.

[119] *Ibíd.*, pp. 12-13.

> el liceo de Valence, había muerto en 1915, a comienzos de la Primera Guerra Mundial), había sido educado en Rennes, con mi hermana un poco mayor que yo, por mis abuelos paternos y por una tía, hermana de mi padre, once años menor que él y soltera. El duelo de mi padre, agregado a una austeridad sin duda anterior a la guerra y sus desastres, hizo que el círculo familiar jamás fuera penetrado por la euforia general de la posguerra.[120]

Segunda circunstancia, la impronta propia del protestantismo en su doble manifestación: luterana y *calvineana* o reformada. En el caso de la propuesta teológica de Martín Lutero, Ricœur fue atraído especialmente por la cuestión del *siervo arbitrio*, que niega de plano, alguna posibilidad de libre albedrio en el terreno de la salvación personal.[121] En este sentido, Ricœur propone incluso una *simbólica del siervo arbitrio*: "Este ciclo de ejemplos no concierne todavía sino a una de las zonas de emergencia del símbolo, la más cercana a la reflexión ética, y constituye lo que se podría llamar **la simbólica del siervo arbitrio**; sobre esta simbólica se injerta sin dificultad todo

[120] Ricœur, P., *Autobiografía intelectual,* p. 15.

Es frecuente que Ricœur transmita en más de una ocasión la historia de un mismo evento, como en este caso; o incluso que un mismo ensayo filosófico sea entregado más de una vez, a veces con ligeros cambios en el contenido, pero la mayoría de las veces con contenido idéntico, aunque con títulos distintos: "Prueba de ello muy particularmente [es] un artículo [titulado] "De l'interprétation" publicado cuatro veces con títulos y subtítulos diferentes pero con contenido siempre idéntico. "On Interpretación" en AA. VV., *Philosophy in France Today,* ed. A. Montefiore, Cambridge, 1983; "Ce qui me préocupe depuis trente ans", en *Esprit,* 116 (1986), 227-286; "Narrativité, phénoménologie et herméneutique", en *Enciclopédie philosophique universelle,* t. I: *L'univers philosophique,* Paris, 1989, 63-71; "De l'interpretation", en *Du texte à l'action,* 11-35. Nótese la originalidad de este artículo que regresa desde la narrativa hasta las primeras cuestiones de Ricœur." Gilbert, P., *op. cit.*, p. 127.

[121] "[…] Por lo cual rechazamos todo lo que contra esto se enseña sobre **el libre albedrío del hombre, toda vez que el hombre no es más que un esclavo del pecado,** y no puede aceptar ninguna cosa, si no le es dado del cielo. (…) Porque no hay entendimiento **ni voluntad conformes al entendimiento y la voluntad de Dios, si Cristo no los ha obrado en el hombre…**". "Confesión de fe de las iglesias reformadas de los Países Bajos (Confesión Belga)", Artículo 14, en *Confesiones de fe de la Iglesia,* (Las tres confesiones de la Iglesia Antigua y las tres confesiones Reformadas), 3ª ed., Literatura Evangélica, Barcelona, 1990, p. 83. El énfasis es añadido.

un proceso de reflexión que lleva a san Agustín y [Martín] Lutero como a Pelagio o Spinoza. Mostraré en otra parte su fecundidad filosófica".[122]

Y en este aspecto hay que resaltar que en la teología luterana y en la teología reformada, tiene un lugar muy importante el tema de la voluntad. Por ejemplo, Martín Lutero en su diatriba contra Erasmo y su idea de libre albedrío, escribe (citando al propio Erasmo): "Consecuentemente, partiremos de aquella misma definición en la que tú [Erasmo] determinas el libre albedrío: 'Además, *por libre albedrío entendemos en este lugar la fuerza de la voluntad humana* por la cual el hombre se puede aplicar a aquello que conduce a la salvación eterna, o apartarse de ello'."[123] En su refutación a Erasmo, Lutero dice que el único ser absolutamente libre es Dios, y por ello, le reprocha al humanista de Rotterdam que el libre albedrío no es tal frente a la soberanía de Dios; sino que el ser humano es esclavo *del pecado*, y que por lo tanto, se tiene que hablar más bien, de una **voluntad determinada**:

> Pues anteriormente hemos demostrado –escribe Lutero– que el libre albedrío es propio de Dios y de nadie más. Quizá puedas atribuirle al hombre con alguna razón un albedrío. Pero atribuirle un libre albedrío en cosas divinas, esto es demasiado; porque según el juicio de todos los que oyen la expresión "libre albedrío", con ella se designa en sentido propio un albedrío que frente a Dios puede hacer y hace todo cuanto le place, sin estar trabado por ninguna ley, ni por autoridad [*imperio*] alguna. En efecto: a un siervo, que vive bajo la autoridad de un amo, no lo habrías llamado libre; ¡con cuánta menos razón llamamos libre a un hombre o a un ángel que bajo la absoluta autoridad de Dios (para no hablar del pecado y de la muerte) llevan su vida de manera tal que ni por un momento pueden subsistir con sus propias fuerzas! [...] Más correcto

[122] Ricœur, P., *Freud: una interpretación de la cultura,* p. 16. Las negritas están añadidas.

[123] Lutero, Martín, *La voluntad determinada. Refutación a Erasmo,* (versión castellana de Erich Sexauer), Editorial Concordia-Publicaciones El Escudo-Editorial Paidós, Buenos Aires, 2006, p. 125. Las cursivas están añadidas.

> empero sería hablar de un "albedrío inconstante" o "albedrío mutable" [*Vertibile arbitrium vel mutabile arbitrium*].[124]

Martín Lutero, Ulrico Zwinglio, Juan Calvino, y toda la teología protestante después de ellos (tanto la luterana como la reformada), expresada en los credos, catecismos y confesiones de fe de esas iglesias protestantes, siempre han hablado de una voluntad *humana* inclinada totalmente al pecado;[125] y que por lo tanto, no puede querer ni hacer ninguna clase de bien por sus propios medios o esfuerzos. Lutero insiste:

> Pues bien: "la fuerza de la voluntad humana" creo que es la expresión con que designas la potencia o facultad o habilidad o aptitud de querer, no querer, elegir, despreciar, aprobar y rechazar, y otras acciones volitivas que hubiere. Pero, qué quieres decir con que esta fuerza "se aplica" y "se aparta", no lo veo, a no ser que sea el mismo querer y no querer, elegir, despreciar, aprobar, rechazar, a saber, precisamente la acción volitiva, de modo que habríamos de imaginarnos que aquella fuerza es cierta cosa intermedia entre la voluntad misma y su acción, de manera que por ella, la voluntad misma produce la acción de querer y no querer, y por ella es producida la misma acción de querer y no querer. [...] "Aquello empero que conduce a la salvación eterna", estimo que son las palabras y las obras de

---

[124] Ídem.

[125] Por ejemplo, *El Catecismo de Heidelberg* dice a este respecto: "8. *Pregunta*: ¿Pero estamos tan perdidos que no podemos de ninguna manera ser capaces de hacer algún bien y que estemos inclinados hacia todo mal? *Respuesta:* Sí, a no ser que nazcamos de nuevo por medio del Espíritu de Dios." *Catecismos de la Iglesia Reformada* (Obras clásicas de la Reforma, t. XIX), Editorial La Aurora-Casa Unida de Publicaciones (CUPSA), Buenos Aires, 1962, p. 147.

También: "Creemos, que Dios ha creado al hombre del polvo de la tierra, y lo ha hecho y formado según Su imagen y semejanza, bueno, justo y santo; **pudiendo con su voluntad convenir en todo con la voluntad de Dios.** Pero cuando anduvo en honor, no lo entendió él así, ni reconoció su excelencia, **sino que por su propia voluntad se sometió a sí mismo al pecado,** y por ende a la muerte y a la maldición [...] habiendo pervertido toda su naturaleza; por lo cual se hizo culpable de la muerte física y espiritual." "Confesión de fe de las iglesias reformadas de los Países Bajos (Confesión Belga)", Artículo 14, en *op. cit.*, p. 82. El énfasis es añadido.

> Dios que *son ofrecidas a la voluntad humana para que se aplique a ellas o se aparte de ellas.*[126]

En el lado reformado, Ricœur fue requerido –o convocado para usar la propia expresión de Ricœur– por el tema de la *doble* predestinación[127] en la teología de Juan Calvino, teólogo de origen francés, que también trata profusamente el tema de la voluntad y su relación con el pecado: "Creo que ya hemos mostrado suficientemente –dice el reformador ginebrino– cómo el ser humano se encuentra sometido al pecado, hasta el punto de no poder, por su propia naturaleza, ni desear el bien con su *voluntad*, ni hacerlo. También hemos establecido la distinción entre obligación y necesidad, lo que conduce a decir que cuando el hombre peca necesariamente, lo hace *voluntariamente*".[128] Del reformador alemán, "[...]

---

[126] Lutero, M., *La voluntad determinada. Refutación a Erasmo,* pp. 126-127. Las cursivas están añadidas.

Francis Ferrier en su librito intitulado *La Predestinación,* critica la postura de Lutero, por tener un abismo infranqueable: la libertad. "En la base de la relación entre el hombre y su Creador, falta en Lutero un eslabón inmenso: el de la libertad. Por mucho tiempo será un escollo entre luteranos y católicos, según la manera en que sea propuesta. Porque si se niega todo mérito, se niega asimismo toda responsabilidad y su sanción. Cristo, que ha merecido para él y para nosotros, ha obtenido esos méritos como hombre, luego como criatura dotada de libertad. Una filosofía que negara la libertad sería sospechosa, y con toda razón." Ferrier, F., *La Predestinación,* Publicaciones Cruz O, S.A., Ciudad de México, 1991, pp. 75-76.

[127] Hoy se sigue discutiendo si el propio Calvino planteó un asunto como el de la doble predestinación; no obstante, la mayoría de las Confesiones de fe reformadas (o calvinistas) sí la plantean, como lo muestran los siguientes ejemplos: "Por el decreto de Dios, para la manifestación de su propia gloria, algunos hombres y ángeles son **predestinados** a vida eterna, y otros **preordenados** a muerte eterna". *Confesión de fe de Westminster,* (Cap. 3, parágrafo C), 14ª ed., El Faro-Libros Desafío, Ciudad de México, 2009, p. 23. Las negritas son añadidas.

Asimismo: "Creemos, que estando todo linaje de Adán en perdición y ruina por el pecado del primer hombre, Dios se mostró a sí mismo tal cual es, a saber: Misericordioso y Justo.

Misericordioso: porque **saca y salva de esta perdición a *aquellos* que Él,** en su Eterno e inmutable consejo, de pura misericordia, **ha elegido en Jesucristo,** nuestro Señor, sin consideración alguna a las obras de ellos. Justo: Porque ***a los otros*** **deja en su caída y perdición** en que ellos mismos se han arrojado." "Confesión de fe de las iglesias reformadas de los Países Bajos (Confesión Belga)", Artículo 16, en *op. cit.*, p. 84. El énfasis está añadido.

[128] Calvino, Juan, *Institución de la religión cristiana,* (libro II, capítulo IV, parágrafo 1), trad. de Juan Carlos Martin, Libros Desafío, Grand Rapids/Colombia, 2012,

Ricœur, por su parte, desde los supuestos de un luteranismo nada providencialista en cuanto concierne a nuestra suerte en la historia, sitúa el origen y la razón de lo ético en la libertad personal sometida al principio de la razón comunitaria".[129]

Tercero y último, los temas propios de la tragedia griega, especialmente *Antígona* antes que *Edipo Rey* de Sófocles, en los que Ricœur puede "leerse", según su propuesta hermenéutica. Teresa María Driollet, sintetiza muy bien el talante de Paul Ricœur por aquella época:

> Una infancia trágica, experiencias de muertes tempranas, de pérdidas y dolores inútiles, colocan a Ricœur frente a la misteriosa experiencia del sufrimiento. Su profunda formación protestante, lo conduce, asimismo, a interrogarse acerca de la separación o el alejamiento del hombre con respecto a Dios, sin olvidar que los primeros años de su reflexión coinciden con una situación internacional de guerra y destrucción.
>
> El incansable lector intenta, en estos primeros años de su carrera filosófica, ahondar intelectualmente en estas vivencias. Por lo tanto lee y medita con detenimiento el tratado de Martín Lutero sobre el servo-arbitrio: *De la libertad cristiana.* Busca respuestas acerca del pecado en los escritos de San Agustín. Estudia detalladamente el tema del destino en la tragedia griega y analiza con gran interés la teología calvinista de la predestinación.[130]

---

p. 230. Las cursivas están añadidas.

La traducción del reformador español Cipriano de Valera, a veces, es preferible sobre la aquí citada. Valera traduce el texto de Juan Calvino, de la siguiente manera: "Creo que he probado suficientemente que el hombre de tal manera se haya cautivo bajo el yugo del pecado, que por su propia naturaleza no puede desear el bien en su voluntad, ni aplicarse a él. Asimismo he distinguido entre violencia y necesidad, para que se viese claramente que cuando el hombre peca necesariamente, no por ello deja de pecar voluntariamente". Calvino, J., *Institución de la religión cristiana,* (libro II, capítulo IV, parágrafo 1), trad. de Cipriano de Valera, 6ª ed., Fundación Editorial de Literatura Reformada (FELiRe), Barcelona, 2006, p. 213.

[129] Maceiras F., Manuel, "Reciprocidad y alteridad", en Ricœur, P., *De otro modo de ser o más allá de la esencia de* Emmanuel Levinas, 1ª reim., Anthropos Editorial, Barcelona, 2011, p. VIII.

[130] Driollet, Teresa María, *La libertad interior. La proyección de* Le volontaire et l'involontaire *en la obra de Paul Ricœur,* Editorial Biblos, Buenos Aires, 2008, p. 38.

Es también, a través de *Filosofía de la voluntad I. Lo voluntario y lo involuntario* (1950), donde el novel filósofo Paul Ricœur, empieza a desplegar el calibre de su pensamiento. En esa obra, Ricœur bosquejaba el tema de la *simbólica* del mal, pasando revista a los mitos que enunciaban ese mal. "Analiza, con el fin de comprender estas experiencias, cuatro grandes grupos de narraciones relacionadas con el origen y el fin del mal correspondientes a nuestros orígenes culturales: el relato babilónico de la creación del mundo, la narración trágica griega, el mito órfico del alma desterrada y el relato adámico hebreo".[131] En este tenor el propio Ricœur, enuncia en *Finitud y culpabilidad*, lo siguiente: "Lo primero que hemos visto –dice Ricœur– es que los mitos de caída, de caos, de exilio, de obcecación divina, directamente accesibles a una historia comparada de las religiones, no podía insertarse en estado bruto en el discurso filosófico, sino que previamente había que volver a situarlos en su propio universo del discurso".[132] ¿Cuál es ese universo del discurso que Ricœur quiere recuperar? El universo del discurso se da en lo que Ricœur denomina genéricamente como "lenguaje de la confesión", el cual se inserta en el ámbito del símbolo:

> Hemos visto entonces que los mitos solo se podían entender como elaboraciones secundarias que remitían a un lenguaje más fundamental que denomino **el lenguaje de la confesión.** Este lenguaje de la confesión es el que habla al filósofo de la culpa y del mal. Ahora bien, este lenguaje de la confesión tiene algo especial: es totalmente *simbólico*; no habla de la mancilla, del pecado, de la culpabilidad en términos directos y propios, sino en términos indirectos y prefigurados. Comprender este lenguaje de la confesión es poner en marcha una **exégesis** del símbolo que requiere reglas de desciframiento, es decir, una **hermenéutica**. Así es como la idea inicial de una *mítica* de la voluntad mala ha alcanzado las dimensiones de una *simbólica del mal*, dentro de la cual los símbolos más especulativos –como la materia, el cuerpo, el pecado original– remiten a símbolos míticos –como la lucha entre las potencias de caos, el exilio del alma en un cuerpo extraño, la ceguera del

[131] *Ibíd.*, pp. 40-41.

[132] Ricœur, P., "Prólogo" a *Finitud y culpabilidad*, p. 10.

> hombre producida por una divinidad hostil, la caída de Adán– y estos, a su vez, a los símbolos primarios de la mancilla, del pecado, de la culpabilidad.[133]

No obstante lo anteriormente señalado, en *El conflicto de las interpretaciones. Ensayos de hermenéutica,* Ricœur emprende una crítica intestina contra la doctrina del "pecado original" tal como fue formulada por San Agustín, recuperada por Martín Lutero y profundizada por Juan Calvino. Al emprender esa crítica Ricœur está minando la certeza misma de su credo religioso: el calvinismo y su doctrina de la *doble* predestinación. En el citado ensayo, Ricœur busca deshacer el concepto de *pecado original* porque lo considera como un saber quimérico: "...el concepto de pecado original es un falso saber y debe ser destruido como saber: saber cuasijurídico de la culpabilidad de los recién nacidos, saber cuasibiológico de la trasmisión de una tara hereditaria, falso saber que encierra una categoría biológica de herencia en una noción inconsistente".[134] Además, Ricœur añade:

> Señalaré de pasada que un viejo problema como el de la predestinación, que apenas ha avanzado desde hace siglos, encuentra aquí, si no su solución, por lo menos su enunciado correcto. Si comprendiéramos cómo, en el lenguaje, acontecen a la vez el dominio del verbo sobre el hombre y la responsabilidad del hombre sobre el verbo, podríamos discernir en el acto de hablar la confluencia de la predestinación del ser y de la responsabilidad del hombre.[135]

Sin menoscabar lo hasta aquí dilucidado, también hay que hacer caso a la nota al pie de página que Ricœur comparte en *El hombre falible,* donde nuestro autor señala la confluencia que su investigación tuvo con el desarrollo que el filósofo griego Aristóteles, llevó

[133] *Ibíd.*, pp. 10-11.

[134] Ricœur, P., "El «pecado original»: estudio de su significación" (1960), en *El conflicto de las interpretaciones,* p. 246.

[135] Ricœur, P., "Hacia una teología de la Palabra", en VV. AA., *Exégesis y hermenéutica,* (trad. de G. Torrente Ballester), Ediciones Cristiandad, S. L., Madrid, 1976, pp. 250-251. Título original: *Exégèse et Herméneutique,* Éditions du Seuil, Paris, 1971.

a cabo tocante al tema de la voluntad: "En la Ética a Nicómaco III, Aristóteles también inició este análisis con el estudio de lo voluntario y de lo involuntario en las acciones, de la deliberación y de la preferencia en la elección de los medios; pero esta teoría del juicio práctico queda confinada a la ética y no se comunica con el estudio del verbo que realiza, por otra parte, en el marco del *Organon*".[136] En efecto, Aristóteles señala en el libro III de la *Ética nicomáquea* titulado "Acciones voluntarias e involuntarias", lo siguiente: "Dado que la virtud se refiere a pasiones y acciones y que, mientras las voluntarias son objeto de alabanza o reproches, las involuntarias lo son de indulgencia y, a veces, de compasión, es, quizá, necesario, para los que reflexionan sobre la virtud, *definir lo voluntario y lo involuntario,* y es también útil para los legisladores, con vistas a los honores y castigos." (1109B30).[137] Aristóteles hace una clara distinción entre las acciones que son voluntarias, involuntarias y no voluntarias:

> Todo lo que se hace por ignorancia es no *voluntario*, pero, si causa dolor y pesar, es *involuntario*. En efecto, el que por ignorancia hace algo, cualquier cosa que ello sea, sin sentir el menor desagrado por su *acción,* no ha obrado voluntariamente, puesto que no sabía lo que hacía, pero tampoco *involuntariamente*, ya que no sentía pesar. Así, de los que obran por ignorancia, el que siente pesar parece que obra involuntariamente, pero el que no lo siente, ya que es distinto «digamos que ha realizado un acto» al que llamaremos "no voluntario"; pues, ya que difiere «del otro», es mejor que tenga un nombre propio. Además obrar por ignorancia parece cosa distinta del obrar con ignorancia [...] Ahora, el término "involuntario" tiende a ser usado no cuando alguien desconoce lo conveniente, pues la ignorancia en la elección no es causa de lo involuntario sino de la maldad, como tampoco lo es la ignorancia universal (pues esta es censurada), sino la ignorancia con respecto a las circunstancias concretas y al objeto de la acción. (*Ética nicomáquea*, 1110b20-30).[138]

[136] Ricœur, P., "El hombre falible", en *Finitud y culpabilidad*, p. 51. (Nota al pie de página número 7).

[137] Aristóteles, *op. cit.*, p. 72. Las cursivas están añadidas.

[138] *Ibíd.*, p. 75. Énfasis añadido.

Por lo demás, el tema de la acción está íntimamente vinculado a la *Filosofía de la voluntad,* como bien señala Roberto J. Walton en la "Presentación" al español de esta obra de Ricœur:

> El tema de la acción ha estado presente desde un comienzo en la filosofía de Paul Ricœur y ha sido examinado no solo según las diversas dimensiones de índole individual, institucional e histórica que es posible discernir en el obrar humano, sino también de acuerdo con diferentes perspectivas representadas por la fenomenología, el análisis lingüístico y la filosofía de la praxis. Esta larga y reiterada reflexión tiene su hito inicial en una filosofía de la voluntad cuya primera parte está constituida por el presente libro. En él se ofrece un análisis fenomenológico de lo voluntario y lo involuntario, centrado sobre todo en la dimensión individual de la acción. Por ambos lados corresponde, pues, al primer escalón en el anterior bosquejo de ámbitos de la acción y puntos de vista para su examen. Su descripción de los rasgos esenciales de la voluntad de cada sujeto ensancha el panorama de la fenomenología e implica el rechazo del privilegio asignado en un primer momento por Husserl a la conciencia teórica, es decir, el abandono de la fundamentación de las vivencias afectivas y volitivas en las representaciones perceptivas o derivadas de la percepción. A la vez que somete la voluntad a un análisis intencional –método que reivindica y practica cuidadosamente para prevenir una caída en la indistinción de lo vivido– Ricœur la considera como un fenómeno tan primitivo como la percepción. Y subraya que la actitud puramente teórica es el resultado de un trabajo de depuración que supone una presencia primaria de las cosas y en que se conjugan la aprehensión perceptiva, la participación afectiva y el trato activo con ellas.[139]

[139] Walton, Roberto J., "Presentación" en Ricœur, P., *Philosophie de la volunté. Le volontaire et l'involontaire.* Versión castellana: Ricœur, P., *Filosofía de la Voluntad. Lo voluntario y lo involuntario*, pp. 9-10. (Disponible en https://es.scribd.com/document/238563128/Paul-Ricouer-Filosofia-de-La-Voluntad, consultada el 15 de junio de 2017). Por lo demás, Ricœur seguirá desarrollando el tema de la acción en su libro: *Le discours de l'action,* Centre National de la Recherche Scientifique (CNRS), Paris, 1977. Traducción española: Ricœur, P., *El discurso de la acción,* (trad. de Pilar Calvo), Col. Teorema, Ediciones Cátedra, S.A., Madrid, 1981.

Capítulo III

Hermenéutica filosófica y exégesis bíblica

1. Las tertulias protestantes semanales y su encuentro con la exégesis bíblica

> **La palabra es mi reino** y no tengo vergüenza de ello [...]. Como universitario, creo en la eficacia de la palabra docente; como docente de historia de la filosofía, creo en el poder esclarecedor, incluso para una política, de una palabra dedicada a elaborar nuestra memoria filosófica; como miembro del equipo de *Esprit,* creo en la eficacia de la palabra que retoma reflexivamente los temas generadores de una civilización en marcha; **como oyente de la predicación cristiana, creo que la palabra puede cambiar el "corazón", es decir, el centro del que brotan nuestras preferencias –y nuestras tomas de posición–**. En un sentido todos estos ensayos son para la gloria de la palabra que reflexiona de manera eficaz y que actúa pensativamente.[1]
>
> Paul Ricœur

[1] Ricœur, P., "Prefacio a la primera edición (1955)", en *Historia y verdad*, p. 13. Las negritas están añadidas.

En el Prefacio a *Del texto a la acción. Ensayos de hermenéutica II*, Paul Ricœur denomina su trabajo filosófico como una "hermenéutica militante",[2] para designar toda una obra consagrada a la reflexión e interpretación –de símbolos, de textos y de la vida misma– a través de la terca reinscripción y reiteración de la teoría del texto en la teoría de la acción. En su larga y prolífica trayectoria filosófica, Ricœur se constituyó en todo un animal hermenéutico.[3] Aquella hermenéutica militante le viene de muy atrás, surge entre los once y los diecisiete años, cuando aquel niño clasificado como "pupilo de la nación" devoraba libro tras libro;[4] entre los cuales estaba, por supuesto, la Biblia. Y esto porque "el cristianismo es una religión *bíblica*, esto es, la religión de un *libro* o de varios libros, ya que eso es precisamente lo que significa la palabra Biblia".[5] El contexto doméstico ricoeuriano –como el de cualquier círculo familiar protestante– estaba saturado por la lectura habitual de la Biblia:

> Sí, –recuerda Ricœur– se trataba de **un ambiente muy impregnado por la lectura de la Biblia**. Mi abuela la leía regularmente, **una práctica que yo mismo he heredado y que he continuado, tanto en mi juventud como con posterioridad**. No era un ánimo literalista el que guiaba esta lectura, sino más bien una idea a la que llamaría pneumatológica:* **esta**

[2] *Cfr.*, p. 12.

[3] La expresión aparece como título de un artículo de Michel, Johann, "El animal hermenéutico", en Fiasse, Gaëlle (Coord.), *Paul Ricœur. Del hombre falible al hombre capaz*, Ediciones Nueva Visión, Buenos Aires, 2009, pp. 57-81.

[4] *Cfr.*, Ricœur, P., *Autobiografía intelectual*, pp. 15-16.

[5] Segundo, Juan Luis, *Liberación de la teología*, (Cuadernos Latinoamericanos, 17), Ediciones Carlos Lohlé, Buenos Aires, 1975, p. 11.

* En la hermenéutica bíblica, una lectura pneumatológica de la Biblia apunta a un acercamiento que busca el "espíritu" del texto, que libera y da vida; antes que la letra de la ley, que mata y somete. San Pablo lo enuncia así: "[…] pues él nos hizo ministros competentes de un nuevo pacto, no de la letra, sino del Espíritu; porque la letra mata, pero el Espíritu vivifica." (2 Corintios 3:6, Versión Reina-Valera Contemporánea [RVC]). Jürgen Moltmann dice: "No hay palabra de Dios que acontezca al margen de las experiencias humanas del Espíritu de Dios. Por eso, las palabras bíblicas y eclesiales de la predicación han de estar referidas a las experiencias de los hombres presentes, para que lleguen a ser no solamente

marcaba en efecto la vida cotidiana; los textos de Sabiduría y las Bienaventuranzas desempeñaban un papel más importante que los dogmas. Al no tratarse de un ámbito intelectual era muy poco dogmático, y privilegiaba la práctica privada de la lectura, la oración y el examen de conciencia. Yo siempre me moví, pues, entre estos dos polos: un polo bíblico y otro polo racional y crítico, una dualidad que, finalmente, se ha mantenido a lo largo de toda mi vida.[6]

«oyentes de la palabra» (K. Rahner), sino también interlocutores de la misma. Pero esto solo es posible si *palabra* y *Espíritu* se conciben en *mutua referencia* y no como una vía de sentido único. El Espíritu es sujeto de la palabra, no solo palabra en acción. El Espíritu, en sus efectos, trasciende a la palabra. Las experiencias del Espíritu se expresan no solo en términos lingüísticos, sino que son tan variadas como lo es la misma realidad sensible. Hay también formas expresivas del Espíritu que no son verbales." Moltmann, J., *El Espíritu de la vida. Una pneumatología integral,* (trad. de Santiago del Cura Elena), Col. Verdad e imagen: 142, Ediciones Sígueme, Salamanca, 1998, p. 15.

En la tradición reformada a la que Paul Ricœur pertenece, Palabra y Espíritu están intrincados, como así lo enseña también Ulrico Zuinglio, primer teólogo reformado: "He aquí nuestra opinión: la Palabra de Dios hemos de honrarla lo más altamente posible **(entiéndase por Palabra de Dios solamente lo que proviene del Espíritu de Dios)** y a ninguna otra «palabra» hemos de creer como a la divina." "Sermón sobre la claridad y verdad de la palabra de Dios" en Zuinglio, *Antología,* (Presentación y selección M. Gutiérrez Marín), Producciones Editoriales del Nordeste, Barcelona, 1973, p. 80. Las negritas están añadidas.

[6] Ricœur, P., *Crítica y convicción,* p. 16. Las negritas están añadidas.

Esta espiritualidad cristiana,[7] basada en una lectura no literalista,[8] no fundamentalista[9] ni sectaria, sino sapiencial, práctica, ética y

---

[7] Que en Ricœur hay una auténtica espiritualidad de origen cristiano, no debe caber la menor duda, como sostiene Johann Michel: "¿En qué sentido se puede decir que la antropología hermenéutica de Paul Ricœur vuelve a tejer vínculos con la *espiritualidad* de inspiración socrática o cristiana? [...] ¿De qué *espiritualidad* habla en el fondo Ricœur cuando apela a una conquista de sí mismo sobre la base de una desposesión originaria? Se trata de una *espiritualidad* que se remonta ciertamente a las fuentes cristianas que se encuentran reformuladas en la época contemporánea tanto en el existencialismo ateo como en el cristiano (Karl Jaspers y Gabriel Marcel)." Michel, Johann, "El animal hermenéutico", en Fiasse, G., *op. cit.,* pp. 61, 63.

[8] La lectura "literalista" de la Biblia, toma el texto bíblico *literalmente* (y no literariamente, que es lo más deseable y sensato). Esta lectura es empobrecedora del mensaje bíblico y reduccionista respecto al entendimiento del texto bíblico. La lectura literalista es alentada por el fundamentalismo cristiano, cuyo mejor ejemplo son los evangélicos republicanos estadounidenses y muchos evangélicos mexicanos; quienes por ejemplo, niegan la teoría de la evolución, porque según dicen, esta atenta contra la enseñanza de la Biblia sobre la creación. Sin embargo, no hay razón para despreciar el estudio también científico (y no solo dogmático) de la Biblia, porque esta no es solo un texto sagrado entendido como lo que en efecto es para los creyentes: Palabra de Dios; sino también un texto literario, sociológico, histórico, antropológico y religioso, por ello humano. De ahí que quepan también lecturas novedosas, y sobre todo, creativas de la Biblia, desde las diferentes y variadas disciplinas humanas. Esto permitirá, como sostiene José Severino Croatto: "entrar en el texto, a discernir las etapas de su composición, a identificar sus fuentes, su situación vital originaria y final, a configurar la intención de su autor y, efecto no buscado pero real, a **liberarlo de todas las lecturas fundamentalistas y empobrecedoras.**" Croatto, José Severino, *Historia de la Salvación: La experiencia religiosa del pueblo de Dios,* Verbo Divino, España, 1995, p. 18. En este mismo sentido, Pierre Grelot sostiene que "la única actitud realmente sana [en la lectura bíblica] es la de la investigación crítica seria, emprendida bajo la luz de la fe, para iluminar la literatura de los textos bíblicos." Grelot, Pierre. *Hombre, ¿quién eres?: Los once primeros capítulos del Génesis,* (Cuadernos Bíblicos 5), Verbo Divino, España, 1999, p. 9.

[9] Ricœur critica las lecturas "fundamentalistas" de la Escritura que oponen los textos religiosos a los textos científicos: "Este comentario inicial es relevante no solo para la exégesis del texto bíblico, sino que afecta además al uso que se ha hecho y todavía se hace a veces, **en particular por los fundamentalistas**, de los relatos de la creación. Así como los acontecimientos de la historia primordial no pueden coordinarse con lo que los antiguos hebreos entendían por tiempo histórico –cosa en la que estaban de acuerdo con las antiguas culturas del Oriente próximo en general–, tampoco podemos hacerlo nosotros en la actualidad, herederos como somos de la física de Galileo y de Newton, de la teoría darwinista de la evolución y de la investigación científica sobre los orígenes de la humanidad. [...] Es liberador admitir que no hay invitación alguna [en el texto bíblico] a intentar fechar la creación de Adán en relación con el *pithecanthropus* o el hombre

libre de dogmas, llevó paulatinamente al joven Ricœur al fuerte convencimiento, de que allí, en la Biblia, alguien *había* proclamado *una* Palabra que antecede a la del propio ser humano: "Todas las afirmaciones de los teólogos se basan en la convicción de que Dios sale al encuentro del hombre como *palabra*; en este sentido es que hablamos de «*Palabra* de Dios»".[10] Ricœur lo vuelve a enunciar así: "Más profunda, más fuerte que el sentimiento de culpa, estaba la convicción de que la palabra del hombre viene precedida por la «Palabra de Dios»."[11] Y esta Palabra de Dios, desde luego, no solo debe ser leída y releída –además de «creída y obedecida»[12] por el hombre y la mujer de fe–, sino también interpretada, adaptada y reinterpretada,[13] una y otra vez, porque ella es Proclamación

de Neanderthal." Ricœur, P., "Pensar la creación", en LaCocque, André y Ricœur, P., *Pensar la Biblia. Estudios exegéticos y hermenéuticos,* (trad. Antonio Martínez Riu), Herder, Barcelona, 2001, pp. 52-52.

[10] Ricœur, P., "Lenguaje y teología de la Palabra" (1968), en *El lenguaje de la fe,* p. 143. Artículo aparecido originalmente en la *Revue de Théologie et de Philosophie* (Lausanne, tomo XVIII, 1968).

[11] Ricœur, P., *Autobiografía intelectual,* p. 16.

Esta palabra que precede a la del hombre, es una palabra *onto-antropológica,* porque la primera palabra que Dios le dirige al ser humano, es una pregunta que inquiere sobre el hombre mismo: "Hombre, ¿dónde estás?". *Cfr.*, "Y llamó Jehová Dios al hombre, y le dijo: ¿Dónde estás tú?" (Génesis 3:9, Reina-Valera Antigua (1909) [RVA], Sociedades Bíblicas Unidas, Corea, 2001, p. 3). **Luego en el Salmo 8, *esa* palabra divina que inquirió *al* hombre sobre *el* hombre en el Jardín del Edén, se convertirá propiamente en palabra humana pero dirigida a Dios. Aquí el ser humano inquiere sobre sí mismo, pero dirigiendo su pregunta a Dios: "…me pregunto: «¿Qué es el hombre, para que en él pienses? ¿Qué es el ser humano, para que lo tomes en cuenta?»** (Salmo 8:4, *Biblia de Estudio NVI* [Nueva Versión Internacional], Editorial Vida, Miami, 2002, p. 1669). **Estamos frente a la circularidad Palabra de Dios-palabra humana. Es imposible no atisbar aquí, el profundo conocimiento y respeto que Ricœur tiene por la Palabra de Dios.**

[12] Tal es el modo como lo enuncia una de las Confesiones de Fe de la Reforma: "La autoridad de las Santas Escrituras, *por la que ellas deben ser creídas y obedecidas,* no depende del testimonio de ningún hombre, sino exclusivamente del testimonio de Dios (quien en sí mismo es la verdad), el autor de ellas; y deben ser creídas, porque son la Palabra de Dios." "Capítulo 1. De las Santas Escrituras", Parágrafo D, en *Confesión de fe de Westminster,* 14ª ed., El Faro-Libros Desafío, Ciudad de México, 2009, p. 17. Las cursivas están añadidas.

[13] Paul Ricœur nos previene sobre la arbitrariedad de las interpretaciones: "[…] si bien la interpretación no puede ser única, tampoco es múltiple en un sentido cualquiera y arbitrario. […] Por eso la interpretación no es una ni múltiple. No

(gr. *kerigma* o *kerugma*).[14] Ricœur mismo se confiesa, no únicamente lector de *esa* Palabra, sino también un oyente común de la proclamación cristiana, con todo y su formación *estrictamente* filosófica:

> Pocos autores tienen el don y el talento de escribir un *Lo que creo.* Pero más de un oyente de la predicación cristiana puede estar preparado como para dar cuenta del modo en que ha escuchado y oído. **Yo soy uno de esos oyentes.** [...]
>
> Confesarse oyente es, de entrada, romper con el proyecto caro a cierto filósofo –puede que a todo filósofo– de comenzar el discurso sin presuposiciones.* [...] **Ahora bien, me mantengo en la posición de oyente de la predicación cristiana apoyándome en cierta presuposición. Supongo que esta**

---

es una, porque existen siempre varias posibilidades de leer el mismo texto; pero tampoco es múltiple, en el sentido de un infinito innumerable. Finalmente –y quizá sobre todo–, el campo de las posibles interpretaciones está además limitado por el carácter comunitario de la interpretación. Nunca insistiré bastante sobre el hecho de que toda labor individual de exégesis se destaca siempre sobre el horizonte de una comunidad de interpretación." Ricœur, P., "Bosquejo de conclusión", en VV. AA., *Exégesis y hermenéutica,* p. 234.

[14] En su sentido bíblico neotestamentario esta palabra de origen griego, significa: "κήρυγμα (το) –ατος.- la anunciación, la publicación, la proclamación, el anuncio, la predicación". Walder Gassman, Ernst, *Diccionario Básico Griego-Español,* Publicaciones SEL (Seminario Evangélico de Lima), Lima, 2007, p. 87. "En el mundo griego esta palabra denota tanto el acto de la proclamación como su contenido. Puede tener sentidos tales como «noticia», «declaración», «decreto», «anuncio», etc.", Kittel, G., Friedrich, G. y Bromiley, G. W., *Compendio del Diccionario teológico del Nuevo Testamento,* Libros Desafío, Bogotá, 2003, p. 427. "κήρυγμα ατος τό bando, proclama, declaración, orden, promesa hecha por un heraldo." *Diccionario manual griego. Griego clásico-Español,* 18ª ed., Vox, Barcelona, 2002, p. 345. En el NT aparece en estos textos: "κήρυγμα predicación, anuncio Mt 12:41; Lc 11:32; Rm 16:25; 1 Cor 1:21; 2:4; 15:14; 2 Tm 4:17; Tt 1:3." ORTIZ V., Pedro, *Concordancia Manual y Diccionario Griego-Español del Nuevo Testamento,* Sociedad Bíblica, Madrid, 1997, pp. 246-247.

* Ricœur insiste en muchas partes de su obra que no existe una «filosofía sin presuposiciones»: "...no hay filosofía sin supuesto previo alguno" –dice al final de «La Simbólica del mal» en *Finitud y culpabilidad,* p. 482. Y añade: "Esa es la *apuesta.* El único al que puede irritar este tipo de pensamiento es al que considere que la filosofía, para empezar por sí misma, ha de ser una filosofía sin supuestos previos. Una filosofía que arranque en pleno lenguaje es una filosofía con supuestos previos de algún género. Su honestidad consiste en explicitar sus supuestos previos, en enunciarlos como creencias, en elaborar la creencia como una apuesta y en intentar recuperar la apuesta como comprensión." *Ibíd.,* p. 490.

palabra es sensata, que vale la pena sondearla y que su examen puede acompañar la transferencia del texto a la vida, donde dicha palabra se verificará globalmente.[15]

Paul Ricœur está convencido como otros cristianos de la plausibilidad de *esa* palabra que genera fe en los creyentes, ya que forma parte de su propia persuasión; en suma, se trata de aquella "convicción de que a finales del siglo XX, pese a todas las críticas al cristianismo y a la Iglesia, es posible decir, con una actitud de confianza razonable: *credo,* yo creo".[16] Ricœur articula este credo no solo como una situación teológica, sino *también* como una cuestión antropológica: "[...] pienso que nuestro problema –que hoy comprendemos mejor gracias a Marx, Freud y Nietzsche– es: ¿qué es el hombre? ¿Conocemos mejor al hombre de lo que conocemos a Dios? En el fondo no sabemos qué es el hombre. **Mi propia confesión es que el hombre se instituye por la palabra, es decir, por un lenguaje que no es tanto hablado *por* el hombre, sino que es hablado *al* hombre**".[17]

Pero además, esa palabra bíblica está articulada en un lenguaje religioso que tampoco carece de significado: "En términos positivos: *el lenguaje religioso es sensato,* posee un *sentido,* al menos para la comunidad de fe, cuando lo usa para comprenderse a sí misma o para hacerse comprender por un auditorio extraño".[18] En este sentido, en *Reflexión sobre el lenguaje. Hacia una teología de la Palabra,* Ricœur problematiza la cuestión sobre: "¿Qué podemos entender aquí por una teología de la *palabra*?". Y responde así:

---

[15] Ricœur, P., "Nombrar a Dios" (1977), en *Fe y filosofía. Problemas del lenguaje religioso,* 3ª ed., Prometeo Libros, Buenos Aires, 2008, p. 87. Las negritas están añadidas.

[16] Küng, H., *Credo,* (trad. de Carmen Gauger), 4ª ed., Trotta, Madrid, 2000, p. 10.

[17] Ricœur, P., "El lenguaje de la fe" (1964), en *El lenguaje de la fe,* p. 48. Las negritas están añadidas. Esta conferencia y otra que lleva por nombre: "La crítica de la religión", fueron pronunciadas por Paul Ricœur en ocasión del Primer encuentro de Universidades Protestantes de la Suiza de habla francesa y publicadas originalmente en el *Bulletin du Centre Protestant d'Études,* año 16, No. 4-5, 1964, pp. 5-31.

[18] Ricœur, P., "La filosofía y la especificidad del lenguaje religioso" (1975), en *Fe y filosofía. Problemas del lenguaje religioso,* p. 51. Además del libro anterior, Ricœur consagra también *El lenguaje de la fe* al binomio fe/religión.

1. Todas las afirmaciones de los teólogos se apoyan en la convicción de que Dios va al encuentro del hombre en forma de palabra; hablamos de "*Palabra* de Dios".

2. El cristianismo es, a título primordial, la comprensión de esta *Palabra* en cuanto "se hace carne".

3. El testimonio de la primera comunidad cristiana constituye una forma de la palabra, la *Palabra* de la predicación, como lugar en que el acontecimiento Cristo es reconocido como *palabra*.

4. La predicación actual es a su vez la actualización de aquella palabra primera, primaria, en una nueva *Palabra* inteligible para nuestro tiempo.

5. El trabajo de los exégetas y los teólogos es a su vez una especie de discurso sobre estos cuatro discursos sucesivos, con la finalidad última de reconquistar y reafirmar la significación de la *Palabra* original que pone en movimiento esta serie de *palabras*. Así pues, la labor del teólogo aparece en cuanto tal como un discurso último referente a la conexión interna e íntima entre la palabra de Dios, Dios como palabra en Cristo, la palabra de la predicación primitiva y su actualización en la predicación moderna. En este sentido, toda teología es una teología de la palabra. Pero la teología merecerá más específicamente este título cuando se esfuerza por conjuntar, en forma de proceso unitario, lo que en la anterior enumeración se presenta en estado disperso.[19]

En efecto, esa Palabra que en Cristo se ha humanizado, es comprensible, justamente por esto último, porque ha devenido humana; así el lenguaje de la fe, es completamente asequible al ser humano en virtud de esta encarnación del Verbo: "Cuando la comunidad confesante anuncia que «en Cristo el Verbo [λόγος] se hizo carne [σάρξ]», presupone un espacio de comprensión, a saber el

[19] Ricœur, P., "Reflexión sobre el lenguaje. Hacia una teología de la Palabra", en VV. AA., *Exégesis y hermenéutica*, p. 237. Este mismo artículo aparece como: "Lenguaje y teología de la Palabra" en *El lenguaje de la fe,* pp. 141-161.

entendimiento, por vago e indeterminado que se quiera, de lo que puede significar «la manifestación del ser en la palabra». La predicación cristiana implica que resulte significante para el hombre el hecho del transferimiento del ser a la palabra".[20] En este mismo orden de ideas, se tienen al menos dos noticias, de que Ricœur, además de ser lector cotidiano de las Escrituras, y, oyente atento de la predicación cristiana, también tuvo la oportunidad de predicar sermones en alguna que otra ocasión. El filósofo español Carlos Eymar, conoció personalmente a Ricœur, y en un encuentro posterior, lo escuchó proclamar la Palabra en una iglesia, así recuerda esta experiencia, en un tono por demás personal:

> En el año 1997, estando en Estrasburgo, me hice amigo de Jean Marc Saint, un singular pastor protestante, viudo, guasón y párroco de la Iglesia de Saint Paul. Un día, me invitó a una *fondue* en su casa, recomendándome encarecidamente que no dejara de ir porque encontraría a gente muy interesante. Efectivamente, allí, entre un grupo reducido de personas, me topé cara a cara a [Paul] Ricœur. Lo percibí como un hombre menudo, de aspecto frágil, serio, pero que, de vez en cuando, esbozaba una sonrisa acogedora y llena de bondad. Muy modesto, contaba cómo a un alumno que lo llamaba continuamente *maître*, le advirtió que [en] caso de continuar repitiendo maître, él lo llamaría *milimettre*. Ver a Ricœur en su salsa protestante, como un simple parroquiano de una comunidad religiosa, o, como también tuve ocasión más tarde, escucharle una especie de sermón en una iglesia, a modo de predicador laico, me hizo considerar su obra con ojos diferentes.[21]

[20] *Ibíd.*, p. 251.

[21] Eymar, Carlos, "En memoria de Paul Ricœur", en *El Ciervo: revista de pensamiento y cultura,* pp. 34-36. Disponible en https://www.elciervo.es/index.php/archivo/3027-2005/numero-652-653/270-alias_315 (Consultada el 21 de septiembre de 2017).

Los editores de Ricœur, P., *Vivo hasta la muerte* seguido de *Fragmentos,* 1ª ed., FCE, Buenos Aires, 2008; transmiten la siguiente información: "La carpeta también contenía dos cartas [...], así como **el texto del culto del domingo 28 de mayo de 1995.**" (p. 28).

La otra noticia proviene de la estancia de Ricœur en Estados Unidos, la información la comparte ahora, el argentino Ricardo Ferrara, citando a François-Xavier Amherdt. En esa ocasión Ricœur predicó un sermón sobre el discipulado cristiano, basado en el Evangelio de Mateo (16:25), en la Capilla Rockefeller de la Universidad de Chicago,[22] donde Ricœur fue durante largos años docente del Departamento de Teología. Además, en "Paul Ricœur, interprète de l'Ancien Testament et du livre de Job", Manfred Oeming, Profesor de Antiguo Testamento de la Facultad de Teología de la Universidad de Heidelberg, comenta:

> Pour ce qui est de Paul Ricœur, ces trois considérations générales relatives [1. Les philosophes ont le droit de lire de mainères éclectique; 2. Les philosophes peuvent –et doivent!– lire de manière *conceptuelle*... 3. Pour des philosophes, *une foi ou une communauté de foi* ne saurait être un élément de la compréhension des textes] à l'essence d'une relecture philosophique signifient concrètement ce qui suit:
>
> *À propos de 1: les philosophes lisent la Bible sélectivement.* Étonnamment pour un philosophe, Ricœur s'est intensivement confronté à la Bible. **Déjà comme membre d'une Église locale, qui fréquentait régulièrement le culte et suivait les prédications, mais aussi comme scientifique, qui a réfléchi sur des textes bibliques et a beaucoup publié à leur sujet.** Certes, globalement il consacre peut-être moins de place à la l'Ancien Testament qu'au Nouveau (où il accorde beaucoup d'attention, par exemple, aux paraboles de Jésus ou à l'interprétation de l'histoire de la passion). Néanmoins son effort tend, et en cela il est exemplaire, à mettre en évidence *la pluralité des formes linguistiques de l'Ancien Testament en tant*

[22] "Cf. Sermón sobre Mt 16:25 en la Rockefeller Chapel (Universidad de Chicago), AMHERDT, [F.-X. (ed.), *Paul Ricœur. L'hermeneutique biblique,* Éditions du Cerf, Paris,] 2001, pp. 266-271." Citado en nota al pie de página: Ferrara, R., "Paul Ricœur (1913-2005): sus aportes a la teología", en Revista Teología, Tomo XLIII, No. 89, Buenos Aires, abril 2006, p. 11.

> *que polyphonie*, si bien que son interprétation inclut un spectre de textes remarquablement large.[23]

Ya que ha quedado suficientemente evidenciado que Paul Ricœur es lector asiduo, oyente atento, y, algunas veces incluso, predicador de la Palabra *bíblica*, en su ensayo "Manifestación y proclamación", Ricœur vuelve sobre el tema de la **proclamación**, la obediencia y el fervor a las Escrituras y lo que ellas producen en sus lectores y escuchas; además de resaltar la intensa relación que *esa* proclamación guarda con la hermenéutica *bíblica*, señalando que no existiría hermenéutica sin proclamación; y a su vez, que no habría proclamación sin el *possum, potes* de "ese *Logos*" encarnado en Cristo:[24]

> **No habría hermenéutica [*bíblica*] si no hubiera proclamación.** Pero no habría proclamación si la palabra no fuera potencia, si no tuviera el poder de desplegar el ser nuevo que anuncia.

---

[23] Oeming, M., "Paul Ricœur, interprète de l'Ancien Testament et du livre de Job" en Frey, D., Grappe, C., Lehmkühler, K., Lienhard, F. (Eds.), *La reception de l'oeuvre de Paul Ricœur dans les champs de la theologie,* Lit Verlag, Berlín, 2013, pp. 37-38. Las negritas son añadidas.

"En lo que respecta a Paul Ricœur, estas tres consideraciones generales [1. Los filósofos tienen derecho a leer *eclécticamente*; 2. Los filósofos pueden –¡y deben!– leer *conceptualmente...* 3. Para los filósofos, *una fe o una comunidad de fe* no puede ser un elemento de la comprensión de los textos] relativas a la esencia de una relectura filosófica significan concretamente lo siguiente:

A propósito de 1: Los filósofos que leen la Biblia de manera más selectiva. Sorprendentemente para un filósofo, Ricœur se confrontó intensamente con la Biblia. **Ya como miembro de una Iglesia local, que regularmente asistía al culto y seguía la predicación, pero también como un científico, que reflexionó sobre los textos bíblicos y publicó mucho sobre ellos.** Es cierto que, en general, puede dedicar menos espacio al Antiguo Testamento que al Nuevo (donde presta mucha atención, por ejemplo, a las parábolas de Jesús o a la interpretación de la historia de la pasión). Sin embargo, su esfuerzo tiende, y en esto es ejemplar, a poner de manifiesto *la pluralidad de las formas lingüísticas del Antiguo Testamento como polifonía,* de modo que su interpretación incluye un espectro notablemente amplio de textos." (Traducción personal).

[24] "Me gustaría resumir –escribe Ricœur– esta introducción de la manera siguiente: **el objeto de la teología es la Palabra hecha carne**; pero como la carne es el hombre, y el hombre es lenguaje, hacerse carne es, para la palabra, hacerse lenguaje en el sentido humano y secular del término. El hecho de que el Logos se haga discurso, pase al rango de nuestras *palabras*, constituye el *Geschehen,* el cual crea el encuentro de la teología de la palabra y los estudios lingüísticos." Ricœur, P., "Reflexión sobre el lenguaje. Hacia una teología de la Palabra", en VV. AA., *Exégesis y hermenéutica*, p. 239. Las negritas están añadidas.

> ¿Una palabra que, más que hablarla, nos resulta dirigida; una palabra que, más que articularla, nos constituye –una "palabra que habla"– no reafirma acaso lo sagrado al mismo tiempo que lo deja abolido? Esto último es hasta tal punto cierto que la escucha de la palabra no es posible sin una conversión de los valores de lo *tremendum* y lo *fascinosum* en **obediencia y fervor.** Por mi parte, no concibo una actitud religiosa que no proceda ante todo del "sentimiento de dependencia absoluta".[25]

La cuestión de la "dependencia absoluta" le viene a Ricœur a través de su cultura protestante y de la lectura del teólogo Friedrich Schleiermacher: "En cuanto a la inquietud, tiendo hoy a vincularla con la especie de competencia que mantenían en mí mi educación protestante y mi formación intelectual. La primera, aceptada sin reticencias, me orientaba hacia un sentimiento que identifiqué mucho más tarde, leyendo a Schleiermacher, como el de «dependencia absoluta» [...]".[26] Esta llamada "dependencia absoluta" no es otra cosa sino la fe *bíblica* que arropa la confianza cristiana; como tal y en tanto acto de confianza; marca no obstante, el límite de toda hermenéutica, puesto que esta no se reduce a ninguna palabra ni a ninguna escritura. Pero este límite no es un dique (a modo de contención) que reduzca o impida el sólido ejercicio de la interpretación, sino que más bien lo posibilita y lo proyecta, puesto que es el "alfa" (ἄλφα) o principio de toda interpretación, como Ricœur sostiene:

> Por mi parte, las formulaciones que me son más familiares y que están más cerca de mí son las siguientes: sentimiento de "absoluta dependencia" respecto de una creación que me precede, "inquietud última" en el horizonte de todas mis

[25] Ricœur, P., "Manifestación y proclamación" en *Fe y filosofía. Problemas del lenguaje religioso,* p. 83. Las negritas están añadidas. Sobre la aparente aporía entre "afirmación" y "abolición" de lo *sagrado,* Ricœur comenta en otra parte, que el olvido de lo sagrado es producto de la razón instrumental que busca dominar la naturaleza: "El momento histórico de la filosofía del símbolo es el del olvido y también el de la restauración: olvido de las hierofanías, olvido de los signos de lo Sagrado, pérdida de la pertenencia del hombre a lo Sagrado. Sabemos que ese olvido es la contrapartida de la imponente tarea de alimentar a los hombres, de satisfacer sus necesidades dominando la naturaleza mediante una técnica planetaria." Ricœur, P., "Hermenéutica de los símbolos y reflexión filosófica I" (1961), en *El conflicto de las interpretaciones,* p. 262.

[26] Ricœur, P., *Autobiografía intelectual,* p. 16.

> preocupaciones, "confianza incondicional" que espera a pesar de todo. Estos son algunos de los sinónimos de lo que, en la época contemporánea, ha sido llamado fe. Y todas las formulaciones que pueden darse de ella hacen constar que la fe es, en cuanto tal, un acto que no se deja reducir a ninguna palabra, a ninguna escritura. Con ese derecho, marca el límite de toda hermenéutica, porque está en el origen de toda interpretación.[27]

Nuevamente aquí puede constatarse que la hermenéutica ricoeuriana tiene una fuerte influencia o sobredeterminación –para usar una palabra del propio Ricœur– de su lectura de las Escrituras bíblicas, tanto las judías como las cristianas. Carlos Eymar escribe al respecto: "Su educación estuvo, pues, regida por una austeridad y un cierto rigor pietista que ayudan a explicar algunas de sus valoraciones y actitudes. **Ante todo ese gusto por la hermenéutica bíblica, aprendida semanalmente en las sutiles exégesis de los pastores protestantes y, luego, por su inclinación hacia cuestiones como la culpabilidad, el pecado original o la angustia,** en la mejor tradición de [Søren] Kierkegaard y [Karl] Barth".[28]

Con lo que, Ricœur no solo es un teórico de la acción, es ante todo, un filósofo de la acción; porque cuando se pronuncia sobre la hermenéutica general, o en este caso, sobre la hermenéutica bíblica está haciendo hermenéutica, la está poniendo en acto (abandonando la mera enunciación); desplegando así, todo su potencial intelectual. La hermenéutica ricoeuriana es un decir *haciendo,* y es un hacer *diciente,* porque "el Decir remite al Hacer y el Decir al Hacer";[29] en una frase, se trata de una: "hermenéutica del decir y del hacer".[30] Paul Ricœur se pronuncia de este modo:

> Lo que precede al hablar es ese decir, que es al mismo tiempo el acto de audacia, la violencia primera, que engendra una especie

[27] Ricœur, P., *Amor y justicia,* 1ª ed., (trad. de Adolfo Castañón), Siglo XXI editores, Ciudad de México, 2009, p. 57.

[28] Eymar, Carlos, *op. cit.*, p. 36. Las negritas están añadidas.

[29] Ricœur, P., "Prefacio a la primera edición (1955)", en *Historia y verdad,* (trad. Vera Waksman), Fondo de Cultura Económica (FCE), Buenos Aires, 2015, p. 22.

[30] Ricœur, P., *Autobiografía intelectual*, p. 16.

> de dispersión fundamental en el choque con el acto de integración del logos. Incluso cabe que, por ese dominio humano del verbo, por ese rapto y esa captura, nos encontremos emplazados en el filo del nacimiento conjunto de las cosas que llegan a la existencia y del sujeto hablante que se afirma; cuando nace la palabra las cosas llegan a ser lo que son y el hombre se yergue.[31]

Un ejemplo de aquella conjugación de la «palabra-acción» o de un «*discurso* de la acción» aparece en un trabajo exegético al que Ricœur hace referencia en su famosísimo ¿Qué es un texto? (1970): "Tomaré un ejemplo –escribe– de un estudio reciente que hice sobre la exégesis del relato sacerdotal [*P*] de la creación en el Génesis 1:1-2, 4a: esta exégesis hace aparecer, en el interior mismo del texto, el juego de dos relatos, un *Tatbericht*, en el cual la creación se expresa como **un relato de acción**: «Dios hizo...», y un *Wortbericht*, es decir, **un relato de palabras**: «Dios dijo, y eso fue»".[32]

La palabra hace que las cosas sean, porque fuera de la palabra y sin la palabra no podemos pensar. En la palabra está el germen del pensamiento y la afirmación del ser humano como hombre poseedor de *lôgos* (λόγος), constituyendo al hombre como un ser *dia-lógico*, como un ser que *a través* de la palabra se hace hombre, y que sin esa palabra no podría llegar a ser auténticamente *humano*. "Ya en *La Simbólica del mal* Ricœur dejaba sentado que somos seres hermenéuticos por cuanto nuestra existencia solo se explicita en las formas de significación y resignificación manifiestas en lo que decimos de nosotros mismos. No importa aquí si se trata de textos poéticos, filosóficos o fantásticos. Lo importante será dilucidar por un nuevo acto del decir, el significado oculto de los escritos".[33]

Este talante *escritural* o *textual* del hermeneuta bíblico, que ejerce o lleva a cabo, no obstante, un filósofo de la religión y no un

---

[31] Ricœur, P., "Reflexión sobre el lenguaje. Hacia una teología de la Palabra", en VV. AA., *Exégesis y hermenéutica*, p. 239.

[32] Ricœur, P., *Del texto a la acción. Ensayos de hermenéutica II,* pp. 144-145. Las negritas están añadidas. El ensayo mencionado aparece en Ricœur, P., "Sobre la exégesis de Génesis 1:1-2, 4a" (1968), en VV. AA., *Exégesis y hermenéutica,* pp. 59-74.

[33] Stauber, Juan Carlos, "Paul Ricœur y su aporte a la hermenéutica bíblica", en *Anatéllei: se levanta,* Año 8, N°. 15, Córdova, 2006, p. 99.

teó-logo, es recogido por Ricardo Ferrara, cuando menciona que la procesión hermenéutica de Paul Ricœur, en su primer estadio de desarrollo obtiene tres resultados fundamentales:

> [...] podemos cerrar la primera etapa de la hermenéutica de Ricœur enunciando tres resultados. 1) El principal es la hermenéutica misma en cuanto que modifica la tradición filosófica de Ricœur. Mientras la filosofía reflexiva y la fenomenología buscaban la autocomprensión en la inmediatez y transparencia del "yo pienso" (*Cogito*), para la hermenéutica eso solo podrá lograrse por la *mediación de los signos y los símbolos.* Más aún: «el símbolo nos hace pensar que el *Cogito* está dentro del ser y no al revés». **2) El filosofar *desde* los símbolos de lo sagrado y *por dentro de* ellos se va aproximando al proceder especulativo de una teología germinalmente cristiana que coexiste con *una "filosofía sin absoluto" que, en cuanto protestante, es paradójicamente cristiana.*** 3) La aproximación a una teología cabalmente bíblica y cristiana culminará en la etapa siguiente de su hermenéutica cuando, a este «comprenderse a sí mismo en y por los signos y símbolos de lo *sagrado*» seguirá el «comprenderse a sí mismo a partir del *texto*», **del texto por antonomasia que es el de la Sagrada Escritura.**[34]

Lo mismo que las tertulias filosóficas en la casa de Gabriel Marcel habían afianzado al joven Ricœur en el sendero de la filosofía *reflexiva* francesa; aquellos encuentros semanales –reportados por Carlos Eymar– con los agentes pastorales encargados de la predicación eclesiástica dominical, donde se problematizaban exegéticamente textos bíblicos, que luego serían enriquecidos hermenéuticamente por una comunidad de fe receptora e intérprete de un *lôgos* humanizado (**Καὶ ὁ λόγος σὰρξ ἐγένετο**), y cuya potencia se encuentra no tanto en una letra inerte o en una palabra muerta, sino en una Palabra/Persona encarnada,[35] y por tanto, viva y eficaz;

[34] Ferrara, R., "Paul Ricœur (1913-2005): sus aportes a la teología", *Revista Teología*, tomo XLIII, no. 89, Buenos Aires, [Abril] 2006, pp. 23-24. Las cursivas son del autor, las negritas están añadidas.

[35] *Cfr.*, "Este *martyriaton érgon* de parte del mismo Cristo, hace que el testimonio dado no sea el testimonio de una idea, de un *logos* intemporal, **sino de una persona encarnada.**" Ricœur, P., "La hermenéutica del testimonio", en *Fe y filosofía.*

impulsaron al novel filósofo Ricœur, a comprometerse también con el doble ejercicio de la exégesis *bíblica* y la hermenéutica *filosófica*, trabajo interpretativo que nunca abandonaría. Sobre la "comunidad hermenéutica", Ricœur refiere que: "En efecto, las palabras fundamentales de la teología exigen una situación de discurso específico, en la que nuestra exigencia total es impulsada a la expresión; además la comprensión del lenguaje bíblico añade a la comprensión de esa situación una comunicación igualmente específica, un universo de discurso compartido, que convierte a la comunidad eclesial en comunidad de interpretación".[36]

Que esa Palabra no está inerte sino que produce cambios en el actuar humano, resulta muy claro para el filósofo francés. Ya que de este encuentro fecundo –entre hermenéutica filosófica *y* exégesis bíblica o también entre exégesis filosófica *y* hermenéutica bíblica– que muchos soslayan o denostan desde un positivismo lógico trasnochado o desde un laicismo mal entendido, surge un talante ético que Ricœur propone en las *Gifford Lectures,* a partir de la afirmación de «El *sí* frente al espejo de las Escrituras»:

> [...] el problema que aquí planteo es el de saber cómo la *configuración* completamente original de las Escrituras bíblicas puede refigurar el sí [...] En mi título, he puesto esta relación bajo la égida de una metáfora del Libro y del Espejo. *Liber* y *Speculum.* ¿Cómo se comprende el sí al contemplarse en el espejo que le tiende el libro? Pues un espejo nunca está ahí por azar: lo tiende alguna mano invisible; por su parte, un libro es escritura muerta mientras sus lectores no se han transformado,

---

Problemas del lenguaje religioso, 3ª ed. revisada, Prometeo Libros, Buenos Aires, 2008, p. 124. Las negritas están añadidas.

En el evangelio de Juan, esa persona encarnada es Cristo: "En el principio era el Verbo, y el Verbo era con Dios, y el Verbo era Dios. [...] Y aquel Verbo fue hecho carne, y habitó entre nosotros..." (San Juan 1:1, 14, *Versión Reina-Valera 1909* [RVA], Sociedades Bíblicas Unidas, Corea, 2001, pp. 102-103 del NT).

"En un principio era el Logos, y el Logos estaba ante Dios, y Dios era el Logos. [...] Y el Logos se hizo carne, y *tabernaculizó* entre nosotros..." (Según Juan 1:1, 14, *Biblia Textual* [BTX], Sociedad Bíblica Iberoamericana, Corea del Sur, 2010, p. 1082).

[36] Ricœur, P., "Reflexión sobre el lenguaje. Hacia una teología de la Palabra" (1968), en VV. AA., *Exégesis y hermenéutica*, p. 247.

> gracias a él, según la expresión de [Marcel] Proust en *El tiempo recobrado*, en lectores de sí mismos.[37]

Esta metáfora del espejo y del libro es usada profusamente por Ricœur, especialmente en la obra antes citada, así como en "Autocomprensión e historia",[38] en *Tiempo y narración II. Configuración del tiempo en el relato de ficción* (especialmente pp. 582 ss.), y también en su *Autobiografía intelectual,* donde escribe: "...me parecía que la refiguración constituía más bien una activa reorganización de nuestro ser-en-el-mundo, conducida por el lector, él mismo invitado por el texto, según la frase de [Marcel] Proust que tanto me gusta citar, a convertirse en lector de sí mismo".[39] Así, Ricœur propone una lectura de sí mismo, pero ahora no a partir de cualquier texto, sino del texto por excelencia –según la indicación de Ricardo Ferrara (véase la nota 34 del presente capítulo, p. 227)– que es el de la Escritura. "Pretendemos apropiarnos del mundo, del nuevo

---

[37] Ricœur, P., "El sí frente al espejo de las Escrituras", en *Amor y justicia,* p. 55.

[38] *Cfr.*, Ricœur, P., "Autocomprensión e historia" en Calvo Martínez, Tomás y Ávila Crespo, Remedios (eds.), *Paul Ricœur: los caminos de la interpretación*, p. 42.

[39] Ricœur, P., *Autobiografía intelectual,* pp. 75-76.

La cita textual de Marcel Proust que Ricœur refiere aquí, dice así: "Mas, volviendo a mí mismo, yo pensaba más modestamente en mi libro, y aún sería inexacto decir que pensaba en quienes lo leyeran, en mis lectores. Pues, a mi juicio, no serían mis lectores, sino los propios lectores de sí mismos, porque mi libro no sería más que una especie de esos cristales de aumento como los que ofrecía a un comprador el óptico de Combray; mi libro, gracias al cual les daba yo el medio de leer en sí mismos, de suerte que no les pediría que me alabaran o me denigraran, sino solo que me dijeran si es efectivamente esto, si las palabras que leen en ellos mismos son realmente las que yo he escrito (pues, por lo demás, las posibles divergencias a este respecto no siempre se debían a que yo me hubiera equivocado, sino a que a veces los ojos del lector no fueran los ojos que convienen a mi libro para leer bien en sí mismo)." Proust, Marcel, *El tiempo recuperado. En busca del tiempo perdido,* Biblioteca virtual universal, (sin lugar ni fecha de edición), p. 202. Disponible en: http://biblioteca.org.ar/libros/133524.pdf (Visitada el 03 de octubre de 2017).

También puede consultarse el artículo de Gagnebin, Jeanne Marie, "Memoria involuntaria y aprendizaje de la verdad. Ricœur relee a Proust" en *Boletín de estética No. 27,* Centro de investigaciones filosóficas, Buenos Aires, otoño 2014, pp. 5-26. Aquí, la autora ofrece un repaso de la lectura de Ricœur sobre *En busca del tiempo perdido* de Marcel Proust, proporcionando información muy valiosa sobre la lectura filosófica que Paul Ricœur y otros filósofos han hecho de aquella obra. Disponible en: http://www.boletindeestetica.com.ar/wp-content/uploads/Boletin-de-Estetica_N27.pdf.

ser-en-el-mundo que el texto [bíblico] instaura y despliega fuera de sí, y de nosotros".[40] En este orden de ideas, Ricœur comenta:

> **Es, pues, en mis ejercicios de exégesis bíblica donde hay que buscar una reflexión sobre el estatuto de un sujeto convocado y llamado al despojamiento de sí.*** No diré sin embargo que nada se realizó de lo que entonces llamaba poética. *La simbólica del mal, La metáfora viva, Tiempo y narración,* apelan en muchos aspectos a una poética, menos en el sentido de una meditación sobre la creación originaria que en el de una investigación de las modalidades múltiples de lo que llamé más tarde una creación regulada, y que ilustran no solo los grandes mitos sobre el origen del mal, sino las metáforas poéticas y las intrigas narrativas;** en

[40] Ricœur, P., "Del conflicto a la convergencia", en VV. AA., *Exégesis y hermenéutica*, p. 49.

* Expresión típica de la Cristología del apóstol San Pablo, cuyo término teológico *Kénosis* (del griego κένωσις: «vaciamiento») es el vaciamiento de la propia voluntad para llegar a ser completamente receptivo a la voluntad de Dios. La palabra ἐκένωσεν (*ekénōsen*) es usada en la Biblia en Filipenses 2:5-7 (RVR-1960) "5 Haya, pues, en vosotros este sentir que hubo también en Cristo Jesús, 6 el cual, siendo en forma de Dios, no estimó el ser igual a Dios como cosa a que aferrarse, 7 sino que se despojó a sí mismo (*ekénosen*), tomando forma de siervo, hecho semejante a los hombres...", usando el verbo κενόω (*kenóō*) "vaciar", "anonadar", "despojar". En la espiritualidad cristiana, se asocia con los términos «anodadamiento», «vaciamiento», «despojamiento», «desapego» o «desasimiento» del alma. El Nuevo Testamento no hace uso de la actual palabra *kénōsis*, pero el verbo *kenóō* se encuentra cinco veces (Romanos 4:14; 1 Corintios 1:17 y 9:15; 2 Corintios 9:3; Filipenses 2:7). De estas cinco veces es en Filipenses 2:7 en donde se dice que Jesús "se vació a sí mismo" o "de sí mismo", lo cual es el punto de inicio de las ideas cristianas de *kénosis*. Juan el Bautista muestra esta postura menguante, cuando dice sobre Jesús: "es necesario que Él [Jesús] crezca y yo disminuya" (San Juan 3:30).

** A partir de la *Poética* de Aristóteles, Ricœur habla de una *puesta-en-intriga*, donde señala que uno de los rasgos característicos de la intriga es su *inteligibilidad*, para la construcción de la historia: "Ese carácter inteligible de la intriga se puede mostrar de la siguiente manera: la intriga es el conjunto de combinaciones por las cuales los acontecimientos se transforman *en* historia, o bien –correlativamente– una historia es extraída *de* acontecimientos. La intriga es la mediadora entre el acontecimiento y la historia, lo cual significa que no hay acontecimiento que no contribuya a la progresión. Un acontecimiento no es solo un suceso, algo que ocurre, sino un componente narrativo. Si se me permite ampliar un poco el campo de la intriga, diría que es la unidad inteligible que compone circunstancias, fines y medios, iniciativas o consecuencias no queridas. [...] A partir de ese carácter inteligible de la intriga podemos decir que la competencia para seguir la historia constituye una forma muy elaborada de *comprensión*." Ricœur, P., "Acerca de la interpretación" (1983), en *Del texto a la acción. Ensayos de hermenéutica II*, pp. 17-18.

> este sentido, **la idea de creación regulada proviene de una antropología filosófica cuya relación con la fe bíblica y la teología permanece en suspenso.**[41]

Aquel sujeto que es convocado y llamado al despojamiento de sí, lo es en razón de que comprende que la proclamación que se le dirige, lo empuja a asumir un compromiso ineludible, ya que: "en esa instancia se produce la adhesión a una palabra que, según se cree, proviene de lo alto y más lejano, y ello según una interpretación kerigmática, confesional".[42] Además, en este mismo sentido: "Una cosa es, a mi criterio, responder a una cuestión, en el sentido de resolver un problema planteado, y otra es responder al llamado del Otro en el sentido religioso que aún he de precisar, es decir, corresponder a la concepción de la existencia que ese Otro propone y ofrece como un don".[43] Por otra parte, si se sigue la indicación de Ricœur sobre la búsqueda de cierta reflexión filosófica basada en sus ejercicios de exégesis bíblica y su relación con la fe bíblica y la teología, es importante recordar que escribió un libro de ensayos bíblicos, a dos voces junto con el exégeta belga André LaCocque, al que intitularon *Pensar la Biblia. Estudios exegéticos y hermenéuticos.* En esta obra, filósofo-hermeneuta y teólogo-exégeta se hermanan para señalar lo siguiente:

> Para ser más precisos, el filósofo más dispuesto a un diálogo con el exégeta es sin duda aquel que más fácilmente lee obras de exégesis que tratados teológicos. La teología, a decir verdad, es una forma de discurso muy compleja y sumamente especulativa, eminentemente respetable cuando está en su sitio. **Pero es también una forma mixta o compuesta de discurso, en el que la especulación filosófica se ha entreverado inextricablemente con lo que merece ser llamado «pensamiento bíblico», incluso cuando no asume la forma específica de Sabiduría, sino la de narración, ley, profecía o himno.** Nuestra hipótesis de trabajo aquí es que hay otras maneras

[41] Ricœur, P., *Autobiografía intelectual,* p. 28. Las negritas están añadidas.

[42] Ricœur, P., *Crítica y convicción,* p. 198.

[43] Ricœur, P., "El carácter hermenéutico común a la fe bíblica y a la filosofía" (1990), en *Fe y filosofía. Problemas del lenguaje filosófico,* p. 192.

> de pensar distintas de las que se fundan en la filosofía griega, cartesiana, kantiana, hegeliana, etc. ¿No es este el caso, por ejemplo, de los grandes textos religiosos de la India o de las tradiciones metafísicas del budismo? **Por ello, la apuesta filosófica inicial es aquí que los géneros literarios, de que luego hablaremos, son formas de discurso que hacen surgir pensamiento filosófico.**[44]

Paul Ricœur y André LaCocque hablan de la tradición bíblica como un pensamiento también, como otra manera de pensar distinta a aquella en la que se fundó y se ha sustentado la filosofía occidental desde Grecia;[45] e incluso señalan sin ningún pudor, que este pensamiento que ha sido aprendido a partir de las Escrituras, llega a ser eminentemente filosófico. Como comenta Corina Combert-Galland, profesora de Nuevo Testamento en la Facultad Libre de Teología Protestante de París:

> Ricœur parle de la tradition biblique comme d'une *pensée* aussi, une autre manière de penser et d'être que la pensée philosophique, apprise dans la fréquentation des Écritures. Une telle manière de parler n'existe que dans des langues naturelles; mais comme il y a pluralité de langues, elle exige des traductions, réclame une «hospitalité langagière», comme il aime

---

[44] LaCocque, André, y Ricœur, P., *Pensar la Biblia. Estudios exegéticos y hermenéuticos,* p. 18. Las negritas están añadidas.

[45] En este sentido, el filósofo alemán Werner Jaeger menciona que: "Pero hasta donde se trata de los problemas de la metafísica, incluso él [Aristóteles] parece ver en Hesíodo y otros como este [a] los precursores de la filosofía. Los llama, en efecto, los πρῶτοι θεολογήσαντεσ, exactamente como dentro del mismo orden de ideas habla de los más antiguos filósofos, los πρῶτοι φιλοσοφήσαντεσ. Esto implica que ya en el siglo IV podía usarse la palabra θεολογεῖν en un sentido muy propiamente aplicable al θεολογεῖν de los filósofos. Pero cuando Aristóteles emplea la palabra πρῶτοι, esta entraña además la nota de algo no desarrollado y primitivo, de algo a que se debe seguir una etapa más alta de desarrollo. En otro pasaje apone los filósofos a los antiguos teólogos de tipo hesiódico: lo esencial en los filósofos, dice, es que proceden por medio de métodos rigurosos de demostración; los teólogos, en cambio, son μυθικῶς σοφιζόμενοι. Esta es una fórmula llena de sentido; pone de manifiesto a la vez un factor común y un elemento diferencial: los teólogos se parecen a los filósofos en que promulgan ciertas doctrinas (σοφίζονται); pero no se parecen a ellos en que lo hacen en "forma mítica" (μυθικῶς)." Jaeger, W., *La teología de los primeros filósofos griegos,* 8ª reim., trad. de José Gaos, Fondo de Cultura Económica (FCE), Ciudad de México, 2013, pp. 15-16.

> à le dire, ce qui ne va pas sans épreuve, avec résistances à combattre, apport d'étrangeté à intégrer, pertes à consentir.[46]

En "Poética y simbólica", conferencia dictada en la Facultad de Filosofía y Letras de la Universidad de Buenos Aires (UBA), Ricœur ahondó en el tema de los géneros literarios de la Biblia, y cómo a través de ellos, se va construyendo un nivel preconceptual. Ahí expuso que este tipo de lenguaje no tiene que ser forzosamente especulativo: "... este lenguaje [religioso] no exige ser convertido en lenguaje especulativo, digamos en lenguaje *reducido al concepto.* Testigo de ello son los géneros literarios ilustrados por la Biblia hebrea y por el Nuevo Testamento [griego].* Allí encontramos relatos, leyes, profecías, palabras sapienciales, himnos, cartas, parábolas. Ahora bien, el lenguaje religioso primario se constituye en el nivel preconceptual de estos géneros literarios".[47]

Paul Ricœur deja entrever que todo concepto es reduccionista porque encierra o disminuye la riqueza del lenguaje numinoso bíblico. El concepto niega otras posibilidades del decir humano,

---

[46] Combert-Galland, C., "La Bible, une œuvre capable de monde. Reconnaissance à Paul Ricœur" en Études théologiques et religieuses, Institut Protestant de Théologie, Tome 80, Paris, 2005/4, p. 501. Disponible en: http://www.cairn.info/revue-etudes-theologiques-et-religieuses-2005-4.htm (Consultada el 29/09/17).

"Ricœur habla de la tradición bíblica como un pensamiento también, otra manera de pensar y de ser que el pensamiento filosófico, aprende en la frecuentación de las Escrituras. Tal manera de discurso existe solamente en idiomas naturales; pero como hay una pluralidad de idiomas, requiere traducciones, exige "hospitalidad lingüística", como le gusta decir, que no está exenta de juicio, con resistencias a la lucha, afluencia de extrañeza a integrar, pérdidas a conceder." (Traducción personal).

* "El Nuevo Testamento fue escrito en griego *koiné*, que es muy poco probable que haya sido la lengua nativa de sus autores. Cualquiera que fuera el grado de familiaridad de estos autores con el hebreo, tendían a usar más la traducción griega *septuaginta* al hacer referencia al Antiguo Testamento." Frye, Northrop, *El Gran Código. Una lectura mitológica y literaria de la Biblia,* 1ª reim., (trad. Elizabeth Casals), Gedisa, Barcelona, 2001, p. 27. Es importante resaltar este hecho, porque los creyentes que universalizaron la fe cristiana, eran judíos de habla griega, es decir, eran judíos helenizados, de ahí su uso de la versión griega de los LXX. *Cfr.*, notas 452 y 464 en el presente capítulo, pp. 154 y 158.

[47] Ricœur, P., "Poética y simbólica", en *Educación y política. De la historia personal a la comunión de libertades,* (Trad. Ricardo Ferrara), Prometeo Libros, Buenos Aires, 2009, p. 17.

porque pretende delimitar aquello que quiere definir, sujetándolo a ciertas fronteras o límites. No obstante que el concepto puede llegar a ser un valioso recurso metodológico dentro de la filosofía, en el ámbito de la religión bíblica es imposible encerrar a lo numénico, a lo misterioso o a lo sagrado en un *simple* concepto. Dominar el sentido simbólico a través de lo estrictamente racional cercena ese lenguaje simbólico y metafórico, incluso mítico. No obstante la Iglesia cristiana pronto tuvo que acceder al lenguaje conceptual filosófico cuando fue confrontada con los heresiarcas, aquellos herejes[48] que ponían en peligro la integridad de esa fe; de ahí que la teología haya tenido que recurrir muy pronto al lenguaje filosófico que ya se encuentra profusamente desarrollado en los Cuatro Credos de la Iglesia Antigua,[49] que establecen una verdad controlada y que no dejaba lugar a otras concepciones sobre los contenidos de la fe cristiana. Este desafío hizo que se transitara necesariamente a un nivel conceptual que "ha sido obligado a precisarse en doxologías y en confesiones de fe en las que se discierne ya el trabajo del concepto".[50] Ricœur añade que aquel lenguaje religioso convertido en discurso, accede entonces a un nivel estrictamente conceptual, pero ya como un ejercicio teológico; y que ahora sí, como disciplina teológica es similar *conceptualmente* al de la filosofía:

> Además, confrontado con el lenguaje filosófico, el *Credo* de la iglesia cristiana ha debido desplegar recursos conceptuales, desapercibidos o inempleados, tanto por préstamo externo como por explicitación interna, para ser conducido al mismo nivel que la filosofía. Así el lenguaje religioso ha accedido al estatuto propiamente teológico. De ese cambio de estatuto y

[48] Algunas de las principales herejías cristológicas fueron el arrianismo, el docetismo y el gnosticismo.

[49] Nos referimos al *Credo de los Apóstoles,* al *Credo Niceno-Constantinopolitano,* al *Credo de Calcedonia* y al *Símbolo de Atanasio.* Un ejemplo de ese ejercicio conceptual que la Iglesia tuvo que definir en sucesivos Concilios Ecuménicos son todos los términos que estos Credos tomaron prestados de la filosofía griega y que sintetizaron en su apología de la fe católica o universal: «persona» (*prosopon*), «consubstancial» (*homoousios*), «esencia», «substancia», «de la misma "naturaleza"» (*physis*), «hipóstasis» (*hypostasis*), etc.

[50] Ricœur, P., "Poética y simbólica", en *Educación y política. De la historia personal a la comunión de libertades,* p. 18.

de la dialéctica entre el nivel preconceptual y el nivel conceptual ha nacido un género mixto de lenguaje que podemos denominar desde ahora *discurso* religioso.[51]

En la interpretación *teológica* de la Biblia, la «especulación filosófica» aparece entretejida con el «pensamiento bíblico», porque la "misión [de la teología] –según Norbert Lohfink– es el estudio de la revelación divina. Pero no puede captarla en sí misma, sino a través de textos, fundamentalmente, aunque no de manera exclusiva, a través de la sagrada Escritura. Por eso [la teología] es una ciencia esencialmente interpretativa".[52] El teólogo Wolfhart Pannenberg dice además, que la relación entre filosofía y teología es inevitable, sobre todo para la comprensión del cristianismo y de sus doctrinas sistematizadas en la teología dogmática *a través* de su encuentro con la filosofía en lo más remoto de sus antiquísimos orígenes:

> **Sin un verdadero conocimiento de la filosofía no es posible entender la figura histórica que ha cobrado la doctrina cristiana ni formarse un juicio propio y bien fundamentado de sus pretensiones de verdad en el tiempo presente. Una conciencia [cristiana] que no haya recibido una suficiente formación filosófica no puede realizar adecuadamente el tránsito –es decir, llegar a tener un juicio independiente– que va desde la exégesis histórico-crítica de la Biblia hasta la teología sistemática. [...]**
>
> Retroceder asustados frente a las exigencias que requiere todo conocimiento profundo de la historia de la filosofía es probablemente uno de los motivos que explican las dificultades de los estudiantes de teología a la hora de dar el paso desde la exégesis bíblica a la historia de los dogmas y a la teología sistemática. [...]
>
> Solo la combinación de conocimientos exegéticos, filosóficos, de historia de la teología y de historia de los dogmas,

[51] Ídem.

[52] Lohfink, N., *Exégesis bíblica y teología. La exégesis bíblica en evolución,* (Col. Verdad e imagen, 15), Ediciones Sígueme, Salamanca, 1969, p. 35.

> capacita para razonar y dar respuesta a las cuestiones de doctrina cristiana.[53]

Como filósofo de la religión y lector de la Biblia, Paul Ricœur supo muy pronto que la filosofía le prestaba un gran apoyo a la hermenéutica bíblica, porque la teología que se desarrolla a través de la exégesis como disciplina textual que lee literariamente[54] –y no solo desde el ámbito de la fe, ni tampoco literalmente– las Escrituras a partir de su propia retórica, se basa justamente en la interpretación de aquellos textos *bíblicos* que podrían motivar la inteligencia comunitaria de la fe cristiana:

> La inteligencia que suscita el acercamiento a las Escrituras bíblicas por el camino literario de los géneros en los que la fe bíblica se articula merece ser llamada hermenéutica, en la medida en que la relación texto-lector engendra un trabajo interminable de interpretación. El lector, aquí, es cada vez una comunidad confesante que se comprende a sí misma interpretando los textos que fundan su identidad. **Un círculo, que se puede llamar círculo hermenéutico, se establece así entre los textos fundadores y las comunidades de interpretación.**[55]

---

[53] Pannenberg, W., *Una historia de la filosofía desde la idea de Dios. Teología y filosofía,* 2ª ed., Ediciones Sígueme, Salamanca, 2002, pp. 13, 14. Las negritas están añadidas.

[54] Paul Ricœur propone incluso una lectura más allá del método histórico-crítico propuesto por cierta exégesis bíblica que busca sobre todo el *Sitz im Leben,* diciendo que sin pasar por alto esa lectura histórico-crítica, debe ponerse el acento en un "análisis literario [que] va en busca de una constante suprahistórica, susceptible de ser aislada de las condiciones históricas de su primera aparición y de ser reinstalada en nuevos contextos vitales.

Sin negar esta diferencia en la orientación, quisiera destacar ya el carácter complementario de ambos planteamientos metodológicos. En realidad, solo el conocimiento de las circunstancias en que se produjo y compuso un texto nos permite, por comparación y contraste, identificar los rasgos susceptibles de contribuir a lo que podemos denominar la descontextualización del mensaje y su recontextualización en un marco distinto del marco original." Ricœur, P., "La lamentación como plegaria", en LaCocque, A. y Ricœur, P., *Pensar la Biblia. Estudios exegéticos y hermenéuticos,* (trad. de Antoni Martínez Riu), Herder, 2001, p. 224.

[55] Ricœur, P., "El carácter hermenéutico común a la fe bíblica y a la filosofía" (1990), en *Fe y filosofía. Problemas del lenguaje filosófico,* p. 194. Las negritas están añadidas.

Desde luego, es insoslayable la lectura filosófica que Paul Ricœur ejerció sobre los textos bíblicos. Ricœur sostiene que este pensamiento bíblico es auténtico y digno de crédito (más aún, es *fidedigno*), y que la filosofía no se opondría a este ejercicio de lectura *bíblica*. Asimismo, la exégesis bíblica no debería rechazar los aportes de la filosofía, tal como sostiene Gerhard von Rad: "En la improrrogable revisión de nuestros desgastados conceptos filosóficos sobre la historia, nosotros, exégetas, no deberíamos desdeñar la ayuda de la filosofía actual, mucho más flexible en este aspecto".[56] Filósofo y exégeta pueden hacer una lectura creativa de la Biblia, lectura que no necesariamente tiene que ser excluyente. Por el contrario, el filósofo –acompañado de una buena exégesis– debe llevar a cabo una lectura *crítica* de los escritos bíblicos; mientras que el exégeta –ayudado de la filosofía contemporánea– puede leer *con nuevos ojos* los textos bíblicos. Exégeta y filósofo son llamados a discernir juntos, los distintos géneros literarios en los que –a falta de un lenguaje especulativo como el griego– los autores semitas primero, en el Antiguo Testamento; y luego también los escritores judíos helenizados,[57] en el Nuevo Testamento, lograron expresar cierto tipo de pensamiento filosófico profundo:

[56] Von Rad, Gerhard, *Teología del Antiguo Testamento. Las tradiciones históricas de Israel*, vol. I, 8ª ed., (trad. Victoriano Martín Sánchez), Ediciones Sígueme, Salamanca, 2000, p. 19. Von Rad estaba pensando en H. G. Gadamer, en este caso.

[57] El experto en filosofía griega, Werner Jaeger, opina que sin el encuentro con la filosofía griega, el cristianismo no hubiera pasado de ser una simple secta dentro del judaísmo, ya que "sin la evolución posclásica de la cultura griega habría sido imposible el surgimiento del una religión cristiana mundial. Desde luego, el proceso de cristianización del mundo de habla griega dentro del Imperio romano no fue de ningún modo unilateral, pues significó, a la vez, la helenización del cristianismo. [...] En la edad apostólica observamos la primera etapa del helenismo cristiano en el uso griego que encontramos en los escritos del Nuevo Testamento, que se continúa hasta los tiempos postapostólicos, hasta la época de los llamados Padres Apostólicos. Este es el significado original de la palabra *helenismos*. [...] Con el uso del griego penetra en el pensamiento cristiano todo un mundo de conceptos, categorías intelectuales, metáforas heredadas y sutiles connotaciones. [...] Fue esa parte de la comunidad apostólica de Jerusalén llamada "helenistas" en el capítulo VI de los *Hechos de los apóstoles*, la que, tras el martirio de su jefe, Esteban [gr. Stephanos], se dispersó por toda Palestina e inició las actividades misionales de la generación siguiente." Jaeger, Werner, *Cristianismo primitivo y paideia griega*, 7ª reim., Fondo de Cultura Económica (FCE), Ciudad de México, 1998, pp. 12-13, 14, 15. En nota al pie de página así explica el término «helenismo»: "*Hellenismos*, que es el sustantivo derivado del verbo *hellenizo*,

> Insisto en el hecho de que resulta legítimo hablar de un *pensamiento* bíblico, que estaría en el origen de esa inmensa labor teológica desplegada a través de las escrituras del antiguo Israel, y dicho pensamiento bíblico, a falta de un pensamiento especulativo, no dispondría para expresarse más que de los géneros narrativo, legislativo, profético, hímnico y sapiencial. No obstante, una diversa "declamación de Dios" surge con tono polémico para la crítica interna y externa.
>
> Pero no quisiera quedarme en esto, pues el pensamiento filosófico, tal como fue articulado en Grecia, no se opone frontalmente a esa lectura comprensiva que acabo de sugerir, sino solo a las interpretaciones kerigmáticas proporcionadas por una teología *confesional* que opera desde el interior de las escrituras bíblicas…[58]

Este desenlace ricoeuriano abre paso a lo que aquí se ha enunciado como la procesión *desde* la exégesis bíblica *hasta* la hermenéutica filosófica, y viceversa. Encaminamiento que ha partido del apotegma: «El símbolo *da* que pensar», hacia la continuidad del sendero sobre el aforismo de: «El testimonio *da* algo que interpretar».[59] Por ejemplo, en "La hermenéutica del testimonio" (1972), Ricœur hace un ejercicio similar al que hizo al final de «La simbólica del mal» (1960), ahí dice: "El concepto de testimonio tal como surge de la exégesis bíblica es hermenéutico en dos sentidos. En el sentido que *da* a la interpretación un contenido a interpretar. [Y] en el sentido que *reclama* una interpretación".[60] Mientras el símbolo **da** y **hace** pensar, el concepto de testimonio **da** y **reclama** una interpretación.

Pero además, en una serie de conferencias dictadas dentro del desarrollo de un congreso de *Exégesis y hermenéutica* para exégetas y pastores, celebrado en Francia en 1969, al que Paul Ricœur fue

---

"hablar griego", significaba originalmente el uso correcto de la lengua griega." *Ibíd.*, p. 13.

[58] Ricœur, P., *Crítica y convicción,* p. 195.

[59] Ricœur, P., "La hermenéutica del testimonio" (1972), en *Fe y filosofía. Problemas del lenguaje filosófico,* p. 128.

[60] Ídem.

invitado junto con personalidades de la talla de Antoine Vergote (experto en el método psicológico de análisis bíblico), Roland Barthes (con el tema sobre cómo interpreta el estructuralismo un relato bíblico), y A. J. Greimas (especialista en análisis estructural). En esa ocasión, Ricœur compartió la ponencia intitulada *Sur l'exégèse de Genése 1:1-2, 4a,* donde problematizando la *Teología de las tradiciones históricas de Israel* de Gerhard Von Rad,[61] dijo: "Esta diacronía [de los textos creacionistas], en una teología de las tradiciones, **da que pensar**".[62] Entonces, la procesión hermenéutica ricoeuriana parte del símbolo que da y hace pensar, pasando por cierta teología bíblica que también hace pensar, y culmina con el testimonio que ese texto bíblico produce, teniendo como corolario un quehacer que reclama una interpretación porque primero ha sido donante de sentido.

2. La procesión hermenéutica ricoeuriana

2.1 La "primera hermenéutica"[63] *filosófica ricoeuriana: la de «El símbolo* da *que pensar» a «El símbolo da* qué *pensar».*

> Para el filósofo, esta tarea [de convalidación] consistirá en la responsabilidad de mostrar que el simbolismo no es un lenguaje deficiente, sino que por el contrario es un lenguaje apropiado, justo, pertinente y cuyo valor radica en su sobredeterminación. [...]
>
> Por medio del lenguaje simbólico, tenemos el beneficio de contar con un lenguaje que dice más que lo que dice, que significa algo distinto de su sentido literal y que por lo tanto,

[61] Von Rad subtitula al vol. I de su *Teología del Antiguo Testamento,* como "Las tradiciones históricas de Israel", desarrollando el tópico en la segunda parte del mismo: «Teología de las tradiciones históricas de Israel», pp. 145-554. *Cfr.* Von Rad, Gerhard, *Teología del Antiguo Testamento. Las tradiciones históricas de Israel*, vol. I, 8ª ed., (trad. Victoriano Martín Sánchez), Ediciones Sígueme, Salamanca, 2000.

[62] Ricœur, P., "Sobre la exégesis de Génesis 1:1-2:4a", en VV. AA., *Exégesis y hermenéutica,* p. 60. Las negritas están añadidas.

[63] Expresión usada Paul por Ricœur en su *Autobiografía intelectual,* p. 56.

> toma posesión de nosotros porque anuncia sentido, crea un sentido nuevo. En esta dimensión las palabras que se utilizan tienen una carga semántica inagotable.[64]
>
> Paul Ricœur

En su vertiente filosófica, el acercamiento de Ricœur a aquella teoría hermenéutica "militante", surge específicamente en la década de los 60's del siglo pasado, ya que ese ejercicio *poético* (entendido este como una acción creativa regulada), arranca de su fecundo encuentro con los mitos, ritos y símbolos del mal, desarrollado sobre todo en *La Simbólica del mal* (1960), en este orden de ideas, dice: "[...] hay que buscar, pues, este sentido en la relación de lo pre-filosófico con lo filosófico, según la máxima que, a lo largo de todo este libro, sigue siendo la estrella que nos guía: «El símbolo da que pensar»."[65] Allí Ricœur identificó tres diferentes niveles significantes: "Por mi parte, –dice Ricœur– lo he mostrado con el ejemplo de la simbólica del mal; me pareció que los mitos implicados en la confesión del mal se repartían en tres niveles significantes: **nivel simbólico** primario de la mancha, del pecado, de la *culpa*; **nivel mítico** de los grandes relatos de la caída o del exilio; **nivel de los dogmatismos mitológicos** de la gnosis y del pecado original".[66] Trabajo hermenéutico que no obstante quedó en suspenso –como muchas de las propuestas filosóficas ricoeurianas– para ser retomado luego en *Freud: una interpretación de la cultura* (1965), y continuado posteriormente en *El conflicto de las interpretaciones* (1969). En este sentido, la década de 1960 resulta muy fructífera en el desarrollo de la hermenéutica filosófica ricoeuriana; aunque todavía profundamente

---

[64] Ricœur, P., "El lenguaje de la fe" (1964), en *El lenguaje de la fe,* pp. 42, 43.

[65] Ricœur, P., "La Simbólica del mal", en *Finitud y culpabilidad,* p. 381.

[66] Ricœur, P., "Estructura y hermenéutica" (1963), en *El conflicto de las interpretaciones,* p. 32. Originalmente el ensayo llevaba el nombre de "Symbolique et temporalité" (Simbólica y temporalidad). Las negritas están añadidas. En *La Simbólica del mal,* Ricœur escribe: "Por consiguiente, distinguiremos **tres niveles:** primero, el de los símbolos primordiales del pecado; después, el del mito adámico; por último, la clave especulativa del pecado original, y comprenderemos el segundo como una hermenéutica de primer grado, y el tercero, como una hermenéutica de segundo grado." Ricœur, P., *Finitud y culpabilidad,* p. 381. Las negritas están añadidas.

limitada a los símbolos, empero, Ricœur empieza a reconocer los límites de una hermenéutica basada exclusivamente en la interpretación de estos:

> Nótese sin embargo que, en los años sesenta, –enuncia Ricœur– **mi hermenéutica permanece centrada en los símbolos,** en tanto que estos permanecen definidos por la estructura semántica del doble sentido. Un acogimiento más amplio del análisis estructural exigía un tratamiento "objetivo" de *todos* los sistemas de signos, más allá de la especificidad de los símbolos. Debía resultar de ello a la vez una redefinición de la tarea hermenéutica y una revisión más completa de mi filosofía reflexiva. Es en mi trabajo sobre psicoanálisis *De la interpretación. Ensayo sobre Freud* (1965) donde aparece un primer balance de esa revisión.[67]

[67] Ricœur, P., *Autobiografía intelectual,* p. 36. Las negritas están añadidas.

Cuando Ricœur hace referencia al "análisis estructural" está pensando en el apoyo que el trabajo de la "antropología estructural" le proporcionó a través del análisis de los mitos que Claude Lévi-Strauss llevó a cabo en su *L'Anthropologie structurale* (París: 1958). *Cfr.*, Ricœur, P., "Estructura y hermenéutica" (1963), en *El conflicto de las interpretaciones,* p. 33. También en la teoría del relato de los sucesores franceses de los formalistas rusos: "El análisis estructural del relato, en los sucesores franceses de los formalistas rusos, descansa en la misma hipótesis: todas las unidades que están por encima de la frase tienen que estar compuestas según las mismas leyes que las unidades de talla inferior a la de la frase; esta es la gran hipótesis fundamental común a todos los análisis estructurales: la homología estructural de todos los niveles lingüísticos, *a pesar de la originalidad de la frase misma en cuanto unidad de discurso y no ya solo de lenguaje.*" Ricœur, P., "Del conflicto a la convergencia de los métodos en exégesis bíblica", en *Exégesis y hermenéutica,* p. 39. Las cursivas son del autor.

Lo que es más, el método estructuralista le presta a la exégesis y hermenéutica bíblicas, un rigor imprescindible para encontrar significación en el texto: "Empezamos a comprender lo que son las estructuras: conjunto de dependencias mutuas, sistemas que solo implican relaciones, y no términos. [...] En este sentido, puede decirse que el estructuralismo excluye toda consideración de tipo hermenéutico, es decir, aquellas que se apoyan en una relación circular entre el texto interpretado y el intérprete. Para el estructuralismo, no existe un mensaje que transmitir, ni sentido que descifrar, ni intenciones trascendentes que captar existencialmente; hay solamente elementos que se deben distribuir según unas reglas de clasificación.

Sin embargo, no creo que debamos dejarnos acorralar en esta oposición entre hermenéutica y estructuralismo: este plantea una serie de exigencias mínimas que conviene satisfacer antes de pretender acceder a la interpretación propiamente dicha; el modelo estructural ha introducido una exigencia de rigor que hay

En relación con la «semántica del doble sentido», justamente al final de *La Simbólica del mal,* Ricœur concluye su larga disertación con el apotegma que ha venido a ser bien conocido dentro de la filosofía ricoeuriana: «*Le symbole donne à penser*», "El símbolo *da* qué pensar", que también puede ser traducido como: "El símbolo *hace* pensar". Ahí Ricœur enunciaba que la "reflexión pura" por ser eminentemente un ejercicio directo de la racionalidad, no podía recurrir a los mitos ni a los símbolos en un modo tal como lo hizo Platón, con lo que la comprensión del mal le resultaría prácticamente inaccesible. Pero la conciencia religiosa sí podría acceder al tema del mal y de la mala voluntad, porque acude al ejercicio de la confesión de los pecados, de la falta, de la mancha, del desvío y de la culpa, recalcando así, la falibilidad humana y su consecuente finitud. "Todo símbolo da que pensar que hay mucho más en los símbolos que en la filosofía, pero los símbolos del mal son privilegiados

---

que cumplir antes de poder abordar un tratamiento hermenéutico, un trabajo de interpretación, por ejemplo del vocabulario bíblico, como intentaré demostrar en seguida. En primer lugar, creo que toda significación, para que sea expresiva, debe pertenecer a una estructura. La estructura es un factor de significación..." Ricœur, P., "Reflexión sobre el lenguaje. Hacia una teología de la palabra" (1968), en *Exégesis y hermenéutica,* pp. 241, 242-243.

Si bien Ricœur no puede ser considerado como un «estructuralista», no obstante su hermenéutica sí puede ser calificada como tal, e incluso podría hablarse de un filósofo «postestructuralista», o mejor aún, de una «hermenéutica postestructural», como sostiene Johann Michel:

"Lo expuesto nos hace pensar que la relación de Ricœur con el estructuralismo no puede resumirse con la alternativa binaria de la adhesión falta de crítica y el rechazo sistemático. Sin duda, no puede calificarse a nuestro autor como un pensador estructuralista. Su familia de pensamiento sigue estado afiliada a la tradición hermenéutica. Pero –y esta es una de las singularidades innegables de su filosofía en el paisaje hermenéutico contemporáneo– incorpora el paradigma estructural, no como suplemento del alma, sino como necesidad epistemológica y antropológica, en el proceso de una teoría general de la interpretación. En este sentido, no sería equivocado calificar su hermenéutica de estructural (y no de estructuralista como filosofía englobante) con tal de que se plantee el estatus de las «ciencias del espíritu» en el plano epistemológico, y el estatus del sujeto, en el plano antropológico.

Se podría incluso llegar a calificar su hermenéutica de postestructuralista (o mejor, postestructural) en el sentido estricto de corrientes que atraviesan las variantes del estructuralismo y movilizan recursos para superar su hiperformalismo y su axioma de clausura interna." Michel, Johann, *Ricœur y sus contemporáneos. Bourdieu, Derrida, Deleuze, Foucault, Castoriadis,* (trad. de Maysi Veuthey), Biblioteca Nueva, Madrid, 2014, pp. 17-18.

para un tal reconocimiento. Pues si la reflexión no puede producir desde sí el sentido que se anuncia a través de los símbolos, sí puede comprender que el mal es la "razón" de ese fracaso".[68] Y desde luego, el lenguaje de la confesión es estrictamente simbólico, de ahí el título de *La Simbólica del mal*. Frente a esta separación entre reflexión pura y conciencia religiosa, Ricœur se preguntaba si era posible acrecentar la reflexión pura, por medio de los descubrimientos hechos a partir de la simbólica del mal:

> ¿Es posible, después de esta ruptura, reanudar la reflexión pura, enriquecerla con todas las adquisiciones del conocimiento simbólico del mal?
>
> La pregunta es difícil, pues de lo que se trata es de abrirse paso entre dos escollos: por una parte no es posible *yuxtaponer* simplemente la reflexión a la confesión [del mal]; ya no es posible, en efecto, interrumpir el razonamiento filosófico, como lo hacía Platón, con unos relatos fantásticos y decir: aquí termina el razonamiento, allí comienza el mito; [Jules] Lachelier tiene razón: la filosofía debe comprenderlo todo, incluso la religión; en efecto, la filosofía no puede detenerse en marcha; al empezar, juró ser consecuente; debe mantener su promesa hasta el final. Pero tampoco es posible obtener una transcripción filosófica directa del simbolismo religioso del mal, so pena de volver a una interpretación alegórica de los símbolos…[69]

¿Cómo conciliar entonces, la reflexión pura con la simbólica del mal, sin yuxtaponerlas o mezclarlas? "¿Cómo *articular* la reflexión filosófica con la hermenéutica de los símbolos?"[70] "¿Cómo se puede pensar a partir del símbolo, sin regresar a la vieja interpretación alegorizante? ¿Cómo desprender del símbolo una *alteridad* que ponga en movimiento el pensamiento, sin que eso sea la alteridad de un

[68] Scannone, Juan Carlos, "Prólogo", en Ricœur, P., *Hermenéutica y Acción. De la Hermenéutica del Texto a la Hermenéutica de la Acción*, 3ª ed., Pontificia Universidad Católica Argentina (UCA)-Prometeo Libros, Buenos Aires, 2008, p. 13.

[69] Ricœur, P., "La Simbólica del mal", en *Finitud y culpabilidad*, pp. 481-482.

[70] Ricœur, P., "Hermenéutica de los símbolos y reflexión filosófica I" (1961), en *El conflicto de las interpretaciones*, p. 261.

sentido que ya está ahí, escondido, disimulado, encubierto?"[71] Estas preguntas no tenían una respuesta fácil, pero frente a este escollo que se levanta y hace difícil llevar la embarcación a buen puerto, es posible enfilar el derrotero hacia una nueva dirección. Para Ricœur era el momento de tomar una decisión audaz, decantarse por alguna de las posibilidades era harto arriesgado, máxime cuando el camino se había bifurcado, pero Ricœur propone una tercera vía: "la de una interpretación creadora de sentido, a la vez fiel al impulso, a la *donación* de sentido del símbolo, y fiel al juramento del filósofo que consiste en comprender. El aforismo, propuesto a modo de exergo en esta conclusión [de *La Simbólica del mal*]: «El símbolo da que pensar» es el que les muestra esa vía a nuestra paciencia y a nuestro rigor".[72] Ricœur señala con claridad, el siguiente sendero, a partir de la *relación* entre símbolo y hermenéutica, y esa es precisamente la "llave" (lat. *clave*) que abre la interpretación *dual* de los símbolos:

> Quisiera ensayar otra vía que sería la de una interpretación creadora, la de una interpretación que respeta el enigma original de los símbolos, que se deja enseñar por ella misma, pero que, a partir de ahí, promueve el sentido, forma el sentido, en la responsabilidad plena de un pensamiento autónomo. El problema estriba en saber cómo un pensamiento puede estar a la vez *ligado* y ser al mismo tiempo *libre*, cómo la inmediatez del símbolo y la mediación del pensamiento se mantienen juntos.
>
> Veo la clave, o al menos el nudo de la dificultad, en la relación entre símbolo y hermenéutica. No hay símbolo que no suscite una comprensión por medio de una interpretación. ¿Cómo esta comprensión puede estar a la vez *en* el símbolo y *más allá* del símbolo?[73]

En suma, se trataba del entendimiento del símbolo como donador de sentido a través de su *doble* significación: de un sentido *por*

[71] Ricœur, P., "El símbolo da que pensar" (1959), en *Escritos y conferencias 3. Antropología filosófica*, p. 142.

[72] Ricœur, P., "Hermenéutica de los símbolos y reflexión filosófica I" (1961), en *El conflicto de las interpretaciones*, p. 261.

[73] Ricœur, P., "El símbolo da que pensar" (1959), en *op. cit.*, p. 142.

medio de un (otro) sentido. "Todo lenguaje simbólico dice algo diferente de lo que dice y, por su doble sentido, libera sentido y significación, y por ello, juega el rol de instrumento exploratorio de nuestras posibilidades existenciales, de nuestra situación en el ser. [...] De esta manera, mediante el sentido del sentido, nos es permitido acceder a algo más que los simples hechos, ligados a la descripción y a la disponibilidad".[74] Esto es así, porque como señala Heráclito: "El señor de quien es el oráculo de Delfos ni expresa ni oculta su significado, sino que lo manifiesta mediante señales." (Fragmento 93).[75]

Pero, ¿qué es lo que *da* el símbolo? Ricœur responde así: "Esta afirmación, que me encanta, dice dos cosas: el símbolo da; pero lo que da es que pensar, algo que pensar. [...] Pero lo que nos da el símbolo es que pensar. A partir de la donación, la posición. El aforismo sugiere a la vez que todo se ha dicho ya a modo de enigma y que, sin embargo, siempre hay que empezarlo todo y volver a empezarlo en la dimensión del pensar."[76] En "Hermenéutica de los símbolos y reflexión filosófica", Ricœur reproduce esta cita, casi idénticamente, pero si se lee con perspicacia, se encuentra la ligera diferencia: "«El símbolo da qué pensar». Esta sentencia que tanto me cautiva dice dos cosas: el símbolo da; no planteo yo el sentido, es él el que lo da; pero lo que da es "qué pensar", aquello en qué pensar. A partir de la dación, el planteo. La sentencia sugiere, a un mismo

[74] Ricœur, P., "El lenguaje de la fe" (1964), en *El lenguaje de la fe,* pp. 42, 43.

[75] Heráclito, *Fragmentos,* (trad. de Luis Farré), Ediciones Folio, S.A., Barcelona, 2007, p. 53. Otras posibles traducciones, del fragmento de Heráclito, podrían ser: "El señor, cuyo oráculo está en Delfos, no expresa ni oculta, sino que manifiesta por indicios." *Los filósofos presocráticos. De Homero a Demócrito,* (prólogo, traducción y notas de Federico Ferro Gay), Secretaría de Educación Pública (SEP), Col. Cien del mundo, Ciudad de México, 1987, p. 82. También: "El señor de quien es el oráculo que está en Delfos, ni dice del todo ni oculta su sentido, sino que lo manifiesta por un indicio." Guthrie, W. K. C., *Los filósofos griegos. De Tales a Aristóteles,* 10ª reim., trad. Florentino M. Torner, FCE, Ciudad de México, 2014, p. 53. Además: "El señor de quien es el oráculo de Delfos ni expresa ni oculta su significado, sino que lo manifiesta mediante señales." Heráclito, *Fragmentos,* trad. de Luis Farré, Ediciones Folio, S.A., Barcelona, 2007, p. 53. Y: "El Señor, de quien son los oráculos de Delfos, ni dice ni oculta nada, solamente indica." "Fragmentos filosóficos de Heráclito", en García Bacca, Juan David (Compilador), *Los presocráticos,* 20ª reim., FCE, Ciudad de México, 2014, p. 104.

[76] Ricœur, P., "La simbólica del mal", en *Finitud y culpabilidad,* pp. 482-483.

tiempo, que todo ya está dicho en el enigma, y que, sin embargo, debemos comenzar todo en la dimensión del pensar".[77] Entonces, el símbolo "da" que **pensar** y **qué** pensar, incluso **hace** pensar.

Pero hay más en el aforismo «El Símbolo da que pensar», ya que esta reflexión permite introducir también, una disquisición de carácter filosófico-teológica, puesto que a través de él se acude a la famosa frase del filósofo y teólogo medieval, San Anselmo de Canterbury (Aosta, 1033-Canterbury, 1109), quien sentenció: "No busco entender para creer, sino que creo para entender". *Credo in Deum*... "Yo" ***creo*-en** Dios...[78] así comienza justamente el *Símbolo de los Apóstoles,* y puesto que es "símbolo" requiere una tarea hermenéutica que zanje la distancia cultural entre aquel texto *kerigmático* apostólico y los creyentes actuales. "A partir de la defensa del diálogo "exégesis-hermenéutica", el estudioso, pero fundamentalmente el lector creyente, encuentra una pertenencia con el texto (círculo: creer y entender y creer) que lo llevará a con-validar sus

[77] Ricœur, P., "Hermenéutica de los símbolos y reflexión filosófica I" (1961), en *El conflicto de las interpretaciones,* p. 262.

[78] La "atestación" que se produce aquí, en ese "creo-en", se constituye en la instancia epistémica más sublime: "A nuestro entender, –escribe Ricœur– la atestación define el tipo de certeza a la que puede aspirar la hermenéutica no solo respecto a la exaltación epistémica del *Cogito* a partir de Descartes, sino también respecto a su humillación en Nietzsche y en sus sucesores. La atestación parece exigir menos que la primera y más que la segunda. De hecho, comparada con ambas, también ella es propiamente átopos.

En efecto, por una parte la atestación se opone más a la certeza reivindicada en el *Cogito* que al criterio de verificación de los saberes objetivos. El rodeo por medio del análisis impone, precisamente, el modo indirecto y fragmentario de todo retorno al sí. En este sentido, la verificación está incluida en el proceso reflexivo como un momento epistémico necesario. La atestación se opone primordialmente a la noción de *episteme*, de ciencia, en la acepción de saber último y autofundamentador. Y es en esta oposición en la que parece exigir menos que la certeza ligada al fundamento último. La atestación, efectivamente, se presenta primero como una especie de creencia. Pero no es una creencia «dóxica», en el sentido en que la *doxa* –la creencia– tiene menos grado que la *episteme* –la ciencia, o mejor dicho, el saber. Mientras que la creencia dóxica se inscribe en la gramática del «creo que», la atestación depende de la de «creo-en». En esto se aproxima al testimonio, como indica la etimología, en la medida en que se cree precisamente *en* la palabra del testigo. De la creencia o, si se prefiere, del *crédito* que se vincula a la triple dialéctica de la reflexión y del análisis, de la ipseidad y de la mismidad, del sí y del otro, no se puede recurrir a ninguna instancia epistémica más elevada." Ricœur, P., *Sí mismo como otro,* pp. XXXIV-XXXV.

interpretaciones a la luz de la comunidad interpretativa que conforma la textura vital de toda conformación textual concreta".[79] Esos creyentes están dentro de un «círculo hermenéutico» que resulta hendido cuando el creyente como «hermeneuta» y el hermeneuta como «creyente» hacen lo que les es propio:

> La interpretación –dice Ricœur– se ha tornado entonces, en el instrumento que hoy nos permite creer. Es por ello que me atrevo a afirmar que nos encontramos en medio de una situación que Bultmann denomina –tomando una expresión de Heidegger– «círculo hermenéutico» y que puede expresarse de la siguiente manera: yo no puedo acercarme a un texto si no comprendo lo que me dice, pero al mismo tiempo, debo ser captado por lo que el texto dice. Por lo tanto es necesario creer para comprender y a su vez, no es posible comprender sin descifrar el texto. [...]
>
> La existencia del círculo deriva del hecho de que, para comprender el texto, es necesario creer el anuncio; pero aquello que es anunciado en el texto no se encuentra en ningún otro lugar más que en el acto de descifrarlo y en este tipo de lucha entre el verdadero y el falso escándalo, se sitúa en el seno del propio texto.
>
> Diríamos por lo tanto, que ese círculo solo puede ser roto por el creyente como "hermeneuta", en tanto permanece fiel a su comunidad, y por el hermeneuta como "creyente", cuando realiza su trabajo científico como exégeta.[80]

Al final de *La Simbólica del mal*, esa sentencia *anselmiana* "contenida" en el círculo hermenéutico, es retomada por Ricœur, para problematizar la distinción entre "desmitización" y "desmitologización",

[79] Stauber, Juan Carlos, "Paul Ricœur y su aporte a la hermenéutica bíblica", en *op. cit.*, p. 103.

[80] Ricœur, P., "La crítica de la religión" (1964), en *El lenguaje de la fe*, pp. 28, 29.
El propio Rudolf Bultmann, tiene una obra titulada *Creer y comprender*, 2 vol., (trad. Julio Guerrero Carrasco), STVDIVM Ediciones, Salamanca, 1974.

donde Ricœur además, discurre todavía más sobre la noción del "círculo hermenéutico"[81] entre el creer y el comprender:

> Esta conjunción entre la creencia y la crítica proporciona, por consiguiente, la segunda interpretación de la afirmación sobre la que estamos reflexionando: «El símbolo da que pensar». **Y esta conjunción es una relación circular entre un creer y un comprender.** Se ve, pues, con qué prudencia se debe hablar de «desmitologización» si se distingue bien desmitologizar de «desmitificar». Cualquier crítica «desmitologiza» en tanto que crítica: es decir, lleva siempre más lejos el deslindamiento de lo histórico (según las reglas del método crítico) y de lo pseudo-histórico: lo que la crítica no cesa de exorcizar es el *lógos* del *mythos* [...]; en tanto que punta de lanza de la modernidad, la crítica no puede no ser una «desmitologización» [...]; **pero es precisamente al acelerar el movimiento de «desmitologización», cuando la hermenéutica moderna saca a la luz la dimensión del símbolo, en tanto que signo originario de lo sagrado; así es como contribuye a reavivar la filosofía al contacto con los símbolos; es una de las vías de su**

[81] El teólogo luterano Paul Tillich plantea a su vez, un "círculo teológico", porque según dice: "Toda comprensión de las cosas espirituales (*Geisteswissenschaft*) es circular". Aunque este «círculo teológico» introduce más que certeza, también duda, en una dialéctica entre el creer y el dudar (ya no solo entre el creer y el comprender): "Pero incluso –enuncia Tillich– el hombre que ha entrado consciente y abiertamente en el círculo teológico, se enfrenta con otro problema fundamental. Si está en el interior del círculo, es que ha tomado una decisión existencial, es que está en la situación de fe. Pero nadie puede decir de sí mismo que esté en la situación de fe. Nadie puede llamarse a sí mismo teólogo, ni siquiera en el caso de que esté llamado a profesar una docencia de teología. **Todo teólogo está comprometido *y* alienado; siempre está en la fe *y* en la duda; siempre está dentro *y* fuera del círculo teológico. Unas veces predomina en él un aspecto; otras veces, otro; pero nunca sabe con certeza cuál de los dos prevalece realmente.** De ahí que solo pueda aplicarse un criterio: una persona puede ser teólogo siempre que acepte el contenido del círculo teológico como su preocupación última. Que esto sea verdad no depende de su estado intelectual, moral o emocional; no depende tampoco de la intensidad y certeza de su fe; no depende siquiera de su fuerza de regeneración o de su grado de santificación. Más bien depende de que su ser se sienta embargado últimamente por el mensaje cristiano, aunque a veces se sienta inclinado a atacarlo y rechazarlo." Tillich, Paul, *Teología sistemática I. La razón y la revelación. El ser y Dios,* 4ª ed., (Col. Verdad e imagen 73), Ediciones Sígueme, Salamanca, 2001, pp. 23, 24. Las negritas están añadidas.

> **rejuvenecimiento.** Esta paradoja, en virtud de la cual la «desmitologización» es asimismo recarga del pensamiento con los símbolos, no es más que un corolario de lo que denominamos **el círculo del creer y del comprender en la hermenéutica.**[82]

Ricœur reconoce que en esta rica reflexión filosófica en torno al símbolo y al círculo hermenéutico se produce una hermenéutica (estrictamente) *filosófica* que suscita una donación de sentido a través del símbolo; donde ya no solamente se trata de la dialéctica entre «creer *y* comprender» sino entre «interpretar *y* entender»: "En resumidas cuentas, –dice Ricœur– al *interpretar*, podemos de nuevo *entender*; de esa forma, en la hermenéutica es donde se anuda la donación de sentido por el símbolo y la iniciativa inteligible del desciframiento".[83] Por otra parte, en la cuarta sección de *El conflicto de las interpretaciones,* titulada "La simbólica del mal interpretada", Ricœur describe un doble proceso de «desmitización» (sin confundirla con la «desmistificación»[84]), no ya a través del símbolo, sino

[82] Ricœur, P., "La Simbólica del mal", en *Finitud y culpabilidad,* p. 486. Las negritas están añadidas.

[83] *Ibíd.*, p. 484. Las cursivas son del autor.

[84] En *El lenguaje de la fe,* Ricœur señala: "A los efectos de hacer resaltar este movimiento [de la fe], he concebido mi primera exposición en dos partes. La primera será una recapitulación de la crítica externa, la cual se ha transformado en la actualidad en un fenómeno cultural dominante y central. Ubicaré esta crítica [de la religión] bajo el signo de la **"desmistificación"**. Pero este movimiento lo tomo en tanto se transforma a su vez en una crítica interna, es decir, una crítica de la religión por medio de la fe. Calificaré a este segundo movimiento bajo el signo de la **"desmitologización"**. [...] El cristianismo aparece en principio como un kerigma, es decir una proclamación, un discurso "dirigido a". El término griego *kerigma* quiere decir exactamente anuncio, proclamación, mensaje. La **desmistificación** tiene que ver justamente con esta dirección, con este discurso "dirigido a". [...] Quisiera entrar en este nivel crítico por medio del análisis de la función de la "sospecha" entendida como el instrumento crítico de dicha desmistificación y así tratar de comprender lo que tal sospecha representa para nuestra cultura. [...] la **desmistificación** se caracteriza en primer lugar por ser el ejercicio de la «sospecha». Llamo sospecha al mecanismo de respuesta surgido como correlato de las expresiones de la falsa conciencia. El problema de la conciencia es el objeto, es el correlato del acto de la sospecha. A partir de este correlato emerge un tipo y un estilo de duda con características completamente nuevas y diferentes de las planteadas por la duda de Descartes. [...] Al mismo tiempo situaré a la *desmitologización* en el mismo plano de la **desmistificación**, es decir, dentro de una hermenéutica moderna. Conociendo la solución aportada por Bultmann y sea cual fuere nuestra posición frente a ella, su planteamiento nos parece urgente

del mito, introduciendo nuevos puntos en la consideración antes transcrita, a partir de los hallazgos que le ha dejado la atenta lectura filosófica de Sigmund Freud:

> Este nuevo enfoque me permitirá retomar la cuestión de la culpabilidad donde la dejé al final de la *Simbólica del mal* e introducir los puntos nuevos que la más reciente lectura de Freud me hizo descubrir.
>
> En efecto, considero que la cuestión de la acusación –o, más exactamente, de la instancia acusadora– es apta para hacer aparecer **la doble función de la desmitización**. Por un lado, desmitizar es reconocer el mito como mito, pero a fin de renunciar a él; en ese sentido, es necesario hablar de desmistificación; el resorte de esta renuncia es la conquista de un pensamiento y de una voluntad desalineados; lo positivo de esta destrucción es la manifestación del hombre como productor de su existencia humana; es una antropogénesis. Por otro lado, **desmitizar es reconocer al mito como mito,** pero a fin de liberar en él el fondo simbólico; es necesario entonces hablar de **desmitologización**; lo que desarticulamos aquí no es tanto el mito como la racionalización segunda que lo tiene cautivo, el pseudo logos del mito. [...]
>
> Me propongo aplicar esta hipótesis de la *doble desmitización* a la instancia de la acusación.[85]

---

e ineludible. Tratándose de una crítica interna, esta solo podrá ser cabalmente comprendida en su totalidad si la relacionamos con la crítica externa formulada a partir de Feuerbach, Freud, Nietzsche y Marx. De esta manera se pone en evidencia la distancia cultural que existe, por un lado, entre nuestro mundo actual y nuestro discurso de hombres modernos, y por otro, entre las expresiones culturales y el mundo cultural del Evangelio." Ricœur, P., "La crítica de la religión" (1964), en *El lenguaje de la fe*, p. 17, 19, 24-25. Las negritas están añadidas.

[85] Ricœur, P., "Desmitizar la acusación" (1964), en *El conflicto de las interpretaciones*, p. 305. Las negritas están añadidas. Las cursivas son del autor.

Ricœur nunca fue un lector ingenuo, menos de Freud, aunque aquilata muy bien las resonancias de la obra freudiana, el filósofo francés logra criticar la obra del padre del psicoanálisis: "Desde esta perspectiva, la crítica que hace Freud de la religión nos parece perfectamente válida, y nos obliga a refutarla en su mismo terreno. [...] **Hacia el fin de su vida Freud remitologizó y remitizó toda su obra.** En esa etapa del desarrollo de sus teorías, el gran problema del hombre

Justamente en *Freud: una interpretación de la cultura*, Ricœur refiere lo siguiente: "Me permitiré recordar el camino de mi propia interrogación. Primero encontré como una exigencia de lucidez, de veracidad, de rigor, lo que llamaba, al final de *La Simbólica del mal*, "el paso a la reflexión". ¿Es posible –me preguntaba– articular una con otra, de manera coherente, la interpretación de los símbolos y la reflexión filosófica?"[86] Y sí, Ricœur logró articular no solo una honda reflexión filosófica en torno al mito y a los símbolos, sino que inauguró una hermenéutica estrictamente filosófica, y no un mero acercamiento antropológico-cultural y/o filológico. Para Paul Ricœur, el lenguaje simbólico requiere una hermenéutica "donadora" de sentido, porque el lenguaje mitológico exige ser descifrado, ya que de lo que ahí se trata, surge de una teoría del signo y de la significación. "De una manera u otra, todos los sistemas de símbolos contribuyen a *configurar* la realidad. Y más precisamente, las tramas que inventamos nos ayudan a dar forma a nuestra experiencia temporal confusa, informe y, en el límite, muda".[87] Ricœur dice esto, porque para él, interpretar es acumular, buscar y ofrecer sentido; y es en razón de esta hermenéutica donadora (y acumuladora) de sentido que su visión interpretativa se expande.

En ese primer momento, la hermenéutica de Ricœur en *La Simbólica del mal* es «reductora amplificante» (reductora porque la interpretación es *menguada*, es decir, está casi completamente sujeta en torno al símbolo; y amplificante, porque el símbolo resulta *engrandecido* en su interpretación como donador de sentido y porque explota su «reserva de sentido»). Entonces, esta primera hermenéutica

consistirá en lograr el tránsito del principio del placer al principio de realidad, es decir, realizar el sacrificio y el duelo del deseo infantil. Pero este reino de la necesidad, esa *ananké*, tal como la llamaba en sus últimas obras, solo puede ser comprendida a partir de la lucha entre *eros* y la muerte, vale decir, entre los instintos de vida y los instintos de muerte. Esta relación, esta apuesta a favor de *Eros* y contra *Thanatos*, tiene la misma resonancia en Freud que el mito de Dionisio del último Nietzsche y nos permite explicar a uno por el otro." Ricœur, P., "La crítica de la religión" (1964), en *El lenguaje de la fe*, pp. 21, 23. Las negritas están añadidas.

[86] Ricœur, P., *Freud: una interpretación de la cultura*, p. 36.

[87] Ricœur, P., "Acerca de la interpretación" (1983), en *Del texto a la acción. Ensayos de hermenéutica II*, 2ª ed., FCE, Buenos Aires, 2010, p. 20.

es completamente deudora de una reflexión a través de los símbolos del mal, Ricœur hablaba en aquel entonces, de "expresiones de *doble* sentido" que se dan justamente en esos símbolos: "Hace tiempo yo mismo esbocé –recuerda– una *Simbólica del mal*, basada totalmente en este papel mediador de ciertas expresiones de doble sentido, tales como la mancha, la caída, la desviación, en la reflexión sobre la voluntad malvada. **En ese momento, había reducido la hermenéutica a la interpretación de los símbolos**, es decir, a la explicación del sentido segundo –a menudo oculto– de estas expresiones de doble sentido".[88] Pero esta primera "reducción hermenéutica", se expande en el fructífero encuentro con el estructuralismo[89] y, sobre todo, con Sigmund Freud y el psicoanálisis, como Ricœur así lo ha reconocido. Con todo, Ricœur mantiene una "coherencia discontinua" en esa procesión hermenéutica que es recordada así, en su *Autobiografía intelectual*:

> Así fue como, bajo el título de "Lectura de Freud", presenté la explicación freudiana como **discurso mixto, que mezcla el lenguaje de la fuerza** (pulsión, carga, condensación, desplazamiento, represión, retorno de lo reprimido, etc.) **y el del sentido** (pensamiento, deseo [*Wunsch*], inteligibilidad, absurdo,

[88] *Ibíd*., p. 32. Las negritas están añadidas.

[89] La primera parte de *El conflicto de las interpretaciones,* se titula "Hermenéutica y estructuralismo" y desarrolla tres tópicos: «Estructura y hermenéutica», «El problema del doble sentido como problema hermenéutico y como problema simbólico» y «La estructura, la palabra, el acontecimiento». Ricœur se sirve especialmente del libro de *Antropología estructural* del antropólogo francés Claude Lévi-Strauss. "Si la hermenéutica es una fase de apropiación del sentido, una etapa entre la reflexión abstracta y la reflexión concreta, si la hermenéutica permite recuperar, por medio del pensamiento, el sentido en suspenso en la simbólica, solo puede considerar el trabajo de la antropología estructural como un apoyo y no como un contraste; uno solo se apropia de aquello que primero ha mantenido a distancia para considerarlo." Ricœur, P., "Estructura y hermenéutica" (1963), en *El conflicto de las interpretaciones,* p. 33.

Además, Ricœur insiste en evitar la confusión entre el análisis estructural y el estructuralismo: "Empecemos por el método estructural, puesto que es el más reciente y, para el ambiente de los exégetas, el más "inquietante". Me gustaría insistir en la necesidad de diferenciar claramente el análisis estructural del estructuralismo; el análisis estructural como ciencia de las estructuras, y el estructuralismo como ideología del texto en sí mismo." Ricœur, P., "Bosquejo de conclusión", en *Exégesis y hermenéutica,* p. 227.

disfraz, interpretación [*Deutung*], interpolación, etc.). Y yo justificaba este discurso mixto por la naturaleza mixta de su objeto, situado en el punto de flexión del deseo y el lenguaje. En la sección "interpretativa" de mi obra, confronté el discurso del psicoanálisis así reconstruido con el de la fenomenología, y más generalmente, de la filosofía reflexiva, y presenté la oposición entre los dos discursos como la existente entre un **movimiento regresivo,** orientado hacia lo infantil, lo arcaico, y un **movimiento progresivo,** orientado hacia un *telos* de completud significante. Era la primera vez que tomaba como guía la *Fenomenología del espíritu* de Hegel donde, en efecto, el espíritu procede de las posiciones de sentido más pobres hacia las más ricas; la verdad de cada figura solo se hacía manifiesta en la figura siguiente. **Un "conflicto de las interpretaciones" tomaba forma bajo los rasgos de una arqueología de la conciencia opuesta a una teleología del sentido, estando el derecho de cada una plenamente reconocido y respetado.** Mi problemática inicial de la culpa perdía su acuidad transformándose en uno de los lugares privilegiados del enfrentamiento entre procedimiento arqueológico y procedimiento teleológico.[90]

2.2 La segunda hermenéutica ricoeuriana: De l'interprétation-Essai sur Freud

Ricœur recién acaba de mencionar que su entendimiento de la hermenéutica fue redefinido, así como su filosofía reflexiva fue también revisada, a través del feliz descubrimiento de la hermenéutica psicoanalítica. Ese nuevo entendimiento vino por medio de su encuentro "revelador" con Freud, el padre del psicoanálisis.[91] En la

[90] Ricœur, P., *Autobiografía intelectual,* p. 38. Las negritas están añadidas.

[91] Si bien el encuentro con Sigmund Freud y su teoría analítica, fue un impulso para la filosofía hermenéutica de Ricœur, no dejó de causarle inconvenientes con el psicoanálisis y los psicoanalistas franceses, que llevaron incluso, a que Ricœur se autoexiliara en EE. UU.: "No obstante, en Francia, los psicoanalistas lacanianos y los estructuralistas consideraron como intrusismo las reflexiones de Ricœur sobre Freud y le hicieron el vacío, así como los trotskistas y libertarios. De hecho,

obra consagrada a Freud, Paul Ricœur menciona que el método

Ricœur, tras boicoteos sufridos en la Universidad de Nanterre de la que era decano, en el año 1970, prefirió emigrar a Estados Unidos, donde permaneció cerca de quince años." Eymar, C., *op. cit.* https://www.elciervo.es/index.php/archivo/3027-2005/numero-652-653/270-alias_315 (Consultada el 23 de septiembre de 2017).

François Dosse en una entrevista concedida a Sara Cohen para el diario argentino *La Nación* (10 de enero de 2014) ahondó en el conflicto con Lacan y su escuela psicoanalítica en Francia:

"Cohen: ¿Ricœur asistió al seminario de Lacan?

Dosse: Sí. Lacan retuvo a Ricœur y lo invitó a su seminario. Pero ahí se inició un malentendido radical entre la expectativa de Lacan y el camino que llevaría a cabo, con Freud, Ricœur. Este último compartía más lo dicho por Jean Laplanche en Bonneval que la posición de Lacan, según la cual, "el inconsciente está estructurado como un lenguaje". Sin embargo, Ricœur, como buen alumno que era, acudió al seminario de Lacan y se esforzó. Lacan lo saludó contento, pensando que Ricœur lo seguiría y lo mencionaría. Una vez Lacan lo llamó por teléfono y le preguntó: "¿Qué le ha parecido mi discurso?". Ricœur respondió con su franqueza habitual: "La verdad es que no entendí nada". Lacan colgó. En otra oportunidad, lo llamó y le dijo: "Ricœur, ya no viene usted a mi seminario, lo he extrañado [silencio] tan poco".

¿Cómo recibió Lacan el libro de Ricœur sobre Freud?

En 1965 salió el libro de Ricœur *De l'interprétation. Essai sur Freud.* En él, el filósofo traza la historia de la obra freudiana y defiende una epistemología propia del psicoanálisis, que no tiene nada que ver con las ciencias experimentales. La sitúa del lado de una práctica, centrada en la transferencia. Lo que hace que el psicoanálisis sea verificable es la experiencia psicoanalítica. Tiene que ver con la verdad, no la tangible, verdad que según Lacan solo puede emerger en el *après-coup*. En su seminario, Lacan tomó el libro de Ricœur, lo mostró y dijo: "¿Qué haremos con esta basura? ¡Es espiritualismo!". Y copió en el pizarrón la dedicatoria que le había escrito Ricœur. También ridiculizó lo dicho en el libro respecto de lo energético en la obra de Freud, haciendo un ruido de motor.

¿Por qué, a su parecer, ocurrió esto con el libro de Ricœur?

Ricœur fue descalificado, marginado del escenario intelectual francés, y existió una fuerte negativa al diálogo. A mediados de los años sesenta, la época era bastante propicia para el terrorismo intelectual. Lacan marcó la tónica a sus discípulos y Ricœur quedó ubicado como representante de una corriente espiritualista que no había entendido nada sobre la revolución estructuralista en curso. Aparecieron críticas muy duras en dos revistas de prestigio: *Critique* y *Les Temps Modernes*. En *Critique*, Jean-Paul Valabrega sostuvo que el maestro (se refiere a Lacan) había sido apenas citado y además había sido plagiado. En *Temps Modernes*, Michel Tort escribió contra "la máquina hermenéutica" un largo artículo que ocupa dos números de la revista. Ricœur no esperaba esto y para él fue un momento muy duro. Dejó de hablar de psicoanálisis, no volvería a hablar de ello sino tiempo después. Para nosotros, los historiadores, hay otro enfoque que proviene de la lectura de Freud realizada por Ricœur en *La memoria, la historia, y el olvido*, libro publicado en el año 2000. Para hablar de la memoria, debe atravesar la reflexión freudiana y les dice a los historiadores que no hay que abusar

analítico de interpretación de los sueños practicado por el médico austriaco, provoca y genera un *plus* en la teoría de la interpretación. La nueva hermenéutica que de ahí surge, excita, estimula y hace crecer a la propia filosofía, gracias a que la pone en contacto con lo más arcaico y profundo del ser humano, es decir, "con los símbolos fundamentales de la conciencia" que emergen en los sueños:

> Y esto no es lo más importante: **en ninguna parte existe un lenguaje simbólico sin hermenéutica**; allí donde un hombre sueña y delira, se alza otro hombre que interpreta; lo que ya era discurso, incluso incoherente, **entra en el discurso coherente gracias a la hermenéutica**; en relación con esto, la hermenéutica de los modernos prolonga las interpretaciones espontáneas de las que nunca carecieron los símbolos. En cambio, lo propio de esta hermenéutica es que sigue estando en la línea del pensamiento crítico. [...] Por otro lado, la hermenéutica moderna persigue el objetivo de reavivar la filosofía al ponerla en contacto con los símbolos fundamentales de la conciencia. [...]
>
> En resumidas cuentas, al *interpretar*, podemos de nuevo *entender*; de esta forma, **en la hermenéutica es donde se anuda la donación de sentido por el símbolo** y la iniciativa inteligible del desciframiento.[92]

Este es el segundo momento de la procesión hermenéutica ricoeuriana, cuando confrontado con el psicoanálisis sus tesis sobre la culpa y el mal son relativizadas para dar lugar a otro desarrollo hermenéutico. *El conflicto de las interpretaciones*, fruto de una hondísima "ontología hermenéutica", permite la "apropiación de un enfoque hermenéutico-ontológico: [donde] la comprensión de los

---

del "deber de la memoria". Pone el énfasis en [el] "trabajo de memoria", término extraído de "trabajo de duelo" en Freud. En cuanto a Lacan, a partir de ese momento, él, que había sido hombre de palabras a través de su seminario, decidió publicar sus escritos. Desde 1963, François Wahl le venía proponiendo sin éxito publicarlo en Seuil, pero luego de la salida del libro de Ricœur, decidió hacerlo. Lacan reaccionó frente a lo que él consideraba que era un desvío de su discurso." Entrevista disponible en: https://www.lanacion.com.ar/1655242-no-soy-filosofo-tan-solo-un-historiador (Consultada el 07/04/2018).

[92] Ricœur, P., "La Simbólica del mal", en *Finitud y culpabilidad,* p. 484. Las cursivas son del autor. Las negritas están añadidas.

textos originantes de la propia tradición constituiría [un] acceso privilegiado a la comprensión del hombre y del ser";[93] y por ello, se trata también de una "nueva ontología de la comprensión".[94] La filosofía ricoeuriana deviene entonces antropología filosófica, porque se trata de una hermenéutica ontológica, puesto que implica una comprensión del ser humano a través del Ser. Al final de "La Simbólica del mal", en *Finitud y culpabilidad*, Ricœur escribe: "Apuesto que comprenderé mejor al hombre y la relación entre el ser del hombre y el ser de todos los entes, si sigo la indicación del pensamiento simbólico".[95] Además, esta nueva ontología de la comprensión *deviene* hermenéutica ontológica, porque se trata de una doble comprensión: la comprensión de sí *mismo* y la comprensión del ser: "La interpretación de la simbólica merece ser llamada hermenéutica solo en la medida en que represente un segmento de la comprensión de sí y de la comprensión del ser; más allá de este trabajo de **apropiación** del sentido, no es nada; en ese sentido, la hermenéutica es una disciplina filosófica".[96]

En cuanto al interés filosófico sobre el simbolismo, Ricœur añade: "Lo resumiré en una palabra: el único interés filosófico del simbolismo es que revela, por su estructura de doble sentido, la equivocidad del ser: «El ser se dice de múltiples maneras». La razón de ser del simbolismo es abrir la multiplicidad del sentido sobre la equivocidad del ser".[97] En efecto, el problema del símbolo pasa por un criterio hermenéutico de interpretación vinculado también con la cuestión de una filosofía del lenguaje, por tanto del ser:

---

[93] Fierro, Alfredo, "Prólogo a la edición española" de VV. AA., *Exégesis y hermenéutica,* p. 13.

[94] Ricœur, P., "Acerca de la interpretación", en *Del texto a la acción. Ensayos de hermenéutica II,* p. 31.

[95] Ricœur, P., "La Simbólica del mal", en *Finitud y culpabilidad,* p. 488. La traducción de Cecilio Sánchez Gil dice: "Yo apuesto a que comprendo mejor al hombre y los lazos que unen el ser del hombre con el ser de todos los demás seres, siguiendo las *indicaciones* del pensamiento simbólico.", Ricœur, P., *Finitud y Culpabilidad* (prólogo de José Luis Aranguren), Col. Ensayistas de Hoy, Taurus Ediciones, S.A., Madrid, 1969, p. 710.

[96] Ricœur, P., "Estructura y hermenéutica" (1963), en *El conflicto de las interpretaciones,* p. 33. Las negritas están añadidas.

[97] Ricœur, P., "El problema del doble sentido como problema hermenéutico y como problema semántico" (1966), en *El conflicto de las interpretaciones,* p. 65.

> Es por la interpretación, se ha dicho antes, por lo que el problema del símbolo se inscribe en el problema más vasto del lenguaje. Ahora bien, este nexo con la interpretación no es exterior al símbolo, no se le agrega como un pensamiento fortuito. Por cierto, el símbolo es, en el sentido griego del término, un "enigma", pero como dice Heráclito: "el Maestro cuyo oráculo está en Delfos no habla, no disimula, significa" (ὀύτε λέγει οὔτε κρύπτει ἀλλὰ σημαίνει). El enigma no bloquea la inteligencia, sino que la provoca; hay algo por desenvolver, por desimplicar en el símbolo; es precisamente el doble sentido, el enfoque intencional del sentido segundo en y a través del sentido primero, lo que suscita la inteligencia; en las expresiones figuradas del siervo arbitrio que constituyen la simbólica de la confesión, he podido mostrar que el aumento mismo del sentido con respecto a la expresión literal es lo que pone en movimiento la interpretación [...] todo *mythos* conlleva un *logos* latente que pide ser exhibido. Por eso no hay símbolo sin un principio de interpretación; donde un hombre sueña, profetiza o poetiza, otro se alza para interpretar; la interpretación pertenece orgánicamente al pensamiento simbólico y a su doble sentido.[98]

Aquí se concentra precisamente, la ontología hermenéutica ricoeuriana, y ya que esta filosofía piensa al Ser, resulta ontológica; y porque intenta interpretar a *ese* Ser, deriva hermenéutica. En última instancia "... porque el pensar y el ser son una y la misma cosa" (Fragmento III),[99] según lo señaló el eleático Parménides en su *Poema*: "Es, en efecto, una misma cosa el pensar y el ser." (Fragmento 3).[100] Y además, también añadió: "Lo que puede decirse y pensarse debe ser." (Fragmento 6).[101] La equivocidad y polifonía del

[98] Ricœur, P., *Freud: una interpretación de la cultura*, p. 20.

[99] Parménides, *Poema*, (trad. de José Antonio Miguez), Ediciones Folio, S.A., Barcelona, 2007, p. 12.

[100] *Los filósofos presocráticos. De Homero a Demócrito*, p. 93. Traducción alterna: "que *es una misma cosa el Pensar con el Ser.*" (I.3) "Poema de Parménides", en García Bacca, Juan David (Compilador), *op. cit.*, p. 38. Cursivas en el original.

[101] *Los filósofos presocráticos. De Homero a Demócrito*, p. 93. Otra traducción posible: "Menester es *al Decir, y al Pensar, y al Ente ser...*" (I.4) "Poema de Parménides", en García Bacca, Juan David (Compilador), *Los presocráticos*, p. 38. Cursivas

Ser, "hace posible cualquier hermenéutica, pero no toda hermenéutica es plausible" (Alfredo Tepox Valera –dixit–),[102] ya que, como señala Ricœur: "El peligro para el filósofo (y digo para el filósofo, no para el poeta) consiste en llegar demasiado aprisa, en perder la tensión, en diluirse en la riqueza simbólica, en la abundancia del sentido".[103] De ahí que aunque el ser se diga de diversas maneras o en múltiples sentidos, eso posibilita precisamente, que la interpretación del Ser (hermenéutica ontológica) se abra a una pluralidad *irreductible* de significaciones:

> «El ser se dice de varias maneras»; ser quiere decir: sustancia, cualidad, cantidad, tiempo, lugar, etc. Esta distinción famosa de las significaciones del ser no constituye una anomalía en el discurso, una excepción en la teoría de la significación; esos sentidos múltiples del ser son las "categorías" mismas –o las "figuras"– de la predicación; también esta multiplicidad atraviesa todo el discurso. Ahora bien, esa multiplicidad es insuperable; sin duda no constituye un puro desorden de las palabras, ya que los diferentes sentidos de la palabra ser se ordenan todos con referencia a un sentido primero, originario; pero esta unidad de referencia *–pros en legomenon–* no constituye una significación una; la noción de ser, como se ha dicho recientemente, no es sino la "unidad de problemática de una pluralidad irreductible de significaciones".[104]

2.3 La tercera hermenéutica ricoeuriana: la interpretación del sí frente al *texto*

En cuanto al tema de la **apropiación** ha de mencionarse que este es un concepto fundamental en la hermenéutica ricoeuriana porque

---

en el original. También: "Hay que decir y pensar que el Ser existe…" (VI) Parménides, *Poema,* (trad. de José Antonio Miguez), p. 13.

[102] Comunicación personal con el que esto escribe, las palabras literales del doctor Tepox fueron: "Toda hermenéutica es posible, pero no toda hermenéutica es plausible".

[103] Ricœur, P., *Freud: una interpretación de la cultura,* p. 433.

[104] *Ibíd.,* p. 25.

forma parte de la filosofía reflexiva o reflexión concreta a la que está adscrito Ricœur. Este es el tercer momento de la procesión hermenéutica ricoeuriana, ya que es aquí donde se da la transición hacia la hermenéutica del sí *por medio* de los textos, que uno no solo lee sino que también es leído en ellos:

> Entiendo aquí por apropiación el hecho de que la interpretación de un texto desemboca en la interpretación de sí de un sujeto que, a partir de ese momento, se comprende mejor, de otra manera o, sencillamente, comienza a comprenderse. Esta culminación de la intelección del texto en una intelección de sí caracteriza el tipo de filosofía reflexiva, que he llamado, en distintas ocasiones, reflexión concreta. La hermenéutica y la filosofía reflexiva son, en este punto, correlativas y recíprocas. Por un lado, la comprensión de sí ha de dar un rodeo por la comprensión de los signos culturales en los que uno mismo se documenta y se forma. Por otro, la comprensión del texto no carece en sí misma de fin. Mediatiza la relación consigo mismo de un sujeto que no encuentra en el cortocircuito de la reflexión inmediata el sentido de su propia vida. Por ello, hay que señalar con la misma intensidad que la reflexión no es nada sin la mediación de los signos y de las obras, y que la explicación tampoco lo es, si no media en el proceso de la comprensión de uno mismo. En resumen, en la reflexión hermenéutica –o en la hermenéutica reflexiva–, la constitución de *uno mismo* y la del *sentido* se dan al mismo tiempo.[105]

A la luz de esto, la hermenéutica ricoeuriana culmina en una ontología de la comprensión, de tal suerte que en Ricœur "no hay autocomprensión que no esté *mediatizada* por signos, símbolos y textos; la autocomprensión coincide en última instancia con la interpretación aplicada a estos términos mediadores".[106] La procesión hermenéutica de la que se ha hablado aquí, contiene en cada uno de sus

[105] Ricœur, P., "¿Qué es un texto?" (1970), en *Historia y narratividad,* 4 reim., (Col. Pensamiento contemporáneo #56), Ediciones Paidós / I.C.E. de la Universidad Autónoma de Barcelona, Barcelona, 2014, pp. 74-75.

[106] Ricœur, P., "Acerca de la interpretación" (1983), en *Del texto a la acción. Ensayos de hermenéutica II,* 2ª ed., FCE, Buenos Aires, 2010, p. 31.

estadios a estos tres mediadores: en el primero se encuentran los **símbolos** (*cfr.*, *La Simbólica del mal*), luego vienen los **signos** (*cfr.*, *De l'interprétation-Essai sur Freud* [traducción española: *Freud: una interpretación de la cultura*]), y culminan en los **textos** (*cfr.*, "¿Qué es un texto?", así como diversos artículos en *Hermenéutica y acción. De la Hermenéutica del Texto a la Hermenéutica de la Acción*, también *Del texto a la acción. Ensayos de hermenéutica II*; y, *Sí mismo como otro*). Así resume Ricœur sus tres mediaciones:

a. Mediación a través de los *símbolos*: se entienden así las expresiones de doble sentido que las culturas tradicionales han incorporado en la denominación de los *elementos* del cosmos (fuego, agua, viento, etcétera), de sus *dimensiones* (altura y profundidad, etcétera), de sus aspectos (luz y tinieblas, etcétera). Estas expresiones de doble sentido se añaden a símbolos universales, a los que son propios de una sola cultura, y por último, a los que han sido creados por un pensador particular, incluso por una obra singular. En este último caso, el símbolo se confunde con la metáfora viva.

b. Mediación a través de los *signos*: se afirma así la condición originariamente lingüística de toda experiencia humana. La percepción se dice, el deseo se dice. [...] Freud [descubrió] que no hay experiencia emocional, por oculta, disimulada o distorsionada que sea, que no pueda ser expuesta a la claridad del lenguaje y para revelar su sentido propio favoreciendo el acceso del deseo a la esfera del lenguaje. El psicoanálisis, como *talk-cure,* solo se basa en la hipótesis de la proximidad primordial entre el deseo y la palabra. Y como la palabra se escucha antes de ser pronunciada, el camino más corto entre *mí* y *yo mismo* es la palabra del otro, que me hace recorrer el espacio abierto de los signos. [...]

c. Por último, mediación a través de los *textos*. A primera vista, esta mediación parece más limitada que la mediación a través de los signos y los símbolos, que pueden ser simplemente orales o incluso no verbales. La mediación a través de los textos parece reducir la esfera de la interpretación a

> la escritura y a la literatura en detrimento de las culturas orales. Esto es cierto. Pero, lo que la definición pierde en extensión, lo gana en intensidad. [...] Gracias a la escritura, el discurso adquiere una triple autonomía semántica: respecto de la intención del hablante, de la recepción del público primitivo, y de las circunstancias económicas, sociales y culturales de su producción. En este sentido, lo escrito se libera de los límites del diálogo cara a cara y se convierte en la condición del *devenir texto* del discurso. [...] **Comprenderse es comprenderse *ante el texto* y recibir de él las condiciones de un sí mismo distinto del yo que se pone a leer. Ninguna de las dos subjetividades, ni la del autor, ni la del lector, tiene pues prioridad en el sentido de una presencia originaria de uno ante sí mismo.**[107]

3. La complementariedad entre hermenéutica *filosófica* y exégesis *bíblica*

En *El conflicto de las interpretaciones*, Ricœur reproduce un escrito en homenaje al filósofo ítalo/germano Romano Guardini,[108] en ocasión de su octogésimo cumpleaños, acaecido en 1965. Y aunque aparece reproducido en esta serie de ensayos publicados en 1969, el texto dedicado al teólogo italiano, avecindado en Alemania, es contemporáneo de *De l'interprétation-essai sur Freud* de 1965. El citado ensayo llevaba por título *Existence et hermeneutique*; y ahí, Ricœur desarrolla profusamente el asunto del origen de la hermenéutica y su vinculación con la exégesis, hablando ya de un "injerto hermenéutico" en la fenomenología heredada de Husserl, en los siguientes términos:

> **El problema hermenéutico se constituyó mucho antes que la fenomenología de Husserl.** Por esa razón hablo de injerto; podría decir, incluso, injerto tardío.

[107] Ricœur, P., "Acerca de la interpretación" (1983), en *Del texto a la acción. Ensayos de hermenéutica II,* PP. 31-33. Las negritas están añadidas.

[108] Paul Ricœur tradujo del alemán al francés una de las obras de Guardini: *La mort de Socrate,* (Préface de Jean Greisch), Éditions Ipagine, Paris, 2015, 242 pp.

No es inútil recordar que **el problema hermenéutico se plantea ante todo dentro de los límites de la *exégesis*,** es decir, en el marco de una disciplina que se propone comprender un texto, comprenderlo a partir de su intención, sobre la base de lo que quiere decir. **Si la exégesis ha suscitado un problema hermenéutico, es decir, un problema de interpretación, es porque toda lectura de un texto, por más ligada que esté al *quid*, a "aquello en vista de lo cual" fue escrito, se hace siempre dentro de una comunidad, de una tradición o de una corriente de pensamiento viva, que desarrollan presupuestos y exigencias:** así, la lectura de los mitos griegos en la escuela estoica, basada en una física y en una ética filosófica, implica una hermenéutica muy diferente de la interpretación rabínica de la Thorá en el Halacha o el Haggadá;* a su vez, la

---

* Cuando Ricœur cita estos dos modos de interpretar la Torah, está haciendo gala de su extraordinario conocimiento de la exégesis rabínica de las Escrituras hebreas, como a continuación se muestra: "[La] *Halaka,* [era la] exposición legal: «la oratoria judía donde el papel de la razón fue decisorio». [La] *Halaka* de *halak (= andar),* indicaba la *"ley oral"* o la *"Torá shebeal peh". Haggada,* [era la] orientación moral y devota. La *haggada* deriva del verbo *higgid (=discurrir acerca de, explicar)*, todo lo que la *halaka* no explicaba, la *haggada* se encargaba de hacerlo, para ello recurría a leyendas, historias, etc. Las cuales tenían por objeto dirigir la conducta del pueblo. La razón [rabínica] fue el sustento para la formación de sus reglas de hermenéutica, con cuyo auxilio podían extraer y fundamentar los preceptos teológicos de las escrituras. Cuando los rabinos discutían las opiniones de sus colegas, surgía a primera instancia la pregunta: ¿En qué razón se apoya?, a sus ojos una buena razón valía igual o más que la Palabra Escrita." Lozano M., David, *Rabinismo y exégesis judía,* CLIE, Barcelona, 1999, pp. 21-22.

El propio Ricœur escribe: "Se objetará que la *halaká* no abarca toda la interpretación de la Torá, sino solo su parte imperativa, y que la *haggadá* abarca todo lo que no pertenece al orden preceptivo: ahí es donde los sabios dieron rienda suelta a sus meditaciones y a su imaginación, utilizando unas formas más libres del relato, de la parábola y de la fantasía. Solo un judío, ducho en el doble juego de la *halaká* y de la *haggadá*, puede decir cómo se articulan estas entre sí en la mentalidad del judaísmo; lo cual no quita que las más fervientes rehabilitaciones de los fariseos no pongan en cuestión que la *halaká* sea obligatoria y que la *haggadá* sea libre, que la primera sea más coherente y la segunda más improvisada, que la primera esté sometida al discernimiento colegiado y la segunda se entregue a la opinión y a la imaginación; que los fariseos fueran predicadores laicos, no teólogos; que, por lo demás, no innovaran nada en teología especulativa; por último, que los fariseos sean los hombres de una religión práctica; de modo que la suerte del fariseísmo se decide finalmente en la *halaká*." Ricœur, P., "La Simbólica del mal", en *Finitud y culpabilidad,* p. 287.

> interpretación que los apóstoles hacen del Antiguo Testamento a la luz del acontecimiento cristiano, ofrece una lectura de los hechos de las instituciones y de los personajes de la Biblia muy distinta de la de los rabinos.[109]

Pero también se puede hablar no únicamente de un injerto *hermenéutico* en la fenomenología, sino además de un injerto *fenomenológico* en la hermenéutica, en un asunto que podría definirse como *círculo metodológico*:

> Es para dar cuenta de esta doble relación entre fenomenología y hermenéutica que hablo de injerto de la hermenéutica en la fenomenología, no sin observar que se podría, en otro sentido, hablar de injerto de la fenomenología en la hermenéutica, pues, antes de Dilthey, Heidegger y Gadamer, e incluso antes de Schleiermacher, había existido la gran hermenéutica de los cuatro sentidos de las Escrituras,* magistralmente reconstruidas por el padre Lubac. Las dos historias –la de la filosofía y la de la hermenéutica– están finalmente más imbricadas de lo que haría creer una presentación demasiado breve.[110]

Si aquellos debates exegéticos provenientes de la exégesis filosófica estoica, la exégesis rabínica hebrea y, finalmente, la exégesis apostólica cristiana, conciernen a la filosofía –tanto como a la teología–; es, porque comparten un problema común de interpretación, es decir, se trata de un problema hermenéutico. Pero, ¿cuál es la relación que existe entre hermenéutica y exégesis? “La hermenéutica, o

---

[109] Ricœur, P., “Existence et hermeneutique”, en *Interpretation der Welt*, Festschrift für Romano Guarnini zum achtzigsten Geburtstag, Würzburg, Echter-Verlag, 1965, p. 32. Traducción al español publicada en: “Existencia y hermenéutica” (1965), en *El conflicto de las interpretaciones,* p. 9. Las negritas están añadidas.

* Ya que recién se ha mencionado la exégesis cristiana, aquí es importante abrir un paréntesis para recordar que durante la Edad Media se discutió largamente sobre los *cuatro grandes sentidos* de la Escritura. “Típica fue la disputa sobre los *cuatro* sentidos de la Biblia: 1. Literal; 2. Alegórico (=cristológico); 3. Moral (llamado “tropológico”, o sea, relativo a las costumbres) y 4. Escatológico (denominado “anagógico”, que “conduce hacia”).” Croatto, José Severino, *Hermenéutica bíblica. Un libro que enseña a leer creativamente la Biblia*, 3ª ed., Grupo editorial Lumen, Buenos Aires, 2000, p. 13.

[110] Ricœur, P., *Autobiografía intelectual,* p. 60.

teoría de la interpretación, no mantiene ningún lazo exclusivo con la exégesis. Pretende ser la teoría de lo que es comprender en relación con la explicación de los textos en general. Pero si bien la hermenéutica puede ser denominada la parte refleja o reflexiva de la exégesis, en cuanto espacio teórico desborda ampliamente el campo de esta, incluso sistematizada".[111] Si bien la hermenéutica desborda a la exégesis, algo resulta evidente: ambas trabajan con *textos*. Pero además, la exégesis como ninguna otra disciplina interpretativa se ocupa especialmente de textos *antiguos*, quiere comprender textos de cierta tradición documental. De este modo, la exégesis o crítica textual veterotestamentaria y novotestamentaria, busca y reconstruye textos a partir de fragmentos:

> El **propósito** de la Crítica Textual (CT) [del AT y] del NT es un acercamiento, con la mayor exactitud posible al texto original de cada uno de los libros [del AT y] del NT; llegando, como ya se indicó, a una reconstrucción hipotética.
>
> El **objeto** de trabajo de la CT es la reconstrucción de los textos cuyos originales se perdieron; pero que fueron hallados en papiros, pergaminos, leccionarios, citas de diversos autores antiguos y también en versiones o traducciones antiguas.
>
> El **material de trabajo** de la CT son los "*testigos*" del texto y su edición compilada con indicación de las variantes.
>
> El **objetivo** de la CT es la *reconstrucción* del texto, lo más cercana posible al texto original; eliminando cambios y errores originados en el proceso de copiado.
>
> La CT abarca el conocimiento de la producción de cambios, la historia de la transmisión del texto, los distintos tipos de texto, el valor de los diferentes testigos, los métodos y reglas de la reconstrucción del original.[112]

---

[111] Ricœur, P., "Del conflicto a la convergencia. De los métodos en exégesis bíblica", en VV. AA., *Exégesis y hermenéutica,* p. 44.

[112] Krüger, René; Croatto, José Severino y Míguez, Néstor, *Métodos exegéticos,* 1ª reim., Instituto Universitario ISEDET, Buenos Aires, 2006, p. 42.

A partir de lo antes escrito, puede notarse que la exégesis surge como problema *textual*, porque se atiene a la constitución de estos o aquellos textos; antes de hacer un ejercicio de interpretación lleva a cabo un trabajo arqueológico, entendiendo arqueología como el origen o principio de una palabra. Este ejercicio arqueológico se produce a través de distintos métodos (exegéticos o no), que permiten al intérprete acceder "objetivamente" al texto, dejando a este, ser *auténticamente* lo que es; cualquier anacronismo suscitado por su autor o su historia redaccional es puesto aparte, porque el método estructural posibilita su sincronía con el lector. En este caso, el exégeta obtendrá un apoyo importantísimo del método estructural, ya que:

> Los beneficios que el exégeta puede obtener de una práctica constante del método estructural me parecen evidentes. El método implica en primer lugar una objetivación, un distanciamiento del texto, que constituye la estrategia previa al análisis; a partir de este acto inicial de distanciamiento, el texto ya es solo texto; autor, medio redaccional y destinatario quedan entre paréntesis; lo único que para nosotros existe es la redacción actual, separada de su historia redaccional. El texto resulta simplificado en el sentido de que todo en él es igualmente contemporáneo, sincrónico.[113]

Entonces, "la hermenéutica se convierte en algo más que la metodología de la exégesis, o sea, discurso de segundo orden aplicado a las reglas de lectura del texto",[114] no obstante la exégesis bíblica se las tiene que ver con el método, con la técnica que nos conduce invariablemente a la hermenéutica, es decir, a una interpretación *textual* porque nos aproxima al texto, como escribe Paul Beauchamp:

> Por método entendemos aquí una *de las* técnicas de la exégesis [...] Realizando una clasificación de estos métodos, una ordenación por niveles, nos situamos en la vía de la hermenéutica. Esta tendría acaso que ser definida como la gramática de los métodos, o el método de los métodos, en cuanto a la

[113] Ricœur, P., "Bosquejo de conclusión", en *Exégesis y hermenéutica*, p. 227.

[114] Ricœur, P., "Reflexión sobre el lenguaje. Hacia una teología de la Palabra", en VV. AA., *Exégesis y hermenéutica*, p. 238.

> interpretación. Pero para intentar clasificar los métodos según un cierto orden y una determinada perspectiva, hace falta que la hermenéutica esté dirigida por cierto conocimiento de lo que es el sentido o, en otros términos, que no se niegue a considerar la pregunta: "¿qué significa *significar*?"[115]

A partir de esto es posible entender –como señala el biblista español Luis Alonso Schökel– que la hermenéutica no debe confundirse con la exégesis, ya que esta no es ni siquiera un tipo de exégesis: "Hermenéutica no es exégesis ni un tipo de exégesis. *La exégesis es un acercamiento al texto.* Necesitamos comprender básicamente aquello que tenemos ante nuestros ojos, saber qué significan las palabras, cómo se agrupan los diversos enunciados, cómo estos están estructurados y organizados. Para ello podemos usar criterios fundados en la naturaleza del lenguaje (estudio de formas literarias, figuras retóricas, análisis estructurales y estilísticos…)".[116] De ahí que el propio Ricœur también comente que: "Ante todo es necesario que estimulemos nuestro apetito de reflexión metodológica y sepamos que no existe método inocente, que todo método supone una teoría del sentido no adquirida, sino problemática en sí misma. De cualquier manera, hemos perdido ya la inocencia metodológica… ".[117] En este orden de ideas, es importante subrayar que a pesar de la insistencia que se ha hecho aquí sobre el tema del método y de la metodología exegética, no existe en cuanto tal, una metodología estrictamente bíblica:

> Pues, en realidad, no existe una «metodología» específicamente metodología «bíblica». Por lo menos, no existe en el sentido de que la Biblia fuera un libro que debiera leerse de manera distinta y que debiera interpretarse según métodos distintos de como se leen e interpretan los innumerables libros que constituyen la ingente biblioteca de la humanidad. En efecto, la exégesis bíblica seria, y que debe tomarse en serio desde la

[115] Beauchamp, Paul, "En torno al primer capítulo del Génesis", en *Exégesis y hermenéutica,* p. 53.

[116] Schökel, Luis Alonso y Bravo, José María, *Apuntes de hermenéutica,* 2ª ed., Trotta, Valladolid, 1994, p. 14. Las cursivas están añadidas.

[117] Ricœur, P., "Bosquejo de conclusión", en *Exégesis y hermenéutica*, p. 225.

> vertiente moderna de la historia de las ideas, depende esencialmente del principio de que la Biblia se halla en condiciones de igualdad metodológica con todos los demás libros.[118]

Esto no es ajeno al propio Ricœur, porque este dice que: "La crítica bíblica se constituyó a partir del Renacimiento y operó con el mismo modelo en el siglo XVIII, sin ninguna clase de respeto o de reserva como si se tratara de la crítica de cualquier otro género literario. Esto significa que la Biblia no es para nosotros un libro particular, sino que le damos el mismo tratamiento crítica que a cualquier otro texto literario".[119] Por otra parte, Ricœur ubica el resurgimiento de la hermenéutica desde que el teólogo protestante y filósofo alemán, Friedrich Schleiermacher, fusionó disciplinas tan diversas como la exégesis bíblica, la filología clásica y la jurisprudencia, en una suerte de "giro copernicano" que se desenvolvería más tarde, en un problema de carácter fenomenológico:

> Los antecedentes de la hermenéutica parecen en principio alejarla de la tradición reflexiva y el proyecto fenomenológico. La hermenéutica nace –o, más bien, resurge– en la época de Schleiermacher a partir de la fusión entre la exégesis bíblica, la filología clásica y la jurisprudencia. Esta fusión entre varias disciplinas pudo producirse merced a un giro copernicano que dio primacía a la pregunta ¿qué es comprender?, sobre la pregunta por el sentido de tal o cual texto, o de tal o cual tipo de textos (sagrados o profanos, poéticos o jurídicos). Esta investigación sobre el *Verstehen* desembocaría, un siglo más tarde, en el problema fenomenológico por excelencia: la investigación sobre el sentido intencional de los actos noéticos.[120]

Esa comprensión *textual* desembocaría más adelante, en una fenomenología de la razón, tal como fue propuesta por Husserl. El filósofo alemán establecería una correlación noético/noemática entre

[118] Stenger, Werner, *Los métodos de la exégesis bíblica,* (trad. Constantino Ruiz-Garrido), Editorial Herder, Barcelona, 1990, p. 13.

[119] Ricœur, P., "R. Bultmann" (1967), en *El lenguaje de la fe,* p. 107.

[120] Ricœur, P., "Acerca de la interpretación" (1983/1987), en *Del texto a la acción. Ensayos de hermenéutica II,* 2ª ed., (traducción de Pablo Corona), Fondo de Cultura Económica (FCE), Buenos Aires, 2010, pp. 29-30.

el sentido objetivo de un texto y su precomprensión por un lector particular: situación interpretativa que genera el llamado círculo hermenéutico. No obstante, "la primera afirmación de la hermenéutica consiste en decir que la problemática de la objetividad presupone antes de ella una relación de inclusión [y no de separación] que engloba al sujeto supuestamente autónomo y al objeto presuntamente opuesto".[121]

Ciertamente en un primer estadio de su reflexión, Paul Ricœur reducía la hermenéutica a una mera interpretación textual, pero de ahí avanzó a una hermenéutica del sí. Un ejemplo de lo primero es que en un lejano 1971, Ricœur pensaba que la hermenéutica era simplemente un conjunto de reglas que permitían interpretar un texto, manteniéndose todavía en deuda con Dilthey:

> Doy por sentado que el sentido primordial de la palabra "hermenéutica" se refiere a las reglas requeridas para la interpretación de los documentos escritos de nuestra cultura. Al adoptar este punto de partida permanezco fiel al concepto de ***Auslegung,*** tal como fue enunciado por Wilhelm Dilthey; mientras que el ***Verstehen*** (comprensión) depende del reconocimiento de lo que otro sujeto quiere decir o piensa sobre la base de todas las clases de signos en que expresa su vida psíquica (***Lebensäusserungen***), la ***Auslegung*** (interpretación, exégesis) implica algo más específico: solo abarca una limitada categoría de signos: aquellos que quedan fijados por la escritura, incluyendo todos los tipos de documentos y monumentos que suponen una fijación similar a la escritura.[122]

Por supuesto Ricœur no se quedó en esta postura, avanzó hacia la comprensión de sí mismo *a través* de un texto, como ha quedado ya asentado. "La ampliación de la comprensión mediante la exégesis de textos y su constante rectificación por la crítica de las ideologías pertenecen por derecho propio al proceso de la *Auslegung*. La

[121] Ricœur, P., "Fenomenología y hermenéutica: desde Husserl..." (1975), en *Del texto a la acción. Ensayos de hermenéutica II*, p. 44.

[122] Ricœur, P., "El modelo del texto: la acción significativa considerada como un texto" (1971), en *Hermenéutica y Acción. De la Hermenéutica del Texto a la Hermenéutica de la Acción*, p. 57.

exégesis de los textos y la crítica de las ideologías son las dos vías privilegiadas mediante las cuales la comprensión se transforma en interpretación y de este modo llega a ser ella misma".[123] No obstante lo descrito en las citas anteriores, y específicamente en la nota anterior (122) sobre la cuestión de la comprensión (*Verstehen*), más adelante el filósofo francés criticará la postura tanto de Schleiermacher como de Dilthey, por contener un tipo de hermenéutica «psicologizante»,[124] heredera de la tradición romántica alemana, que todavía no llega a entender que todo texto se "separa" de su autor –a la muerte de este:

> La hermenéutica que procede de Schleiermacher y Dilthey tendía a identificar la interpretación con la categoría de "comprensión", y a definir comprensión como el reconocimiento de la intención de un autor desde el punto de vista de los destinatarios primarios en la situación original del discurso. Esta prioridad dada a la intención del autor y al auditorio original tendía, a su vez, a hacer del diálogo el modelo de cada situación de comprensión, de modo que imponía el marco de la intersubjetividad en la hermenéutica. Comprender un texto, entonces, es solamente un caso particular de la situación dialógica en la que alguien responde a alguien más.[125]

Paul Ricœur llama "psicología de la comprensión" a la apuesta de Scheilermacher y luego también a la de Dilthey, que pretendía entender al autor mejor de lo que él se había entendido,[126] o in-

[123] Ricœur, P., "Fenomenología y hermenéutica: desde Husserl..." (1975), en *Del texto a la acción. Ensayos de hermenéutica II*, p. 51.

[124] En "¿Qué es un texto?" escribe Ricœur: "En cuanto a la noción de «interpretación», hay que señalar que ha sufrido profundas transformaciones en la hermenéutica contemporánea que la han distanciado de la noción psicológica de «comprensión», en el sentido en que la entendía Dilthey. [...] Ricœur, P., *Historia y narratividad*, p. 59.

[125] Ricœur, P., *Teoría de la interpretación. Discurso y excedente de sentido*, 6ª reim., Siglo XXI Editores-Universidad Iberoamericana, Ciudad de México, 2011, p. 36.

[126] "Atendamos al comentario que hace Dilthey a Schleiermacher respecto a la psicología de la comprensión: «El fin último de la hermenéutica consiste en comprender al autor mejor de lo que se comprendió a sí mismo»." Ricœur, P., "¿Qué es un texto?" (1970), en *Historia y narratividad*, p. 66. En la otra versión dice: "Escuchemos a Dilthey comentando a Schleiermacher: «El fin último de la

cluso toparse con la intención original del autor.[127] ¿Pero esta idea "romántica"[128] era posible? Ricœur opina que no, puesto que leer un texto implica considerar a su autor como muerto. El autor está respecto a mí, muerto; y yo estoy en cuanto al autor, abolido. Ricœur propone un abandono de la "ilusión del autor" para posibilitar su «magnitud hermenéutica»: "... la noción de autor no es una noción psicológica, sino precisamente *una magnitud hermenéutica,* una función del texto mismo. El autor es «autor de...» y, en este sentido, solo resulta accesible en su «firma»".[129] Es en función de la muerte de su autor, que una obra literaria cambia radicalmente su "esencia", se convierte en un texto en estricto sentido:

> Nuestro amigo Emmanuel Mounier ya no responderá a nuestras preguntas: una de las crueldades de la muerte es cambiar de manera radical el sentido de una obra literaria en curso. No solamente deja de continuar, sino que está terminada, en todos los sentidos de la palabra; es arrancada de ese movimiento de intercambio, de interrogaciones y de respuestas que situaba a su autor entre los vivos.

---

hermenéutica es comprender al autor mejor de lo que él se ha comprendido a sí mismo». He aquí la psicología de la comprensión." Ricœur, P., "¿Qué es un texto?" (1970), en *Del texto a la acción. Ensayos de hermenéutica II,* p. 133.

[127] "Así pues, la hermenéutica solo satisface las exigencias de la comprensión al distanciarse de la inmediatez de la comprensión del otro o, por así decirlo, de los valores dialogales. La comprensión [en Schleiermacher y Dilthey] pretende coincidir con el interior del autor, igualarse a él (*sich gleichsetzen*), reproducir (*nachbilden*) el proceso creativo que dio lugar a la obra." Ricœur, P., "¿Qué es un texto?" (1970), en *Historia y narratividad,* p. 66.

[128] Ricœur dice que si bien esta idea era una apuesta o propuesta romántica, esta procede de más atrás, porque el mismo Kant ya la citaba: "Diremos que comprender un texto –comenta– *no es encontrase con la intención de su autor; la oposición a la hermenéutica romántica es quizá en este caso, la más viva.* A este respecto el ideal de "congenialidad" ha jugado un papel desastroso; es conocido el *slogan* que al parecer, procede de mucho antes que los románticos ya que Kant lo conocía y lo cita: comprende un autor mejor de lo que él haya podido comprenderse." Ricœur, P., "Acontecimiento y sentido", en *Texto, testimonio y narración,* (traducción, prólogo y notas de Victoria Undurraga), Editorial Andrés Bello, Santiago de Chile, 1983, p. 106. Las cursivas están añadidas.

[129] Ricœur, P., "Bosquejo de conclusión", en VV. AA., *Exégesis y hermenéutica,* p. 234.

> Es para siempre una obra *escrita* y solamente escrita; la ruptura con su autor está consumada; a partir de ahora entra en la única historia posible, la de sus lectores, la de los hombres vivos que alimenta. En un sentido, una obra alcanza la verdad de su existencia literaria cuando muere su autor: toda publicación, toda edición inaugura la relación despiadada de los hombres vivos con el libro de un hombre virtualmente muerto.[130]

Cuando el texto queda liberado de la tutela de su autor porque este ha muerto, el texto *auténticamente* cobra vida, ya que "el curso del texto escapa en sucesivo al horizonte limitado de lo vivido por su autor; **lo que el texto dice importa más ahora que lo que el autor ha querido decir,** y toda la exégesis aclara sus procedimientos en el entorno de un sentido que ha hendido sus ataduras en la psicología de su autor".[131] En ¿Qué es un texto? Ricœur aborda nuevamente el modo como un libro es ya de hecho una "obra póstuma" respecto de su autor, incluso en vida de este: "**A veces me gusta decir que leer un libro consiste en considerar a su autor como si estuviese muerto y al libro como si fuese póstumo.** En efecto, la relación con el libro resulta completa y, en cierto modo, intacta cuando muere el autor. Dado que este ya no puede respondernos, **solo nos queda leer su obra**".[132] Y es bajo esta vía, que Ricœur introduce su propuesta de la independencia del texto, respecto a su autor y también frente a su lector:

> Ya no se trata de definir la hermenéutica –dice– mediante la coincidencia entre el espíritu del lector y el espíritu del autor. La intención del autor, ausente de su texto, se ha convertido en sí misma en un problema hermenéutico. En cuanto a la otra subjetividad, la del lector, es al mismo tiempo el fruto de la lectura y el don del texto, y portadora de las expectativas con las que el lector aborda y recibe el texto. Por consiguiente,

---

[130] Ricœur, P., "Personalismo. Emmanuel Mounier: una filosofía personalista", en *Historia y verdad*, p. 155.

[131] Ricœur, P., "Acontecimiento y sentido", en *Texto, testimonio y narración*, p. 101. Las negritas están añadidas.

[132] Ricœur, P., "¿Qué es un texto?" (1970), en *Historia y narratividad*, p. 61. Las negritas están anadidas.

> no se trata tampoco de definir la hermenéutica mediante la supremacía de la subjetividad del que lee por sobre el texto, es decir, mediante una estética de la percepción.[133]

Si bien la hermenéutica moderna (romántica) surge como un esfuerzo por intentar comprender un texto o un conjunto de textos, no obstante, el "proceso espontáneo de interpretación" trataba de entender un lenguaje *hablado.* ¿Por qué un lenguaje? Y más aún, ¿por qué *hacer* un "análisis del lenguaje"? Justamente porque "el *análisis del lenguaje ordinario...* [intenta clarificar aquello] de lo que se dice cuando se enuncia de forma comprensible para otro lo que se hace, el por qué se hace, lo que empuja a actuar así, cómo y con qué medios se hace, con objeto de qué se hace".[134] Este "discurso de la acción" es multidimensional porque implica un acercamiento multidisciplinario, y es así mismo reflexivo porque implica una problematización desde la filosofía del lenguaje, como propone Ricœur:

> Me parece –dice– que un terreno en el que coinciden hoy todas las indagaciones filosóficas es el del lenguaje. Ahí se cruzan las investigaciones de Witggenstein, la filosofía lingüística de los ingleses, la fenomenología surgida de Husserl, los estudios de Heidegger, los trabajos de la escuela bultmanniana y las otras escuelas de exégesis neotestamentaria, los trabajos de historia comparada de las religiones y de antropología que se ocupan del mito, el rito y la creencia y, por fin, el psicoanálisis.
>
> Estamos hoy en busca de una gran filosofía del lenguaje que dé cuenta de las múltiples funciones del significar humano y de sus relaciones mutuas. [...] la unidad del hablar humano constituye hoy un problema.[135]

A la luz de todo lo anterior puede verificarse que Ricœur no consideró a la hermenéutica y a la exégesis como sinónimos, sino que la primera se origina de un ejercicio de amalgamación de diferentes

---

[133] Ricœur, P., "Acerca de la interpretación" (1983), en *Del texto a la acción. Ensayos de hermenéutica II,* p. 33.

[134] Ricœur, P., *El discurso de la acción,* (trad. de Pilar Calvo), Col. Teorema, Ediciones Cátedra, S.A., Madrid, 1981, pp. 11-12.

[135] Ricœur, P., *Freud: una interpretación de la cultura,* p. 7.

disciplinas interpretativas, según la propuesta de Schleiermacher. No obstante, hermenéutica y exégesis como disciplinas independientes, forman parte de un conjunto más vasto del ejercicio *común* de la interpretación. Es más, –según Ricœur– existe una "interpretación espontánea", que precede a la exégesis y a la filología, como disciplinas *autónomas*: "Antes pues de toda *Kunstlehre* (tecnología) que erigiría en disciplina autónoma la exégesis y la filología, hay un proceso espontáneo de interpretación que pertenece al ejercicio más primitivo de la comprensión en una situación dada".[136] ¡Esa situación es el habla! Ya que en la conversación cotidiana se da un proceso natural e inmediato de interpretación, es que Ricœur habla de una hermenéutica "espontánea". Aquel ejercicio *primordial* de la comprensión, y luego también de la interpretación, es *espontáneo* porque surge en el seno de la lengua *hablada*, pronunciada y mentada, o sea, está en el centro del *discurso;* pero, ¿qué entiende Ricœur por "discurso"? Así responde:

> Para justificar la distinción entre el lenguaje hablado y el escrito, es necesario introducir un concepto preliminar, el de *discurso*. En su carácter de discurso es el lenguaje hablado, o bien escrito.
>
> Ahora bien, ¿qué es el discurso?
>
> [...] El discurso es la contrapartida de aquello que los lingüistas llaman sistema o código lingüístico. El discurso es acontecimiento en forma de lenguaje.
>
> Si el signo (fonológico o léxico) es la unidad básica del lenguaje, la oración es la unidad básica del discurso. Por consiguiente, es la lingüística de la oración la que sostiene la teoría del discurso como un acontecimiento.[137]

Resta decir que no se debe olvidar que: "«Hermenéutica» es el correlato del término «interpretación», más común. *Hermeneuo*, en

[136] Ricœur, P., *Del texto a la acción. Ensayos de hermenéutica II,* 2ª ed., FCE, Buenos Aires, 2010, p. 47.

[137] Ricœur, P., "El modelo del texto: la acción significativa considerada como un texto", en *Hermenéutica y Acción. De la Hermenéutica del Texto a la Hermenéutica de la Acción*, p. 58.

griego, es el equivalente de *interpretar*. En sí, es la misma realidad en dos vocablos diferentes, griego el primero, latino el segundo".[138] Ya que lo anterior es cierto, no resulta tan evidente que la hermenéutica y la exégesis sean equivalentes, ya que en griego enuncian cosas distintas. No obstante, Ricœur observa el modo en que hermenéutica filosófica y hermenéutica bíblica se condicionan:

> Me parece, antes bien, que existe entre las dos hermenéuticas una relación de inclusión mutua. Por cierto, el primer movimiento va del polo filosófico al polo bíblico. Son las mismas categorías de obra, de escritura, de mundo del texto, de distanciamiento y de apropiación las que regulan la interpretación en ambos casos. En este sentido, la hermenéutica bíblica adquiere un carácter *regional* en relación con la hermenéutica filosófica, constituida en hermenéutica *general*. Puede parecer, pues, que reconocemos sin más la subordinación de la hermenéutica bíblica a la hermenéutica filosófica al tratarla como una hermenéutica aplicada.
>
> Pero precisamente al tratar la hermenéutica teológica como una hermenéutica aplicada a una clase de textos –los textos bíblicos– aparece una relación inversa entre las dos. La hermenéutica teológica presenta características tan originales que la relación se invierte progresivamente: la hermenéutica teológica subordina finalmente a la hermenéutica filosófica como su propio órganon.[139]

Hasta ahora ha quedado suficientemente acreditada la profunda conexión y secuencia epistemológica entre la hermenéutica bíblica y su desembocadura en el desarrollo de su filosofía reflexiva, y desde luego, en su propuesta ética. ¿Qué resta por decir? Los siguientes dos capítulos se abocarán a presentar de qué modo el mal es un desafío tanto a la filosofía como a la teología, y el encuentro fecundo que puede darse entre hermenéutica bíblica y ética.

---

[138] Croatto, José Severino, *Hermenéutica bíblica. Un libro que enseña a leer creativamente la Biblia*, p. 9.

[139] Ricœur, P., "Hermenéutica filosófica y hermenéutica bíblica" (1975), en *Del texto a la acción. Ensayos de hermenéutica II*, p. 111.

Capítulo IV

El mal. Un desafío a la filosofía y a la teología[1]

«No debe extrañarme»[*] si el mal ha entrado en el mundo con el hombre, ya que es la única realidad que presenta esa constitución ontológica inestable de ser más grande y más pequeño que el mismo.[2]

Paul Ricœur

El mal no es ningún concepto; es más bien un nombre para lo amenazador, algo que sale al paso de la conciencia libre y que ella puede realizar. Le sale al paso en la naturaleza, allí donde esta se cierra a la exigencia de sentido, en el caos, en la

---

[1] El título del presente capítulo toma nombre del libro homónimo de Ricœur, P., *El mal. Un desafío a la filosofía y a la teología*, Col. Nómadas, 1ª reimp., Amorrortu editores, Buenos Aires, 2007, 67 pp. Ensayo también reproducido en Ricœur, P., *Fe y filosofía. Problemas del lenguaje religioso,* 3ª ed., Prometeo Libros, Buenos Aires, 2008, pp. 171-189.

[*] Paul Ricœur está haciendo referencia a la IV Meditación de Descartes: "… y, en tanto que participo de cierto modo de la nada, o del no ser, es decir, en tanto que no soy el ente perfecto, me faltan innumerables cosas, por lo que ***no es de extrañar*** que ***me*** equivoque." Descartes, René, *Meditaciones metafísicas,* Biblioteca de los Grandes Pensadores, Madrid, sin año, p. 159.

[2] Ricœur, Paul, "El hombre falible", en *Finitud y culpabilidad,* 2ª ed., trad. de Cristina de Peretti, Julio Díaz Galán y Carolina Meloni, Editorial Trotta, Madrid, 2011, pp. 21-22.

contingencia, en la entropía, en el devorar y ser devorado, en el vacío exterior, en el espacio cósmico, al igual que en la propia mismidad, en el agujero negro de la existencia. Y la conciencia puede elegir la crueldad, la destrucción por mor de ella misma. Los fundamentos para ello son el abismo que se abre en el hombre.[3]

Rüdiger Safranski

1. El mal como drama de la libertad: libre albedrío *versus* siervo-arbitrio

El problema del mal fue una de las grandes preocupaciones del filósofo francés Paul Ricœur. Este "gran" tema constituyó uno de los tremendos desafíos que más aguijonearon su pensamiento filosófico, así como también representó un estímulo constante para su "quehacer teológico artesanal";[4] porque para Ricœur, el mal es profundamente incitante, y acaso también excitante: "Se diría –dice Ricœur– que el problema del mal representa a la vez la más considerable incitación a pensar y la más solapada invitación a desvariar; como si el mal fuese un problema siempre prematuro donde los fines de la razón exceden siempre a los medios".[5] Aquí radica lo emocionante del mal como cuestión límite, puesto que excita al pensamiento, se diría parafraseando al propio Ricœur que "el mal da qué pensar" y "hace pensar". En este sentido, Paul Ricœur escribe criticando a Hegel, sobre la necesidad de pasar de una *fenomenología del espíritu* absoluto a una "fenomenología de lo Sagrado" *a través* de los símbolos mayores o preeminentes del mal:

[3] Safranski, Rüdiger, *El mal o el drama de la libertad,* (trad. de Raúl Gabás), 2ª reim., Tusquets Editores México, Ciudad de México, 2014, p. 14.

[4] Melano C., Beatriz, "Introducción", en Ricœur, P., *El lenguaje de la fe,* Ediciones Megápolis-Asociación Editorial La Aurora, Buenos Aires, 1978, p. 5. *Cfr.*, Ferrara, Ricardo, "Paul Ricœur (1913-2005): sus aportes a la teología", en *Revista Teología,* Tomo XLIII, No. 89, Buenos Aires, (abril) 2006. También: Peña Vial, Jorge, "Job y la teología trágica de Paul Ricœur", en *Revista Co-herencia*, Vol. 9, No 17, Medellín, julio-diciembre 2012, pp. 179-192.

[5] Ricœur, P., "La Simbólica del mal", en *Finitud y culpabilidad,* pp. 314-315.

> Todos los símbolos dan qué pensar, pero los símbolos del mal muestran de manera ejemplar que hay más en los mitos y en los símbolos que en toda nuestra filosofía, y que una interpretación filosófica de los símbolos nunca llegará a ser conocimiento absoluto. Los símbolos del mal en los que leemos el fracaso de nuestra existencia declaran, al mismo tiempo, el fracaso de todos los sistemas de pensamiento que se proponen agotar los símbolos en un *saber absoluto*. Esta es una de las razones, y quizás la más contundente, por la cual no hay saber absoluto, sino *símbolos de lo Sagrado* más allá de las figuras del espíritu.[6]

Ricœur escribe "que hay más en los mitos y en los símbolos que en toda nuestra filosofía", porque entiende que para comprender algo sobre el enigma del mal, es imprescindible pasar por la interpretación de los grandes textos religiosos, mitos y símbolos, donde las distintas culturas humanas han tratado de inquirir sobre el tema del mal. La reflexión ricoeuriana en torno al mal, es entonces, una incitación y una invitación al trabajo filosófico *por medio* de los mitos y símbolos de lo Sagrado que enuncian el mal, y que como tal, nunca termina, no solo porque no existe un saber absoluto del mal, sino porque siempre habrá algo más que decir, incluso algo mejor que enunciar sobre el tópico del mal. Así, en el "Prólogo" a *Finitud y culpabilidad*, al defender la posibilidad de inquirir acerca del «libre albedrío»[7] y su contraparte, el «siervo-arbitrio», Ricœur refería

[6] Ricœur, P., "Hermenéutica de los símbolos y reflexión filosófica II" (1962), en *El conflicto de las interpretaciones*, p. 302.

[7] Para una definición sintética de qué se entiende por "libre albedrío", conviene citar aquí a Juan Calvino ya que él proporciona lo que teólogos y filósofos han dicho sobre el tópico en cuestión: "Aunque muchos han usado este término, son muy pocos los que lo han definido. Parece que Orígenes dio una definición, comúnmente admitida, diciendo que el libre arbitrio es la facultad de la razón para discernir el bien y el mal, y de la voluntad para escoger lo uno de lo otro. Y no discrepa de él san Agustín al decir que es la facultad de la razón y de la voluntad, por la cual, con la gracia de Dios, se escoge el bien, y sin ella, el mal. San Bernardo, por querer expresarse con mayor sutileza, resulta más oscuro al decir que es un consentimiento de la voluntad por la libertad, que nunca se puede perder, y un juicio indeclinable de la razón. No es mucho más clara la definición de Anselmo según la cual es una facultad de guardar rectitud a causa de sí misma. Por ello, el Maestro de las Sentencias y los doctores escolásticos han preferido la definición de san Agustín, por ser más clara y no excluir la gracia de Dios, sin la cual sabían muy bien que la voluntad del hombre no puede hacer nada. Sin

lo siguiente: "… el enigma del siervo-arbitrio, es decir, de un *libre albedrío que se encadena y se encuentra encadenado ya desde siempre,* **es el último tema que el símbolo da que pensar**. La cuestión más difícil de esta obra, desde el punto de vista del método, es por último la de hasta qué punto semejante signo especulativo de la voluntad mala es todavía susceptible de ser «*pensado*»."[8] La honda cuestión del *siervo arbitrio* está enmarcada por el gran tema de la falta y sus dos grandes instancias: mancilla y pecado; pero haciendo surgir una tercera y nueva instancia: la del ser humano **culpable**; es decir, la concepción paradójica (de ahí lo enigmático)[9] de un hombre res-

embargo añadieron algo por sí mismos, creyendo decir algo mejor, o al menos algo con lo que se entendiese mejor lo que los otros habían dicho. Primeramente están de acuerdo en que el nombre de "albedrío" se debe referir ante todo a la razón, cuyo oficio es discernir entre el bien y el mal; y el término "libre", a la voluntad, que puede decidirse por una u otra alternativa. Por tanto, como la libertad conviene en primer lugar a la voluntad, Tomás de Aquino piensa que una definición excelente es: "el libre albedrío es una facultad electiva que, participando del entendimiento y de la voluntad, se inclina sin embargo más a la voluntad". Vemos, pues, en qué se apoya, según él, la fuerza del libre arbitrio, a saber, en la razón y en la voluntad. Hay que ver ahora brevemente qué hay que atribuir a cada una de ambas partes." (Tomo 1, Libro 2º, Capítulo II, § 4) Calvino, Juan, *Institución de la religión cristiana*, (trad. de Cipriano de Valera), 6ª ed. inalterada, Fundación Editorial de Literatura Reformada (FELiRe), Barcelona, 2006, p. 176. En esta larga cita puede apreciarse la inclinación o predilección que el teólogo francés, Juan Calvino, sentía por san Agustín.

[8] Ricœur, P., *Finitud y culpabilidad*, p. 13. Las negritas están añadidas, no así las cursivas que forman parte del original.

[9] "El teólogo laico Próspero de Aquitania o Próspero de Tiro (en latín: *Prosper Tiro Aquitanus*; Limoges, c. 390- c. 455), quien fue discípulo de san Agustín, ya había señalado que es más lo que permanece oculto que lo que se puede saber sobre este tema: "Por largo tiempo ha habido una disputa entre quienes defienden el libre albedrío y quienes defienden la gracia de Dios. La cuestión fundamental está en si Dios quiere que todos sean salvos. Puesto que esto no puede negarse, nos preguntamos entonces, ¿cómo es que la voluntad del todopoderoso no se cumple? Si decimos que se debe a la voluntad humana, parece que la gracia queda invalidada. Pero si la gracia se recibe a causa de los méritos, obviamente no será ya una gracia, sino más bien un pago. Luego, uno se pregunta cómo es que este don no les es dado a todos, puesto que sin él nadie puede ser salvo, y Dios quiere que todos sean salvos. Por esa razón las discusiones resultan interminables entre tanto no se distinga entre lo que podemos saber y lo que permanece oculto." (*Del llamado a las naciones* 1.1; PL 51:648-49). Información proporcionada por el historiador Justo L. González, el 3 de abril de 2018 en su muro de Facebook: https://www.facebook.com/Justo325/posts/2002490530005301 (Visitada el 3 de abril de 2018)

ponsable de su propia cautividad, ya que ha sido despojado de su arbitrio, como Ricœur escribe:

> La culpabilidad se *comprende* mediante un doble movimiento a partir de las otras dos «instancias» de la falta: un movimiento de ruptura y un movimiento de recuperación. Un movimiento de ruptura que hace que emerja una nueva instancia –el hombre *culpable*– y un movimiento de recuperación en virtud del cual esta nueva experiencia carga con el anterior simbolismo del pecado e incluso de la mancilla, para expresar la paradoja hacia la cual apunta la idea de culpa, a saber, el concepto de un hombre responsable de estar cautivo; en una palabra, el concepto del *siervo arbitrio.*[10]

Entonces, el mal estimula el pensamiento ricoeuriano, pero lo hace desde su condición de problema ético y filosófico, y no solamente teológico, ya que la cuestión del siervo-arbitrio en cuanto libre albedrío *encadenado* o *cautivo,* no es un tema exclusivo de la teología sino también de la ética, y desde luego de la moral. De tal modo que cuando Ricœur analiza las aporías que la moral kantiana del principio de autonomía generan, menciona que: "fue, finalmente, esa afección *radical,* radical como el mal radical, tras lo cual el libre albedrío se encuentra sometido a la «propensión» al mal, que, sin destruir nuestra disposición al bien, afecta a nuestra *capacidad* para actuar por deber".[11] En síntesis, puede acotarse que la idea del mal y su vínculo con la moral y la ética, ha estado presente a lo largo de toda la historia del pensamiento filosófico, estimulándolo y haciendo que ambas disciplinas tengan que vérselas una y otra vez con la cuestión de la libertad:

> El problema de la libertad humana es uno de los problemas tradicionales, más complejos y constantemente replanteados a lo largo de la historia de la filosofía. Es posible enfocarlo desde múltiples perspectivas. (...) [Una de ellas] largamente debatida en el decurso de la historia del pensamiento, a saber, la posible compatibilidad o incompatibilidad entre el libre

[10] Ricœur, P., "La Simbólica del mal", en *Finitud y culpabilidad,* p. 258.

[11] Ricœur, P., *Sí mismo como otro,* pp. 301-302.

> albedrío humano y la presciencia divina de todos los sucesos. El problema es por su propia naturaleza filosófica y también teológica.[12]

Las múltiples preguntas que pueden formularse desde la filosofía y la teología, incluyen algunas como las siguientes: ¿Cómo puede la voluntad humana estar *ligada* (siervo-arbitrio) y ser *libre* (libero-arbitrio), al mismo tiempo? ¿Es esto posible? ¿Pueden coexistir Dios y el mal? Si como dice el relato bíblico de la creación, Dios creó todo bueno (Génesis 1:4, 10, 12, 18, 21, 25; "bueno" en hebreo es *tôb*); y después de crear a los seres humanos (Gn 1:26-27) el texto bíblico añade: "Y vio Dios **todo** lo que había hecho, y he aquí que era **bueno** en **gran manera**"[13] (Gn 1:31, RVR-60; heb. *tôb-*

---

[12] Garrido-Maturano, Angel Enrique, "El libre albedrío entre la omnipotencia y el amor divino. Problemática ética y consecuencias teológicas de la cuestión del libre albedrío en Hobbes y San Agustín", en VV. AA., *Cuadernos de ética,* #17-18, Ediciones Docencia, Buenos Aires, 1994, p. 111.

[13] "Vio Dios *todo* lo que había hecho y *he aquí* que era *muy* bueno. [...] Las tres palabras subrayadas en el v. 31a indican las correcciones de la fórmula que venía repitiéndose (vv. 4, 10, 12, 18, 21, 25). Esta vez no se refiere ya al sexto día o a sus dos "obras", sino a toda la creación. [...] *Cada una* de las "obras" divinas es "buena". Tal insistencia hace de la "bondad" de las cosas creadas [...] una idea *central* en todo el capítulo, que refleja toda una concepción del mundo. Y cuando en 1:31 califica la "bondad" de *toda* la creación, no se quiere "sumar" y totalizar sino remarcar también que el "todo" tiene un nuevo sentido, ya que cada una de sus partes se entiende por las otras, y las primeras por la última, que es el hombre.

Esto, sin embargo, no equivale a la admiración por un *Todo* cósmico y arquetípico, al estilo del *Timeo* (donde el "mundo" lleva también ese nombre), que señala la bondad, belleza y *perfección* del Mundo paradigmático (cf. 30a-b; 9:2c). En el Génesis no se excluye esa connotación de lo bueno=bello como "contemplación", pero prima lo bueno=verdad como "sentido" en relación con un fin. El *tôb* semítico es más funcional que estético. No hace resaltar la ecuación con una idea ejemplar sino la correspondencia con un "proyecto" divino. No hay un paradigma *de las cosas* (lo que no se adecua a la concepción hebrea de la creación) sino un *Actor* personal que las hace aparecer sin modelo alguno. Los mismos nombres dados a los primeros seres no revelan un arquetipo sino una "función", según hemos remarcado. Son más teleológicos que arquetípicos." Croatto, José Severino, *Crear y amar en libertad. Estudio de Génesis 2:4-3:24 (El hombre en el mundo, vol. II),* Ediciones La Aurora, Buenos Aires, 1986, pp. 200-201.

El *tôb* hebreo no solo puede considerarse en un sentido ético (y también estético) sino también *ontológico*: "En el mismo trasfondo de ideas hay que situar otra diferencia sensible entre el pensamiento hebreo y griego. El *Timeo,* al expresar la voluntad de Dios de que todas las cosas fueran "buenas", entiende esta "bondad" como "orden": "excluyó, en cuanto pudo, toda imperfección y así, to-

tôb: "muy bueno"). Entonces, ¿de dónde vino el mal en un mundo que era *muy* bueno o bueno en gran manera? Etcétera. Desde un aspecto teológico, es posible indagar –con Juan Calvino– en qué modo un supuesto libre albedrío lo es, si se trata ya, de un arbitrio encadenado:

> Según esto, se dice que el hombre tiene libre albedrío, no porque sea libre para elegir lo bueno o lo malo, sino porque el mal que hace lo hace voluntariamente y no por coacción. Esto es verdad; ¿pero a qué fin atribuir un título tan arrogante a una cosa tan intrascendente? ¡Donosa libertad, en verdad, decir que el hombre no se ve forzado a pecar, sino que de tal manera es voluntariamente esclavo, que su voluntad está aherrojada con las cadenas del pecado! Ciertamente detesto todas estas disputas por meras palabras, con las cuales la Iglesia se ve sin motivo perturbada; y por eso seré siempre del parecer que se han de evitar los términos en los que se contiene algo absurdo, y principalmente los que dan ocasión de error. Pues bien, ¿quién al oír decir que el hombre tiene libre arbitrio no

---

mando todo lo que era visible, desprovisto de reposo, en movimiento sin medida y sin orden, lo llevó al orden desde el desorden, estimando que aquel es mejor que este" (30a). [...] El Génesis, por su parte, destaca la trascendencia "significada" en el mundo por medio de una teología de la Palabra creadora y eficaz, mientras que con la fórmula repetida de "aprobación" que estamos analizando nos enseña vigorosamente el "designio" de Dios sobre cada una de las cosas que va creando. El mundo va "resultando" de acuerdo al plan concebido por Él. De ahí la interpretación de *tôb* en un sentido ontológico, en el que un "éxito" divino, y también como afecto "funcional" de lo creado que aquí hemos desarrollado." *Ibíd.*, p. 118.

En otro sentido, André LaCocque comenta: "Lo mismo se demuestra ya en *P* con el uso de la palabra *tôb* (bueno) para expresar la gran satisfacción del Creador. Como es bien conocido, *tôb* no es declaración alguna de belleza estética o de eficacia interna. Expresa la capacidad vocacional de la criatura de cumplir las expectativas de su Creador. Por ello la bondad se caracteriza como orden dentro del desorden (o «ausencia de orden»), un orden causado por Dios que ha de ser operativo, por así decir, por obra del socio humano de Dios. [...]

Esta es la razón porque no es correcto llamar al universo *cosmos*, porque este término traduce una armonía fundada en la razón, mientras que la armonía del mundo, según el Génesis, es por decreto, por ley, quedando así establecida la igualdad entre armonía y obediencia." LaCocque, André, "Grietas en el muro", en LaCocque, A. y Ricœur, P., *Pensar la Biblia. Estudios exegéticos y hermenéuticos*, (trad. de Antoni Martínez Riu), Herder, 2001, pp. 27-28.

> concibe al momento que el hombre es señor de su entendimiento y de su voluntad, con potestad natural para inclinarse a una u otra alternativa?[14]

En Paul Ricœur, la reflexión filosófica sobre la tematización del mal, incluso de la *mala* voluntad, forma parte de *lo voluntario y lo involuntario* a través de la racionalización que a partir de Agustín de Hipona, se hizo del «mito adámico»[15] y su vinculación con la doctrina del "pecado original", ya que como nuestro filósofo señala: "El mal es una suerte de *involuntario* en el seno mismo de lo *voluntario,* no ya frente a él, sino en él: esto es el **siervo-albedrío.** Esta es la razón por la cual fue necesario combinar monstruosamente un concepto jurídico de imputación, para que sea *voluntario,* y un concepto biológico de herencia, para que sea *involuntario,* adquirido, contraído".[16] Los temas del "pecado original" y de la "caída", formuladas originalmente, por san Agustín[17] en su combate

[14] Calvino, Juan, *Institución de la religión cristiana*, (Tomo 1, Libro 2º, Capítulo II, § 7), p. 178.

[15] Mito que, hace notar Ricœur, fue resucitado por Pablo de Tarso en el Nuevo Testamento (NT), pero que de no haberlo hecho, habría pasado, sin pena ni gloria en la reflexión bíblica veterotestamentaria y novotestamentaria, ya que como sostiene Ricœur: "Adán no es una figura importante en el Antiguo Testamento; los profetas lo ignoran; es verdad que varios textos mencionan a Adán (sujeto de un verbo en plural) y a los hijos de Adán, pero sin aludir al relato de la caída; Abraham, el padre de los creyentes, Noé, el padre de la humanidad creada de nuevo tras el diluvio, son figuras más importantes; y, para el redactor del relato del Génesis, ni siquiera es seguro que recaiga sobre Adán toda la responsabilidad del mal del mundo; tal vez no sea más que el primer ejemplo del mal. [...] En el Nuevo Testamento, el propio Jesús no alude jamás a este relato; acepta la existencia del mal como un hecho... [...] Nada hay, pues, en todo esto que oriente hacia una interpretación «adámica» del principio del mal. San Pablo fue quien sacó el tema adámico de su letargo; amparándose en el *contraste* entre el «hombre viejo» y el «hombre nuevo», erigió la figura de Adán como la figura inversa de la de Cristo, llamado el «segundo Adán» (1 Cor 15:21-22, 45-49; Ro 5:12-21)." Ricœur, P., "La Simbólica del mal", en *Finitud y culpabilidad*, p. 382.

[16] Ricœur, P., "El «pecado original»: estudio de su significación" (1960), en *El conflicto de las interpretaciones, Ensayos de hermenéutica,* (trad. de Alejandrina Falcón), Fondo de Cultura Económica, (FCE), Buenos Aires, 2003, p. 260. Las cursivas y las negritas están añadidas. A partir de aquí se cita solo como *El conflicto de las interpretaciones.*

[17] "Finalmente, la última gran controversia que contribuyó a forjar el pensamiento de San Agustín fue la que sostuvo con el pelagianismo. Esta controversia, si bien es la última, es quizá la más importante, pues fue la que proveyó la ocasión para que Agustín formulara sus doctrinas de la gracia y la predestinación, que tan

contra Pelagio y la herejía pelagiana o «pelagianismo»;[18] luego retomadas por el protestantismo luterano, y desarrolladas profusamente por el protestantismo reformado en su vertiente calvinista, en razón de su controversia contra el arminianismo,[19] sirven a Ricœur para indagar sobre el mal y el drama de la libertad. Recién se ha mencionado el tema de *lo voluntario y lo involuntario* en un ensayo de 1960; pero esta reflexión fue hecha por Ricœur en la década anterior, justamente en la tesis de doctorado de la década de los 50´s Ricœur ya problematizó y se preguntó lo siguiente:

> Puede parecer humillante para el filósofo consagrar la presencia de un irracional absurdo en el corazón del hombre, no ya como misterio vivificante para la propia inteligencia, sino

---

grandes consecuencias han tenido posteriormente." González, Justo L., *Historia del pensamiento cristiano,* Colección Historia (CLIE), Colombia, 2010, p. 331.

[18] "Pelagio, monje inglés llegó a Roma a finales del siglo IV, donde se introdujo en los ambientes ascéticos creados años antes por San Jerónimo, alcanzando gran fama de santidad, debido a su riguroso ascetismo. Contra los cristianos de vida demasiado relajada que excusaban su mala conducta en la debilidad de la naturaleza humana herida por el pecado original, Pelagio predicó una doctrina que se pasó al extremo contrario: el pecado original no existe, solo existen los pecados personales; los niños recién nacidos se hallan en el mismo estado en el que se encontraba Adán al ser creado por Dios; el pecado original solo afectó intrínsecamente a Adán; a sus descendientes solo como *mal ejemplo;* la gracia no es necesaria para la salvación, porque el hombre puede salvarse por sus propias fuerzas; la redención de Cristo consiste en el *buen ejemplo* que dio a la humanidad. [...] Un Sínodo celebrado el Cartago condenó el *pelagianismo...*". Álvarez Gómez, Jesús, *Historia de la Iglesia. I. Edad Antigua,* Col. Sapientia Fidei. Serie de Manuales de Teología: #25, Biblioteca de Autores Cristianos (BAC), Madrid, 2001, p. 254.

[19] "Fue en Holanda, a principios del siglo XVII, que tuvieron lugar algunos de los acontecimientos más importantes en el desarrollo de la ortodoxia calvinista. Tales acontecimientos giraron alrededor de las enseñanzas de Jacobo Arminio y sus seguidores, y del Sínodo de Dort, que a la postre le condenó.

Arminio (1560-1609) era holandés de nacimiento, y su formación teológica había tenido lugar principalmente en la Universidad de Leiden y en Ginebra. Era calvinista convencido, y siguió siéndolo toda su vida, aunque en varios de los puntos que se debatían se apartó clara y conscientemente de las enseñanzas de Calvino. Por tanto, aunque a la postre el término «arminiano» se volvió sinónimo de anticalvinista, ello no se debe a que Arminio se opusiera a las enseñanzas de Calvino en general, sino que tanto él como el calvinismo ortodoxo se dedicaron con tanta atención a las cuestiones de la predestinación, la expiación limitada y otras semejantes, que perdieron de vista el hecho de que la controversia, lejos de ser un debate entre calvinistas y anticalvinistas, era un desacuerdo entre dos grupos de seguidores de Calvino." González, Justo L., *op.cit.*, p. 808.

> como opacidad central y, de alguna manera, nuclear que obstruye los accesos a la inteligibilidad, así como aquellos que conducen al misterio. ¿Recusará, entonces, el filósofo la entrada en escena del absurdo con el pretexto de que se encuentra gobernada por una teología cristiana del pecado original? Pero, si la teología abre los ojos a una zona obscura de la realidad humana, ningún a priori metódico podrá hacer que el filósofo no tenga abiertos los ojos y no lea, de allí en adelante, al hombre, su historia y su civilización bajo el signo de la *caída*. Pero si la falta es "entrada en el mundo" puede que un método de abstracción permita la descripción de posibilidades primordiales que no son absurdas.[20]

El tema del pecado –y su vínculo con el mal– ocupa todo un capítulo (II) dentro de *La Simbólica del mal*, para diferenciarlo de la "mancha" o "mancilla" (cap. I). Ricœur dice que "el pecado es una magnitud religiosa antes de ser ética: [ya que] no es la transgresión de una regla abstracta, –de un valor–, sino la lesión de un vínculo personal [con Dios o con otro ser humano]; por eso, la intensificación del sentido del pecado estará vinculado con la intensificación de esa vinculación primordial que es Espíritu y Palabra".[21] En *El mal. Un desafío a la filosofía y a la teología*, añade que el "pecado" es un "mal moral" que unifica la tríada imputación-acusación-reprobación. En la **imputación** un sujeto es convocado a responder de sus actos; en la **acusación**, esos actos son puestos bajo el tamiz de una norma o regla "moral" que ha sido violentada; mientras que en la **reprobación** se emite una condena a la luz de si esos actos son punibles. Pero no debe considerarse siempre que el sufrimiento se experimenta por haber cometido un pecado, porque el sufrimiento no se provoca sino que se padece:

> Entendido el término con rigor, el mal moral –el pecado, en el lenguaje religioso– designa aquello por lo que la acción humana es objeto de imputación, acusación y reprobación. La

[20] Ricœur, P., *Filosofía de la Voluntad. Lo voluntario y lo involuntario*, (trad. Juan Carlos Gorlier), Editorial Docencia, Buenos Aires, 1986, p. 37. Las cursivas están añadidas.

[21] Ricœur, P., "La Simbólica del mal", en *Finitud y culpabilidad*, p. 214.

> **imputación** consiste en asignar a un sujeto responsable una acción susceptible de apreciación moral. La **acusación** caracteriza a la acción misma como violatoria del código ético dominante dentro de la comunidad considerada. La **reprobación** designa el juicio de condena en virtud del cual el autor de la acción es declarado culpable y merece ser castigado. Es aquí donde el mal moral interfiere con el sufrimiento, por lo mismo que el castigo es un sufrimiento infligido.
>
> Considerado igualmente en su sentido riguroso, el sufrimiento se distingue del pecado por rasgos opuestos. En contraste con la imputación, que centra el mal moral en un agente responsable, el sufrimiento enfatiza el hecho de ser esencialmente padecido: nosotros no lo provocamos, él nos afecta.[22]

Sobre la cuestión del "pecado original", Ricœur ha asentado su interpretación de este dogma de la soteriología[23] cristiana en su ensayo intitulado "El «pecado original»: estudio de su significación" (1960), donde afirma que este es un "falso saber" que debe ser destruido, pero su pérdida no significa su anulación o aniquilación total, sino su rehabilitación como auténtico "símbolo racional" transmisor de realidades profundas sobre el mal:

> Sin embargo, el objetivo de esta crítica –en apariencia perjudicial– es mostrar que el falso saber constituye al mismo tiempo un verdadero símbolo, verdadero símbolo de algo que solo él puede transmitir. Por lo tanto, la crítica no es puramente negativa: *el fracaso del saber* es el reverso de un trabajo de

---

[22] Ricœur, P., *El mal. Un desafío a la filosofía y a la teología*, 1ª reimp., Amorrortu editores, (Col. Nómadas), Buenos Aires, 2007, pp. 24-25.

[23] "**SALVACIÓN, SALVAR, SALVADOR.** El verbo griego del NT, *sōzō, «salvar»*, los sustantivos de la misma raíz, *sōter, «salvador»*, y *sōteria «salvación»*, y el adjetivo *sōtērios*, todos absorbieron el significado hebreo por medio de la LXX, la que amplió y modificó en cierta medida la idea clásica. σωτήρ, *«salvador», era usado por los filósofos (p. ej., Epicúreo) para referirse a los gobernantes (p. ej., Tolomeo IV, Nerón), y con mucha frecuencia a los dioses (p. ej., Zeus, Attis). En la LXX se declara a Dios único sōtēr* (Is 45:21; 43:11; Sal 61:2) ya que la salvación de los hombres es vana (Sal 60:11; 108:12)." Harrison, E. F., Bromiley, G. W. y Henry, C. F. H., *Diccionario de teología*, 1ª reim., Libros Desafío, Grands Rapids, 2002, p. 554.

> recuperación del sentido, mediante el cual se recuperan la *intención* "ortodoxa", el sentido recto, el sentido eclesiástico del pecado original. Veremos que ese sentido no es en absoluto un saber jurídico ni biológico, ni tampoco un saber jurídico-biológico relativo a cierta monstruosa culpabilidad hereditaria, sino un *símbolo racional* de lo más profundo de cuanto declaramos en la confesión de los pecados.[24]

Pero la crítica a la doctrina agustiniana del pecado "original" o "natural", por parte de Paul Ricœur, es más profunda aún en *La Simbólica del mal,* cuando trata sobre todo el tema de "El mito «adámico» y la visión «escatológica» de la historia", ahí escribe así:

> [...] con más razón todavía, el pecado original, que es una racionalización de segundo grado, no es más que una falsa columna. Jamás se dirá bastante el daño que, durante muchos siglos de cristiandad, hicieron a las almas, en primer lugar, la interpretación literal de la historia de Adán, después, la confusión de este mito, tratado como una historia, con la ulterior especulación, especialmente agustiniana, sobre el pecado original. Al pedirles a los fieles que confiasen en ese bloque mítico-especulativo y que lo aceptasen como una explicación autosuficiente, los teólogos exigieron indebidamente un *sacrificium intellectus,* allí donde había que despertar a los creyentes a una supra-inteligencia simbólica de su condición actual.[25]

Este es el momento adecuado para señalar una vez más, que la presente investigación no es ni quiere ser un trabajo teológico ni bíblico, sino una reflexión estrictamente ética y hermenéutica, por tanto, filosófica.[26] Es necesario hacer esta aclaración porque podría

---

[24] Ricœur, P., "El «pecado original»: estudio de su significación" (1960), en *El conflicto de las interpretaciones,* p. 246. Sobre la crítica del saber jurídico-biológico, remítase a lo ya acotado en este capítulo.

[25] Ricœur, P., "La Simbólica del mal", en *Finitud y culpabilidad,* p. 383.

[26] Ya en "El hombre falible", Ricœur prevenía al filósofo sobre la tentación de recurrir antes que nada al "concepto" de «pecado original» para analizar "el problema filosófico de la culpa", y por extensión del mal, por encontrar bastante racionalidad en dicho concepto: "Parece tentador, –dice Ricœur– en un primer momento, empezar por las expresiones más elaboradas, más racionalizadas de esa *confesión,* con la esperanza de que dichas expresiones sean las más cercanas al

generar confusión que se cite profusamente a san Agustín –también como teólogo, y no solo como filósofo, y con él a otros profesionales de la teología que Paul Ricœur también leyó y citó– para abordar lo insondable e inescrutable que puede presentársele al filósofo, el "gran" tema del mal. Así que aquí no se escatiman esfuerzos por dialogar –siguiendo el ejemplo del propio Ricœur– interdisciplinaria y transdisciplinariamente también con la teología, porque en última instancia, como señaló Enrique Dussel en la presentación de su libro *Las metáforas teológicas de Marx,*[27] en la Comunidad Teológica de México (Ciudad de México, 2 de marzo de 2018), la teología es también un lugar epistemológico, muy útil para la filosofía. En este orden de ideas, Ricœur señala por qué aborda el tema del «pecado original» a la luz de una filosofía del mal, y también cuál es la razón

lenguaje filosófico, debido precisamente a su carácter «explicativo»; así nos sentiremos inclinados a pensar que con las construcciones tardías de la época agustiniana sobre el *pecado original* es con lo que la filosofía está llamada a medirse. Muchas filosofías clásicas y modernas toman como «dato» religioso, teológico, ese supuesto concepto y reducen el problema filosófico de la culpa a una crítica de la idea de pecado original.

Nada hay más rebelde a una confrontación *directa* con la filosofía que el concepto de pecado original, pues nada hay más engañoso que su apariencia de racionalidad. De ahí que, por el contrario, la razón filosófica deba dejarse interpelar por las expresiones menos elaboradas, más balbucientes de dicha confesión. Por consiguiente, hay que proceder regresivamente y remontarse desde las expresiones «especulativas» hasta las expresiones «espontáneas». Sobre todo, es importante estar convencidos desde ahora mismo de que el concepto de pecado original no está al comienzo sino al final de un ciclo de experiencia viva, la experiencia cristiana de pecado; por lo demás, la interpretación que da de esta experiencia no es sino una de las racionalizaciones posibles del mal radical según el cristianismo; por último y sobre todo, esta racionalización, embalsamada por la tradición y convertida en piedra angular de la antropología cristiana, pertenece a un período del pensamiento marcado por las pretensiones de la *gnosis* de «conocer» los misterios de Dios y los secretos del destino humano; no es que el pecado original sea un concepto gnóstico; es incluso, por el contrario, un concepto anti-gnóstico; pero pertenece a la época de la *gnosis* en el sentido de que intenta racionalizar la experiencia cristiana del mal radical de la misma manera en que la *gnosis* erigió en «conocimiento» su interpretación pseudo-filosófica del dualismo originario, de la caída de Sofía o cualquier otra entidad anterior al hombre. Esta contaminación por la pseudo-filosofía es la que, en última instancia, nos prohíbe empezar por las nociones más racionalizadas de la confesión." Ricœur, P., "El hombre falible", en *Finitud y culpabilidad*, p. 170.

[27] Dussel, Enrique, *Las metáforas teológicas de Marx,* Siglo XXI Editores, Ciudad de México, 2017, 280 pp.

de que haga una exégesis del «mito adámico» como parte de una antropología filosófica:

> (Una advertencia: recuso la disociación habitual de competencia a la cual suele someterse la obra de Agustín, como si la filosofía del mal actual fuera incumbencia del filósofo y la del pecado original, incumbencia del teólogo. Por mi parte, no escindo de ese modo filosofía y teología. En tanto *revelador* –y no revelado–, el símbolo adánico pertenece a una antropología filosófica al igual que todos los demás símbolos. Su pertenencia a la teología está determinada, no por su estructura propia, sino por su relación, en el marco de una cristología, con el "acontecimiento" y el "advenimiento" del hombre por excelencia, Jesucristo. Por mi parte, sostengo que ningún símbolo, en la medida en que abra y descubra una verdad del hombre, es ajeno a la reflexión filosófica. No considero, pues, el concepto de pecado original como un tema externo a la filosofía, sino, por el contrario, como un tema que concierne al análisis intencional de una hermenéutica de los símbolos racionales, cuya tarea es reconstruir las capas de sentido que se sedimentaron en el concepto.)[28]

Por otra parte, Ricœur no dejará de señalar y criticar la excesiva "racionalización" que efectuó Agustín de Hipona en la elaboración del concepto de "pecado original"[29] o "pecado natural" (*peccatum*

[28] Ricœur, P., "Hermenéutica de los símbolos y reflexión filosófica I" (1961), en *El conflicto de las interpretaciones*, p. 277. Los paréntesis aparecen en el original.

[29] Si bien Paul Ricœur señala las falencias del sistema doctrinal que sustenta el "pecado original" como concepto, tal como fue formulado por san Agustín; al comienzo del ensayo donde analiza su significación, cita la *Confesión de fe de La Rochelle*, una de las *Confesiones de fe* de las Iglesias de la Reforma, y donde critica duramente su giro hacia una abstracción escolástica: "la interpretación del pecado original como **culpabilidad original de los pequeños niños en el vientre de su madre** no solo ya no está en el nivel de la predicación, sino que alcanza un punto en el que el trabajo del teólogo gira hacia la especulación abstracta, hacia la escolástica." Ricœur, P., "El «pecado original»: estudio de su significación" (1960), en *El conflicto de las interpretaciones*, p. 245.

En este mismo sentido, Calvino –siguiendo a pie juntillas a san Agustín– define el pecado original así: "Digo, pues, que el pecado original **es una corrupción y perversión hereditarias de nuestra naturaleza, difundidas en todas las partes del alma;** lo cual primeramente nos hace culpables de la ira de Dios, y, además,

originale o *naturale*), ya que este es en la interpretación ricoeuriana, un pseudo-saber profundamente abstracto, y sobre todo, escolástico,[30] que debe aniquilarse o reinterpretarse en una lectura más fiel al "espíritu" de las Escrituras. En este sentido, Heidegger opina que: "El agustinismo significa dos cosas: *filosóficamente*, un platonismo de tinte cristiano contra Aristóteles; *teológicamente*, una determinada concepción de la doctrina del pecado y de la gracia (libre albedrío y predeterminación)".[31] Por su parte, el filósofo francés, dice de ese "pecado natural", que este constituiría un "falso saber", porque pretendiendo separarse de la gnosis, terminó convirtiéndose en casi un tipo del gnosticismo que tanto combatía:

> Acabo de utilizar una expresión inquietante: deshacer el concepto [de pecado original]. Sí. Pienso que es necesario destruir el concepto como concepto para comprender la intención del sentido: **el concepto de pecado original es un falso saber y debe ser destruido como saber;** saber cuasijurídico de la culpabilidad de los recién nacidos, saber cuasibiológico de la transmisión de una tara hereditaria, falso saber que encierra

produce en nosotros lo que la Escritura denomina "obras de la carne"." (Tomo 1, Libro 2º, Capítulo I, § 8) Calvino, Juan, *Institución de la religión cristiana*, p. 168. Las negritas están añadidas. Nótese que en estas interpretaciones dogmáticas, el "pecado original" se trasmite (hereda) de los padres a los hijos. Enfrentándose a esta lectura teológica, Ricœur opondrá una lectura escriturística, por tanto, más bíblica acerca de este tema.

[30] La teología escolástica distingue entre el **pecado original originante** (*peccatum originale originans*), que es el acto concreto de desobediencia cometido por Adán y Eva; y el **pecado original originado** (*peccatum originale originatum*), que serían las consecuencias que el mismo provocó sobre la constitución de la especie humana. "En teología se conoce como **pecado original originante** el pecado de Adán, el primer pecado del ser humano. Y como **pecado original originado** el pecado contraído, con el que, según se dice, todos naceríamos como consecuencia del pecado de Adán. Por otra parte, la comprensión del pecado original exige un estado previo de no pecado, pues de lo contrario eso solo podría significar que Dios ha creado al ser humano en pecado. La teología designa como **estado original** la situación de los seres humanos antes del pecado, situación que se correspondería con la voluntad original de Dios y que el ser humano [aparentemente] frustró." Gelabert, Martín, *La astuta serpiente. Origen y transmisión del pecado,* Editorial Verbo Divino, Navarra, 2008, p. 16. Las negritas están añadidas.

[31] Heidegger, Martin, *Estudios sobre mística medieval,* 2ª reim., (trad. Jacobo Muñoz), Fondo de Cultura Económica (FCE), Ciudad de México, 2003, p. 13.

> una categoría jurídica de deuda y una categoría biológica de herencia en una noción inconsistente. [...]
>
> Nuestra primera hipótesis de trabajo es la siguiente: fueron razones apologéticas –para combatir la gnosis– las que impulsaron a la teología cristiana a ponerse en la línea del pensamiento gnóstico. **Profundamente antignóstica, la teología del mal se dejó llevar al terreno mismo de la gnosis y, de ese modo, elaboró una conceptualización comparable a la suya.**
>
> La antignosis [cristiana] se convirtió en una cuasignosis.[32]

A la luz de esto, y como se verá más adelante, el mal compete no únicamente a una "teología del mal" en un sentido gnóstico y hasta trágico, sino también a la filosofía moral; y, sobre todo a la ética, porque como se ha señalado, aquel entra en el terreno de la libertad. Así, en *Culpabilidad, ética y religión*, Ricœur se cuestionaba y contestaba: "¿En qué sentido el problema del mal es un problema ético? En un doble sentido, me parece. O más bien, en virtud de una relación doble, por una parte, con el tema de la libertad, por otra con el tema de la obligación. Mal, libertad, obligación constituyen una red compleja que vamos a tratar de desenredar y de ordenar en diversos momentos de reflexión".[33] Y continua diciendo: "En un primer momento, digo: afirmar la libertad es hacerse cargo del origen del mal. Por esta proposición, doy cuenta de un vínculo tan estrecho entre mal y libertad que estos dos términos se implican mutuamente; el mal tiene el significado de mal porque es obra de una libertad; *yo soy el autor del mal*".[34] De esta forma, es prácticamente imposible formular la pregunta sobre ¿qué es el mal?, debe plantearse más bien, esta otra: ¿quién *ejerce* ese mal? Sobre todo, porque el mal no tiene una naturaleza, no es una cosa, no supone una materia ni una sustancia, y menos una esencia:

[32] Ricœur, P., "El «pecado original»: estudio de su significación" (1960), en *El conflicto de las interpretaciones*, p. 246. Las negritas están añadidas.

[33] Ricœur, P., "Culpabilidad, ética y religión" (1969), en *El conflicto de las interpretaciones*, p. 388.

[34] Ídem. Las cursivas están añadidas.

> Contra la gnosis del mal, la patrística griega y latina repitió con notable unanimidad: el mal no tiene naturaleza, no es una cosa; el mal no es materia, no es sustancia, no es mundo. No es en sí, proviene *de nosotros mismos.* Es necesario rechazar no solo la respuesta a la pregunta, sino la pregunta misma. No puedo contestar *malum esse* (el mal es), porque no puedo preguntar *quid malum* (¿qué es el mal?), sino únicamente *unde malum faciamus?* (¿de dónde viene el mal que hacemos?). El mal no es ser, sino *hacer.*[35]

El mal como potencia no está fuera de mí, no procede de otro externo a mí, sino que proviene de mí, no puedo imputárselo a alguien más, tengo que asumirlo como propio. El mal es acto, es lo que hago, también lo que *puedo* llegar a hacer. Pero sobre todo, el mal es el no-ser, la nada. En este sentido, Paul Ricœur es muy insistente: "A la pregunta: *unde malum faciamus?* [San Agustín dice que] se debe responder: *Sciri non potest quod nihil est* (*De libero arbitrio,* II, 19, 54). [...] Más tarde, [san Agustín] dirá a Julián de Eclana: "¿Buscas de dónde proviene la voluntad mala? Hallarás al hombre" (*Contra Julianum,* cap. 41)".[36] Y en otra parte añade:

> Por su aspecto desmitologizante, la interpretación agustiniana del mal, previa a la confrontación con Pelagio, está dominada por la afirmación siguiente: **el mal no tiene naturaleza, el mal no es una cosa, no es materia, no es sustancia, no es mundo.** La reabsorción del esquema de exterioridad es llevada hasta sus límites más extremos: no solo el mal no tiene ser, sino que además es preciso suprimir la pregunta *quid malum?,* y sustituirla por la pregunta *unde malum faciamus?* En consecuencia, **habrá que decir que el mal es una "nada", en cuanto a su sustancia y naturaleza.** [...]
>
> Me atrevo a decir que fue san Agustín quien, al conectar de manera directa el poder de la *nada* contenido en el mal con la libertad en obra en la voluntad, radicalizó la reflexión sobre

[35] Ricœur, P., "El «pecado original»: estudio de su significación" (1960), en *El conflicto de las interpretaciones,* pp. 248-249.

[36] *Ibíd.,* p. 250.

> la libertad hasta convertirla en el poder originario de decir *no* al ser, en el poder de "desafallecer" (*deficere*), de "declinar" (*declinare*), de tender hacia la nada (*ad non esse*).[37]

Esta reflexión sobre el mal como una nada o como un "non-esse", no carece de importancia, no solo porque Agustín de Hipona se está desmarcando de la enseñanza gnóstica, sino porque para hacerlo usa una enseñanza de la epistemología neoplatónica[38] convirtiéndola en una auténtica «teología platónica»,[39] a través de la cual logra "desarmar la apariencia conceptual de un mito racionalizado".[40] Pero además, porque el mal concebido así, sin *substancia,* configura una concepción estrictamente "moral" del mal, descartándose una interpretación metafísica que hable de una supuesta "preexistencia" del mal. Ricœur continúa reflexionando sobre este itinerario filosófico en san Agustín, que se opone a la visión trágica de la gnosis:

---

[37] Ricœur, P., "Hermenéutica de los símbolos y reflexión filosófica I" (1961), en *El conflicto de las interpretaciones,* p. 274. Las negritas están añadidas.

[38] "El misterio del non-ser exige que lo tratemos con una actitud dialéctica. El genio de la lengua griega nos ha proporcionado la posibilidad de distinguir el concepto dialéctico y el concepto no dialéctico del non-ser, llamando al primero *me on* y al segundo *ouk on.* El *ouk on* es la "nada" que carece de toda relación con el ser; el *me on,* en cambio, es la "nada" que tiene una relación dialéctica con el ser. La escuela platónica identificaba el *me on* con aquello que todavía no tiene ser, pero que puede llegar a tenerlo si se une a las esencias o ideas. No se eliminó, sin embargo, el misterio del non-ser, ya que, a pesar de su "nada", se atribuyó al non-ser el poder de ofrecer resistencia a su unión completa con las ideas. La materia *me-óntica* del platonismo representa el elemento dualista que está subyacente en todo el paganismo y que constituye el fondo último de la interpretación trágica de la vida." Tillich, P., *Teología sistemática I. La razón y la revelación. El ser y Dios,* 4ª ed., (Col. Verdad e imagen 73), Ediciones Sígueme, Salamanca, 2001, p. 244.

[39] "Además, la marcha hacia la nada –el *ad non esse* del mal– se distingue con dificultad del *ex nihilo* de la criatura, que designa, únicamente su propio defecto de ser, su dependencia como criatura. Agustín no tenía elementos para conceptualizar el *planteo* del mal. De hecho, tuvo que retomar el *ex nihilo* de la doctrina de la creación, que había servido para combatir contra la idea de una materia no creada, y convertirlo en un *ad non esse,* un movimiento hacia la nada, para combatir contra la idea de una materia del mal. Pero, en el marco de **una teología neoplatónica,** esa nada de inclinación nunca se distinguirá con claridad de la nada de origen que designa únicamente el carácter total, sin resto, de la creación." Ricœur, P., "El «pecado original»: estudio de su significación" (1960), en *El conflicto de las interpretaciones,* p. 250. Las negritas están añadidas.

[40] Ricœur, P., *El mal. Un desafío a la filosofía y a la teología,* 1ª reimp., Amorrortu editores, (Col. Nómadas), Buenos Aires, 2007, p. 36.

> Agustín toma de los filósofos la idea de que el mal no puede ser tenido por una *substancia,* por cuanto pensar «ser» es pensar «inteligible», pensar «uno», pensar «bien». Solo el pensar filosófico excluye, pues, cualquier fantasía de un mal substancial. Como contrapartida, se abre paso una nueva concepción de la *nada,* la del *ex nihilo,* contenida en la idea de una creación total y sin resto. Al mismo tiempo, se instala un nuevo concepto negativo asociado al precedente: el de una distancia óntica entre el creador y la criatura, el cual permite hablar de la *deficiencia* de lo creado en cuanto tal; esta deficiencia vuelve comprensible el hecho de que criaturas dotadas de libre elección puedan «declinar» lejos de Dios e «inclinar» hacia lo que tiene menos ser, hacia la nada.[41]

El mal como una nada, puede encontrarse en muchos mitos cosmogónicos e incluso en algunas teologías de la creación que muestran al no-ser o la nada, la cual es confrontada por Dios en el acto creador. De este modo: "el primer verso de la Biblia [Génesis 1:1] asienta una afirmación trascendental, sin paralelo en la antigüedad: el Universo fue *creado,* sin materia previa, por un Dios único, preexistente y 'totalmente otro'."[42] Pero el problema en cuestión, no es únicamente este, sino el del mal *frente* a la creación, el no-ser *delante* del ser, ¿cómo lo entendió la mitología hebrea? ¿Cuál fue el término que usó, para designar ese "non-esse"? La expresión hebrea usada es *tohu wa-bohu,* y constituye –como frase– casi un "hápax legómenon" (ἀπαξ λεγόμενον).[43] "Del hecho de que *bohu* nunca aparece solo sino acoplada a *tohu* se ha deducido que no es sino una aliteración de este último vocablo. Los dos términos, de significación vecina, forman una asonancia [...] y se completan mutuamente".[44] Desde

---

[41] *Ibíd.*, pp. 36-37.

[42] Croatto, José Severino, *El hombre en el mundo I. Creación y designio. Estudio de Génesis 1:1-2:3,* Editorial La Aurora, Buenos Aires, 1974, p. 43.

[43] Pero no lo es, porque la expresión completa aparece además de Génesis 1:2: "Y la tierra estaba **desordenada** y **vacía**..." (RVR-60), en Jeremías 4:23a: "Miré a la tierra: **caos** y **vacío**" (BLP), e Isaías 34:11b: "Extenderá sobre ella el Señor cordel de **caos**, plomada de **vacío**." (BLP).

[44] Croatto, *José Severino, El hombre en el mundo I. Creación y designio. Estudio de Génesis 1:1-2:3,* p. 55.

una hermenéutica filosófica del mito cosmogónico hebreo, donde el "desorden" y el "vacío" ("tohu wa-bohu") *enuncian* una "falta" ontológica, una ausencia de ser, vienen las siguientes líneas interpretativas del filósofo de la religión, y también teólogo, Paul Tillich. Quien –igual que Ricœur– menciona que para Agustín de Hipona la influencia de Platón, significó la introducción de una lectura ontológica de la creación *ex nihilo* en el texto bíblico, a través de un rescoldo doctrinal platónico, lo que posibilitó un entendimiento del "mal moral" o pecado, como un *non-esse*:

> El cristianismo ha rechazado el concepto de la materia *meóntica* apoyándose en la doctrina de la *creatio ex nihilo.* La materia no es un segundo principio que se sobreañada a Dios. El *nihil* a partir del cual Dios crea, es *ouk on,* negación no dialéctica del ser. Pero los teólogos cristianos tuvieron que enfrentarse en varios puntos con el problema dialéctico del non-ser. Cuando Agustín y numerosos teólogos y místicos que le siguieron llamaron "non-ser" al pecado, estaban perpetuando un resto de la tradición platónica. No querían significar con esta aserción que el pecado careciera de toda realidad o que fuera una falta de realización perfecta, como a menudo han pensado los críticos interpretando erróneamente esta doctrina. Lo que sí querían decir era que el pecado carece de estatuto ontológico positivo, interpretando al mismo tiempo el non-ser en términos de resistencia al ser y de perversión del ser.[45]

La cita precedente muestra el modo como la teología acude a las grandes "palabras" de la filosofía clásica griega para construir un discurso coherente sobre el tema del mal. Interpreta el mito con categorías filosóficas que permiten una apertura de sentido en lo que el mito expresa. De esta forma, lo "poco" que dice o enuncia el mito, crece al leerlo con la ayuda de la filosofía griega, en este caso. En sentido inverso, se tienen que plantear las siguientes cuestiones: ¿la filosofía será capaz de escuchar ese saber teológico, que al igual que ella ha inquirido también sobre el mal como vacío y nada, como negación del ser? ¿Puede reconocerse aquí la vecindad de las fuentes

---

[45] Tillich, P., *Teología sistemática I. La razón y la revelación. El ser y Dios,* 4ª ed., (Col. Verdad e imagen 73), Ediciones Sígueme, Salamanca, 2001, p. 244.

no filosóficas de la filosofía con esta? Si las respuestas son positivas, ¿pueden ahondar *juntas* en este escándalo incesable que plantea el tema del mal? Aquí se aventura una posible respuesta, también desde una teología de la creación *ex nihilo* que, paradójicamente se enfrenta al no-ser en su doble vertiente, la nada y el mal:

> Esta cuestión, tan honda e inveteradamente humana, resuena también en la teología cristiana de la creación desde sus mismos orígenes. Más aún, ha contribuido incluso a configurarla y a iluminar de rechazo el rostro mismo del Creador. En efecto, si la *nada* de la que Dios crea el mundo se lee en todo el contexto salvífico de la Biblia, y en concreto en los dos pasajes [del Génesis] en los que figura expresamente, se aprecia que no apunta solo a su simple vacío de ser, a la pura inocencia de posibilidades abiertas, sino al cúmulo de resistencias al designio y actuación de Dios y, en particular, a la muerte violenta que se cierne sobre sus fieles y sobre Cristo. Por eso, y como señala el segundo de esos textos, el Creador no es solo el que «llama a la nada ser» sino «el que da vida a los muertos», es decir a todas las víctimas de la degeneración física y moral, de las violencias de la naturaleza y de la historia. Por idéntica

* "Este verso –"en el principio **creó** Dios el cielo y la tierra"– constituye una afirmación revolucionaria e impactante con respecto a las otras cosmogonías. Por empezar aparece allí un término clave –*bara*– que de un modo peculiar destaca la acción [exclusiva] de Dios. [...] El verbo *bara* es muy usado por dos autores relativamente cercanos en el tiempo y en el espacio, a saber, el Deutero-Isaías y el redactor de la tradición "sacerdotal". Los dos desarrollan de hecho una vigorosa teología de la creación, en un sentido fuertemente monoteísta y anti-idolátrico. La diferencia de tono consiste en que, mientras el "sacerdotal" se refiere constantemente a los *orígenes* del mundo el profeta del exilio se ubica más bien en un contexto histórico-salvífico (comp. [Isaías] 40:26; 42:5s, "así dice Yavé Dios, el que *crea* los cielos...; Yo, Yavé, te he llamado..."; 45:12 y 18, etc.). Este insigne teólogo-profeta traspone a la salvación de Israel, pasada y futura, todo el peso del acto creador como *novedad* y como *potencia* omnímoda. La tradición de Génesis 1:1-2:5a parece reservar el verbo *bara* para la totalidad de la creación (1:1 y 2:3 y 4) o la del hombre en especial (1:27 y 5:1s, ¡seis veces!), o la de los grandes seres marinos (1:21) para negar su divinización, frecuente en el contexto mesopotámico y cananeo. Tal selección del vocabulario podría deberse a la mano del redactor, quien usa con predilección aquel verbo, que en toda la Biblia [hebrea] tiene un único sujeto, Yavé." Croatto, José Severino, *El hombre en el mundo I. Creación y designio. Estudio de Génesis 1:1-2:3,* Editorial La Aurora, Buenos Aires, 1974, pp. 47, 48. Las negritas están añadidas.

> razón, el verbo *bara,** que designa en el Génesis la actividad creadora, no figura solo en esa primera página de la Biblia, sino que sigue resonando a lo largo de ella y denomina la victoria incesante de Dios sobre esas dos formas de no-ser, que son la nada y el mal.[46]

El mal (incluida también la mala voluntad) y la libertad, están así, profundamente intrincados en la "antropología filosófica orientada por la idea directriz de la *labilidad*"[47] humana a la que Ricœur denominó genérica e indistintamente como el «hombre lábil»[48] o el «hombre falible»[49] en la primera parte de *Finitud y culpabilidad*; y

---

[46] Armendáriz, Luis M., *¿Pueden coexistir Dios y el mal? Una respuesta cristiana*, Cuadernos de Teología Deusto, No. 19, Universidad de Deusto, Bilbao, 1999, pp. 9-10.

Paul Ricœur aparentemente se opondría a esta interpretación del texto bíblico, porque como bien señala, el texto bíblico hebreo es ajeno a la especulación filosófica griega: "La palabra de Dios no crea de la nada, y las separaciones sucesivas que marcan los seis días de trabajo constituyen el acto creador en sí. La noción de creación *ex nihilo* es una respuesta a una especulación posterior que G. W. Leibniz, mucho tiempo después, denominará «el origen radical de las cosas». [...] Podemos más bien preguntarnos con Jon D. Levenson, [...] qué huellas ha dejado en otros modelos el modelo de lucha, común a Israel y a otras culturas del antiguo Oriente próximo, en la medida en que nunca se plantea cuestión alguna acerca de la creación *ex nihilo,* antes de las especulaciones inspiradas por el helenismo." Ricœur, P., "Pensar la creación", en LaCocque, A., y Ricœur, P., *Pensar la Biblia. Estudios exegéticos y hermenéuticos*, (trad. de Antoni Martínez Riu), Herder, 2001, pp. 54, 57.

[47] Ricœur, P., "El hombre lábil", en *Finitud y Culpabilidad* (versión castellana de Cecilio Sánchez Gil. Prólogo de José Luis Aranguren), Col. Ensayistas de Hoy, Taurus Ediciones, S.A., Madrid, 1969, p. 33. Énfasis añadido.

[48] "La primera parte de este trabajo –dice Ricœur– está dedicada a desarrollar el *concepto de labilidad.* Al pretender ver en la labilidad un concepto, parto del supuesto de que la reflexión pura, es decir, esa forma de comprender y de comprenderse que no procede por imágenes, símbolos ni mitos, puede alcanzar cierto umbral de inteligibilidad, **en el que aparece la posibilidad del mal como grabada en la constitución más íntima de la realidad humana.** Esa idea de que el hombre es constitucionalmente frágil, de que puede caer, según nuestra hipótesis de trabajo, es totalmente accesible a la reflexión pura y señala una característica del ser humano. [...] Pues bien, eso es lo que quiere hacernos comprender el concepto de **labilidad o falibilidad,** a saber: cómo se ve el hombre "expuesto" a resbalar." *Ibíd.*, p. 29. Las negritas están añadidas.

[49] Al final de "El hombre falible" (libro I de *Finitud y culpabilidad*), Ricœur escribe: "El mal se pone y procede. Ciertamente, a partir del mal como posición, descubrimos el aspecto contrario del mal como *culminación de la debilidad*; pero ese

enunciada posteriormente en una «visión ética del mal» que revela a la libertad como *potentia* para ser y hacer, como también en una «visión moral del mundo y del mal», donde el ser humano libre puede resbalar y caer por el mal y en el mal:

> Por visión ética del mal entiendo una interpretación según la cual el mal es retomado en la libertad más completa posible; para la cual el mal es un invento de la libertad; recíprocamente, una visión ética del mal es una visión según la cual la libertad se revela en su profundidad como poder-hacer y como poder-ser. La libertad que supone el mal es una libertad capaz del descarrío, de la desviación, de la subversión, de la errancia. Esta mutua "explicación" del mal por la libertad y de la libertad por el mal es la esencia de la visión moral del mundo y del mal.[50]

Esta es la razón por la que Paul Ricœur considera al ser humano como responsable del mal ya que puede dar razón del mismo en un acto o enunciado performativo.[51] El hombre es *responsable* del mal

movimiento de la debilidad que cede, simbolizada en el mito bíblico en la figura de Eva, es coextensivo al acto mediante el cual acaece el mal; hay una especie de vértigo que conduce de la debilidad a la tentación y de la tentación a la caída; así, en el momento mismo que «confieso» que lo pongo, el mal parece nacer de la limitación misma del hombre mediante la continua transición del vértigo. Esta transición de la inocencia a la culpa, descubierta en la posición misma del mal, es la que confiere al concepto de falibilidad toda su equívoca profundidad, la fragilidad no es solo el «lugar», el punto de inserción del mal, ni siquiera solo el «origen» a partir del cual el hombre degenera, sino que es la «capacidad» del mal. Decir que el hombre es falible es decir que la limitación propia de un ser que no coincide consigo mismo es la debilidad originaria de donde procede el mal. Y, sin embargo, el mal no *procede* de esa debilidad sino porque se *pone*. Esta última paradoja aparecerá en el dentro de la simbólica del mal." Ricœur, P., *Finitud y culpabilidad,* 2ª ed., (trad. de Cristina de Peretti, Julio Díaz Galán y Carolina Meloni), Editorial Trotta, Madrid, 2011, p. 164.

[50] Ricœur, P., "Hermenéutica de los símbolos y reflexión filosófica I" (1961), en *El conflicto de las interpretaciones,* p. 273.

[51] Por «enunciados performativos» —calco del inglés *performative*, 'realizativo'— se conoce a uno de los tipos posibles de enunciados descritos por John Langshaw Austin, filósofo del lenguaje, en su obra *Cómo hacer cosas con palabras*, en la que se recogía de modo póstumo su teoría de los actos de habla. Austin llama enunciado performativo al que no se limita a describir un hecho sino que por el mismo hecho de ser expresado realiza el hecho. Se pueden encontrar muchos tipos de enunciados performativos, aunque entre los más comunes están aquellos que derivan de determinados verbos, como es el caso de "prometer". Cuando alguien

porque puede auto-imputárselo, diciendo: «*yo soy* el autor del mal»; es decir, puede responder por ese mal, afirmando: «yo soy el autor de *este* mal». "La imputabilidad constituye una capacidad francamente moral. Un agente humano es considerado como el autor verdadero de sus actos, cualquiera que sea la fuerza de las causas orgánicas y físicas. Asumida por el agente, esa fuerza lo hace responsable, capaz de atribuirse una parte de las consecuencias de la acción; al tratarse de un perjuicio hecho a otro, dispone a la reparación y a la sanción [penal]".[52] En este mismo sentido, Pierre Gisel comenta:

> El mal compete [según Ricœur], por el contrario, a una problemática de la libertad. Intrínsecamente. Por eso se puede ser responsable de él, asumirlo, confesarlo y combatirlo. Quiere decir que el mal no está del lado de la sensibilidad o del cuerpo (pues estos, como tales, son inocentes), ni del lado de la razón (el hombre sería diabólico deliberadamente y sin resto). El mal está inscripto en el corazón del *sujeto* humano (sujeto de una ley o sujeto moral): en el corazón de esa realidad altamente compleja y deliberadamente histórica que es el sujeto humano.[53]

Esta imputación y/o confesión implica el reconocimiento de que ese mal no es algo fuera de mí, sino ya en mí: "En un primer

---

expresa un enunciado del tipo "yo prometo", este no puede evaluarse en términos de verdad o falsedad. Este rasgo es lo que distingue a un enunciado performativo de una aseveración descriptiva, que fue el objeto de estudio del "Movimiento verificacionista". En efecto, no se trata de evaluar la sinceridad del locutor, puesto que eso excede los límites del análisis lingüístico. El hecho de prometer se realiza en el instante mismo en el que se emite el enunciado, no se describe un hecho, sino que se realiza la acción. *Cfr.*, Austin, John L., *Cómo hacer cosas con las palabras*, Paidós, Barcelona, 1998.

Sobre la promesa, Ricœur dice: "La promesa es posible sobre esta base: el sujeto se compromete en su palabra y dice qué hará el día de mañana lo que dice el día de hoy. La promesa limita lo imprevisible del futuro, con riesgo de traición: el sujeto puede o no mantener su promesa; compromete de esta suerte la promesa de la promesa, la de mantener su palabra, de ser confiable." Ricœur, P., "Epílogo. Capacidades y reconocimiento mutuo" (2004), en *Escritos y conferencias 3. Antropología filosófica,* (trad. de Adolfo Castañón), Siglo XXI Editores, Ciudad de México, 2016, p. 341.

[52] Ricœur, P., "Epílogo. Capacidades y reconocimiento mutuo" (2004), en *Escritos y conferencias 3. Antropología filosófica,* pp. 340-341.

[53] Gisel, Pierre, "Prólogo" a Ricœur, P., *El mal. Un desafío a la filosofía y a la teología*, 1ª reimp., Amorrortu editores, (Col. Nómadas), Buenos Aires, 2007, p. 15.

momento, digo: afirmar la libertad es hacerse cargo del origen del mal. Por esta proposición, doy cuenta de un vínculo tan estrecho entre mal y libertad que estos dos términos se implican mutuamente; el mal tiene el significado de mal porque es obra de una libertad; yo soy el autor del mal".[54] Esta es la razón por la que Ricœur rechaza de plano la idea del mal dentro de las sectas del gnosticismo, ya que ellas atribuyen el mal a una entidad ajena, extraña y externa al propio ser humano: "... la gnosis se construye exclusivamente en torno al tema trágico de la degradación, caracterizado por su esquema de exterioridad: [ya que] el mal, para la gnosis, está afuera; es una realidad cuasifísica que asalta al hombre desde el exterior".[55] ¿En verdad la gnosis tenía razón? ¿Esta visión trágica del mal es sostenible con el predicado que dice que el hombre es libre?

2. El gnosticismo: πόθεν τὰ κακά: ¿de dónde proviene el mal?

> En la historia del pecado original somos testigos del nacimiento del «no», del espíritu de la negación. La prohibición de Dios fue el primer «no» en la historia del mundo. El nacimiento del no y el de la libertad están estrechamente anudados. Con el primer «no» divino, como agasajo a la libertad humana, entra en el mundo algo funestamente nuevo. Pues ahora también el hombre puede decir «no». Dice «no» a la prohibición, la pasa completamente por alto. La consecuencia será que él también pueda decirse «no» a sí mismo.[56]
>
> Rüdiger Safranski

Pero en lugar de una visión del mal trágica e irresponsable (porque no se responde acerca de ese mal), en la cual una divinidad malvada

[54] Ricœur, P., "Culpabilidad, ética y religión" (1969), en *El conflicto de las interpretaciones*, p. 388.

[55] Ricœur, P., "Hermenéutica de los símbolos y reflexión filosófica I" (1961), en *El conflicto de las interpretaciones*, p. 272.

[56] Safranski, Rüdiger, *El mal o el drama de la libertad*, p. 24.

o un demonio me ha empujado a este mundo maligno, surge en el seno del cristianismo una visión ética que hace responsable al ser humano de ese mal: "Agustín elabora así una visión puramente ética del mal en la cual el hombre es plenamente responsable; la separa de una visión *trágica** en la cual el hombre ya no es autor, sino víctima de un Dios que, cuando no es cruel, también padece".[57] El pensamiento de una posesión *maligna* exterior al ser humano está marcada por la idea de cierta sustancia mala que somete o excita a alguien hacia el mal, ya que como escribe Ricœur: "La experiencia

* «Visión trágica» que no obstante aparece en la "idea" de pecado (aunque todavía no *original*) como gran *teologoúmenon* en la Biblia hebrea, visión trágica que Ricœur asocia a una «teología de la maldad», ya que ese pecado tiene como "tema", el llamado «mal radical»: "El profeta [Jeremías] proclama expresamente el tema del mal radical: «El corazón del hombre es más engañoso que cualquier otra cosa e incurablemente malo; ¿quién podrá conocerlo?... Yo, el Eterno, pongo a prueba el corazón y sondeo los riñones» (17:9). [El profeta] Ezequiel denomina «corazón de piedra» a ese endurecimiento de una existencia inaccesible a la interpelación divina. El yahvista que redactó lo esencial de los capítulos pesimistas del comienzo del libro del Génesis resume con un rasgo esta teología de la maldad (Gn 6:5 y 8:21): "Yahvé vio que la maldad del hombre era grande sobre la tierra y que su corazón no elaboraba sino malvados designios durante todo el día". Se ve despuntar aquí el comienzo de una antropología no solamente pesimista –es decir, en la que hay que temer lo peor– sino propiamente «trágica» –es decir, (como se dirá en el capítulo de lo trágico de la Segunda Parte), en la que no solo hay que temer lo peor, sino que es propiamente inevitable, puesto que el dios y el hombre conspiran para engendrar el mal. No existe gran diferencia, al respecto, entre el «endurecimiento» según algunos textos del Antiguo Testamento y la «ceguera» (*Atê*) de los textos homéricos y de los trágicos griegos. El «endurecimiento» se describe ahí como un *estado* indiscernible de la existencia misma del pecador y, al parecer, exclusivo de su responsabilidad. Dicho endurecimiento no solo lo define por completo, sino que es la obra de la divinidad en cólera: «Endureceré el corazón del Faraón» [Éxodo 4:21; 9:7; 11:10]. Volveremos con más detenimiento sobre esta teología del «Dios-que-extravía» en el marco de los mitos del origen y del fin. Digamos desde ahora que esta teología está solo en estado de huella en la Biblia hebrea, y eso que constituyó todo un mundo, el de la «tragedia» griega. En la Biblia hebrea, dicha teología es frenada por una teología de la santidad, por una parte, y de la misericordia, por otra. No obstante, esta teología abortada pudo concebirse porque prolonga una de las experiencias constitutivas de la conciencia de pecado, la experiencia de una *pasividad*, de una alteración, de una alienación, paradójicamente entremezclada con la de una desviación voluntaria, por lo tanto, con la de una *actividad*, con la de una mala iniciativa." Ricœur, P., "La Simbólica del mal", en *Finitud y culpabilidad*, pp. 247-248.

[57] Ricœur, P., "El «pecado original»: estudio de su significación" (1960), en *El conflicto de las interpretaciones*, p. 249.

de posesión, de vínculo, de cautiverio, inclina hacia la idea de un ser asaltado desde afuera, de un contagio por una sustancia mala que da origen al mito trágico de la gnosis".[58]

En este sentido, para ciertos sectores dentro del cristianismo la idea del diablo es muy conveniente, y algunas veces hasta convincente, porque el sujeto maligno que ejerce un mal –contra sí mismo o contra otros– puede no hacerse responsable de este mal, echándole la culpa a esa figura mítica, llamada Satanás,[59] Diablo o Demonio, pero lo cierto es que: "No hace falta recurrir al diablo para entender el mal. El mal pertenece al drama de la libertad

---

[58] *Ibíd.*, p. 258.

[59] Ya en la Biblia hebrea (Antiguo Testamento) aparece la idea de un ser enigmático que mueve o incita al ser humano a hacer obras malas. El mejor ejemplo de esta idea la encarna el rey David cuando ordena ejecutar un censo al pueblo israelita, con resultados catastróficos para la nación. El relato más antiguo dice que Dios incitó al rey a ejecutar ese proyecto e imputa a David la responsabilidad de la ejecución de ese censo: "Volvió a encenderse la ira de Jehová contra Israel, e incitó a David contra ellos a que dijese: Ve, haz un censo de Israel y de Judá. [...] Después que David hubo censado al pueblo, le pesó en su corazón; y dijo David a Jehová: Yo he pecado gravemente por haber hecho esto; mas ahora, oh Jehová, te ruego que quites el pecado de tu siervo, porque yo he hecho muy neciamente." (2 Samuel 24:1, 10, RVR-60). Este relato muestra claramente la mentalidad religiosa del antiguo Israel, que todo lo refería a Yahvé como causa primera. Esta teología es inaudita, por decir lo menos, porque "la ira del Yahvé" excita a David a ejecutar un mal, y luego Yahvé mismo castiga aquello que motivó. El siguiente relato, postexílico, muestra un cambio profundo, porque ya no es Yahvé el que incita a hacer algo malo, ahora aparece la figura de Satán, incitando al rey para llevar a cabo el censo: "Pero Satanás se levantó contra Israel, e incitó a David a que hiciese censo de Israel. [...] Entonces dijo David a Dios: He pecado gravemente al hacer esto; te ruego que quites la iniquidad de tu siervo, porque he hecho muy locamente." (1 Crónicas 21:1, 8, RVR-60). Aquí aparece una teología más desarrollada que atribuye a Satanás, lo que 2 Sm 24:1 *ss.* atribuía a la "ira de Yahvé" como la causa principal. En Job, vuelve a aparecer esta figura enigmática entre los "hijos de Dios", pero ahí este Satanás incita al mismo Dios contra Job (Job 1:7-12; 2:1-7).

Hay que hacer notar que Satán o Satanás en el pensamiento hebreo no tuvo –o no tuvo siempre– un carácter demónico o demoniaco: "***śaṯan* (*Satán*).** En hebreo: «adversario, enemigo». Después del destierro se aplica este nombre al espíritu del mal: por ejemplo, «el Satán» que pone a prueba a Job. Más tarde se convierte en el nombre propio de este poder del mal personificado, adversario de Dios y de los hombres." Quesnel, Michel y Gruson, Philippe (dirs.), *La Biblia y su cultura (Antiguo Testamento),* (trad. Ramón Alfonso Díez Aragón), Sal Terrae, Santander, 2002, p. 545.

humana. Es el precio de la libertad. El hombre no se reduce al nivel de la naturaleza, es el «animal no fijado», usando una expresión de Nietzsche".[60]

Más aún, continúa diciendo el filósofo alemán, Safranski: "La historia del pecado original no deja entrever nada relativo a un poder del mal independiente del hombre, a un poder [externo] que pudiera servirle de excusa, justificándose como si fuere una víctima del mismo. El pecado original, a pesar de la serpiente, es una historia que se desarrolla únicamente entre Dios y la libertad del hombre".[61] Pero para la gnosis (pagana o cristiana, porque no debe pasarse por alto que incluso dentro del cristianismo, amplios sectores fueron influenciados fuertemente por el gnosticismo),[62] no obs-

---

[60] Safranski, Rüdiger, *El mal o el drama de la libertad,* p. 13.

[61] *Ibíd.,* p. 26. Más adelante volveremos sobre los temas del «pecado original» y de la «serpiente» en el libro de Génesis.

[62] Que el cristianismo primitivo usó categorías gnósticas contra la propia irrupción gnóstica dentro de la iglesia apostólica, se deja entrever por ejemplo, en el siguiente texto de san Pablo: «... para que habite Cristo por la fe en vuestros corazones, a fin de que, arraigados y cimentados en amor, seáis plenamente capaces de comprender con todos los santos cuál sea la anchura, la longitud, la profundidad y la altura, y de conocer el amor de Cristo, que excede a todo conocimiento, para que seáis llenos de toda la plenitud de Dios» (Efesios 3:17-19, RVR-60). "En esa epístola, como en otros textos neotestamentarios que luego repasaremos, se alude a las teorías gnósticas con su propio vocabulario, se juega con ellas y, en cierta forma, se las rebate cayendo paradójicamente –algo ya señalado por Ricœur– en un nuevo tipo de gnosticismo *sui generis,* basado en la persona de Cristo como amor y como auténtica revelación; lo que ya de por sí indica la presencia efectiva del movimiento gnóstico y sus diversas sectas en la zona que podríamos denominar «greco-siria» y en el siglo I d. C. El verdadero cristianismo es el único capaz de «conocer» (*gnônai,* del verbo griego *gignōskō*) el amor de Cristo, que sobrepasa cualquier intento de «conocimiento», cualquier *gnosis* (de esa misma raíz griega). Solo Cristo, cuando habita en el corazón del cristiano, puede por la fe revelar la «plenitud» de Dios (en griego *plērōma,* término sobre el que volveremos más abajo): «Nadie conoce al hijo sino el Padre, y nadie conoce al Padre sino el hijo y aquel a quien el Hijo quiera revelárselo» (Mateo 11:27; Lucas 10:22).

Así pues, *gnosis* significa «conocimiento», pero fundamentalmente un *conocimiento de la divinidad,* no adquirido sino *revelado.*

Es evidente también que, cuando Pablo de Tarso se dirige con las siguientes palabras a los ciudadanos de Corinto, lo hace sabiendo que la terminología no es extraña y que sus connotaciones van a ser fácilmente captadas (*Primera Carta a los Corintios* 8:1-3):

«(...) sabemos que todos tenemos conocimiento (*gnôsin*). El conocimiento infla, el amor edifica. Si uno cree haber alcanzado el conocimiento de algo

tante, en cuanto "conocimiento" de realidades ocultas, profundas y misteriosas, el mal es una entidad casi física, material y sustancial (pero externa) que contamina al ser humano (desde fuera), a todo hombre que viene a este mundo:

> Si la gnosis es conocimiento, a saber, ciencia, es porque –como lo han mostrado Jonas, Quispel, Puech y otros– para ella el mal es, fundamentalmente, una realidad cuasifísica que asalta al hombre desde afuera; el mal está afuera, es cuerpo, es cosa, es mundo, y el alma que ha caído en él. **Esta exterioridad del mal proporciona de inmediato el esquema de una cosa, de una sustancia que infecta por contagio.** El alma viene de "afuera", cae "aquí" y debe regresar "allá". La angustia existencial que está en la raíz de la gnosis se sitúa de inmediato en un espacio y un tiempo orientados. El cosmos es máquina de perdición y de salvación, la soteriología es cosmología. Por eso, todo lo que es imagen, símbolo, parábola –como error, caída, cautiverio, etcétera– se cristaliza en un supuesto saber que se ajusta a la letra de la imagen. De esta manera, **nace una mitología dogmática,** como dice Puech, inseparable de la figuración espacial, cósmica.[63]

(*egnōkénai*), es que aún no conoce (égnō) cómo debe conocer (*gnônai*); en cambio, si uno ama a Dios, entonces Dios lo ha conocido a él».

O lo que es lo mismo, la auténtica manera de conocer a Dios no es la que posibilita la gnosis. Ese supuesto conocimiento es falso. Dios no es elucubración intelectual, sino amor y solo el amor consigue el mutuo conocimiento." García Romero, F. Antonio, "Introducción general", en *Los Gnósticos. Textos I,* (trad. de José montserrat Torrents), Biblioteca Básica Gredos #120, Editorial Gredos, Barcelona, 2002, pp. IX-X.

[63] Ricœur, P., "El «pecado original»: estudio de su significación" (1960), en *El conflicto de las interpretaciones*, p. 248. Las negritas están añadidas.

Sobre la cuestión del mal como una "sustancia" que infecta y contamina, Ricœur comenta en otro lugar, así: "Para la transmisión del mal, el único modelo de que disponemos lo hemos tomado prestado de la biología; los términos con los que se piensa el mal son *contaminación, infección, epidemia.* Nada de esto forma parte de la *Nachfolge,* de la comunicabilidad por medio de la extrema singularidad; en el mal no hay equivalente del aumento icónico que se opera en lo bello." Ricœur, P., "La experiencia estética" (Entrevista a Paul Ricœur por François Azouvi y Marc de Launay), en Ricœur, Wood, Clark y otros, Valdés, Mario J., (Coord.), *Con Paul Ricœur. Indagaciones hermenéuticas,* Monte Ávila Editores Latinoamericana, C. A./Azul Editorial, Barcelona, 2000, p. 171. A través del término alemán "nachfolge", Ricœur quiere señalar tanto el bien como la belleza.

Como puede verse a través de la cita anterior, Ricœur tampoco cree en la teoría metafísica[64] del gnosticismo que dice que todo lo material, incluyendo el cuerpo, sería malo *por naturaleza*; ni que el mal sea una "cosa", o que tenga una "naturaleza", o posea incluso, una "sustancia", el llamado mal-sustancia. Este dualismo gnóstico, que presenta un "alma" *buena* (espiritual) y un "cuerpo" *malo* (material), es atacado por Ricœur, porque hace que *supuestamente* el alma "caiga" en el mundo, donde se contamina del mal. ¡Recuérdese la enseñanza de la antropología órfico-pitagórica que afirmaba que: "el cuerpo (σῶμα)[65] es la tumba (σῆμα)[66] del alma"! En este sentido, Paul Ricœur, no dejará de recordar que ese dualismo proveniente de los cultos mistéricos y gnósticos –a pesar de la fuerte oposición

[64] "La gnosis, en efecto, parte de un dualismo metafísico entre espíritu y materia, el alma luminosa por origen y el mundo en el que ha caído y donde está prisionera en tanto no sea redimida y ascienda nuevamente a su lugar originario. Por supuesto, la "intención" última, metafísica de la gnosis es la experiencia de la *unidad trascendental* que suprime los contrarios. Es el descubrimiento de la esencia última del hombre, en una dirección señalada también por la metafísica hindú donde se expresa en el lenguaje del mundo como "ilusión" (*maya*) y de la "liberación" (*moksa*) del hombre por la toma de conciencia de su identidad con Brahman, fundamento absoluto de toda realidad. Pero el reverso de estas doctrinas es el paso del "sentido" profundo del mundo y del hombre a una negación práctica de aquel y de la historia. En eso, la gnosis "cristiana" es antibíblica y anticristiana. En el *Evangelio de Tomás* leemos: "Jesús dijo: 'El que ha conocido al mundo, ha encontrado un cadáver...'" (*Logion 56*).

Al revés de la gnosis, la Biblia ve en la creación "buena" un camino que lleve al descubrimiento de Dios (Sabiduría 13:1-10; Romanos 1:19 s.; cf. Juan 1:10)." Croatto, José Severino, *Crear y amar en libertad. Estudio de Génesis 2:4-3:24 (El hombre en el mundo, vol. II)*, Ediciones La Aurora, Buenos Aires, 1986, pp. 118-119.

[65] *Sôma* (σῶμα) está relacionado con el verbo *sōizō* (σώιζω), que originalmente significaba "cadáver", es decir, "lo que se recobraba" después de un combate *mortal.*

[66] En efecto, Platón reproduce esta enseñanza griega en dos de sus Diálogos: 1) "**Sócrates** –¿Te refieres al «cuerpo» (*sôma*)? **Hermógenes.** –Sí. **Sócrates** –Este, desde luego, me parece complicado; y mucho, aunque se le varíe poco. En efecto hay quienes dicen que es la «tumba» (*sêma*) del alma, como si esta estuviera enterrada en la actualidad. Y, dado que, a su vez, el alma manifiesta lo que manifiesta a través de este, también se le llama justamente «signo» (*sêma*). Platón, *Crátilo* (400c), (trad. José Luis Calvo), Editorial Gredos, Madrid, 2010, p. 555.

2) "En efecto, he oído decir a un sabio que nosotros ahora estamos muertos, que nuestro cuerpo (*sôma*) es un sepulcro (*sêma*) y que la parte del alma en la que se encuentran las pasiones es de tal naturaleza que se deja seducir y cambia súbitamente de un lado a otro." Platón, *Gorgias* (493a), (trad. Julio Calonge Ruiz), Editorial Gredos, Madrid, 2010, p. 357.

de teólogos como Atanasio de Alejandría y Agustín de Hipona– se infiltró en amplios sectores del cristianismo, causando severas consecuencias sobre el entendimiento del cuerpo, incluyendo una antipatía a la vida y un sentimiento contra la sexualidad humana, que llevarían a Nietzsche a criticar severamente a ese tipo de cristianismo. Ricœur, señala sin embargo que la naciente fe cristiana:

> Antes de que pudiese crear una cultura de su talla, sufrió el asalto de la *oleada dualista,* órfica y gnóstica. Súbitamente el hombre olvida que es "carne", indivisiblemente Palabra, Deseo e Imagen; "se reconoce" como Alma separada, perdida, prisionera en un cuerpo; al mismo tiempo "reconoce" su cuerpo como Otro, Enemigo y Malvado. Esa "gnosis" del Alma y del Cuerpo, esa "gnosis" del Dualismo, se infiltra en el cristianismo, esteriliza su sentido de la creación, pervierte su aceptación del mal, limita su esperanza de reconciliación total en el horizonte de un espiritualismo estrecho y exangüe. Así proliferan en el pensamiento religioso de Occidente el odio a la vida y el resentimiento antisexual en los que Nietzsche creyó reconocer la esencia del cristianismo.[67]

Pero justamente la autoimputación performativa, a través del acto de confesarse como único autor del mal, evita todos esos escollos

[67] Ricœur, P., *Sexualidad. La maravilla, la errancia, el enigma,* (trad. Roxana Paez), Editorial Almagesto, Col. Mínima, Buenos Aires, 1991, p. 9. Artículo aparecido originalmente en un número monográfico de la revista *Esprit* dedicado al tema de la sexualidad, en noviembre de 1960. La traducción de Vera Waskman está mutilada, como podrá notarse:

"Antes de que hubiera podido crear una cultura a su medida, padeció el asalto de la *ola dualista,* órfica y gnóstica; de repente el hombre olvida que es "carne", Palabra, Deseo e Imagen de manera indivisa; se "conoce" como Alma separada, perdida, prisionera en un cuerpo; al mismo tiempo "conoce" su cuerpo como Otro, Enemigo y Malvado. Esa "gnosis" del Alma y del Cuerpo, esa "gnosis" del Duelo, se infiltra en el cristianismo, esteriliza su sentido de la creación, pervierte su confesión del mal, limita su esperanza estrecha y exangüe. Proliferan así, en el pensamiento religioso de Occidente, el odio a la vida y el resentimiento antisexual en que Nietzsche había creído reconocer la esencia del cristianismo. Ricœur, P., "Sexualidad. La maravilla, la errancia, el enigma" (1967), en *Historia y verdad,* (trad. Vera Waskman), Fondo de Cultura Económica (FCE), Buenos Aires, 2015, p. 234.

de las teologías órficas y gnósticas, así como las interminables elucubraciones de estas religiones mistéricas:

> Con ello, repudio –dice Ricœur– como una coartada la alegación de que el mal existe a la manera de una sustancia o de una naturaleza que tiene el estatuto de las cosas observables para un espectador externo; esta alegación que descarto polémicamente no solo puede encontrarse en metafísicas fantásticas como las que combatió san Agustín –maniqueísmo y ontologías de toda clase del mal-ser–: ella se otorga, además, una apariencia positiva, incluso científica, bajo la forma del determinismo psicológico o sociológico; **hacerse cargo del origen del mal implica descartar como una debilidad la alegación de que el mal es una cosa,** que es el efecto en el mundo de las cosas observables, ya sean realidades físicas, psíquicas o sociales. **Digo: soy yo quien ha hecho...** ***Ego sum qui feci.*** No hay mal-ser. Solo hay mal-hacer-por-mí. Hacerse cargo del mal es un acto de lenguaje asimilable al performativo, en el sentido de que es un lenguaje que hace algo; me *imputa* el acto.[68]

Si bien Ricœur no cree en una metafísica gnóstica del mal, tampoco deja de prevenir acerca de uno de los peligros que enfrenta la interpretación de los símbolos del mal en una –así llamada por Ricœur– «mitología dogmática», heredera directa de la gnosis, porque "... el pensamiento reflexivo está en conflicto con el pensamiento *especulativo*, que pretende salvar todo lo que una visión ética del mal tiende a eliminar; no solo salvarlo, sino señalar su *necesidad*; [de tal manera que] el riesgo específico del pensamiento especulativo es la *gnosis*".[69] La gnosis es un peligro para el pensamiento, ya que de por sí, el gnosticismo es profundamente especulativo, y encima enrevesado. Especulación que sin importar su aparente profundidad, fue rechazada por la interpretación cristiana sobre el mal que llevó a cabo san Agustín de Hipona, al formular su concepto doctrinal y dogmático del llamado «pecado original»:

---

[68] Ricœur, P., "Culpabilidad, ética y religión" (1969), en *El conflicto de las interpretaciones*, pp. 388-389. Las negritas están añadidas.

[69] Ricœur, P., "Hermenéutica de los símbolos y reflexión filosófica I" (1961), en *El conflicto de las interpretaciones*, p. 273.

> ¿Bajo qué influencia la teología cristiana fue llevada hasta esta elaboración conceptual [del pecado original]? Pueden darse dos respuestas a esta pregunta. En primer lugar, una respuesta externa: diremos que fue por influencia de la gnosis. En los *Extractos de Teodoto,* leemos una serie de preguntas que, según Clemente de Alejandría, definen la gnosis: "¿Quiénes éramos? ¿En qué nos hemos convertido? ¿Dónde estábamos antes? ¿De qué mundo hemos sido arrogados? ¿Hacia qué meta nos dirigimos? ¿De qué hemos sido liberados? ¿Qué es el nacimiento γέννησις? ¿Qué es el renacimiento ἀναγέννησις?". Otro autor cristiano también afirma que fueron los gnósticos quienes plantearon la pregunta πόθεν τὰ κακά: ¿De dónde proviene el mal? Comprendámoslo bien: fueron los gnósticos quienes intentaron convertir esta pregunta en una cuestión especulativa y darle una respuesta que fuera ciencia, a saber, γνῶσις, gnosis.[70]

Aquel peligro acecha constantemente a la "simbólica del mal" porque intenta convertir al símbolo en un sucedáneo de racionalidad, es la apuesta que procura racionalizar los símbolos: "Por otra parte, otro de los peligros que nos acecha es el de repetir el símbolo como una imitación de la racionalidad, el de racionalizar los símbolos como tales, y de este modo fijarlos en el plano imaginativo en el cual nacen y se desarrollan. Esa tentación de una "mitología dogmática" es la de la gnosis".[71] Esta fantástica mitología dogmática es la mundanización misma del símbolo y constituye el más completo falso saber: "Podemos observar de qué modo el falso saber, la mímica de una racionalidad, se vincula en la gnosis con la interpretación misma del mal. Porque el mal es cosa y mundo [en una interpretación gnóstica], el mito es "conocimiento". La gnosis del mal es un realismo de la imagen, una mundanización del símbolo. Nace así la más fantástica mitología dogmática del pensamiento occidental, la más fantástica impostura de la razón, cuyo nombre es

[70] Ricœur, P., "El «pecado original»: estudio de su significación" (1960), en *El conflicto de las interpretaciones,* p. 246.

[71] Ricœur, P., "Hermenéutica de los símbolos y reflexión filosófica I" (1961), en *op. cit.,* p. 272.

gnosis".[72] La gnosis presenta el peligro permanente de convertir el *mhytos* en *lógos*, en remitologizar los símbolos del mal. Si bien hay que evitar el obstáculo anterior, el filósofo francés no deja de reconocer el profundo vínculo que existió entre la gnosis y el problema del mal, porque fueron los gnósticos quienes primero preguntaron con vehemencia sobre el origen del mal:

> No podría exagerarse la importancia histórica de este movimiento del pensamiento que abarcó tres continentes, reinó durante varios siglos, animó la especulación de tantos espíritus ávidos de saber, de conocer y de ser salvados por el conocimiento. Entre la gnosis y el problema del mal hay una alianza inquietante y especialmente desorientadora. Fueron los gnósticos quienes plantearon en toda su patética dureza la pregunta πόθεν τὰ κακά; ¿de dónde proviene el mal?[73]

En efecto, el filósofo alemán Hans Jonas –profundo conocedor del gnosticismo– al que Paul Ricœur lee y cita, presenta las generalidades de esa gnosis que convivió por al menos tres siglos, con el naciente cristianismo, al respecto, señala que: 1) Se trataba de un fenómeno de «naturaleza decididamente religiosa»; 2) La religión que profesaban los gnósticos era «salvífica», o sea, orientada a la salvación ultramundana (o, a veces, incluso ya en este mundo) de los fieles; 3) Su concepción de Dios era «extremadamente trascendente»; 4) Se basaban en un «dualismo radical» con parejas absolutamente opuestas, nunca complementarias: Dios-mundo, cuerpo-alma, luz-oscuridad, bien-mal, vida-muerte. En suma, «la religión del período es una *religión salvífica, dualista y trascendente*».[74] Y Hans Jonas, añade además que:

> Al comienzo de la era cristiana y, progresivamente a lo largo de los dos siglos siguientes, el mundo mediterráneo oriental se encontraba en un momento de profunda agitación espiritual.

[72] Ricœur, P., "El «pecado original»: estudio de su significación" (1960), en *op. cit.*, p. 248.

[73] Ídem.

[74] Jonas, Hans, *La religión gnóstica. El mensaje del Dios Extraño y los comienzos del cristianismo,* (trad. de M. Gutiérrez), Siruela, Madrid, 2000, pp. 65-66.

> La génesis del propio cristianismo y la respuesta a su mensaje evidencia esta agitación, si bien no de forma exclusiva. [...] Palestina era un hervidero de movimientos escatológicos (es decir, orientados hacia la salvación) [...]. En el pensamiento de las numerosas sectas gnósticas que, de la mano de la expansión cristiana, comenzaron a surgir por doquier, la crisis espiritual de la época encontró su expresión más atrevida y, por así decir, su expresión más extrema. **La oscuridad de sus especulaciones,** intencionadamente provocativas en parte, realza más que disminuye su representatividad simbólica del pensamiento de un período agitado.[75]

La pregunta sobre el origen del mal que surgió dentro del gnosticismo (πόθεν τὰ κακά), hizo que la gnosis oriental formulará las más grandes especulaciones sobre aquel; no obstante, frente a esa gnosis que pretendía un tipo de conocimiento inexhaurible, que partía de una arqueología forense y llegaba a una escatología estrictamente soteriológica, Ricœur opone un abordaje desde la filosofía kantiana de lo inextricable vertida en *La religión dentro de los límites de la mera razón*, planteando una reflexión filosófica inagotable *versus* un saber gnóstico arquetípico:

> Pero, entonces, a diferencia de toda "gnosis" que pretende *saber* el origen, el filósofo reconoce aquí que desemboca en lo inescrutable y lo insondable: "El origen racional de esa propensión al mal es para nosotros impenetrable, porque debe sernos imputado y porque ese fundamento supremo de todas las máximas exigiría, a su vez, la admisión de una máxima mala" (Kant [1973] 1952: 63). De manera más contundente: "No hay para nosotros razón comprensible para saber de dónde, en un principio, pudo habernos venido el mal moral" (Kant [1973] 1952: 65). En nuestra opinión, lo inescrutable consiste precisamente en que el mal que siempre comienza *por* la libertad, esté desde siempre ahí *para* la libertad, que sea acto *y* habitus, surgimiento *y* antecedencia. Por esta razón, Kant convierte expresamente este enigma del mal para la filosofía en la transposición de la figura mítica de la serpiente. La

[75] *Ibíd.*, p. 65. Las negritas están añadidas.

> serpiente, pienso yo, representa el "ya ahí desde siempre" del mal, de ese mal que, sin embargo, es comienzo, acto, determinación de la libertad por sí misma.[76]

El mal comenzó por la libertad humana y está ahí para la libertad,[77] ha entrado en el mundo con "el hombre", así que el mal no comienza conmigo ni termina con nosotros: el mal está ya ahí, esperando a la puerta, agazapado, tratando de encontrar la oportunidad, acechando para abalanzarse sobre el siguiente ser humano *lábil*. El mito antropológico y antropogónico por excelencia, así lo enuncia, recuerda que por medio de un antepasado arquetípico común, el mal fue inaugurado en la esfera humana, por un hombre colectivo (*ha ´adam*)[78] el mal se instauró en el mundo, sin que este

---

[76] Ricœur, P., "Hermenéutica de los símbolos y reflexión filosófica I" (1961), en *El conflicto de las interpretaciones,* p. 280.

[77] En este aspecto, es importante acotar lo siguiente: "Más frecuente ha sido aquella otra clasificación [del mal] que distingue entre males *físicos,* derivados de la naturaleza, y *morales,* que proceden de la libertad. En un sentido similar se habla de *desgracia* y de *culpa* respectivamente. Aunque parezcan gravitar de manera igualmente dolorosa sobre el que los padece, constituyen modalidades diferentes que, en el segundo caso, se podrían evitar y, al menos, se pueden explicar señalando con el dedo al culpable, con lo que queda atenuado aquel agravante de extrañeza." Armendáriz, Luis M., *¿Pueden coexistir Dios y el mal? Una respuesta cristiana*, p. 12.

[78] No se debe pasar por alto, que "el adam" (heb. הָאָדָם: *ha 'adam*.- "el ser humano", "el hombre"), es un nombre colectivo –en el sentido de humanidad– y no un nombre propio o particular (Adán): "Formó, pues, Jehová Dios al hombre (הָאָדָם: *ha 'adam*) del polvo de la tierra (הָאֲדָמָה: *ha 'adamá*), y alentó en su nariz soplo de vida; y fue el hombre (הָאָדָם) en alma viviente." (Génesis 2:7, Reina-Valera Antigua: RVA). Además: "Este es el libro de las generaciones de Adán. El día en que creó Dios al hombre, a semejanza de Dios lo hizo. Varón y hembra los creó; y los bendijo, **y llamó el nombre de ellos Adán**, el día en que fueron creados." (Génesis 5:1-2, Reina-Valera 1960, RVR60). Otra traducción podría ayudar aún más: "Esta es la lista de los descendientes de Adán. Cuando Dios creó al ser humano, lo hizo a semejanza de Dios mismo. Los creó hombre y mujer, y los bendijo. El día que fueron creados los llamó «seres humanos»." (Génesis 5:1-2, Nueva Versión Internacional, NVI).

"El hombre (*'adam*) es tomado del polvo del *suelo* (*'adamá*). Lo que será su destino en este mundo, el trabajo del suelo ([Génesis] 2:5b), es su propio origen. El hombre es el "terroso", no solo el terrestre. Podría ser que ambos vocablos provengan de *'adom* "rojo", como el color del suelo en muchos lugares, pero el texto no se preocupa de ello sino de crear asonancia entre *'adam* y *'adamá* (masculino y femenino, respectivamente). Esa relación auditiva es también semántica y crea uno de los ejes de sentido de Gn 2-3 [...]". Croatto, José Severino, *Crear y*

pudiera esquivarlo, sin haber podido evitarlo a causa de la posibilidad del descarrío, por la condición ineluctable de errar; porque el hombre podía haberse extraviado en la maldad, se perdió para encontrar la libertad:

> … el mito adánico revela al mismo tiempo ese aspecto misterioso del mal, a saber, que si bien cada uno de nosotros lo inicia, lo inaugura –algo que Pelagio vio muy bien–, también cada uno de nosotros lo *encuentra*, lo encuentra ya ahí, dentro de sí, fuera de sí, previo a sí mismo. Para toda conciencia que se despierta a la toma de responsabilidad, el mal *ya* está *allí*. Al localizar el origen del mal en un antepasado lejano, el mito revela la situación de todo hombre: eso ya ha tenido lugar. No inauguro el mal; lo continúo; estoy implicado en el mal; el mal tiene un pasado; es su pasado; es su propia tradición.[79]

En efecto, el mal se asienta en el mundo por la intervención única de un hombre primordial, que ha introducido el mal en el mundo, esta catástrofe sobrevino porque el ser humano hizo una elección *in illo tempore*. Esa decisión hecha en la más absoluta libertad, sometió a la humanidad a unas pasiones que la subyugan. Mucho antes de que la gnosis se preguntara por el origen *ejemplar* del mal, la tradición bíblica veterotestamentaria que arrancó con los sabios de la tradición Yahvista (J o Y),[80] propusieron que el mal surgió en

---

amar en libertad. Estudio de Génesis 2:4-3:24 (El hombre en el mundo, vol. II), Ediciones La Aurora, Buenos Aires, 1986, p. 42.

[79] Ricœur, P., "El «pecado original»: estudio de su significación" (1960), en *El conflicto de las interpretaciones*, p. 258.

[80] ¿Qué es el *Yahvismo*? El término proviene del nombre personal del Dios (אֱלֹהִים) de Israel: Yahvé, que traduce el tetragramatón: יְהוָה. "Desde el punto de vista histórico-crítico, Gn 2-3 pertenece a la tradición "yavista" (Y) del Pentateuco. […] Después de leer 1:1-2:3 (el relato "sacerdotal" de la creación) el lector se encuentra con una nueva referencia a la creación del hombre, de las plantas, de los animales, de la mujer, en un orden completamente diverso y que obedece a una estructuración literaria independiente. […] Estas y muchas otras diferencias conceptuales y de lenguaje hacen de Gn 2-3 una narración suturada en este lugar, pero de origen distinto a la de Gn 1. A este texto y otros del Pentateuco que tienen las mismas características los exégetas acostumbran llamar "yavistas" por el uso constante de "Yavé" como nombre divino." Croatto, José Severino, *Crear y amar en libertad. Estudio de Génesis 2:4-3:24 (El hombre en el mundo, vol. II)*, Ediciones La Aurora, Buenos Aires, 1986, pp. 19, 20.

el seno de lo humano, y no en el ámbito divino, como proponían las teogonías y cosmogonías babilónicas (véase *supra* el análisis del *Enuma Elish*).

> Con ello, la patrística sostenía la tradición ininterrumpida de Israel y de la Iglesia, que denomino tradición *penitencial* y que halló en el relato de la caída su forma plástica, su expresión simbólica ejemplar. Aquello que el símbolo de Adán transmite es ante todo y esencialmente la afirmación de que el hombre es, si no el origen absoluto, al menos el punto de emergencia del mal en el mundo. Por un hombre, el pecado entró en el mundo [Romanos 5:12]. El pecado no es mundo, entra en el mundo; mucho antes de la gnosis, el Yahvista –o su escuela– había tenido que luchar contra las representaciones babilónicas del mal, que lo representaban como un poder contemporáneo del origen de las cosas, que el dios había combatido y vencido antes de la fundación del mundo y para fundar el mundo. La idea de una catástrofe de lo creado que sobreviene en una creación inocente, por medio de un hombre ejemplar, ya animaba el importante mito del Hombre primordial. Lo esencial del símbolo estaba resumido en el nombre mismo del artesano histórico del mal: Adán, es decir, el Terroso, el Hombre sacado de la tierra y destinado al polvo.[81]

Por eso, el simbolismo de la serpiente es instructivo también como han señalado tanto Kant, Safranski y el propio Ricœur, porque el mal comienza cuando se pervierte la palabra, cuando se intenta conversar con un otro que no es *lo* humano, que no es otro hombre; la serpiente aparece en el lugar menos indicado, se interpone entre la palabra de la pareja primigenia, interrumpe el *diálogo,* transmutando

---

Por otra parte: "El yahvismo comienza con Moisés, como asegura explícitamente la Biblia y como lo indican todos los argumentos. Cualquiera que sea el origen del culto a Yahvé, no se han encontrado todavía indicios de él antes de Moisés. No podemos, por consiguiente, hablar de un yahvismo establecido, y ni siquiera primitivo, en la época de los patriarcas." Bright, John, *La historia de Israel,* (trad. Marciano Villanueva-Víctor Morla), Desclée De Brouwer, Bilbao, 2003, p. 145.

[81] Ricœur, P., "El «pecado original»: estudio de su significación" (1960), en *El conflicto de las interpretaciones,* p. 249.

una palabra,[82] el mal que llega con la astuta[83] serpiente viene de quién sabe dónde, se abre paso y se impone ante la completa desnudez[84] humana con una desfachatez animal, porque también ella

[82] "Todo se decide en el diálogo que se establece entre la serpiente y la mujer, a propósito de la orden que Dios ha dado anteriormente. Sabemos que la serpiente es «el más astuto» de todos los animales creados (el texto juega con el doble sentido de la palabra hebrea que significa a la vez astuto y desnudo). Hay, por tanto, una astucia que es preciso identificar detrás de la tentación. De hecho, la serpiente finge que cita las palabras divinas. Pero lo hace manipulándolas de una manera muy hábil que va a llevar a la desobediencia: toda la astucia está en esta sutileza. [...] Con sutileza, también la mujer transforma la palabra divina. Retira del mandato positivo la mención de la totalidad (paso de «todos los árboles» a «los árboles») introduciendo un elemento ausente en Gn 2, ya que habla de no *tocar.* Reconocemos en ello la fórmula del tabú, que es una prohibición sagrada, sin justificación racional. Así el diálogo se desliza hacia el mundo del paganismo contra el que combate Israel. Otro detalle, imperceptible en nuestras tradiciones, es que la serpiente designa a Dios, desde el principio, no por su nombre de SEÑOR Dios [Yahvé 'Elohim], sino únicamente como Dios (*'Elohim*: la divinidad)." Quesnel, Michel y Gruson, Philippe (dirs.), *La Biblia y su cultura (Antiguo Testamento),* pp. 52-53.

[83] "La presentación de la serpiente se refiere solamente a una de sus cualidades, la astucia. Es lo único que se dice de ella, como para remarcar su papel en el relato. El vocablo *'arûm* es usado en contextos sapienciales: frecuentemente en el libro de los Proverbios y en Job 5:12s (frustra las trampas del astuto..., sorprende a los sabios en su astucia") y 15:5 ("adoptas el lenguaje de los astutos"). Este calificativo se refiere al modo cauto, rápido, escurridizo, sorpresivo, del andar –dixit– de la serpiente." Croatto, José Severino, *Crear y amar en libertad. Estudio de Génesis 2:4-3:24 (El hombre en el mundo, vol. II),* Ediciones La Aurora, Buenos Aires, 1986, p. 99.

[84] El texto bíblico hebreo juega con las palabras *'arummîn* (עֲרוּמִּים): "desnudos". "En ese tiempo el hombre y la mujer estaban **desnudos**, pero ninguno de los dos sentía vergüenza." (Génesis 2:25, NVI); y *'arûm* (עָרוּם): "astuta", para referirse a esta cualidad de la serpiente: "La serpiente era más **astuta** que todos los animales del campo que Dios el SEÑOR había hecho, así que le preguntó a la mujer..." (Génesis 3:1, NVI). ¿No dice esto mucho? "Desde el punto de vista literario tanto la llamada a 2:19s como la asonancia lexical de *´arûm* ("astuta") con el *´arummîn* de 2:25 son suturas que unen la narración aquí iniciada con el cap. 1. [...] El énfasis puesto por el relato en el tema de la desnudez (2:25; 3:7, 10, 11) debe de estar señalando algo muy significativo. [...] Debe de haber *algo más* en ese simbolismo de la desnudez. O sea que el problema tematizado por el texto no es la desnudez misma sino lo que ella simboliza.", *Ibíd.*, pp. 99, 131.

Por su parte, André LaCocque, escribe: "«Desnudez» no significa lo mismo para ambos [los seres humanos y la serpiente]. Los humanos están desnudos, pero no vacíos (no sienten vergüenza, lo cual no es signo de ingenuidad, sino de santa complicidad), mientras que la desnudez de la serpiente quiere decir vaciedad. No tiene compañero de su especie, no posee ninguna «ayuda» (*'ezer kenegdô,* Génesis 2:18), a diferencia de Adán y Eva. Está sola y puede considerarse se encuentra desnuda. "De hecho, esta figura simbólica concentra el misterio del mal: no se sabe de dónde viene ni cómo pudo entrar en el jardín. Por lo demás se encuentra en otras muchas tradiciones".[85] La insolente serpiente articula una "hermenéutica de la sospecha" –Paul Ricœur, *dixit*– que termina haciendo una apertura, le abre un lugar a lo que hasta ese momento era extraño, el mal *en el mundo*:

> En cuanto único otro a quien dirige la palabra la mujer, la serpiente representa la inescrutable dramatización de un mal que está ya ahí. Sea quién –o lo qué– fuere la serpiente, lo importante en el desarrollo del relato global es el repentino cambio del deseo humano: «Vio la mujer que el árbol tenía frutos sabrosos y que era seductor a la vista [nada condenable hay en ese «sabor» y en ese deleite «seductor»] y codiciable para conseguir sabiduría...» ([Génesis] 3:6). He aquí el momento exacto de la tentación: el deseo de infinito, que implica la transgresión de todos los límites.[86]

---

extranjera, «enemiga» ya (Génesis 3:15) antes de serlo por la maldición. Sintiéndose extraña por creación, rompe los límites impuestos por el Creador entre las especies; literalmente, transgrede la diferencia y acarrea confusión. Se mete con otra especie, solo para corromperla y arrojarla a su propia soledad. Es astuta, y su saber, potencialmente, es acerbo; peor aún, es un saber mortal. La desnudez de la serpiente es una parodia de la desnudez humana.

La desnudez indica no solo debilidad, sino también disponibilidad, «virginidad». Que tanto la serpiente como el hombre estén desnudos significa que están abiertos a cualquier posibilidad; es decir, adoptando la manera de hablar del hebreo, proclives a abarcar todo el espectro de opciones éticas en una sola expresión, están abiertos al bien [*tôb*] y al mal [*ra'*]. Entre las posibilidades descubiertas por los tres de quienes se dice que están *'arom/'arum,* hay evidentemente la del apareamiento. La desnudez de Eva en particular es como una invitación (la serpiente, igual que Adán, es un ser fálico). Su desnudez no era vergonzosa frente a la desnudez de Adán, y a la inversa. Pero cuando hay otra desnudez que interfiere, entonces toda desnudez se vuelve ocasión de vergüenza. La tercera parte sostiene, por así decir, un espejo para que cada cual se mire en él y lo que antes era apertura hacia el otro se convierte ahora en retirada hacia uno mismo." LaCocque, A., "Grietas en el muro", en LaCocque, A., y Ricœur, P., *Pensar la Biblia. Estudios exegéticos y hermenéuticos*, (trad. de Antoni Martínez Riu), Herder, 2001, p. 37.

[85] QuesneL, Michel y Gruson, Philippe (dirs.), *La Biblia y su cultura (Antiguo Testamento),* p. 52.

[86] Ricœur, P., "Pensar la creación", en LaCocque, A., y Ricœur, P., *Pensar la Biblia. Estudios exegéticos y hermenéuticos*, (trad. de Antoni Martínez Riu), Herder, 2001, p. 62.

El *mal* por su densidad semántica como prefijo (*mal*diciente, *mal*dito, *mal*éfico, *mal*icia, *mal*igno, *mal*nacido, *mal*versación, etcétera) o yuxtapuesto a otras voces igual de turbulentas, se convierte no solo en un término polisémico, sino que señala una realidad profundamente perturbadora que designa al no-ser, a la desintegración y la negación total. Y aquí es donde el saber filosófico puede escuchar una vez más, la vetusta voz de un mito hebreo, porque *ahí* hay todavía algo que quiere manifestarse, como saber reflexivo sobre la densidad del mal: "En ese antiguo relato sobre los comienzos encontramos una **antropología del mal:** el hombre ha sido el causante del propio mal, con el que se encuentra a través de una larga y confusa historia. Sea lo que fuere el mal en particular, **ha entrado en el mundo por mediación del hombre**".[87]

El mal se encuentra en nosotros, por lo que requiere una confesión y un ejercicio de autoatestación, pero esta manifestación del mal solicita acciones concretas y no solamente buenas palabras. Aunque el mal está también fuera de nosotros, y si este es el caso, ¿cómo justificarlo? ¿Cómo re/conocerlo sin caer en una teodicea que proteja a Dios como el autor del mal?[88] ¿Cómo es que pueden coexisten el bien y el mal?

---

[87] Safranski, Rüdiger, *El mal o el drama de la libertad,* p. 29. Las negritas están añadidas.

[88] Una pregunta para la teodicea (recuérdese que la teodicea busca explicar el mal, tratando de exculpar a Dios de cualquier responsabilidad) sería esta: "¿Por qué existe el mal, bajo la forma de la desgracia inmerecida, y por qué, en definitiva, sufren y mueren los inocentes sin que Dios pueda o quiera impedirlo? En la antigua Grecia, Epicuro planteó este problema en términos crudos: "O Dios quiere evitar el mal, pero no puede, y entonces es impotente, o puede y no quiere, y entonces es malo; pero tanto en un caso como en otro no sería Dios. La pregunta interpela por igual a creyentes y a no creyentes. A los que creen, porque el objeto de su fe es un Dios infinitamente bueno y omnipotente, incompatible con el mal que se enseñorea en su creación. Y a los que no creen, porque el sentido común no admite el padecimiento del inocente. La muerte arbitraria de una persona joven o de un niño, y tantas otras desgracias parecidas, alteran la racionalidad elemental que atribuimos al mundo." Fidanza, Eduardo, "Job, nuestro contemporáneo", *La Nación,* 27 de febrero de 2008. Disponible en https://www.lanacion.com.ar/990744-job-nuestro-contemporaneo (Recuperada el 7 de abril de 2018).

Paul Ricœur menciona además, la incapacidad para la teodicea de responder a la inocencia de Dios frente al mal, porque se violaría el principio aristotélico de no-contradicción y la sistematicidad: "Plantear el problema [del mal] es poner en entredicho un modo de pensar sometido a la exigencia de coherencia lógica,

> Así, pues, el encuentro del mal, en nosotros y fuera de nosotros, pone bajo nuestros pasos el abismo de lo injustificable, es decir, el abismo de lo que hace excepción a toda tentativa de justificación no solo por la norma, sino también por la deficiencia de la norma. Lo injustificable fuerza a un desprendimiento de todo *cupido sciendi* [deseo de conocer] que conduce a la reflexión al umbral de la teodicea. Este último despojamiento deja a la reflexión en condiciones de recoger el sentido de acontecimientos o de actos perfectamente contingentes que atestiguarán que lo injustificable está sobrepasado aquí y ahora. Esta atestación no podría reducirse a la ilustración de estas normas que lo injustificable ha sumido en la derrota; la confesión del mal espera algo más que ejemplos de sublimación para nuestra regeneración; espera palabras y sobre todo acciones que serían acciones absolutas, en el sentido de que la raíz de lo injustificable sería manifiesta y visiblemente extirpada.[89]

Paul Ricœur toma nota de un aspecto de la filosofía nabertiana llevada a cabo en el *Ensayo sobre el mal,* donde el querido y respetado maestro de Ricœur, aborda el tema de «lo injustificable». Jean Nabert se preguntaba ahí: "¿En qué nos apoyamos para pensar que no hay justificación posible de ciertas acciones, de algunas estructuras sociales, de ciertos aspectos de la existencia?"[90] Y atajaba una reflexión: "Sucede como si el sentimiento de lo injustificable nos descubriera en ciertos casos, independientemente de las oposiciones perfiladas por las normas, una contradicción más radical entre los datos de la experiencia humana y una exigencia de la justificación

---

es decir, tanto de no contradicción como de totalidad sistémica. Modo de pensar que predomina en los ensayos de teodicea, en el sentido técnico de la palabra, los cuales, por diversas que sean sus respuestas, concuerdan en definir el problema en términos muy parecidos. Por ejemplo, cómo afirmar de manera conjunta y sin contradicción las tres proposiciones siguientes: Dios es todopoderoso; Dios es absolutamente bueno; sin embargo, el mal existe. La teodicea aparece entonces como un combate a favor de la coherencia [lógica] y como una respuesta a la objeción según la cual solo dos de estas proposiciones son compatibles, nunca las tres juntas." Ricœur, P., *El mal. Un desafío a la filosofía y a la teología*, 1ª reimp., Amorrortu editores, (Col. Nómadas), Buenos Aires, 2007, pp. 21-22.

[89] Ricœur, P., "La hermenéutica del testimonio", en *Texto, testimonio y narración*, pp. 11-12.

[90] Nabert, Jean, *Ensayo sobre el mal,* (trad. de José Demetrio Jiménez), Col. Esprit #28, Caparrós Editores, S. L., Madrid, 1997, p. 13.

que la sola transgresión de esas normas no lograría frustrar ni la fidelidad a esas normas la logra satisfacer".[91] Luego añade otra serie de cuestiones: "¿Lo que tenemos por injustificable es, pues, una acción o un acontecimiento que posee solo ese carácter de afectar profundamente la sensibilidad humana, pero contra lo que no podemos elevar ni protesta ni lamento, porque no hay norma a la que podamos referirnos? ¿No es esto lo que sucede con la mayor parte de los males? ¿Diremos que son injustificables por la sola razón de que comportan o provocan dolor o sufrimiento?"[92] Sin embargo, las normas morales de las que habla Nabert, no terminan de justificar lo injustificable que acaece con el mal, porque este deriva de actos eminentemente libres de un ser humano:

> Por otra parte, no es solamente en las fronteras del imperio de las normas donde se descubre una fuente de lo injustificable que ellas intentan canalizar, pero que no logran captar. ¿Cuáles son las normas respecto de las cuales decidiríamos que ciertas situaciones trágicas o ciertas torturas morales no deberían ser? No querríamos decir que todos los males –los que se sitúan comúnmente bajo la idea de mal físico– puedan ser llamados injustificables: muchos de ellos es difícil no considerarlos como acontecimientos que afectan al hombre de un modo contingente. De ellos bastantes confirman, no una transgresión de las normas, sino un irremediable divorcio entre el espíritu en su incondicionalidad y la estructura del mundo en el que está implicado y en el que nosotros estamos comprometidos. Les llamamos injustificables incluso antes de preguntarnos si no serán el resultado o la consecuencia remota de actos libres que hayan desencadenado la decadencia del mundo.[93]

Sendas reflexiones, provocan preguntas que nunca son sencillas en su respuesta, y Ricœur lo sabía muy bien, por ello decidió incorporar a su reflexión filosófica y a la filosofía reflexiva, la interpretación de la enseñanza milenaria que sobre el mal transmiten innumerables culturas alrededor del globo terráqueo, en última instancia Ricœur comenta:

[91] *Ibíd.*, p. 14.

[92] Ídem.

[93] Nabert, Jean, *Ensayo sobre el mal*, p. 15.

Cuando más pobre parece la reflexión directa sobre la confesión de la mala intención, más ricas en historias sobre el origen del mal son las grandes culturas que han construido la conciencia occidental, por no hablar de las culturas orientales y extremo-orientales (que no exploré con el pretexto de que no forman parte de mi memoria finita). **Bajo la presión de mi doble cultura bíblica y griega, me sentí presionado a incorporar a la filosofía reflexiva, surgida de Descartes y de Kant y transmitida por Lachelier, Lagneau y Nabert, la interpretación de los símbolos de la deshonra, del pecado y la culpa, donde veía la primera capa de expresiones indirectas de la conciencia del mal;** sobre este primer piso simbólico dispuse la tipología de los grandes mitos de la caída transmitidos por la doble cultura cuyos límites acabo de recordar: mitos cosmológico, órfico, trágico, adámico.[94]

3. La experiencia del mal. *Tôn páthei máthos* (τὸν πάθει μάθος): «Por el dolor, el conocimiento»[95]

> La tragedia es la unidad de un decurso trágico que es experimentado como tal. Sin embargo, lo que se experimenta como decurso trágico constituye un círculo cerrado de sentido que prohíbe desde sí cualquier injerencia o intervención en él, y esto no solo cuando se trata de una pieza que se representa en el escenario sino también cuando se trata de una tragedia «en la vida». Lo que se entiende como trágico solo se puede aceptar. En este sentido se trata de hecho de un fenómeno «estético» fundamental.[96]
>
> Hans-Georg Gadamer.

[94] Ricœur, P., *Autobiografía intelectual,* pp. 32-33.

[95] O, «En el sufrimiento, una lección», *cfr.*, Ricœur, P., *Finitud y culpabilidad,* p. 369. También: «Al conocimiento por la prueba», incluso: «Sufrir para comprender». Existe la variante griega: πάθος μάθος: "Sufrir es aprender", muy parecido al español: "Para aprender, perder".

[96] Gadamer, Hans-Georg, *Verdad y método I,* 10ª ed., Ediciones Sígueme, Salamanca, 2003, p. 176.

> No es el dolor físico, no son las cadenas que llevamos colgadas al cuello ni las permanentes enfermedades. Es la agonía mental causada por la irracionalidad de todo esto, el enojo que produce la perversidad del malo y la indiferencia del bueno.[97]
>
> Testimonio de un rehén de las FARC.

Es importante volver a resaltar que Ricœur conoció de primera mano y experimentó en primera persona el mal (incluso físico), a través de los padecimientos infligidos por aquellos que ejercieron el mal contra él, y que esto le permitió reconocer ahí, uno de los tópicos privilegiados dentro de su quehacer filosófico. Entonces, el mal se constituyó en uno de los hilos conductores que entretejieron su *Filosofía de la voluntad.* Aquella infancia traumática y, ¿por qué no?, también trágica, que estuvo pletórica de pérdidas muy dolorosas para el niño Paul Ricœur, habían hecho mella en su párvula mente, dejando una impronta fundamental en el desarrollo posterior de su pensamiento al encarar el problema del mal. "A este respecto, –enuncia Ricœur– la filosofía debe dejarse instruir siempre por la tragedia".[98] Más aún, menciona que: "nos ha parecido apropiado hacer oír una voz distinta de la de la filosofía –incluso moral o práctica–, una de las voces de la *no-filosofía*: la de la tragedia griega".[99]

Pero luego de aquellas dolorosas experiencias –entre las que se encuentra también el suicidio de su segundo hijo, el "hijo de la paz":[100] Olivier Ricœur– que ejemplifican muy bien el mal que se

---

[97] Testimonio transmitido por Fidanza, Eduardo, "Job, nuestro contemporáneo", *La Nación,* 27 de febrero de 2008. Disponible en https://www.lanacion.com.ar/990744-job-nuestro-contemporaneo (Recuperada el 7 de abril de 2018).

[98] Ricœur, P., *Sí mismo como otro,* 4ª reim., (trad. de Agustín Neira Calvo), Siglo XXI Editores, Ciudad de México, 2011, p. 199.

[99] *Ibíd.,* p. 260.

[100] Entre todas las pérdidas que Paul Ricœur sufrió a lo largo de su vida, quizá la más dolorosa fue esta, la muerte de su amado hijo Olivier: "Algunas semanas después de regresar a Edimburgo, nuestro segundo hijo, Olivier, el niño nacido a la vuelta de mi cautiverio, el niño fruto de la paz, se suicidó, el mismo día en que yo me encontraba en Praga junto con mis amigos del grupo Patocka. Semejante catástrofe me dejó una herida abierta que el interminable período de duelo aún no ha conseguido cicatrizar. Aún hoy, sigo reprochándome alternativamente dos

padece, intencional o no;[101] aparece también el mal que se ejerce por uno mismo, hacia sí mismo o contra uno mismo y hacia los otros. En este sentido, será la «identidad narrativa» la que propicie la doble manifestación de un sujeto ético que se reconoce como "*actuante* y *sufriente*"[102] del mal:

> La idea de unidad narrativa de una vida nos garantiza así que el sujeto de la ética no es otro que aquel a quien el relato asigna una identidad narrativa. Además, mientras que la noción de plan de vida acentúa el lado voluntario, incluso voluntarista, de lo que Sartre llamaba proyecto existencial, la noción de unidad narrativa hace hincapié en la composición entre intenciones, causas y casualidades, que encontramos en todo relato. **El hombre aparece así de golpe tanto como sufriente que como actuante,** y sometido a esos avatares de la vida que hacen hablar a la excelente helenista y filósofa Martha Nussbaum de la *fragility of goodness,** que habría que traducir por la fragilidad de la cualidad buena del obrar humano.[103]

cosas: una, no haber sido capaz de decir que no en el momento en que se estaban produciendo ciertos acontecimientos, y otra el no haberme dado cuenta de una llamada de socorro, ni haberla escuchado, lanzada desde la desesperación. De este modo, he compartido el inmenso dolor de tantos otros padres y descubierto esa fraternidad silenciosa que surge de una misma fuente de sufrimiento." Ricœur, P., *Crítica y convicción. Entrevista con François Azouvi y Marc Launay,* (trad. Javier Palacio Tauste), Editorial Síntesis, S. A., Madrid, 1995, p. 128.

[101] Por ejemplo, Ricœur reconoce que el suicidio de su hijo Olivier, obedeció a un acto voluntario, por una parte; y por otra, a que no tuvo intención de hacerles mal. *Cfr.*, Ricœur, P., *Autobiografía intelectual,* pp. 80-81.

[102] "El camino es largo para el hombre "actuante y sufriente" hasta llegar al reconocimiento de lo que él es en verdad, un hombre "capaz" de ciertas realizaciones. Aunque este reconocimiento de sí exige, en cada etapa, la ayuda del otro, a falta de ese reconocimiento mutuo, plenamente recíproco, que hará de cada uno de los miembros un ser-reconocido…". Ricœur, P., "Segundo estudio. Reconocerse a sí mismo", en *Caminos del reconocimiento. Tres estudios,* 1ª reim., (trad. de Agustín Neira Calvo), Fondo de Cultura Económica (FCE), Ciudad de México, 2013, p. 97.

* Ricœur está haciendo referencia a Nussbaum, Martha, *La fragilidad del bien: Fortuna y ética en la tragedia y la filosofía griega,* Col. La balsa de Medusa, Antonio Machado Libros, Madrid, 2017, 592 pp.

[103] Ricœur, P., *Sí mismo como otro,* p. 184. Las negritas están añadidas.

Esta "experiencia" del mal por parte de Ricœur, cobra mayor dimensión cuando se acude a lo que el filósofo alemán Hans-Georg Gadamer dice en *Verdad y método* sobre «la esencia de la experiencia», que llevaría a quienquiera que transite por ella, siguiendo a los trágicos griegos a partir del *Agamenón* de Esquilo, a un "aprender *a través* del padecer". En el sufrimiento no solo se padece, también se aprende. Esta transición o transposición a través de experiencias límite, harto dolorosas y desagradables en extremo, muestran justamente la finitud y fragilidad humana:

> Pero con esto, el concepto de la experiencia –dice Gadamer– de que se trata ahora adquiere un momento cualitativamente nuevo. No se refiere solo a la experiencia en el sentido de lo que esta enseña sobre tal o cual cosa. Se refiere a la experiencia en su conjunto. Esta es la experiencia que constantemente tiene que ser adquirida y que a nadie le puede ser ahorrada. La experiencia es aquí algo que forma parte de la esencia histórica del hombre. Aún tratándose del objetivo limitado de una preocupación educadora como la de los padres por sus hijos, la de ahorrar a los demás determinadas experiencias; lo que la experiencia es en su conjunto, es algo que no puede ser ahorrado a nadie. En este sentido la experiencia presupone necesariamente que se defrauden muchas expectativas, pues solo se adquiere a través de decepciones. Entender que la experiencia, es sobre todo, dolorosa y desagradable no es tampoco una manera de cargar las tintas, sino que se justifican bastante inmediatamente si se atiende a su esencia. [...] El ser histórico del hombre contiene así como momento esencial una negatividad fundamental que aparece en esa referencia esencial de experiencia y buen juicio.
>
> Este buen juicio es algo más que conocimiento de este o aquel estado de cosas. Contiene siempre un retornar desde la posición que uno había adoptado por ceguera. En este sentido implica siempre un momento de autoconocimiento y representa un aspecto necesario de lo que llamábamos experiencia en sentido auténtico. También el buen juicio sobre algo es algo a lo que se accede. También esto es al final una determinación del propio ser humano: ser perspicaz y apreciador certero.

> Si quisiéramos aducir también algún testimonio para este tercer momento de la esencia de la experiencia, el más indicado sería seguramente Esquilo, que encontró la fórmula, o mejor dicho la reconoció en su significado metafísico, con la que expresar la historicidad interna de la experiencia: aprender del padecer (πάθει μάθος). Esta fórmula no solo significa que nos hacemos sabios a través del daño y que solo en el engaño y en la decepción llegamos a conocer más adecuadamente las cosas; bajo esta interpretación la fórmula sería algo más. Se refiere a la razón por la que esto es así. Lo que el hombre aprenderá por el dolor no es esto o aquello, sino la percepción de los límites del ser hombre, la comprensión de que las barreras que nos separan de lo divino no se pueden superar. En último extremo es un conocimiento religioso, aquel que se sitúa en el origen de la tragedia antigua.[104]

Hans-Georg Gadamer –igual que Ricœur– habla de los límites que constituyen ontológicamente al hombre (Ricœur propone la *finitud*), situación que lo ubica en el reconocimiento de una separación respecto a lo divino. Esta carencia ontológica que lo hace distinto y carente frente a lo divino y que no puede trascender, hace del aprendizaje por medio del dolor, la enseñanza más significativa de una experiencia trágica ineludible. El filósofo alemán advierte que la instrucción que el dolor proporciona es en última instancia un conocimiento religioso; quizá Ricœur entendió como Gadamer, que el sentido de este saber trágico es no-filosófico, porque como arriba se mencionó, la tragedia es un saber que procede de la "escucha" de un conocimiento que no es filosófico. "Y, sin embargo, la tragedia enseña".[105]

---

[104] Gadamer, Hans-Georg, *Verdad y método I,* pp. 432-433.

Este "conocimiento religioso" sobre los estrictos límites en los que se mueve la humanidad creada, forman parte del «mito adámico»: "Aun el tema del cap. 3, **la desmesura del hombre que quiere divinizarse,** se lee mejor a contraluz de esta definición de 2:7. El hombre es de la *'adamá* y nunca podrá ser "como Dios" que lo formó." Croatto, José Severino, *Crear y amar en libertad. Estudio de Génesis 2:4-3:24 (El hombre en el mundo, vol. II),* p. 42.

[105] Ricœur, P., *Sí mismo como otro,* p.42. Énfasis añadido.

Pero a diferencia de Gadamer, Paul Ricœur –siguiendo a Hegel– toma como modelo trágico además de a Esquilo, también a Sófocles, y por encima del *Edipo rey* de este, a *Antígona*: "Dentro de poco, diremos por qué hemos elegido, como Hegel, *Antígona* en vez de *Edipo rey*, por ejemplo, para conducir esta instrucción insólita de lo ético mediante lo trágico. [...] Si, en efecto, he elegido *Antígona*, es porque esta tragedia dice algo único sobre el carácter ineluctable del conflicto en la vida moral, y, además, esboza una sabiduría –la sabiduría trágica de la que hablaba Karl Jaspers– [...]".[106] Si Gadamer encontró un "conocimiento religioso" en el "aprender por el padecer" (πάθει μάθος); Ricœur haría lo propio al mencionar que en *Antígona* se hace presente una «teología trágica de la obcecación divina», estrechamente vinculada con el reconocimiento humano de ser este el responsable último de sus propios actos; ofuscación teológica que no obstante, no persigue primariamente una cuestión didáctica, sino catártica. Y que solo pasando por el tamiz «del terror y de la piedad», puede ser éticamente instructiva:

> Y la pasión que impulsa a cada uno de los dos protagonistas [Antígona y Creonte] a los extremos se sume en un fondo tenebroso de motivaciones que ningún análisis de la intención moral agota: una teología, inconfesable especulativamente, de la obcecación divina se mezcla, de modo inextricable, con la reivindicación no ambigua, que cada uno suscita, de ser el autor el único responsable de sus actos. De ello se deriva que la finalidad del espectáculo trágico rebasa infinitamente cualquier intención directamente didáctica. Como se sabe, la *catarsis*, sin dejar de ser una clarificación, un esclarecimiento, que podemos relacionar justificadamente con la comprensión de la trama, no deja de ser una purificación proporcionada a la profundidad de las partes más secretas de la acción, que acabamos de sondear brevemente; en este sentido, no puede ser despojada de su ámbito cultual bajo la égida de Dionisio, invocado en una de las últimas odas líricas del coro. Por eso, lo trágico puede dirigirse indirectamente a nuestro poder de deliberar, solo en la medida en que la *catarsis* se ha dirigido

[106] *Ibíd.*, pp. 260, 262.

> directamente a las pasiones, a las que no se limita a suscitar, sino que está destinada a purificar. Esta metaforización del *phofos* y del *eleos* –del terror y de la piedad– es la condición de cualquier instrucción propiamente ética.[107]

Por otra parte, Ricœur mismo en su reflexión sobre el fin o propósito del mal entre los griegos (en su *doble* sentido: teleológico[108] y también teológico[109]) no fue ajeno a aquella "visión trágica" griega en Esquilo, y a partir de la cual se pregunta si había "¿Liberación

---

[107] *Ibíd.*, pp. 261-262.

[108] Como es el caso de Aristóteles en su *Ética nicomáquea*. *Cfr.*, "Reconoceremos fácilmente en la distinción entre objetivo y norma la oposición entre dos herencias: una herencia aristotélica, en la que la ética se caracteriza por su perspectiva *teleológica*, y otra kantiana, en la que la moral se define por el carácter de obligación de la norma, por tanto, por un punto de vista *deontológico*. [...] Pero la continuación de la Ética a Nicómaco no parece ofrecer un análisis coherente de esta jerarquía de las acciones y de los fines correspondientes. [...] Pero el mismo libro propone un modelo de deliberación que parece excluir a esta del orden de los fines. Esta limitación de la deliberación a los medios se repite tres veces: «No deliberaremos sobre los fines [observemos el plural], sino sobre los medios que conducen a los fines *[ta pros to telos]*» (III, 5, 1112 b 12)". Ricœur, P. *Sí mismo como otro*, pp. 174, 178.

[109] *Cfr.*, "Por lo demás, el ejemplo griego, –escribe– al mostrar lo trágico mismo, tiene el privilegio de revelarnos, sin atenuantes, el resorte teológico de este. Si hay, efectivamente, en Esquilo una visión trágica del hombre es porque esta es la otra cara de la visión trágica de lo divino: en la tragedia griega, el tema del hombre «cegado» y conducido a su perdición por los dioses, se llevó de una vez a su punto álgido de virulencia, de manera que las analogías de lo trágico griego no son quizás, desde entonces, sino expresiones amortiguadas de esta misma revelación *insoportable*.

Por último, el ejemplo griego es adecuado para persuadirnos de que la visión trágica del mundo está vinculada a un espectáculo y no a una especulación. Este tercer rasgo no carece de relación con el anterior: si el secreto de la antropología trágica es teológico, esa teología de la obcecación tal vez sea inconfesable, inaceptable para el *pensamiento*. La expresión plástica y dramática de lo trágico no sería, entonces, el segundo revestimiento y, menos aún, el disfraz accidental de una concepción del hombre que se podría haber expresado de otro modo y nítidamente.

Forma parte de la esencia de lo trágico tener que mostrarse *en* un héroe trágico, *en* una acción trágica, *en* un desenlace trágico. Tal vez lo trágico no soporte transcribirse en una teoría que, digámoslo enseguida, solo podría ser la escandalosa teología de la predestinación al mal. Tal vez haya que rechazarla nada más pensarla." Ricœur, P., "La Simbólica del mal", en *Finitud y culpabilidad*, p. 358.

de lo trágico o liberación en lo trágico?"[110] Para ofrecer una primera respuesta, Ricœur acude a la famosa 3a estrofa que contiene la que es quizá la cita más notoria y conocida del *Agamenón* de Esquilo, que dice: "Porque Zeus puso a los mortales en el camino del saber, cuando estableció con fuerza de ley *que se adquiera la sabiduría con el sufrimiento*. Del corazón gotea en el suelo una pena dolorosa de recordar e, incluso a quienes no lo quieren, les llega el momento de ser prudentes. En cierto modo es un favor que nos imponen con violencia los dioses desde su sede en el augusto puente de mando." (Esquilo, *Agamenón*, 176-183).[111] En esta estrofa el Coro celebra a la deidad más importante del panteón olímpico griego: Zeus, el Dios vencedor de todos los Dioses, quien como supremo legislador ha impuesto a los hombres la ley de que «sufriendo se aprende»; esta ley aunque "don divino", no deja de ser de forzoso e irrestricto cumplimiento.[112] Si líneas arriba se mencionaba la "esencia de la experiencia" del mal por medio de una larga cita de Hans-Georg

---

[110] Ricœur, P., "La Simbólica del mal", en *Finitud y culpabilidad*, p. 371.

[111] Esquilo, "Agamenón", *Tragedias*, (trad. de Bernardo Perea), Biblioteca Básica Gredos, Madrid, 2000, p. 112. Las cursivas están añadidas.

La traducción alterna de Carolina Parra dice así: "El que encaminó [Zeus] a los mortales en el camino de la sensatez y estableció como ley que: «sufriendo se aprende». En lugar del sueño, una pena dolorosa gotea ante el corazón. Aun contra la voluntad, llega la sensatez. De alguna manera es un don gravoso de los dioses que permanecen en su augusto trono." Parra, Carolina, *El llamado "Himno A Zeus" en la tragedia* Agamenón *de Esquilo*, (p. 14). Trabajo de grado del Departamento de Lingüística de la Universidad Nacional de Colombia (2010), disponible en http://www.humanas.unal.edu.co/linguistica/files/5012/8437/5215/EL%20LLAMADO%20HIMNO%20A%20ZEUS%20EN%20LA%20TRAGEDIA%20AGAMENON%20DE%20ESQUILO.pdf (Visitada el 19 de marzo de 2018).

[112] Máxime cuando se conoce el modo en que los griegos entendían la tragedia: "Es, pues, la tragedia –dice Aristóteles– imitación de una acción esforzada y completa, de cierta amplitud, en lenguaje sazonado, separada cada una de las especies [de aderezos] en las distintas partes, actuando los personajes y no mediante relato, y que mediante compasión y temor lleva a cabo la purgación de tales afecciones. Entiendo por «lenguaje sazonado» el que tiene ritmo, armonía y canto, y por «con las especies [de aderezos] separadamente», el hecho de que algunas partes se realizan solo mediante versos, y otras, en cambio, mediante el canto." Aristóteles, *Poética*, (6, 1449b, 24-31), (trad. y notas de Valentín García Yebra), Gredos, Madrid, 2014, p. 402. También: "Y, puesto que la tragedia es imitación de personas mejores que nosotros, se debe imitar a los buenos retratistas..." *Ibíd.*, (15, 1454b, 8-9), p. 417.

Gadamer, este mismo filósofo enuncia el profundo significado de la «esencia de lo trágico» griego, y más allá de esta cultura, en la experiencia de vida de cualquier persona que *sufre*:

> No obstante, lo trágico [entre los griegos] es un fenómeno fundamental, una figura de sentido, que en modo alguno se restringe a la tragedia o a la obra de arte trágica en sentido estricto, sino que puede aparecer también en otros géneros artísticos, sobre todo en la épica. Incluso ni siquiera puede decirse que se trate de un fenómeno específicamente artístico por cuanto se encuentra también en la vida. [...]
>
> En este sentido nos es lícito preguntar también por la esencia de lo trágico a la teoría del juego trágico, a la poética [aristotélica] de la tragedia.[113]

Por su parte, Paul Ricœur, respondiendo a su anterior pregunta sobre si hay liberación de lo trágico o liberación en lo trágico, esto es lo que indica: "En la visión trágica, la salvación, en verdad, no está fuera de lo trágico, sino en lo trágico. Este es el sentido del *phroneîn* trágico, de ese «sufrir para comprender» que el coro celebra en el *Agamenón* de Esquilo. [...] «Sufrir para comprender» es la sabiduría trágica, es el «saber trágico», por decirlo con K. Jaspers".[114] En efecto, el filósofo alemán, Karl Jaspers, denomina a esto que Ricœur llama "salvación en lo trágico", como «la redención en lo trágico».[115] Jaspers escribe en *Esencia y formas de lo trágico* –que Ricœur recién citó– que frente a la obra trágica se produce una "redención" por lo que el propio poema del Coro le propone al espectador en la *distancia*[116] y en el «efecto sobre el espectador»[117]

---

[113] Gadamer, Hans-Georg, *Verdad y método I,* pp. 174-175.

[114] Ricœur, P., "La Simbólica del mal", en *Finitud y culpabilidad,* pp. 373-374.

[115] Jaspers, Karl, *Esencia y formas de lo trágico,* (trad. N. Silvetti Paz), Editorial Sur S. R. L., Buenos Aires, 1960, p. 85.

[116] Sobre esta cuestión Gadamer dice: "El modo como el espectador pertenece a él pone al descubierto la clase de sentido que es inherente a la figura del juego. Por ejemplo, *la distancia* que mantiene el espectador respecto a la representación escénica no obedece a una elección arbitraria de comportamiento, sino que es una relación esencial que tiene su fundamento en la unidad de sentido del juego." Gadamer, H.-G., *Verdad y método,* p. 176. Las cursivas están añadidas.

[117] Al respecto, escribe Aristóteles: "Pues bien, puesto que la composición de la tragedia más perfecta no debe ser simple, sino compleja, y al mismo tiempo

(según la definición que da Aristóteles de la tragedia) en el teatro clásico griego, posibilitando una transformación que incluye una nueva explicación y un nuevo impulso en su éthos:

> Frente al poema [trágico], el espectador experimenta lo que le aporta la redención. No se trata ya esencialmente de un gusto en el mirar, de una necesidad de catástrofe, o impulso hacia lo que deleita o excita, sino que en todas estas cosas hay un algo más profundo que lo domina frente a lo trágico, o sea: el decurso de sus excitaciones, guiado por un placer que crece en la contemplación, lo pone en contacto con el ser mismo, de tal suerte que a partir de ahí su éthos recibe sentido y acicate en la vida práctica.[118]

Aquí radica sin duda la experiencia del teatro griego, que permite que el espectador –dentro de la distancia– pueda ser transportado más allá de su butaca, al corazón mismo del evento trágico que le permite un recurso redentor frente al dolor. La mirada del espectador no es la del morbo que busca una satisfacción pasajera, sino aquella que transforma su propia naturaleza (griego ἦθος) o carácter, ya que en medio del acto terrible del dolor, puede suscitar "temor y temblor" en el público apostado frente al escenario. En este sentido, Ricœur más adelante añade, haciendo retroceder aquella visión trágica griega del gran Esquilo, hasta Hesíodo mismo en su *Trabajos y días*:

> Ambas, Terror y Piedad son modalidades del sufrir; pero de un sufrimiento que puede denominarse sufrimiento de destino, puesto que, en él, se requiere el retraso [*ritardando*] y la

imitadora de acontecimientos que inspiren **temor y compasión** (pues esto es propio de una imitación de tal naturaleza), en primer lugar es evidente que ni los hombres virtuosos deben aparecer pasando de la dicha al infortunio, pues esto no inspira **temor ni compasión,** sino repugnancia; ni los malvados, del infortunio a la dicha, pues esto es lo menos trágico que puede darse, ya que carece de todo lo indispensable, pues no inspira simpatía, **ni compasión ni temor;** ni tampoco debe el sumamente malo caer de la dicha en la desdicha, pues tal estructuración puede inspirar simpatía, pero **no compasión ni temor,** ya que aquella se refiere al que no merece su desdicha, y este, al que nos es semejante; **la compasión, al inocente, y el temor, al semejante**; de suerte que tal acontecimiento no inspirará ni compasión ni temor." Aristóteles, *Poética,* (13, 1452b, 32-1453a, 6). Las cursivas están añadidas.

[118] Jaspers, Karl, *Esencia y formas de lo trágico,* p. 85.

> aceleración [*accelerando*] de un destino hostil y la intervención de la libertad heroica; por eso, dichos sentimientos solo nacen en el aura del mito trágico. Pero estos sentimientos son asimismo una modalidad del comprender: el héroe se torna vidente; al perder la vista, Edipo accede a la visión de Tiresias. Pero, lo que comprende, no lo sabe de una manera objetiva y sistemática. Hesíodo ya decía: *pathòn de te népios égno:* sufrir devuelve la razón al loco (*Trabajos*, 218).*
>
> Esta es la liberación que ya no está fuera de lo trágico, sino en lo trágico: una transposición estética del temor y de la piedad en virtud del mito trágico convertido en poesía y por la gracia de un éxtasis del espectáculo.[119]

En el **Terror** y en la **Piedad** como formas del sufrir hay una revelación que atrapa y empuja al espectador a una nueva comprensión de su vida, un propósito es desvelado en el padecimiento: el loco adquiere cordura, el torpe se vuelve sagaz, y el necio aprende, porque el dolor hace crecer. De golpe la realidad del que sufre ha cobrado una nueva dimensión ética, por medio de la estética puesta en escena. De pronto, en el teatro griego, súbitamente comienza la carrera de la conciencia trágica que hace mirar el dolor y el sufrimiento, como modos de un padecer ético, que cobra nuevo sentido estético. ¡Sufrir ya no es un absurdo! La tragedia me hermana con otro, bien sea yo el sufriente o sea otro el que sufre, lo trágico hace que me ligue "amistosamente" con quien padece, sea "yo" o un "tú"; así, comparto no primariamente con quien goza, sino sobre todo con quien también llora, surgiendo así una trilogía: "Compartir la pena del sufrir no es lo simétrico exacto de compartir el placer. […] La trilogía «purificación» (*catharsis*), «miedo» (*phofos*),

* La traducción de este fragmento de Hesíodo de Aurelio Pérez Jiménez dice: "…y el necio aprende con el sufrimiento." (*Trabajos y días*, 218). Hesíodo, *Obras y Fragmentos*, (trad. y notas de Aurelio Pérez Jiménez y Alfonso Martínez Díez), Biblioteca Básica Gredos, Madrid, 2000, p. 75. La traducción de Cecilio Sánchez Gil de esta porción de "La Simbólica del mal" dice así: "Ya dijo Hesíodo: **παθὼν δέ τε νήπιος ἔγνω: en mi ignorancia comprendí por el sufrimiento** (*Trabajos*, 218)", Ricœur, P., "La Simbólica del mal", en *Finitud y culpabilidad*, p. 541. Las negritas están añadidas.

[119] Ricœur, P., "La Simbólica del mal", en *Finitud y culpabilidad*, (trad. Cristina de Peretti, Julio Díaz y Carolina Meloni), p. 375.

«piedad» (éleos) no se deja encerrar en la subcategoría de la amistad grata".[120] Pero, ¿por qué surge este "compartir *en el* sufrir" hermanándome amistosamente con el que padece y no solo con el que goza? Porque puedo reconocerme en el *rostro* del otro:

> Antes de Simone Weil, que defendía la distancia en la proximidad del amor y de la amistad, Montaigne, lleno de pesar por la muerte de [Esteban de] La Boétie, escribía, en el capítulo de la amistad, en el libro I de los *Ensayos*, las siguientes palabras: "En la amistad de la que hablo [las almas] se mezclan y se confunden una con otra en una unión tan universal que borran y ya no vuelven a encontrar la sutura que las unió. Si se me fuerza a decir por qué yo lo quería, siento que solo se puede expresar respondiendo: porque era él; porque era yo.[121]

La sabiduría clásica griega entendió a través del teatro trágico que: "hay males «llevaderos», males que «se explican», que incluso «valen la pena» por el bien que a las inmediatas (o aun a largo plazo) procuran. Todo aprendizaje, cualquier forma de crecimiento, en particular la admisión de lo otro y los otros a la propia vida, conllevan varias pero inevitables formas de quebranto. Pero en tales casos este queda compensado. Es el precio de la supervivencia y del futuro del individuo".[122] Aquellos dos conceptos griegos: «Terror y Piedad»,[123] también son recuperados por Gadamer en *Verdad y método,* resaltando que no son meros estados de ánimo, enunciándolo de la siguiente manera:

---

[120] Ricœur, P., *Sí mismo como otro,* p. 199.

[121] Ricœur, P., *Caminos del reconocimiento. Tres estudios,* 1ª reim., trad. de Agustín Neira, Fondo de Cultura Económica (FCE), Ciudad de México, 2013, p. 326. *Cfr.* Montaigne, *Ensayos,* Club Internacional del libro, Madrid, 2000, pp. 142-157.

[122] Armendáriz, Luis M., *¿Pueden coexistir Dios y el mal? Una respuesta cristiana,* pp. 10-11.

[123] Al respecto, un importante psicoanalista francés escribirá: "La desmesura lleva a la *violencia* hacia sí mismo y hacia el otro; **engendra entonces las dos pasiones humanas que surgen cercanas al mal y a la infelicidad; *temor*** o ***fobia*** de lo que puede ser peligroso para *sí mismo* y, a la inversa ***piedad*** o ***compasión*** hacia *los demás* que se han vuelto víctimas del peligro. De tal modo que no es sorprendente el hecho de que el poder constante de los medios de comunicación se base en esos dos *pathos.*" Julien, Philippe, *Dejarás a tu padre y a tu madre,* 2ª reim., (trad. de Tatiana Sule), Siglo XXI Editores, México, 2015, pp. 30-31. Las negritas están añadidas.

> Pues bien, por Aristóteles sabemos que la representación de la acción trágica ejerce un efecto específico sobre el espectador. La representación opera en él por éleos y *phófos*. La traducción habitual de estos afectos como «compasión» y «temor» les proporciona una resonancia demasiado subjetiva. En Aristóteles no se trata en modo alguno de la compasión o de su valoración tal como esta ha ido cambiando a lo largo de los siglos; y el temor tampoco puede entenderse en este contexto como un estado de ánimo de la interioridad. Una y otro son más bien experiencias que le llegan a uno de fuera, que sorprenden al hombre y lo arrastran. Éleos es la desolación que le invade a uno frente a lo que llamamos desolador. Resulta, por ejemplo, desolador el destino de un Edipo (el ejemplo, al que una y otra vez se remite Aristóteles).
>
> La palabra alemana *Jammer* es un buen equivalente porque tampoco se refiere a la mera interioridad sino que abarca también su expresión. En el mismo sentido tampoco *phóbos* es solo un estado de ánimo, sino, como dice Aristóteles, un escalofrío: se le hiela a uno la sangre, y uno se ve sacudido por el estremecimiento. En el modo particular como se relacionan aquí *phóbos* y éleos al caracterizar la tragedia, *phóbos* significa el estremecimiento del terror que se apodera de uno cuando ve marchar hacia el desastre a alguien por quien uno está aterrado. Desolación y terror son formas del éxtasis, del estar fuera de sí, que dan testimonio del hechizo irresistible de lo que se desarrolla ante uno.[124]

¿Qué es entonces lo que la filosofía puede recuperar de la experiencia trágica en el ser humano? ¿La filosofía puede ser instruida por la tragedia humana? ¿En qué forma la ética se enriquece a partir del recurso de lo trágico? ¿Cuál es la función de lo trágico dentro del pensamiento filosófico? ¿En qué modo una antropología trágica y una teología trágica pueden trabajar juntas para acceder a lo inescrutable del mal? ¿Qué respuestas puede obtener de la tragedia el hombre que sufre siendo inocente? ¿Qué *sentido* puede encontrar

[124] Gadamer, Hans-Georg, *Verdad y método I*, pp. 176-177.

en la tragedia el justo que padece?[125] A partir de estas preguntas puede verse que la tragedia también ofrece un desafío sin parangón a la ética. Para el filósofo Paul Ricœur, la recuperación de lo trágico griego más que ofrecer una respuesta certera, definitiva y contundente a aquellas y otras cuestiones que emergen en el seno del ser humano que padece, abonan y acicatean la reflexión interminable sobre el insondable tema del mal humano y por lo humano. A través de las siguientes ideas, el filósofo que también ha sufrido, no deja de señalar una tarea ingente e incesante para el pensamiento, ya que el mal da qué pensar:

> Como hemos visto, la antropología trágica es inseparable de una teología trágica; y esta última es, en el fondo inconfesable. Además la filosofía no puede reafirmar lo trágico como tal sin suicidarse. La función de lo trágico es cuestionar la seguridad, la certeza de sí, la pretensión crítica, incluso nos atrevemos a decir: la presunción de la conciencia moral que se hizo cargo de todo el peso del mal. Mucho orgullo se oculta, quizás, en esa humildad. Entonces, los símbolos trágicos hablan en el silencio de la ética humillada. Hablan de un "misterio de iniquidad"* que el hombre no puede asumir del todo como propio, del cual la libertad no puede dar cuenta en la medida en que ya se encuentra en ella. No hay reducción alegórica de dicho símbolo. Se dirá que los símbolos trágicos hablan de un misterio *divino* del mal. En efecto, quizás también sea necesario llenar de tinieblas lo divino, que la visión ética redujo a la función moralizante del Juez. Contra la juricidad de la

[125] "Más desgarradores e insoportables resultan aquellos males que, a la par que duelen, «extrañan» porque no se les descubre sentido. Para el hombre, que vive de este tanto como del aliento, eso significa una herida en lo hondo que puede llegar hasta las raíces mismas de su existencia y cuestionarla. Y no solo a ella, sino al conjunto de la realidad, con el que el ser humano une desde siempre sus destinos dado que no es solo parte del mundo, sino pregunta por todo él y caja de resonancia universal". Armendáriz, Luis M., *op. cit.*, p. 11.

* San Pablo escribe: "Porque ya está en acción el **misterio de la iniquidad;** solo que hay quien al presente lo detiene, hasta que él a su vez sea quitado de en medio" (2 Tesalonicenses 2:7, RVR-60). Énfasis añadido.

acusación y de la justificación, el Dios de Job habla "desde el fondo de la tormenta" [Job 38:1].[126]

La tragedia, lo trágico, el sufrimiento y el dolor, como experiencias límites en el ser humano, no son para avasallar y anular a este, al contrario, el sufrimiento por su contenido *doloroso,* es lo que hace también pensar, reflexionar éticamente y en ese deliberar está contenido el germen de la alegría que supera cualquier padecimiento, tal como lo describe el filósofo y poeta brasileño, Rubem Alves: "Porque el sufrimiento es lo que nos hace pensar. Pensamos, o para encontrar formas de eliminar el sufrimiento, cuando eso es posible, o para darle sentido al sufrimiento, cuando este es inevitable. El pensamiento es, pues, hijo del dolor, está al servicio de la alegría. Todas las conquistas más hermosas del espíritu humano, desde la poesía hasta la ciencia, han nacido de esta manera".[127]

4. El mal como desafío a la filosofía y a la teología

En el siguiente capítulo se presentarán pequeños ejemplos o ejercicios de la reflexión ricoeuriana sobre la no-violencia y la violencia (el mal ejercido contra otro al que se intenta anular, eliminar o aniquilar) y su vínculo con la Biblia hebrea y griega, esos análisis mostrarán que este problema lo llevó además, a pisar linderos propios de la teología del mal. Ejemplos como el del «Siervo de Yahvé» y el del «Sermón de la montaña», muestran que Ricœur reconoció en el problema del mal, un tópico que concernía tanto a la filosofía como a la teología, manteniendo la irrestricta separación entre ambas disciplinas. Mientras tanto, como preámbulo a aquello, aquí se discernirá cómo es que el mal es un tremendo desafío para la filosofía y para la teología surgida del judeocristianismo. En primer lugar, Ricœur interpreta a la fe bíblica hebrea con un contenido

[126] Ricœur, P., "Hermenéutica de los símbolos y reflexión filosófica I" (1961), en *El conflicto de las interpretaciones*, p. 281.

[127] Alves, Rubem, *Un mundo en un grano de arena. El ser humano y su universo,* (trad. Paula Abramo Tostado), Ediciones Dabar, S.A. de C.V., Ciudad de México, 2006, p. 20.

marcadamente ético e histórico, de tal suerte que Yahvé, el Dios de los hebreos es un "Dios ético":

> Desde el comienzo y, sin duda, desde Moisés, como quiera que fuese este legislador y este jefe del pueblo, la singular aventura de Israel está vinculada a una ética e, inversamente, esta ética virtualmente universal está vinculada a una aventura que separa a Israel de otros pueblos. Ya insistimos en este doble rasgo: por una parte, el monoteísmo de Israel es un monoteísmo ético: la donación de la Ley preside la salida de Egipto, la marcha por el desierto, la instalación en Cannán; los Profetas confieren un sentido ético a la catástrofe que ven avecinarse; toda experiencia histórica de Israel se interpreta en términos éticos. Pero, por otra parte, el monoteísmo de Israel es un monoteísmo *histórico*; la donación de la Ley no es abstracta e intemporal: está vinculada, en la conciencia hebrea, a la representación de un «acontecimiento», la salida de Egipto, la «subida» fuera de la «casa de servidumbre». Por eso mismo, la ética también es histórica de arriba abajo; es la ética de un pueblo elegido; de ahí también que todo el simbolismo del pecado y del arrepentimiento sea, a su vez, un símbolo «histórico» que saca sus «tipos» de varios acontecimientos significativos (cautiverio-liberación).[128]

Paul Ricœur señala muy bien que "la ética del monoteísmo hebreo"[129] es histórica, porque está vinculada al acto redentor o salvador por antonomasia en el Antiguo Testamento: el Éxodo. De tal forma que las «Diez Palabras»[130] –mejor que los «Diez

---

[128] Ricœur, P., "La Simbólica del mal", en *Finitud y culpabilidad,* pp. 274-275.

[129] "A pesar de todo, el mito hebreo monoteísta y patriarcal había establecido firmemente los principios éticos de la vida occidental." Graves, Robert, y Patai, Raphael, *Los mitos hebreos,* 4ª ed., Alianza Editorial, Madrid, 2007, p. 19.

[130] "De lo dicho se sigue que el teólogo debe tener mucho cuidado con su terminología, y preguntarse, hasta qué punto nuestra palabra «ley» corresponde con su contenido real en el Antiguo Testamento. Los diez mandamientos no reciben jamás este nombre en el Antiguo Testamento; se les llama únicamente «las diez palabras» (תֶּרֶשֶׂע םיִרָבְדַּה Ex 34:28; Dt 4:13; 10:4) e Israel celebró siempre la revelación de la ley divina como un gran don salvífico. Era una garantía de su elección, pues en ella Yahvé había manifestado a su pueblo un camino y un tenor de vida. Dios le impuso los mandamientos para su bien (Dt 10:13: ל ךָ לְטוֹב)

Mandamientos»– (Éxodo 20:1-17; Deuteronomio 5:6-21; Levítico 19:1 *ss.*), siguiendo la estructura de los Pactos o Alianzas de soberanía en el Antiguo Cercano Oriente, unen el aspecto histórico del que habla Ricœur, con un sentido ético y profundamente vinculado a la justicia en las relaciones humanas, ya que el Éxodo[131] es el camino para que una masa informe de hebreos salga de la esclavitud; queda sellada entonces, la indisoluble unión que vincula a Yahvé con Israel *a través* del Éxodo: historia-redención-ética-justicia son la "cuadratura" que niega a Israel e imposibilita que este acepte a cualquiera otra divinidad que rompa el Pacto o Alianza[132] que consagra ese «monoteísmo ético», de ahí los celos del Eterno.[133] Más

[...]." Von Rad, Gerhard, *Teología del Antiguo Testamento. Las tradiciones históricas de Israel*, vol. I, 8ª ed., (trad. Victoriano Martín Sánchez), Ediciones Sígueme, Salamanca, 2000, p. 253.

[131] La palabra *Éxodo* viene del griego ἔξοδος (éxodos), "*hodos* («camino») y *ex* («fuera de»): un camino para ir fuera, para salir". Wiéner, Claude, *El libro del Éxodo,* 4ª ed., (trad. Nicolás Darrical), Cuadernos Bíblicos No. 54, Verbo Divino, Navarra, 1994, p. 6.

[132] "Sobre el decálogo se puede decir lo mismo que sobre todas las otras «leyes» del Antiguo Testamento: su destinatario, el círculo al cual se dirige, no es una comunidad profana cualquiera como el estado, menos aún la sociedad humana en cuanto tal, sino la asamblea de Yahvé. Por consiguiente, no es necesario subrayar de nuevo, que exigencias como las de estas «tablas», eran consideradas realizables e incluso fáciles de cumplir. Pero la cosa más significativa es que cuando pasó a ser propiedad de Yahvé, Israel no fue elevado a una forma particular de existencia sagrada. El decálogo no pone de relieve ninguna diferencia sagrada en el hombre, al contrario, en cada uno de sus mandamientos vela de una manera muy elemental por el hombre en su condición humana". Ídem.

[133] Las «Diez Palabras» comienzan diciendo: "Yo soy Jehová tu Dios, que te saqué de la tierra de Egipto, de casa de servidumbre. No tendrás dioses ajenos delante de mí. No te harás imagen, ni ninguna semejanza de lo que esté arriba en el cielo, ni abajo en la tierra, ni en las aguas debajo de la tierra. No te inclinarás a ellas, ni las honrarás; porque yo soy Jehová tu Dios, fuerte, celoso..." (Éxodo 20:2-5, RVR-60). Este texto engarza claramente la salida de Egipto *(...que te saqué de la tierra de Egipto, de casa de servidumbre)*, con el monoteísmo ético, es decir, la imposibilidad de oponer un dios distinto al de esta Alianza o Pacto (*No tendrás dioses ajenos delante de mí*), porque el único que hizo salir a los hebreos de la esclavitud en Egipto ha sido Yahvé. El libro de Deuteronomio va más lejos porque no solo reproduce lo anterior, sino que además coloca el "don" del día sábado (el séptimo día de descanso, universal y obligatorio), con el tema de la esclavitud: "Guardarás el día de reposo para santificarlo, como Jehová tu Dios te ha mandado. Seis días trabajarás, y harás toda tu obra; mas el séptimo día es reposo a Jehová tu Dios; ninguna obra harás tú, ni tu hijo, ni tu hija, ni tu siervo, ni tu sierva, ni tu buey, ni tu asno, ni ningún animal tuyo, ni el extranjero que está

aún, la profecía bíblica es también profundamente ética, Paul Ricœur inquiere acerca de: "¿En qué consiste el momento «ético» de la profecía?",[134] y responde que el mensaje profético trata sobre una "inmensidad ética":

> En lenguaje bergsoniano, se diría más bien que la ley moral solo se alcanza porque la exigencia profética apunta más lejos: la ética es más bien la repercusión de un impulso profundamente hiper-ético. El momento de la profecía en la conciencia del mal es la revelación de una medida infinita de la exigencia que Dios dirige al hombre. Esa exigencia infinita es la que abre una distancia y una angustia insondables entre Dios y el hombre. Pero, como esa exigencia infinita no se declara en una especia de vacío previo, sino que se aplica a una materia previa, la de los viejos «códigos» semíticos, inaugura una tensión característica de toda la ética hebrea, la tensión entre una exigencia infinita y un mandamiento infinito. Esa polaridad es la que hay que respetar; esa dialéctica de la indignación ilimitada y de la prescripción detallada es la que ahora hay que entender sin romperla.[135]

El mal. Un desafío a la filosofía y a la teología,[136] fue primero una conferencia dictada por Ricœur en 1985 en la Facultad de Teología de la Universidad de Lausana, Suiza, donde plantea que el mal es un reto mayúsculo y sin comparación para ambas disciplinas: "Los más grandes pensadores de una u otra disciplina coinciden en reconocer, a veces con sonoros lamentos, que filosofía y teología ven en el mal un *desafío* sin parangón. Lo importante no es esta confesión, sino el modo en que este desafío –incluso este fracaso– es recibido:

---

dentro de tus puertas, para que descanse tu siervo y tu sierva como tú. **Acuérdate que fuiste siervo en tierra de Egipto,** y que Jehová tu Dios te sacó de allá con mano fuerte y brazo extendido; por lo cual Jehová tu Dios te ha mandado que guardes el día de reposo." (Deuteronomio 5:12-15, RVR-60). ¡Aquí hay un ejemplo bastante fehaciente de la ética monoteísta que libera a un pueblo sometido a rudos trabajos, para hacerlo *descansar*!

[134] Ricœur, P., "La Simbólica del mal", en *Finitud y culpabilidad,* p. 216.

[135] *Ibíd.*, pp. 216-217.

[136] A partir de ahora, el presente parágrafo se vuelve monográfico ya que casi todo lo que sigue se toma del libro anunciado aquí.

¿invitación a pensar menos, o provocación a pensar más y hasta de otra manera?"[137] ¿Por qué el mal es esta gran magnitud ética que ofrece un desafío sin igual para las facultades de filosofía y de teología? No solo por la teodicea que a partir de aquí debe plantearse en cuanto a sistematicidad y no contradicción, sino también en una «onto-teología» imposible, con la que hay que romper. Una teodicea que quiera plantear la inocencia de Dios respecto al origen del mal, no puede hacerlo desde una lógica aristotélica sistemática y que guarde el principio de no contradicción, de ahí que Ricœur comente: "Tampoco se tiene en cuenta que la tarea de *pensar* –sí, de pensar a *Dios* y de pensar el *mal* ante Dios– puede no agotarse con razonamientos que, como los nuestros, responden al principio de no contradicción y a nuestra tendencia a la totalización sistemática".[138] Por ello es necesario reflexionar en torno a los símbolos del mal que nos trasmiten los mitos, por medio de una mediación del lenguaje que nos los haga accesibles.

Ricœur plantea cinco niveles o estadios del discurso en la especulación sobre el mal que muestran una racionalidad creciente:

1. El estadio del mito.
2. El estadio de la sabiduría.
3. El estadio de la gnosis y de la gnosis antignóstica.
4. El estadio de la teodicea.
5. El estadio de la dialéctica «*fracturada*».[139]

4.1 El nivel del mito

Un ejemplo del primer estadio es el que aquí se ha desarrollado ya al analizar el mito «adámico», aún en el último capítulo de la

[137] Ricœur, P., *El mal. Un desafío a la filosofía y a la teología*, 1ª reimp., Amorrortu editores, (Col. Nómadas), Buenos Aires, 2007, p. 21.

[138] *Ibíd.*, p. 22.

[139] *Ibíd.*, p. 28-58.

presente investigación se estudiarán los mitos trágicos babilonio y griego. Lo único que habría que añadir aquí es que los mitos han ensayado todo lo imaginable a la hora de abordar el problema del mal: "Según lo confirman las literaturas de Antiguo Oriente, el ámbito del mito se revela como una vasta plataforma de experimentación e incluso de juego, con las hipótesis más variadas y fantásticas. En ese inmenso laboratorio, no hay solución imaginable que no haya sido intentada en cuanto al orden entero de las cosas y, por lo tanto, en cuanto al enigma del mal".[140]

4.2 El nivel de la sabiduría

En cuanto al estadio de la sabiduría, a diferencia del período mítico que se enfocaba en transmitir el origen del mal *in illo tempore*, la sapiencia es más práctica porque busca contestar las preguntas particulares del doliente: ¿por qué *sufro* **yo**? o, ¿por qué *padezco* **este** mal? "Hasta podemos correr el riesgo de decir que, si hay una manera de expresar la experiencia religiosa más allá de toda teología y de toda especulación, esta es mediante la plegaria".[141] Aquí puede surgir la lamentación como queja, la cual puede transmutarse en controversia con la divinidad misma: ¿Hasta cuándo Señor...? Y, ¿por qué consiente Dios que sufran los justos? Pero puede aparecer también la «lamentación como deprecación», donde surge en toda su desnudez "el carácter perturbador, paradójico y casi escandaloso de la plegaria de lamentación".[142] ¿Dónde se inserta la paradoja? "Por un lado, la lamentación se acerca mucho a una acusación; por el otro lado, se mantiene dentro de los límites de la invocación y de la plegaria, en la medida en que se dirige a Dios. La paradoja se agudiza por lo que podemos llamar la «actitud de preguntar». Preguntando «¿por qué?» el *Urleiden* de sentirse «desamparado de

[140] *Ibíd.*, p. 30. Para un análisis detallado de los múltiples mitos que se encuentran en el texto bíblico, véase por ejemplo: Graves, Robert, y Patai, Raphael, *Los mitos hebreos*, 4ª ed., Alianza Editorial, Madrid, 2007, 393 pp.

[141] Ricœur, P., "La lamentación como plegaria", en LaCocque, A. y Ricœur, P., *Pensar la Biblia. Estudios exegéticos y hermenéuticos*, (trad. de Antoni Martínez Riu), Herder, 2001, p. 222.

[142] *Ibíd.*, p. 223.

Dios» se dirige a Dios".[143] En la lamentación como *queja* se acusa directamente a Dios de abandono, pero en la lamentación como *plegaria*, esta se vuelve problemática, porque:

> De hecho, –dice Ricœur– pronto deberemos hacer frente al enigma de una lamentación que sigue siendo, para todos los que se acogen a ella, una invocación, pero que da una forma interrogativa a su lamentación, que se atreve a hablar del sufrimiento como de un «estar desamparado por Dios», y que llega, pese a todo, con hechuras de poema a las cimas de la alabanza, gracias a un cambio completo no menos enigmático que el momento inaugural de la lamentación misma.[144]

El Salmo 22 es un extraordinario ejemplo de lo que recién Ricœur ha mencionado sobre el sufrimiento, como un estar «abandonado por Dios» o «desamparado por Dios», el salmista proclama, pregunta y reclama: "Dios mío, Dios mío, ¿por qué me has desamparado? ¿Por qué estás tan lejos de mi salvación, y de las palabras de mi clamor? Dios mío, clamo de día, y no respondes; y de noche, y no hay para mí reposo." (Salmo 22:1-2, RVR-60). Pero el salmista no se queda en el mero reclamo, porque expone su causa *ante* Dios. Expresa su sentirse abandonado y no escuchado, pero lo hace ante quien el orante interpreta como origen de esa situación. Así comenta Paul Ricœur este texto bíblico:

> En el caso de Salmos 22, esta poetización de las expresiones de sufrimiento toma un giro extraordinario, que es el origen de toda la problemática teológica del salmo de lamentación. Pasando de la singularidad a la ejemplaridad, el sufrimiento alcanza su máxima radicalización con la expresión «desamparado por Dios». Los exégetas hablan, por lo que a esto se refiere, de *Urleiden des Gottesverlassenheit* (el sufrimiento del desamparo de Dios). [...] Esta dimensión del sufrimiento [sin comparación posible] se revela solo al suplicante que pone su desgracia ante Dios. Para él, sufrir ante Dios es sufrir

143 *Ibíd.*, p. 228.

144 *Ibíd.*, p. 224.

> por la propia mano de Dios, es considerarse como la víctima que Dios ha sacrificado".[145]

El problema con este Salmo es que no entra en la categoría retórica de los libros (o Salmos) sapienciales, sino que hace una *hybris* entre *lamentación* y *alabanza*. En este sentido, los "Salmos de lamentación" no hacen una reflexión ni sobre el origen del mal (como sí lo hacen los mitos) ni sobre su sentido (cosa que sí hace la literatura sapiencial). Escribe Ricœur: "Los Salmos de lamentación ocupan un lugar propio en el Salterio. No muestran huella alguna de una confesión de culpabilidad ni de una reivindicación de la propia inocencia. En ellos oímos el grito del sufrimiento puro".[146] Entonces, ¿dónde podría engarzarse el Salmo 22 con un libro estrictamente sapiencial como el de Job? El filósofo francés responde recordando la *labilidad* humana:

> Los Salmos de lamentación están para recordar que el individuo es frágil, está expuesto a enfermedades y muerte y es vulnerable a los ataques de los demás. [...] El lector puede interpretar la singularidad de los Salmos de lamentación como una señal de una resistencia discreta a la teología acusadora de los profetas. Al preservar el «¿por qué?», impuesto por el sufrimiento, de toda reducción a una teología punitiva, estos salmos mantienen la dualidad de las figuras del mal: el mal del sufrimiento, el mal de la culpa. Al hacerlo, orientan nuestra meditación sobre la inescrutabilidad de Dios en otra dirección que no es la de la profecía de la condenación, esto es, en dirección sapiencial. [...]
>
> Es entonces cuando el lector de la Biblia, que tiene la libertad de moverse por el espacio abierto por la misma estrechez del canon, toma el camino que va del Salterio a los escritos sapienciales. Solo seguramente a través de un acto de lectura, que es también un acto de interpretación, puede este lector pasar de Salmo 22 al libro de Job. [...] De este modo nos vemos inducidos, al final de un largo periplo, a leer de

---

[145] *Ibíd.*, p. 226.

[146] *Ibíd.*, p. 235.

> nuevo los Salmos de lamentación a la luz de las controversias del libro de Job.[147]

Entonces, para Ricœur, el libro de Job es también un buen exponente de la especulación sobre el mal, en clave estrictamente sapiencial. "Este libro, cuya fábula propone como hipótesis la condición de un *justo que sufre,* de un justo sin fallas sometido a las peores pruebas, lleva el debate interno de la sabiduría al nivel de un diálogo fuertemente argumentado entre Job y sus amigos, debate aguijoneado por la discordancia entre el mal moral y el mal-sufrimiento".[148] ¿Qué pretende Job a través de los largos diálogos con sus tres amigos, y al final del libro con el mismísimo Dios? ¿Qué lugar ocupa o tiene Dios en el sufrimiento de los seres humanos? ¿Job está buscando una solución al problema del sufrimiento como piensa el lugar común? ¿Por qué la especulación sobre el problema del mal, asciende un nivel con el *sufrimiento* de Job? Von Rad comenta: "Aquí se puede ver [Job 31:35-37] con absoluta claridad qué es lo que, en definitiva pretende Job. No, por cierto –como se dice muchas veces–, encontrar una solución al problema del sufrimiento, sino saber exactamente cuál es su relación con Dios. Job trata simplemente de solucionar la pregunta sobre si ese Dios que se le ha vuelto tan desconocido y terrible es su verdadero Dios, en el que él pueda depositar su confianza".[149] Y aquí, Job queda nuevamente vinculado a los Salmos de lamentación, ya que el desamparo que Job experimenta es producido por Dios. Job convierte el sufrimiento humano en un *locus* teológico que hace a Dios el responsable último de este padecer humano, demasiado humano, como Ricœur insiste:

> Dicho esto, es apropiado recordar nuestra primera reflexión sobre la expresión «desamparado de Dios». Impone un sello teológico a todo sufrimiento. Todo sufrimiento se designa así no solo como un sufrimiento ante Dios, sino realmente como un sufrimiento debido a Dios. Es a nivel de este *Urleiden*

[147] *Ibíd.*, pp. 236-237.

[148] Ricœur, P., *El mal. Un desafío a la filosofía y a la teología,* pp. 33-34.

[149] Von Rad, Gerhard, *La acción de Dios en Israel. Ensayos sobre el Antiguo Testamento,* (trad. Dionisio Mínguez Fernández) Trotta, Madrid, 1996, p. 81.

> donde surgen las preguntas de «¿por qué?» y «¿hasta cuándo?». La expresión «desamparado de Dios» no se limita a recoger todos los sufrimientos en un sufrimiento arquetípico, más bien los orienta todos hacia una pregunta, convirtiendo el Salmo [22] en una «lamentación interrogativa».[150]

Igual que el salmista, personaje ignoto que tras el anonimato del «yo» consigue esconderse cualquier «tú», incluso cualquier «nosotros», y que puede ser ocupado por el lector o el oyente actuales, también Job se pregunta desde la hondura del abismo del padecimiento: ¿por qué?, ¿por qué *yo*? Pero el sufrimiento *común* de Job y del salmista, hacen trizas al mismo tiempo, la «teología de la retribución» profética y la «teología de la historia» presentada en el Pentateuco, que creían ver en el padecimiento sin límites del pueblo de Dios (colectivamente) o en el dolor de proporciones inabarcables del creyente (individualmente), la "mano" *insondable* de Dios que había venido a castigar "justamente" las injusticias e infidelidades de su pueblo.

Para los profetas pre-exílicos que impusieron esta visión retributiva de la historia, la cosa era simple y llana: si el pueblo ha abandonado a su Dios; *en respuesta,* Dios también ha dejado a su pueblo en su miseria y a su suerte: "Sobre la base de este crucial silencio del Dios de la elección y de la alianza compusieron los profetas –y, hasta cierto punto, impusieron– una interpretación del *theologoumenon* «desamparado de Dios», a modo de una proclamación hecha por Dios mismo de abandonar a su pueblo, como respuesta a haber sido abandonado Dios por su propio pueblo, al que acusa de transgredir contantemente la ley".[151] Pero esta visión

[150] Ricœur, P., "La lamentación como plegaria", en *op. cit.*, p. 231.

[151] *Ibíd.,* p. 233. Enseguida Ricœur acotará: "Por ello parece razonable dejar en cierto estado disperso las diversas maneras de vivir, declarar y soportar el *Urleiden* de estar desamparado de Dios, que propone el Antiguo Testamento. No todas ellas concuerdan con la proclamación de que Dios ha abandonado a su pueblo porque este pueblo primero abandonó a su Dios, hasta el punto de quedar absorbidas por esta proclamación. El pluralismo que parece imponerse en nuestra interpretación del *theologoumenon* «desamparado de Dios» a mi entender encaja mejor con el objetivo de preservar la cuestión de la divina inescrutabilidad." *Ibíd.,* p. 235.

teológica debe relativizarse, no solo porque intenta justificar a Dios de cualquier responsabilidad sobre el sufrimiento humano, sino que debe abandonar de plano toda teodicea que pretenda ensayar la inocencia de Dios:

> Contra la tendencia a acentuar de un modo unilateral el conocido esquema de la *Heilsgeschichte* [historia de la salvación], que entreteje pecado, justicia de Dios, penitencia y castigo o satisfacción, los Salmos de lamentación son el testigo privilegiado de un resistirse a toda concepción unilateral de la teología bíblica. Liberados de la preocupación de justificar a Dios y renunciando a toda teodicea con la que los seres humanos pretendan probar la inocencia de Dios, la plegaria de la lamentación que pregunta no espera nada más que la compasión de un Dios, a cuyo respecto el que ora ignora cómo puede ser a un mismo tiempo justo y compasivo. Por esto no tiene más remedio que gritar: «¿por qué?».[152]

No obstante, desde la sima inescrutable del dolor y del sufrimiento, Job se levanta incólume, para poner en crisis aquella "visión moral" del mundo que resultó inaplicable ante el dolor y el sufrimiento del justo, por más ética que esta visión se haya presentado, probó sus límites en Job, ya que como Paul Ricœur recapitula:

> Partiré del sentido ético que alcanzó la Alianza entre Israel y Yahvé; este sentido ético que convierte a la Ley en el vínculo entre el hombre y Dios, repercute en la comprensión misma de Dios: el propio Dios es un Dios ético. Esta «etización» del hombre y de Dios, tiende hacia una visión moral del mundo, según la cual la Historia es un tribunal, los placeres y los dolores una retribución, y el propio Dios, un juez. Al mismo tiempo, la totalidad de la experiencia humana adquiere un carácter penal. **Ahora bien, el propio pensamiento judío hizo fracasar esa visión moral del mundo al reflexionar sobre el sufrimiento inocente. El libro de Job es el documento estremecedor que consigna ese estallido de la visión moral del mundo: la figura de Job da testimonio de la irreductibilidad**

[152] *Ibíd.*, p. 239.

del mal, del escándalo al mal de la culpa, por lo menos en la escala de la experiencia humana; la teoría de la retribución, primera e ingenua expresión de la visión moral del mundo, no da razón de toda la desdicha del mundo; cabe entonces preguntarse si el tema hebreo –y, en un sentido más amplio, del Oriente Próximo– del «Justo doliente» no conduce de la acusación profética a la piedad trágica.[153]

Pero además, la riqueza de esta literatura sapiencial en el libro de Job, no se agota con lo que recién se ha dicho. Si como ha quedado asentado en parágrafos anteriores, yo no comienzo el mal, no lo inauguro sino que lo encuentro y lo continúo, también es preciso decir lo mismo sobre el tema del sufrimiento. Esto es lo que descubre el exégeta Von Rad, en su lectura del libro de Job, acudiendo a uno de los discursos de los tres amigos de Job:

> Pregunta a los antepasados
>
> y atiende a lo que averiguaron sus padres.
>
> Nosotros somos de ayer, no sabemos nada;
>
> nuestros días son una sombra sobre el suelo;
>
> pero ellos te instruirán, te hablarán
>
> con palabras salidas del corazón. (Job 8:8-10)
>
> Según las palabras de Bildad, el que habla sobre el sufrimiento no debe hacerlo como si él fuera la primera víctima de la desgracia; otros le han precedido.[154]

Un aspecto más que el libro de Job presenta, es que así como el mal no puede imputársele a alguien más, a otro ajeno a mí, como ya quedó asentado; el sufrimiento tampoco puede hacerse recaer sobre un personaje enigmático y *maligno* como podría ser el Diablo,

---

[153] Ricœur, P., "La Simbólica del mal", en *Finitud y culpabilidad,* p. 450. Las cursivas están añadidas.

[154] Von Rad, Gerhard, *La acción de Dios en Israel. Ensayos sobre el Antiguo Testamento,* p. 79.

acusación que se le arroja a "Satanás" a partir de una lectura ingenua del libro de Job y también por medio del planteamiento de una teodicea que libera a Dios de cualquier responsabilidad sobre el sufrimiento humano. En este sentido, es bien significativa la opinión que Von Rad plantea:

> Entre ellos [los seres celestes, *cfr.* Job 1:6; 2:1] está también el Acusador, el Satán. Pero ahora hay que escuchar con toda atención; y, sobre todo, debemos guardarnos muy bien de identificar erróneamente la figura de la que habla el poema con la imagen popularmente conocida como el demonio. El Acusador es uno de los seres celestes; es más, uno por el que Dios muestra un interés particular. [...]
>
> Todo a lo largo del relato, la figura del Acusador es, fundamentalmente, un personaje secundario; no es un demonio, un verdadero oponente de Dios, sino una especie de abogado celeste con el que Dios dialoga y cuya argumentación toma en serio. Fuera de eso, carece de cualquier clase de atribuciones. Es suficientemente significativo que Job no dice: «El Señor me lo dio, el Satán me lo quitó». Job tiene que ver exclusivamente con Dios. Pero las palabras de Job son verdaderamente decisivas, porque –y tomamos de nuevo una preciosa formulación de Herder– este personaje, Job, sufre la gloria y el orgullo de Dios. Esa especie de piltrafa humana arrojada a un estercolero, que, como ya indicábamos antes, no tiene la más mínima idea de lo que se está tramando en el cielo sobre sus calamidades y que no sabe lo que realmente se juega en sus palabras, es el mejor testigo de Dios, precisamente porque toma partido por el interés de Dios, sencillamente porque, en definitiva, da la razón a Dios.[155]

El filósofo y poeta brasileño, Rubem Alves añade: "Pienso que la sabiduría consiste en saber sufrir por las razones correctas. Quien no sufre, cuando hay razones para ello, está enfermo. Si una persona querida muere y el corazón no sangra, si la vida golpea con dureza a un ser amado y los ojos no lloran, si una desgracia cae sobre

[155] *Ibíd.*, pp. 73 y 76.

el pueblo y el alma no se entristece, si el fuego consume los bosques y el cuerpo no se quema también, algo anda mal en uno".[156] ¡Esto es sabiduría *en el* dolor y *por* el dolor! Job enseña que solo el sabio consigue en verdad ser feliz *a pesar* del sufrimiento. En definitiva, en Job se da una triple transición: de la lamentación como queja a la lamentación como plegaria, y de ahí, a la alabanza.

4.3 El nivel de la gnosis y de la gnosis antignóstica

Respecto al tercer estadio, ya se ha dicho lo suficiente en el apartado correspondiente al gnosticismo. Solamente se tendrían que añadir tres cosas, la primera es que: "El pensamiento no habría pasado de la sabiduría a la teodicea si la gnosis no hubiera elevado la especulación al rango de una gigantomaquia [γιγαντο-μαχια] en que las fuerzas del bien se alistan para un combate sin tregua contra los ejércitos del mal, con el fin de liberar en su totalidad las parcelas de luz que permanecen cautivas en las tinieblas de la materia".[157] Lo segundo está relacionado con lo que recién se mencionó como una "onto-teología imposible", porque a partir de san Agustín surge una disciplina híbrida que une justamente a la filosofía y a la teología, en un discernimiento *común*: "Este primer rasgo de la doctrina agustiniana merece ser reconocido por lo que es, o sea, conjunción de la ontología y la teología en un discurso de nuevo tipo: el de la *onto-teo-logía*".[158] Lo tercero, y que más adelante se ampliará a partir de la propuesta barthiana tocante al mal como nada, es la idea que a partir del "pecado original" o "pecado natural" se desarrolló dentro del cristianismo: la cuestión de la retribución que enseña que «nadie sufre injustamente»:[159]

---

[156] Alves, R., *op. cit.*, p. 19.

[157] Ricœur, P., *El mal. Un desafío a la filosofía y a la teología*, p. 35.

[158] *Ibíd.*, p. 37.

[159] Volvemos a la tragedia griega a través de *Antígona* de Sófocles, porque ahí se problematiza también la cuestión del sufrimiento injusto infligido por los dioses sobre el ser humano. Paul Ricœur dice que a partir de la "visión penal de la historia" que surgió en el cristianismo por influencia del "pecado original", apareció la certeza según la cual "no hay alma injustamente precipitada en la desgracia". ¿Este es ya el desarrollo de una incipiente teodicea? ¿Qué responde Antígona a Creonte en la tragedia de Sófocles? –Antígona: "Y ahora me lleva, tras cogerme

El corolario más importante de tal negación de la substancialidad del mal es que la confesión de este funda una visión exclusivamente moral a su respecto. Si la pregunta: *Unde malum?* pierde todo sentido ontológico, la que viene a sustituirla, o sea, *Unde malum faciamus?* («¿De dónde viene que hagamos el mal?»), arroja el problema entero del mal en la esfera del acto, de la voluntad, del libre arbitrio. El pecado introduce

---

en sus manos, sin lecho nupcial, sin canto de bodas, sin haber tomado parte en el matrimonio ni en la crianza de hijos, sino que, de este modo, abandonada por los amigos, infeliz, me dirijo viva hacia los sepulcros de los muertos. ¿Qué derecho de los dioses he transgredido? ¿Por qué tengo yo, desventurada, que dirigir mi mirada ya hacia los dioses? ¿A quién de los aliados me es posible apelar? Porque con mi piedad he adquirido fama de impía. Pues bien, si esto es lo que está bien entre los dioses, después de sufrir, reconoceré que estoy equivocada. Pero si son estos los que están errados, ¡que no padezcan sufrimientos peores que los que ellos me infligen injustamente a mí!" Sófocles, "Antígona" (916-929), en *Tragedias,* (trad. A. Alamillo), Biblioteca Gredos, Madrid, 2015, p. 171.

Antígona es el paradigma del ser humano que sufre injustamente, de quien transgrediendo una ley injusta, sufre por haberse opuesto a esa ley; porque hay una ley superior, la del amor y la fidelidad. Además, Antígona presenta una cuestión que en el cristianismo es impensable: el equívoco de los dioses. ¡Los dioses pueden estar equivocados, revela Antígona! Y encima, por este error los dioses infligen un castigo injusto. Su hermana Ismene prefiere someterse a la ley aunque esta sea injusta y esté dictada por un tirano, e intenta persuadir a Antígona a que haga lo mismo: –Ismene: "[…] Y ahora piensa con cuánto mayor infortunio pereceremos nosotras dos, solas como hemos quedado, sí, forzando la ley, transgredimos el decreto o el poder del tirano. Es preciso que consideremos, primero, que somos mujeres, no hechas para luchar contra los hombres, y, después, que nos mandan los que tienen más poder, de suerte que tenemos que obedecer en esto y en cosas aún más dolorosas que estas.

Yo por mi parte, pidiendo a los de abajo que tengan indulgencia, obedeceré porque me siento coaccionada a ello. Pues el obrar por encima de nuestras posibilidades no tiene ningún sentido." *Ibíd.* (60-65), p. 139. Pero Antígona obedece una ley superior, la ley del amor, utilizando la figura retórica del oxímoron responde a Ismene: –Antígona: "Ni te lo puedo ordenar ni, aunque quisieras hacerlo, colaborarías ya conmigo dándome gusto. Sé tú como te parezca. Yo le enterraré. Hermoso será morir haciéndolo. Yaceré con él, al que amo y me ama, *tras cometer un piadoso crimen*, ya que es mayor el tiempo que debo agradar a los de abajo que a los de aquí. Allí reposaré para siempre. Tú, si te parece bien, desdeña los honores a los dioses." *Ibíd.* (70-75), pp. 139-140. Las cursivas están añadidas.

Con todo, Hegel citando al mismo Sófocles, dirá lo contrario: "La conciencia ética debe, en virtud de esta realidad y de su obrar, reconocer lo contrapuesto a ella como realidad suya, debe reconocer su culpa: "*Porque sufrimos, reconocemos haber obrado mal*" [Sófocles, *Antígona,* v. 926]. Hegel, G. W. F., *Fenomenología del espíritu,* 14ª reim., (trad. Wenceslao Roces), Fondo de Cultura Económica (FCE), Ciudad de México, 2003, p. 278.

una nada de un género distinto, un *nihil privativum* del cual la caída es responsable absoluta, sea la del hombre o la de las criaturas más elevadas, como los ángeles. Es improcedente buscar la causa de esta nada más allá de una voluntad caracterizada por la maldad. De esta visión moral del mal, el *Contra Fortunatum* saca la conclusión que aquí más nos interesa: la de que todo mal es ya sea *peccatum* (pecado), ya sea *poena* (pena); una visión puramente moral del mal trae aparejada, a su vez, una visión penal de la historia: no hay alma injustamente precipitada en la desgracia.

El precio a pagar por la coherencia de la doctrina es enorme; y su magnitud iba a hacerse manifiesta con motivo de la querella antipelagiana, separada por varios decenios de la antimaniquea. Para hacer creíble la idea de que todo sufrimiento, por más injustamente repartido que esté o por excesivo que sea, constituye una retribución del pecado, es preciso asignar a este una dimensión supraindividual: histórica y hasta genérica; y a ello responde la doctrina del «pecado original» o «pecado de naturaleza».[160]

4.4 El nivel de la teodicea

Sobre el cuarto nivel, el de la teodicea, Ricœur dice que esta es el fruto de la onto-teología: "En sentido estricto, la teodicea es el flósculo de la onto-teología".[161] Además, la teodicea como género, tiene como modelo irrecusable la *Teodicea* de Gottfried Leibniz. Pero esta fue desmantelada en su fundamento por la crítica implacable que Kant llevó a cabo en la *Crítica de la razón pura* sobre la onto-teología que nació con san Agustín y se perfeccionó con Leibniz, al presentar en sus respectivas teodiceas la inocencia de Dios frente al mal, con un discurso precisamente onto-teológico. Pero esto no significa, sin embargo, que el problema del mal desaparezca del ámbito filosófico, sino todo lo contrario. Ricœur añade:

---

[160] Ricœur, P., *El mal. Un desafío a la filosofía y a la teología*, pp. 38-39.

[161] *Ibíd.*, p. 41.

> Por otra parte, la problemática del *mal radical*, en que desemboca *La religión en los límites de la simple razón*, rompe francamente con la del pecado original, pese a algunas similitudes. Aparte de ninguna apelación a esquemas jurídicos y biológicos puede conferir al mal radical una inteligibilidad falaz (en este sentido, Kant sería más pelagiano que agustiniano), el *principio* del mal no es de ninguna manera un origen, en el sentido temporal del término: es solamente la máxima suprema que sirve de fundamento subjetivo último a todas las máximas malas de nuestro libre albedrío; esta máxima suprema funda la *propensión* (*Hang*) al mal en el conjunto del género humano (aspecto en el que Kant se desplaza hacia el lado de Agustín), en contra de la *predisposición* (*Anlage*) al bien, constitutiva de la voluntad buena. Pero la razón de ser de ese mal radical es «inescrutable» (*unerforschbar*): «no existe para nosotros razón comprensible para saber de dónde habría podido llegarnos para saber de dónde habría podido llegarnos primero el mal moral». Lo mismo que Karl Jaspers, yo admiro esta última confesión: como Agustín, y tal vez como el pensamiento mítico, Kant advierte el fondo demónico de la libertad humana, pero con la sobriedad de un pensamiento siempre atento a no transgredir los *límites* del *conocimiento* y a preservar la diferencia entre *pensar* y *conocer por objeto*.[162]

A pesar de la crítica kantiana, será Hegel quien lleve la teodicea a la siguiente cima, luego de Leibniz, a través de *La filosofía de la historia*, pero sobre todo, por medio de la *Fenomenología del espíritu*, donde por medio de una dialéctica, el «espíritu seguro de sí mismo» encuentra el perdón y la reconciliación; Ricœur hace notar que este "espíritu es indistintamente humano y divino",[163] ya que como Hegel escribe al final del parágrafo de *El mal, y su perdón*: "El *sí* de la reconciliación, en el que los dos yo hacen dejación de *su ser* contrapuesto es el *ser allí* del *yo* extendido hasta la dualidad, que en ella permanece igual a sí mismo y tiene la certeza de sí mismo en su

[162] *Ibíd.*, pp. 45-46.

[163] *Ibíd.*, pp. 47-49.

perfecta enajenación y en su perfecto contrario; –es el Dios que se manifiesta en medio de ellos, que se saben como el puro saber".[164]

Paul Ricœur acudirá a la teología barthiana para superar la confusión entre lo humano y el espíritu, como se lee en la cita anterior de Hegel; y además, habría fracturado con éxito la argamasa del discurso filosófico y el discurso religioso vertido en la onto-teología: "En síntesis: que habría renunciado al proyecto mismo de la teodicea. El ejemplo que vamos a tomar es el de Karl Barth, quien a nuestro juicio replica a Hegel, así como Paul Tillich iba a replicar a Schelling en un estudio aparte".[165] Esto conduce al quinto y último estadio de este apartado: El estadio de la dialéctica «*fracturada*».

4.5 El nivel de la dialéctica[166] **«fracturada»**

En su monumental *Dogmática eclesial*, Karl Barth plantea que únicamente una teología «fracturada» que renuncie a la totalización

[164] Hegel, G. W. F., *op. cit.*, p. 392.

La traducción francesa de J. Hyppolite que Ricœur proporciona dice así: "«El *Sí* de la reconciliación, en el cual los dos Yoes desisten de su *ser-ahí* opuesto, es el *ser-ahí* del Yo extendido hasta la dualidad, Yo que en esto permanece igual a sí mismo y que en su completa alienación y en su contrario completo tiene la certeza de sí mismo; él es el Dios manifestándose en medio de ellos, que se saben como el puro saber»." Ricœur, P., *El mal. Un desafío a la filosofía y a la teología*, p. 49.

[165] *Ibíd.*, p. 52.

[166] Ya que en este apartado Paul Ricœur sigue muy de cerca el saber teológico barthiano, no debe olvidarse que la teología desarrollada por el teólogo suizo Karl Barth, recibe justamente el nombre de «teología dialéctica». "La *dialéctica* es, según Barth, una característica esencial de toda teología, al tener que hablar de lo Inefable e Inexpresable." Además: "Dos eran los puntos fundamentales en los que estaban de acuerdo los teólogos de la *teología dialéctica:* por una parte, en la crítica a todas las formas de la teología anterior dominante, y por otra, en ser teólogos de la palabra de Dios (que identifica y acusa al hombre como radicalmente pecador, pero también lo afirmó como salvado del pecado). Frente a A. von Harnack, Bultmann coincidía con Barth en que «un conocimiento fiable de la persona de Jesucristo como centro del evangelio no puede darse más que a través de la fe eclesial despertada por Dios»; y no por la mera apelación al Jesús histórico. De ahí que la misión de la teología sea indisociable de su función *kerigmática:* de la tarea de la predicación como despertadora de la fe. Pero el teólogo deberá ser consciente de su deber de hablar de Dios; y a la vez, como ser humano, de su impotencia para hacerlo. En esto están de acuerdo los teólogos de la teología dialéctica. [...]

sistemática puede incursionar en el peligroso sendero de *pensar* el mal, pero esta teología dislocada ha de articularse *necesariamente* con una cristología:

> *Fracturada* es, en efecto, la teología que le reconoce al mal una realidad inconciliable con la bondad de Dios y con la bondad de la creación. Barth reserva para esta realidad el término *das Nichtige,* con el fin de distinguirla radicalmente del costado *negativo* de la experiencia humana, el único que Leibniz y Hegel toman en cuenta. Es necesario pensar una nada hostil a Dios, una nada no solo de deficiencia y privación, sino también de corrupción y destrucción. De este modo se hace justicia no solo a la intuición de Kant con respecto al carácter inescrutable del mal moral, entendido como mal radical, sino también la protesta del sufrimiento humano que no acepta dejarse incluir en el ciclo del mal moral a título de retribución, ni tampoco dejarse enrolar bajo el estandarte de la providencia, otro nombre de la bondad de la creación. Con este punto de partida, ¿cómo *pensar más* que las teodiceas clásicas? Pensando *de otra manera.* ¿Y cómo pensar de otra manera? Buscando en la cristología el *nexo* doctrinal. Aquí se reconoce bien la intransigencia de Barth: la nada es lo que Cristo venció al aniquilarse él mismo en la Cruz. Remontándonos de Cristo a Dios, es necesario decir que, en Jesucristo, Dios encontró y combatió la nada, y que así nosotros «*conocemos*» la nada. Aquí se incluye una nota de esperanza: puesto que la controversia de con la nada es asunto del propio Dios, nuestros combates con el mal nos convierten en cobeligerantes. Más aún; si creemos que, en Cristo, Dios ha vencido al mal, debemos creer también que el mal ya no puede aniquilarnos: ya no está permitido hablar de él como si todavía tuviera poder, como si la victoria fuera solamente futura.[167]

La palabra de Dios [según Barth] se basta para dar testimonio de sí misma, sin que necesite apoyarse en nada humano. Su apoyo radica solo en la fuerza del Espíritu Santo por la que ella misma se crea su propio *campo de aterrizaje* en un terreno totalmente inculto e impreparado." Gesteira G., Manuel, "Karl Barth, un profeta del siglo XX" (Introducción) a Barth, Karl, *Esbozo de Dogmática,* (Col. Presencia teológica) Sal Terrae, Santander, 2000, pp. 19, 24.

[167] Ricœur, P., *El mal. Un desafío a la filosofía y a la teología*, pp. 53-54.

No obstante, Ricœur señala que Karl Barth no llevó su reflexión hasta sus últimas consecuencias, porque habría tenido que reconocer que Dios tiene un costado demónico (situación que sí reconoció Paul Tillich). Aunque señala en el intento barthiano una lógica paradojal basada en Kierkegaard. Frente a esto, Ricœur lanza la siguiente pregunta retórica: "¿No consiste la sabiduría en reconocer el carácter *aporético* del pensamiento sobre el mal, carácter aporético obtenido por el esfuerzo mismo de pensar más y de otra manera?"[168] Paul Ricœur se rehúsa a pensar en el mal solamente especulativamente (como muchas veces procede el saber teológico), sino que busca engarzarlo entre el pensamiento y la acción (en su doble sentido: moral y político) y una transformación espiritual de los sentimientos. Lo que se resume en la tríada: *Pensar, actuar* y *sentir*.[169] En suma:

1. *Pensar* el problema del mal merece ser llamado "desafío", porque es tanto un fracaso como una incitación a pensar más y de otro modo:

> El desafío es tanto un fracaso para síntesis siempre prematuras como una incitación a pensar más y de otra manera. En el camino que va de la vieja teoría de la retribución a Hegel y Barth, no cesó de enriquecerse un trabajo de pensamiento aguijoneado por la pregunta «¿Por qué?» contenida en la lamentación de las víctimas, pese a lo cual hemos visto de qué modo fracasaban las onto-teologías de todas las épocas. Pero este fracaso no invitó nunca a una capitulación pura y simple, sino a un refinamiento de la lógica especulativa; la dialéctica triunfante de Hegel y la dialéctica fracturada de Barth son instructivas a este respecto: el enigma es una dificultad inicial cercana al grito de la lamentación; la aporía es una dificultad terminal producida por el trabajo mismo del pensamiento; este trabajo no fue suprimido, sino incluido en la aporía.[170]

[168] *Ibíd.*, p. 58.

[169] Ídem.

[170] *Ibíd.*, p. 59.

2. *Actuar* implica combatir el mal, entendiendo este, como lo que no debería ser. Aunque se acude al *pasado* del mito para inquirir sobre el origen del mal (¿*de dónde* viene el mal?), la contestación –que no su solución– se orienta al *futuro* de la acción como una tarea: ¿qué hacer *contra* el mal? Así que:

   No debe temerse que el énfasis en la *lucha práctica contra* el mal haga perder nuevamente de vista el sufrimiento. Muy por el contrario. Ya hemos visto que todo mal cometido por uno es mal padecido por otro. Hacer el mal es hacer sufrir a alguien. La violencia no cesa de recomponer la unidad entre mal moral y sufrimiento. Por consiguiente, sea ética o política, toda acción que disminuya la cantidad de violencia ejercida por unos hombres contra otros, disminuye el nivel de sufrimiento en el mundo. Si descontáramos el sufrimiento infligido a los hombres por los hombres, veríamos lo que queda de él en el mundo; a decir verdad, no lo sabemos, hasta tal punto la violencia impregna el sufrimiento.

Esta respuesta práctica tiene efectos en el plano especulativo: antes de acusar a Dios o de especular sobre un origen demónico del mal en Dios mismo, actuemos ética y políticamente contra el mal.[171]

3. *Sentir* porque en la filosofía también hay un lugar a las emociones y sentimientos. La queja y la lamentación que surge en la pregunta ¿por qué yo?, se nutre de sentimientos que pueden beneficiarse de la sabiduría que ha sido enriquecida por la meditación filosófica y teológica: Dice Ricœur: "Quisiera considerar la sabiduría, así como sus prolongamientos filosóficos y teológicos, como una ayuda espiritual para el trabajo de duelo y dirigida a un cambio *cualitativo* de la lamentación y la queja".[172] No obstante la aporía especulativa puede ser productiva para aquel trabajo

[171] *Ibíd.*, p. 61.

[172] *Ibíd.*, p. 63.

de duelo, ya que puede ayudar al menos en tres modos distintos a esa espiritualidad:

a. Liberar de la acusación fundada en la teoría de la retribución afirmando que no, Dios no ha querido el mal; y menos aún ha querido castigarme por ese mal.

b. La lamentación debe permitir la libre queja contra Dios, alentando el surgimiento de una «teología de la protesta». La acusación contra Dios tendría que convertirse una impaciencia en la esperanza o inquietud de la esperanza.

c. Finalmente, la aporía intelectual alimenta la lamentación al discernir que las razones para creer en Dios no tienen nada en común con la necesidad de explicar el origen del sufrimiento humano.[173]

Estas comunes reflexiones de la filosofía y la teología sobre el mal, muestran el modo en que ambas disciplinas pueden transitar cotidianamente la misma vía, para tratar de formular preguntas juntas, cuya respuesta, más allá de ofrecer soluciones definitivas busquen una sabiduría práctica[174] que acompañe al ser humano que se duele

[173] Paráfrasis basada en *ibíd.*, pp. 63-66.

[174] En lo que Paul Ricœur ha denominado como su «pequeña ética» en *Sí mismo como otro,* tiene un amplio estudio sobre este tópico: "Noveno estudio. El sí y la sabiduría práctica: la convicción". Ahí insiste en la coherencia que debe tener todo sistema jurídico, más allá de que un sistema moral cuente con esa coherencia: "La presuposición es que toda concepción de la justicia requiere una coherencia que no solo se debe conservar sino también construir. [...] Pero ¿la coherencia de un sistema moral puede ser la de un sistema jurídico? Las diferencias son importantes. En primer lugar, la noción de precedentes tiene un sentido bien preciso en el ámbito jurídico, en cuanto que se trata de veredictos pronunciados por tribunales de justicia y que tienen fuerza de ley hasta que no hayan sido enmendados o abrogados; en segundo lugar, son instancias públicas las que tienen autoridad para construir la nueva coherencia requerida por los casos insólitos; finalmente y sobre todo, la responsabilidad del juez respecto a la coherencia expresa la convicción, común a la sociedad considerada, de que la coherencia tiene importancia para el gobierno de los hombres. De estos rasgos propios de los sistemas jurídicos, resulta que ellos solo abarcan esa región de las relaciones de interacción en la que los conflictos están sujetos al veredicto de los tribunales. Por eso, todo el problema sigue siendo el de saber si un sistema moral, que

por el mal. Teología y filosofía pueden discernir juntas la anchura, la altura y la profundidad del mal, ayudando al hombre que sufre a meditar el escándalo que ese mal genera en el alma de quien lo padece. Tal fue la experiencia límite del propio Paul Ricœur, quien comenta cuánto le ayudó este estudio sobre el mal en aquella calamidad personal y familiar que representó el suicidio de Olivier:

> Y ahora no puedo dejar de evocar la desdicha que ha franqueado una línea de separación que ya solo puedo trazar en el papel.
>
> Después de ese Viernes Santo de la vida y del pensamiento, partimos hacia Chicago [...]
>
> Encontré cierto auxilio en un ensayo que había escrito el otoño precedente y cuya publicación sobrevino poco después de la catástrofe; en ese texto titulado *El mal. Un desafío a la filosofía y a la teología* (1986), intenté formular las aporías suscitadas por el mal-sufrimiento y ocultas por las teodiceas; pero también esbozaba para terminar las etapas de un camino de consentimiento y de sabiduría. Me descubrí de pronto como destinatario imprevisto de esta áspera meditación.[175]

---

no tiene el soporte de la institución jurídica, es susceptible de coherencia propia. Además, la coherencia de los sistemas jurídicos remite a la del sistema moral, en la medida en que podemos preguntarnos si el propio «punto de vista público», que es el del juez, según Dworkin, tiene un fundamento moral." Ricœur, P., *Sí mismo como otro,* pp. 304, 305.

[175] Ricœur, P., *Autobiografía intelectual,* p. 81.

Capítulo V

Ejercicios de hermenéutica bíblica y ética ricoeurianos

1. El ser humano no-violento y su presencia en la historia

> Para saber que la violencia existe desde siempre y en todas partes, no hace falta más que mirar cómo se levantan y se vienen abajo los imperios, se instalan los prestigios personales, se desgarran mutuamente las religiones, se perpetúan y se desplazan los privilegios de la propiedad y del poder, incluso cómo se consolida la autoridad de los pensadores influyentes, cómo se encumbran los goces culturales de las élites sobre el cúmulo de trabajos y dolores de los desheredados.[1]
>
> Paul Ricœur

Ni las previsiones del pensamiento más frío, ni los cálculos más cínicos de la política, ni la familiaridad con la historia impedirán jamás que el comienzo de una guerra despierte en

[1] Ricœur, P., "El hombre no violento y su presencia en la historia" (1949), en *Historia y verdad*, Fondo de Cultura Económica (FCE), Buenos Aires, 2015, p. 273. Este ensayo aparece también en: Ricœur, P., "Capítulo III. El hombre no-violento y su presencia en la historia", en *Política, sociedad e historicidad*, UCA-Prometeo Libros, Buenos Aires, [1986] 2012, pp. 45-54.

> nosotros el sentimiento de que el destino de la humanidad, una vez más escapa a la tutela de la voluntad.[2]
>
> Jean Nabert

Como testigo privilegiado de las dos Grandes Guerras Mundiales del siglo XX,[3] Paul Ricœur pudo reflexionar a partir de ellas, sobre el mal que se padece (*paciente*), esto es, el mal *sufrido*; y también sobre el mal que se ejerce (*agente*),[4] o sea, el mal *cometido*, incluso sobre otros. En este sentido, Paul Ricœur relacionó un mito y un antiquísimo poema sapiencial de dilatadas dimensiones éticas y teológicas: el mito adámico hebreo, así como el relato poético del Libro de Job que muestra a un inocente que sufre *injustamente*; y que según Ricœur, proporcionarían ambos, una visión *dual* o dicotómica del mal, tanto del mal *cometido* como del mal *padecido*: "Pero, sobre todo, la polaridad de ambos mitos [el mito adámico y el mito trágico griego] expresa que la comprensión [del mal] se detiene en un determinado estadio; en este estadio, nuestra visión sigue siendo dicotómica: por un lado, **el mal cometido** trae consigo un destierro justo: es la figura de Adán; pero, por otro lado, **el mal padecido** trae consigo una expoliación injusta: es la figura de Job. La primera exige la segunda; la segunda corrige a la primera".[5] Aunque ambos textos ya fueron analizados en el capítulo precedente, se han invocado aquí para hacer énfasis en el entendimiento ricoeuriano del ser humano como "actuante *y* sufriente" dentro de su filosofía de la acción:

---

[2] Nabert, Jean, *Ensayo sobre el mal,* (trad. de José Demetrio Jiménez), Col. Esprit #28, Caparrós Editores, S. L., Madrid, 1997, p. 13.

[3] La Primera comenzó el 28 de julio de 1914 y finalizó el 11 de noviembre de 1918, mientras que la Segunda inició el 1 de septiembre de 1939 y se extendió hasta el 2 de septiembre de 1945.

[4] "La noción de *agency* –escribe Ricœur– le es tan esencial a la red de intersignificación de la acción como el término mismo de acción o el de intención o el de motivo o disposición; pues la intención es la de *alguien,* el motivo es lo que conduce a *alguien* a hacer algo; por último el agente es el que puede responder a la pregunta: ¿quién ha hecho eso? mediante la respuesta: yo." Ricœur, P., *El discurso de la acción,* (trad. de Pilar Calvo), Col. Teorema, Ediciones Cátedra, S.A., Madrid, 1981, p. 73.

[5] Ricœur, P., "La Simbólica del mal", en *Finitud y culpabilidad,* p. 459. Las negritas están añadidas.

> ¿Cuál es, pues, en la otra extremidad del espectro de la solicitud, la solicitud inversa de la instrucción por el otro bajo la figura del maestro de justicia? ¿Y qué nueva desigualdad por compensar se da? La situación inversa de la conminación es el *sufrimiento*. El otro es ahora ese ser *sufriente* cuyo espacio vacío hemos señalado continuamente en nuestra filosofía de la acción, **al designar al hombre como actuante *y* como sufriente.** El sufrimiento no se define únicamente por el dolor físico, ni siquiera por el dolor mental, sino por la disminución, incluso la destrucción de la capacidad de obrar, de poder-hacer, sentidas como un ataque a la integridad de sí.[6]

Lo que Ricœur dice sobre el sufrimiento es muy importante, porque a veces puede llegar a reducirse el sufrir, todo sufrimiento, o con el dolor físico o con el dolor psíquico. Pero como reconoce Ricœur, sin menoscabar ni el dolor físico ni el mental, el sufrimiento se hace más hondo o se "completa", cuando al ser humano se le cercena la "capacidad" de acción, cuando adviene un "poder-sobre":[7]

> La ocasión de la violencia, –dice Ricœur– para no hablar de viraje hacia la violencia, reside en el *poder* ejercido *sobre* una voluntad por una voluntad. Es difícil imaginar situaciones de interacción en las que uno no ejerza un poder sobre otro por el hecho mismo de actuar. Insistamos en la expresión «poder-sobre». [...] El *poder-sobre,* injertado en la disimetría inicial entre lo que uno hace y lo que se hace al otro –con otras palabras, lo

[6] Ricœur, P., *Sí mismo como otro,* 4ª reim., (trad. de Agustín Neira Calvo), Siglo XXI Editores, Ciudad de México, 2011, p. 198. Énfasis añadido.

[7] Se han señalado dos categorías del "poder": «poder-hacer» y «poder-sobre», a la que se añade una tercera: «poder-en-común». Al respecto, Paul Ricœur comenta: "Vista la extrema ambigüedad del término «poder», es importante distinguir la expresión «poder-sobre» de otros dos usos del término «poder» al que hemos recurrido en los estudios anteriores. Hemos llamado *poder-hacer,* o poder de obrar, a la capacidad que tiene un **agente** de constituirse en autor de su acción, con todas las dificultades y aporías subyacentes. Hemos llamado también *poder-en-común* a la capacidad que tienen los miembros de una comunidad histórica de ejercer, de modo indivisible, su querer-vivir-juntos, y hemos distinguido cuidadosamente este poder-vivir-en-común de la relación de dominación en la que se instala la violencia política, tanto la de los gobernantes como la de los gobernados." *Ibíd.*, p. 233.

> que ese otro padece–, puede considerarse como la ocasión por excelencia del mal de violencia. La pendiente descendiente es fácil de jalonar desde la influencia, forma suave del poder-sobre, hasta la tortura, forma extrema del abuso. En el campo mismo de la violencia física, en cuanto uso abusivo de la fuerza contra otro, las figuras del mal son innumerables, desde el simple uso de la amenaza, pasando por todos los grados de la coacción, hasta el asesinato. Bajo estas formas diversas, la violencia equivale a la disminución o la destrucción del poder-hacer de otro.[8]

¿No está aquí el corazón de la violencia contra el otro? ¿No es incapacitar al otro, lo que persigue la anulación total, por medio de la violencia asesina? ¿Qué es lo que atenta contra "la integridad de sí" sino el sufrimiento que provoca la no-constitución del sujeto que se afirma en el sí por el acto del habla, por tanto, la imposibilidad ontológica de ser? Paul Ricœur asocia tortura y tergiversación o corrupción del lenguaje como atentados al "respeto de sí" y a la "estima de sí": "Pero hay algo todavía peor: en la tortura, lo que el verdugo intenta golpear, y a veces –¡ay!– lo que consigue, es la estima de sí de la víctima, estima que el paso por la norma ha llevado al rango de respeto de sí. Lo que se llama humillación –caricatura horrible de humildad– no es otra cosa que la destrucción del poder-hacer. Aquí parece alcanzarse el fondo del mal. Pero la violencia puede disimularse también en el lenguaje en cuanto acto de discurso, por tanto, en cuanto acción..."[9] Por ello, una de las mayores violencias que pueden ejercerse contra la integridad y constitución del ser humano, es cuando se acalla su voz, cuando se atropella su derecho a manifestarse y ser escuchado, porque entonces el hombre ya no puede responder como sujeto hablante:

> En efecto, la palabra es la sede de una dialéctica entre lo que se manifiesta y lo que nosotros captamos; entre la apertura del ser y su captación por nosotros. Lo que se manifiesta pasa por la angostura de la palabra humana, que es el acto de violencia del poeta o del pensador. En un texto magnífico, Heidegger dice que la palabra –el acto y la obra de la palabra– es a la vez

[8] *Ibíd.*, pp. 233-234.

[9] *Ibíd.*, p. 234.

> la sumisión del hombre a la apertura del ser y la responsabilidad del hombre hablante que "preserva" al ser en su apertura. Este término, preservar, es admirable; da toda su densidad filosófica a la función de la palabra. Preservando lo que una vez ha sido abierto, la palabra permite a las cosas llegar a ser lo que son; por el lenguaje, las cosas penetran en el espacio de apertura, en el espacio de revelación sobre el que el hombre ejerce su responsabilidad de sujeto hablante.[10]

Ciertamente, cuando a alguien se le impide oponerse a la violencia no con más violencia, sino con la fuerza creativa de la palabra humana, ninguneándolo y quitándole la capacidad de responder con su voz, eso constituye la violencia primera, la violencia por antonomasia. En último término el sufrimiento atañe a lo ontológico porque ya no se da aquella "apertura" al ser por medio de la palabra (λόγος: *lôgos*); esto constituye el mayor atentado contra el obrar humano, contra el ser mismo del hombre y lo que genera el mayor sufrimiento; porque acallada su voz, el ser humano inexorablemente encalla en el abismo del silencio y del dolor. "Esto llega muy lejos, –enuncia Ricœur– si es cierto que la palabra es el medio, el elemento de la humanidad, el *logos* que hace al hombre semejante al hombre y funda la comunicación; la mentira, la adulación, la no verdad [...] dañan al hombre en su origen que es palabra, discurso, razón".[11] Preciso es decir con Ricœur, que nadie actúa mal en un vacío o en el vacío, porque el mal siempre tiene un objetivo contra un sujeto; de tal modo que cuando se obra mal, otro recibe ese mal, alguien absorbe ese daño:

> ...una causa principal de sufrimiento es la violencia ejercida por el hombre sobre el hombre: en verdad, obrar mal es siempre dañar a otro directa o indirectamente y, por consiguiente, hacerlo sufrir; en su estructura relacional –dialógica–, **el mal cometido por uno halla su réplica en el mal padecido por el otro.** Y en este punto de intersección capital es donde más agudo se hace el grito de la lamentación, cuando el hombre se

[10] Ricœur, P., "Reflexión sobre el lenguaje. Hacia una teología de la palabra", en VV. AA., *Exégesis y hermenéutica*, Ediciones Cristiandad, Madrid, 1976, p. 250.

[11] Ricœur, P., "La paradoja política" (1957), en *Historia y verdad,* p. 312.

> siente víctima de la maldad del hombre; lo testimonian tanto los *Salmos* de David como el análisis marxista de la alienación que resulta de reducir al hombre a la condición de mercancía.[12]

Con lo que se ejerce una violencia primera contra el otro, porque no se ha reconocido su dignidad humana. Por ello, Paul Ricœur también dice que: "siempre hemos sabido que las personas humanas no son cosas. Pero siempre ha habido seres humanos que no han contado como personas".[13] Luego de la Segunda Guerra Mundial, recuerda una antigua disputa que le había acompañado durante su niñez: "Se encontró entonces reavivado por largo tiempo –recuerda– mi viejo debate interior sobre "el hombre no violento y su presencia en la historia" (para anticipar el título de un artículo publicado en 1949) –debate cuyo origen se remontaba a los descubrimientos que había hecho de niño acerca de las injusticias y mentiras de la Primera Guerra Mundial".[14] Respecto al tema de las injusticias, Paul Ricœur referirá muchos años después (1995), que incluso para un niño, lo injusto aparece antes que lo justo, revelándose en toda su crueldad para un infante que encuentra ciertas situaciones o circunstancias en su vida, como claramente injustas, y que lo empujan a la justa indignación. Al mismo tiempo, Ricœur privilegiaría la importancia del ejercicio de la palabra que se debe imponer sobre la violencia:

> Evocando los recuerdos de infancia nombro lo injusto antes que lo justo, como lo hacen a menudo, de forma visiblemente intencional, Platón y Aristóteles. Nuestra primera entrada en la región del derecho ha estado marcada por el grito: ¡Esto es injusto! Este grito es el de la *indignación*, donde la perspicacia es a veces desconcertante, medida con la vara de nuestros deseos de adultos conminados a pronunciarse sobre lo justo en términos positivos. La indignación, frente a lo

[12] Ricœur, P., *El mal. Un desafío a la filosofía y a la teología*, Col. Nómadas, 1ª reimp., Amorrortu editores, Buenos Aires, 2007, p. 26.

[13] Ricœur, P., "«No matarás»: una obediencia amorosa", en LaCocque, A. y Ricœur, P., *Pensar la Biblia. Estudios exegéticos y hermenéuticos*, (trad. de Antoni Martínez Riu), Herder, 2001, p. 145.

[14] Ricœur, P., *Autobiografía intelectual*, Ediciones Nueva Visión, Buenos Aires, 1997, p. 23.

> injusto, anticipa desde lejos lo que Rawls llama "convicciones bien fundadas", cuya ayuda no puede ser rechazada por ninguna teoría de la justicia. Recordemos lo que fueron las situaciones típicas donde nuestra indignación se ha encendido. Fueron, por una parte, repartos desiguales que encontramos inaceptables (¡ah, este modelo de reparto del pastel en partes iguales, modelo que nunca dejó de cautivar nuestros sueños de distribución justa, deja la teoría de la justicia abocada al "impasse"!). Por otra parte, estaban las promesas incumplidas que destruyeron por primera vez la confianza inocente que teníamos en la palabra sobre la cual debíamos aprender, más tarde, reposan todos los cambios, todos los contratos, todos los pactos. Además estaban los castigos que nos parecían desproporcionados con respecto a nuestras faltas, o elogios que veíamos arbitrariamente otorgar a otros, de retribuciones no merecidas. Recapitulemos estos motivos de indignación: retribuciones desproporcionadas, promesas traicionadas, repartos desiguales. ¿No vislumbramos posteriormente allí alguno de los lineamientos del orden jurídico: derecho penal, derecho civil y mercantil, justicia distributiva? Más aún, ¿no discernimos en la indignación una cierta espera, la de una palabra que instauraría entre los combatientes una *justa distancia* que pondría fin a su cuerpo a cuerpo? En esta confusa espera de la victoria de la palabra sobre la violencia es donde se funda la intención moral de la indignación.[15]

Sobre las mentiras e injusticias de las dos grandes Guerras Mundiales del siglo XX, Ricœur tiene bien claro que no hay guerras justas, por más que estas traten de justificarse, ya que todo intento de defensa de la beligerancia humana entra en el terreno de la iniquidad: "La guerra es y debe seguir siendo para nosotros ese cataclismo, esa irrupción del caos, esa vuelta, en las relaciones exteriores de Estado a Estado, a la lucha por la vida. Esa sinrazón histórica debe seguir siendo injustificada e injustificable…".[16] El ser humano que

---

[15] Ricœur, P., "Estudio preliminar", en *Lo justo,* (trad. Agustín Domingo Moratalla), Col. Esprit #34, Caparrós Editores, Madrid, 1999, p. 23.

[16] Ricœur, P., "Estado y violencia" (1957), en *Historia y verdad,* p. 295.

apela a la guerra por la guerra misma, que alienta el conflicto y que recurre a la violencia, es aquel al que le falta palabra, es quien no está dispuesto al diá*logo*; porque en última instancia, es un inicuo, una persona *a-lógica*, sin-palabra, y a quien se le han agotado las razones. Al obispo sudafricano, Desmond Tutu, le gustaba recordar el consejo que su padre le daba con frecuencia, cuando subían de tono sus berrinches solía decirle: "No grites, mejora tu argumento". Es en este ámbito donde la palabra del derecho debe hacer resonar su voz con bastante fuerza para pacificar y procurar la paz, y reducir así el conflicto a una "disputa verbal" (para procurarnos un concepto del derecho) si se quiere, ya que como refiere Ricœur:

> En efecto, si el conflicto, y por tanto la violencia, es una ocasión para la intervención judicial, esta se deja definir por el conjunto de dispositivos por los cuales el conflicto se eleva al rango de proceso, estando a su vez centrado sobre un debate de palabras, y cuya incertidumbre inicial está finalmente resuelta por una palabra que pronuncia el derecho. Existe, pues, un *vinculo* de la sociedad –por violenta que sea por origen y costumbre– donde la palabra lo sustrae de la violencia. Ciertamente, las partes del proceso no salen apaciguadas del recinto del tribunal. Sería preciso para esto que se reconciliaran, que hubieran recorrido hasta su término el camino del reconocimiento.[17]

Pero el filósofo Ricœur sabe que para reconciliarse no hay un camino fácil ni sencillo, ya que se necesitan transitar los largos y sinuosos "caminos del reconocimiento",[18] este tema lo enunció muy bien en su último libro publicado en vida: *La memoria, la historia, el olvido,* donde habla en el epílogo de "El perdón difícil"; sobre todo, al presentar el tema de la "Comisión Verdad y Reconciliación" (*Truth Reconciliation Commission*) de Sudáfrica. Esa comisión que se distingue de las causas judiciales llevadas a cabo luego de la Segunda Guerra Mundial en Nuremberg y Tokio, enfrentó la cuestión de la

---

[17] Ricœur, P., "Estudio preliminar", en *Lo justo,* p. 22.

[18] *Cfr.,* Ricœur, P., *Caminos del reconocimiento. Tres estudios,* 1ª reim., (trad. Agustín Neira), Fondo de Cultura Económica (FCE), Ciudad de México, 2013.

justicia retributiva y la consecuente punición de los delitos y crímenes de lesa humanidad, de una forma novedosa y creativa, anulando incluso, la sed de venganza: «"Comprender y no vengar", tal era el lema, en contraste con la lógica punitiva de los grandes procesos criminales de Nuremberg y de Tokio. Ni la amnistía ni la inmunidad colectiva. En este sentido, merece recordarse, bajo la égida del modelo del intercambio, esta experiencia alternativa de verificación definitiva de las cuentas de un pasado violento».[19] En nota al pie de página, Ricœur transcribe lo escrito por Sophie Pons en *Apartheid L'Aveu et le pardon*:

> La mayor innovación de los sudafricanos se debió a un principio, el de la amnistía individual y condicional, al contrario de las amnistías generales otorgadas en América Latina bajo la presión de los militares. No se trataba de borrar sino de revelar; no de encubrir los crímenes, sino, al contrario, de descubrirlos. Los antiguos criminales tuvieron que participar en la reescritura de la historia nacional para ser perdonados: la inmunidad se merece, implica el **reconocimiento** público de sus crímenes y la aceptación de las nuevas reglas democráticas. [...] Desde la noche de los tiempos, se dice que todo crimen merece castigo. Es en el extremo sur del continente africano donde, a iniciativa de un antiguo prisionero político [Nelson Mandela] y bajo la dirección de un hombre de Iglesia [Desmond Tutu], un país exploró una nueva vía, la del perdón para quienes reconocen sus ofensas.[20]

Por otra parte, aquellas injusticias y falsedades que la mente inquieta del infante Ricœur descubre frente a las atrocidades del conflicto armado, tenían que ver, por ejemplo, con la muerte inútil de su padre: Jules Ricœur, como soldado en esa sanguinaria guerra.[21] "A mi

---

[19] Ricœur, P., *La memoria, la historia, el olvido,* (trad. de Agustín Neira), 2ª reim., Fondo de Cultura Económica (FCE), Buenos Aires, 2013, p. 618.

[20] Pons, Sophie, *Apartheid L'Aveu et le pardon*, (Postface de Desmond Tutu), Bayard, París, 2000, pp. 17-18. Citado por Paul Ricœur en Ricœur, P., *La memoria, la historia, el olvido,* p. 618.

[21] Ricœur, P., *Autobiografía intelectual,* p. 15.

juicio, –dice Ricœur– mi padre,* había muerto, pues, por nada, y una vez que deje de entenderle como referencia moral, tuve que afrontar esta nueva visión tanto de la guerra como de él mismo".[22] Pero su padre, Jules Ricœur, no solo había muerto inútilmente, sino también injustamente: "Permítaseme aquí volver atrás: el descubrimiento precoz –hacia los once o doce años– de la injusticia del Tratado de Versalles había invertido brutalmente el sentido de la muerte de mi padre en el frente en 1915; privado de la aureola reparadora de la guerra justa y de la victoria sin mácula, esa muerte revelaba ser una muerte para nada".[23] Toda conflagración lleva ya la mancha de la injusticia, no hay guerras inmaculadas, aunque quiera hacérseles pasar

---

* La paternidad fue un tema sobre el que Ricœur escribió un encomiable ensayo al que intituló «La paternidad: del fantasma al símbolo», en el que a través de un triple acercamiento: el Edipo dentro del *psicoanálisis* freudiano, la *Fenomenología del espíritu* de Hegel; y, finalmente, la fe cristiana por medio de un análisis desde la *filosofía de la religión*, logró hacer una extraordinaria síntesis del tópico señalado: "La figura del padre –dice– no es una figura que se conozca bien, ni que tenga un significado invariable y de la cual puedan seguirse los avatares, la desaparición y el retorno bajo máscaras diversas. Es una figura problemática, inacabada y en suspenso; una *designación*, susceptible de atravesar una diversidad de niveles semánticos, desde el fantasma *[fantasme]* del padre castrador que hay que matar, hasta el símbolo del padre que muere de misericordia." Ricœur, P., "La paternidad: del fantasma al símbolo" (1969), en *El conflicto de las interpretaciones*, p. 421. El triple esquema de la hipótesis de Ricœur: "Designa la paternidad como un *proceso,* más que como una *estructura,* y propone una constitución dinámica y dialéctica de ella." *Ibíd.*, p. 422.

En relación con la dolorosísima muerte de su hijo Oliver, Ricœur critica su propia falta como padre, ¿Ricœur fue un buen padre? Esta pregunta solo él podría contestarla. Aquí algunos atisbos: "En relación con esto advertí que con el *cogito* sucede lo mismo que con el padre: a veces se da en exceso y a veces demasiado poco. En aquel momento no me percaté de que este juicio pronto iba a tener consecuencias en mi vida." Ricœur, P., *Crítica y convicción,* p. 127.

A la muerte de su famoso padre, Étienne Ricœur habla en nombre de todos sus hermanos sobre lo que representó ser hijo de un padre famoso: "No ignorarán que no fue fácil ser descendencia de alguien célebre, sobre todo si esta celebridad descansa en un real trabajo, en una generosidad sincera con sus colegas y estudiantes… en estas condiciones, la construcción, la afirmación de sí mismo es ardua… Las situaciones extremas que viví con él desgarraron la densidad de las costumbres, me permitieron acceder al hombre de amor y de lágrimas. Hoy doy testimonio de que me ha ayudado a superar mis pruebas… Séanle perdonadas sus carencias." Dosse, François, *Paul Ricœur: los sentidos de una vida (1913-2005),* 1ª ed., (trad. de Pablo Corona), Fondo de Cultura Económica (FCE), Buenos Aires, 2013, p. 743.

[22] Ricœur, P., *Crítica y convicción,* pp. [11], 12-13.

[23] Ricœur, P., *Autobiografía intelectual*, p. 21.

por justas. "La justicia no es tanto lo que nosotros sabemos, como lo que hacemos. Va más allá de ser simplemente justos en nuestras relaciones personales; implica una responsabilidad activa de ver que la justicia se pone en práctica en la comunidad".[24]

En "Estado y violencia" (1957), Ricœur habla de lo que él llama una "ética del desamparo", para hacer referencia al modo en que el ciudadano se encuentra en estado de indefensión ante la violencia estatal que lo obliga; por una parte, a sacrificarse en nombre de la sobrevivencia del Estado; y al mismo tiempo, a ejercer una prerrogativa exclusiva del Estado, la violencia asesina contra otro ser humano:

> ¿Por qué a pesar de todo la guerra sigue siendo problemática? Porque no es solo el asesinato instituido; más exactamente porque el asesinato del enemigo coincide con el sacrificio del individuo a la supervivencia física de su propio Estado. En efecto, es en este punto donde la guerra plantea lo que llamaría el problema de una "ética del desamparo". Si la guerra me planteara únicamente un problema: ¿mataré o no mataré al enemigo?, solo el miedo y la idolatría de un Estado divinizado explicarían mi sometimiento al Estado malvado y estos dos motivos me condenarían totalmente; mi deber estricto sería ser objetor de conciencia. Pero la guerra me plantea también otra pregunta: ¿arriesgaré mi vida para que mi Estado sobreviva? La guerra es esa situación límite, esa situación absurda que hace coincidir el asesinato con el sacrificio. Hacer la guerra es, para el individuo, al mismo tiempo matar al otro hombre, al ciudadano del otro Estado, *y* poner su vida en riesgo para que el Estado siga existiendo.[25]

Ricœur supo en su propio cuerpo que el precio que había que pagar para que el Estado francés siguiera existiendo, era su propia vida y la vida de un enemigo *supuesto* o auténtico, al que había que extinguir: "… el problema –dice– de la supervivencia física del Estado, de su conservación material a riesgo de mi vida y al precio

[24] Mott, Stephen Charles, *Ética bíblica y cambio social,* (trad. de Miguel A. Mesías), Nueva Creación, Grand Rapids, 1995, p. 72.

[25] Ricœur, P., "Estado y violencia" (1957), en *Historia y verdad,* pp. 295-296.

de la vida de mi enemigo, es el monstruoso enigma frente al cual me pone la existencia del Estado".[26] Por otra parte, esa nueva visión de la guerra y del sinsentido de la muerte de su padre, incluía la adopción de la responsabilidad que su propia nación, Francia, había tenido tiempo después de la Primera Guerra Mundial, en el surgimiento del nazismo que dio origen a la Segunda Guerra Mundial:

> Por otro lado, padecí hacia los once o doce años la influencia de un hombre –nuestro casero, un católico pacifista partidario de Marc Sangnier–* que me causó una tremenda conmoción al "demostrarme" que, en la "Gran Guerra", Francia había sido la agresora, que la continuación de las hostilidades después de Verdún había sido una verdadera ignominia y que el Tratado de Versalles suponía una vergüenza de la que Europa entera pagaría sus consecuencias. Y fue según este punto de vista como percibí la ascensión del nazismo.** Siempre he

[26] Ídem. Aquí Ricœur desarrolla toda una filosofía política, porque como señaló al comienzo de este ensayo sobre la violencia del Estado, la pregunta sobre el significado del hombre como un ser político, pasa por la reflexión sobre la "violencia *legítima*" cuyo ejercicio es exclusivo del Estado. *Cfr.*, Ricœur, P., "Estado y violencia" (1957), en *Historia y verdad*, pp. 284 *ss*.

* Marc Sangnier (París, Francia, 3 de abril de 1873 – París, Francia, 28 de mayo de 1950), fue un periodista y político francés, creador del movimiento *Le Sillon* (1894), nombre de la revista que fundó el mismo año, y que fue desautorizada por Pío X (1910). Impulsó el cristianismo social y fue uno de los principales promotores del catolicismo democrático y progresista. También ocupó un lugar destacado en el movimiento por la educación popular, promoviendo estos ideales a través de las publicaciones y actividades en las que participaba. Asimismo, fue uno de los pioneros del movimiento que albergó a los judíos perseguidos por el nazismo en Francia. Diputado por el Bloque Nacional (1919-1924), fundó *L'éveil des peuples*, de inspiración internacionalista y pacifista, y en 1930 la Liga francesa de los Albergues de la Juventud. https://www.biografiasyvidas.com/biografia/s/sangnier.htm (Consultada el 13 de marzo de 2018).

** Es preciso no olvidar el profundo resentimiento que Adolf Hitler le tenía especialmente a Francia, por haber hecho de Alemania, la gran perdedora en la Primera Guerra Mundial, a través del Tratado de Versalles. Es bien sugestiva la historia del «Vagón del armisticio», el famoso "Vagón de Compiègne": "El **CIWL** [*Compagnie Internationale des Wagons-Lits*] **Nº 2149**, conocido como el *Vagón del armisticio* fue el histórico vagón donde se firmaron los armisticios primero y segundo en Compiègne. Tras la firma del primer tratado en el bosque de Compiègne, el vagón fue trasladado a un museo en Francia y tras el segundo armisticio, fue trasladado a Berlín por instrucciones de Hitler, para humillar a la Francia avasallada y simbolizar así la superioridad del III Reich sobre el país galo. En los últimos días de la II Guerra Mundial, las SS dinamitaron el vagón." https://es.wikipedia.org/wiki/Vag%C3%B3n_del_armisticio (Visitada el 13 de febrero de 2018).

mantenido tal idea, sin dejar nunca de pensar que la responsabilidad de Francia a este respecto fue considerable.[27]

Esto muestra que el propósito fundamental del mal, ejercido a través de la violencia de un Estado que le hace la guerra a un segundo Estado, es en última instancia, la anulación del otro: "Pues no hay que equivocarse, el objetivo de la violencia, el término que persigue implícita o explícitamente, directa o indirectamente, es la muerte del otro –por lo menos su muerte o algo peor que su muerte–. Es así que Jesús descubre la punta de la simple cólera:* aquel que se encoleriza contra su hermano es el *asesino* de su hermano [Mateo 5:22]".[28] Incluso la violencia en nombre o a favor del Estado, legitima por una parte, la prerrogativa exclusiva de la violencia asesina que ejerce el Estado contra sus ciudadanos, y por otra parte, esa

[27] Ricœur, P., *Crítica y convicción,* p. 12.

* En "Estado y violencia", Ricœur retomará el tema de la cólera, pero de la «cólera divina» o «ira de Dios» (Romanos 1:18; 12:19), y la vinculación que él ve entre el uso de la fuerza y la violencia del Estado. Paul Ricœur piensa que el uso de la fuerza por parte del magistrado engarzado con la violencia estatal, apareció dentro de la teología política paulina: "Y de repente, rompiendo este llamado al amor mutuo [hecho por Jesús], Pablo bosqueja la figura del "magistrado". ¿Y qué hace el "magistrado"? *Castiga.* Castiga al que hace el mal. Esta es pues la violencia que evocábamos al comienzo; inclusive es exactamente en la instancia penal donde san Pablo resume todas las funciones del Estado." Ricœur, P., "Estado y violencia" (1957), en *Historia y verdad,* p. 287. Enseguida pasa a comentar la cuestión de la cólera divina, basada justamente en un texto paulino y vinculada nuevamente a la idea de Estado: "Se invocó en primer lugar la "cólera de Dios"; la cólera de Dios es, en efecto, nombrada en el contexto del Estado (Romanos 12); este tema no parece sin relación con el del Estado, puesto que la cólera de Dios es Dios en tanto que castiga; más aún, es invocada para negar a las personas privadas el derecho de vengarse por sí mismas; a Dios, se recuerda, corresponde la retribución; es pues razonable acercar la institución a la sanción de esta venganza que Dios se reserva. Pero esta aproximación entre la institución del Estado y la cólera de Dios no es tanto una explicación cuanto la consagración de un enigma. ¿Quién no ve, en efecto, que la dualidad entre el amor y la coerción solo se hace más radical, puesto que se remite a Dios? Más aún, si la cólera fue satisfecha sobre la Cruz, hay que admitir que la historia del Estado no es la historia redimida por la Cruz, sino una historia irreductible a la de la salvación, una historia que conserva al género humano sin salvarlo, que lo educa sin regenerarlo, que lo corrige sin santificarlo." *Ibíd.,* pp. 288-289. Por mi parte, me atrevería a decir que en la interpretación que Ricœur hace sobre el Estado, en tanto institución, se oculta toda una teología política, y no una mera filosofía también política. Pero ese es otro tema.

[28] Ricœur, P., "El hombre no violento y su presencia en la historia" (1949), en *Historia y verdad,* Fondo de Cultura Económica (FCE), Buenos Aires, 2015, p. 276.

misma violencia mortífera se establece *de facto* dentro de un Estado que debe renovarse o desaparecer, por ejemplo, en una guerra civil. Así, la muerte de mi enemigo, sea este mi compatriota o no, hace que la violencia punitiva del Estado adquiera una nueva dimensión:

> La violencia se agrava cuando la violencia sale completamente de los límites de la institución penal, cuando el ciudadano es llamado a las armas por la patria en peligro, cuando una situación revolucionaria lo pone en el cruce de dos violencias: una que defiende el orden establecido, otra que fuerza el acceso al poder para nuevas capas sociales portadoras de un mensaje de justicia social o, por último, cuando la guerra liberadora da la mano a la guerra extranjera para quebrar una tiranía.[29]

La Segunda Guerra Mundial no fue mejor que la Primera Gran Conflagración para Paul Ricœur, por haber estado recluido durante cinco largos años en aquel campo de concentración nazi en Pomerania, del que, afortunadamente salvó la vida. No obstante todas estas situaciones malignas que padeció Ricœur durante su infancia y juventud, no lo convirtieron en un resentido social ni en una persona infeliz; al contrario, gracias a su labor filosófica pudo evitar el abismo del dolor que el cautiverio nazi pudo haberle provocado:

> En cuanto a mí, –dice– pude librarme de una excesiva acumulación de recuerdos del cautiverio gracias a mi trabajo intelectual. Cerré detrás de mí la puerta del campo al abandonarlo y llevarme conmigo a aquellos que iban a ser mis amigos hasta el final de sus días, y digo esto por los que han muerto antes que yo. Algunos de estos amigos han querido regresar a los lugares en que pasamos nuestra época de cautiverio; por mi parte, nunca he tenido deseos de volver a esa Pomerania ahora polaca.[30]

Aquel ensayo recién mencionado se titula: “El hombre no violento y su presencia en la historia”, y fue reproducido en *Historia y verdad* (1955), donde Paul Ricœur asocia precisamente, la problematización de la no-violencia humana con un tema eminentemente

[29] Ricœur, P., “Estado y violencia” (1957), en *Historia y verdad*, p. 292.

[30] Ricœur, P., *Crítica y convicción*, p. 34.

bíblico: el del «Sermón de la montaña» –en la versión de Mateo– o «Sermón del llano» en la versión de Lucas.[31] El *Sermón del monte* o *Sermón de la montaña*, es todo un discurso programático *evangélico* a través de las llamadas **Bienaventuranzas,**[32] y según la primera de ellas, en las palabras prístinas de Jesús (*ipsissima vox* o «logia»),[33] los "pacificadores"[34] o quienes "trabajan por la paz", son afortunados,[35] dichosos o felices: "*Bienaventurados*[36] los que trabajan por la paz,

---

[31] Aunque las bienaventuranzas lucanas son claramente distintas de las bienaventuranzas mateanas. "La enunciación de las bendiciones en Lucas se hace a continuación de la elección de los doce discípulos (Lc 6:12-16). Sin embargo, el sermón va dirigido a la multitud en general y habla de la venida del reino de Dios. Lucas alterna cuatro bienaventuranzas con cuatro ayes, pasando del tiempo presente al futuro, para resaltar el contraste del cambio inminente de las condiciones sociales." Carpenter, Eugene E. y Comfort, Philip W., *Glosario Holman de términos bíblicos,* Broadman & Holman Publishers, Nashville, 2003, p. 239.

[32] "*Makarios* en griego significa afortunado o bienventurado y deriva de la raíz *mak* (largo). Quizás los griegos asociaban ser bienaventurado con la largura (duración) de la vida: una vida larga se consideraba una vida bendecida.

Makarios se emplea frecuentemente en la literatura griega, en la Septuaginta (traducción griega del A. T.) y en el N. T. para describir el tipo de alegría que proviene de recibir el favor divino. En consecuencia, también puede traducirse por favorecido. En el N. T. generalmente es una voz pasiva cuyo sujeto es divino; es decir, las personas son bendecidas por Dios. Jehová Dios es el único que puede bendecir o favorecer a una persona.

Las bendiciones más conocidas son las descriptas en las bienaventuranzas, donde podemos ver los diferentes tipos de bendiciones que Dios da. Encontramos las bienaventuranzas en Mt 5:3-12 y en Lc 6:20-23. [...]

En la mención de Mateo, el reino ha comenzado, porque emplea el tiempo presente." Ídem.

[33] Jeremias, Joachim, *Las parábolas de Jesús,* 14ª ed., Verbo Divino, Navarra, 2006, pp. 24 y *ss.*

[34] "Bienaventurados ***los pacificadores***, porque ellos serán llamados hijos de Dios." (Mateo 5:9 Reina-Valera 1960 [RVR1960]).

[35] Así lo dice esta otra traducción: "***Afortunados*** los que se esfuerzan por conseguir la paz, porque ellos serán llamados hijos de Dios." (Mateo 5:9, Palabra de Dios para Todos: PDT). Otras posibles traducciones son: "***Dichosos*** los que trabajan por la paz, porque serán llamados hijos de Dios." (Mateo 5:9, Nueva Versión Internacional [NVI]). "***Felices*** los que trabajan en favor de la paz, porque Dios los llamará hijos suyos." (Mateo 5:9 La Palabra (España) [BLP]).

[36] Ricœur dice bien que las bienaventuranzas son recursos retóricos llamados "macarismos" (del griego Μακαριος, en latín *beatus*). Originalmente los macarismos eran oraciones o himnos de la iglesia antigua, especialmente de la iglesia ortodoxa griega a algún santo. "Se habrá reconocido ahí la forma literaria de los macarismos, que es familiar a los lectores de las bienaventuranzas: "Bienaventurados los

porque ellos serán llamados hijos de Dios." (Mateo 5:9, *Biblia de Jerusalén*). En este sentido, Ricœur escribe:

> No vacilo en decir desde el comienzo, para jugar un juego franco, que esta condición previa se me confunde con una convicción más fundamental: que **el sermón de la montaña** atañe a nuestra historia y a toda historia, con sus estructuras políticas y sociales, y no solo a actos privados y sin alcance histórico, sino que introduce verticalmente en esta historia una exigencia *difícil*, en gran medida inasimilable, y ubica a quienquiera haya sido mordido por él en *un* malestar fundamental, en un estado de vehemencia que muchas veces no encuentra otra salida más que actos a contratiempo, torpemente históricos; que ese malestar, esa vehemencia, esa torpeza implican, sin embargo, que **el sermón de la montaña,** con su no violencia, quiere entrar en la historia, que su intención es práctica, que apela a la encarnación, no a la evasión.[37]

Sobre esta certeza, Paul Ricœur escribe en otra parte: "En la convicción me arriesgo y me someto. Elijo, pero me digo que no puedo hacer de otra manera. Tomo posición, tomo partido y así reconozco aquello que, más grande que yo, más durable y más digno que yo, me constituye en deudor insolvente".[38] Nuevamente Ricœur acude

---

pobres de espíritu porque de ellos es el reino de los cielos (*Mateo*, 5 [1] 3). Himno, bendición, macarismos, ahí está todo un haz de expresiones literarias que se pueden agrupar alrededor de la alabanza. A su vez, la alabanza resurge en el terreno más general, bien delimitado de la poesía bíblica, cuyo funcionamiento discordante en relación con las reglas de un discurso que buscaría la univocidad en el plano de los principios ha sido recordado por Robert Alter en *The Art of Biblical Poetry:* en poesía las palabras-clave sufren amplificaciones de sentido, asimilaciones inesperadas inéditas interconexiones." Ricœur, P., *Amor y justicia*, p. 19.

[37] Ricœur, P., "El hombre no violento y su presencia en la historia" (1949), en *Historia y verdad*, pp. 271-272. Las negritas están añadidas.

[38] Ricœur, P., *Lectures 2. La contrée des philosophes*, Ed. du Seuil, París, 1992, p. 200. Citado por Beguè, Marie-France, "El rol de la convicción en la sabiduría práctica de Paul Ricœur", en VV. AA., *Cuadernos de ética*, #17-18, Ediciones Docencia, Buenos Aires, 1994, p. 47. La argentina Marie-France Beguè escribió una tesis doctoral sobre el filósofo francés, la que Ricœur accedió a prologar. Cuando Ricœur presentó su libro *La memoria, la historia, el olvido* en París, ella fue la única latinoamericana –entre las 40 personalidades del mundo filosófico– que asistió a la presentación, por invitación expresa del autor. *Cfr.*, Beguè, Marie-France,

a ese talante primigenio que le ha configurado como hombre de fe, al que denomina genéricamente con la categoría de "convicción";[39] y al mismo tiempo, también como filósofo, para problematizar la cuestión de la no-violencia y su manifestación en la historia *a través* de un ser humano que no se deja dominar por los instintos de muerte contra su prójimo, ni por impulsos de anulación contra su hermano. En "El hombre no violento y su presencia en la historia", Ricœur engarzó esta exigencia con la del «Sermón del monte» o «Sermón de la montaña», cuyo contenido es quizá el eje central del programa *evangélico* de Jesús.[40] Ese ensayo, aunque circunstancial, buscaba profundizar un tema que para Ricœur era muy importante,

---

"Paul Ricœur y la justicia de la memoria", *La Nación* (6 de diciembre de 2000). Consultada el 8 de abril de 2018. Disponible en: https://www.lanacion.com.ar/215857-paul-ricœur-y-la-justicia-de-la-memoria

[39] "La categoría de la *convicción* es una de las categorías básicas de la "poética testimonial" ricoeuriana. Ella articula la adhesión a una verdad con la adhesión práctica, es decir, con la práctica que al apropiarse de esa verdad, hace que la acción se vuelva testimonio.

Igual que sucede con el compromiso, Ricœur sostiene que la convicción no es una "propiedad de persona" sino un *criterio de la persona.* Esta noción de criterio significa que no tenemos otra manera de discernir un orden de valores, una jerarquía de lo preferible –que sea capazesta rio de la persona. compromiso, Ricœur sostiene que la conviccipara componer ese movimiento de conjunto de la historia que de convocarnos y a la vez justifique nuestra entrega– si no nos *identificamos* con una *causa,* la que cualitativamente nos supera y nos trasciende. Dicha causa, para que ejerza su eficacia, debe presentarse como apetecible en sí misma y para todos, y es en ella también que nosotros hemos de reconocer nuestra Pertenencia." Beguè, Marie-France, "El rol de la convicción en la sabiduría práctica de Paul Ricœur", en VV. AA., *Cuadernos de ética,* #17-18, p. 46.

[40] Así lo señala Jean Zumstein: "**El programa del sermón de la montaña.** La enseñanza del Cristo mateano está recogida especialmente en los cinco grandes discursos que ponen ritmo al evangelio. Entre ellos reviste una importancia particular el sermón de la montaña (5-7), en el que Cristo se presenta como el mesías de la palabra. En esta instrucción célebre es donde el Jesús terreno proclama la voluntad de Dios en relación con la multitud y con los discípulos (5:1-2). El sermón de la montaña comprende tres partes: la introducción (5:1-16) señala la felicidad y la vocación de los discípulos; la parte central (5:17-7:12) enuncia cuál es la «mejor justicia»; la conclusión (7:13-29) está constituida por una exhortación a la obediencia fiel. Pues bien, la parte central se abre con una declaración programática (5:17-20) donde Cristo anuncia el tema que se desarrollará a continuación, por una parte en las seis antítesis (5:21-48) y por otra en las instrucciones relativas a la auténtica actitud ante Dios (6:1-18)." Zumstein, Jean, *Mateo el teólogo,* 5ª ed., (trad. Nicolás Darrícal), Cuadernos Bíblicos #58, Verbo Divino, Navarra, 2002, p. 31.

ya que se trataba de la cuestión de la violencia y su contraparte: el pacifismo. Que Paul Ricœur era un pacifista consumado, lo demuestra la siguiente cita, que vincula esta opción (o posición) política como resultado de la "indignación" provocada por una doble ejecución injusta y también por la influencia positiva que Emmanuel Mounier ejerció sobre aquel:

> Además, gracias a Mounier, aprendí a articular las convicciones espirituales con las tomas de posición políticas que hasta entonces se habían yuxtapuesto a mis estudios universitarios y a mi compromiso con los movimientos juveniles protestantes. [...] Al pacifismo surgido de estas cavilaciones se agregó muy pronto un vivo sentimiento de injusticia social para el cual encontraba aliento y justificación en mi educación protestante. Me acuerdo especialmente de mi indignación cuando me enteré de la ejecución en Estados Unidos de Sacco y Vanzetti, que las informaciones de las que dependía hacían aparecer como anarquistas falsamente acusados e injustamente condenados. Me parece que mi conciencia política nació ese día.[41]

De aquella certeza o convicción, toma Ricœur la vehemencia con la que escribe que el "Sermón de la montaña" quiere abrirse paso en la historia cotidiana de la humanidad, y que no es solamente un discurso religioso o la presentación de un ideal bondadoso, sino todo un programa existencial que atañe también a lo político y a lo social, puesto que para Ricœur esta no violencia es éticamente posible, de ahí que entre necesariamente en contradicción con los avatares impetuosos de la historia humana. "Si la no violencia debe ser éticamente posible, es menester ponerla en cortocircuito con la acción efectiva, efectuada, tal como surge de todas las incidencias mutuas por las cuales se elabora una historia humana".[42] Para Ricœur, la historia humana se ha construido bajo las vicisitudes de la violencia. Pero ¿es éticamente posible su transfiguración? ¿Hay o

---

[41] Ricœur, P., *Autobiografía intelectual*, pp. 20, 21.

[42] Ricœur, P., "El hombre no violento y su presencia en la historia" (1949), en *Historia y verdad*, p. 272.

existe un orden distinto al de la violencia que ha configurado *hasta ahora* la historia humana? El filósofo francés responde así:

> La primera condición que debe satisfacer una doctrina auténtica de la no violencia es haber atravesado el mundo de la violencia en todo su espesor; un movimiento no violento corre siempre el riesgo de limitar la violencia a una forma particular que combate de manera acotada y obstinada. Es preciso haber medido el largo, el ancho, la profundidad de la violencia –su extensión a lo largo de la historia, la envergadura de sus ramificaciones psicológicas, sociales, culturales, espirituales, su arraigo profundo en la pluralidad misma de las conciencias–; hay que practicar hasta el final esta toma de conciencia de la violencia, por la cual exhibe su trágica grandeza, aparece como el nervio mismo de la historia, la "crisis" –el "momento crítico" y el "juicio"– que, de pronto, cambia la configuración de la historia. Entonces, pero solo entonces, al precio de esta veracidad, se plantea la cuestión de saber si la reflexión revela un *excedente*, algo *más grande* que la historia, si su conciencia *tiene con qué* reclamar contra la historia y reconocerse como perteneciendo a un "orden" diferente de la violencia que hace la historia.[43]

Pero si en el ensayo "El hombre no violento y su presencia en la historia", Ricœur asoció el tema de la no-violencia al programa pacificador de Jesús en el Nuevo o Segundo Testamento; antes incluso, en "La Simbólica del mal" lo vinculó con el motivo bíblico del «Siervo de Yahvé», enunciado por el "Segundo Isaías" o "Deutero-Isaías"[44] en su «Libro de la consolación de Israel» (Isaías, capítu-

[43] Ídem.

[44] "«Segundo Isaías»: un título que no figura en nuestras Biblias. Sí que encontramos dos libros de Samuel [...] dos cartas a los Corintios, dos cartas de Pedro, etcétera..., pero no dos Isaías. Sin embargo, no se trata de un libro desconocido, descubierto en alguna excavación reciente. De hecho, es el nombre de los capítulos 40 a 55 del libro de Isaías, obra de un autor que vivió en tiempos del destierro de Babilonia (hacia el año 540 a. C.), unos 200 años después del profeta Isaías (que vivió por el 740 a. C.). [...] Luego se admitió más bien la idea de que estos capítulos eran de otro autor que, por lo demás, recogía ciertas ideas del antiguo Isaías y se consideraba algo así como discípulo suyo. Hoy todo el mundo reconoce esta diferencia de autores. Y, a falta de otro nombre mejor, se le ha dado a este profeta de los capítulos 40 y siguientes el nombre de «Segundo Isaías» o

los 40-55) en el Antiguo o Primer Testamento. "Es notable –dice Ricœur– que este «canto» [42:1 y *ss.*] hable sin que se pueda decir quién es ese Siervo de Yahvé, ni siquiera si se trata de un pueblo tomado en bloque, de un «resto» o de un individuo excepcional".[45] El *Segundo* profeta Isaías (42:2) dice: "No gritará, ni alzará su voz, ni la hará oír en las calles." (RVR-1960).[46] Paul Ricœur mismo, en el ejercicio de su filosofar fue consecuente con esa enseñanza, ya que él nunca buscó o pretendió ser violento, su carácter dócil y ágil, le permitieron reflexionar sin necesidad de recurrir a la violencia verbal o escrita, soterrada en muchos otros filósofos, puesto que "la violencia puede disimularse también en el lenguaje en cuanto acto del discurso, por tanto, en cuanto acción…"[47] En la siguiente cita Ricœur vuelve sobre el tema del "siervo de Yahvé", también denominado aquí como «discípulo de Jehová», asociándolo con "El hombre no violento y su presencia en la historia":

> Por esta razón, un ensayo en apariencia tan circunstancial […] como "El hombre no violento y su presencia en la historia" está en relación estrecha con el tema más central de esta compilación; en este artículo yo intentaba comprender de qué manera oscura, indirecta, desarticulada, el hombre no violento

---

«Deutero-Isaías»." Wiéner, Claude, *El segundo Isaías. El profeta del nuevo éxodo,* 7ª ed., (trad. de Nicolás Darrical), Cuadernos bíblicos #20, Verbo Divino, Navarra, 1995, p. 5.

El biblista argentino J. S. Croatto, experto en el profeta Isaías, dice: "… el Deuteroisaías (en adelante 2-Isaías, que es más sencillo) no es un texto separado de [los capítulos] 1-39. La tradición lo consideró siempre como parte de un único libro, el de Isaías a secas. Tan así es, que no hay ninguna presentación del profeta que habla […]. Se supone que es el mismo que habla en [los capítulos] 1-39.

Es la crítica bíblica la que ha discernido en la obra grande una sección especial (los capítulos 40-55), que hay que situar en otro contexto histórico, diferente al del siglo VIII [a. C.]. Como no hay personaje alguno identificado, se le dio el nombre (incorrecto por cierto) de "segundo Isaías". La designación vale solamente en sentido literario (para identificar un texto que siempre fue reconocido como de Isaías)." Croatto, José Severino, *Isaías. La palabra profética y su relectura hermenéutica. Vol. II: 40-55. La liberación es posible,* 1ª reim., Editorial LUMEN, Buenos Aires, 2007, p. 7.

[45] Ricœur, P., "La Simbólica del mal", en *Finitud y culpabilidad,* pp. 407-408.

[46] Una traducción alterna dice: "No vociferará ni alzará el tono, y no hará oír en la calle su voz" (Isaías 42:2, *Biblia de Jerusalén*)

[47] Ricœur, P., *Sí mismo como otro,* p. 234.

actúa en la historia, **cuando da testimonio**,* por un gesto presente, de los objetivos lejanos de esa historia e identifica los medios que usa para los fines que espera. Ahora bien, esa presencia del hombre no violento en la historia atestigua, a mi modo de ver, que la historia es muy rica y que hay muchas maneras de ser eficaz en ella; pero, sobre todo, esa manera en la que "el discípulo de Jehová", por ejemplo, se deja aplastar en el lugar antes que portar las armas ilumina a mi manera de ver el sentido de mi propio trabajo: el respeto de la discontinuidad de las "figuras" históricas de la filosofía, ¿no es una manera de no violencia? Y esa no violencia, en comunicación subterránea con cualquier otra no violencia, ¿no se articula, por otro lado, como cualquier otra violencia también, con la

* ¿En qué sentido el hombre no violento da "testimonio" en la historia? En "La hermenéutica del testimonio", Ricœur vincula la figura del «siervo sufriente» con el de un testigo (que aquí es un profeta), es decir, con "aquel que es enviado a testimoniar" una palabra que no es la suya, porque proclama en nombre de otro: "Primero el testigo no es cualquiera que se adelanta y declara, sino aquel que es enviado para testimoniar. Por su origen el testimonio viene de otra parte. Enseguida, el testigo no testimonia sobre hechos aislados y contingentes, sino sobre el sentido radical, global de la existencia humana; es Yahveh mismo quien se atestigua en el testimonio. Además el testimonio está orientado hacia la proclamación, la divulgación, la propagación: un pueblo es testigo para todos los pueblos. Por último, esta profesión implica un compromiso total no solamente con las palabras sino también con los actos y, llegando hasta el límite, con el sacrificio de una vida. Lo que distingue este nuevo sentido del testimonio de todos sus usos, en el lenguaje corriente, es que el testimonio no pertenece al testigo. Procede de una iniciativa absoluta en cuanto a su origen y contenido.

Desde este punto de vista, parecería justo decir que ningún vínculo aparente liga todavía la noción de siervo sufriente (*Ebed Yahve*) con la de testigo; la teología del mártir no está en la dirección correcta del concepto profético de μάρτυς. Ciertamente el tema del justo perseguido y, todavía más, el del profeta ridiculizado, incluso condenado a muerte, es más antiguo que el tema del martirio, tal como se lo encuentra en el judaísmo tardío. Al menos el profeta es de golpe un hombre de dolor ("Pero por ti se nos mata cada día, como ovejas de matadero se nos trata". Salmo 44:22). Es así como Jeremías ha comprendido su propia misión; todo profeta, en la medida que profetiza contra, es profeta para la vida y para la muerte; pero en la época del gran profetismo aún no se realiza la unión en la palabra testigo de estos dos temas: la proclamación dirigida a las naciones y la muerte del profeta. Cuando se realice esta unión la idea de morir por... será siempre subordinada a la de proclamar a otro. También aquí es verdadero, como en el orden profano, que el discípulo sea mártir porque es testigo, y no a la inversa." Ricœur, P., *Texto, testimonio y narración,* (traducción, prólogo y notas de Victoria Undurraga), Editorial Andrés Bello, Santiago de Chile, 1983, p. 24-25.

> violencia inevitable que conduce la historia más visible, la de los Estados y las Iglesias, la de los poderes del dinero, de espada y de toga, para componer ese movimiento de conjunto de la historia que ningún saber totaliza?[48]

Para Paul Ricœur, primero el "Siervo de Yahvé"[49] en Isaías (42:1-9)[50] y luego el propio Jesús de Nazaret (a quien el *kerygma* del NT asocia e identifica a Jesús el Cristo[51] con el «Siervo *sufriente* del

---

[48] Ricœur, P., "Prefacio a la primera edición (1955)", en *Historia y verdad,* p. 20. Las negritas están añadidas.

[49] "La palabra "siervo" o "servidor" en el lenguaje bíblico puede tener ecos muy distintos. Por su origen, evoca una situación de dependencia y humillación, incluida la esclavitud. Pero el "siervo" de un gran personaje –un rey, por ejemplo– es muchas veces su colaborador más próximo (su "ministro", palabra que quiere decir "servidor"). Por tanto, los "siervos de Dios" son con frecuencia los personajes más prestigiosos: Moisés (véase sobre todo Nm 12:7; Dt 34:5, en contextos que realzan especialmente al personaje) y también David (2 S 7:5; etcétera).

La palabra "siervo" o el verbo correspondiente aparece 23 veces en Isaías.

-3 veces la palabra señala al esclavo (49:7: Israel "esclavo de los dominadores"; 43:23-24: polémica para saber cuál de los dos, el Señor o Israel, ha "reducido a esclavitud" al otro).

Las otras 20 veces se refieren al "siervo del Señor"." Wiéner, Claude, *op. cit.*, p. 47.

[50] "Este es el primero de los cuatro «cantos del Siervo» (42:1-4 (4-9); 49:1-6; 50:4-9 (10-11); 52:13-53:12). Algunos ponen fin a este primer canto [42:1 ss.] en el v. 7, otros en el versículo 4. En este poema, se presenta al siervo como un profeta, objeto de una misión y de una predestinación divina, v. 6, ver v. 4; Jr 1:5, animado por el Espíritu, v. 1, para enseñarle a toda la tierra, vv. 1 y 3, con discreción y firmeza, vv. 2-4, a pesar de las oposiciones. Pero su misión rebasa a la de los demás profetas, puesto que él mismo es alianza y luz, v. 6, y lleva a cabo una obra de liberación y de salvación, v. 7." Nota al pie de página en *Biblia de Jerusalén,* nueva edición revisada y aumentada, Editorial Desclée De Brouwer, S. A., Bilbao, 1998, p. 1140.

[51] "[El] personaje más misterioso [del Segundo Isaías es] **el siervo del Señor.** [...] Desde siempre su figura *evoca para los cristianos a la de Cristo en su pasión:*

> Despreciable y desecho de hombre,
> varón de dolores y sabedor de dolencias,
> como uno ante quien se oculta el rostro,
> despreciable, y no le tuvimos en cuenta.
> ¡Y con todo eran nuestras dolencias las que él llevaba
> y nuestros dolores los que soportaba...! (53:3-4).
> Por eso le dará su parte entre los grandes
> y con poderosos repartirá despojos,
> ya que indefenso se entregó a la muerte
> y con los rebeldes fue contado,
> cuando él llevó el pecado de muchos,
> e intercedió por los rebeldes. (53:12).

SEÑOR»[52] en Mateo 12:15-21 y en Hechos 8:26-40), son muestras claras de aquel ser humano no violento y su manifestación en la historia. ¿Pero de dónde procede esa violencia homicida? ¿En dónde surge esa violencia asesina? En *La Simbólica del mal,* Ricœur ofrece una primera respuesta, al vincular aquella violencia estatal (política) y religiosa (que mató a Jesús, por cierto)[53] a una etapa primigenia, *in illo tempore,* al interpretar el «Poema de la exaltación de Marduk»,[54] más conocido y mal llamado como *Enuma Elish,* con una violencia acaecida en la noche de los tiempos; así que la violencia humana tendría una pre-historia en la lucha encarnizada

¿Quién es este siervo? ¿Se trata de él siempre que utiliza el texto la palabra "siervo", o hay varios "siervos"? ¿Es un nuevo nombre de los personajes ya mencionados (Ciro, el profeta, Israel en su totalidad o parte de él)? ¿Es otro personaje de un pasado más o menos reciente?, ¿o del futuro? En ese caso, ¿se tratará de Cristo profetizado misteriosamente?" Wiéner, Claude, *op. cit.*, p. 20. Las cursivas están añadidas.

[52] En este sentido, Ricœur escribe: "Asimismo, los cristianos interpretaron en un sentido «cristológico» el lamento del inocente perseguido, más cercano del «Siervo doliente», según el segundo Isaías, que del rey amenazado por un enemigo histórico: «Dios mío, Dios mío, ¿por qué me has abandonado?» (Sal 22:1). ¿Acaso no se puede reconocer, en este grito en el que se resumen todos los desamparos, en esta lamentación del universal Viernes Santo, el eco del drama cultual, en su momento álgido de tensión, cuando el Peligro originario está a punto de vencer?" Ricœur, P., "La Simbólica del mal", en *Finitud y culpabilidad,* p. 348.

[53] "La muerte de Jesús, como la de Sócrates, –dice Ricœur– aparece como un acto político, como un proceso político; es una instancia política, la misma que aseguró por su orden y su tranquilidad el éxito histórico de la *humanitas* y la *universalitas,* es el poder político romano el que levantó la cruz: «Él sufrió bajo Poncio Pilatos»." Ricœur, P., "La paradoja política" (1957), en *Historia y verdad,* p. 311.

[54] Aunque al *Enuma Elish,* tradicionalmente se le ha llamado "Poema babilónico de la creación", Federico Lara Peinado opina que ese no es su nombre correcto: "Respecto al título del *Poema* los babilonios lo designaron (y así lo hacían en sus Catálogos) de acuerdo con las primeras dos palabras con las que se abría la obra, esto es, *Enuma Elish* («Cuando en lo alto»). Tradicionalmente, sin embargo, y a partir de su descubrimiento por George Smith a finales del siglo pasado (1876), se ha conocido con el nombre de *Poema babilónico de la Creación,* título impropio, pues se ajusta mucho más el de *Poema de la exaltación de Marduk,* toda vez que la Creación, si bien responde a un mito sobre los orígenes, en este *Poema* es un simple episodio al comienzo del mismo, el cual tiene por finalidad narrarnos cómo el Dios local de Babilonia, Marduk, llegó a convertirse en el Dios más importante de todo el panteón mesopotámico." "Introducción" al *Enuma Elish. Poema babilónico de la Creación,* edición y traducción de Federico Lara Peinado, Trotta, Valladolid, 1994, p. 12.

de los Dioses primordiales babilónicos y sumerios, contra otros Dioses, sus hijos:

Apsu,* abriendo su boca,

levantó la voz y dijo a Tiamat:

«Su conducta me es desagradable: [*la de los Dioses, sus hijos*]

¡De día no tengo reposo y de noche no puedo dormir!

Voy a reducir a la nada, voy a abolir su actividad,

para que se restablezca el silencio y podamos dormir».

Cuando Tiamat oyó estas palabras,

se puso furiosa y vociferó contra su esposo;

y montando en cólera le recriminó agriamente,

porque le había insinuado el mal en su espíritu.**

«¿Por qué vamos a destruir todo lo que hemos hecho?

¿Su conducta es muy desagradable? ¡Tengamos paciencia, seamos benevolentes!».

Entonces respondió Mummu para aconsejar a Apsu,

* "Representa el mar primordial de aguas dulces, del que procederán los manantiales, ríos y fuentes. Deriva del sumerio AB.ZU. Es probable que de este vocablo y de este concepto deriven tanto el gr. ábussos (o ábyssos) como el español «abismo» (cf. Génesis 1:2 LXX)." Nota al pie de página No. 5 de "El poema babilonio de la creación (Enûma Elish)", en Croatto, José Severino, *Experiencia de lo sagrado. Estudio de fenomenología de la religión,* Editorial Guadalupe-Verbo Divino, Navarra, 2002, p. 505. En este mismo sentido, véase también lo dicho por F. Lara Peinado en *Enuma Elish. Poema babilónico de la Creación,* p. 93.

** La traducción de Croatto dice: "...y ponderó el mal en su corazón" (I, 44). Croatto, José Severino, *Experiencia de lo sagrado. Estudio de fenomenología de la religión,* p. 506.

y el parecer de su Mummu fue el de un consejero sin benevolencia:

«¡Procura destruir, padre mío, el proceder revoltoso,

para que puedas reposar de día y dormir de noche!». (I, 35-50)[55]

Este *Poema* sumerio-babilónico es un mito del primer «tipo» dentro de la cuádruple tipología en la que Ricœur engloba "los «mitos» del comienzo y del fin" del mal. Así lo describe nuestro filósofo: "1. Según el primero, que denominamos el drama de la creación, el origen del mal es coextensivo al origen de las cosas; es el *«caos» contra el cual lucha el acto creador del dios.*".[56] Entonces, dentro de la teogonía babilónica la violencia en tanto manifestación fehaciente del mal *primordial*, aparece con los Dioses mismos. La violencia asesina surge en el panteón primigenio babilónico, antes de que la antropogonía babilónica cante y proclame la creación de los seres

[55] *Enuma Elish. Poema babilónico de la Creación,* edición y traducción de Federico Lara Peinado, p. 48. Las cursivas, entre corchetes, no forman parte del texto.

[56] Ricœur, P., "La Simbólica del mal", en *Finitud y culpabilidad,* p. 320. Los otros tres tipos, son los siguientes:

"2. Nos ha parecido que se cambiaba de tipo con la idea de una «caída» del hombre que surgió como un acontecimiento irracional dentro de una *creación acabada*; intentaremos demostrar, por lo tanto, que los dramas de creación *excluyen* la idea de una «caída» del hombre…

3. Entre el mito del caos, propio del drama de creación, y el mito de la caída intercalamos un tipo intermedio que podemos denominar *«trágico»* porque logró, desde el primer momento, en la tragedia griega, la plenitud de si manifestación.

4. Totalmente al margen de esta tríada mítica, hay un mito solitario que ha tenido un destino considerable en nuestra cultura occidental, puesto que presidió, si no el nacimiento, sí, al menos, el crecimiento de la filosofía griega. Dicho mito que denominaremos *el mito del alma exiliada*, se diferencia de todos los demás por el hecho de que escinde al hombre en *alma* y *cuerpo* y se concentra en el destino mismo del alma llegada de otra parte y extraviada aquí abajo, mientras que el trasfondo cosmogónico, incluso teogónico, de los otros mitos se desdibuja." *Ibíd.*, pp. 321, 322.

humanos (tablilla VI).[57] Por su parte, Ricœur cita[58] los textos babilónicos o mesopotámicos que enuncian esa maldad *endiosada*:

> Apsu, (al oír esto), [el consejo de Mummu, su visir, de que destruyese a sus hijos] se alegró y su rostro se puso radiante
>
> a causa **del mal** que había planeado contra los Dioses, sus hijos. (I, 51-52)[59]
>
> Para vengar a Apsu, Tiamat hizo (a su turno) **el mal**. (II, 3)[60]
>
> ¡Oh Señor, conserva la vida de quien confía en ti,
>
> pero derrama la vida del Dios que haya elegido **el mal**! (IV, 17-18)[61]

De estos fragmentos del *Enuma Elish*, Ricœur interpreta y comenta lo siguiente: "Las intenciones y las acciones que los mitógrafos

---

[57] "Cuando [Marduk] oyó las palabras de los dioses,
su corazón le empujó a crear maravillas;
y a[brien]do su boca dirige su palabra a Ea
para comunicarle el plan que había concebido en su corazón:
«¡Voy a condensar sangre y formar huesos;
haré surgir un prototipo humano que se llamará 'hombre'!
Voy a crear este prototipo, este hombre,
para que le sean impuestos los servicios de los dioses y que ellos estén descansados.
De nuevo, yo transformaré bellamente su existencia,
a fin de que, aunque divididos en dos grupos, sean honrados por igual»." (VI, 1-10) *Enuma Elish. Poema babilónico de la Creación,* edición y traducción de Federico Lara Peinado, p. 77.

[58] Aunque Paul Ricœur proporciona una versión del *Enuma Elish* en *Finitud y culpabilidad* (p. 329), aquí se prefieren reproducir dos traducciones distintas en razón de que las citas de Ricœur mayormente son de una traducción en inglés, mientras que las ofrecidas aquí, son traducciones directas al español de sus correspondientes idiomas originales: sumerio y acadio.

[59] *Enuma Elish. Poema babilónico de la Creación,* edición y traducción de Federico Lara Peinado, p. 48. Énfasis añadido.

[60] "El poema babilonio de la creación (Enûma Elish)", en Croatto, José Severino, *Experiencia de lo sagrado. Estudio de fenomenología de la religión,* p. 505. Las negritas están añadidas.

[61] *Ibíd.*, p. 511. Énfasis añadido.

atribuyen a los dioses son las mismas que el hombre reconoce, por sí mismo, como un mal y de las que se arrepiente el penitente. En el transcurso de la lucha que enfrenta Marduk a Tiamat, aquel aparece como potencia bruta, tan poco ética como la cólera de Tiamat. Marduk representa la identidad de la creación y de la destrucción…"[62] Y añade: "Veremos qué violencia humana se justifica así con la violencia originaria; la creación es una victoria sobre un Enemigo más viejo que el creador; ese Enemigo, inmanente a lo divino, tendrá su representación histórica en todos los enemigos que el rey, servidor del dios, tendrá a su vez la misión de destruir; de esta manera, la Violencia está inscrita en el origen de las cosas, en el principio que instaura destruyendo".[63] En el mito babilónico de la creación (cosmogónico), la violencia asesina surge con los dioses (teogónico) y se perpetúa con los seres humanos (antropología trágica), creados por aquellos. Ricœur opondrá a esta idea del mal como violencia surgida en el seno de lo divino, la del monoteísmo hebreo quien por su «carácter ético», hizo una «antropologización» del mal, rompiendo así, los mitos babilónicos (teogónico y trágico), profundamente violentos:

> La experiencia viva de la confesión judía prepara, de doble manera, la emergencia del mito: negativa y positivamente.
>
> Por un lado, esta conlleva la disolución de los presupuestos teológicos de los otros dos mitos: teogónico y trágico; en ninguna otra parte, como en Israel, se llevó tan lejos la crítica de las representaciones fundamentales sobre las que se edifican el mito del caos y el del dios malvado. El monoteísmo hebreo y, más concretamente, **el carácter ético de dicho monoteísmo,** tornaron caducos e imposibles tanto la teogonía como el dios trágico que todavía es teogónico. […]
>
> **La concepción puramente antropológica del origen del mal es la contrapartida de esa «desmitologización» global de la teogonía:** *porque* «Yahvé reina con su Palabra», *porque* «Dios es santo», es preciso que el mal entre en el mundo por una especie de catástrofe de lo creado, catástrofe que el

[62] Ricœur, P., "La Simbólica del mal", en *Finitud y culpabilidad*, p. 329.

[63] Ídem.

> nuevo mito tratará de reunir en un acontecimiento y en una historia, donde la maldad originaria se disocia de la bondad originaria. [...] Dios es causa de todo lo que es bueno y el hombre, de todo lo que es vano.
>
> El mito «adámico» es el fruto de la acusación profética dirigida contra el hombre: la misma teología que proclama la inocencia de Dios acusa al hombre...[64]

¿Qué lugar hay para la utopía en la filosofía ricoeuriana? Esa utopía que busca un poder sin violencia se da en el ámbito de la educación, la educación para la paz. En este sentido la utopía cristiana del Reino de Dios, luego desarrollada por san Agustín en *La Ciudad de Dios,* permite a Ricœur entrever la posibilidad de una educación para la libertad del ser humano, quien libre de cualquier atadura puede comprometerse con el proyecto ético de un ser humano no violento y su manifestación en la historia.

> Por último, yo no podría comprender **el poder como mal** si no pudiera imaginar un destino inocente del poder, a partir del cual se ha degradado. Puedo representarme una autoridad que se propusiese educar al individuo para la libertad, que sería poder sin ser violencia; en suma, puedo imaginar la diferencia entre el poder y la violencia. La utopía de un Reino de Dios, de una Ciudad de Dios, de un imperio de los espíritus, de un reino de los fines, implica semejante imaginación del poder no violento; dicha imaginación libera la esencia; y dicha esencia regula todos los esfuerzos con vistas a transformar efectivamente el poder en **una educación para la libertad**; y, mediante esa labor llena de sentido, «confiero prácticamente» un sentido a la historia. Gracias a esa imaginación y a esa utopía, descubro el poder como algo originariamente inherente al ser-hombre; al alejarme de ese sentido, al tornarse ajeno, alienado, respecto a ese sentido del poder no violento, el hombre no se aleja sino de sí mismo".[65]

---

[64] *Ibíd.,* pp. 383-384.

[65] Ricœur, P., "El hombre falible", en *Finitud y culpabilidad,* p. 137. Las negritas están añadidas.

La utopía política ricoeuriana basada en su convicción cristiana, se engarza con la utopía jurídico-política (¿también cristiana como la de Ricœur?) del filósofo alemán Immanuel Kant, quien, como recuerda Ricœur, proponía también él, una "paz perpetua", pero como una reivindicación legítima de la ley y del derecho. Esta utopía visualizada también por los profetas hebreos, fue enunciada en los siguientes términos poéticos: "Él será juez de pueblos numerosos, arbitrará a naciones poderosas y lejanas. Convertirán sus espadas en arados, harán hoces con sus lanzas. No se amenazarán las naciones con espadas, ni se adiestrarán más para la guerra." (Miqueas 4:3 e Isaías 2:4, *La Palabra: Hispanoamérica*). Este texto bíblico se encuentra reproducido en el llamado Muro de Isaías[66] (*Isaiah Wall*) en la Plaza de la Organización de las Naciones Unidas (ONU), en su sede en Nueva York. En este orden de ideas, Paul Ricœur, reconstruye la utopía jurídica y política kantiana en una suerte de triángulo equilátero. El primer ángulo es el de la propia propuesta de Kant de la paz perpetua "en términos de justicia". El segundo ángulo es el postulado en la **Regla de Oro** que llama a amar incluso a los enemigos, según la enseñanza de Jesús (ligazón que Ricœur ha hecho resaltar en la nota precedente). El tercer ángulo es el de la "conversión" de la memoria (lit. "cambio de mente", en griego: μετάνοια o μετάγνοια)[67] que *amando*, y según la teoría freudiana,

---

[66] Texto en inglés: "They shall beat their swords into plowshares, and their spears into pruning hooks: nation shall not lift up sword against nation, neither shall they learn war any more. ISAIAH [2:4b]."

[67] ***Metánoia*** viene de la palabra griega μετανοῖεν: *metanoien*, que significa cambiar de opinión, arrepentirse. Se compone de μετα: más allá, después, sugiriendo algún tipo de cambio; y νούς: mente. "En consecuencia *metánoia* implica una transformación mental..." Carpenter, Eugene E. y Comfort, Philip W., *Glosario Holman de términos bíblicos,* Broadman & Holman Publishers, Nashville, 2003, p. 233. Su significado literal en griego denota una situación en que en un trayecto se ha tenido que volver del camino en que se andaba y tomar otra dirección. Es además, un enunciado retórico utilizado para retractarse de alguna afirmación realizada, y corregirla para comentarla de mejor manera. También: "μετανοέω -ῶ cambiar de opinión, cambiar de opinión y reflexionar, arrepentirse, convertirse..." *Diccionario manual griego. Griego clásico-Español,* 18ª ed., Vox, Barcelona, 2002, p. 390.

Esta palabra también es usada en teología cristiana asociando su significado al arrepentimiento, sin embargo y a pesar de la connotación que a veces ha tomado no denota en sí mismo culpa o remordimiento, sino la transformación o conversión entendida como un movimiento interior que surge en toda persona que se encuentra insatisfecha consigo misma. En tiempos de los primeros cristianos

convoca desde el amor y por el amor a los instintos de vida (Ἔρως) y de muerte (Θάνατος) a ponerse de acuerdo:

> De aquí que el ideal de paz perpetua, para usar el título del tan conocido opúsculo de Kant, debe todavía, por un largo período de tiempo, refugiarse en el reino de la utopía. Pero, por lo menos, Kant ha argumentado ya en términos de justicia y de una ley que excluirían la guerra del ámbito de las relaciones entre Estados. En este sentido, Kant ha demostrado que la paz es una exigencia de la misma idea de ley y derecho.
>
> ¿No corresponde, pues, al amor al enemigo motivar planteamientos concretos de política internacional en dirección a una paz perpetua? El sufrimiento que un pueblo inflige a otro no parece ser en sí mismo razón suficiente para «hacer las paces». Todo pasa como si un deseo de matar, más fuerte que el temor de la muerte, surgiera de tanto en tanto de entre los seres humanos, empujándolos al desastre. Sin esa pulsión colectiva de muerte, ¿cómo vamos a explicar el odio que parece ser consustancial a las afirmaciones de identidad de tantos pueblos? O, por el contrario, más bien deberíamos empezar recordando el sufrimiento infligido sobre los demás antes de atrevernos a reflejar nuestra gloria y nuestras miserias pasadas. Pero esta *metánoia* de la memoria solo parece poder provenir del amor, de ese *eros*, del cual Freud, cercano ya a la propia muerte y rodeado de los graves acontecimientos que todos sabemos, inquiría si no podía acaso ponerse de acuerdo con *thanatos*.[68]

Para finalizar este apartado, Ricœur también comenta: "Me arriesgaré a decir que encuentro algo de **hipérbole evangélica hasta en la utopía política de la 'paz perpetua'**, según Kant; utopía que confiere a todo hombre el derecho a ser recibido en [cualquier] país extranjero 'como un huésped y no como un enemigo', **al constituir**

---

se decía del que encontraba a Cristo que había experimentado una profunda *metánoia*, como sinónimo de revelación divina o epifanía.

[68] Ricœur, P., "«No matarás»: una obediencia amorosa", en LaCocque, A. y Ricœur, P., *Pensar la Biblia. Estudios exegéticos y hermenéuticos*, (trad. de Antoni Martínez Riu), Herder, 2001, p. 144.

en verdad la hospitalidad universal la aproximación política del amor evangélico a los enemigos".[69] Además, Paul Ricœur recuerda que la Biblia hebrea y cristiana, tiene una serie de exigencias donde se llama a Israel a proteger a los más desfavorecidos de la sociedad veterotestamentaria (triada: viuda, huérfano y migrante), evitando toda exclusión basada en una ley, de tal suerte que la *otredad* tiene un lugar específico dentro de las relaciones sociales *por* el amor y *en* el amor "al otro". En la ética del Nuevo Testamento ese otro, no es únicamente el extranjero en tanto migrante (indocumentado), o la viuda y el huérfano (como los más pauperizados de la sociedad), sino que la otredad aparece en mi contrario, en el adversario que se me opone, en mi enemigo, y no solo en lo extravagante[70] o extraño:

> El mundo bíblico, judío en primera instancia, luego cristiano, ofrece ejemplos que se han vuelto paradigmáticos de esta extensión de esferas culturalmente limitadas hacia un reconocimiento universal efectivo. La repetida llamada al antiguo Israel a abrir las puertas «a la viuda, al huérfano y al extranjero» –en otras palabras, al otro, como beneficiario de la hospitalidad– es una ilustración inicialmente ejemplar de la presión ejercida por el amor sobre la justicia, de forma que puede considerarse un ataque frontal a las prácticas de exclusión que son quizás la contrapartida de todo vínculo social fuerte. El mandamiento del amor a nuestros enemigos, tal como lo hallamos en el Sermón de la montaña, constituye el ejemplo más

[69] Nota al pie de página en Ricœur, P., *La memoria, la historia, el olvido,* (trad. de Agustín Neira), 2ª reim., Fondo de Cultura Económica (FCE), Buenos Aires, 2013, p. 616. Énfasis añadido.

[70] Ricœur habla de la extravagancia contenida en las parábolas del Evangelio: "Es muy llamativo ver que la lógica de estos discursos es una lógica de la extravagancia, palabra que empleo voluntariamente. Así, en las parábolas, lo que se presenta como modelo, no son nunca normas, sino comportamientos críticos en situaciones límite absolutamente inimitables. Veamos las cosas más simples: el pastor que abandona noventa y nueve ovejas para salvar una, el padre que, recibiendo a su hijo, se comporta de una forma aberrante (haciendo por otra parte, daño a su hijo primogénito), el huésped que rechaza al invitado que no tiene traje de boda, el pago de los obreros de la hora nona; todo esto es absolutamente extravagante." Ricœur, P., "El problema del fundamento de la moral" (1975), en *Amor y justicia,* (trad. de Tomás Domingo Moratalla), Caparrós Editores, Madrid, 1993, p. 92.

> señalado de esto. La forma imperativa dada al «nuevo mandamiento» lo inscribe en la esfera de lo ético.[71]

Este "amor evangélico" enunciado hiperbólicamente por Jesús en la **Regla de Oro,** introduce justamente el siguiente itinerario de este capítulo, porque como enuncia Ricœur, dentro de la ética kantiana se requiere de una: "regla moral, si no evidente, al menos presupuesta por los mejores, por los más sabios. ¿No es la Regla de Oro, según la cual cada uno es llamado a no hacer al otro lo que no querríamos que nos hiciesen? Esta regla –*La Regla de Oro*– es el imperativo directamente dirigido contra la violencia y orientado hacia el reconocimiento. Yo sugiero decir que es la afinidad de algunos relatos con la Regla de Oro que les da la fuerza moral".[72]

2. *La Regla de Oro* y la "economía del don" («πολλῷ μᾶλλον»: *mucho más*) dentro de la ética ricoeuriana

> Pese a todo, hace de la justicia el medio necesario del amor: precisamente porque el amor es supramoral, solo entra en la esfera práctica y poética bajo la égida de la justicia. Como se ha dicho algunas veces de las parábolas que reorientan desorientando, este efecto solo se obtiene en el plano ético por la conjugación del mandamiento nuevo y de la Regla de Oro y, de manera más general, por la acción sinérgica del amor y de la justicia. Desorientar sin reorientar, equivale en términos kierkegaardianos, a suspender la ética. En un sentido, el mandamiento del amor, en la medida en que es supra-moral, es una manera de suspensión de la ética. Esta solo se ve orientada

[71] Ricœur, P., "«No matarás»: una obediencia amorosa", en LaCocque, A. y Ricœur, P., *Pensar la Biblia. Estudios exegéticos y hermenéuticos,* (trad. de Antoni Martínez Riu), Herder, 2001, p. 143.

[72] Esta carta personal de Paul Ricœur dirigida a Peter Kemp no fue publicada en los textos oficialmente reunidos de Ricœur. Alain Thomasset pudo sin embargo obtenerla y la hizo figurar en el anexo de su tesis: Thomasset, Alain, *Paul Ricœur, une Poétique de la morale,* Leuwen University, Louvain, 1996. Citada por Michel, Johann, "¿La regla de oro puede fundar los principios de moral y de justicia?", en *Revista Persona y sociedad,* Vol. XXI, No. 3, Universidad Alberto Hurtado, Santiago, 2007, p. 67.

al precio de la rectificación y de volver a tomar la regla de la justicia, en contra de su pendiente utilitaria.[73]

Paul Ricœur

Al introducir este tema se tienen que hacer dos cosas, primero un breve estudio sobre *La Regla de Oro*, donde se encuentran integrados de un modo eminente los ejercicios de la hermenéutica bíblica y la ética ricoeurianas, y que dan nombre a este último capítulo. Luego a partir de esto, conviene hacer una pequeña reflexión sobre el lugar que *La Regla de Oro* tiene dentro de la ética ricoeuriana, para dar paso a una sucinta problematización de la llamada "economía del don".[74] Paul Ricœur tiene un ensayo intitulado: "Reflexiones éticas y teológicas sobre *La Regla de Oro*",[75] que señalan justamente lo que recién se escribió. No obstante, en otro ensayo llamado "Entre filosofía y teología: la Regla de Oro en cuestión"[76] (Conferencia dictada en el Coloquio Internacional con motivo del 450 aniversario de la Facultad Protestante de Estrasburgo en 1988), Ricœur menciona el modo distinto en que el filósofo y el teólogo abordan el mismo asunto, el primero como fundamentación de la moral, mientras que el segundo la ubica en una "economía del don", cuya lógica es la de la sobreabundancia:

> Incluso admitiendo que la Regla de Oro expresa de manera intuitiva la convicción moral más fundamental, el filósofo y el teólogo le da una continuación diferente. El primero la vuelve a situar en el trayecto de una empresa de fundamentación de la moral cuyo modelo está dado por Kant. El teólogo no busca una garantía de esta garantía sino que sitúa la Regla de

[73] Ricœur, P., *Amor y justicia,* (trad. de Adolfo Castañón), Siglo XXI editores, Ciudad de México, 2009, p. 44.

[74] Ricœur, P., "Hermenéutica de los símbolos y reflexión filosófica I" (1961), en *El conflicto de las interpretaciones,* p. 282. Énfasis añadido.

[75] *Cfr.*, Ricœur, P., "«Ethical and Theological Reflections on the Golden Rule»", in *Figuring the Sacred*: Religión, Narrative, and Imagination, Fortress Press, Minneapolis, 1995.

[76] Título original: Ricœur, P., "Entre philosophie et théologie: la Régle d'Or en question", *Revue d'Histoire et de Philosophie religieuses,* vol. 69, No. 1, 1989, pp. 3-9.

> Oro en la perspectiva de una economía del don, cuya lógica específica, la lógica de la sobreabundancia, se opone a la lógica de la equivalencia característica de nuestra idea más elevada de justicia.[77]

La llamada "economía del don" y la "lógica de la sobreabundancia" vinculada a él, son temas que se irán entretejiendo a lo largo del presente apartado, aunque –dicho sea de paso, muy brevemente. Pero tiene que decirse de una buena vez, que la dupla "economía del don" y "lógica de la sobreabundancia", es una cuestión que fue tomada por Paul Ricœur de la "economía de la sobreabundancia" *de la gracia* frente *a la transgresión* como pecado en Adán, desarrollada profusamente por san Pablo en la Carta a los Romanos (5:12-21). Al respecto Ricœur dice: "A su vez, la categoría del "a pesar de…" es la contrapartida o el reverso de un impulso de vida, de una perspectiva de crecimiento que se expresa en el famoso ***mucho más*** [πολλῷ μᾶλλον] de san Pablo. Esta categoría más fundamental que el "a pesar de…" expresa lo que podemos denominar "lógica de la sobreabundancia", que es la lógica misma de la esperanza [cristiana]".[78]

---

[77] Ricœur, P., "Entre filosofía y teología: la Regla de Oro en cuestión" (1989), en *Amor y justicia,* (trad. de Tomás Domingo Moratalla), Caparrós Editores, Madrid, 1993, p. 57.

[78] Ricœur, P., "Culpabilidad, ética y religión" (1969), en *El conflicto de las interpretaciones. Ensayos de hermenéutica,* (trad. de Alejandrina Falcón), Fondo de Cultura Económica (FCE), Buenos Aires, 2003, p. 393. Las negritas están añadidas.

El texto paulino que Ricœur viene comentando es el siguiente, nótese el doble paradigma **don** y **sobreabundancia,** así como el **"mucho más"**: "Pero **el don** no fue como la transgresión; porque si por la transgresión de aquel uno murieron los muchos, **abundaron mucho más para los muchos la gracia y el don de Dios** por la gracia de un hombre, Jesucristo. Y con **el don** no sucede como en el caso de aquel uno que pecó; porque ciertamente el juicio vino a causa de un solo pecado para condenación, pero **el don** vino a causa de muchas transgresiones para justificación. Pues si por la transgresión de uno solo reinó la muerte, ***mucho más*** reinarán en vida por uno solo, Jesucristo, los que reciben **la abundancia de la gracia y del don de la justicia**." (Romanos 5:15-17, RVR-60). Énfasis añadido.

Este «πολλῷ μᾶλλον»: ***mucho más*** de san Pablo, vuelve a ser comentado en esta parte: "Tercera categoría de esta historia con sentido: "mucho más" (πολλῷ μᾶλλον); y esta **ley de la sobreabundancia** engloba a su vez el "gracias a" y el "a pesar de". Ese es el milagro del *Logos*; de él procede el movimiento retrógrado de lo verdadero; de la maravilla nace la necesidad que sitúa retroactivamente el mal en la luz del ser. Aquello que, en la antigua teodicea, solo era expediente del falso saber, se convierte en la inteligencia de la esperanza; la necesidad que buscamos

He aquí otro ejemplo, que sustenta aquella inferencia, sobre todo, para evitar la acusación de que se está inventado algo ajeno al pensamiento de Ricœur:

> Al parecer, san Pablo invita a llevar a cabo una investigación como esa cuando confronta las dos figuras, la del primer Adán y la del segundo Adán, el tipo del hombre viejo y el tipo del hombre por venir. No se limita a compararlos ni a oponerlos: "Así que, como por la transgresión de uno vino la condenación a todos los hombres, de la misma manera, por la justicia de uno vino a todos los hombres la justificación de la vida" (Rm 5:18): más allá del paralelismo, de una figura a la otra, **hay movimiento, progreso, aumento; "Si por la falta de uno solo murieron los muchos, abundaron mucho más (πολλῷ μᾶλλον) para los muchos la gracia y el don de Dios por la gracia de un hombre, Jesucristo"** (Rm 5:15): **"Cuando el pecado abundó, sobreabundó la gracia"** (Rm 5:20). **Ese "mucho más" y esta "sobreabundancia" señalan una importante tarea para el pensamiento"**.[79]

Por lo demás, se tiene que tomar nota del hecho de que la lógica de la abundancia (como "ley de la sobreabundancia") se opone justamente a la "lógica de la equivalencia", no obstante que esta aparezca en la dialéctica del amor y la justicia, ya que en esta última, la equidad debe prevalecer, es decir, la ley no puede ser inequitativa, la afirmación del derecho positivo de que todos son iguales frente al imperio de la ley, debe ser preservada *a pesar del amor*, porque "el amor quiere y busca la justicia":[80]

> Es este formalismo, dentro de la dialéctica de amor y justicia, lo que constituye la lógica de la equivalencia, cuya expresión

---

es el símbolo racional más elevado que pueda engendrar esta inteligencia de la esperanza." Ricœur, P., "Culpabilidad, ética y religión" (1969), en *El conflicto de las interpretaciones. Ensayos de hermenéutica,* (trad. de Alejandrina Falcón), FCE, Buenos Aires, 2003, p. 394.

[79] Ricœur, P., "Hermenéutica de los símbolos y reflexión filosófica I" (1961), en *El conflicto de las interpretaciones,* p. 282. Las negritas están añadidas.

[80] "El amor... no se goza de la injusticia, mas se goza de la verdad." San Pablo (1 Corintios 13:4, 6; RVR-60).

primaria es la equidad antes de que la ley prevalezca. La ley de la justicia, tal como se aplica en el ámbito judicial, es tratar los casos semejantes de un modo semejante. La justicia distributiva y la conmutativa están también regidas por normas procesales, tan formales como las que presiden en principio el orden judicial.

> Es a este nivel de formalismo donde el amor puede desempeñar su papel, en el corazón mismo de estas instituciones que dan a la justicia el contorno visible de ley positiva, bajo la cual viven los ciudadanos y a la que están llamados a obedecer.[81]

En última instancia, ¿por qué la "economía del don" representa un desborde de la ética? Porque implica lo inaudito y lo inasible: "Esta noción de una economía de la sobreabundancia nos permite volver al problema del mal. A partir de ella, puede sostenerse un discurso religioso o teológico sobre el mal. La ética dijo todo sobre el mal al designarlo como: (1) una obra de la libertad, (2) una subversión de la relación de la máxima con la ley, (3) una disposición insondable de la libertad que hace que esta no esté disponible para sí misma".[82] En efecto, "la economía del don desborda a la ética por todas partes. Todo un abanico de significaciones confiere una articulación específica a esta economía del don".[83] ¿Cuáles son, según Ricœur esas fuentes de posibilidades inusitadas que rebosan en la economía del don? La economía del don sobrepuja por dos aspectos límites: creación y escatología; estos dos extremos hacen de la economía del don un continente entre origen y destino:

> En un extremo de este abanico, encontramos el simbolismo, él mismo muy complejo, de la creación, en el sentido más

[81] Ricœur, P., "«No matarás»: una obediencia amorosa", en LaCocque, A. y Ricœur, P., *Pensar la Biblia. Estudios exegéticos y hermenéuticos,* (trad. de Antoni Martínez Riu), Herder, 2001, p. 140.

[82] Ricœur, P., "Culpabilidad, ética y religión" (1969), en *El conflicto de las interpretaciones. Ensayos de hermenéutica,* (trad. de Alejandrina Falcón), FCE, Buenos Aires, 2003, p. 394.

[83] Ricœur, P., *Amor y justicia,* (trad. de Adolfo Castañón), Siglo XXI editores, Ciudad de México, 2009, p. 35.

> fundamental de donación originaria de la existencia; pertenece a este simbolismo el primer uso del predicado "bueno" aplicado en *Génesis 1* al todo de las cosas creadas: "Y vio Dios todo lo que había hecho, y he aquí que era bueno en gran manera." (1:31). Importa subrayar la dimensión supra-ética de este predicado "bueno" extendido a toda creatura. Resulta de ello que es en cuanto creatura que el hombre se encuentra interpelado ahí: el sentido de una dependencia radical, en la medida en que se vincula al simbolismo de la creación, no deja al hombre cara a cara con Dios, sino que lo sitúa en medio de una naturaleza que es considerada no como una carrera por explotar, sino como objeto de atención, de respeto y admiración, según se oye cantar en el *Canto del Sole* de san Francisco de Asís. El amor al prójimo, bajo su forma extrema de amor a los enemigos, encuentra en el sentimiento supra-ético de la dependencia del hombre-creatura, su primer lazo con la economía del don. Participa de la misma economía que la relación del hombre con la ley y con la justificación: estas dos relaciones constituyen el centro del dispositivo de la economía del don. De un lado la ley es don, en tanto que está ligada a la historia de una liberación, como se recuerda en Éxodo 20:2: "Yo soy Jehová tu Dios, que te saqué de la tierra de Egipto, de casa de servidumbre". La justificación, de otro lado, es también un don en cuanto que perdón gratuito. En el otro extremo del abanico de las significaciones que articulan la economía del don, encontramos el símbolo simétrico del de la creación, y no menos complejo que él, de los fines últimos donde Dios aparece como la fuente de posibilidades *desconocidas*. De esta forma, el Dios de la esperanza y el de la creación son el mismo en los dos extremos de la economía del don. Al mismo tiempo, la relación con la ley y la relación con la salvación reciben el signo de su pertenencia respectiva a esta economía de estar situados "entre" creación y escatología.[84]

Utilizando un lenguaje en exceso hiperbólico, todavía tendría que añadirse que, además y especialmente, la economía del don aparece

---

[84] *Ibíd.*, pp. 35-36.

sobrepasada y supereminente, porque la economía de la superabundancia consigna al amor como portador de "exceso", ya que el mal no se vence con más mal, sino con mayor bien, por tanto, con más amor, así es como la *economía* del don representa un desborde de la ética, incluso en el ámbito jurídico o judicial:

> De modo paralelo, quiero tomar en consideración la de «exceso», esto es, el exceso de amor en relación con la justicia. En varias de mis obras anteriores, he contrapuesto la lógica de la superabundancia, característica de lo que llamo una economía del don, a la lógica de la equivalencia, que reina en las diferentes esferas de la justicia. [...] El exceso de la lógica de la superabundancia en relación con la lógica de la equivalencia se expresa ante todo mediante una desproporción que abre un espacio entre ambos polos para mediaciones prácticas capaces de afirmar el más básico proyecto moral de justicia.[85]

2.1 La Regla de Oro *dentro de la filosofía moral*

> Permítaseme decir en conclusión que las fórmulas que se leen en los filósofos analíticos, preocupados como Outka, por desprender el "contenido normativo" del amor, describen figuras del amor que ya han sido mediatizadas por la justicia, en una cultura marcada por las herencias judía, griega y cristiana. Así se volverían a encontrar las tres definiciones que retiene Outka: "*equal regard*", "*self-sacrifice*", "*mutuality*".[86]
>
> Paul Ricœur

Cuando Ricœur habla del filósofo como aquel que pone a la Regla de Oro como "fundamentación de la moral", es decir, de una «buena voluntad» que busca «lo bueno sin restricción», señala dos caminos en que esa buena voluntad puede acceder a esa bondad sin límites. El primer camino es de la propuesta teleológica aristotélica del

[85] Ricœur, P., "«No matarás»: una obediencia amorosa", en *op. cit.*, pp. 139, 140.

[86] Ricœur, P., *Amor y justicia*, (trad. Adolfo Castañón), Siglo XXI editores, Ciudad de México, 2009, p. 44.

"vivir bien": "Esto puede ser realizado en la **línea teleológica** de una reflexión que descanse sobre el dinamismo «material» del deseo de felicidad y sobre las «excelencias» –o *virtudes*– que jalonan y articulan esta investigación: nos encontramos con algo así como la moral aristotélica".[87] El otro camino es el que se encuentra en un sentido deontológico, tal como la propone Kant a través del imperativo categórico: "O bien esto puede ser realizado en la **línea deontológica** de una reflexión sobre la «forma» imperativa que considera el juicio de la moralidad, –si se entiende por criterio el juicio de validez que recae sobre las máximas subjetivas que se da un sujeto agente y sufriente– sin atenerse a las inclinaciones que las motiven ni a las posibilidades de éxito que acompañen la efectuación: nos encontramos con algo así como la moral kantiana".[88] El filósofo y politólogo francés, Johann Michel, sintetiza así, el modo como la Regla de Oro se encuentra "racionalizada" en la propuesta ética kantiana e integrada dentro de los imperativos categórico y moral:

> En primer lugar, se puede decir que la regla de oro no es incompatible con los principios que rigen el formalismo moral en cuanto no se ha dicho lo que nos gustaría o no nos gustaría que nos sea hecho. La regla de oro no prescribe un contenido particular de lo que es preciso hacer o no, porque puede inscribirse en el marco de la primera formulación del imperativo kantiano ("Actúa de tal modo que puedas igualmente querer que tu máxima de acción se vuelva una ley universal"). Por otra parte, la formulación de la regla de oro se presenta como un imperativo categórico y no como un imperativo hipotético o una máxima de prudencia. No hacer al otro lo que no se quisiese que se hiciera no está condicionado por situaciones, móviles, consecuencias; se trata de una orden sensata que se aplica sin condición y en toda circunstancia. Por último, la segunda formulación del imperativo moral en la filosofía práctica de Kant ("actúa de tal modo que trates a la humanidad, tanto a tu persona como al otro, como un fin en sí y nunca como un simple medio") mantiene un vínculo semántico privilegiado con el

[87] *Ibíd.*, p. 59. Énfasis añadido.
[88] *Ídem*. Énfasis añadido.

> contenido de la regla de oro en razón del lugar central, en los dos imperativos, de la reciprocidad y de la lógica de equivalencia. En los dos casos se pide tratar al otro como a sí mismo y recíprocamente. Estos tres argumentos convergen hacia la tesis según la cual los imperativos kantianos no son finalmente más que enunciados formalizados y racionalizados por la regla de oro, es decir, una máxima de acción que se regula por las normas de la acción más estables, reconocidas por los más sabios de entre los hombres. Se comprende mejor en estas condiciones por qué el filósofo no tiene que inventar propiamente hablando nuevos principios, sino que reflejar y formalizar una regla que tiene lugar como 'máxima suprema de la moralidad'.[89]

Por lo pronto, y como es bien sabido, la llamada «Regla de Oro» que aparece formulada por Jesús en el *Sermón del Monte*: "Πάντα οὖν ὅσα ἐὰν θέλητε ἵνα ποιῶσιν ὑμῖν οἱ ἄνθρωποι, οὕτως καὶ ὑμεῖς ποιεῖτε αὐτοῖς· οὗτος γάρ ἐστιν ὁ νόμος καὶ οἱ προφῆται." (Mateo 7:12); vuelve a asomarse también en el *Sermón del Llano*: " καὶ καθὼς θέλετε ἵνα ποιῶσιν ὑμῖν οἱ ἄνθρωποι, ποιεῖτε αὐτοῖς ὁμοίως." (Lucas 6:31), en ambos casos enunciada en su forma positiva; tiene, no obstante, un precedente en la fe de Israel, ya que el judaísmo tenía su propia *Regla de Oro* explicitada en el amor al prójimo: "No seas vengativo con tu prójimo, ni le guardes rencor. Ama a tu prójimo como a ti mismo. Yo soy el SEÑOR" (Levítico 19:18, NVI).[90] Incluso, en su sentido negativo, y muy cerca de la

[89] Michel, Johann, "¿La regla de oro puede fundar los principios de moral y de justicia?", en *Revista Persona y sociedad,* Vol. XXI, No. 3, Universidad Alberto Hurtado, Santiago, 2007, p. 61.

[90] La ética de Jesús irá más lejos al proponer incluso, el amor hacia los enemigos: "Oísteis que fue dicho: Amarás a tu prójimo, y aborrecerás a tu enemigo. Pero yo os digo: Amad a vuestros enemigos, bendecid a los que os maldicen, haced bien a los que os aborrecen, y orad por los que os ultrajan y os persiguen; para que seáis hijos de vuestro Padre que está en los cielos, que hace salir su sol sobre malos y buenos, y que hace llover sobre justos e injustos. Porque si amáis a los que os aman, ¿qué recompensa tendréis? ¿No hacen también lo mismo los publicanos?" (Mateo 5:43-46, RVR-60. También Lucas 6:35). "En Lc 6:35/Mt 5:44 se da un paso hacia adelante hasta llegar a la ruptura radical de las fronteras que separan del «prójimo», de forma tal que dentro del amor han de incluirse los mismos enemigos. Cuando se habla aquí de enemigos se refiere tanto al enemigo personal (que es la significación general de la palabra), como al enemigo religioso, o

enseñanza del propio Jesús, aparece dictada por el rabino Hillel: "Lo que no quieras que te hagan, no lo hagas a tu prójimo [en hebreo, literalmente: *lejaverjá* ("a tu amigo")]. Esto es toda la Torá. El resto es puro comentario. Ve y estúdialo." (*Talmud de Babilonia,* Shabbat, 31a). Paul Ricœur, dice que la *Regla de Oro* es la "máxima suprema de la moralidad", y que filósofos tan reputados como Aristóteles y Immanuel Kant no partieron de un "vacío" moral:

> ¿Qué puede decir el moralista sobre la *Regla de Oro*? Nos la encontramos en Hillel y en el Evangelio, ya sea bajo la forma negativa: «No hagas a tu prójimo lo que no te gustaría que te fuera hecho a ti», o, ya sea bajo la forma positiva «Así todo lo que queráis que los hombres nos hicieran, haced eso mismo por ellos». *Se puede tener esta fórmula por la máxima suprema de la moralidad que el filósofo no tiene que demostrar sino reflexionar.* Que el filósofo debe partir de algo así como una experiencia moral ha sido reconocido tanto por Aristóteles, que se regía por las opiniones más estables, por las normas de acción reconocidas por los más sabios de los hombres, como por Kant... [en su] *Fundamentación de la Metafísica de las costumbres.*[91]

sea, al enemigo de Dios y de su pueblo. El que este último aparezca en Mt 5:44 en primer plano demuestra el paralelismo que hay entre enemigo y perseguidor. En Lc 6:27 se les define como aquellos que odian, maldicen y calumnian. El mismo plural «enemigos» (sin embargo para el «prójimo» se emplea el singular) da a entender que el amor al prójimo no se puede limitar a determinadas categorías de enemigos, como por ejemplo a los enemigos privados. También puede ser el adversario en un proceso (cf. Mt 5:25); o también «alguien contra el que se tiene alguna cosa» (Mc 11:25), aunque no por eso debe perder el enemigo su perfil político social...". Schrage, Wolfgang, *Ética del Nuevo Testamento,* Sígueme, Salamanca, 1987, p. 99.

Tema importante para Ricœur, porque aquí encontrará un cortocircuito entre la Regla de Oro y este amor.

[91] Ricœur, P., "Entre filosofía y teología: la Regla de Oro en cuestión" (1989), en *op. cit.*, p. 58.

Las cursivas están añadidas. Véanse además, las notas 72 y 77 en este capítulo, sobre el hecho de que el filósofo que reflexiona sobre la moral "no tiene que demostrar" *La Regla de Oro*; y que el teólogo moral no debe "buscar una garantía" de esa misma Regla. Paul Ricœur razona de este modo porque cuando nos preguntamos: ¿Cuál es el fundamento *histórico* de la moral o de la ética? Ricœur respondería que esa pregunta es ociosa, porque *nadie* comienza la moral, ni la ética, ni las instituciones: "¿Por qué tiene que ser así? Por una razón que de hecho me parece fundamental. Cada uno de nosotros –y cada deseo de ser que cada uno

Nótese que en la cita precedente Ricœur dice que la Regla de Oro es la "máxima suprema de la moralidad" en la que el filósofo debe continuar pensando, sin pretender demostrarla ya que es un principio acreditado dentro de la sabiduría milenaria oriental. También en *Sí mismo como otro* comenta: "es la *Regla de Oro* la que, a nuestro entender, constituye la fórmula de transición apropiada entre la solicitud y el segundo imperativo kantiano. Como ocurría con la estima que imputamos a la buena voluntad, la Regla de Oro parece formar parte de esos *endoxas* a los que apela la ética de Aristóteles, de esas nociones recibidas que la filosofía no tiene que inventar, sino esclarecer y justificar".[92] ¿Ricœur estaría pensado aquí en lo que llamó en algunas ocasiones como las fuentes no-filosóficas de la filosofía?[93] ¿De qué puede dar cuenta el filósofo? Antes de entrar en lo que la

---

de nosotros lleva consigo– surge en una situación que no es éticamente neutra; ya han tenido lugar elecciones, preferencias y valoraciones, que han cristalizado en valores que cada uno encuentra. Afrontamos aquí un fenómeno comparable al que Husserl describe cuando muestra que toda actividad constituyente se despliega en el medio de síntesis pasivas que ya han tenido lugar. De igual manera, toda *praxis* surge sobre el trazado de *praxis* anteriores; toda obra se encadena en sedimentaciones de obras anteriores. O, por referirnos al vocabulario de Humboldt, toda nueva *energeia* está ya engarzada en las *erga* adquiridas. La actualidad del acto se encadena sobre la pasividad y, por consiguiente, sobre lo adquirido de un obrar anterior al nuestro. Dicho de otra manera, nadie comienza la historia de la ética, nadie se sitúa en el punto cero de la ética.

Esta situación se puede comparar a la del lenguaje: de la misma manera que nadie comienza el lenguaje, nadie comienza la institución. [...] Todo comienzo, en ética, no puede ser más que una ficción...". Ricœur, P., "El problema del fundamento de la moral" (1975), en *Amor y justicia,* (trad. de TomásDomingo Moratalla), Caparrós Editores, Madrid, 1993, pp. 74-75.

[92] Ricœur, P., *Sí mismo como otro,* p. 232.

[93] Sobre las fuentes no filosóficas de la filosofía y su vínculo con la "docta ignorancia", al respecto Ricœur escribió: "En los confines del rigor filosófico, al que nunca se habrá pedido demasiado, en la vecindad con las fuentes no filosóficas de la filosofía, el pensamiento debe, sin duda, contentarse con la 'tímida' esperanza de la que hablo en las últimas líneas y que me parece prolongar la *docta ignorantia* que profesó por primera vez el presocrático Jenófanes, en el pasaje de los jonios a los eléatas:

«Un claro saber, ningún hombre tuvo ni tendrá jamás
Respecto de los dioses y de todas las cosas de las que hablo;
Y si al cabo, le cae en suerte pronunciar el dicho más acertado
Él mismo no sabe nada; a todos sin embargo les llega algún parecer.»" Ricœur, P., "Prefacio a la primera edición (1955)", en *Historia y verdad,* (trad. de Vera Waskman), Fondo de Cultura Económica (FCE), Buenos Aires, 2015, p. 24.

Regla de Oro aporta a cierta fundamentación moral, Ricœur dice en primer término que hay que tomar en cuenta la antropología del agente y del sufriente y su vinculación con la Regla de Oro:

> ...el filósofo tomará en cuenta dos rasgos remarcables de la acción. **Según el primero, la acción** no es solamente interacción, transacción poniendo en relación –y las más de las veces en conflicto– una pluralidad de agentes, **sino una relación asimétrica** entre lo que uno hace y lo que es hecho a otro, **lo que el otro sufre**. En este sentido, el problema moral nace de una amenaza de violencia que es inherente a la situación asimétrica de interacción; desde que alguien ejerce un poder sobre otro al actuar, la posibilidad de tratar al otro como un medio y no como un fin está inscrita en la estructura misma del obrar humano. **Segunda consideración antropológica que el moralista debe tener en cuenta:** el ejercicio de la libertad, si bien es la referencia mayor del pensamiento moral de los modernos, no tiene lugar sin la disposición de ciertos bienes fundamentales, cuya obtención es esencialmente aleatoria. Por otro lado, la mala fortuna sobre la que se centra la tragedia, está en manos del otro hombre, capaz de ayudar u obstaculizar, y de quien depende la obtención de estos frágiles bienes. **A la vulnerabilidad de la acción con respecto a los fenómenos de poder, se añade la fragilidad con respecto a los bienes y a los males fundamentales cuya obtención aleatoria condiciona el ejercicio de la libertad. Es a estos bienes y a estos males fundamentales a los que la *Regla de Oro* hace alusión cuando habla de lo que cada uno *detestaría* o *desearía* que le fuera hecho**.[94]

La Regla de Oro tiene en la filosofía de la acción y en la ética ricoeurianas una doble aplicación. La primera aparece en la cuestión del papel que el poder desempeña en esta filosofía, especialmente en el "poder-sobre" otro al actuar, porque aquí podría romperse el dique de contención que evita tratar a otro ser humano como medio y no como fin, según el imperativo moral kantiano. La segunda, surge en el seno de la libertad, porque en efecto, no puede haber ética sin

[94] Ricœur, P., "Entre filosofía y teología: la Regla de Oro en cuestión" (1989), en *op. cit.*, pp. 58-59. Las negritas están añadidas.

libertad. "El punto de partida de una ética solo puede encontrase en la noción de *libertad*, en una primera impresión lo opuesto a la idea de ley. Pero si bien es verdad que la libertad se afirma por sí misma, no se posee a sí misma [...]. La libertad solo puede atestiguarse en las obras en las que se objetiva. Como tal, es la "X" de la filosofía kantiana; yo no puedo ver mi libertad, ni tampoco puedo probar que soy libre, solo puedo afirmarme libre y creerme libre".[95] Lo anterior significa que la libertad solo puede probarse, acreditarse o atestiguarse en las obras de un sujeto actuante. Si la Regla de Oro se vincula y tiene una doble interpretación una que parte de la filosofía moral, y otra enclavada en una teología moral, entonces, ¿dónde se encontraría ubicada la Regla de Oro en su aspecto o relación *estricta* con la filosofía? Ricœur responde, sin dudar, que es en la moral kantiana, específicamente en sus imperativos:

> El tratamiento filosófico de la *Regla de Oro* puede entonces ser reconducido a la discusión de la relación entre la fórmula de base del imperativo categórico: «Obra solo según una máxima tal que puedas querer al mismo tiempo que se torne una ley universal», y la segunda formulación de este mismo imperativo, donde se encuentra la relación virtualmente asimétrica de la interacción «Obra de tal modo que uses a la humanidad, tanto en tu persona como en la persona de cualquier otro, siempre como un fin al mismo tiempo y nunca solo como un medio». La cuestión propiamente filosófica es saber en qué sentido la fórmula de base es más fundamental que la segunda formulación del imperativo categórico, y si una y otra formulación hacen justicia enteramente a la riqueza de sentido de la *Regla de Oro*. No lo discutiré aquí. Me preguntaré más bien cómo el teólogo da cuenta de la presencia de la *Regla de Oro* en el corpus bíblico en tanto que *teologumenon*.[96]

Antes de pasar al tema sobre el modo como el teólogo da cuenta de la manifestación de la Regla de Oro dentro del canon bíblico

---

[95] Ricœur, P., "El problema del fundamento de la moral" (1975), en *Amor y justicia*, (trad. de TomásDomingo Moratalla), Caparrós Editores, Madrid, 1993, p. 68.

[96] Ricœur, P., "Entre filosofía y teología: la Regla de Oro en cuestión" (1989), en *op. cit.*, pp. 59-60.

vetero y novotestamentario, es necesario traer a colación lo que el filósofo canadiense, Jean Grondin, ha señalado, igual que el propio Paul Ricœur, sobre el vínculo que el imperativo categórico kantiano, guarda con la Regla de Oro. En efecto, Grondin no ha dejado de resaltar que la "razón práctica" si bien se manifiesta en la proposición del imperativo categórico, este es –como oteó Ricœur en *Sí mismo como otro*– la "versión" kantiana de la Regla de Oro. Incluso, el profesor canadiense hace notar que una orden imperativa, provendría de la presunción de un orden apodíctico como el que se sustenta en la tradición legislativa mosaica:

> La razón práctica se da a entender a sí misma en un texto, el del imperativo categórico –del cual Kant propone varias lecturas. Pero como bien ha insistido Paul Ricœur en *Soi-même comme un autre*, ¿ese texto no es antes que nada una traducción de la regla de oro tomada del Evangelio: no hagas al otro lo que no quieras que te hagan a ti? Aun de manera más antigua, ¿la idea de un mandamiento imperativo de la razón no presupone los diez mandamientos del Dios de Moisés?"[97]

¿Paul Ricœur, suscribiría esta última inferencia de su colega Jean Grondin? Tal vez. ¿Se encontraría aquí un diálogo fecundo *entre* hermenéutica bíblica y ética? Sin duda. Quizá las siguientes citas, puedan arrojar alguna luz para responder estas preguntas, pero sin holgura. La primera describe la "experiencia religiosa" en sus múltiples manifestaciones como una dependencia absoluta que pende de Dios, pero que no obstante, puede prescindir de toda idea teológica y especulativa:

> Podemos, ciertamente, hablar de experiencia absoluta para caracterizar actitudes ante lo divino tan distintas como son un sentimiento de dependencia absoluta, la experiencia de una confianza sin límites, la preocupación sobre el destino último y la conciencia de pertenecer a una economía del don que precede a todo movimiento humano de caridad. [...] Hasta

[97] Grondin, Jean, "Prólogo" a Lema-Hincapié, Andrés, *Kant y la Biblia. Principios kantianos de exégesis bíblica,* Anthropos-Universidad Autónoma Metropolitana (UAM), Barcelona, 2006, p. XI.

> podemos correr el riesgo de decir que, si hay una manera de expresar la experiencia religiosa más allá de toda teología y de toda especulación, ésta es mediante la plegaria. [...] Dios es también el legislador que hace saber a los seres humanos en primera persona lo que la ley aplica a la segunda persona: «No matarás».[98]

Pero, ¿no constituye justamente esto un severo problema, porque Kant quiere evitar que la ética penda de un factor externo (heteronomía), sobre todo si es este divino? ¿No es la propuesta ética kantiana, la de una autonomía en lugar de una heteronomía? Presumir –como Grondin lo hace– que el imperativo categórico tiene como antecedente las normas mosaicas del Dios de los hebreos, ¿no es ya una heteronomía, sino una auténtica teonomía? La siguiente cita así lo reconoce:

> Con todo, a pesar de todas estas importantes distinciones, es verdad que Israel no se diferenció fundamentalmente de su marco cultural en el aspecto principal, a saber, en la idea de una legislación dada por Dios por mediación de un legislador humano. Esta idea constituye la misma esencia de la heteronomía. La especificidad de la Torá, tal como se ha observado correctamente, no la aleja del trasfondo de esta idea difundida de una teonomía. Y, una vez más, es el modo como marchan juntas religión y ética lo que todavía hoy constituye un problema.[99]

¿Es irresoluble esta cuestión? No, pero no deja de ser profundamente problemática. Pero Ricœur, intenta resolver la cuestión a partir de un engarce teológico-filosófico, que al menos aquí, resulta inevitable. ¿Reculará aquí la filosofía? Tampoco. ¿Retrocederá el filósofo ante lo escarpado de la empresa? No. Más bien se esforzará en comprender e interpretar la otredad teológica, aunque más de

---

[98] Ricœur, P., "La lamentación como plegaria", en LaCocque, A., y Ricœur, P., *Pensar la Biblia. Estudios exegéticos y hermenéuticos,* (trad. de Antoni Martínez Riu), Herder, 2001, pp. 221-222.

[99] Ricœur, P., "«No matarás»: una obediencia amorosa", en LaCocque, A. y Ricœur, P., *Pensar la Biblia. Estudios exegéticos y hermenéuticos,* (trad. de Antoni Martínez Riu), Herder, 2001, p. 129.

uno se quede anonadado o estupefacto. La antinomia parece evidente, pero el camino dialógico que propone Ricœur, es el de la dialéctica que busca la síntesis necesaria entre hermenéutica bíblica y ética:

> Por ello será de la mayor importancia, si es que debemos asumir la acusación de heteronomía, descubrir si la conexión existente entre Decálogo y la revelación del Nombre en Éxodo 3:14 –es decir, entre lo apodíctico y la automanifestación divina, fundada en el recuerdo de la liberación– no invita acaso a una reformulación del problema que plantean los pensadores modernos, que recurren al vocabulario kantiano de la autonomía. ¿Designa esta conexión, en el horizonte de la teonomía, una **economía del don** capaz de poner en cuestión las mismas categorías de autonomía y heteronomía, hasta el punto de eliminar por completo su antagonismo y, con ello, la equiparación de teonomía y heteronomía? La posibilidad de considerar en serio esta cuestión es la razón porque dejaré para el final de este ensayo el debate sobre aquellas páginas en las que André LaCocque toca la relación entre economía del don y el mandamiento.[100]

Entonces, ¿cómo pueden "convivir" la **autonomía** propuesta en la ética kantiana (filosófica) con la **heteronomía** de la ética bíblica (teológica)? ¿Cómo hacer que esta polaridad encuentre una vía de comunicación? Paul Ricœur responde que la síntesis se encuentra en la "obediencia amorosa". Obediencia que no es por coerción, porque entonces dejaría de ser autónoma. Obediencia que es por amor, y ya que somos amados –por Dios– podemos amar, porque ese amor obliga a lo éticamente bueno:

> Quisiera volver ahora al sentimiento de dependencia con el que he caracterizado el sentimiento religioso. Dejado a su aire, este sentido de dependencia lleva a un ámbito teonómico, que parece oponerse diametralmente a la autonomía moral. Sin embargo, lo dicho hace poco sobre la identidad metafórica entre el Dios único del Éxodo y del Dios del amor del

[100] *Ibíd.*, pp. 129-130.

> Apóstol, y luego sobre la prioridad del mandamiento del amor en relación con toda ley, nos permite completar este sentimiento de dependencia con el de *antecedencia*. Esto implica, debo reconocerlo, cierta pasividad fundacional: «Porque has sido amado, ama a tu vez». No deberíamos dudar en extender este sentimiento de antecedencia a las mismas leyes llamadas apodícticas. Podemos decir que vienen de Dios, no al modo mítico que cuentan los relatos del Sinaí ni mediante la entrega a Moisés de tablas de la ley, sino en virtud de su afinidad con el mandamiento del amor, que procede del amor que es Dios. Esto, a mi entender, es el único sentido aceptable de la noción de teonomía. Amor obliga; obliga a una obediencia amorosa.[101]

Paul Ricœur reconoce que la única "teonomía" aceptable es aquella que emana *exclusivamente* de la ontología de Dios, que *es* amor: "Dios es amor" (1 Juan 4:8,16) y "el amor es de Dios" (1 Juan 4:7). Lo que antecede a toda ley apodíctica es el mandamiento del amor, de aquí dimanará toda "obediencia *amorosa*". Nótese que aquí no se enfatiza la "ley" sino el «mandamiento», por esto que explicita Ricœur: "¿Reside ahí el secreto del paradójico mandamiento: «Amarás a tu prójimo como a ti mismo»? Este mandamiento competiría a la ética más que a la moral, si, siguiendo a [Franz] Rosenzweig en *L'Etoile de la rédemption,* pudiésemos considerar el mandato «Ámame», que el amante dirige al amado según se expresa en el Cantar de los Cantares, como anterior y superior a todas las leyes...".[102] Con una cita de este libro poético del Antiguo Testamento, que se refiere al amor de los amantes, es con la que Ricœur concluye su postrer libro publicado en vida: "Bajo el signo de este último *incógnito* del

[101] *Ibíd.*, p. 147.

[102] Nota al pie de página en Ricœur, P., *Sí mismo como otro,* p. 202. Ricœur está haciendo referencia a "La Estrella de la Redención" (Rosenzweig, Franz, *The Star of Redemption,* (trad. por william W. Hallo, Holt, Rinehart y Winston), Nueva York, 1971) a la cual denomina como un "amplio fresco filosófico-teológico". *Cfr.*, Ricœur, P., "«No matarás»: una obediencia amorosa", en LaCocque, A. y Ricœur, P., *Pensar la Biblia. Estudios exegéticos y hermenéuticos,* (trad. de Antoni Martínez Riu), Herder, 2001, p. 129. Existe edición en español: Rosenzweig, Franz, *La Estrella de la Redención,* (trad. de Miguel García-Baró), Ediciones Sígueme, Salamanca, 1998.

perdón, se podría rememorar la máxima del Cantar de los Cantares: "El amor es tan fuerte como la muerte" [Cantares 8:6]".[103]

2.2 La Regla de Oro *dentro de la teología*

> La *Regla de Oro* es simplemente enunciada como una máxima bien conocida en el *Sermón de la Montaña* en Mateo 7:12, en que parece ser considerada como una adquisición de la cultura judía, y en el *Sermón del Reino,* en Lucas 6:31, donde parece que se la reconoce como el bien común de la sabiduría helenística.[104]
>
> Paul Ricœur

> El derecho y los principios de justicia modernos no regulan las relaciones de amor sino las relaciones institucionales de respeto recíproco. Es porque la regla de oro no llega al estado del otro generalizado en un sistema social, al estado de los contratos legales de los derechos fundamentales en un sistema jurídico institucional, que es, por tanto, menos apta para servir de soporte a principios universales de justicia.[105]
>
> Johann Michel

A diferencia del "dogma" que en teología enuncia una fórmula fija, el *teologúmenon* que Paul Ricœur ve en la Regla de Oro, se refiere más bien a un concepto dinámico de la fe. ¿Ricœur quería señalar con ese término la transición desde el mandamiento negativo del "no matarás", pasando por la enseñanza del rabino Hillel, luego por la del mismo Jesús, y finalmente, con el mandamiento positivo del amor a los enemigos? Quizá. Como quiera que sea, Paul Ricœur

[103] Ricœur, P., *La memoria, la historia, el olvido,* (trad. de Agustín Neira), 2ª reim., Fondo de Cultura Económica (FCE), Buenos Aires, 2013, p. 646.

[104] Ricœur, P., "Entre filosofía y teología: la Regla de Oro en cuestión" (1989), en *Amor y justicia,* (trad. de TomásDomingo Moratalla), Caparrós Editores, Madrid, 1993, p. 62.

[105] Michel, Johann, "¿La regla de oro puede fundar los principios de moral y de justicia?", en *Revista Persona y sociedad,* Vol. XXI, No. 3, Universidad Alberto Hurtado, Santiago, 2007, p. 64.

insiste en que la Regla de Oro está enunciada dentro del judaísmo en su forma negativa: "Pero, ¿qué dice la Regla de Oro? –Se pregunta– Leámosla en Hillel, el maestro judío de san Pablo (Talmud de Babilonia, Shabbat, p. 31a): «**No hagas** a tu prójimo lo que aborrecerías que se te hiciera. Aquí está toda la ley; lo demás es comentario»."[106] En su sentido positivo aparece con Jesús: "La misma fórmula se lee en el Evangelio: «Y según queréis que hagan con vosotros los hombres, así haced también vosotros con ellos» (Lucas 6:31). Igualmente, en Mateo: «Todo aquello, pues, que quisiéreis que hagan con vosotros los hombres, hacedlo así también vosotros con ellos: esa, en efecto, es la Ley y los Profetas» (Mt 7:12)".[107] Ya sea dictada por el judaísmo o prescripta en el cristianismo, a todas luces, *La Regla de Oro,* es un legado que le ha sido entregado a Occidente a través de la milenaria herencia conjunta del judeocristianismo, como comenta el filósofo francés Johann Michel, enfatizando su reversibilidad y reciprocidad "entre el actuar y el sufrir", tema tan destacado dentro de la filosofía de la acción ricoeuriana:

> Se llama regla de oro en filosofía moral a la máxima de acción que reposa en una lógica de reciprocidad y de equivalencia entre sujetos supuestamente sustituibles. Hay reversibilidad o reciprocidad entre lo que hace uno y lo que se le hace al otro, entre el actuar y el sufrir. Expresada en una forma negativa, la regla de oro nos ordena no hacer a nuestro prójimo lo que detestaríamos que se nos hiciese a nosotros o, de modo positivo: "Así todo lo que queréis que los hombres hagan a vosotros, hacedlo vosotros a ellos". Esta regla se enraíza originalmente en la cultura judeocristiana. Se la encuentra formulada en el mandamiento bíblico "amarás a tu prójimo como a ti mismo" (Levítico 19:18), sobre todo en el Evangelio según Mateo (7:12), máxima bien conocida como el Sermón en la Montaña, y en el curso del Sermón de la Llanura (Lucas 6:31).[108]

[106] Ricœur, P., *Sí mismo como otro,* p. 232. Las negritas están añadidas.

[107] Ídem.

[108] Michel, Johann, "¿La regla de oro puede fundar los principios de moral y de justicia?", en *Revista Persona y sociedad,* Vol. XXI, No. 3, Universidad Alberto Hurtado, Santiago, 2007, p. 60.

¿Existirá una diferencia significativa entre ambas tradiciones, la judía y la cristiana, ya que una ordena hacer algo, mientras que la otra lo prohíbe? Precisamente, es aquí donde para Ricœur la Regla de Oro encuentra un lugar en la filosofía moral. Otro problema no menor es que la Regla de Oro se *coordina* con el mandamiento del amor a los enemigos, pero generando una tensión, así Ricœur se pregunta: "¿Dónde encontrar el paradigma de tal tensión viva? Me ha parecido que podría ser buscado –responde– en el fragmento del Sermón de la Montaña en *Mateo* y del Sermón de la Llanura de *Lucas,* donde, en un solo y mismo contexto, el mandamiento nuevo, el de amar a los enemigos y la Regla de Oro se encuentran yuxtapuestos".[109]

En este orden de ideas, Ricœur ha notado algo importante que Mateo no acota, pero sí lo ha hecho Lucas, ya que es en el tercer evangelio en donde ambas propuestas de Jesús se encuentras unidas: el amor a los enemigos y la Regla de Oro. Paul Ricœur remarca lo siguiente: "En *Lucas* 6:27 los dos mandamientos están anunciados en la mayor proximidad textual: "Pero a vosotros los que oís os digo: Amad a vuestros enemigos, haced bien a los que os aborrecen; bendecid a los que os maldicen y orad por los que os calumnian" (*Lucas* 6:27). Y un poco más adelante "Y como queréis que hagan los hombres con vosotros, así también haced vosotros con ellos" (*Lucas* 6:31)".[110] A partir de estas citas sobre el *doble* origen de la Regla de Oro en el judaísmo y en el cristianismo, donde Paul Ricœur interpreta esos versículos eminentes, hebreos y griegos, sobre la conducta ética en la Biblia, el pensador francés encuentra esos pasajes de la Regla de Oro y del amor a los enemigos como una norma recíproca que equilibra la moral:

> Se equilibran los méritos respectivos de la fórmula negativa (no hagas...) y de la fórmula positiva (haz...); la prohibición deja abierto el abanico de las cosas no prohibidas, y así hace sitio a la intervención de la moral en el orden de lo permitido; en cambio, el mandamiento positivo designa más claramente

[109] Ricœur, P., *Amor y justicia,* (trad. de Adolfo Castañón), Siglo XXI editores, Ciudad de México, 2009, p. 34.

[110] *Ídem.*

> el motivo de benevolencia que lleva a hacer algo a favor del prójimo. A este respecto, la fórmula positiva se acerca al mandamiento que se lee en *Levítico* 19:18 y que se repite en Mt 22:39: «Amarás a tu prójimo como a ti mismo»; esta última fórmula señala quizás mejor que las precedentes la filiación entre la solicitud y la norma. En cambio, la fórmula de Hillel y sus equivalentes evangélicos expresan mejor la estructura común a todas estas expresiones, a saber, la enunciación de una *norma de reciprocidad*.[111]

¿En qué consiste esa norma de reciprocidad? Johann Michel responde: "La regla de oro es una respuesta moral dada a una amenaza de violencia, inherente a las situaciones asimétricas de las interacciones humanas, cuando alguien ejerce un poder sobre otro. La lógica de reciprocidad que resalta en la regla de oro tiende así a impedir toda relación no simétrica entre un paciente y un agente".[112] Paul Ricœur hace notar que lo más sobresaliente de la Regla de Oro es justo la reciprocidad que se establece entre los actores de la acción, por tanto entre un agente y un paciente, protegiendo a uno (paciente) de la acción del otro (agente): "Pero lo más notable, en la formulación de esta regla, es que la reciprocidad exigida se destaca en el fondo de la presuposición de una disimetría inicial entre los protagonistas de la acción –disimetría que coloca a uno en la posición de agente y al otro en la de paciente–. Esta ausencia de simetría tiene su proyección gramatical en la oposición entre la forma activa del hacer y la pasiva del ser hecho, por tanto del padecer".[113] En última instancia Ricœur reconoce que la Regla de Oro es una contención contra todas las desviaciones malignas de la interacción entre un agente y un paciente en el ámbito de la violencia –que ya se ha problematizado en el primer ejercicio hermenéutico y ético de este capítulo– asesina:

> Ahora bien, el paso de la solicitud a la norma es estrechamente solidario de esta disimetría de base, en la medida en que,

[111] Ricœur, P., *Sí mismo como otro,* pp. 232-233.

[112] Michel, Johann, "¿La regla de oro puede fundar los principios de moral y de justicia?", en *op. cit.*, p. 60.

[113] Ricœur, P., *Sí mismo como otro,* p. 233.

> precisamente sobre esta última, se insertan todas las desviaciones maléficas de la interacción, comenzando por la influencia y terminando por el asesinato. En el término extremo de esta desviación, la norma de reciprocidad parece despegarse del impulso de la solicitud para concentrarse en la prohibición del asesinato, «No matarás»; incluso parece totalmente suprimido el vínculo entre prohibición y Regla de Oro. Por eso, no es inútil reconstruir las formas intermedias de la disimetría en la acción propuesta por la Regla de Oro, en la medida en que el itinerario de la solicitud a la prohibición del asesinato duplica el de la violencia a través de las figuras de la no reciprocidad en la interacción.[114]

Ricœur ha introducido el mandamiento negativo de la preservación de la vida: "No matarás", presentando no una simetría sino su opuesto, lo que genera una tensión o cortocircuito entre el mandamiento que prohíbe el homicidio y la Regla de Oro, porque si bien esta última sirve como fundamento de la moral, el mandamiento por su contenido imperativo es supra-ético. Asimismo, el mandamiento "nuevo" de amar a los enemigos se ubica también por encima de la ética: "¿Por qué supra-ética? Ética, en razón de la forma imperativa, emparentada... [con] el mandamiento ¡Ámame! [...] Ético, pues, y sin embargo, supra-ético es el mandamiento nuevo, en lo que dicho mandamiento constituye de alguna manera la proyección ética, a saber la economía del don".[115] En este mismo orden de ideas, Ricœur reconoce que, sin embargo:

> ...no es la simple cita de la *Regla de Oro* lo que plantea un problema de interpretación. Sino el efecto sobre ella de un contexto que parece desaprobarla. Este contexto, como se sabe, está dominado por el mandamiento de amar a los enemigos. Ahora bien, el mandamiento, y no la *Regla de Oro,* parece constituir la expresión más cercana al plano ético de lo que acabamos de llamar economía del don. En este sentido se puede considerar, al mandamiento mismo, supra-ético. Se

[114] *Ibíd.*

[115] Ricœur, P., *Amor y justicia,* (trad. de Adolfo Castañón), Siglo XXI editores, Ciudad de México, 2009, p. 37.

encuentra en el punto de articulación de la economía del don y de la actividad legisladora de la libertad, en el punto en que *el don engendra la obligación.* Al respecto este «mandamiento nuevo» revela una lógica de la sobreabundancia que se opone polarmente a la lógica de la equivalencia que gobierna la moral cotidiana.

Supuesto eso, ¿cómo debe entonces no oponer la lógica de la sobreabundancia, que se deriva directamente de la economía del don, a la lógica de la equivalencia, que parece culminar en la *Regla de Oro*?[116]

Si como se enunciaba anteriormente la Regla de Oro arbitra las relaciones de "exceso" entre un paciente y un sufriente, conteniendo el abuso y la violencia por parte del primero sobre el segundo, en un *poder-sobre*; se ubicaría por este hecho, a aquella norma moral (la Regla de Oro) como un bien ético que el mandamiento "nuevo" relativiza, porque la Regla sigue estando bajo la égida de la lógica de equivalencia. "Que la Regla de Oro provenga de o remita a una lógica de equivalencia, es algo que está marcado por la reciprocidad o la reversibilidad que esta regla instaura entre lo que uno hace, y lo que es hecho al otro, entre actuar y sufrir, y, por implicación, entre el agente y el paciente, quienes aunque irremplazables, son proclamados sustituibles".[117] ¿Entonces, la Regla de Oro es completamente incompatible con el mandamiento nuevo que convoca a amar a los enemigos? La concordancia parece insoluble por lo que el propio texto evangélico plantea, haciendo eco de la enseñanza del mismo Jesús:

> La conciliación entre la lógica de equivalencia, ilustrada por la Regla de Oro, y la lógica de sobreabundancia, encarnada por el mandamiento nuevo, se torna casi imposible si siguiendo a ciertos exégetas, como Albrech Dihle, en *Die Goldene Regel,* se aproxima la Regla de Oro de la ley del talión (*Jus talionis*), que

[116] Ricœur, P., "Entre filosofía y teología: la Regla de Oro en cuestión" (1989), en *Amor y justicia,* (trad. de TomásDomingo Moratalla), Caparrós Editores, Madrid, 1993, pp. 62-63.

[117] Ricœur, P., *Amor y justicia,* (trad. de Adolfo Castañón), Siglo XXI editores, Ciudad de México, 2009, p. 38.

es la expresión más rudimentaria de la lógica de equivalencia y de su corolario, a la regla de reciprocidad. Esta incompatibilidad entre dos lógicas parece sancionada por la declaración de Jesús quien en *Lucas 6:32-35a,* da curiosamente una continuación a la invitación de la Regla de Oro: "Porque si amáis a los que os aman, ¿qué mérito tenéis? Porque también los pecadores aman a los que los aman. Y si hacéis bien a los que os hacen bien, ¿qué mérito tenéis? Porque también los pecadores hacen lo mismo. Y si prestáis a aquellos de quienes esperáis recibir, ¿qué mérito tenéis? Porque también los pecadores prestan a los pecadores, para recibir otro tanto. Amad, pues, a vuestros enemigos, y haced bien, y prestad, no esperando de ello nada".[118]

Ya que el "nuevo" mandamiento se coloca en un plano superior al de la lógica de equivalencia, hace trizas en un primer momento a la Regla de Oro, en virtud de que se ordena amar incluso a los enemigos, fundándose este mandamiento en una lógica de la sobreabundancia. Y sin esperar nada a cambio de ese amor, entonces mi enemigo es respecto a mí, un deudor insoluble, porque no me debe nada, ni siquiera gratitud por amarle. Y sin embargo, el mandamiento fundado en un amor que me precede, a mí sí, ese amor me obliga. "Pero el mandamiento –recuerda Ricœur– se hace aquí más determinado, en la medida en que encuentra una estructura de la praxis, la distinción entre amigos y enemigos, cuya nulidad pronuncia el nuevo mandamiento. [...] Se propone así una aproximación ética de la economía del don que podría resumirse en la expresión: *puesto que te ha sido dado, da tú a tu vez.* Según esta fórmula –y por la fuerza del "puesto que"– el don se revela como fuente de obligación".[119]

¿A qué me obliga? ¡A amar a amigos y enemigos por igual y sin distinción! Y, siguiendo la misma lógica de la superabundancia, también: ¡A preservar la vida! Nada menos, y sin embargo: ¡nada más! Sobre todo, este "nuevo" mandamiento es preeminente porque se encuentra asociado al sexto mandamiento: "No matarás". De

[118] *Ibíd.*, pp. 38-39.

[119] *Ibíd.*, p. 37.

este modo queda nulificada la lógica de equivalencia de la *Ius talionis,* que jalonaba consigo la Regla de Oro. Y también el nuevo mandamiento es eximio porque amplía el concepto de prójimo en cuanto sujeto *digno* de amor y lo hace extensivo a los enemigos, supuestamente *indignos* de ser amados:

> Además, Jesús asocia el mandamiento del amor a nuestros enemigos a otros tipos excepcionales de conducta que desafían la lógica de la equivalencia de la justicia ordinaria. Sin embargo, el mandamiento del amor a nuestros enemigos ocupa un lugar preeminente entre estos desafíos al ordinario buen sentido moral en cuanto afecta directamente al sexto mandamiento del Decálogo. El mandamiento del amor a nuestros enemigos es «nuevo» solo por la extensión que da al concepto de prójimo, que no se libra de las restricciones que ponen de relieve las teorías contextualistas.[120]

¿Dónde se encuentra lo problemático de ese "nuevo" mandamiento? La tensión se encuentra en el hecho de que la Regla de Oro, por su condición de reciprocidad y equivalencia no ha superado la *Lex Talionis,* que establece el "ojo por ojo, y diente por diente", en el ámbito de una justicia retributiva. De hecho, aunque muchas veces resulta difícil amar al prójimo, es tremendamente inaudito hacerlo con los enemigos. Pero, ¿dónde se encuentra lo escandaloso del mandamiento evangélico? Wolfgang Schrage responde que: "Desde un punto de vista objetivo, el mandato de amar también a los enemigos, de hacer el bien a los que odian, de bendecir a los que maldicen y de rezar por los que calumnian (Lc 6:27s), permite descubrir que el amor no puede significar el descubrir en aquel a quien hay que amar alguna cosa amable. Por el contrario, el amor se proyecta precisamente en alguien de quien una persona normal diría que no es digno de ser amado".[121] Esto hace añicos la ley del Talión, la cual en palabras de Ricœur, "se limitaría a decir: «Yo doy

[120] Ricœur, P., "«No matarás»: una obediencia amorosa", en LaCocque, A. y Ricœur, P., *Pensar la Biblia. Estudios exegéticos y hermenéuticos,* (trad. de Antoni Martínez Riu), Herder, 2001, p. 143-144.

[121] Schrage, Wolfgang, *Ética del Nuevo Testamento*, Sígueme, Salamanca, 1987, p. 100.

a fin de que tú des» (*do ut des*). ¿No es contra esta interpretación perversa de la *Regla de Oro* contra la que Jesús nos advierte, en Lucas 6:32-35: «Si amáis a los que os aman, ¿qué mérito tenéis? Pues también los pecadores aman a los que los aman. Más bien, amad a vuestros enemigos; haced el bien, y prestad sin esperar nada a cambio»?"[122] Justamente en el amor a los enemigos no se puede partir ni de reciprocidad, y menos aún, de equivalencia, incluso, no puede esperarse nada a cambio, no hay ni debe buscarse alguna contraprestación:

> Precisamente el amor al enemigo es, en cualquier caso, un indicio insuperable de que en el amor no se trata de predilección (Kierkegaard) ni de consideraciones utilitarias o, dicho de otra forma, del amor según el principio *do ut des,* que también practican los publicanos y los gentiles (Mt 5:46s). El amor con la mirada puesta en la contraprestación amorosa y sobre la base de la reciprocidad no es todavía, según Jesús, el ágape. El ágape ama sin cálculos ni contabilidades, sin mirar de soslayo a lo que se recibe en contraprestación y, por supuesto, sin quedarse reducido a un grupo determinado.[123]

Ricœur apela entonces a la retórica de la paradoja para ayudar a aliviar la tensión aparentemente inconsistente e incompatible entre la Regla de Oro y el mandamiento del amor a los enemigos. Pero Ricœur piensa que el mandamiento no debe sustituir a la Regla, de ahí que se pregunte: "¿Hay, pues, incompatibilidad entre la *Regla de Oro* y el mandamiento nuevo? No si se ve en el mandamiento de amar un correctivo supra-moral más que un substituto de la *Regla de Oro,* máxima suprema de la moralidad".[124] ¿En qué consiste esa enmienda supra-moral? Paul Ricœur dice que el mandamiento del amor a los enemigos debe efectuar una "conversión" de la Regla: "El mandamiento de amar, según esta interpretación, operaría la conversión de la *Regla de Oro* **desde su sentido**

[122] Ricœur, P., "Entre filosofía y teología: la Regla de Oro en cuestión" (1989), en *op. cit.*, p. 63.

[123] Schrage, Wolfgang, *op. cit.*, p. 100.

[124] Ricœur, P., "Entre filosofía y teología: la Regla de Oro en cuestión" (1989), en *op. cit.*, p. 63.

interesado hacia una actitud de acogida al otro; al "a *fin de que*" del *do ut des* los substituiría el "*porque*" de la economía del don: «porque te ha sido dado, da tú también a tu vez»".[125] En uno de los mejores párrafos de *Amor y justicia,* Ricœur insiste sobre este tópico para mostrar que la Regla de Oro y el mandamiento nuevo son codependientes, y que mutuamente deben interpretarse para evitar una quimera monstruosa o un remedo de buenas intenciones basadas en malinterpretaciones:

> Pero la posición recíproca no es menos cierta: en esta relación de tensión viva entre la lógica de sobreabundancia y la lógica de equivalencia, esta última recibe de su confrontación con la primera la capacidad de elevarse por encima de sus interpretaciones perversas. En efecto, sin el correctivo del mandamiento del amor, la Regla de Oro se vería sin cesar jaloneada hacia el sentido de un máximo utilitario cuya fórmula sería *do ut des,* yo doy *para que* tú des. La regla: da *porque* te ha sido dado, corrige el *a fin de que* de la máxima utilitaria y salva a la Regla de Oro de una interpretación perversa que siempre es posible. Es en ese sentido como se puede interpretar la presencia de las duras palabras de *Lucas* 6:32-34, justo después de la reafirmación de la Regla de Oro en 6:31, y justo antes de la reafirmación del mandamiento nuevo en 6:35; en esos versículos intermedios la puntilla crítica de la lógica de la sobreabundancia está enderezada menos contra la lógica de equivalencia de la Regla de Oro que contra su interpretación perversa. La misma regla parece susceptible de dos lecturas, de dos interpretaciones, una interesada, la otra desinteresada. Solo el mandamiento puede zanjar a favor de la segunda contra la primera.[126]

En el ensayo titulado "«No matarás»: una obediencia amorosa", Paul Ricœur, a través de una lectura atenta y creativa de Emmanuel Levinas, ha podido sintetizar creativamente este «porque» de la economía del don y de la lógica de la sobreabundancia que siempre

[125] Ídem. Las negritas están añadidas.

[126] Ricœur, P., *Amor y justicia,* (trad. de Adolfo Castañón), Siglo XXI editores, Ciudad de México, 2009, pp. 41-42.

lo acompaña, que *refuerza* y no solo "convierte" a la Regla de Oro, justamente en la paradoja de *Amor y justicia*:

> Esta necesidad de refuerzo [amoroso] puede sentirse también de otro modo. La justicia difiere de la amistad y, en general, de todas las relaciones interpersonales basadas en una relación cara a cara y, por ello, de la imposición forzosa que emana de la presencia directa, de todo rostro que me diga, de acuerdo con la vigorosa expresión de Emmanuel Levinas, «¡no [me] matarás!». El *vis-à-vis* de la justicia son los demás sin rostro, es decir, cualquier persona con la que me sienta obligado por ley en multitud de instituciones. El que «está enfrente» ya no eres tú, sino todos y cada uno. Pero, ¿cómo se impide que todos y cada uno pasen a ser «alguien», o «ellos»?[127]

La enmienda y refuerzo que el mandamiento aplica sobre la Regla, permite un canal de intercambio mutuo, donde Regla y mandamiento se complementan, evitando su corrupción. De hecho, Ricœur propone que uno y otra se reinterpreten mutuamente: «¿Qué equidad, en el plano económico, podría salir del mandamiento: "Prestad sin esperar nada a cambio"*? Aislado de la *Regla de Oro,* el mandamiento de amar a los enemigos no es ético, sino supra-ético, como toda la economía del don a la que pertenece. Para no virar a lo no-moral, es decir a lo inmoral, el mandamiento debe reinterpretar la *Regla de Oro* y, haciendo esto, ser también reinterpretado por ella».[128] Según el análisis de Ricœur, esta es la razón por la que el mandamiento no anula ni supera a la Regla de Oro, sino que la complementa por medio de la paradoja retórica de la economía del don que permite su transfiguración:

---

127 Ricœur, P., "«No matarás»: una obediencia amorosa", en LaCocque, A. y Ricœur, P., *Pensar la Biblia. Estudios exegéticos y hermenéuticos,* (trad. de Antoni Martínez Riu), Herder, 2001, p. 146.

* "Y si solamente prestáis a aquellos de quienes esperáis recibir algo a cambio, ¿cuál es vuestro mérito? ¡También los malos prestan a los malos con la esperanza de recibir de ellos otro tanto!" (Lucas 6:34, NVI).

128 Ricœur, P., "Entre filosofía y teología: la Regla de Oro en cuestión" (1989), en *op. cit.*, p. 64.

> Tal es a mi parecer –dice– la razón fundamental por lo que el nuevo mandamiento no podría eliminar la *Regla de Oro*, ni substituirla. Lo que se llama «ética cristiana» o, como yo prefiero decir, la ética común en una perspectiva religiosa, consiste, según creo, en la tensión entre el amor unilateral y la justicia bilateral y en la interpretación de uno en términos de la otra. Este trabajo de reinterpretación mutua no deja al pensamiento en reposo. Nunca acaban las reinterpretaciones. Pero es también un trabajo práctico, me atrevería a decir. Las aplicaciones de esta dialéctica en la vida cotidiana, en el plano individual, en el plano jurídico, en el plano social y político, son innumerables y perfectamente *practicables*. [...] La *Regla de Oro* se encuentra así situada de manera *concreta* en el corazón de un conflicto incesante entre el interés y el sacrificio de sí mismo. La misma regla puede inclinarse en un sentido o en el otro, según la interpretación práctica que se le dé.
>
> Permítanme citar a modo de conclusión el magnífico versículo del *Sermón del Reino;* religa en una suerte de oxímoron la ausencia de medida, propia del amor, y en el sentido de medida, propio de la justicia: «Dad y se os dará: una medida buena, apretada, remecida, rebosante, pondrán en el halda de vuestros vestidos. Porque con la *medida* con que midáis se os medirá» (Lucas 6:38). La ausencia de medida es la buena medida. Tal es, en el tono de la poesía gnómica, la transposición de la paradoja retórica. La sobreabundancia se convierte en la verdad oculta de la equivalencia. La regla es "repetida". Pero la "repetición" significa transfiguración.[129]

En esta investigación se ahondaría preguntando incluso: ¿cómo puedo ver en el rostro de la otredad no a un enemigo sino a un hermano que impida su cosificación, su reducción a un mero objeto y su conversión en una mercancía intercambiable o desechable? Atrevidamente puede decirse que se tiene que hacer un esfuerzo *amoroso* por "convertir" ahora a mi enemigo, *en* mi hermano. Por más escandaloso que pueda ser, el mandamiento del amor al enemigo, ¿no contiene ya el germen de una posible conversión de ese enemigo en

[129] *Ibíd.*, pp. 64-65.

un hermano en el que puedo ver el "rostro" mismo de Dios? Según mi parecer aquí aplicaría un *plus* o excedente de sentido en la lógica de la abundancia tal como la propone Paul Ricœur a través de la "economía del don". Cabe preguntar aquí si la propuesta del "cara a cara" de Emmanuel Levinas procede de su lectura del texto bíblico de Génesis (32:30 & 33:1-20, especialmente los vv. 8-10).[130] Que sea el propio Levinas, filósofo judío, quien hable al respecto:

> La dimensión de lo divino se abre a partir del rostro humano. Una relación con lo Trascendente –libre, sin embargo, de todo dominio de lo Trascendente– es una relación social. Aquí lo trascendente, infinitamente Otro, nos solicita y nos llama. La proximidad del Otro, la proximidad del prójimo, es en el ser un momento ineluctable de la revelación, de una presencia absoluta (es decir, separada de toda relación) que se expresa. Su epifanía misma consiste en solicitarnos por su miseria en el rostro del Extranjero, de la viuda y del huérfano. [...] No puede haber ningún «conocimiento» de Dios, separado de la relación con los hombres. El Otro es el lugar mismo de la verdad metafísica e indispensable en mi relación con Dios. No desempeña el papel de mediador. El Otro no es la encarnación de Dios, sino que precisamente por su rostro, en el que está descarnado, la manifestación de la altura en la que Dios se revela".[131]

---

[130] *Cfr.*, "Y llamó Jacob el nombre de aquel lugar, Peniel; porque dijo: **Vi a Dios cara a cara,** y fue librada mi alma." (Gn 32:30, RVR-60). "Y Esaú dijo: ¿Qué te propones con todos estos grupos que he encontrado? Y Jacob respondió: **El hallar gracia en los ojos de mi señor.** Y dijo Esaú: Suficiente tengo yo, hermano mío; sea para ti lo que es tuyo. Y dijo Jacob: No, yo te ruego; **si he hallado ahora gracia en tus ojos,** acepta mi presente, **porque he visto tu rostro, como si hubiera visto el rostro de Dios,** pues que con tanto favor me has recibido." (Gn 33:8-10, RVR-60). Énfasis añadido.

¿Es necesario decir que todo el capítulo 33 de Génesis, semióticamente hablando, está estructurado en torno al verbo "ver"? ¿No es este encuentro entre Jacob-Israel y Esaú, donde se convierten dos enemigos que hacía tiempo no se miraban cara a cara, *auténticamente* en hermanos? ¿No es en este relato donde puede encontrarse el antídoto a la violencia asesina en contra no ya de mi prójimo (como terminó acreditada en la Parábola del Buen Samaritano) sino de "mi hermano", que quedó enunciada en el homicidio de Abel por parte de Caín, su hermano?

[131] Levinas, Emmanuel, *Totalidad e infinito. Ensayo sobre la exterioridad,* 2ª ed., Ediciones Sígueme, Salamanca, 1987, pp. 101-102.

Aunque podría ser aventurado afirmarlo, no obstante puede ensayarse la propuesta de que precisamente a través de una intensidad narrativa en el relato bíblico, se convierte a los hijos de Isaac: Esaú y Jacob/Israel, que están enemistados *en* auténticos hermanos, porque han *afrontado* sus diferencias, ya que se han *enfrentado* en un "cara-a-cara". Estos enemigos figuran al ser humano que actúa y sufre, porque el *mayor* busca la muerte del *menor* (Génesis 27:41; nótese el ejemplo del paciente y el sufriente), pero luego del *vis-à-vis* terminan reconociéndose como hermanos. De enemigos, los hermanos pueden reconciliarse por un encuentro amistoso y amoroso. En este sentido Levinas comenta:

> La conjunción entre el Mismo y el Otro en la que se sostiene, su vecindad verbal, es el recibimiento *de frente y de cara* del Otro por mí. Conjunción irreductible a la totalidad, porque la posición de «frente a frente» no es una modificación del «junto a». Aun cuando me encuentre unido al Otro por la conjunción «y», el Otro continúa haciéndome frente, revelándose en su rostro. La *religión* sostiene esta totalidad formal. [...] La reflexión, ciertamente, puede formar conciencia de este cara-a-cara, pero la posición «contra natura» de la reflexión no es un azar en la vida de la conciencia. Implica un cuestionamiento de sí, una actitud crítica que se produce frente al Otro y bajo su autoridad. El cara-a-cara sigue siendo situación última.[132]

Se preguntaría a partir de esta lógica de la abundancia, ¿cómo se convierte mi enemigo en mi hermano por la fuerza del amor? Se respondería que por medio de la igualdad. "La *igualdad,* cualquiera que sea el modo como la maticemos, *es a la vida en las instituciones lo que la solicitud a las relaciones interpersonales.* La solicitud da como compañero del sí otro que es un rostro, en el sentido profundo que Emmanuel Levinas nos ha enseñado a reconocerle. La igualdad le da como compañero un otro que es *cada uno*".[133] Así se impide que "todos" y "cada uno" pasen a ser simplemente «alguien» o «ellos». En síntesis, y para adelantar el tema del vínculo profundo entre

[132] *Ibíd.*, p. 104.

[133] Ricœur, P., *Sí mismo como otro,* p. 212. Las cursivas están en el original.

amor y justicia, Ricœur afirma que el reconocimiento mutuo hace que unos y otros, todos y cada uno, estemos en deuda:

> En el nivel superior, el ideal que marca nuestro sentido de justicia y que revela nuestra indignación a la vista de las injusticias del mundo que nos interpelan, se expresa por un deseo de dependencia mutua, incluso por lo que podemos llamar deuda mutua. [...]
>
> ¿No es, pues, función del amor conseguir que este sentido de justicia alcance el nivel de un verdadero reconocimiento mutuo por el que todos y cada uno nos sintamos en deuda con los demás? Si así es, ha de construirse un puente entre un amor que se ensalza simplemente por sí mismo, por su elevación y su belleza moral, y un sentido de justicia, que sospecha con razón de todo recurso a la caridad que pretenda sustituir a la justicia, y que puede incluso pretender liberar a los hombres y mujeres de buena voluntad de esa pretensión sobre ellos. Entre la confusión y la oposición, necesitamos explorar un camino difícil en el que la tensión entre las exigencias del amor y de la justicia, distintas y a veces opuestas, se convierta en ocasión de una acción razonable. Lo que dije antes sobre la obligación que el amor engendra puede marcarnos la dirección de este tipo de conducta. Si, efectivamente, el amor obliga, es ante todo a la justicia a lo que nos obliga, pero a una justicia educada en la economía del don. Es como si la economía del don buscara infiltrarse en la economía de la equivalencia.[134]

3. La "pequeña ética" en *Sí mismo como otro*

La llamada "pequeña ética" aparece enunciada *sintéticamente* en su *Autobiografía intelectual*, y desarrollada profusamente en *Sí mismo como otro*; en esta obra, Ricœur bautiza a los tres capítulos donde

[134] Ricœur, P., "«No matarás»: una obediencia amorosa", en LaCocque, A. y Ricœur, P., *Pensar la Biblia. Estudios exegéticos y hermenéuticos*, (trad. de Antoni Martínez Riu), Herder, 2001, p. 141-142.

se ocupa de ella como su «pequeña ética». En la siguiente cita, extraída de su *Autobiografía intelectual*, se pone de manifiesto el largo itinerario que Paul Ricœur transitó y el modo como ese derrotero configuró la arquitectura de *Sí mismo como otro*:

> Para la ética, que considero más fundamental que toda norma, propuse la definición siguiente: **deseo de vivir bien con y por los demás en instituciones justas.** Esta terna vincula el sí aprendido en su capacidad original de estima, con el prójimo, vuelto manifiesto por su aspecto, y con el tercero, portador de derecho en el plano jurídico, social y político. La distinción entre dos tipos de otro, el tú de las relaciones interpersonales y el cada uno de la vida en las instituciones, me pareció bastante fuerte para asegurar el pasaje de la ética a la política y para dar un anclaje suficiente a mis ensayos anteriores o en curso referidos a las paradojas del poder político y las dificultades de la idea de justicia. **En cuanto al pasaje de la ética a la moral, con sus imperativos y sus interdicciones, me parecía exigido por la ética misma, pues el deseo de una vida buena encuentra la violencia bajo todas sus formas.** A la amenaza de esta última replica la interdicción: "No matarás".* Finalmente, la sabiduría práctica (o el arte del juicio moral en situación) parecía requerida por la singularidad de los casos, por los conflictos entre deberes, por la complejidad de la vida en

* El mandamiento negativo (No matarás) que llama a preservar la vida del otro, es una restricción a despojar a alguien de su propia vida de un modo injusto: "Pero el sexto mandamiento es una prohibición de quitar la vida en forma *injusta*. No es una prohibición absoluta de quitar la vida. El término que se usa en Éxodo 20:13 es el vocablo **asesinar** (*râsah*), y no el término amplio que significa **matar** (*hârag*)." Mott, Stephen Charles, *Ética bíblica y cambio social*, (trad. de Miguel A. Mesías), Nueva Creación, Grand Rapids, 1995, p. 169. Las negritas están añadidas.

Por supuesto Ricœur sabía esto puesto que así escribe: "La tarea de la filosofía moral es redefinir los tipos de la acción de modo que el contenido de regla sea adecuado a la forma del principio. Un ejemplo poco discutible nos lo proporciona el caso de legítima defensa: la regla según la cual se permite matar si se es amenazado de muerte, o si no existe otro medio de proteger a un tercero amenazado de muerte, limita el campo de aplicación de la prohibición de matar a la clase de homicidio y del asesinato. La excepción aparente al imperativo «No matarás» es colocada así bajo la regla precisada por la premisa especificadora." Ricœur, P., *Sí mismo como otro*, p. 306.

sociedad, donde la elección es más frecuente entre el gris y el gris que entre el negro y el blanco, y en último término, por las situaciones que llamé penuria, donde la elección no es entre lo bueno y lo malo, sino entre lo malo y lo peor.

> La inserción en este lugar de mi **"pequeña ética"** tuvo por efecto una revisión progresiva de toda la arquitectura del libro".[135]

A la luz de la cita anterior podrá notarse que para Ricœur toda ética debe culminar en la política, pasando por lo jurídico y lo social, la ética atañe como condición indispensable para la existencia de la *polis,* ya que la ciudad –y sus instituciones– encuentran su sustento en la ética. La filosofía ricoeuriana enfatiza que la ética debe fundar lo político. Tema sobre el que se volverá más tarde. En efecto, en *Sí mismo como otro*, Ricœur desarrolla en los estudios séptimo al noveno, esa pequeña ética de la que ha hablado: "El sí y la intencionalidad ética" (séptimo estudio), "El sí y la norma moral" (octavo estudio) y "El sí y la sabiduría práctica: la convicción" (noveno estudio). En *Crítica y convicción,* Paul Ricœur ahonda sobre el tema en cuestión:

> Esta parte de lo que iba a convertirse así en *Sí mismo como otro,* y a la que yo llamo con ironía y modestia –fingida o no, no lo sé– mi "pequeña ética", está estructurada en tres capítulos que, con rapidez, podrían resumirse en el enfrentamiento entre una ética teleológica, neoaristotélica, centrada en la idea de una vida buena, y cierto enfoque deontológico, más kantiano, que giraría alrededor del deber y de la obligación. Pero casi inmediatamente después paso al tercer capítulo, dedicado a la sabiduría práctica, a la aparición de nuevas decisiones en relación con determinados casos complejos: los *hard cases* del derecho, de la medicina o de la cotidianeidad.[136]

Así es, Paul Ricœur confiesa que es deudor tanto de Aristóteles como de Kant en el desarrollo de su propuesta ética. "En este contexto, indiquemos asimismo una mirada recurrente de Paul Ricœur

[135] Ricœur, P., *Autobiografía intelectual,* p. 82. Las negritas están añadidas.

[136] Ricœur, P., *Crítica y convicción,* pp. 128-129.

hacia Kant, filósofo de los límites tanto como del «mal radical» y de cierta manera de inaugurar una filosofía de la cultura, la religión o el arte; filosofía deliberadamente práctica, filosofía de una tarea realizada bajo el signo de la esperanza bien entendida".[137] El primer apartado de este último capítulo se ha ocupado de la violencia, porque como comenta Ricœur: "A mi entender, solo la irrupción de la violencia en las relaciones humanas impone pasar del estilo **teleológico** de la ética al estilo **deontológico** de la moral, en resumen, de Aristóteles a Kant. Pero el movimiento que remonta de la moral a la ética nos importa más que el trayecto inverso: en efecto, gracias a este paso atrás la teleología moral se articula con la teleología fenomenológica que rige la secuencia de las figuras del hombre capaz".[138] En este orden de ideas, en el séptimo estudio de *Sí mismo como otro,* Ricœur sostiene la preeminencia de la ética sobre la moral:

> Las determinaciones éticas y morales de la acción se considerarán aquí como predicados de un género nuevo, y su relación con el sujeto de la acción como una nueva mediación en el camino de retorno hacia sí mismo. [...]
>
> Por tanto, por convención reservaré el término de ética para la *intencionalidad* de una vida realizada, y el de moral para la articulación de esta intencionalidad dentro de *normas* caracterizadas a la vez por la pretensión de universalidad y por un efecto de restricción. [...]
>
> Con otras palabras, según la hipótesis de trabajo propuesta, la moral solo constituiría una efectuación limitada, y la ética, en este sentido incluiría a la moral.[139]

Asimismo en el estudio preliminar de *Lo justo,* Ricœur volverá al mismo tema, pero vinculando la "vida buena" en su sentido aristotélico, con su filosofía de la acción; enlace que aparece al calificar

[137] Gisel, Pierre, "Prólogo" a Ricœur, P., *El mal. Un desafío a la filosofía y a la teología*, 1ª reimp., Amorrortu editores, (Col. Nómadas), Buenos Aires, 2007, pp. 11-12.

[138] Ricœur, P., "De la metafísica a la moral", en *Autobiografía intelectual,* Ediciones Nueva Visión, Buenos Aires, 1997, p. 118. Énfasis añadido.

[139] Ricœur, P., *Sí mismo como otro,* pp. 173, 174, 175.

moralmente determinadas acciones como buenas, pero en un sentido teleológico que permite señalar una vida buena no en la inmediatez de acciones fracturadas, sino en un afán que apunta a los fines últimos de una vida "entera" orientada por el discurso de la acción, que evita presentar una vida fraccionada o en secciones:

> En el primer nivel, el predicado que califica moralmente la acción es el predicado *bueno.* El punto de vista que este predicado revela puede ser llamado teleológico en la medida en que el bien designa el *telos* de una vida entera en búsqueda de esto que los agentes humanos pueden considerar como una realización, una plenitud dichosa. No es casual que la palabra *vida* sea pronunciada en el cuadro de una filosofía de la acción. Nos recuerda que la acción humana está transportada por el deseo, y correlativamente por la carencia, y que es en términos de deseos y carencia como puede hablarse del deseo de una vida realizada. Este lugar entre vida, carencia, y realización, constituye el pedestal de la moralidad. A él reservo, por convenciones de lenguaje, **el término de ética**. Por ello defino la ética como la aspiración a una vida buena.[140]

Justamente en *El discurso de la acción,* Ricœur había escrito que: "Asignar una acción a alguien es en primer lugar identificar al sujeto de la acción. La acción está ahí, ¿de quién es? ¿A quién pertenece? A tal y a cual, no a tal".[141] Cuando Ricœur trata de justificar cuál es la contribución del lenguaje a la filosofía de la acción,[142] dice

140 Ricœur, P., "Estudio preliminar", en *Lo justo,* p. 27.

141 Ricœur, P., *El discurso de la acción,* (trad. de Pilar Calvo), Col. Teorema, Ediciones Cátedra, S.A., Madrid, 1981, p. 60.

142 Paul Ricœur prefiere hablar de una "filosofía de la acción" más que de una "ciencia de la acción", porque "las ciencias humanas también tratan de la acción; la psicología se dedica a la observación del comportamiento, es decir al conjunto de las actividades mediante las cuales responde un organismo vivo a los estímulos del medio en el que vive. Su método procede de las ciencias naturales, de las que es una extensión. También la sociología habla del comportamiento, de la conducta, incluso de la acción. Hay una sociología de la acción, la de Talcott Parsons y la de Alain Touraine. Está esencialmente consagrada a los procesos de cambio por una sociedad dada. [...]

Por lo tanto, hay una ciencia de la acción, hay ciencias de la acción." *Ibíd.,* pp. 9-10.

que el filósofo tiene la tentación de contestar apresuradamente que «la filosofía de la acción es la ética». Ante la pregunta sobre el campo propio que pudiera tener una filosofía de la acción del que aún no se haya ocupado cualquiera otra "ciencia de la acción", confiesa: "Sentimos la tentación de responder: la filosofía de la acción es la ética. Y es cierto que el peso principal de la tradición filosófica recae sobre la identidad de lo práctico y de lo ético".[143] Y continúa preguntándose: "Una filosofía de la acción que no se limitase a una simple epistemología de la ciencia de la acción, es decir, de la ciencia del comportamiento para el psicólogo y de la ciencia de las tensiones sociales para el sociólogo, una filosofía propia de la acción, ¿debe ser solamente una ética?"[144] Esto es lo que responde:

> Aquí es donde yo propongo una investigación previa a la misma ética, a saber, una descripción y un análisis de los discursos en los cuales el hombre *dice* su *hacer*, haciendo abstracción de alabanzas o censuras mediante las cuales califica su hacer en términos de moralidad.
>
> Este *decir* del *hacer* puede ser aprendido en varios niveles: nivel de los *conceptos* puestos en juego en la descripción de la acción; nivel de las *proposiciones* donde la propia acción llega a enunciarse; nivel de los *argumentos* en el que se articula una estrategia de la acción.[145]

Paul Ricœur enlaza creativamente la "filosofía de la acción" con una "filosofía analítica y hermenéutica", y desde luego también con una "filosofía del lenguaje" a través de la pregunta originante (a la que no obstante todo vuelve): ¿quién?, la cual se desdobla en "dos cuestiones gemelas: *¿de quién* hablamos cuando designamos según el modo referencial a la persona como distinta de las cosas? Y, *¿quién* habla designándose a sí mismo como un locutor (que dirige la palabra a un interlocutor)?"[146] Las preguntas *¿quién* habla? –en cuanto acto del discurso– y *¿quién* actúa? –en cuanto discurso de la

[143] *Ibíd.*, p. 10.

[144] Ídem.

[145] *Ibíd.*, p. 11.

[146] Ricœur, P., *Sí mismo como otro,* p. XXX.

acción– están íntimamente vinculadas: "En efecto –dice Ricœur– la teoría analítica de la acción es la que regirá el gran rodeo por medio de las preguntas ¿qué? y ¿por qué?, a riesgo de no poder acompañar hasta el final el movimiento de retorno hacia la pregunta ¿quién?: ¿quién es el agente de la acción?"[147] Pero, ¿por qué razón Ricœur ha vinculado la teleología moral (kantiana) con la teleología fenomenológica de las figuras del hombre capaz? Porque en:

> [...] la analogía del actuar, las figuras que pueblan el campo práctico, podría decirse que es siempre en tanto *hombre capaz* que el sujeto del actuar revela ser *accesible* a una calificación moral; todos los análisis anteriores ubicados bajo la égida de la pregunta ¿quién? –¿quién habla?, ¿quién hace?, ¿quién narra?, ¿quién es responsable de sus actos?– pueden ser reformulados en el vocabulario de la capacidad: capacidad para designarse como locutor, capacidad de reconocerse como autor de sus acciones, capacidad de identificarse como personaje de un relato de vida, capacidad de imputarse la responsabilidad de sus propios actos".[148]

Desde el "hombre falible" propuesto en *Finitud y culpabilidad* Paul Ricœur ha llegado al "hombre capaz" en *Sí mismo como otro*. ¿Cómo ha logrado transitar desde una antropología de la labilidad humana a otra de la capacidad humana? ¿Por qué es tan importante para la filosofía ricoeuriana el tema de la acción? ¿Qué hace que Ricœur insista tanto en hablar del hombre que actúa y que sufre? ¿Se puede encontrar un hilo conductor a través de este peculiar tránsito? Alain Thomasset opina que sí, pero esa continuidad se encuentra en *Sí mismo como otro*, precisamente en el actuar humano y en la plasticidad de la pregunta ¿quién?:

> La unidad temática –dice– del actuar humano por el que Ricœur aborda la cuestión antropológica desde el comienzo de sus trabajos, se presenta aquí a través de la multiplicidad de la pregunta *¿quién?* a la que el sí mismo intenta responder: ¿quién habla de qué?, ¿quién hace qué?, ¿con qué y con quién

[147] Ídem.

[148] Ricœur, P., "De la metafísica a la moral", en *Autobiografía intelectual*, pp. 116-117.

> se hace el relato?, ¿quién es moralmente responsable de qué? Esta diversidad de respuestas a la pregunta *¿quién*? [en *Sí mismo como otro*] (que justifica el término "estudios" y no el de "capítulos") indica lo que Ricœur llama una "unidad analógica del actuar", donde el sí se testifica. Ahora bien, en ese lugar, como bien lo expresa François Marty, es donde es preciso escuchar esta otra proposición de Aristóteles: "El ser se expresa diversamente".[149]

Paul Ricœur desarrolla entonces, a partir del estudio siete de *Sí mismo como otro* su idea de ética, a partir del fructífero encuentro *dialéctico* entre la teleología aristotélica y la deontología kantiana. Desde el estudio siete y hasta el comienzo del estudio diez, Ricœur profundiza en la problematización de la pregunta ¿quién?, y también sobre los cuatro subconjuntos de las preguntas que a partir de ahí se generan, y que le permiten inquirir por «las dimensiones *lingüística*, *práctica* y *narrativa* de la **ipseidad**»[150] que estas mismas cuestiones forjan: "los cuatro subconjuntos que componen estos estudios –menciona

---

[149] Thomasset, Alain, "En el centro de la tensión ética: narratividad, teleología, teonomía", en Fiasse, Gaëlle (Coord.), *Paul Ricœur. Del hombre falible al hombre capaz*, Ediciones Nueva Visión, Buenos Aires, 2009, p. 96.

[150] En el prólogo de *Sí mismo como otro,* Ricœur problematizó ampliamente la cuestión lingüística de la identidad-*ipse* y la identidad-*idem,* vinculándola a la acción narrativa en una sabiduría práctica: "La tercera intención filosófica, explícitamente incluida en nuestro título, se encadena con la precedente, en el sentido de que la identidad-*ipse* pone en juego una dialéctica complementaria de la *ipseidad* y de la *mismidad,* esto es, la dialéctica del *sí* y del otro *distinto de sí.* Mientras se permanece en el círculo de la *identidad-mismidad,* la *alteridad* de cualquier otro distinto de sí no ofrece nada de original: «otro» figura, como de paso ya hemos subrayado, en la lista de los antónimos de «mismo», al lado de «contrario», «distinto», «diverso», etc. Otra cosa sucede si se empareja la *alteridad* con la *ipseidad.* Una *alteridad* que no es –o no solo es– de comparación es sugerida por nuestro título, una *alteridad* tal que pueda ser constitutiva de la ipseidad misma. *Sí mismo como otro* sugiere, en principio, que la *ipseidad* del *sí mismo* implica la *alteridad* en un grado tan íntimo que no se puede pensar en una sin la otra, que una pasa más bien a la otra, como se diría en el lenguaje hegeliano. Al «como», quisiéramos aplicarle la significación fuerte, no solo de una comparación –sí mismo semejante a otro– sino de una implicación: sí mismo en cuanto… otro. […]

Lo que acabamos de llamar competencia entre dos tradiciones filosóficas [aristotélica y kantiana], será sometido al arbitraje de la dialéctica entre la identidad-*idem* y la identidad-*ipse,* de la cual hemos hecho, con el carácter reflexivo del sí, el segundo rasgo gramatical del sí *mismo.* […] Al mismo tiempo, y correlativamente, el tema de la acción narrada comenzará a igualarse con el concepto del

Ricœur– hasta el umbral del décimo corresponden, en efecto, a cuatro maneras de responder a la pregunta ¿quién?: ¿quién habla?, ¿quién actúa?, ¿quién se narra?, ¿quién es el sujeto moral de la imputación? No salimos de la pregunta de la ipseidad mientras permanezcamos en la órbita de la pregunta ¿quién?".[151] Entonces, ¿cuál es el modo en que el filósofo francés logra conectar lo teleológico con lo deontológico? Pero al mismo tiempo, ¿cómo logra distinguir la ética de la moral? Paul Ricœur dirá que existe entre ambas tradiciones filosóficas, tanto subordinación como complementariedad:

> En la etimología o en la historia de los términos, nada la impone. Uno viene del griego, el otro del latín; y ambos remiten a la idea intuitiva de *costumbres*, con la doble connotación que vamos a intentar descomponer de lo que es *estimado bueno* y de lo que *se impone* como obligatorio. Por tanto, por convención reservaré el término de ética para la *intencionalidad* de una vida realizada dentro de *normas* caracterizadas a la vez por la pretensión de universalidad y por un efecto de restricción [...]. Reconoceremos fácilmente en la distinción entre objetivo y norma la oposición entre dos herencias: una herencia aristotélica, en la que la ética se caracteriza por su perspectiva *teleológica*, y otra kantiana, en la que la moral se define por el carácter de obligación de la norma, por tanto, por un punto de vista *deontológico.* Nos proponemos establecer, sin afán de ortodoxia aristotélica o kantiana, pero con gran atención a los textos fundadores de estas dos tradiciones: 1) la primacía de la ética sobre la moral; 2) la necesidad para el objetivo ético de pasar por el tamiz de la norma; 3) la legitimidad de un recurso al objetivo ético, cuando la norma conduce a atascos prácticos [...]. Con otras palabras, según la hipótesis de trabajo propuesta, la moral solo constituiría una efectuación limitada, y la ética, en este sentido, incluiría a la moral. Por tanto, no veríamos que Kant sustituye a Aristóteles, pese a una tradición respetable. Más bien, se establece entre las dos herencias una relación a

---

hombre *que actúa* y *que sufre*, que nuestro procedimiento analítico-hermenéutico es capaz de deducir." Ricœur, P., *Sí mismo como otro*, pp. XIII-XIV, XXX y XXXI.

[151] Ricœur, P., *Sí mismo como otro*, p. 173.

la vez de subordinación y de complementariedad, reforzada, en definitiva, por el recurso final de la moral a la ética.[152]

4. El diálogo fecundo entre filosofía y teología en *Amor y justicia*

> Otra razón para esperar que el amor proteja a la justicia de deslices y desviaciones tiene que ver con el debate contemporáneo concerniente a los fundamentos de la justicia.[153]
>
> Paul Ricœur

> Ahora me gustaría sugerir la idea de que el amor puede también poner en guardia a la justicia contra ambiciones excesivas. El exceso aquí no está ya del lado del amor, en forma de excepción, sino del de la justicia, en forma de *hybris.* En este caso, la dialéctica de amor y justicia adopta una forma decididamente más polémica.[154]
>
> Paul Ricœur

La pequeña obra que lleva por título *Amor y justicia,*[155] fue antes que nada, una conferencia pronunciada por Paul Ricœur en la Facultad de Teología Protestante de la Universidad de Tubinga, "en 1989 al haber recibido el premio Leopold Lucas, que recompensa «trabajos eminentes con publicaciones en el terreno de la teología, de las ciencias humanas, de la historia o de la filosofía»".[156] La

---

[152] *Ibíd.,* pp. 174-175.

[153] Ricœur, P., "«No matarás»: una obediencia amorosa", en LaCocque, A. y Ricœur, P., *Pensar la Biblia. Estudios exegéticos y hermenéuticos,* (trad. de Antoni Martínez Riu), Herder, 2001, p. 146.

[154] *Ibíd.,* p. 147.

[155] En español existen dos traducciones, la primera en aparecer es: Ricœur, P., *Amor y justicia,* (trad. de Tomás Domingo Moratalla), Caparrós Editores, Madrid, 1993, 125 pp. La segunda: Ricœur, P., *Amor y justicia,* (trad. de Adolfo Castañón), Siglo XXI editores, Ciudad de México, 2009, 123 pp. En adelante para evitar confusiones entre una y otra traducción, se agregará el año de edición del libro.

[156] Shlegel, Jean-Louis, "Acerca de esta edición", en Ricœur, P., *Amor y justicia,* (trad. de Adolfo Castañón), Siglo XXI editores, Ciudad de México, 2009, p. 7.

conferencia dictada en alemán, llevaba por título *Liebe und Gerechtigkeit.*[157] En su edición al español aparece en dos libros distintos que reproducen la misma conferencia como pórtico y que toman de la misma, el nombre de la totalidad del libro; pero no obstante que llevan el mismo nombre, no tienen el mismo contenido, ya que ambos libros tienen textos relacionados con el tema principal, pero distintos. En la edición que apareció en España, luego de la conferencia homónima se incluyen cinco artículos más: *Lo justo entre lo legal y lo bueno*, *Entre filosofía y teología: la* Regla de Oro *en cuestión*, *El problema del fundamento de la moral*, *Muere el personalismo, vuelve la persona* y *Aproximaciones a la persona*. Sobre esta edición y su vínculo con otra obra de Ricœur intitulada *Lo justo,* Agustín Domingo Moratalla añade:

> Precisamente con ese texto titulado *Amor y Justicia* se agrupan otras reflexiones sobre la justicia en continuidad con las cuales se han elaborado estas páginas sobre *Lo justo,* y que completan algo más que un último período de producción filosófica. En realidad, completan toda una vida filosófica en la que nadie puede decir que "Lo justo" no haya sido la preocupación central. Por eso, el lector tiene entre sus manos [...] la culminación de una vida filosófica donde la motivación para el quehacer reflexivo se alimentaba en la fuente de "lo justo".[158]

En la edición tirada en México (basada en la edición francesa: Ricœur, P., *Amour et Justice,* Éditions Points, París, 2008), a la conferencia introductoria del mismo nombre, vienen adosados otros dos textos: "El sí en el espejo de las Escrituras" (*The self in the Mirror of* Scriptures) y "El sí 'objeto de mandamiento'" (*The 'Commissiones*

"El premio Leopold Lucas fue creado por Franz Lucas, hijo de Leopold, en 1972, para celebrar el centenario del nacimiento de su padre. Fue confiado, para su administración, a la Facultad de Teología Protestante de la Universidad de Tubinga. Este premio conmemora la memoria del sabio que fue Leopold Lucas y busca recordar la responsabilidad de los intelectuales en la promoción de la paz entre los hombres y los pueblos." *Ibíd.*, p. 7-8.

[157] Ricœur, P., *Liebe und Gerechtigkeit (Amour et Justice),* Tübingen, J.C.B. Mohr, 1990, pp. 6-81.

[158] Domingo M., Agustín, "Introducción", en Ricœur, P., *Lo justo,* (trad. de Tomás Domingo Moratalla), Caparrós Editores, Col. Esprit #34, Madrid, 1999, p. 10.

Self': O my Prophetic Soul! / Le sujet convoqué. À l'école des récits de vocation prophétique[159]). Este par de conferencias, que Ricœur denomina "gemelas", formaban parte de las *Gifford Lectures,* pronunciadas por Paul Ricœur en la Universidad de Edimburgo en 1986, bajo el título *On Selfhood, the Question of Personal Identity.* No obstante, Ricœur decidió no incluirlas en *Sí mismo como otro,* que fue el producto de aquellos cursos dictados primero en Escocia, luego en la Universidad de Múnich, y finalmente, en la Universidad de Roma «La Sapienza».[160] En el prólogo del libro recién enunciado, Ricœur explica cuáles fueron las razones por las que decidió no incorporarlas en la edición final de ese trabajo, a pesar de formar parte del curso de 1986, que dio origen a *Soi-même comme un autre*:

> Debo explicar a mis lectores por qué he renunciado a incluir en la presente obra las dos conferencias gemelas que concluían la serie original de las *Gifford Lectures* pronunciadas en Edimburgo en 1986. Estas conferencias eran muestra de la hermenéutica bíblica cuyo proyecto expongo en *Du texte à l'action.* En la primera, titulada «**El sí en el espejo de las Escrituras**», me preguntaba, al modo de N. Frye en *El gran código,* por la clase de instrucción y de interpretación que emana de la *red simbólica* tejida por las Escrituras bíblicas, judía y cristiana. Principalmente se hacía hincapié en «la nominación de Dios» que, a través de una gran variedad de géneros literarios, distingue la dimensión querigmática de estas escrituras de la dimensión argumentativa de la filosofía, incluso dentro de la dimensión poética que muestra. En la segunda conferencia, titulada «**El sí mismo acreditado**», tomando como guía los «relatos de vocaciones» de profetas y de discípulos en uno y otro Testamento (recuperando la feliz expresión propuesta por Paul Beauchamp), exploraba yo los rasgos por los cuales la comprensión de sí a lo que mejor respondía era a la instrucción, a la interpelación, que solicitan al sí mismo a modo de llamada sin restricción. La relación entre llamada y respuesta

[159] Publicada en la *Revue de l'Institut Catholique de Paris,* oct.-dic., 1988, pp. 88 y *ss.*

[160] Ricœur, P., *Sí mismo como otro*, p. IX.

> era así el nexo fuerte que mantenía juntas estas dos conferencias que he llamado gemelas.[161]

De hecho, en su *Autobiografía intelectual*, Ricœur añade que el abordaje de estos temas dentro de las famosas *Gifford Lectures*, obedece a que los propios organizadores le imponen a los conferenciantes un abordaje teológico, pero Ricœur fiel a su costumbre de tratar de no mezclar los argumentos del quehacer filosófico con las convicciones fruto de su fe bíblica, decidió finalmente no incluirlas en el volumen que vio la luz a partir de aquellos cursos:

> Pero las *Gifford Lectures* no terminaban allí. Para respetar la exigencia de los fundadores de esta célebre serie, que impone a los conferencistas pronunciarse sobre la noción de "teología natural" agregué a las ocho conferencias filosóficas dos estudios en el estilo de mi hermenéutica bíblica (el primero será publicado con el título "Palabra y escritura en el discurso bíblico", y el segundo apareció en el *Bulletin de l'Institut catholique de Paris* (1988) con el título "El sujeto convocado. En la escuela de los relatos de vocación profética"). No he retomado estas dos conferencias en *Sí mismo como otro*, para permanecer fiel al antiguo pacto en virtud del cual las fuentes no filosóficas de mis convicciones no se mezclarían con los argumentos de mi discurso filosófico.[162]

¿Por qué fueron agrupados estos dos escritos y la conferencia dictada en Tubinga en un solo volumen al que terminó llamándosele *Amor y justicia* (2009)? Justamente porque en una serie de cartas entre 1988 y 1989 intercambiadas entre Paul Ricœur y su editor en la Editorial Seuil, François Wahl,[163] se han dejado constancia de estos lazos que las unen. Pero será, sobre todo, en su artículo "Experiencia y lenguaje en el discurso religioso" donde Ricœur traza las articulaciones entre esos escritos.[164] Por otra parte, en *Amor y*

---

[161] Ricœur, P., *Sí mismo como otro*, p. XXXVII. Las negritas están añadidas.

[162] *Ibíd.*, p. 80.

[163] Paul Ricœur dedica *Sí mismo como otro* a este editor "en testimonio de agradecimiento y amistad", p. V.

[164] Shlegel, J.-L., *op. cit.*, pp. 8-9.

justicia se señala la relación dialéctica que a su entender se da en entre «amor *y* justicia», y vinculado a este tema, está también el de la desproporción entre ambos vocablos. Así, hay que "tomar como guía un pensamiento que medita la dialéctica entre amor y justicia. Por dialéctica –dice Ricœur– entiendo aquí, de una parte, el reconocimiento de desproporción inicial entre los dos términos y, de la otra, la búsqueda de las mediaciones prácticas entre los dos extremos –mediaciones, digámoslo de inmediato, siempre frágiles y provisionales".[165]

A través de este acercamiento, Ricœur quiere evitar los escollos que intentan representarse al amor desde la polaridad entre la extrema exaltación y la tremenda vacuidad. A partir de una cita pascaliana,[166] Ricœur habla de una desproporción entre amor y justicia. "Esta desproporción se anuncia primero a través del lenguaje. Pues el amor habla, pero con un lenguaje distinto del que usa la justicia. El discurso del amor es ante todo un discurso de alabanza. En la alabanza, los hombres se gozan a la vista de su objeto, el cual prevalece por encima de cualquier otro objeto de su interés. Por ello el lenguaje que mejor encaja con la alabanza es el himno, la aclamación «feliz aquel que...»."[167] Pero entonces, ¿cómo se evita caer en la exacerbación o en la banalidad sentimentalista? ¿Qué mediaciones existen entre amor y justicia? Para contestar a estas cuestiones, Ricœur intenta hacer una descripción de ambos

---

[165] Ricœur, P., *Amor y justicia*, (trad. de Adolfo Castañón), Siglo XXI editores, Ciudad de México, 2009, p. 15.

[166] "Todos los cuerpos juntos, y todos los espíritus juntos, y todas sus producciones, no valen el menor movimiento de caridad. Esta es de un orden infinitamente más elevado. De todos los cuerpos juntos no se sabría hacer salir un pequeño pensamiento: es imposible, y de otro orden. De todos los cuerpos y espíritus, no se sabría sacar un movimiento de verdadera caridad, esto es imposible, y de otro orden, sobrenatural." Pascal, *Pensées,* citado por Ricœur, P., *Amor y justicia* (2009), p. 17. Otro pensamiento de Pascal, cercano al anterior, y que también habla de la desproporción es el siguiente: "La distancia infinita que hay de los cuerpos a los espíritus, es la imagen de la distancia infinitamente más infinita que hay de los espíritus a la caridad, porque esta es sobrenatural." Pascal, *Pensamientos de Pascal sobre la religión,* (trad. de Andrés Boggiero), Imprenta de la Administración del Real Arbitrio de Beneficencia, Madrid, 1805, p. 125.

[167] Ricœur, P., "«No matarás»: una obediencia amorosa", en LaCocque, A. y Ricœur, P., *Pensar la Biblia. Estudios exegéticos y hermenéuticos,* (trad. de Antoni Martínez Riu), Herder, 2001, p. 140.

términos. Así, del discurso del amor enuncia tres rasgos "extraños" o raros, del mismo:

1. "El discurso del amor es en primer lugar un discurso de alabanza. En la alabanza, el hombre se regocija a la vista de su objeto que reina por encima de todos los demás objetos de su cuidado".[168] La alabanza del amor y al amor, es recogida en las Escrituras por medio de himnos, bendiciones y macarismos, que exaltan el amor a través de un lenguaje eminentemente poético, ya que "en [la] poesía las palabras-clave sufren amplificaciones de sentido, asimilaciones inesperadas, inéditas interconexiones".[169]

2. La segunda extrañeza es la forma *imperativa* del discurso del amor.[170] El mandamiento al amor se impone a través de la orden dual de amar a Dios y al prójimo como a sí mismo: "**Amarás** al Señor tu Dios con todo tu corazón, y con toda tu alma, y con todas tus fuerzas, y con toda tu mente; y a tu prójimo como a ti mismo." (Lucas 10:27, RVR-60; *cfr.*, Deuteronomio 6:5 y Levítico 19:18).

3. El tercer rasgo es el amor en cuanto sentimiento. En este estadio surge "el poder de *metaforización*".[171] Este tercer rasgo está vinculado al primero, donde se habla de la alabanza que exalta al amor por medio de la poesía. El amor se celebra o se "canta" a través del poder metafórico que se genera en lo poético: "La metáfora es, al servicio de la función poética, esta estrategia de discurso por la cual el lenguaje se despoja de su función de descripción directa para acceder al nivel mítico en que su función de descubrimiento se libera..."[172]

[168] Ricœur, P., *Amor y justicia* (2009), p. 18.

[169] *Ibíd.*, p. 19.

[170] *Ibíd.*, p. 20.

[171] *Ibíd.*, pp. 23-24.

[172] Ricœur, P., *La metáfora viva,* (trad. de Graziella Baravalle), Ediciones Megápolis-Asociación Editorial La Aurora, Buenos Aires, 1977, p. 367.

Ahora bien, ¿cuáles son los rasgos del discurso de la justicia que se opondrían a los tres rasgos del discurso del amor antes enunciados? Para responder, Ricœur distingue entre **práctica social de la justicia** y **práctica judicial**. Al reflexionar sobre la primera de ellas, el filósofo francés está pensado en el *aparato judicial* que opera dentro de un Estado de derecho, vinculado asimismo a ciertos *principios de justicia* aplicados a las instituciones a las que se les puede aplicar el predicado "justo".[173] Una de esas instituciones sería el Estado y su aparato judicial. En este orden de ideas, en el "Estudio preliminar" de *Lo justo,* Ricœur enuncia cómo entiende lo judicial y lo jurídico, y responde a la cuestión sobre la relación que hay entre estos términos:

> En la Escuela nacional de la magistratura hice frente, en efecto, a lo *jurídico* bajo la figura precisa de lo *judicial,* con sus leyes escritas, sus tribunales, sus jueces, su ceremonia del proceso y, concluyendo todo, la emisión de la sentencia donde *el derecho es pronunciado* en las circunstancias de una causa, de un asunto eminentemente singular. Así es como he llegado a pensar que lo jurídico, aprehendido en su trato con lo judicial, ofrecía a la filosofía la ocasión de reflexionar sobre la especificidad del derecho, en su *vínculo* propio, a medio camino entre la moral (o la ética: un matiz que separa las dos expresiones, pero que no importa en este estadio preliminar de nuestra reflexión) y de la política.[174]

Aquí es importante seguir los sesudos análisis del francés, porque como bien señaló en este mismo estudio introductorio, la filosofía moderna[175] siempre se ha inclinado a estudiar lo justo, casi exclusivamente desde su aspecto ético y político (esta inclinación es

173 Ricœur, P., *Amor y justicia* (2009), pp. 27-28.

174 Ricœur, P., *Lo justo,* (trad. de Agustín domingo Moratalla), Caparrós Editores, Col. Esprit #34, Madrid, 1999, p. 21.

175 En el período clásico griego, Ricœur reconoce a *La República* de Platón y las Éticas de Aristóteles como las dos grandes síntesis en torno a la justicia, en el período antiguo. Ya en tiempos modernos toma en cuenta las filosofías de Hobbes, Maquiavelo y A. Smith, pasando por las de Leibniz y Kant e incluso Hegel, pero refiriendo que se tratan más bien de filosofías del derecho. *Cfr.*, *Ibíd.*, p. 20.

calificada como una indolencia filosófica para Ricœur), y escasamente lo ha hecho en su *dimensión jurídica*:

> Los textos reunidos en este volumen [de *Lo justo*]... Me han permitido expresar una de mis más antiguas preocupaciones de docente de filosofía, en lo que conciernen al poco caso que habíamos prestado en nuestra disciplina a las cuestiones relevantes del **plano jurídico**, en comparación con las que abordaban cuestiones éticas o políticas. Esta negligencia es más extraña en la medida en que es relativamente reciente. [...] Aún así, ha sido el vínculo entre la ética y la política el objeto principal de nuestra preocupación, en detrimento del estatuto específico de lo jurídico.
>
> ¿Cómo explicar esta negligencia casi general? El choque producido por el desencadenamiento de la violencia durante el horrible siglo XX explica en gran parte esta ocultación de la problemática jurídica por la que se puede calificar en términos generales de ético-política. Y, por tanto, esta ocultación afecta tanto a una como a otra de las disciplinas implicadas, en la medida en que la segunda culmina en la cuestión de la *legitimidad* del orden por el cual el estado se opone a la violencia, aunque sea al precio de otra violencia donde el poder político es él mismo usado y no cesa de traer estigmas...[176]

Para Ricœur, la poca atención prestada al plano jurídico de "lo justo" ha causado un detrimento también en los otros dos aspectos que han sido exaltados en la filosofía política y en la ética. Por ejemplo, lo justo analizado desde el ámbito político tiene que vérselas desde el principio con la violencia estatal, ya que el Estado surge y se mantiene a través de la violencia; lo que es más, violencia y Estado se condicionan porque: "La historia del hombre parece entonces identificarse con la historia del poder violento; en última instancia, ya no es la institución la que legitima la violencia, es la violencia la que engendra la institución, redistribuyendo el poder entre los Estados, entre las clases".[177] Además, Ricœur no ha dejado de señalar

[176] *Ibíd.*, pp. 19, 20.

[177] Ricœur, P., "Estado y violencia" (1957), en *Historia y verdad*, p. 293.

que toda gran filosofía debe reflexionar sobre lo político en un ejercicio interminable de autocomprensión, cuanto más también toda antropología filosófica debe hacerlo, por la misma causa. Y aquí, la filosofía tiene el ejemplo eminente de los griegos:

> Lo que sigue siendo por siempre admirable en el pensamiento político de los griegos es que ninguno de sus filósofos –a excepción quizá de Epicuro– se resignó a excluir la política del campo de lo razonable que exploraban; todos o casi todos supieron que si lo político era proclamado malvado, ajeno, "otro", respecto de la razón y del discurso filosófico, si lo político era enviado al diablo, literalmente, la razón misma zozobraría. Pues entonces ya no sería razón de la realidad y en la realidad; a tal punto la realidad humana es política. Si nada es razonable en la existencia política de los hombres, la razón no es real, flota en el aire, y la filosofía se exilia en los trasmundos del Ideal y del Deber. Ninguna gran filosofía se resignó a eso, aun cuando (y en particular) comience por el juicio de la existencia cotidiana y caída y se aleje del mundo; *toda gran filosofía quiere comprender la realidad política para comprenderse a sí misma.*[178]

La realidad humana es política apunta Ricœur, siguiendo a los griegos; y necesariamente, esa realidad política se engarza con la ética. A modo de ejemplo, hoy, desde la ética, la política y a partir de las instituciones que administran (para bien o para mal) la justicia, se tendrían que responder algunas cuestiones como las siguientes, sobre todo, frente a una realidad tan acuciante como la mexicana, llena de violencia, corrupción y muerte. ¿Hasta dónde es ético que un Estado que castiga el homicidio, se vuelva él mismo asesino pasivo y/o activo de sus ciudadanos? ¿Cómo puede legitimarse la violencia económica que un Estado "democrático" ejerce contra su pueblo a través de políticas financieras suicidas como las del capitalismo neoliberal?

Si el ser humano –como bien señaló el filósofo griego Aristóteles– es un "animal político" (ζῷον πολῑτῐκόν), y está insertado

[178] Ricœur, P., "La paradoja política" (1957), en *Historia y verdad,* p. 302. Énfasis agregado.

por ello mismo, en la "comunidad (*koinōnía*) política" en tanto institución eminentemente humana que se denomina ciudad (*pólis*), entonces ética, política e instituciones jurídicas están intrincadas. En Ricœur toda ética debe culminar en la política, debe incidir en la *pólis*; entonces la ética debe sustentar la política: "La distinción entre dos tipos de otro, **el tú** de las relaciones interpersonales y **el cada uno** de la vida en las instituciones me pareció –dice– bastante fuerte **para asegurar el pasaje de la ética a la política** y para dar un anclaje suficiente a mis ensayos anteriores o en curso referidos a las paradojas del poder político y las dificultades de la idea de justicia".[179] Para Ricœur, la reflexión política de los griegos ubicó a la ciudad como *locus* de una conciencia moral orientada por la libertad colectiva: "… cuando [los griegos] hacen de la "Ciudad", de su perfección, de su suficiencia el objetivo de la conducta de los individuos. Parece, entonces, que toda moral podría resumirse en la realización de una comunidad histórica, próspera, fuerte y libre con una libertad colectiva".[180] Es necesario entonces, permanecer dentro de la filosofía política de Aristóteles, y vincularla con la del propio Ricœur, quien habla de "el hombre no violento y su presencia en la historia", pudiendo constatar justamente, que para Aristóteles, solamente un hombre no-político o apolítico (quien a fin de cuentas es un *antisocial,* por estar fuera de la *pólis*) estaría a favor de la guerra:

> De todo esto es evidente que la ciudad es una de las cosas naturales, y que el hombre es por naturaleza un **animal social**,* y que el insocial por naturaleza y no por azar es o un ser inferior

[179] Ricœur, P., *Autobiografía intelectual,* p. 82.

[180] Ricœur, P., "Estado y violencia" (1957), en *Historia y verdad,* p. 285.

* La traductora de la edición de la *Política* de Aristóteles, Manuela García Valdés, que aquí se cita, escribe: "Nos encontramos con la famosa expresión aristotélica que define al hombre: *zôion politikôn* [ζῷον πολῖτῖκόν]. La traducción será siempre poco fiel. El sustantivo *zôion* quiere decir «ser viviente», «animal», y el adjetivo que le acompaña lo califica como perteneciente a una *pólis,* que es a la vez la sociedad y la comunidad política […]. ¿Cómo traducir la expresión griega «animal cívico», «animal político» o «animal social»? En este pasaje parece referirse al carácter social de los individuos que forman la ciudad." García Valdés, Manuela, nota al pie de página No. 20, en Aristóteles, *Política,* (trad. de Manuela García Valdés), Biblioteca Básica Gredos, Madrid, 2000, p. 8.

> o un ser superior al hombre. Como aquel a quien Homero vitupera:
>
> *sin tribu, sin ley, sin hogar,*
>
> porque el que es tal por naturaleza es también amante de la guerra,* como una pieza aislada en el juego de damas. (Aristóteles, *Política,* 1253a).[181]

Hay que anotar también lo que El Estagirita dice en la Ética a Nicómaco, sobre el hombre como un ser político o social, para quien un hombre dichoso no podría ser un ermitaño o eremita, sino un ser humano rodeado de amigos y hombres buenos que lo hacen feliz:

> Quizá es también absurdo hacer del hombre dichoso un solitario, porque nadie, poseyendo todas las cosas, preferiría vivir solo, **ya que el hombre es un ser social** y dispuesto por la naturaleza a vivir con otros. Esta condición pertenece, igualmente, al hombre feliz que tiene todos los bienes por naturaleza, y es claro que pasar los días con amigos y hombres buenos es mejor que pasarlos con extraños y hombres ordinarios. Por tanto, el hombre feliz necesita amigos. (Aristóteles, *Ética nicomáquea*, 1169b 16-21).[182]

Ricœur por su parte se preguntaba: ¿qué significa que el hombre sea un ser político? Lo político en el ser humano –dice Ricœur– aparece con el Estado que ejerce un tipo de violencia que se asume como legítima. Según Ricœur, esta violencia "legítima" posibilita la existencia política del ser humano, y al mismo tiempo legitima al

* "Un ser que ama la guerra por la guerra, según Aristóteles, es una persona envilecida o, como Ares, superior al hombre." García Valdés, Manuela, nota al pie de página No. 23, en Aristóteles, *Política,* trad. Manuela García Valdés, Biblioteca Básica Gredos, Madrid, 2000, p. 8. *Cfr.*, "… pues nadie elige el guerrear por el guerrear mismo, ni se prepara sin más para la guerra…". Aristóteles, *Ética nicomáquea* (1177b 10-11), (trad. Julio Pallí Bonet), Biblioteca Básica Gredos, Madrid, 2000, p. 288.

[181] Aristóteles, *Política,* (trad. Manuela García Valdés), Biblioteca Básica Gredos, Madrid, 2000, p. 8. Las negritas están añadidas, las cursivas están en el texto.

[182] Aristóteles, *Ética nicomáquea*, (trad. Julio Pallí Bonet), Biblioteca Básica Gredos, Madrid, 2000, p. 262. Énfasis añadido.

Estado que la detenta. Entonces, ¿cómo es que ese hombre político puede legitimar la violencia del Estado, que es ejercitada *legítimamente* contra sí mismo o contra otros ciudadanos, o incluso contra otros Estados o naciones? Ciertamente la antropología cultural tendrá algo que decir, o la psicología social hará su propia aportación al tema acuciante de la violencia estatal, pero para Ricœur esta cuestión está entretejida con disciplinas como el derecho, la ética, la teología política y desde luego, la reflexión filosófica moral:

> Quisiera presentarles a ustedes, antes bien, una cuestión previa a toda política particular: ¿qué significa este hecho, manifiesto a quien considere la historia y la vida cotidiana: que el hombre es político? Quisiera abordar esta pregunta inmensa, que se vincula con problemas de derecho, de sociología, de historia, por su lado más desconcertante: aparece con el Estado *una cierta violencia* que tiene las características de la *legitimidad.* ¿Qué significa, no solo para nuestra vida de hombres, sino para nuestra reflexión moral, para nuestra meditación filosófica y religiosa, este hecho extraño: la existencia política del hombre es conservada y guiada por una violencia, la violencia estatal, que tiene las características de una violencia legítima?[183]

Paul Ricœur distingue además de la dimensión jurídica y todo lo que ello conlleva, entre las *circunstancias* de la justicia y los *canales* de la justicia:

> En cuanto a las circunstancias de la justicia, entendida como práctica judicial, recordamos que esta última es parte de la actividad comunicacional: tratamos con la justicia cuando se pide a una instancia superior zanjar o decidir entre dos reivindicaciones (*claims*) de partes que son portadoras de intereses o de derechos opuestos; en cuanto a los canales de la justicia, se trata del aparato judicial mismo que comprende varias cosas: un cuerpo de leyes escritas, de tribunales o de cortes de justicia, investidos de la función de decir el derecho, jueces, es decir individuos como nosotros, que se presumen independientes, y encargados de pronunciar la sentencia justa en una

[183] Ricœur, P., "Estado y violencia" (1957), en *Historia y verdad,* p. 284.

> circunstancia particular; a lo cual no hay que olvidar añadir el monopolio de la coerción, a saber el poder de imponer una decisión de justicia por el empleo de la fuerza pública.[184]

Así, la primera oposición que surge entre amor *y* justicia es justamente esto último, ya que el amor no argumenta, mientras que la justicia si lo hace, y agotado el diálogo se torna coercitiva. "Comparada con este amor que no argumenta, sino que más bien se muestra, como vemos en 1 Corintios 13, la justicia puede reconocerse en principio interna a la actividad comunicativa por la confrontación entre afirmaciones y argumentos en situaciones de conflicto típico y de demanda y, luego, por esa decisión que cierra el debate y resuelve el conflicto".[185] En definitiva: "[Ricœur] entrevé, pues, la convergencia de las dos pedagogías del género humano: **la del amor y la de la justicia,** la de la no resistencia y la del castigo, la de la reciprocidad y la de la autoridad y el sometimiento, la del afecto y la del miedo".[186] Por lo tanto, Ricœur propone una relación entre la propuesta bíblica y la ética filosófica:

> Ahora bien, esta restauración, esta regeneración, este renacimiento del sí capaz, está en una estrecha relación con la economía del don que celebro en el estudio "Amor y justicia". El amor, digo en esta conferencia, es el guardián de la justicia, de la reciprocidad y de la equivalencia, en la medida en que la

---

[184] Ricœur, P., *Amor y justicia* (2009), pp. 27-28. Ricœur repite este mismo párrafo en un ensayo titulado "Lo justo entre lo legal y lo bueno", donde escribe: "Hablando de las circunstancias de la justicia es necesario recordar que nos las habemos con la justicia cuando es requerida una instancia superior para resolver reivindicaciones representadas por intereses o derechos opuestos. En cuanto a los canales de la justicia, se trata del aparato judicial mismo, comprendiendo en él muchas cosas: un cuerpo de leyes escritas; tribunales o audiencias, investidos de la función de dictar derecho; jueces, es decir, individuos como nosotros, considerados independientes y encargados de pronunciar la sentencia considerada justa en una circunstancia particular; y no se debe olvidar añadir el monopolio de la coerción, a saber, el poder de imponer una decisión de justicia mediante el empleo de la fuerza pública." Ricœur, P., *Amor y justicia,* (trad. de Tomás Domingo Moratalla), Caparrós Editores, Madrid, 1993, p. 35.

[185] Ricœur, P., "«No matarás»: una obediencia amorosa", en LaCocque, A. y Ricœur, P., *Pensar la Biblia. Estudios exegéticos y hermenéuticos,* (trad. de Antoni Martínez Riu), Herder, 2001, p. 140.

[186] Ricœur, P., "Estado y violencia" (1957), en *Historia y verdad,* p. 288.

> justicia está siempre bajo la amenaza de volver a caer, a pesar de ella misma, al nivel del cálculo interesado, del *do ut des* ('doy para que me des'). El amor protege a la justicia contra esta mala inclinación proclamando: "Doy porque ya me has dado'. **De esta suerte, veo la relación entre lo teológico y lo filosófico.**[187]

Hasta aquí ha sido importante resaltar la relación entre lo bíblico-teológico y lo ético-filosófico, tal como Ricœur lo entendió al pronunciar la conferencia *Amor y justicia*, y al engarzar a esta conferencia los otros dos estudios que decidió no incluir en *Sí mismo como otro*, porque forman parte medular de lo que en esta tesis se ha tratado de documentar paso a paso. "La tarea de la filosofía y de la teología consiste en discernir, bajo el ponderado equilibrio que se expresa en estas fórmulas de compromiso, la secreta discordancia entre la lógica de la sobreabundancia y la lógica de equivalencia. Su tarea es la de decir también que es solamente en el juicio moral en situación donde este equilibrio inestable puede ser instaurado y protegido".[188] Restaría decir que en esta apuesta filosófica que ha querido leer también a Ricœur, desde el ejercicio de sus múltiples trabajos de exégesis y hermenéutica bíblicas, no debe tomarse como una apología o insinuar superioridad alguna, porque eso sería traicionar el pensamiento del filósofo francés, quien escribió lo siguiente:

> Como quiera que sea, no quisiera insinuar que el sí, formado y conformado según los paradigmas bíblicos, corona el sí de nuestra hermenéutica filosófica. Hacerlo sería traicionar nuestra afirmación sin ambigüedad según la cual el modo de vida cristiano es una apuesta y un destino y que el que lo asume no está facultado en virtud de su confesión o profesión de fe ni a mantenerse en una posición defensiva ni a hacer prevalecer una superioridad en relación con todos los otros géneros de vida, a falta de criterios de comparación aptos para zanjar diferencias entre posiciones rivales. El sí que aquí responde, responde

[187] Ricœur, P., "Experiencia y lenguaje en el discurso religioso", citado por Shlegel, J.-L., en *Ibíd.*, p. 10. Las negritas están añadidas.

[188] Ricœur, P., *Amor y justicia*, (trad. de Adolfo Castañón), Siglo XXI editores, Ciudad de México, 2009, pp. 44-45.

> precisamente a *ese* conjunto simbólico delimitado por el canon bíblico y desarrollado por una u otra de las tradiciones históricas que se injertan sobre las Escrituras que esas tradiciones vindican".[189]

Pero también habría de añadir lo que el filósofo danés, Peter Kemp, en un tono por demás familiar, ha resumido sobre la obra filosófica de Paul Ricœur, que como ha quedado acreditado hasta aquí, luego de un largo itinerario por su sabiduría práctica, se trata de una auténtica obra filosófica por la terca reiteración de sus obsesiones filosóficas que le acompañaron en su devenir filosófico:

> Digamos de inmediato que considero a Ricœur como el pensador de lo religioso por excelencia. Por esto no quiero decir que toda su obra tenga que ver con lo religioso, por el contrario, él habla de muchas otras cosas y con razón ha sido reconocido como un gran filósofo que aclara numerosos dominios de nuestra vida en materia de acción, de lenguaje, de sentimiento y que contribuyó a determinar lo que es la fenomenología, la hermenéutica, la filosofía reflexiva, la ética, la crítica de las ideologías. Ha indagado también los fenómenos humanos como la voluntad y toda la red de conceptos que le pertenecen (decisión, elección, motivo, intención, emoción, hábito, etc.) y ha expuesto el lenguaje con sus redes de conceptos (palabra, estructura, acto, metáfora, símbolos, mitos, etcétera).
>
> Al decir que Ricœur es el pensador de lo religioso por excelencia, quiero decir que en cuanto a la cuestión del sentido de lo religioso es el más grande pensador de nuestro tiempo.[190]

---

[189] Ricœur, P., "El sí «objeto de mandamiento» *O my prophetic soul*", en *Amor y justicia*, p. 86.

[190] Kemp, Peter, *Sabiduría práctica de Paul Ricœur. Ocho estudios*, (trad. de Lizbeth Sagols Sales), Ed. Fontamara, Ciudad de México, 2011, p. 107.

Conclusiones

«Ecos de la hermenéutica bíblica en la propuesta ética de Paul Ricœur» podría ser calificada como una investigación que más que defender sospechas, grita ensordecedoramente la hermenéutica bíblica ricoeuriana. Podrá incluso decirse que esta tesis es muy larga tanto por su contenido como por su tratamiento del tema propuesto. Se me reprocharán incluso las largas circunlocuciones y las abundantes citas sobre tópicos bíblicos y teológicos dentro de una tesis eminentemente filosófica. No niego ni uno ni otro señalamiento, pero a mi favor debo confesar que para mí sigue siendo apenas un delicado musitar filosófico, realizado en la escucha del antiquísimo *Lôgos*. A pesar de lo escrito hasta este punto, quiero acotar que si he decidido acercarme a este tema de investigación del modo como lo hice, fue justamente porque de Paul Ricœur aprendí que si bien los caminos cortos son más fáciles de transitar no siempre son los mejores ni los más adecuados para el tratamiento de ciertos temas. Sí, cite copiosamente a Paul Ricœur y acudí a los filósofos, teólogos y exégetas que ejercieron alguna influencia sobre él, pero lo hice en primer lugar para que quedara bien claro lo que se pretendía con el estudio e investigación del tema aquí propuesto. En segundo lugar, también pretendí ofrecer un servicio a todos aquellos para quienes la hermenéutica bíblica y la teología son un área ignota del razonamiento filosófico.

Así que de la mano de mi admirado maestro Ricœur pude recorrer la "vía larga" que tanto ejercitó él, lo que me permitió conocer de primera mano, y desde sus más lejanos e incipientes orígenes, la hermenéutica ontológica ricoeuriana y su estrecho vínculo con la ética. Lo que para algunos puede ser paja desechable o tamo que se lleva el viento, no lo fue para mí, porque al trillar lenta y consistentemente los granos preciosos que coseché en mi lectura y análisis de la filosofía de Ricœur, no solo me cultivé como estudiante de filosofía, sino que pude conservar aquello que a mi entender contribuye "integralmente" a una mejor comprensión de la extensa obra filosófica, exegética y teológica del pensador francés. Permítaseme usar una ilustración. Es bien sabido que las harinas refinadas se producen desechando la cáscara integral de los granos, y aunque el aspecto de estas son más atractivas visualmente que las harinas integrales, hacen más daño porque no conservan lo más sustancioso de los granos. Por esta razón, aquí preferí conservar la harina integral que nutre y alimenta más y mejor. Espero haber trillado grano aún no molido en otras investigaciones sobre Ricœur. En mi defensa de esta tesis también debo sincerarme al señalar que la extensión de esta investigación estuvo marcada por mi propia adhesión a la "ética protestante" del esfuerzo y del no conformismo. También yo soy un cristiano de tradición reformada.

Dicho lo anterior, algunas de las conclusiones a las que pudo llegar la presente investigación son que la filosofía de Paul Ricœur es de una honda reflexión ontológica, que implica un doble acercamiento: uno hermenéutico y otro ético, de ahí el nombre de la presente tesis. Parece una verdad de Perogrullo, pero la reflexión filosófica emprendida por Paul Ricœur aparece como una filosofía hermenéutica con pretensiones éticas y ontológicas. El pensamiento de este autor francés ha sido de vital importancia para el desarrollo de la hermenéutica en todas sus vertientes y en las más variadas aplicaciones; especialmente para la hermenéutica filosófica, para la hermenéutica bíblica y también para la interpretación teológica de ciertos dogmas cristianos, porque hace que la elucidación exegética adquiera una importancia tal, que permite una comprensión más extensa del texto, de la vida misma o de una determinada situación a la que se le quiere comprender y/o entender. En el ámbito de la ética, la obra de Ricœur es vastísima, se puede concluir que su propuesta es la de una "ontología militante", esto es, que en el plano ético el ser tiene que conjugarse con el obrar; ya que el ser no solo se manifiesta en el simple pensar, sino también en el actuar (cfr., *Del texto a la acción. Ensayos de hermenéutica II*). Así, la ética tal como la entiende Paul Ricœur, es todo un modo de ser en el mundo (cfr., *Sí mismo como otro*).

Que la ética hermenéutica ricoeuriana trate de una auténtica reflexión filosófica se da porque problematiza la cuestión del Ser desde el comienzo mismo de su desarrollo académico, con lo que su pensamiento se constituye en una preocupación de carácter ontológico que se deja entrever ya en *La Simbólica del Mal* donde concluye: "Apuesto –dice Ricœur– a que comprenderé mejor al hombre y el vínculo entre el ser del hombre y el ser de todos los entes si sigo la *indicación* del pensamiento simbólico".[1] Este mismo propósito aparece posteriormente en *El conflicto de las interpretaciones:* "La vía larga que propongo también tiene por ambición dirigir la reflexión al plano de una ontología [...] es el *deseo* de esa ontología el que mueve la empresa aquí propuesta...".[2] Pero a pesar de esta búsqueda vehemente de una base ontológica para su filosofar, aquella no pretende constituirse en un saber absoluto ni en una ontología definitiva, ya que como sostiene Juan Carlos Stauber en *Paul Ricœur y su aporte a la hermenéutica bíblica*, el sendero que Ricœur recorre va por otros caminos muy distintos a los de cierta inmutabilidad ontológica. Según esta lectura, la hermenéutica propuesta por Ricœur abdica de cualquier pretensión de un conocimiento totalizador, con lo que la epistemología y gnoseología ricoeurianas van acompañadas de un alto grado de inacabamiento y la consecuente dosis de humildad:

> Su esfuerzo abre nuevas vías para la identificación subjetiva del ser humano, aunque no deja de reconocer en toda oportunidad que la hermenéutica, para hacer justicia a la existencia humana, debe renunciar a toda pretensión de saber absoluto, a toda ontología definitiva, a toda fenomenología fundamental, a toda pretensión del sujeto de fundarse y conocerse a sí mismo por medio de una intuición que haga transparente el "sí" por "sí-mismo" como fundamento trascendental –en

[1] Ricœur, P., *Finitud y culpabilidad,* p. 488.

[2] Ricœur, P., "Existencia y hermenéutica", en *El conflicto de las interpretaciones,* p. 12.

> sentido kantiano– y justificación última de toda ciencia. Sus fundamentos definitivos serán un horizonte utópico siempre en tensión con una "ontología militante", en la que la subjetividad ha abandonado la pretensión de ser fundamento último, puesto que la comprensión de *sí* coincide con la interpretación aplicada a sus elementos mediadores, a la vez que ha asumido el compromiso de una acción social abocada a una realidad respetuosa de la alteridad, su destino de felicidad y su inagotable misterio.[3]

Otra conclusión es aquella que como se enunció en el pórtico de esta investigación, para Paul Ricœur el ser *humano* es lenguaje, lenguaje que como "palabra viva" se "encarna" en todo lo humano que requiere una interpretación. Entonces, para Ricœur comprender no es ya un mero género de conocimiento, sino más bien un modo de ser, un modo de ser en el mundo de resonancias heideggerianas, el modo de ser del ser que existe al comprender. En Ricœur, la epistemología transita a una comprensión de la existencia humana y no apunta a un conocimiento desencarnado de la realidad vital. Es así como ontología y ética caminan juntas a partir de esta antropología que une ser y acción. Como señalé en su momento, la hermenéutica ricoeuriana es un decir haciendo y un hacer diciente, donde la ética se inserta en aquella hermenéutica de la acción. Esta filosofía *ricoeuriana* resulta también de un sólido carácter hermenéutico, y no exclusivamente ontológico, justamente porque el Ser sobre el que se reflexiona en su filosofar se manifiesta con intensidad en el lenguaje enunciado en los símbolos que el hombre se esfuerza en interpretar, así como en el narrar*se* a sí mismo. Dicho lenguaje simbólico está contenido de manera amplia pero no única en los mitos, en la religión y en la poesía, y que lingüísticamente hablando, necesita un análisis de sus modos de expresión particulares.

Por ejemplo, el talante teológico que los creyentes ejercen en el momento de la "confesión" de la fe o de los pecados, solicita una interpretación particularísima: "Comprender este lenguaje de la confesión es poner en marcha una exégesis del símbolo que requiere

[3] Stauber, Juan Carlos, *Paul Ricœur y su aporte a la hermenéutica bíblica*, p. 97.

reglas de desciframiento, es decir, una hermenéutica".[4] Si como señaló Hans-Georg Gadamer: "la vida hace su propia exégesis", entonces la hermenéutica propicia una gnoseología de la vida misma y no solo de los textos en lo que esa vida es enunciada o narrada. En *Fe y filosofía. Problemas del lenguaje filosófico,* Ricœur añade: "... cualesquiera sean las características de una eventual "experiencia religiosa", esta última se articula en un lenguaje. La manera más apropiada de interpretar dicho lenguaje, según su naturaleza interna, consiste en un análisis de sus modos de expresión".[5] En este aspecto la filosofía de Ricœur aparece como dialógica porque nunca renuncia a tender puentes de acercamiento y entendimiento con otras disciplinas humanas para interpretar aspectos de la naturaleza humana. A esta hermenéutica ricoeuriana nada humano le está vedado, nada humano le es ajeno. Por lo que puede concluirse también que la fe y la religión constituyen en cierto modo, fuentes de un saber que hay que dilucidar desde la filosofía, más que denostarlas o atacarlas.

En aquella filosofía interpretativa que busca comprender los problemas del lenguaje religioso, se está ante la posible sistematización de una reflexión hermenéutica vinculada profundamente con el tema de la ética. La gran preocupación de Ricœur por temas como los del mal, la culpa, el amor, el derecho y la justicia, dan cuenta de esa reflexión que une sabia y creativamente, tanto a la ética como a la hermenéutica. Estas reflexiones hermenéuticas y éticas, culminan o se proyectan también en una antropología filosófica, porque Ricœur hace una vinculación entre el mundo de los mitos y la *Simbólica del mal* que ellos enuncian y su relación con la comprensión del ser humano a partir del problema del mal. Esto es algo que hay que subrayar dentro de la ética ricoeuriana porque el tema del mal fue una de las grandes obsesiones del filósofo francés. Para Paul Ricœur, el mal humano no puede ignorarse, negarse ni esconderse, sino que se tiene que hacer manifiesto para comprender e interpretar al hombre, pero también para interpelarlo. Así es como en el prólogo de *Finitud y culpabilidad,* Ricœur dice:

[4] Ricœur, P., *Finitud y culpabilidad,* p. 11.

[5] Ricœur, P., *Fe y filosofía. Problemas del lenguaje religioso,* 3ª ed., Prometeo Libros, Buenos Aires, 2008, p. 51.

> Pero, aun en el caso de que el mal fuese coetáneo del origen radical de las cosas, lo único que lo hace manifiesto sería la forma de *afectar* a la existencia humana. La decisión de entrar en el problema del mal por la puerta estrecha de la realidad humana no expresa, por consiguiente, sino la elección de una perspectiva central: aun en el caso de que el mal llegase al hombre a partir de otro foco no nos resultaría accesible más que por su relación con nosotros, por el estado de tentación, de extravío, de ceguera, que nos *afectaría*; la humanidad del hombre es, en cualquier hipótesis, el espacio de manifestación del mal.[6]

En este acercamiento antropológico al tema del mal, aparece necesariamente la cuestión ética. Prácticamente toda la obra filosófica y también la amplia producción bíblico-teológica de Paul Ricœur, están impregnadas del cometido central de la ética, pero se trata de una ética práctica y no meramente teórica ni retórica. La antropología filosófica de Ricœur analiza este "gran" tema ético al inquirir por el problema del mal y su simbólica específica, enunciada primariamente en los símbolos de mancilla, pecado y culpabilidad. A dicha problemática consagra una de sus obras más lúcidas en un terreno dual: *El mal: un desafío a la filosofía y a la teología.* De aquí que su participación como pensador de primera línea, no se circunscriba únicamente al ámbito filosófico, sino también al bíblico y al teológico. Como quedó demostrado a lo largo de esta investigación, Ricœur abrevó en dos fuentes que configuraron su pensamiento filosófico: la tradición helenística y la tradición judeo-cristiana. Esta doble influencia, bíblica y griega, ha sido muy profunda, conscientemente experimentada y extraordinariamente fecundada por un hombre: Paul Ricœur, cuyo talante es doble e indivisible: a la vez que es un filósofo convicto del *lôgos* es también un confeso cristiano protestante. Aquí se encuentra otra de las conclusiones de esta investigación: para un hombre de fe como Ricœur es posible hacer filosofía, sin renunciar a su talante, y menos aún, a sus convicciones.

---

[6] Ricœur, P., *Finitud y culpabilidad,* p. 14.

Pocas investigaciones toman con seriedad el carácter cristiano de Paul Ricœur, olvidando que perteneció a una minoría religiosa en su país natal: la Iglesia Reformada de Francia, donde militó activamente hasta su muerte en 2005. Sin haber querido hacer una apología de su convicción protestante, quiso mostrarse más bien que la certeza que Ricœur abrazó con tanto ahínco y la impronta de su fe personal dejó una huella indeleble en el discurrir de su filosofía reflexiva como aquí ha quedado comprobado. Esta es una de las razones por las cuales los capítulos uno y dos son tan importantes y sustanciales en el andamiaje de esta tesis, porque no se podría entender en toda su magnitud el desarrollo que alcanzó la filosofía ricoeuriana sin la impronta que la filosofía francesa ejerció sobre él. Es imposible comprender la riqueza del pensamiento ricoeuriano sin conocer toda la influencia que la filosofía reflexiva francesa, la filosofía analítica anglosajona y la filosofía existencialista alemana, ejercieron en Paul Ricœur. Él siempre lo enfatizó, nadie construye nada en el vacío, nadie comienza *originalmente* nada en el páramo. No puede ignorarse tampoco el sello particularísimo que Ricœur ejerció sobre la filosofía francesa, teniendo que reconocer que el filósofo francés ha pasado ya a la historia de la filosofía universal con el abundante caudal de su pensamiento.

Además, se acreditó que Paul Ricœur supo aplicar creativamente su amplio conocimiento filosófico-hermenéutico a un texto polifónico como el de las Escrituras hebreas y cristianas. Como este mismo autor propone dentro del giro interpretativo de su filosofía, todo texto tiene un plus de sentido, por lo tanto, esta investigación intentó recrear aquel excedente de sentido que está detrás de todo texto: eso no-dicho en espera de ser dicho, lo no-enunciado en espera de ser anunciado. Si al comienzo de la propuesta de investigación hubo algún titubeo sobre lo que se proponía indagar, en estas conclusiones ya no cabe ninguna duda de que Ricœur tenía una fuerte cultura bíblica, la cual aprendió, desarrolló y llevó a la práctica en su propia existencia. Pude constatar que la tradición reformada a la que Ricœur perteneció enfatiza como pocas tradiciones cristianas, la lectura e interpretación de la Palabra de Dios como centro del culto y de la vida del creyente. Por lo demás, si a algunos espíritus inquietos les preocupa aquello o les genera contradicción, es necesario recordar que el filósofo francés nunca intentó ocultar o soslayar su militancia como cristiano protestante. Desde esta tradición protestante, Ricœur recibe su preocupación primaria –que él denominó como convicción– por la hermenéutica de la Palabra. A través de un incesante diálogo con las grandes religiones del "libro" (especialmente el judaísmo y el cristianismo, y no tanto con el islam), Paul Ricœur, tuvo bien claro que la hermenéutica como teoría de la interpretación descuella en la Palabra que se hace cuerpo, que toma carne, y no solamente en la palabra escrita.

Con todo, el mal sigue siendo un desafío sin parangón para la filosofía y para la teología porque una y otra deben dejarse instruir mutuamente. La larga historia de la filosofía así lo ha mostrado una y otra vez, por ejemplo, cuando el teólogo luterano Dietrich Bonhoeffer (siguiendo a Santo Tomás de Aquino: "Omne ens, in quantum est ens, est bonum" [*STh* I, 3, 3])[7] enuncia que "lo bueno es lo real en sí mismo",[8] está señalando que lo ético acaece en el terreno de la acción y no en el de las elucubraciones estériles. Así se llega a otra de las conclusiones de la presente investigación: que el mal como ha mostrado Ricœur a través de su lectura crítica de san Agustín de Hipona, carece de esencia y de sustancia. A partir de esta ponderación del mal, el ser humano puede responsabilizarse por el mal que hay en él y que ejerce contra sí mismo y contra otros, negando cualquier posibilidad de imputarle a otro *ese* mal. La labilidad humana que permite que el hombre tropiece y caiga, admite no solo la manifestación del mal en toda su hondura, sino el reconocimiento de que el ser humano puede fallar, y que de hecho, falla una y otra vez. ¿Paul Ricœur es condescendiente con esta fragilidad humana? No. Es más bien el reconocimiento inaudito de que el hombre puede y debe responsabilizarse del mal, de su propio mal.

En su reflexión ética y antropológica, los mitos cobran nuevos sentidos y significados, porque más que meras mentiras, ellos tienen una función cognitiva y gnoseológica que revela –entre otros

[7] Citado por Bonhoeffer, Dietrich, Ética, ed. y trad. Lluís Duch, Editorial Trotta, Madrid, 2000, p. 43.

[8] Ídem.

asuntos– la simbólica del mal, en la que se insertan temas como la culpa y la experiencia del mal humano. Uno de los temas que persiguió e inquietó a la reflexión ricoeuriana fue el problema del mal en su doble acercamiento: el filosófico y el teológico. Según Ricœur, el hombre llega a concebir el mal en formas diversas, que se pueden sintetizar en dos posturas básicas: la concepción trágica y la concepción ética del mal. Pudiendo concluir que la concepción trágica señala que el mal es algo externo al hombre, que este padece el mal. La concepción ética sostiene que el mal es algo interno al hombre, o sea que él es el causante del mal.

A la luz de todo lo anterior, la presente investigación estableció el modo en cómo se condicionan mutuamente la ética y la filosofía moral, así como la hermenéutica bíblica, a partir de las relecturas que Paul Ricœur llevó a cabo sobre los mitos, ritos y símbolos de la antigüedad clásica y semítica. En esta investigación se logró un acercamiento filosófico no solo desde la aguda reflexión ética de Ricœur, sino también desde su amplia producción hermenéutico-teológica. Las hipótesis que se aventuraron al comienzo del trabajo de interpretación y análisis hermenéutico, fueron las siguientes:

> Hipótesis Nº 1.- Al parecer, la propuesta ética de Paul Ricœur se vio condicionada por la influencia que recibió de su cultura bíblica.
>
> Hipótesis Nº 2.- La hermenéutica del mal contendría dos abstracciones: una concepción trágica del mal, el mal está ahí afuera (hermenéutica bíblica); y una concepción ética del mal, el mal está en el hombre (hermenéutica filosófica).

La hermenéutica del mal propuesta por Paul Ricœur muestra que el hombre ha evolucionado desde la concepción trágica del mal hasta la noción ética de ese mal. En la primera propuesta se ubicaría el acercamiento desde la hermenéutica bíblica; mientras que en la segunda propuesta estaría el acercamiento desde la hermenéutica filosófica. La tercera vía, la de una dialéctica entre teología y filosofía, aventurada en esta investigación, mostró que la antítesis anterior culmina en una síntesis necesaria. Esta posición central entre la propuesta trágica y la ética sería la sintética: es necesario afirmar al mismo tiempo que el mal está ahí afuera –el mal ya allí– y en el hombre –el mal aquí, en mí–. Así la concepción trágica por un lado, y la noción ética por otro lado, no son mutuamente excluyentes. De modo que nuestra propuesta es la complementación de ambas hermenéuticas en una tercera vía: la concepción de una hermenéutica *sintética*.

Una vez concluido el proyecto de investigación, también se puede proponer que a partir del análisis efectuado en esta tesis, esas hermenéuticas no serían excluyentes en ese campo, sino que podría llegarse a la formulación de una hermenéutica *sintética*: afirmando al mismo tiempo que el mal está allí *afuera*, pero también está *dentro* de mí. Entonces, el tema de la presente investigación fue eminentemente filosófico, porque problematizó dos tópicos fundamentales de la filosofía contemporánea: la ética y la hermenéutica. El análisis de ambos aspectos a partir de la obra de Paul Ricœur, quien abordó profusamente estas dos áreas del conocimiento filosófico, permitió constatar las hipótesis planteadas con antelación. Sin duda, las referencias a lo bíblico y teológico se hicieron abundantes, pero siempre dentro del marco que el pensamiento ricoeuriano pautó, justamente porque se pretendió alcanzar una síntesis entre la propuesta ética de Ricœur y su vínculo con una hermenéutica del símbolo, pero sin querer orientar esta investigación hacia lo estrictamente teológico. Esta investigación cuestionó el fenómeno religioso desde una hermenéutica de los textos sagrados, para acreditar hasta qué punto existió una influencia del judeo-cristianismo en la obra filosófica de Ricœur, y mostrar la propia síntesis que se dio en la filosofía ricoeuriana.

Si bien es cierto que en la actualidad, Ricœur es un referente obligado para disciplinas como la hermenéutica filosófica, la teoría de la historia, la teoría literaria, la teoría del derecho, la justicia y la ética, también lo es dentro de la exégesis bíblica, la hermenéutica bíblica y la teología contemporánea. Con todo, Ricœur supo distinguir muy bien entre sus convicciones en la esfera religiosa y su filosofía crítica. Siempre defendió sus escritos filosóficos contra la falsa acusación de que eran una suerte de "cripto-teología". A su vez, a los textos que abordaban el tema de la fe bíblica, los cuidó de no hacerlos caer en una función "cripto-filosófica". Esto se enfatizó con bastante claridad y tiene que remarcarse como conclusión de una investigación de carácter filosófico y no teológico. Si bien en esta tesis se acudió profusamente a la cita de varios teólogos cristianos no se les citó nunca desde un ámbito confesional sino para apuntar el hecho de que Ricœur leía y se enriquecía lo mismo de filósofos como de teólogos que también dialogaron con la filosofía y las ciencias del hombre. Casos notables son los de Rudolf Bultmann y Paul Tillich.

Por lo dicho anteriormente, pudo constatarse que Paul Ricœur quiere pensar no "detrás" del símbolo, sino "a partir de él", para clarificar su visión ética del mundo, ya que "el símbolo *da* qué pensar". Así, en *Amor y justicia,* Ricœur entabló una relación entre lo filosófico y lo teológico; a través de lo que él bautizó como "la economía del don"; realizando así, un diálogo fecundo entre la ética filosófica y la hermenéutica bíblica. Resulta que el amor es el guardián inequívoco de la justicia, de la lógica de reciprocidad y de la lógica de equivalencia, en la medida en que la justicia está siempre bajo la amenaza de volver a caer, al nivel indeseado del cálculo interesado, del *do ut des* ('doy para que me des'). El amor protege a la justicia contra esta mala inclinación humana proclamando: 'Doy porque ya me has dado'. De esta suerte, la relación entre el amor y la justicia acredita fehacientemente la forma práctica que asume la relación entre lo teológico y lo filosófico, pudiendo afirmar que en efecto, la ética ricoeuriana recibe una fuerte sobredeterminación de su hermenéutica bíblica. Esta es quizá, la más importante de las conclusiones a las que esta larga investigación llegó.

Una conclusión más, es que en la búsqueda incesante de respuestas dentro del quehacer filosófico, Paul Ricœur nunca se amilanó frente a alguna cuestión que le inquietara; al contrario, la enfrentó con decisión, como bien temprano aprendió de su primer profesor de filosofía, Roland Dalbiez. Así que el problema entre la filosofía y la teología como disciplinas diferenciadas por su método, su análisis y sus conclusiones, no desanimaron a Ricœur para abordarlas desde los problemas que les son comunes. Es importantísimo señalar con la misma vehemencia con la que Ricœur lo hizo, que se debe evitar una confusión entre las respuestas que proporciona la filosofía y las que plantea la teología, ya que como dice:

> En efecto, se podría entender este término de la siguiente manera: ser judío o cristiano equivaldría a detentar la *respuesta* a las preguntas *planteadas* por la filosofía y dejadas por ella sin respuesta. La filosofía cuestionaría y la teología respondería. Pero no es para nada tal esquema el que tengo en mente. [...] En suma, responder para la filosofía es resolver un problema. Responder, cara a la palabra de las Escrituras, es corresponder a las proposiciones de sentido surgidas del elemento bíblico. De ello resulta que la relación entre las dos maneras de responder prueba ser de una complejidad inmensa que no sabría contener el esquema de la pregunta y de la respuesta.[9]

En todo caso, a la presente investigación intitulada *Ecos de la hermenéutica bíblica en la propuesta ética de Paul Ricœur,* se le podría aplicar lo escrito por Stephan Orth: "Creo que la frontera entre la filosofía y la teología es respetada. [Paul] Ricœur no debe reprocharse el que su filosofía se apoye sobre argumentos no-filosóficos. Pero, por otro lado, sondea, en tanto que filósofo, el terreno que está más allá de la frontera de la filosofía".[10] Esta última cita me permite señalar un anhelo también buscado por esta tesis, y que espero sea una aportación valiosa para los estudiosos de la hermenéutica bíblica en nuestro país. En mi reciente viaje a Argentina supe que uno de mis profesores de teología, José Severino Croatto (1930-2004), fue uno de los introductores de la vasta producción académica, filosófica y teológica de Paul Ricœur en el país Sudamericano. Me enteré también que a través de las Iglesias Protestantes Históricas (Luteranas, Presbiterianas, Reformadas y Metodistas), vinculadas en el *Instituto Superior Evangélico de Estudios Teológicos* (ISEDET) de Buenos Aires, la hermenéutica bíblica ricoeuriana fue dada a conocer ampliamente, y que a partir de la década de los 80´s, Paul Ricœur visitó en distintas ocasiones Argentina, para participar en Congresos consagrados a la hermenéutica filosófica y bíblica. La influencia de Ricœur se dejó sentir incluso a nivel subcontinental, sobre todo dentro de la *Universidad Bíblica Latinoamericana* de San

[9] Ricœur, P., "El sí en el espejo de las Escrituras", en *Amor y justicia,* (trad. de Adolfo Castañón), Siglo XXI editores, Ciudad de México, 2009, p. 51.

[10] Orth, Stephan. "Entre filosofía y teología: Paul Ricœur y el perdón", en *Pensadores en la frontera,* Universidad de Coruña, Coruña, 2004, p. 237.

José, Costa Rica, donde las tesis de Ricœur fueron ampliamente abordadas por teólogos y biblistas latinoamericanos.

Infortunadamente no sucedió lo mismo en el caso de México, ni en el ámbito académico y menos aún en la esfera eclesiástica. Paul Ricœur nunca visitó alguna Universidad de nuestro país, cosa que hay que lamentar; pero es todavía más lastimoso que la obra ricoeuriana, especialmente la hermenéutica bíblica y los trabajos exegéticos desarrollados por él, sean ampliamente ignorados en las distintas Iglesias Protestantes mexicanas, sobre todo, cuando se trata de un filósofo de expresión cristiana protestante. Con todo, este desconocimiento generalizado de la producción académica ricoeuriana, representa un espacio de oportunidad para la presente investigación, porque frente a tanta pobreza exegética y escasez hermenéutica dentro de la lectura bíblica de las iglesias de la Reforma en México, se hace imprescindible un manual de presentación de Paul Ricœur. De ahí que el esfuerzo vertido en esta tesis, quiera convertirse también en un humilde servicio a las distintas iglesias evangélicas mexicanas en su estudio de una hermenéutica y una exégesis bíblicas, tan necesarias para los ejercicios homiléticos dominicales. Y, ¿por qué no?, también en la profundización de los estudios filosóficos y éticos que los agentes pastorales deben llevar a cabo frente a la terrible violencia que azota a nuestro amado país.

En última instancia, frente a la magna producción filosófica ricoeuriana, no todo está dicho, sino a la espera de ser expresado, incluso de ser mejor enunciado de lo que aquí pudo esclarecerse tocante a este extenso tema. Declarándome epígono de Paul Ricœur puedo decir: *Até mais Maestro!*

En la historia, la memoria y el olvido.

En la memoria y el olvido, la vida.

Pero escribir la vida es otra cosa.

Inconclusión.

Paul Ricœur

Epílogo

Marcelino Agís Villaverde[1]

Universidad de Santiago de Compostela

La obra de Paul Ricœur ofrece muchas posibilidades de lectura e interpretación. En la amplia bibliografía sobre el filósofo francés se han ensayado fórmulas para comprender su legado tomando como hilo conductor algún concepto clave. Yo mismo lo hice al publicar en 1995 una monografía dedicada a su pensamiento hermenéutico que titulé *Del símbolo a la metáfora: introducción a la filosofía hermenéutica de Paul Ricœur*, una obra que tiene para mí un valor inapreciable al contar con un prólogo del propio Ricœur. En ella, recorrí su pensamiento hermenéutico desde 1960 hasta 1990, tomando como hilo conductor el concepto de discurso. De alguna manera es el esfuerzo por desvelar la pluralidad de discursos a través de una vía larga la que nos muestra el camino seguido por Ricœur para reconstruir el *discurso humano*, el sentido del hombre y su mundo. Otras veces, queriendo abarcar la totalidad de su aportación filosófica, algunos autores han querido ofrecer visiones de conjunto. También yo he realizado una incursión de este tipo en mi libro *Conocimiento y razón práctica. Un recorrido por la filosofía de Paul Ricœur* (Fundación E. Mounier, Madrid, 2011). Cualquiera de estas dos modalidades hermenéuticas es legítima, pero, a la postre, un poco insatisfactoria porque siempre queda la sensación de que el pensamiento de Ricœur, incluso restringido a una etapa concreta

[1] Catedrático de Filosofía de la Universidad de Santiago de Compostela (España) y decano de la Facultad de Filosofía de dicha Universidad.

de su pensamiento o a algún tópico determinado, es inabarcable. Y luego está la necesidad no menos imperiosa de añadir algo al pensamiento del maestro, de no repetir sin más sus propuestas en cada nueva interpretación sino de añadir alguna idea original que nos permita aplicar de forma creativa su pensamiento.

Me parece un acierto que Emmanuel Flores-Rojas, en esta obra que ahora concluye, haya querido combinar ambas perspectivas de análisis. Por una parte, realizando un amplio recorrido por la filosofía de Paul Ricœur en sus diversas etapas. Por otra, proponiendo como hilo conductor el binomio entre la hermenéutica bíblica y la filosófica para reconstruir la filosofía práctica de Ricœur, orientada hacia la Ética. ¿Cómo ha concretado Emmanuel este largo recorrido?

En primer lugar, analiza los puntos de partida de su itinerario filosófico. Su sensibilidad y compromiso político de los años de juventud; la impronta que deja en su conformación como filósofo el existencialismo de Gabriel Marcel y Karl Jaspers; el impacto de la fenomenología husserliana, que ayuda a difundir en Francia después de la II Guerra Mundial; el contacto e influencia con el personalismo comunitario de Emmanuel Mounier; y, cómo no, el diálogo entablado con el giro hermenéutico introducido por Heidegger y continuado por Gadamer. El impacto de la fenomenología se aprecia nítidamente en el primer volumen de su *Filosofía de la Voluntad*, en donde a través del concepto de la voluntad Ricœur realiza una relectura del método fenomenológico, quizás para sustraerlo a la acusación de ser un nuevo idealismo ajeno al hombre concreto y a su mundo.

Viene después un capítulo dedicado a la hermenéutica, no solo a la hermenéutica filosófica, a la hermenéutica del texto, del símbolo y la metáfora, de las figuras de discurso y las tramas narrativas, sino también dedicado a relacionar hermenéutica filosófica y hermenéutica bíblica. Nadie olvide que Ricœur fue un lector atendo de Schleiermacher y asumió la necesidad de construir una Hermenéutica General (*Allgemeine Hermeneutik*) que integrase los principios metodológicos y la experiencia de una praxis interpretativa de muchos siglos, aplicable tanto al discurso filosófico, como al literario, al jurídico o a los textos sagrados. Es más, el lenguaje religioso siempre ha recurrido para hablar de Dios a símbolos y figuras del lenguaje porque Dios es la *metáfora absoluta* y su desvelamiento una tarea inabarcable e inalcanzable para el hombre que, sin embargo, estamos obligados a realizar, aunque podamos decir muy poco ("*aut quid dicit aliquis, cum de te dicit?* "), como advirtió San Agustín en las *Confesiones* (I,4).

De ahí que cuando Ricœur estudia el mal lo considere un desafío a la filosofía y a la teología. El mal, que siempre está ahí, involucra los dos caminos (el de conocimiento y el de salvación) que el ser humano ha recorrido para responder a las preguntas esenciales, primeras, de su existencia. También Ricœur quiso hacerlo en un momento dramático de su biografía.

Y, por fin, hallamos un capítulo final en el que la reflexión hermenéutica de Ricœur, tanto la filosófica como la bíblica, dan el paso hacia una filosofía práctica de orientación ético-política, que, de alguna forma, enlaza y cierra el círculo con los temas de su primera etapa. Ahí están las raíces de este pensamiento ético, comenzando por *Lo voluntario y lo involuntario*, y continuando por el tratamiento del tema del mal, de la culpa y de los símbolos pues nos muestran la relación con el otro como condición de la reflexión del hombre sobre sí mismo.

Ricœur siempre quiso deslindar su obra filosófica de su compromiso como creyente, entre otras cosas porque sabía que algunas personas minusvalorarían su aportación filosófica al confinarlo en el reducto de los pensadores religiosos. Pero, de la misma manera, siempre fue consciente de que nuestros límites gnoseológicos nos obligan a recorrer los caminos del conocimiento y de la salvación, de la razón y de la fe, de la filosofía y la teología, que iluminan la hermenéutica religiosa y la hermenéutica bíblica. Dos caminos que desembocan en la cuestión de la responsabilidad: hacía sí mismo, hacia el otro y hacia el mundo. Estamos, como muy bien acertó a plasmar Emmanuel Flores-Rojas en su libro, en el horizonte de la propuesta ética de Paul Ricœur.

En uno de los últimos viajes que Paul Ricœur realizó, desatendiendo el consejo de su cuidadora y de sus médicos, para asistir en la Universidad de Santiago de Compostela al Simposio Internacional "Hermenéutica y Responsabilidad: homenaje a Paul Ricœur", en noviembre de 2003, nos pidió que siguiésemos pensando "con él" pero "más allá de él". Creo que este es uno de los principales valores de este libro pues el profesor Flores-Rojas piensa con Ricœur y, a la vez, más allá de él. Así debe ser.

Bibliohemerografía

Bibliografía básica ricoeuriana:

1. LACOCQUE, A. y RICŒUR, P., *Pensar la Biblia. Estudios exegéticos y hermenéuticos,* (trad. de Antoni Martínez Riu), Herder, Barcelona, 2001.

2. RICŒUR, Jules, "Carta del 28 de febrero de 1913", citada por DOSSE, François, *Paul Ricœur: los sentidos de una vida (1913-2005)*, 1ª ed., (trad. de Pablo Corona), Fondo de Cultura Económica (FCE), Buenos Aires, 2013.

3. RICŒUR, Paul, "Acontecimiento y sentido", en *Texto, testimonio y narración,* (traducción, prólogo y notas de Victoria Undurraga), Editorial Andrés Bello, Santiago de Chile, 1983.

4. RICŒUR, P., "Autocomprensión e historia", en CALVO MARTÍNEZ, Tomás y ÁVILA CRESPO, Remedios (eds.), *Paul Ricœur: los caminos de la interpretación*, Barcelona, Anthropos, 1991.

5. RICŒUR, P., "Capítulo III. El hombre no-violento y su presencia en la historia", en *Política, sociedad e historicidad,* UCA-Prometeo Libros, Buenos Aires, [1986] 2012.

6. RICŒUR, P., "De una lucidez inquieta" (Prefacio de 1951), en MARCEL, Gabriel, *Los hombres contra lo humano,* Col. Esprit, (trad. de José María Ayuso Díez), Caparrós Editores, Madrid, 2001.

7. RICŒUR, P., "El «pecado original»: estudio de su significación" en *El conflicto de las interpretaciones. Ensayos de hermenéutica,* (trad. de Alejandrina Falcón), 1ª ed., Fondo de Cultura Económica (FCE), Buenos Aires, 2003.

8. RICŒUR, P., "El acto y el signo según Jean Nabert" (1962), en *El conflicto de las interpretaciones. Ensayos de hermenéutica,* (trad. de Alejandrina Falcón), Fondo de Cultura Económica (FCE), Buenos Aires, 2003.

9. RICŒUR, P., "El modelo del texto: la acción significativa considerada como un texto" (1971), en *Hermenéutica y Acción. De la Hermenéutica del Texto a la Hermenéutica de la Acción,* 3ª ed., Pontificia Universidad Católica Argentina-Prometeo Libros, Buenos Aires, 2008.

10. RICŒUR, P., "El problema del fundamento de la moral" (1975), en *Amor y justicia,* (trad. de Tomás Domingo Moratalla), Caparrós Editores, Madrid, 1993.

11. RICŒUR, P., "El sí «objeto de mandamiento» o *My prophetic soul*", en *Amor y justicia,* (trad. de Adolfo Castañón), Siglo XXI editores, Ciudad de México, 2009.

12. RICŒUR, P., "El sí en el espejo de las Escrituras", en *Amor y justicia,* (trad. de Adolfo Castañón), Siglo XXI editores, Ciudad de México, 2009.

13. RICŒUR, P., "Epílogo. Capacidades y reconocimiento mutuo" (2004), en *Escritos y conferencias 3. Antropología filosófica,* (trad. de Adolfo Castañón) Siglo XXI Editores, Ciudad de México, 2016.

14. RICŒUR, P., "Hacia una teología de la Palabra", en VV. AA., *Exégesis y hermenéutica,* (trad. de G. Torrente Ballester), Ediciones Cristiandad, S. L., Madrid, 1976.

15. RICŒUR, P., "Heidegger y la cuestión del sujeto" (1968), en *El conflicto de las interpretaciones. Ensayos de hermenéutica,* (trad. de Alejandrina Falcón), Fondo de Cultura Económica (FCE), Buenos Aires, 2003, p. 205.

16. RICŒUR, P., "Hermenéutica y simbolismo", en *Escritos y conferencias 2. Hermenéutica,* 1ª ed., Siglo XXI Editores, Ciudad de México, 2012.

17. RICŒUR, P., "La atención. Estudio fenomenológico de la atención y de sus conexiones filosóficas", en *Escritos y conferencias 3. Antropología filosófica,* (trad. de Adolfo Castañón) Siglo XXI Editores, Ciudad de México, 2016.

18. RICŒUR, P., "La crítica de la religión", en *El lenguaje de la fe,* (trad. Mario Yutziz), Ediciones Magápolis-La Aurora, Buenos Aires, 1978.

19. RICŒUR, P., "La experiencia estética" (Entrevista a Paul Ricœur por François Azouvi y Marc de Launay), en RICŒUR, WOOD, CLARK y otros, VALDÉS, Mario J., (Coord.), *Con Paul Ricœur. Indagaciones hermenéuticas,* Monte Ávila Editores Latinoamericana, C. A./Azul Editorial, Barcelona, 2000.

20. RICŒUR, P., "La filosofía y la especificidad del lenguaje religioso" (1975) en *Fe y filosofía. Problemas del lenguaje religioso,* 3ª ed., Prometeo Libros, Buenos Aires, 2008.

21. RICŒUR, P., "La hermenéutica del testimonio", en *Fe y filosofía. Problemas del lenguaje religioso,* 3ª ed. revisada, Prometeo Libros, Buenos Aires, 2008.

22. RICŒUR, P., "La paradoja política" (1957), en *Historia y verdad,* Fondo de Cultura Económica (FCE), Buenos Aires, 2015.

23. RICŒUR, P., "La simbólica del mal", en *Finitud y culpabilidad,* 2ª ed., (trad. de Cristina de Peretti, Julio Díaz Galán y Carolina Meloni), Editorial Trotta, Madrid, 2011.

24. RICŒUR, P., "La tarea de la hermenéutica: desde Schleiermacher y desde Dilthey" (1975), en *Del texto a la acción. Ensayos de hermenéutica II,* 2ª ed., (trad. Pablo Corona), Fondo de Cultura Económica (FCE), Buenos Aires, 2010.

25. RICŒUR, P., "Personalismo. Emmanuel Mounier: una filosofía personalista" (1950), en *Historia y verdad*, Fondo de Cultura Económica (FCE), Buenos Aires, 2015.

26. RICŒUR, P., "Poética y simbólica", en *Educación y política. De la historia personal a la comunión de libertades,* 1ª ed., (trad. Ricardo Ferrara), Prometeo libros/Universidad Católica Argentina (UCA), Buenos Aires, 2009.

27. RICŒUR, P., "Prólogo. «El *Ensayo sobre la experiencia de la muerte* de P.-L. Landsberg»", en LANDSBERG, Paul-Luis, *Ensayo sobre la experiencia de la muerte. El problema moral del suicidio,* (trad. de Alejandro del Río Herrmann), Caparrós Editores (Col. Esprit), Madrid, 1995.

28. RICŒUR, P., "Prólogo", en PATOCKA, Jan, *Ensayos heréticos sobre la filosofía de la historia seguido de glosas,* (trad. Alberto Clavería), Ediciones Península, Barcelona, 1988.

29. RICŒUR, P., "Segundo estudio. Reconocerse a sí mismo", en *Caminos del reconocimiento. Tres estudios,* 1ª reim., (trad. de Agustín Neira), Fondo de Cultura Económica (FCE), Ciudad de México, 2013.

30. RICŒUR, P., "Sexualidad. La maravilla, la errancia, el enigma" (1967), en *Historia y verdad,* (trad. Vera Waksman), Fondo de Cultura Económica (FCE), Buenos Aires, 2015.

31. RICŒUR, P., "Sobre la exégesis de Génesis 1:1-2:4a", en VV. AA., *Exégesis y hermenéutica,* Ediciones Cristiandad, Madrid, 1976.

32. RICŒUR, P., *Amor y justicia,* (trad. de Adolfo Castañón), Siglo XXI editores, Ciudad de México, 2009.

33. RICŒUR, P., *Amor y justicia,* (trad. de Tomás Domingo Moratalla), Caparrós Editores, Madrid, 1993.

34. RICŒUR, P., *Autobiografía intelectual,* Ediciones Nueva Visión, Buenos Aires, 1997.

35. RICŒUR, P., *Caminos del reconocimiento. Tres estudios,* 1ª reim., (trad. de Agustín Neira), Fondo de Cultura Económica (FCE), Ciudad de México, 2013.

36. RICŒUR, P., *Crítica y convicción. Entrevista con François Azouvi y Marc Launay,* (trad. Javier Palacio Tauste), Editorial Síntesis, S. A., Madrid, 1995.

37. RICŒUR, P., *De otro modo de ser o más allá de la esencia de* Emmanuel Levinas, 1ª reim., Anthropos Editorial, Barcelona, 2011.

38. RICŒUR, P., *Del texto a la acción. Ensayos de hermenéutica II,* 2ª ed., (traducción de Pablo Corona), Fondo de Cultura Económica (FCE), Buenos Aires, 2010.

39. RICŒUR, P., *El conflicto de las interpretaciones. Ensayos de hermenéutica,* (trad. de Alejandrina Falcón), 1ª ed., Fondo de Cultura Económica (FCE), Buenos Aires, 2003.

40. RICŒUR, P., *El discurso de la acción,* (trad. de Pilar Calvo), Col. Teorema, Ediciones Cátedra, S.A., Madrid, 1981.

41. RICŒUR, P., *El lenguaje de la fe,* (introducción de Beatriz Melano Couch), Ediciones Megápolis-Asociación Editorial La Aurora, Buenos Aires, 1978.

42. RICŒUR, P., *El mal. Un desafío a la filosofía y a la teología,* 1ª reimp., Amorrortu editores, (Col. Nómadas), Buenos Aires, 2007.

43. RICŒUR, P., *Escritos y conferencias 2. Hermenéutica,* 1ª ed., Siglo XXI Editores, Ciudad de México, 2012.

44. RICŒUR, P., *Escritos y conferencias 3. Antropología filosófica,* (trad. de Adolfo Castañón), Siglo XXI Editores, Ciudad de México, 2016.

45. RICŒUR, P., *Finitud y Culpabilidad* (versión castellana de Cecilio Sánchez Gil. Prólogo de José Luis Aranguren), Col. Ensayistas de Hoy, Taurus Ediciones, S.A., Madrid, 1969.

46. RICŒUR, P., *Finitud y culpabilidad,* 2ª ed., (trad. de Cristina de Peretti, Julio Díaz Galán y Carolina Meloni), Editorial Trotta, Madrid, 2011.

47. RICŒUR, P., *Freud: una interpretación de la cultura,* 14ª reim., (trad. de Armando Suárez), Siglo XXI Editores, México, D.F., 2014.

48. RICŒUR, P., *Hermenéutica y Acción. De la Hermenéutica del Texto a la Hermenéutica de la Acción,* 3ª ed., Pontificia Universidad Católica Argentina-Prometeo Libros, Buenos Aires, 2008.

49. RICŒUR, P., *Historia y narratividad,* 4ª reim., (Col. Pensamiento contemporáneo 56), Ediciones Paidós/I.C.E. de la Universidad Autónoma de Barcelona, Barcelona, 2014.

50. RICŒUR, P., *Historia y verdad,* (trad. de Vera Waksman), Fondo de Cultura Económica (FCE), Buenos Aires, 2015.

51. RICŒUR, P., *La memoria, la historia, el olvido,* (trad. de Agustín Neira), 2ª reim., Fondo de Cultura Económica (FCE), Buenos Aires, 2013.

52. RICŒUR, P., *La metáfora viva,* (trad. Graziella Baravalle), Ediciones Megápolis-Asociación Editorial La Aurora, Buenos Aires, 1977.

53. RICŒUR, P., *Lo justo,* (trad. Agustín Domingo Moratalla), Caparrós Editores, Col. Esprit #34, Madrid, 1999.

54. RICŒUR, P., *Méthode réflexive appliquée au problème de Dieu chez Lachelier et Lagneau,* (Col. Philosophie & théologie), Les éditions du Cerf, París, [1943] 2017.

55. RICŒUR, P., *Política, sociedad e historicidad,* UCA-Prometeo Libros, Buenos Aires, [1986] 2012.

56. RICŒUR, P., *Sexualidad. La maravilla, la errancia, el enigma,* (trad. Roxana Paez), Editorial Almagesto, Col. Mínima, Buenos Aires, 1991.

57. RICŒUR, P., *Sí mismo como otro,* 4ª reim., (trad. de Agustín Neira Calvo), Siglo XXI Editores, Ciudad de México, 2011.

58. RICŒUR, P., *Teoría de la interpretación. Discurso y excedente de sentido,* 6ª reim., Siglo XXI Editores-Universidad Iberoamericana, Ciudad de México, 2011.

59. RICŒUR, P., *Texto, testimonio y narración,* (traducción, prólogo y notas de Victoria Undurraga), Editorial Andrés Bello, Santiago de Chile, 1983.

60. RICŒUR, P., *Vivo hasta la muerte* seguido de *Fragmentos,* Fondo de Cultura Económica (FCE), Buenos Aires, 2008.

61. RICŒUR, P., "L'originaire et la question-en-retour dans la Krisis de Husserl", en LARUELLE, François (ed.), *Textes pour Emmanuel Levinas,* J.-M. Place, París, 1980.

62. RICŒUR, P., "Culpabilidad, ética y religión" (1969), en *El conflicto de las interpretaciones. Ensayos de hermenéutica,* (trad. de Alejandrina Falcón), Fondo de Cultura Económica (FCE), Buenos Aires, 2003.

Bibliografía complementaria:

63. ABEL, Olivier, "Prefacio", en RICŒUR, P., *Vivo hasta la muerte* seguido de *Fragmentos,* Fondo de Cultura Económica (FCE), Buenos Aires, 2008.

64. AGÍS VILLAVERDE, J. "Aproximaciones a la persona: Paul Ricœur y Emmanuel Mounier", en *Hermenéutica y responsabilidad. Homenaje a Paul Ricœur.* (Actas VII Encuentros internacionales de filosofía en el camino de Santiago, Santiago de Compostela, Pontevedra, A Coruña, 20-22 de noviembre de 2003), Universidad de Santiago de Compostela, 2005.

65. ALBERIGO, Guiseppe (ed.), *Historia de los concilios ecuménicos,* 2ª ed., Ediciones Sígueme, Salamanca, 2004.

66. ÁLVAREZ GÓMEZ, Jesús, *Historia de la Iglesia. I. Edad Antigua,* Col. Sapientia Fidei. Serie de Manuales de Teología: #25, Biblioteca de Autores Cristianos (BAC), Madrid, 2001.

67. ALVES, Rubem, *Un mundo en un grano de arena. El ser humano y su universo,* (trad. Paula Abramo Tostado), Ediciones Dabar, S.A. de C.V., Ciudad de México, 2006.

68. AMHERDT, F.-X. (ed.), *Paul Ricœur. L'hermeneutique biblique,* Éditions du Cerf, París, 2001.

69. ARANGUREN, José Luis L., "Prólogo a la edición española" en Ricœur, P., *Finitud y culpabilidad,* (trad. de Cecilio Sánchez Gil) 1ª ed., Taurus Ediciones, S. A., Buenos Aires, 1991.

70. ARANGUREN, José Luis L., *Catolicismo y protestantismo como formas de existencia,* Editorial Biblioteca Nueva, S. L., Madrid, 1998.

71. ARISTÓTELES, *Ética nicomaquea*, Libro III, (trad. Julio Pallí Bonet), Gredos, Madrid, 2000.

72. ARISTÓTELES, *Poética,* (trad. y notas de Valentín García Yebra), Gredos, Madrid, 2014.

73. ARISTÓTELES, *Política,* (trad. Manuela García Valdés), Biblioteca Básica Gredos, Madrid, 2000.

74. ARMENDÁRIZ, Luis M., *¿Pueden coexistir Dios y el mal? Una respuesta cristiana*, Cuadernos de Teología Deusto, No. 19, Universidad de Deusto, Bilbao, 1999.

75. AUSTIN, John L., *Cómo hacer cosas con las palabras*, Paidós, Barcelona, 1998.

76. BARTH, Karl, *Esbozo de Dogmática,* (Col. Presencia teológica) Sal Terrae, Santander, 2000.

77. BARTH, Karl, *Introducción a la teología evangélica,* (Col. Verdad e imagen), Ediciones Sígueme, Salamanca, 2006.

78. BEGUÈ, Marie-France, "El rol de la convicción en la sabiduría práctica de Paul Ricœur", en VV. AA., *Cuadernos de ética,* #17-18, Ediciones Docencia, Buenos Aires, 1994.

79. BENLLIURE ANDRIEUX, Félix, *Los hugonotes. Un camino de sangre y lágrimas*, Editorial CLIE, Barcelona, 2006.

80. BLÁZQUEZ CARMONA, Feliciano, *La filosofía de Gabriel Marcel. De la dialéctica a la invocación,* Ediciones Encuentro, Madrid, 1988.

81. BLOOM, Harold, *Genios. Un mosaico de cien mentes creativas y ejemplares,* (trad. Margarita Valencia Vargas), Editorial Anagrama, Barcelona, 2005.

82. BONHOEFFER, Dietrich, *Ética,* (trad. y ed. de Lluís Duch), Editorial Trotta, Madrid, 2000.

83. BOVON, François y ROUILLER, Grégoire (comp.), *Exégesis. Problemas de método y ejercicios de lectura,* (trad. José Severino Croatto, Asociación Editorial La Aurora, Buenos Aires, 1978.

84. BRIGHT, John, *La historia de Israel,* (trad. Marciano Villanueva-Víctor Morla), Desclée De Brouwer, Bilbao, 2003.

85. BULTMANN, Rudolf, *Creer y comprender.* Vol. I, (trad. Eloy Requena), STVDIVM ediciones, Madrid, 1974.

86. CALVINO, Juan, *Institución de la religión cristiana,* (trad. de Cipriano de Valera), 6ª ed. inalterada, t. I, Fundación Editorial de Literatura Reformada (FELiRe), Barcelona, 2006.

87. CALVINO, Juan, *Institución de la religión cristiana,* (trad. de Juan Carlos Martin), Libros Desafío, Grand Rapids/Colombia, 2012.

88. CHANGEUX, J-B. y RICŒUR, P., *La naturaleza y la norma: Lo que nos hace pensar,* 1ª reim., Fondo de Cultura Económica (FCE), México, D.F., 2012.

89. CROATTO, José Severino, *Crear y amar en libertad. Estudio de Génesis 2:4-3:24 (El hombre en el mundo, vol. II)*, Ediciones La Aurora, Buenos Aires, 1986.

90. CROATTO, José Severino, *El hombre en el mundo I. Creación y designio. Estudio de Génesis 1:1-2:3,* Editorial La Aurora, Buenos Aires, 1974.

91. CROATTO, José Severino, *Experiencia de lo sagrado. Estudio de fenomenología de la religión,* Editorial Guadalupe-Verbo Divino, Navarra, 2002.

92. CROATTO, José Severino, *Hermenéutica bíblica. Un libro que enseña a leer creativamente la Biblia,* 3ª ed., Grupo editorial Lumen, Buenos Aires, 2000.

93. CROATTO, José Severino, *Historia de la Salvación: La experiencia religiosa del pueblo de Dios,* Verbo Divino, Navarra, 1995.

94. CROATTO, José Severino, *Isaías. La palabra profética y su relectura hermenéutica. Vol. II: 40-55. La liberación es posible,* 1ª reim., Editorial LUMEN, Buenos Aires, 2007.

95. CULLMANN, O., *Cristología del Nuevo Testamento,* (trad. de Carlos T. Gattinoni y Xabier Pikaza), Ediciones Sígueme, Salamanca, 1998.

96. DALBIEZ, Roland, *El método psicoanalítico y la doctrina freudiana,* 2 tomos, DEBECEC-Desclée de Brouwer, Buenos Aires, 1948, 449/390 pp.

97. DEMETRIO J., José, "Prefacio" a NABERT, J., *Ensayo sobre el mal,* Col. Esprit, 28, (trad. de José Demetrio Jiménez), Caparrós Editores, Madrid, 1997.

98. DESCARTES, René, *Meditaciones metafísicas,* Biblioteca de los Grandes Pensadores, Madrid, sin año de publicación.

99. DOMINGO M., Agustín, "Introducción", en RICŒUR, P., *Lo justo,* (trad. Agustín Domingo Moratalla), Caparrós Editores, Col. Esprit #34, Madrid, 1999.

100. DOSSE, François, "El filósofo en el corazón de la ciudad" (trad. de Hilda H. García), en *La Gaceta del Fondo de Cultura Económica,* No. 415, Ciudad de México, julio 2005.

101. DOSSE, François, *Le philosophe et le président. Ricœur & Macron,* (Collection: Essais), Stock, París, 2017.

102. DOSSE, François, *Paul Ricœur: los sentidos de una vida (1913-2005),* 1ª ed., (trad. de Pablo Corona), Fondo de Cultura Económica (FCE), Buenos Aires, 2013.

103. DOSSE, François, *Paul Ricœur-Michel de Certeau. La historia: entre el decir y el hacer,* (trad. de Heber Cardoso), Ediciones Nueva Visión, Buenos Aires, 2009.

104. DRIOLLET, Teresa María, *La libertad interior. La proyección de* Le volontaire et l'involontaire *en la obra de Paul Ricœur,* Editorial Biblos, Buenos Aires, 2008, p. 38.

105. DUSSEL, Enrique, *Apel, Ricœur, Rorty y la filosofía de la liberación (con respuestas de Karl-Otto Apel y Paul Ricœur),* 1ª ed., Universidad de Guadalajara, Guadalajara, 1993.

106. *Enuma Elish. Poema babilónico de la Creación,* (ed. y trad. de Federico Lara Peinado), Trotta, Valladolid, 1994.

107. ERIBON, Didier, *Michel Foucault,* Anagrama, Barcelona, 1992.

108. ESQUILO, "Agamenón", *Tragedias,* (trad. de Bernardo Perea), Biblioteca Básica Gredos, Madrid, 2000.

109. FERRIER, Francis, *La Predestinación,* Publicaciones Cruz O, S.A., Ciudad de México, 1991.

110. FIASSE, Gaëlle (Coord.), *Paul Ricœur. Del hombre falible al hombre capaz,* Ediciones Nueva Visión, Buenos Aires, 2009.

111. FLIEDNER, Federico, *Martín Lutero. Su vida y su obra,* Editorial CLIE, Colombia, 2002.

112. FRYE, Northrop, *El Gran Código. Una lectura mitológica y literaria de la Biblia,* 1ª reim., (trad. de Elizabeth Casals), Gedisa, Barcelona, 2001.

113. GADAMER, Hans-Georg, *Verdad y método I,* 10ª ed., Ediciones Sígueme, Salamanca, 2003.

114. GARCÍA BACCA, Juan David (Compilador), *Los presocráticos,* 20ª reim., Fondo de Cultura Económica (FCE), Ciudad de México, 2014.

115. GARCÍA ROMERO, F. Antonio, "Introducción general", en *Los Gnósticos. Textos I,* (trad. de José Montserrat Torrents), Biblioteca Básica Gredos #120, Editorial Gredos, Barcelona, 2002.

116. GELABERT, Martín, *La astuta serpiente. Origen y transmisión del pecado,* Editorial Verbo Divino, Navarra, 2008.

117. GESTEIRA G., Manuel, "Karl Barth, un profeta del siglo XX" (Introducción) a BARTH, Karl, *Esbozo de Dogmática,* (Col. Presencia teológica) Sal Terrae, Santander, 2000.

118. GILBERT, P., "Paul Ricœur: Reflexión, ontología y acción", en *Algunos pensadores contemporáneos de lengua francesa,* Universidad Iberoamericana (UIA), Ciudad de México, 1996.

119. GISEL, Pierre, "Prólogo" a RICŒUR, P., *El mal. Un desafío a la filosofía y a la teología,* 1ª reimp., Amorrortu editores, (Col. Nómadas), Buenos Aires, 2007.

120. GONZÁLEZ, Justo L., *Historia del pensamiento cristiano,* Col. Historia, Calidad en Literatura Evangélica (CLIE), Colombia, 2010.

121. GRAVES, Robert, y PATAI, Raphael, *Los mitos hebreos,* 4ª ed., Alianza Editorial, Madrid, 2007.

122. GRELOT, Pierre. *Hombre, ¿quién eres?: Los once primeros capítulos del Génesis,* (Cuadernos Bíblicos 5), Verbo Divino, España, 1999.

123. GRONDIN, Jean, "Prólogo" a LEMA-HINCAPIÉ, Andrés, *Kant y la Biblia. Principios kantianos de exégesis bíblica,* Anthropos-Universidad Autónoma Metropolitana (UAM), Barcelona, 2006.

124. GUTHRIE, W. K. C., *Los filósofos griegos. De Tales a Aristóteles,* 10ª reim., (trad. Florentino M. Torner), Fondo de Cultura Económica (FCE), Ciudad de México, 2014.

125. HARRISON, E. F., BROMILEY, G. W. y HENRY, C. F. H., *Diccionario de teología,* 1ª reim., Libros Desafío, Grands Rapids, 2002.

126. HEGEL, G. W. F., *Fenomenología del espíritu,* 14ª reim., (trad. de Wenceslao Roces), Fondo de Cultura Económica (FCE), Ciudad de México, 2003.

127. HEIDEGGER, Martin, *Estudios sobre mística medieval,* 2ª reim., (trad. de Jacobo Muñoz), Fondo de Cultura Económica (FCE), Ciudad de México, 2003.

128. HERÁCLITO, *Fragmentos,* (trad. de Luis Farré), Ediciones Folio, S.A., Barcelona, 2007.

129. HESÍODO, *Obras y Fragmentos,* (trad. y notas de Aurelio Pérez Jiménez y Alfonso Martínez Díez), Biblioteca Básica Gredos, Madrid, 2000.

130. HOFFET, Frédéric, *El imperialismo protestante,* La Aurora, Buenos Aires, 1949.

131. HUSSERL, Edmund, *Ideés directrices pour une phénomenologie et une philosophie phénoménologique pures,* Éditions Gallimard, 1950.

132. JAEGER, Werner, *Cristianismo primitivo y paideia griega,* 7ª reim., Fondo de Cultura Económica (FCE), Ciudad de México, 1998.

133. JAEGER, Werner, *La teología de los primeros filósofos griegos,* (trad. de José Gaos), 8ª reim., Fondo de Cultura Económica (FCE), Ciudad de México, 2013.

134. JASPERS, Karl, "Prefacio" a DUFRENNE, Mikel y RICŒUR, Paul, *Karl Jaspers et la philosophie de l'existence*, Éditions du Seuil, París, 1947.

135. JASPERS, Karl, *Esencia y formas de lo trágico,* (trad. de N. Silvetti Paz), Editorial Sur S. R. L., Buenos Aires, 1960.

136. JASPERS, Karl, *Filosofía de la existencia,* (trad. Luis Rodríguez Aranda), Planeta-Editorial Artemisa, Barcelona, 1985.

137. JASPERS, Karl, *La filosofía desde el punto de vista de la existencia,* (trad. José Gaos), 7ª reim., FCE, México, D. F., 1978.

138. JEREMIAS, Joachim, *Las parábolas de Jesús,* 14ª ed., Verbo Divino, Navarra, 2006.

139. JONAS, Hans, *La religión gnóstica. El mensaje del Dios Extraño y los comienzos del cristianismo,* (trad. de M. Gutiérrez Siruela), Madrid, 2000.

140. JULIEN, Philippe, *Dejarás a tu padre y a tu madre,* 2ª reim. (trad. de Tatiana Sule), Siglo XXI Editores, México, 2015.

141. KEARNEY, Richard, "Entrevista", en MENA MALET, Patricio (Comp.), *Fenomenología por decir. Homenaje a Paul Ricœur,* 1ª ed., Universidad Alberto Hurtado, Chile, 2006.

142. KEMP, Peter, *Sabiduría práctica de Paul Ricœur. Ocho estudios,* (trad. Lizbeth Sagols Sales), Ed. Fontamara, Ciudad de México, 2011.

143. KÜNG, Hans, *Credo,* (trad. de Carmen Gauger), 4ª ed., Trotta, Madrid, 2000.

144. KÜNG, Hans, *Proyecto de una ética mundial,* (trad. Gilberto Canal Santos), 5ª ed., Trotta, Madrid, 2000.

145. LANDSBERG, Paul-Luis, *Ensayo sobre la experiencia de la muerte. El problema moral del suicidio,* (prólogo de Paul Ricœur), (trad. de Alejandro del Río Herrmann), Caparrós Editores (Col. Esprit), Madrid, 1995.

146. LE ROUX, Nicolas, Las guerras de religión, (trad. de Miguel Martín), Ediciones RIALP, S. A., Madrid, 2017.

147. LEVINAS, Emmanuel, *Totalidad e infinito. Ensayo sobre la exterioridad,* 2ª ed., Ediciones Sígueme, Salamanca, 1987.

148. LINCE CAMPILLO, Rosa María y AMADOR BECH, Julio (Coord.) *Reflexiones contemporáneas sobre los autores clásicos de la hermenéutica",* tomo II, UNAM, México, D. F., 2013.

149. LOHFINK, N., *Exégesis bíblica y teología. La exégesis bíblica en evolución,* (Col. Verdad e imagen, 15), Ediciones Sígueme, Salamanca, 1969.

150. LÓPEZ VENERONI, Felipe, "Paul Ricœur o la hermenéutica de la reconciliación. Discurso, tiempo y narración: Metáforas vivas", en LINCE CAMPILLO, Rosa María y AMADOR BECH, Julio (Coord.) *Reflexiones contemporáneas sobre los autores clásicos de la hermenéutica",* tomo II, UNAM, México, D. F., 2013.

151. *Los filósofos presocráticos. De Homero a Demócrito,* (prólogo, traducción y notas de Federico Ferro Gay), Secretaría de Educación Pública (SEP), Col. Cien del mundo, Ciudad de México, 1987.

152. LOZANO M., David, *Rabinismo y exégesis judía,* CLIE, Barcelona, 1999.

153. LUTERO, Martín, *La voluntad determinada. Refutación a Erasmo,* (traducción de Erich Sexauer), Editorial Concordia-Publicaciones El Escudo-Editorial Paidós, Buenos Aires, 2006.

154. MACEIRAS F., Manuel, "Paul Ricœur: Una ontología militante", en CALVO MARTÍNEZ, Tomás y ÁVILA CRESPO, Remedios (eds.), *Paul Ricœur: los caminos de la interpretación,* Anthropos, Barcelona, 1991.

155. MACEIRAS F., Manuel, "Reciprocidad y alteridad", en RICŒUR, P., *De otro modo de ser o más allá de la esencia de* Emmanuel Levinas, 1ª reim., Anthropos Editorial, Barcelona, 2011.

156. MARCEL, Gabriel, *El misterio del ser,* 2a ed., (traducción de Maria Eugenia Valentié), Ed. Sudamericana, Buenos Aires, 1964.

157. MARCEL, Gabriel, *Los hombres contra lo humano,* Col. Esprit, (trad. de Jesús María Ayuso Díez), Caparrós Editores, Madrid, 2001.

158. MARTÍNEZ SÁNCHEZ, A., *Ricœur (1913 -),* (Biblioteca filosófica 98), Ediciones del Orto, Madrid, 1999.

159. MASIÁ CLAVEL, Juan, DOMINGO MORATALLA, Tomás y OCHAÍTA, J. Alberto, *Lecturas de Paul Ricœur,* Universidad Pontificia de Comillas, Madrid, 1998.

160. MEETER, H. Henry y Marshal, Paul, *Principios teológicos y políticos del pensamiento reformado,* Libros Desafío, Grand Rapids, 2001.

161. MELANO C., Beatriz, "Introducción", en RICŒUR, P., *El lenguaje de la fe,* Ediciones Megápolis-Asociación Editorial La Aurora, Buenos Aires, 1978.

162. MENA MALET, Patricio (Comp.), *Fenomenología por decir. Homenaje a Paul Ricœur,* 1ª ed., Universidad Alberto Hurtado, Chile, 2006.

163. MICHEL, Johann, "El animal hermenéutico", en FIASSE, Gaëlle (Coord.), *Paul Ricœur. Del hombre falible al hombre capaz,* Ediciones Nueva Visión, Buenos Aires, 2009.

164. MICHEL, Johann, *Ricœur y sus contemporáneos. Bourdieu, Derrida, Deleuze, Foucault, Castoriadis,* (trad. de Maysi Veuthey), Biblioteca Nueva, Madrid, 2014.

165. MOLTMANN, Jürgen, *El Espíritu de la vida. Una pneumatología integral,* (Col. Verdad e imagen, 142), (trad. de Santiago del Cura Elena), Ediciones Sígueme, Salamanca, 1998.

166. MOLTMANN, Jürgen, *Teología de la esperanza,* 7ª ed., (trad. de A. P. Sánchez Pascual), Ediciones Sígueme, Salamanca, 2006.

167. MONTAIGNE, *Ensayos,* Club Internacional del libro, Madrid, 2000.

168. MOTT, Stephen Charles, *Ética bíblica y cambio social,* (trad. de Miguel A. Mesías), Nueva Creación, Grand Rapids, 1995.

169. MOUNIER, Emmanuel, *El personalismo,* Eudeba, Buenos Aires, 1962.

170. NABERT, Jean, *Ensayo sobre el mal,* (trad. de José Demetrio Jiménez), Col. Esprit #28, Caparrós Editores, S. L., Madrid, 1997.

171. NUSSBAUM, Martha, *La fragilidad del bien: Fortuna y ética en la tragedia y la filosofía griega,* Col. La balsa de Medusa, Antonio Machado Libros, Madrid, 2017.

172. OEMING, M., "Paul Ricœur, interprète de l'Ancient Testament et du livre de Job", en Frey, D., Grappe, C., Lehmkühler, K., Lienhard, F. (Eds.), *La reception de l'oeuvre de Paul Ricœur dans les champs de la theologie,* Lit Verlag, Berlín, 2013.

173. ORTH, Stephan. "Entre filosofía y teología: Paul Ricœur y el perdón", en *Pensadores en la frontera,* Universidad de Coruña, Coruña, 2004.

174. PALOMINO LÓPEZ, Salatiel, *Introducción a la vida y teología de Juan Calvino,* Abingdon Press, Nashville, 2008.

175. PANNENBERG, W., *Una historia de la filosofía desde la idea de Dios. Teología y filosofía,* 2ª ed., Ediciones Sígueme, Salamanca, 2002.

176. PARMÉNIDES, *Poema,* (trad. de José Antonio Miguez), Ediciones Folio, S.A., Barcelona, 2007.

177. PASCAL, *Pensamientos de Pascal sobre la religión,* (trad. Andrés Boggiero), Imprenta de la Administración del Real Arbitrio de Beneficencia, Madrid, 1805.

178. PAZ, Octavio, *Obras completas, II. Obra poética I (1935-1970),* 4ª reim., Fondo de Cultura Económica (FCE)-Círculo de Lectores, México, D.F., 2006.

179. PELLOC, Hilaire, *Las grandes herejías,* 3ª ed., (trad. de Pedro de Olazábal), Editorial Sudamericana, Buenos Aires, 1966.

180. PEÑA VIAL, Jorge, "Job y la teología trágica de Paul Ricœur", en *Revista Co-herencia*, Vol. 9, No 17, Medellín, julio-diciembre 2012.

181. PIKAZA, Xavier, en "Prólogo a la edición castellana" de Bultmann, R., *Historia de la tradición sinóptica,* (Biblioteca de Estudios Bíblicos), Ediciones Sígueme, Salamanca, 2000.

182. PLATÓN, *Crátilo*, (trad. de José Luis Calvo), Editorial Gredos, Madrid, 2010.

183. PLATÓN, *Gorgias*, (trad. de Julio Calonge Ruiz), Editorial Gredos, Madrid, 2010.

184. PONS, Sophie, *Apartheid L'Aveu et le pardon*, (Postface de Desmond Tutu), Bayard, París, 2000.

185. QUESNEL, Michel y GRUSON, Philippe (dirs.), *La Biblia y su cultura (Antiguo Testamento),* (trad. de Ramón Alfonso Díez), Sal Terrae, Santander, 2002.

186. SAFRANSKI, Rüdiger, *El mal o el drama de la libertad,* (trad. de Raúl Gabás), 2ª reim., Tusquets Editores México, Ciudad de México, 2014.

187. SCHLIER, H., "Teología bíblica y teología dogmática", en KLEIN, L., *Discusión sobre la Biblia,* Herder, Barcelona, 1967.

188. SCHÖKEL, Luis Alonso y BRAVO, José María, *Apuntes de hermenéutica,* 2ª ed., Trotta, Valladolid, 1994.

189. SCHRAGE, Wolfgang, *Ética del Nuevo Testamento*, Sígueme, Salamanca, 1987.

190. SEGUNDO, Juan Luis, *Liberación de la teología,* (Cuadernos Latinoamericanos, 17), Ediciones Carlos Lohlé, Buenos Aires, 1975.

191. SÓFOCLES, "Antígona", en *Tragedias,* (trad. de A. Alamillo), Biblioteca Gredos, Madrid, 2015.

192. STENGER, Werner, *Los métodos de la exégesis bíblica,* (trad. Constantino Ruiz-Garrido), Editorial Herder, Barcelona, 1990.

193. THOMASSET, Alain, "En el centro de la tensión ética: narratividad, teleología, teonomía", en FIASSE, Gaëlle (Coord.), *Paul Ricœur. Del hombre falible al hombre capaz*, Ediciones Nueva Visión, Buenos Aires, 2009.

194. TILLICH, P., *Teología sistemática I. La razón y la revelación. El ser y Dios,* 4ª ed., (Col. Verdad e imagen 73), Ediciones Sígueme, Salamanca, 2001.

195. TOLSTOI, León, *La muerte de Iván Ilich. El Diablo. El padre Sergio,* (trad. José Laín Entralgo; prólogo de Arturo Uslar Pietri) (prólogo de Arturo Uslar-Pietri), Biblioteca Básica Salvat, Salvat Editores, S. A., Navarra, 1969.

196. VANEIGEM, Raoul, *Las herejías,* (trad. Josefina Anaya), Editorial Jus, Ciudad de México, 2008.

197. VON RAD, Gerhard, *La acción de Dios en Israel. Ensayos sobre el Antiguo Testamento,* (trad. de Dionisio Minguez Fernández), Trotta, Madrid, 1996.

198. VON RAD, Gerhard, *Teología del Antiguo Testamento. Las tradiciones históricas de Israel*, vol. I, 8ª ed., (trad. de Victoriano Martín Sánchez), Ediciones Sígueme, Salamanca, 2000.

199. VV. AA., *Exégesis y hermenéutica*, Ediciones Cristiandad, Madrid, 1976.

200. WEBER, Max, *La ética protestante y el espíritu del capitalismo,* 1ª reim., (Introducción y edición crítica de Francisco Gil Villegas M.), Fondo de Cultura Económica (FCE), Ciudad de México, 2004.

201. WIÉNER, Claude, *El libro del Éxodo,* 4ª ed., (trad. de Nicolás Darrical), Cuadernos Bíblicos No. 54, Verbo Divino, Navarra, 1994.

202. WIÉNER, Claude, *El segundo Isaías. El profeta del nuevo éxodo,* 7ª ed., (trad. de Nicolás Darrical), Cuadernos bíblicos #20, Verbo Divino, Navarra, 1995.

203. WILLSON, Patricia, "Prólogo" a RICŒUR, P., *Sobre la traducción*, Paidós, Buenos Aires, 2009.

204. ZUINGLIO, Ulrico, *Antología,* (Presentación y selección M. Gutiérrez Marín), Producciones Editoriales del Nordeste, Barcelona, 1973.

205. ZUMSTEIN, Jean, *Mateo el teólogo,* 5ª ed., (trad. de Nicolás Darrical), Cuadernos Bíblicos #58, Verbo Divino, Navarra, 2002.

Artículos de internet:

1) "Emmanuel Macron, de la philosophie au ministère de l'Économie", *Philosophie Magazine*, 27/08/2014. Consultada el 25 de octubre de 2017, disponible en: http://www.philomag.com/lactu/breves/emmanuel-macron-de-la-philosophie-au-ministere-de-leconomie-10140.

2) "Paul Ricœur. Filósofo de la finitud, maestro de la sospecha" en *El Mundo*, Madrid, domingo 22 de mayo de 2005, página 6. [Fecha de consulta: 20 de octubre de 2016]. Disponible en: http://www.filosofia.org/bol/not/bn044.htm#t05.

3) "University of Chicago philosopher Paul Ricœur, 1913-2005": http://www-news.uchicago.edu/releases/05/050523.ricœur.shtml (Consultada el 10 de febrero de 2018).

4) *Anexo: Doctores honoris causa de la Universidad Católica de Lovaina*: https://es.wikipedia.org/wiki/Anexo:Doctores_honoris_causa_de_la_Universidad_Cat%C3%B3lica_de_Lovaina.

5) BEGUÈ, Marie-France, "Paul Ricœur y la justicia de la memoria", *La Nación* (6 de diciembre de 2000). Consultada el 8 de abril de 2018. Disponible en: https://www.lanacion.com.ar/215857-paul-ricœur-y-la-justicia-de-la-memoria.

6) BERNOLE, Claire, "Ricœur et Macron, le philosophe et l'étudiant", *Réforme. Hebdomadaire protestant d'actualité,* 15 de mayo de 2017. (Consultada el 25 de octubre de 2017)

Disponible en: https://www.reforme.net/actualite/politique/ricœur-et-macron-le-philosophe-et-letudiant/.

7) COHEN, Sara, "No soy filósofo, tan solo un historiador" (Entrevista a François Dosse), en *La Nación,* 10 de enero de 2014. Disponible en: https://www.lanacion.com.ar/1655242-no-soy-filosofo-tan-solo-un-historiador (Consultada el 7 de abril de 2018).

8) COMBERT-GALLAND, C., "La Bible, une œuvre capable de monde. Reconnaissance à Paul Ricœur" en Études théologiques et religieuses, Institut Protestant de Théologie, Tome 80, Paris, 2005/4. Disponible en: http://www.cairn.info/revue-etudes-theologiques-et-religieuses-2005-4.htm.

9) DÍAZ, Carlos, "El pensamiento cristiano pierde a Paul Ricœur", *Zenit. El mundo visto desde Roma*, 15 de junio de 2005. Recuperado el 28 de febrero de 2016, de http://www.bidi.uam.mx/index.php?option=com_content&view=article&id=62:citar-recursos-electronicos-normas-apa&catid=38:como-citar-recursos&Itemid=65#13.

10) ESCRIBANO, Xavier, "La ruptura con el objetivismo en Gabriel Marcel y Maurice Merleau-Ponty" en *Convivium* Revista de Filosofía, #24, 2011, pp. 119-138. [http://www.raco.cat/index.php/Convivium/article/view/248263/332376].

11) FERNEY, Fréderic, "Un filósofo por encima de toda sospecha. Entrevista a Paul Ricœur", (trad. de Ida Vitale), *Le Nouvel Observateur* (edición del 11 al 17 de marzo) 1983. Disponible en: http://www.revistadelauniversidad.unam.mx/ojs_rum/files/journals/1/articles/11735/public/11735-17133-1-PB.pdf.

12) FIDANZA, Eduardo, "Job, nuestro contemporáneo", *La Nación,* 27 de febrero de 2008. Disponible en https://www.lanacion.com.ar/990744-job-nuestro-contemporaneo .

13) FLORIÁN, Víctor "Un filósofo por encima de toda sospecha: Paul Ricœur", en *Ideas y Valores*; Vol. 36, núm. 70 [1986] 2011, pp. 95-103. Disponible en http://revistas.unal.edu.co/index.php/idval/article/view/21739.

14) GAGNEBIN, Jeanne Marie, "Memoria involuntaria y aprendizaje de la verdad. Ricœur relee a Proust" en *Boletín de estética No. 27,* Centro de investigaciones filosóficas, Buenos Aires, otoño 2014, pp. 5-26. Disponible en: http://www.boletindeestetica.com.ar/wp-content/uploads/Boletin-de-Estetica_N27.pdf.

15) https://es.wikipedia.org/wiki/Vag%C3%B3n_del_armisticio.

16) https://www.biografiasyvidas.com/biografia/s/sangnier.htm.

17) Iglesia Protestante Unida de Francia, https://www.eglise-protestante-unie.fr/.

18) MACRON, Emmanuel, "La Lumière blanche du passé. Lecture de *la Mémoire, l'historie, l'oubli,* de Paul Ricœur", *Esprit,* Nos. 266-267, Paris, août-septembre 2000. Disponible en línea: http://www.esprit.presse.fr/archive/review/article.php?code=9371.

19) MACRON, Emmanuel, *La Lumière blanche du passé. Lecture de* la Mémoire, l'historie, l'oubli, *de Paul Ricœur.*

20) MARTI, Octavi, "Paul Ricœur, filósofo", El País, 22 de mayo de 2005. Disponible en http://elpais.com/diario/2005/05/22/agenda/1116712804_850215.html.

21) PARRA, Carolina, *El llamado "Himno A Zeus" en la tragedia* Agamenón *de Esquilo,* disponible en http://www.humanas.unal.edu.co/linguistica/files/5012/8437/5215/EL%20LLAMADO%20HIMNO%20A%20ZEUS%20EN%20LA%20TRAGEDIA%20AGAMENON%20DE%20ESQUILO.pdf.

22) PAVÓN, Héctor, "Ricœur: la vida tiene sus sentidos", *Clarín,* 15 de julio de 2013. 2016 de http://www.revistaenie.clarin.com/ideas/Paul-Ricœur-biografia-Francois-Dosse_0_955104493.html.

23) PLASGER, Georg, "Lección 2: La Reforma", *Curso básico historia y teología reformada.* Disponible en: http://www.reformiert-online.net/t/span/bildung/grundkurs/index.jsp.

24) PLASGER, Georg, "Lección 6: Las Confesiones Reformadas en los siglos XVI y XVII", *Curso básico historia y teología reformada*, pp. 13-14. Disponible en: http://www.reformiert-online.net/t/span/bildung/grundkurs/gesch/lek6/print6.pdf.

25) PROUST, M., *El tiempo recuperado. En busca del tiempo perdido,* Biblioteca virtual universal, (sin lugar, ni fecha de edición). Disponible en: http://biblioteca.org.ar/libros/133524.pdf.

26) RICŒUR, P., "Mon premier maître en philosophie", dans Marguerite Léna dir., *Honneur aux maîtres*, Paris, Critérion, 1991, pp. 221-225 [http://www.fondsricoeur.fr/uploads/medias/articles_pr/mon-premier-maitre.pdf].

27) RICŒUR, P., "Un Philosophe Protestant: Pierre Thévenaz", *Esprit (1940-)*, no. 246 (1), París, 1957. Disponible en www.jstor.org/stable/24255174.

28) RICŒUR, Paul, "Gabriel Marcel et Karl Jaspers", 1947. En: *Revue des Sciences Religieuses*, tomo 23, fascículo 1-2, 1949, p. 196. Disponible en: https://www.persee.fr/doc/rscir_0035-2217_1949_num_23_1_1884_t1_0196_0000 3.

29) RIZO-PATRÓN, Rosemary, *Paul Ricœur, lector de Husserl: En las fronteras de la fenomenología*. Disponible en: http://textos.pucp.edu.pe/pdf/1666.pdf.

30) RODRÍGUEZ BLANCO, Maricel, *et. al.*, "Catherine Goldenstein, conservadora del Fondo Ricœur" (entrevista) en Ensemble (Revista electrónica de la Casa Argentina en París), año 6, número 12. [http://ensemble.educ.ar/?p=1042#franc].

31) VALLÉE, Marc-Antoine, "Le premier écrit philosophique de Paul Ricœur. Méthode réflexive appliquée au problème de Dieu chez Lachelier et Lagneau" en Études Ricœuriennes/Ricœur Studies, Vol. 3, No. 1, 2012. Disponible en http://ricœur.pitt.edu/ojs/index.php/ricœur/article/view/103/53.

32) VERGARA ANDERSON, Luis, "Paul Ricœur (1913-2005)", en *Historia y Grafía* No. 24, 2005, pp. 241-248. Disponible en: http://www.redalyc.org/articulo.oa?id=58922830009.

33) VICENTE, Álex, "Todos los libros del presidente", en *El País,* 20 de mayo de 2017. Disponible en: http://gracefulgirl.pro/cultura/2017/05/19/actualidad/1495218966_591498.html.

Artículos de revistas:

1. DOMINGO M., Tomás, "Bioética y hermenéutica. La aportación de Paul Ricœur a la bioética", en *Veritas. Revista de Filosofía y Teología*, vol. II, no. 17, Valparaíso, 2007.

2. FERRARA, Ricardo, "Paul Ricœur (1913-2005): sus aportes a la teología" en *Revista Teología,* Tomo XLIII, No. 89, Buenos Aires, abril 2006.

3. FINK, E., "La filosofía fenomenológica de Edmund Husserl ante la crítica contemporánea", (trad. de Velozo Farías, R.), en *Acta fenomenológica latinoamericana,* v. 1, Fondo Editorial PUCP, Lima, 2003.

4. GARRIDO-MATURANO, Angel Enrique, "El libre albedrío entre la omnipotencia y el amor divino. Problemática ética y consecuencias teológicas de la cuestión del libre albedrío en Hobbes y San Agustín", en VV. AA., *Cuadernos de ética,* #17-18, Ediciones Docencia, Buenos Aires, 1994.

5. MICHEL, Johann, "¿La regla de oro puede fundar los principios de moral y de justicia?", en *Revista Persona y sociedad,* Vol. XXI, No. 3, Universidad Alberto Hurtado, Santiago, 2007.

6. PEÑA VIAL, Jorge, "Job y la teología trágica de Paul Ricœur", en *Revista Co-herencia,* Vol. 9, No 17, Medellín, julio-diciembre 2012.

7. RICŒUR, P., "Introducción a *Ideen I* de Edmund Husserl", (trad. de Juan Manuel Cuartas Restrepo), en *ARETÉ Revista de Filosofía,* vol. XXVI, No. 1, Lima, 2004.

8. RICŒUR, P., "Lo originario y la pregunta-retrospectiva en la *Krisis* de Husserl", en *Acta fenomenológica latinoamericana II*, (presentación y traducción de Héctor Salinas), PUCP/San Pablo, Lima/Bogotá, 2005.

9. STAUBER, Juan Carlos, "Paul Ricœur y su aporte a la hermenéutica bíblica", en *Anatéllei: se levanta,* Año 8, Nº. 15, Córdova, 2006.

10. VERGARA ANDERSON, Luis, "Paul Ricœur (1913-2005)" en *Historia y Grafía*, núm. 24, sin mes, sin lugar de edición, 2005.

11. VV. AA., *Revista Anthropos. Huellas del conocimiento,* "Paul Ricœur. Discurso filosófico y hermeneusis", #181, noviembre-diciembre, Barcelona, 1998.

Biblias:

1. *Biblia de Estudio NVI* (Nueva Versión Internacional), Editorial Vida, Miami, 2002.

2. *Biblia de Jerusalén,* Nueva edición revisada y aumentada, Editorial Desclée De Brouwer, S. A., Bilbao, 1998.

3. *Biblia Hebraica Stuttgartensia,* 5ª ed. enmendada, Deutsche Bibelgesellschaft, Stuttgart, 1997.

4. *Reina-Valera Contemporánea* (RVC), Sociedades Bíblicas Unidas, EE. UU., 2011.

5. *Biblia Reina-Valera 1909* (RVA), Sociedades Bíblicas Unidas, Corea, 2001.

6. *Biblia Reina-Valera 1960* (RVR60), Sociedades Bíblicas Unidas, Corea, 2001.

7. *Biblia Textual (BTX)*, Sociedad Bíblica Iberoamericana, Corea del Sur, 2010.

8. *La Palabra* (España) [BLP], Sociedad Bíblica de España, Madrid, 2011.

9. *Palabra de Dios para Todos* (PDDPT), Sociedad Bíblica de España, Madrid, 2014.

10. *The Greek New Testament*, 4ª ed. revised, Deutsche Bibelgesellschaft, Stuttgart, 1998.

Diccionarios y obras de consulta general:

a. CARPENTER, Eugene E. y COMFORT, Philip W., *Glosario Holman de términos bíblicos*, Broadman & Holman Publishers, Nashville, 2003.

b. *Catecismos de la Iglesia Reformada* (Obras clásicas de la Reforma, t. XIX), Editorial La Aurora-Casa Unida de Publicaciones (CUPSA), Buenos Aires, 1962.

c. *Confesión de fe de Westminster*, 14ª ed., El Faro-Libros Desafío, Ciudad de México, 2009.

d. *Confesiones de fe de la Iglesia*, (Las tres confesiones de la Iglesia Antigua y las tres confesiones Reformadas), 3ª ed., Literatura Evangélica, Barcelona, 1990.

e. *Diccionario ilustrado latín. Latino-español / Español-latino*, 21ª ed., Vox, Barcelona, 2003.

f. *Diccionario manual griego. Griego clásico-español*, 18ª ed., Vox, Barcelona, 2002.

g. KITTEL, G., FRIEDRICH, G. y BROMILEY, G. W., *Compendio del Diccionario teológico del Nuevo Testamento*, Libros Desafío, Bogotá, 2003.

h. WALDER GASSMAN, Ernst, *Diccionario Básico Griego-Español*, Publicaciones SEL (Seminario Evangélico de Lima), Lima, 2007.